职业岗位技能规划教材

电算会计与供应链分层实训

孙一玲 李 煦 编著

立信会计出版社
LIXIN ACCOUNTING PUBLISHING HOUSE

图书在版编目(CIP)数据

电算会计与供应链分层实训/孙一玲，李煦编著.
—上海：立信会计出版社，2015.1
职业岗位技能规划教材
ISBN 978-7-5429-4481-8

Ⅰ.①电… Ⅱ.①孙…②李… Ⅲ.①企业管理—会计—财务软件—职业教育—教材②企业管理—供应链管理—财务软件—职业教育—教材 Ⅳ.①F275.2-39 ②F274-39

中国版本图书馆 CIP 数据核字(2015)第 016995 号

策划编辑 陈 旻
封面设计 周崇文

电算会计与供应链分层实训

出版发行	立信会计出版社		
地 址	上海市中山西路 2230 号	邮政编码	200235
电 话	(021)64411389	传 真	(021)64411325
网 址	www.lixinaph.com	电子邮箱	lxaph@sh163.net
网上书店	www.shlx.net	电 话	(021)64411071
经 销	各地新华书店		
印 刷	常熟市梅李印刷有限公司		
开 本	787 毫米×1092 毫米	1/16	
印 张	22.5		
字 数	530 千字		
版 次	2015 年 1 月第 1 版		
印 次	2015 年 1 月第 1 次		
印 数	1—3100		
书 号	ISBN 978-7-5429-4481-8/F		
定 价	42.00 元		

如有印订差错，请与本社联系调换

前言

21世纪,以信息技术为核心的高新技术革命正在推动人类社会进入一个新的文明,信息技术正全面渗透到人类社会的各个方面。全球一体化和经济一体化的逐步形成、市场竞争的不断加剧和客户需求的越来越苛刻都迫切需要组织提升自我的管理水平和应变能力,以求在市场中占有一席之地。并且无论现在还是将来,计算机网络技术、数据库技术、多媒体技术等IT技术都在不断改变会计这一职业的传统,重新赋予会计新的内涵。另外,各种新的管理思想也在改变着会计管理的内容和会计人员的工作。在这种背景下,会计人员需要不断更新自我的会计理论和会计技能知识。

无论是在中国还是在西方的会计教学体系中,"电算会计综合实训"是会计电算化专业和会计类其他专业的一门实训课程,而且其内容也是会计电算化专业和会计类其他专业学生必备的基本知识。

学习该门课程的目的是向那些即将跨入信息时代的学生和新使用会计软件的财务人员讲解电算会计的基本原理,使之能够学习、适应乃至领导变革,学会使用电算会计软件,将信息技术应用于会计工作中,从而增强学生的资金流与物流意识、财务分析与管理的意识以及全局意识、团队意识和市场意识。

本书以用友ERP-U8(V8.72)为蓝本,以天津滨海机械设备有限公司的业务为主线,贯穿了基础理论与系统安装、系统管理、基础设置、总账管理系统、报表管理系统、薪资管理、计件工资管理、固定资产管理、供应链管理系统初始化、采购与应付款管理、销售与应收款管理、存货与库存管理系统等12个典型项目。介绍了这些模块的基本功能和使用方法。

目前,电算会计书籍多以操作为主,读者多不知其所以然,本书以厘清财务信息与业务管理信息之间的关系为切入点,从会计的本质出发,清晰地界定两者的因果关系,有助于读者从整体上把握会计信息的产生、获取、传递及加工处理的流程。同时,本书可作为学习电算会计操作的上机指导用书,指导读者的具体操作,提高上机学习的效果。

本书编写过程中，笔者参考了大量的会计信息技术的相关书籍、资料以及新颁布的《企业会计准则》和新企业所得税法，并与用友公司的培训人员积极探讨，感谢各方人士的信息和技术的大力支持。由于信息技术的不断推陈出新，书中难免存在遗漏和不足之处，敬请广大读者批评指正。

编著者

2014 年 12 月

目　录

典型项目1 基础理论与系统安装

1.1 会计电算化与会计信息系统

“会计电算化”一词是1981年中国会计学会在长春市召开的“财务、会计、成本应用电子计算机专题讨论会”上提出来的，中国人民大学的王景新教授提出，将电子计算机在会计中的应用称为会计电算化，首次提出“会计电算化”这一概念，并一直沿用至今。

随着计算机技术的迅速发展，与“工业化”相对应的“信息化”逐渐被人们所接受。1999年4月在深圳举行的“首届会计信息化理论专家座谈会”上，会计理论界的专家提出了“从会计电算化到会计信息化”的发展方向，首次明确提出“会计信息化”这一概念。

计算机在会计中的应用不仅涉及会计信息系统（会计核算、会计管理、会计决策等）的理论与实务研究，而且还融进了与其相关的所有工作，如会计电算化的组织与规划、会计电算化的实施、会计电算化的管理、会计电算化人员的培训、会计电算化制度的建立、计算机审计等内容。因此，电算会计是现代会计学科的重要组成部分，它是研究计算机会计理论与计算机会计实务的一门会计边缘学科。

1.1.1 会计电算化的发展过程

1.1.1.1 国外会计电算化发展过程

20世纪50年代中期，西方发达国家计算机在会计领域中的应用并不广泛，主要是对职工薪金的核算、库存材料的核算、现金收支等会计的单项业务进行数据处理，只能局部地代替一些手工劳动。就其处理流程来说，仍然是模仿手工操作。但是，计算机的应用确实减轻了会计人员的劳动强度，提高了工作效率。由于当时计算机硬件的价格十分昂贵，程序设计又非常复杂，加上只有少数计算机专业人员能够掌握这门技术，因而限制了计算机的应用范围。随着第三代计算机的大规模生产及软件工具的不断改进，会计电算化得到进一步发展。人们能够利用计算机对会计数据进行综合加工处理，即用计算机完成手工簿记系统的全部业务。同时，数据的组织结构和数据的处理流程也发生了较大的变化，人们可对会计数据进行较为系统的分析，并具有一定的反馈功能，开始为基层和中层管理决策提供有用的会计信息。70年代以后，特别是随着计算机技术的迅猛发展，微型计算机的出现、计算机网络技术的应用、数据库管理系统和会计专用计算机的发展，给会计电算化开辟了广阔的天地，使其呈现出普及化的趋势。会计人员也不再把会计电算化看成是计算机技术人员的工作，而是积极参与到这一工作中来，并成为这方面的专家。

当今西方许多发达国家，将计算机应用于会计数据处理、会计管理、财务管理以及会计预测和会计决策，并且取得显著的经济效益。在企业会计工作领域出现了一种新的局面；财务会计人员处处和计算机会计信息系统打交道，执业会计人员需要参与会计信息系统的设计并在会计业务中使用计算机;会计管理人员需要评价会计信息系统的使用状况,利用会计信息分析企业的财务状况和经营成果,参与企业的决策;内部审计和外部审计人员需要审核和评价会计信息处理的质量,评价输入和输出会计信息的正确性;会计咨询人员需要为企业提供会计信息系统的设计、实施、评价和使用。

1.1.1.2　我国会计电算化的发展过程

我国会计电算化起步比较晚,开始于20世纪70年代末、80年代初。概括起来说,我国的会计电算化发展过程大体可分为三个阶段。

1. 缓慢发展阶段(1983年以前)

1983年以前,只有少数单位将计算机技术用于会计领域,主要是单项会计业务的电算化开发和应用,如工资计算、仓库核算等。这个阶段,会计电算化发展比较缓慢,其原因是:会计电算化人员缺乏,计算机硬件比较昂贵,会计电算化没有得到高度重视。

2. 自发发展阶段(1983～1987年)

1983年后,微型计算机在国内市场上大量出现,多数企事业已能够买得起微机,这为计算机在会计领域的应用创造了良好的条件。与此同时,企业也有了开展电算化工作的愿望,纷纷组织力量开发会计软件。因此,这个阶段,电算化处于各自为战、闭门造车的局面。会计软件一家一户地自己开发,投资大、周期长、见效慢,造成大量的人力、物力和财力的浪费。

3. 稳步发展阶段(1987年至今)

这一阶段,财政部、各地区财政部门,以及企业管理部门逐步开始对会计电算化工作进行组织和管理,使会计电算化工作走上了有组织、有计划的发展轨道,并得到了蓬勃的发展。这个阶段的主要标志是:商品化会计核算软件市场从幼年走向成熟,目前已有几十个商品化会计软件通过了财政部评审,数百个商品化会计软件通过了省、市财政部门评审,初步形成了会计软件市场和会计软件产业,为社会提供了丰富的软件产品。社会上很多企事业单位都认识到开展会计电算化的重要性,纷纷购买商品化会计软件或自行开发会计软件,建立了会计电算化系统,把会计人员从大量繁杂的劳动中解脱出来,步入了会计电算化的行列。会计电算化人才问题是发展会计电算化的"瓶颈"问题,长期以来,一直是制约会计电算化发展速度的关键因素。在发展会计软件的同时,培养既掌握计算机知识又精通会计业务的复合型人才,也受到政府、学校和社会的重视。全国一些高等院校和研究所专门制定了会计电算化的教学计划。即:在研究生教育中,设立了会计电算化研究方向,通过研究生课程的学习与社会实践,培养研究生掌握计算机专业知识、会计专业知识、会计信息系统和企业管理信息系统开发等多学科的知识;在大学本科教育中,会计系各专业开设了会计电算化课程,通过学习使学生掌握计算机和会计专业基本知识,了解会计信息系统和企业管理信息系统的开发过程;掌握会计信息系统管理和维护技术,掌握计算机审计的基本内容。1995年4月,财政部拟定了《会计电算化初级培训大纲》,各级财政部门组织了培训工作,对在职财会人员、财会主管进行了培训。使在职会计人员掌握计算机和会计的基本概念,掌握财会软件和相应硬件的使用和操作,了解会计电算化工作的基本过程等,大大提高了会计人员的文化素质和业务素质,使会计电算化工作的开展和发展得到了人才方面的保证。

1.2 会计信息化系统与内部控制

1.2.1 完善的制度是实施会计信息化的前提条件

会计信息化系统使得业务可以在远离企业的终端机上瞬间完成数据处理工作，原先应当由会计人员处理的有关业务，现在可能由其他业务人员在终端机上完成，原先应当由几个部门按预定的步骤完成的业务事项，现在可能集中在一个部门甚至一个人完成。因此，要保证企业财产物资的安全完整、保证会计系统对企业经济活动反映的正确和可靠，企业内部控制制度的建立和完整就显得更为重要，内部控制制度的范围和控制程序比手工会计系统更加广泛、更加复杂。

信息化系统改变了会计凭证的形式，由于电子商务、网上交易、无纸化交易的推行，每一项交易发生时，有关该项交易的有关信息由业务人员直接输入计算机，并由计算机自动记录，原先使用的每项交易必备的各种凭证单据被取消了，原先在核算过程中进行的各种必要的核对、审核等工作有相当一部分变为由计算机自动完成了，原来书面形式的各种会计凭证转变为以文件、记录形式储存在磁性介质上，因此，信息化系统的内部控制与手工会计系统的内部控制制度有着很大的不同，控制的重点由对人的内部控制为主转变为对人、机控制为主。

1.2.2 科学管理是会计信息化的基础

信息化的根本目的是为了提升企业的管理水平、提高效益。所以，企业信息化不只是将日常工作电脑化，而更重要的是树立一种现代管理思想，掌握先进的管理工具，从而使企业管理和决策更具有科学性。会计信息化使得财务、业务、生产一体化，物流、信息流、资金流的协调一致，客观上要求企业管理更加科学，管理流程更加规范化、程序化。

1.2.3 人员是实施会计信息化的保障

在网络化的信息系统下，企业的会计人员利用计算机程序和系统的数据库来编制外部用户所需的财务报告，更重要的是，会计人员应善于解析和拓展系统输出的信息并用于重要的决策；会计人员作为重要的信息用户，由于在数据的真实性、可靠性方面具有敏感性及对内控制度比较熟悉，将会被要求参与计算机信息系统的内部控制活动。所以在会计信息化时代，对会计人员的素质要求较高，没有高素质的会计人员就无法保障会计信息化的良好实施。

1.2.4 内部信息化建设

会计信息化的核心是利用互联网系统实现会计信息资源在企业有关利益主体之间共享，使会计信息系统变得更加开放，要求会计信息在空间上必须拓展其范围，在时间上更具实时性。一方面，会计信息化要求会计数据的获取从单纯由会计部门完成，延伸到企业的各个相关部门及异地机构，实现会计与业务的一体化处理；另一方面，会计数据的输出范围更为扩大，会计信息可以在企业内部各部门之间实现共享，所以必须在企业内部实行信息化。

1.3 用友ERP-U8简介

本书通过实训研究计算机在会计中的应用，为体现较严谨的内部控制，选择用友软件为蓝本。用友ERP-U8的基本结构完善，功能全面，运行稳定。

1.3.1 财务会计领域

财务会计部分主要包括总账管理、应收款管理、应付款管理、工资管理、固定资产管理、报账中心、财务票据套打、网上银行、UFO报表和财务分析等模块。这些模块从不同的角度，实现了从预算到核算到报表分析的财务管理的全过程。其中，总账管理是财务系统中最核心的模块，企业所有的核算最终在总账中体现；应收款管理、应付款管理主要用于核算和管理企业销售和采购业务所引起的资金的流入、流出；工资管理完成对企业工资费用的计算与管理；固定资产提供对设备的管理和折旧费用的核算；报账中心是为解决单位发生的日常报账业务的管理系统；财务票据套打解决单位财务部门、银行部门以及票据交换中心对现有各种票据进行套打、批量套打和打印管理的功能需求；网上银行解决了企业足不出户实现网上支付业务的需求；UFO报表生成企业所需的各种管理分析表；财务分析提供预算的管理分析、现金的预测及分析等功能，现金流量表则帮助企业进行现金流入流出的管理与分析。通过财务会计系列的产品应用，可以充分满足企事业单位对资金流的管理和统计分析。

1.3.2 管理会计领域

管理会计部分主要包括项目管理、成本管理、专家财务分析等模块，通过项目和成本管理实现各类工业企业对成本的全面的掌控和核算；运用专家财务分析系统帮助企业对各种报表及时进行分析，及时掌握本单位的财务状况(盈利能力、资产管理效率、偿债能力和投资回报能力等)、销售及利润分布状况、各项费用的明细状况等，为企业的管理决策提供依据、指明方向。

1.3.3 供应链管理

供应链管理部分主要包括物料需求计划、采购管理、销售管理、库存管理、存货核算等模块，主要功能在于增加预测的准确性，减少库存，提高发货供货能力；减少工作流程周期，提高生产效率，降低供应链成本；减少总体采购成本，缩短生产周期，加快市场响应速度。同时，在这些模块中提供了对采购、销售等业务环节的控制，以及对库存资金占用的控制，完成对存货出入库成本的核算，使企业的管理模式更符合实际情况，制定出最佳的企业运营方案，实现管理的高效率、实时性、安全性、科学性、现代化、职能化。

1.3.4 集团财务管理

集团财务管理部分主要包括资金管理、行业报表、合并报表等模块及分行业的解决方案。资金管理实现对企业内外部资金的计息与管理；行业报表和合并报表等则为行业和集团型的用户进行统一管理提供了工具。

1.3.5　Web应用

Web应用部分实现了企业互联网模式的经营运作，主要包括了Web财务、Web资金管理、Web购销存。通过Web应用系统，实现了集团财务业务信息及时、可靠和准确，并加强了远程仓库、销售部门或采购部门的管理。

1.4　用友U872安装

1.4.1　安装前注意事项

1.4.1.1　操作系统

(1) 安装操作系统的关键补丁：Win2000—SP4＋KB835732、WinXP—SP2、Win2003—SP2；Vista—SP1。

(2) 使用Windows update进行其他所有微软补丁的更新(推荐)。

(3) Win2000的注册表空闲空间请保持在50 M以上。

(4) 英文和繁体操作系统，必须安装简体中文语言包(通过Windows安装盘进行安装)后才能正常使用U8产品。

(5) U872全面支持64位环境，推荐安装和使用服务器端产品(包括应用服务器和数据库服务器)。安装之前，需要先手工安装U872所需要的基础环境补丁和缺省组件。

(6) 如果在Vista操作系统上安装运行U872产品，建议至少配置2 G以上的内存。

1.4.1.2　数据库

如果安装数据库服务器，请先安装好数据库，U872支持以下SQLServer数据库版本：SQL2000(包括MSDE)[SP4及以上版本补丁]、SQL2005(包括EXPRESS)[SP2及以上版本补丁]和SQL2008[及以上版本]；为支持正版软件使用，更大程度地保障数据安全，同时防止相关使用盗版法律诉讼事件的发生，请联系用友分公司相关人员(销售部门、技术支持部门、实施部门)或代理商购买正版SQL软件；SQLServer各个版本的关键补丁可以从微软网站或U8安装光盘的disk2、disk3上获得，具体位置请查看安装盘内容。

(1) SQLServer的安装方法请阅读SQLServer的安装帮助，以SQL2000为例，请在SQLServer的安装界面点击“浏览安装/升级帮助”查阅，如图1.1。

(2) 简体中文数据库默认安装即可。

(3) 在繁体和英文操作系统上安装相应语言的数据库时，请选择“自定义安装”，“服务器排序规则”设置为简体中文(PRC)，安装成功后显示为Chinese_PRC_CI_AS(注：一旦安装完毕，此设置不可修改，只能在安装数据库时进行选择)。

(4) 在繁体和英文操作系统上安装数据库后，必须先将操作系统的默认语言修改为简体中文(PRC)，否则将导致U872数据库服务器无法使用。

(5) 支持数据库的多实例使用，但前提条件为必须有默认实例(包括对应的关键补丁)存在，否则将导致安装U872数据库服务器失败。

1.4.1.3　浏览器

支持微软IE浏览器IE6.0 ＋ SP1或以上版本(如IE7)使用U872的Web产品。

图 1.1

1.4.1.4 安装系统相关问题

(1) 如果选择安装 U872 服务端(如应用服务器、Web 服务器、数据服务器和文件服务器等),推荐使用 Server 版的操作系统,且磁盘分区的文件系统格式应为 NTFS。

(2) 如果选择安装应用服务器、Web 服务器或文件服务器,请先安装 IIS,否则将导致 Windows. NET Framework 2.0 不能在 IIS 上成功注册文件映射关系和系统组件,需要手工完成 IIS 文件映射配置和 aspnet_isapi. dll 的注册;IIS 组件可以通过操作系统安装盘获取;如果是 Vista 或 Windows2008,请务必手工安装 IIS,以 Vista 为例详细操作方式请查看附一 Vista 上安装 IIS 的方法。

(3) 如果选择安装数据库服务器,请按照实际业务数据量确保存储数据文件的逻辑磁盘至少有 10 G 以上的空闲空间,因 U8 产生的所有数据和临时数据均存储在这台服务器的硬盘上。

(4) 分布式安装(即不同的组件安装到不同的服务器上)时,各服务器应该在同一个域或者工作组中。

(5) 如果选择使用客户关系管理(CRM),安装客户关系管理客户端的机器必须先安装 MS OFFICE2000 或以上版本(如 OFFICE2003 等),因为它需要使用到 OFFICE 的部分组件功能。

(6) 如果选择使用生产制造,请确保 IIS Web 服务中的 Http 链接超时参数为 28 800 秒。在小于此值的情况下执行生产制造的 MPS/MRP 处理时,因服务端组件运行的时间比较长,IIS 会认为客户端异常断开连接,自动清除此客户端的会话信息,导致客户端系统异常退出。

(7) 如果已安装过 U872 之前的任何历史版本 U8 产品,请务必先通过控制面板或历史版本安装程序正常卸载(安装过补丁则先卸载补丁再卸载产品),重启机器后手工删除system32下的UFCOMSQL文件夹和整个U8安装目录(默认为U8SOFT),再进行U872的安装;(注:admin目录下的文件需要停止数据库后才可以正常删除,删除后需要再进入SQLserver“企业管理器”删除已置疑的数据库,否则会导致初始化数据库和建立账套异常失败)。

(8) 如果已安装过任何版本的U8产品(包括U872),但无法卸载或卸载失败,请先使用U872MSI清除工具(路径为DISK1\U872MSI清除工具)查找并删除相应U8产品及补丁项,并参考第7条删除相应安装内容后,再进行U872的安装。

(9) 如果已经安装了870SP1+SP2+SP3,需要按照顺序卸载SP3、SP2、SP1和U870后才能安装U872(如果是直接使用U870SP1安装盘安装的产品,需要直接通过该安装盘卸载,否则SP1将无法卸载,脚本会继续在U872建账时重复执行,导致U872新建账套使用异常)。

(10) 以上操作请在安装U872产品之前完成。

1.4.2　安装时注意事项

(1) 必须使用系统管理员或具有同等权限的操作员身份(用户ID属于操作系统Administrators组)登录操作系统进行U872的安装。

(2) 繁体和英文操作系统(没有修改过系统默认语言),如果通过网络或共享目录安装产品,会因为无法识别中文安装路径而发生无响应的情况,可以将安装盘拷贝到本地硬盘,修改安装盘所在目录名称为非中文后进行安装,或者通过设置“映射网络驱动器”后安装。

(3) 确保系统盘有1G以上的空闲空间。

(4) U872仅支持安装在由字母、数字、下划线和空格组成的目录下。

(5) U872安装盘的修改安装功能不支持从纯客户端修改安装到服务器(或增加服务器端组件),只能先卸载产品再重新安装。

(6) Win2003操作系统,如果安装了远程终端并且配置成“宽松安全模式”(英文为Application mode),在安装U872时会弹出如下所示的Windows管理员确认窗口,请确保在安装872成功并确认重启机器之后再关闭,否则将导致安装(包括组件安装)失败(默认情况下Win2003不会出现这种情况)。

(7) U872环境检测分为“基础环境”和“缺省组件”两部分,“基础环境”不符合要求,需要退出当前安装环境后手工安装所需的软件和补丁;“缺省组件”没有安装的,可以通过安装“缺省组件”功能自动安装,也可以通过系统提供的超链接打开对应的安装目录进行手工安装(注:安装“缺省组件”时可能会要求重新启动机器,请按照提示执行,否则将导致不可预期的错误和异常),如图1.2。

(8) U872环境检测过程中,如果安装缺省组件失败,请退出U872安装程序后,手工安装该组件(路径为\U872SETUP\3rdProgram)(注:如手工安装仍失败,请按照“安装前注意事项”——“操作系统”进行更新)。

(9) 安装过程中不要同时进行Windows update和其他软件的安装,避免发生冲突导致安装终止或失败。

(10) 禁止多用户同时登录和使用正在安装 U872 的机器(比如通过远程终端连接),否则将引起安装进程混乱而导致安装提前终止和异常。

(11) 通过网络共享安装 U872,如果中途网络中断,安装程序将回滚,请耐心等待回滚结束后重新安装产品,或者手工结束安装进程后重新安装产品(环境清理功能有可能提示重新启动机器)。

(12) 有的机器在安装过程中可能出现安装文件损坏、无法继续安装的情况,提示"安装所需的 CAB 文件'Product. cab'已损坏,不能使用"。这可能表示网络错误、读光盘错误或此软件包错误。

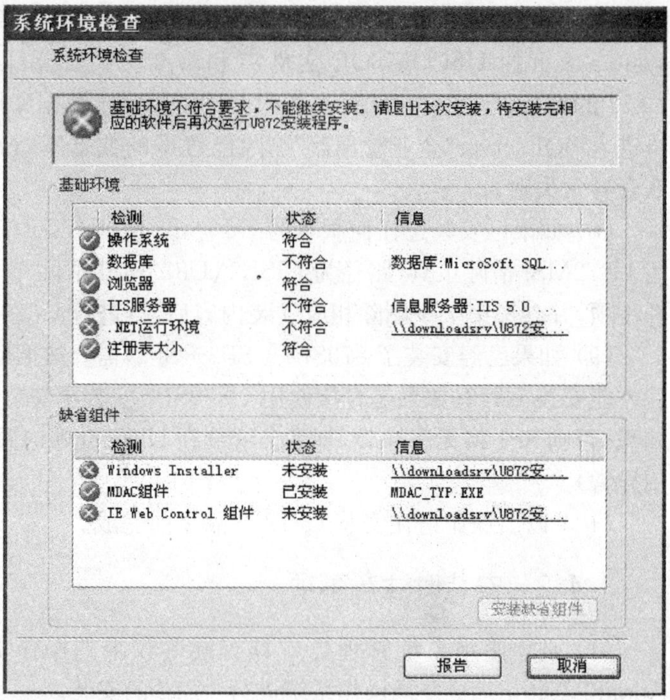

图 1.2

1.4.3 安装过程

(1) 运行 U872 安装程序,如图 1.3。

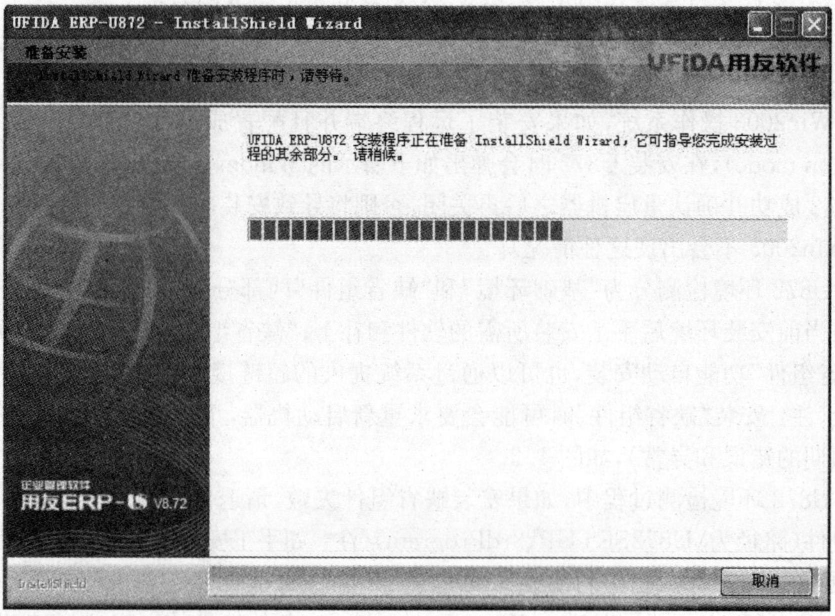

图 1.3

(2) 自动弹出安装欢迎界面，可以选择查看"安装手册"、"下一步"、"取消"操作，如图1.4。

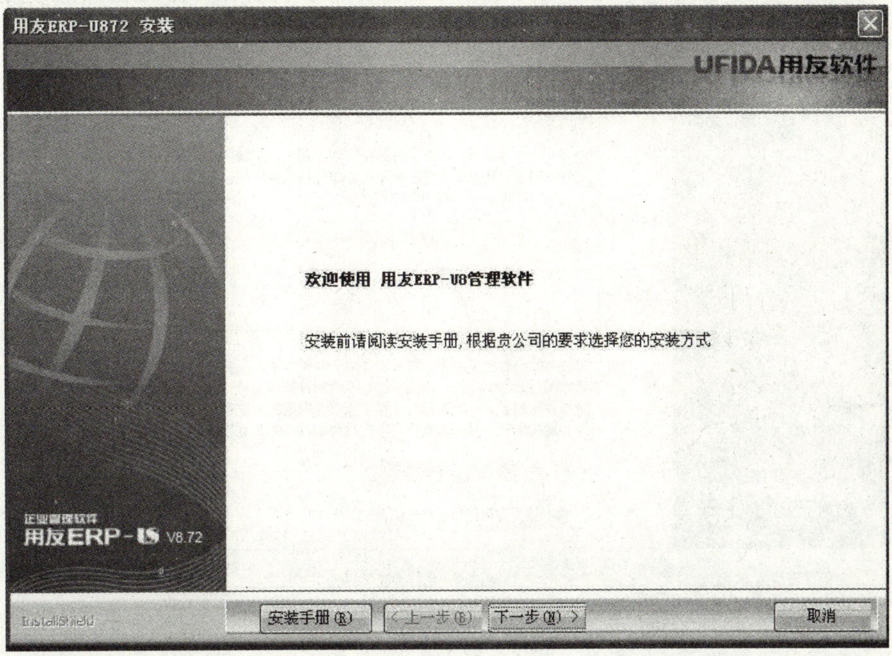
用友ERP-U872 安装
UFIDA用友软件
欢迎使用 用友ERP-U8管理软件
安装前请阅读安装手册，根据贵公司的要求选择您的安装方式
企业管理软件
用友ERP-U8 V8.72
InstallShield
安装手册(R)
< 上一步(B)
下一步(N) >
取消

图1.4

(3) 确认许可证协议，如图1.5。

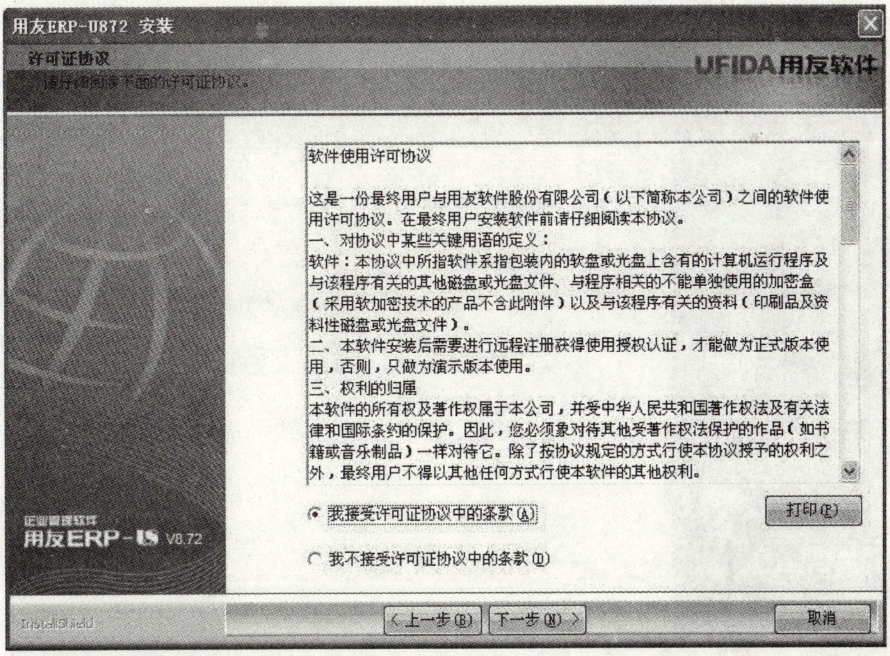
用友ERP-U872 安装
许可证协议
请仔细阅读下面的许可证协议。
UFIDA用友软件
软件使用许可协议
这是一份最终用户与用友软件股份有限公司（以下简称本公司）之间的软件使用许可协议。在最终用户安装软件前请仔细阅读本协议。
一、对协议中某些关键用语的定义：
软件：本协议中所指软件系指包装内的软盘或光盘上含有的计算机运行程序及与该程序有关的其他磁盘或光盘文件、与程序相关的不能单独使用的加密盒（采用软加密技术的产品不含此附件）以及与该程序有关的资料（印刷品及资料性磁盘或光盘文件）。
二、本软件安装后需要进行远程注册获得使用授权认证，才能做为正式版本使用，否则，只做为演示版本使用。
三、权利的归属
本软件的所有权及著作权属于本公司，并受中华人民共和国著作权法及有关法律和国际条约的保护。因此，您必须象对待其他受著作权法保护的作品（如书籍或音乐制品）一样对待它。除了按协议规定的方式行使本协议授予的权利之外，最终用户不得以其他任何方式行使本软件的其他权利。
我接受许可证协议中的条款(A)
打印(P)
我不接受许可证协议中的条款(D)
企业管理软件
用友ERP-U8 V8.72
InstallShield
< 上一步(B)
下一步(N) >
取消

图1.5

(4) 检测是否存在历史版本的U8产品，如图1.6。

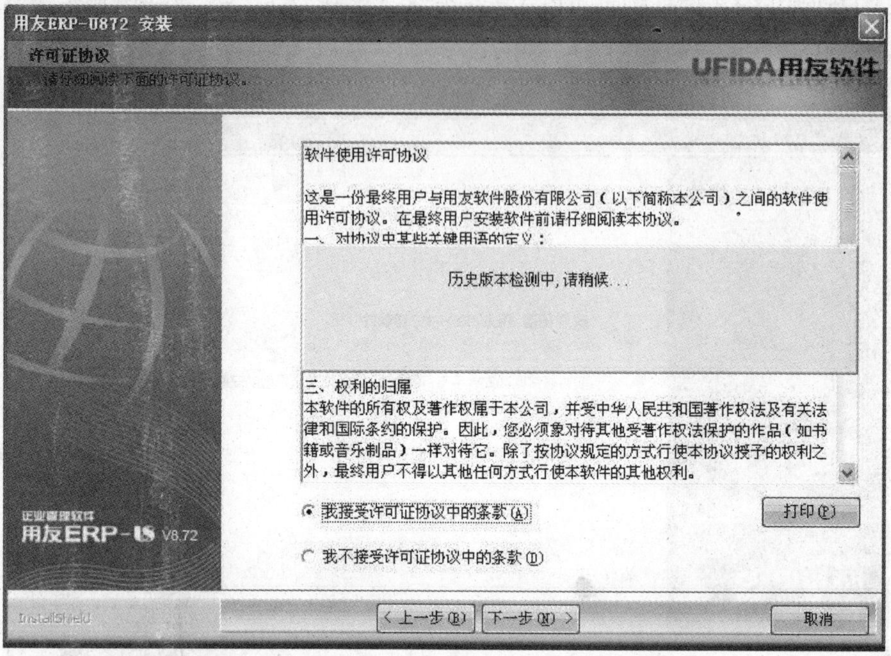
用友ERP-U872 安装
许可证协议
UFIDA用友软件
软件使用许可协议
这是一份最终用户与用友软件股份有限公司（以下简称本公司）之间的软件使用许可协议。在最终用户安装软件前请仔细阅读本协议。
历史版本检测中，请稍候...
三、权利的归属
本软件的所有权及著作权属于本公司，并受中华人民共和国著作权法及有关法律和国际条约的保护。因此，您必须象对待其他受著作权法保护的作品（如书籍或音乐制品）一样对待它。除了按协议规定的方式行使本协议授予的权利之外，最终用户不得以其他任何方式行使本软件的其他权利。
我接受许可证协议中的条款(A)
打印(P)
我不接受许可证协议中的条款(D)
企业管理软件
用友ERP-U8 V8.72
InstallShield
<上一步(B)
下一步(N)>
取消

图 1.6

(5) 提示并开始清理历史版本残留内容(清理 MSI 安装包时间较长,请耐心等待),如图 1.7 和图 1.8。

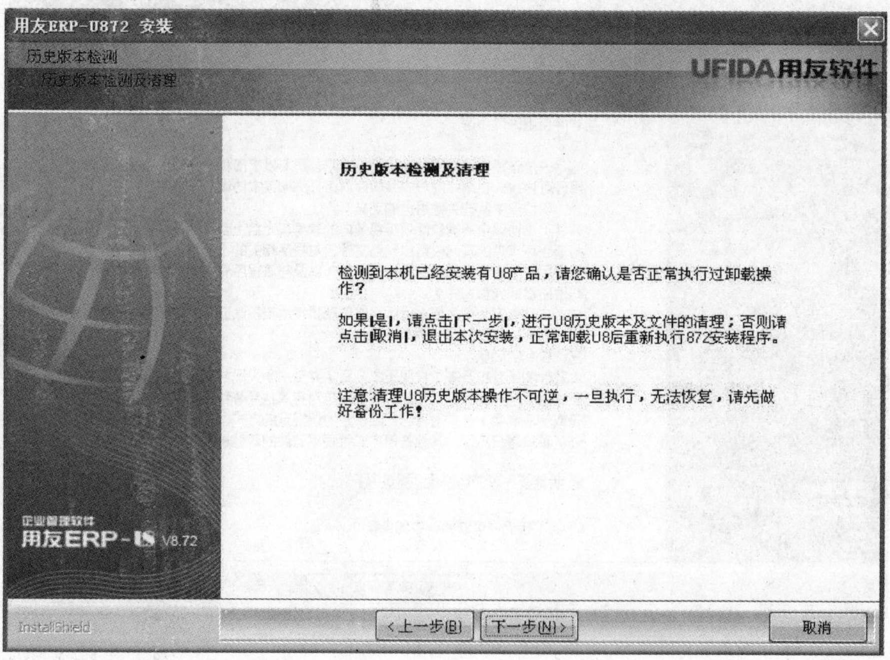
用友ERP-U872 安装
历史版本检测
历史版本检测及清理
UFIDA用友软件
历史版本检测及清理
检测到本机已经安装有U8产品，请您确认是否正常执行过卸载操作?
如果是，请点击[下一步]，进行U8历史版本及文件的清理；否则请点击[取消]，退出本次安装，正常卸载U8后重新执行872安装程序。
注意:清理U8历史版本操作不可逆，一旦执行，无法恢复，请先做好备份工作!
企业管理软件
用友ERP-U8 V8.72
InstallShield
<上一步(B)
下一步(N)>
取消

图 1.7

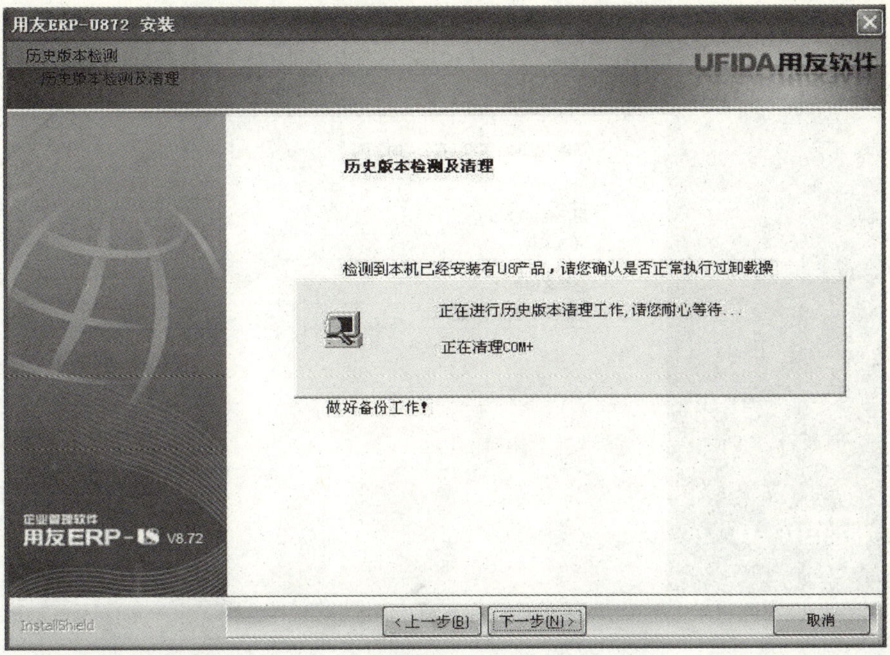

图 1.8

如果因为安装过程(包括卸载、修改或修复过程)异常中断导致失败，有可能在清理完毕后提示重新启动，按照提示操作即可，如图 1.9。

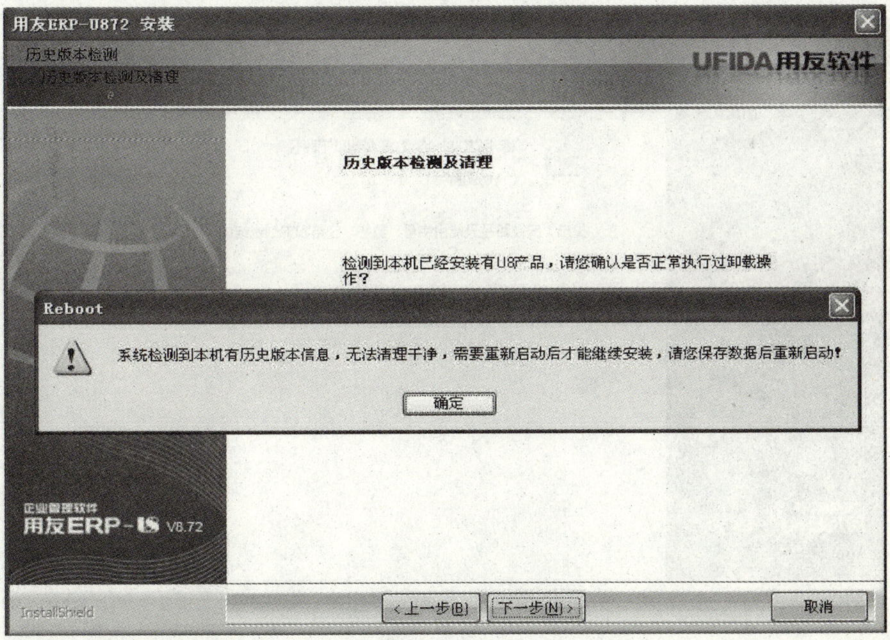

图 1.9

(6) 录入用户信息，如图 1.10。

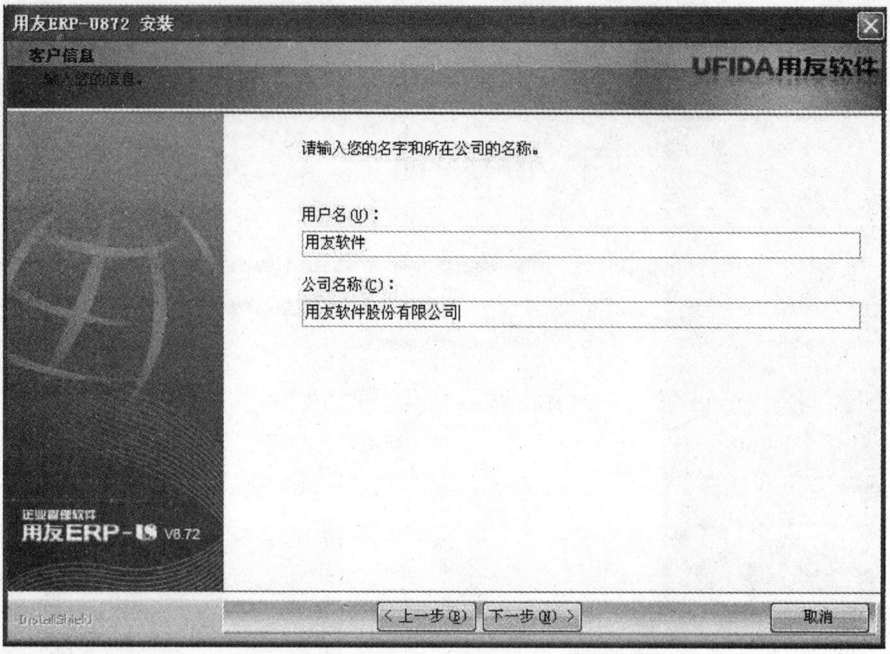

图 1.10

(7) 选择安装路径，默认系统盘的“U8SOFT”，并控制不允许安装在根目录下，如图1.11。

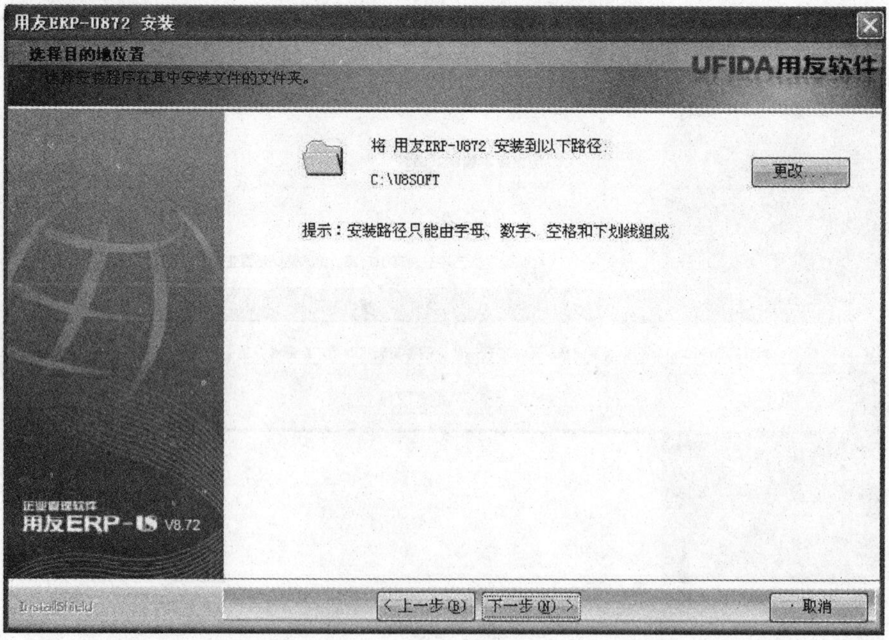

图 1.11

(8) 选择安装类型：分为“标准”、“全产品”、“服务器”、“客户端”、“自定义”五种类型。可以选择安装的语种除“标准”和“全产品”外，其他类型的安装都可以自行选择需要安装的产品内容，并根据选择计算需要的空间和可用空间，如图1.12。

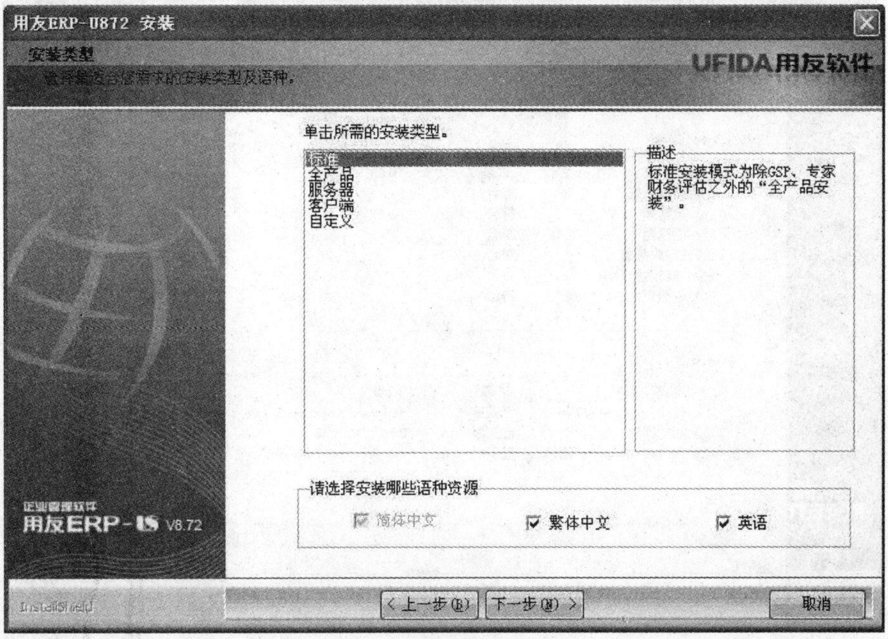

图1.12

(9) 环境检测。根据上一步所选择的安装类型及其子项检测环境的适配性，当“基础环境”和“缺省组件”都满足要求后，点击“确认”进入下一步；检测报告以记事本自动打开并显示出示检测结果，可以保存（“基础环境”需要手工进行安装，“缺省组件”可以通过“安装缺省组件”进行自动安装，也可以选择手工安装），如图1.13和图1.14。

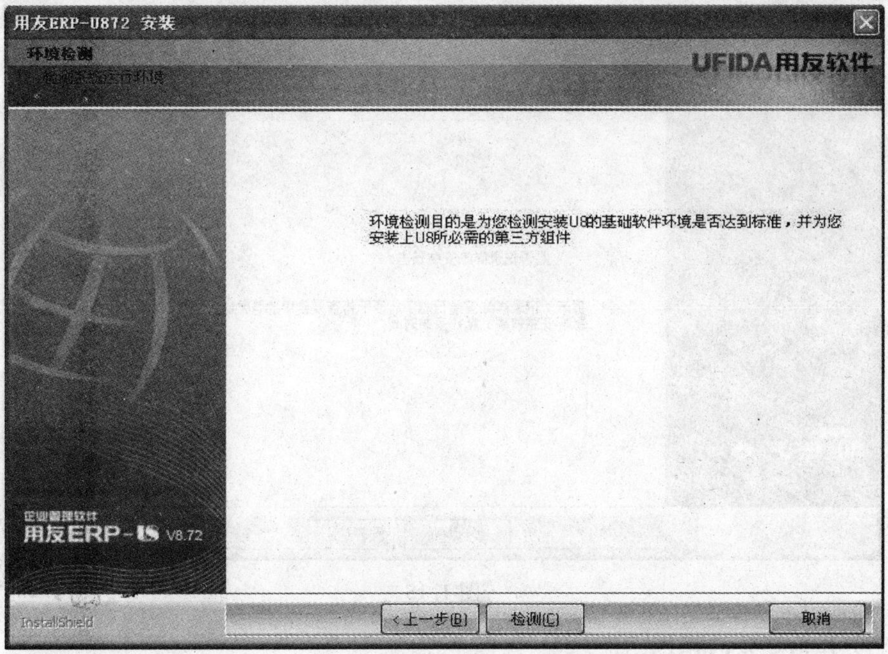

图1.13

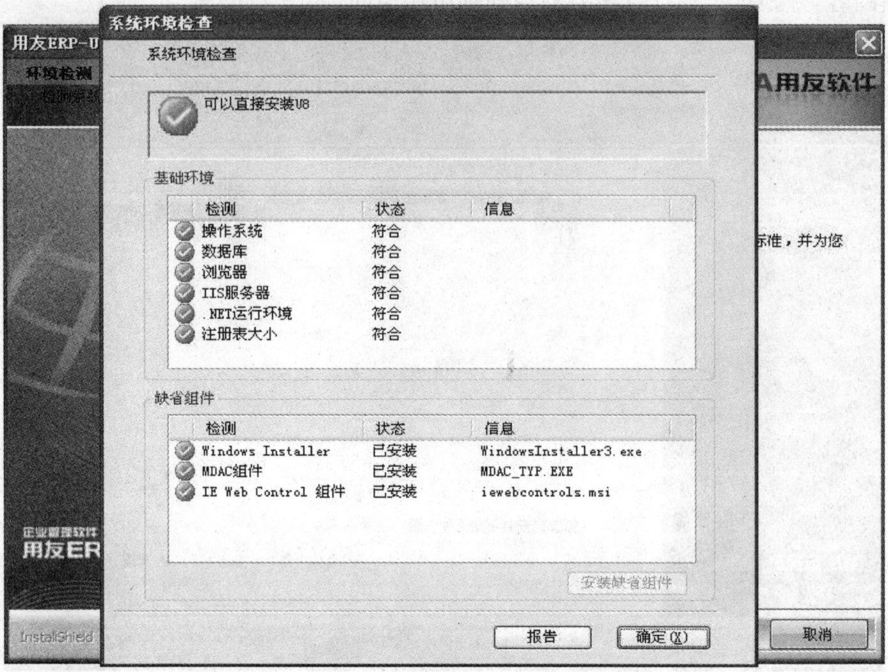

图 1.14

(10) 记录日志。可以选择是否记录安装每一个 MSI 包的详细日志,默认不勾选(勾选将延长一定的安装时间并占用部分磁盘空间,正常情况下不推荐使用),如图 1.15。

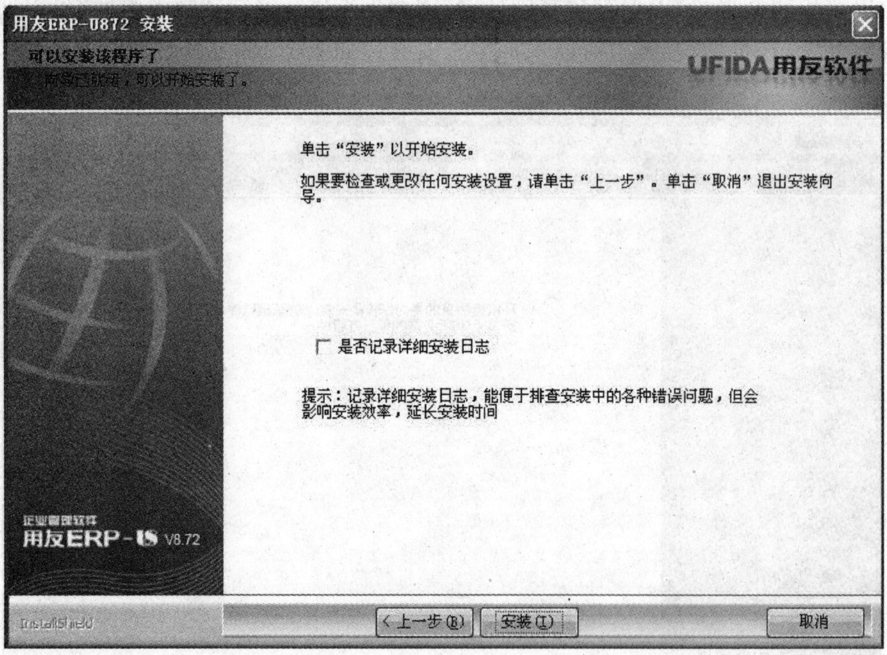

图 1.15

(11) 开始安装,如图 1.16。

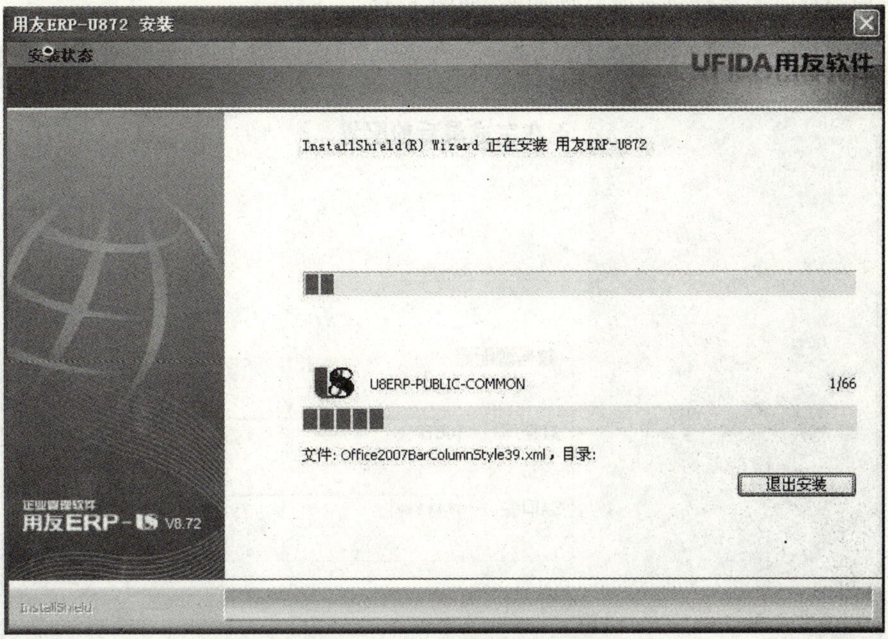

图 1.16

(12) 要求重新启动，如图 1.17。

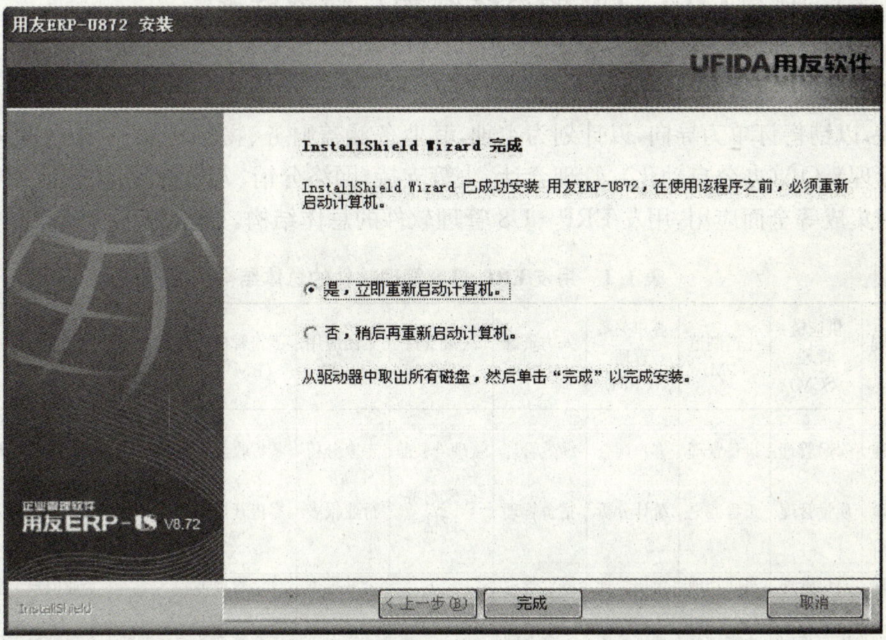

图 1.17

(13) 初始化数据库。如果选择安装的应用服务器，提供数据源的配置界面，可以测试连接性。“下一步”后开始初始化数据库。如选择安装的是数据库服务器，在初始化成功后，弹出系统管理登录界面，系统管理员登录系统管理，如检查未建账，则自动进行建账。应用服务器不再提供系统管理功能，如图 1.18。

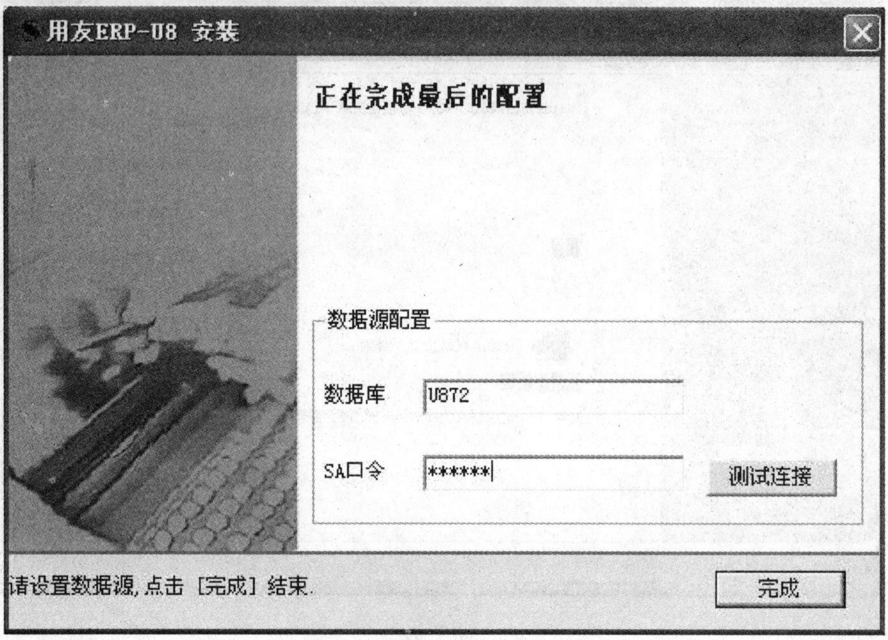

图 1.18

1.5 用友 ERP－U8 的总体结构与数据联系

用友 ERP－U8 管理软件汇聚了大量用户的应用需求，累积了丰富的行业先进企业管理经验，以销售订单为导向，以计划为主轴，其业务涵盖财务、物流、生产制造、CRM（客户关系管理）、OA（办公自动化）、管理会计、决策支持、网络分销、人力资源、集团应用以及企业应用集成等全面应用，用友 ERP－U8 管理软件的总体结构，如表 1.1。

表 1.1 用友 ERP－U8 管理软件的总体结构

财务管理（FM）	供应链管理（SCM）	生产制造（PM）	客户关系管理（CRM）	人力资源（HR）	决策支持（DSS）	集团应用（GA）	零售管理（RM）	分销管理（DM）	系统管理集成应用	办公自动化（OA）
成本管理	GSP 管理	设备管理	客户调查	绩效管理	管理驾驶舱	专家分析	零售收款	通路管理	零售接口	网络调查
资金管理	质量管理	工程变更	统计分析	宿舍管理	专家财务评估	行业报表	零售开单	供应商自助	PDM 接口	内部论坛
项目管理	出口管理	车间管理	市场管理	培训管理		合并报表	日结管理	客户商务端	企业门户	档案管理
预算管理	库存管理	生产订单	费用管理	人事合同		结算中心	店存管理	综合管理	金税接口	信息管理
网上银行	委外管理	需求规划	活动管理	保险福利		集团账务	价格管理	业务记账	Web 应用	车辆管理
UFO 报表	采购管理	产能管理	商机管理	经理查询		集团预算	折扣管理	分销业务	EAI 平台	物品管理
网上报销	销售管理	主生产计划	客户管理	考勤管理			VIP 管理		系统管理	会议管理

（续表）

财务管理（FM）	供应链管理（SCM）	生产制造（PM）	客户关系管理（CRM）	人力资源（HR）	决策支持（DSS）	集团应用（GA）	零售管理（RM）	分销管理（DM）	系统管理集成应用	办公自动化（OA）
固定资产	合同管理	物料清单		薪资管理			门店业务管理			教育培训
存货核算	售前分析			招聘管理			数据交换			知识中心
应付管理				人事信息						个人办公
应收管理										事件处理
总账管理										工作流程

由此可见，用友 ERP－U8 管理软件提供了企业信息化全面解决方案，财务管理中选择了总账管理、UFO 报表、固定资产、应收管理、应付管理、存货核算等主要模块，还包括人力资源管理中的薪资管理。供应链管理中选择了采购管理、销售管理、库存管理等主要模块。数据联系，如图 1.19。

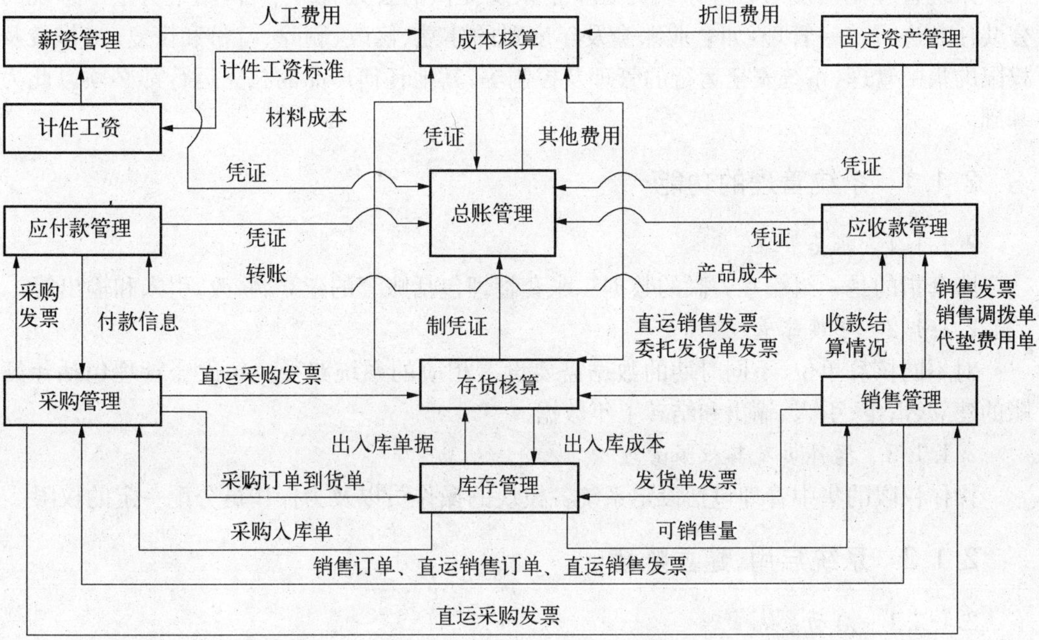

图 1.19

典型项目2 系统管理

2.1 系统管理概述

软件安装完成后,正式开始处理企业业务之前,还需要在系统中完成必需的一些基础性工作。

用友 ERP-U8 管理软件由多个子系统组成,各个子系统服务于企业的不同层面,为不同的管理需要服务。子系统本身既具有相对独立的功能,彼此之间又具有紧密的联系,它们共用一个企业数据库,拥有公共的基础信息、相同的账套和年度账,共同完成一体化的财务核算与管理工作。

系统管理是用友通管理系统为各个子系统提供的公共管理平台,用于对整个系统的公共任务进行统一管理,如企业账套及年度账的建立、修改、删除、备份和恢复,操作员及权限的集中管理、系统安全运行的管理及控制等,其他任何产品的独立运行都必须以此为基础。

2.1.1 系统管理的功能

2.1.1.1 账套管理

账套指的是一组相互关联的数据。账套管理包括账套的建立、修改、引入和输出等。

2.1.1.2 年度账管理

对不同核算单位、不同时期的数据需要设置相应的系统路径。年度账管理包括年度账的建立、清空、引入、输出和结转上年数据。

2.1.1.3 操作员及其权限管理

操作权限的集中管理包括设定系统各模块的操作员以及为操作员分配一定的权限。

2.1.2 系统启用,建立账套

2.1.2.1 启动系统管理

第一次运行用友 U8 管理软件,启动用友 U8 管理软件的“系统服务”下的“系统管理”程序,选择系统菜单的“注册”项。系统管理员的口令为空。系统将自动创建系统数据库。

2.1.2.2 建立账套

建立账套,即采用财务软件为本企业建立一套账簿文件。首次使用总账系统时,应根据企业的具体情况进行账套参数设置。

建立账套主要包括核算单位名称、所属行业、启用时间、编码规则等基础参数。账套参数决定了系统的数据输入、处理、输出的内容和形式。

(1) 设置账套信息。设置账套信息包括录入账套号、账套名称、账套路径及启用会计期。

(2) 输入单位信息。输入单位信息包括输入单位名称、单位简称、单位地址及法人代表等相关信息。

(3) 确定核算类型。确定核算类型包括本币代码、本币名称、本币类型、行业性质及账套主管。

(4) 确定分类信息。如果用户的存货、客户、供应商相对较多,可以对它们进行分类核算。

(5) 确定编码方案。确定编码方案是指设置编码的级次和各级的长度。

(6) 确定数据精度。数据精度是指定义数据的小数位数。由于各单位对数量、单价的核算精度要求不一致,为了适应不同的需求,系统提供了自定义数据精度的功能。

在系统管理部分需要设置的数据精度主要有:"存货数量小数位"、"存货单价小数位"、"开票单价小数位"、"件数小数位"和"换算率小数位"。

2.1.2.3 修改账套

经过一段时间运行,如果发现账套的某些信息需要修改或补充,可以通过修改账套功能来完成。此功能还可以帮助用户查看某个账套的信息。

(1) 注册。若当前操作员不是要被修改账套的主管,则应在"系统管理"中更换操作员。

(2) 修改账套。以要修改账套的账套主管的身份注册后,单击"账套"菜单中的"修改"选项,进入"修改账套"对话框。修改完成后,如果确认已修改的内容,应单击"完成"按钮,否则单击"放弃"按钮,放弃已经进行的修改操作。

2.1.3 操作员及权限管理

2.1.3.1 操作员的增加及修改

为了保证系统及数据的安全与保密,系统提供操作员设置功能。只有系统管理员才有权力设置操作员。因此,定义系统操作员时,必须以系统管理员的身份注册进入"系统管理",然后单击"权限"下的"用户",进入操作员管理界面,在该界面中,可以完成增加操作员、修改操作员和删除操作员的操作。

(1) 增加操作员。增加操作员包括设置操作员的编号、姓名及口令。

(2) 修改操作员。已设置操作员在使用的过程中,可以由系统管理员随时修改其姓名及口令。但操作员的编号一旦被使用则不能被修改。

系统管理员负责整个系统的总体控制和维护工作,可以管理该系统中所有的账套。

账套主管负责所选账套的维护工作。主要包括对所选账套进行修改、对年度账的管理以及该账套操作员权限的设置。

2.1.3.2 设置操作员权限

财务分工在财务软件中主要体现在两个功能上:系统管理中的操作员权限设置和总账模块中的明细权限设置。

操作员权限设置功能是用于对已设置的操作员进行赋权。只有系统管理员和该账套的主管有权进行权限设置。

明细权限设置功能是用于对总账模块中各操作员的凭证审核、科目制单及明细账查询打印权限进行设定。

1. 增加操作员权限

由于操作员权限是指某一操作员拥有某一账套的某些功能的操作权限，因此，在设置操作员和建立该核算账套之后，可以在操作员权限设置功能中对非账套主管的操作员进行操作员权限的设置。

2. 修改操作员权限

修改操作员权限包括设置或取消账套主管及删除操作员权限。

(1) 设置或取消账套主管。账套主管的设立首先在建立账套时指定，修改时由系统管理员进行账套主管的设定与放弃的操作，首先在"操作员权限"左边窗口中选择欲设定或放弃账套主管资格的操作员，然后在界面右上角选择账套，最后选中旁边的"账套主管"复选框。

(2) 删除操作员权限。系统管理员或账套主管可以对非账套主管的操作员已拥有的权限进行删除。

2.1.4 账套管理

账套是指一组相互关联的账务数据。一般来说，可以为企业中每一个独立核算的单位建立一个账套，系统最多可以建立999套账。

2.1.4.1 账套输出

账套输出即会计数据备份，是将财务软件所产生的数据备份到硬盘、软盘或光盘中保存起来。其目的是长期保存，防备意外事故造成的硬盘数据丢失、非法篡改和破坏，还可以实现删除当前输出账套的功能。

2.1.4.2 账套引入

账套引入即会计数据恢复，是指把备份数据恢复到硬盘上指定目录下。系统还允许将系统外某账套数据引入本系统中，从而有利于集团公司的操作。

2.1.5 年度账管理

每个账套中一般存放不同年度的会计数据，为方便管理，不同年度的数据存放在不同的数据表中，称为年度账。

年度账套的管理是由账套主管来完成的，包括年度账的修改、建立、引入和输出、结转上年度数据、清空年度数据等。

2.2 典型项目实训

2.2.1 项目目的

掌握用友ERP-U8软件系统管理的相关操作，理解系统管理在整个财务管理系统中的作用及重要性，充分理解财务分工的意义，了解软件维护工作在系统管理中的体现。

2.2.2 项目内容

(1) 安装财务软件。

(2) 增加操作员。

(3) 建立账套。

(4) 进行操作员分工及权限设置。

(5) 备份账套数据(输出)。

(6) 账套数据恢复(引入)。

(7) 修改账套数据。

2.2.3　项目资料

2.2.3.1　建立新账套

(1) 账套信息。账套号：800;账套名称：天津滨海机械设备有限公司;采用默认账套路径;启用会计期：2014年5月;会计期间设置：1月1日至12月31日。

(2) 单位信息。单位名称：天津滨海机械设备有限公司;单位简称：滨海机械。单位地址：天津市滨海新区;法人代表：李华;邮政编码：300456;电话：02266307894;传真：02266307895;电子邮件：TJBHJXSB@sina.com;税号：1207005486222222。

(3) 核算类型。该企业的记账本位币为人民币(RMB);企业类型为工业;行业性质为"2007新会计制度";账套主管为王红;按行业性质预置科目。

(4) 基础信息。该企业有外币核算,进行经济业务处理时,并需要对存货、客户、供应商进行分类。

(5) 分类编码方案。科目编码级次：42222;结算方式编码级次：21;其他：默认。

(6) 数据精度。该企业对存货数量、单价小数位定为2。

(7) 启用总账系统。

2.2.3.2　财务分工

(1) WH　王红(口令：111)。账套主管,具有系统所有模块的全部权限。

(2) LL　李立(口令：222)。出纳,负责出纳(即现金、银行账管理)工作,具有"总账-凭证-出纳签字"权限,具有"总账-出纳"的全部操作权限。

(3) ZY　赵雨(口令：333)。会计,负责总账系统的凭证管理工作以及客户往来和供应商往来管理工作。具有"公用目录设置"、"总账"、"ufo报表"、"薪资管理"和"固定资产"等权限。

(4) ZJ　张佳(口令：444)。采购主管,主要负责采购业务处理。具有公共单据、公用目录设置、应收款管理、应付款管理、总账、采购管理、销售管理、库存管理、存货核算的全部权限。

(5) LF　林枫(口令：555)。销售主管,主要负责销售业务处理。具有公共单据、公用目录设置、应收款管理、应付款管理、总账、采购管理、销售管理、库存管理、存货核算的全部权限。

2.2.4　项目要求

以系统管理员Admin的身份注册系统管理,仅修改账套时使用账套主管身份。

2.2.5 项目指导

2.2.5.1 启动系统管理

执行“开始”|“程序”|“用友 ERP－U872”|“系统服务”|“系统管理”命令，进入“系统管理”窗口，如图 2.1。

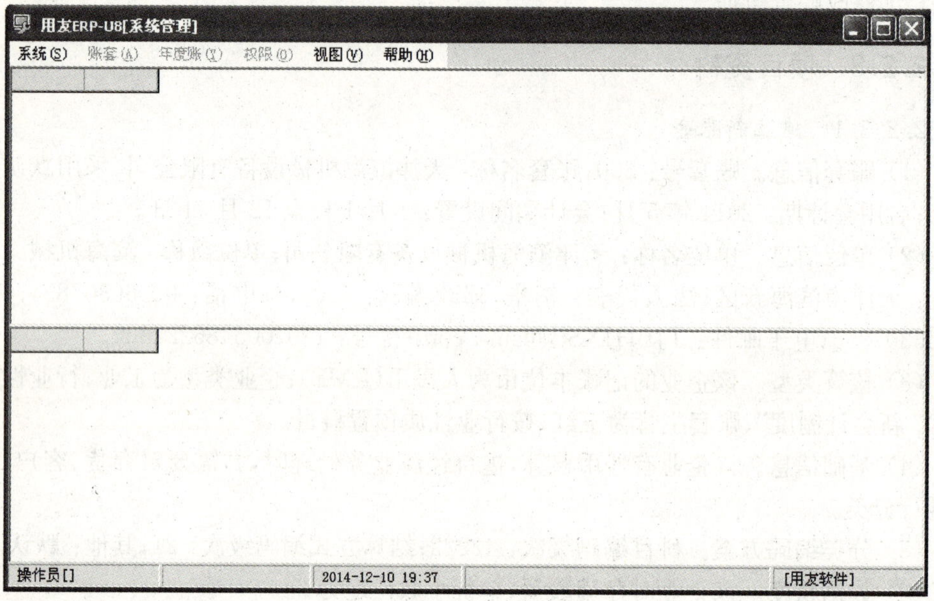

图 2.1

用友 ERP－U8 软件产品是由多个产品组成，各个产品之间相互联系、数据共享，完全实现财务业务一体化的管理。对于企业资金流、物流、信息流的统一管理提供了有效的方法和工具。

系统管理包括新建账套、新建年度账、账套修改和删除、账套备份，根据企业经营管理中的不同岗位职能建立不同角色，新建操作员和权限的分配等功能。系统管理的使用者为企业的信息管理人员：系统管理员 Admin 和账套主管。只有系统管理员用户才有权限创建新账套。

执行“系统”|“注册”命令，打开“登录”对话框，如图 2.2。

操作员：admin；密码：(空)。单击“确定”按钮，以系统管理员身份进入系统管理，如图 2.3。

注意：

● 实际工作中为了保证系统的安全性，在“系统管理员登录”对话框中，可以设置或更改系统管理员的密码。首先将“改密码”复选框选中，单击“确定”按钮，打开“设置操作员口令”对话框，在“新口令”和“确认新口令”后面的输入区中均输入新密码，最后单击“确定”按钮，返回系统管理。

● 一定要牢记设置的系统管理员密码，否则无法以系统管理员的身份进入系统管理，也就不能执行账套数据的输出和引入。

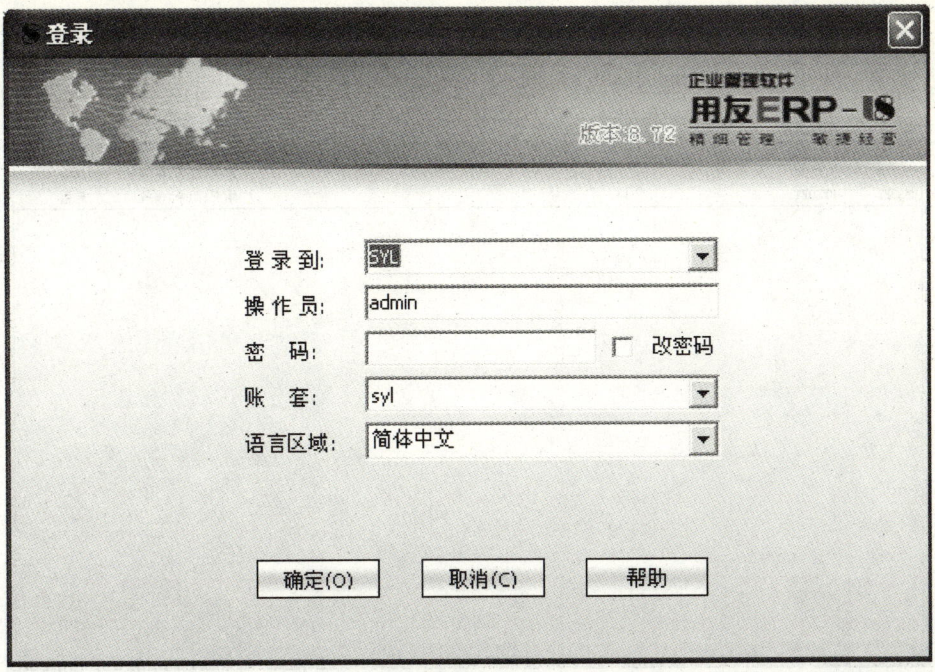

图 2.2

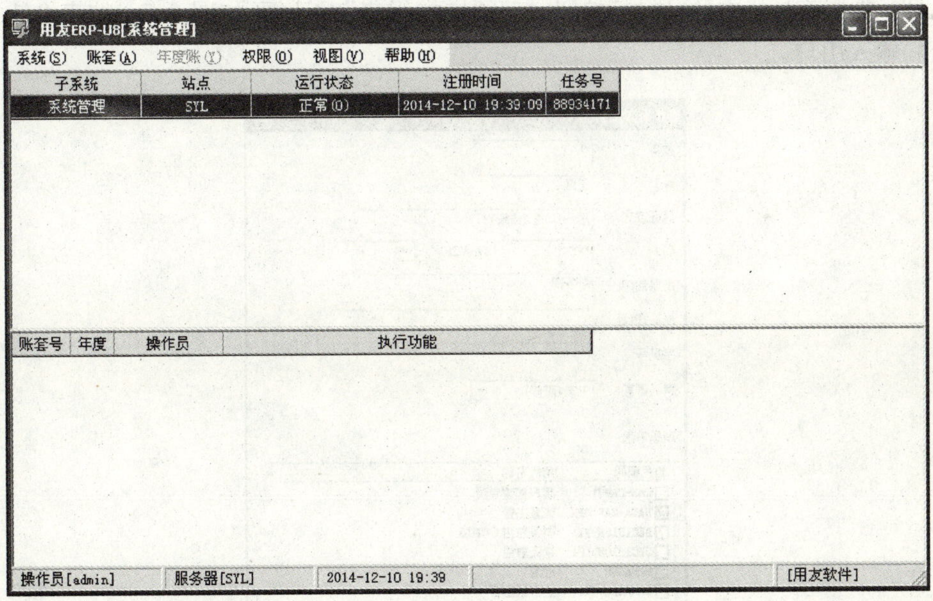

图 2.3

- 教学环境，不要设置系统管理员密码。
- 用友系统运行期间禁止修改计算机操作系统日期。

2.2.5.2　增加操作员

(1) 执行“权限”|“用户”命令，进入“操作员管理”窗口，窗口中显示系统预设的几位用户：DEMO、SYSTEM 和 UFSOFT，如图 2.4。

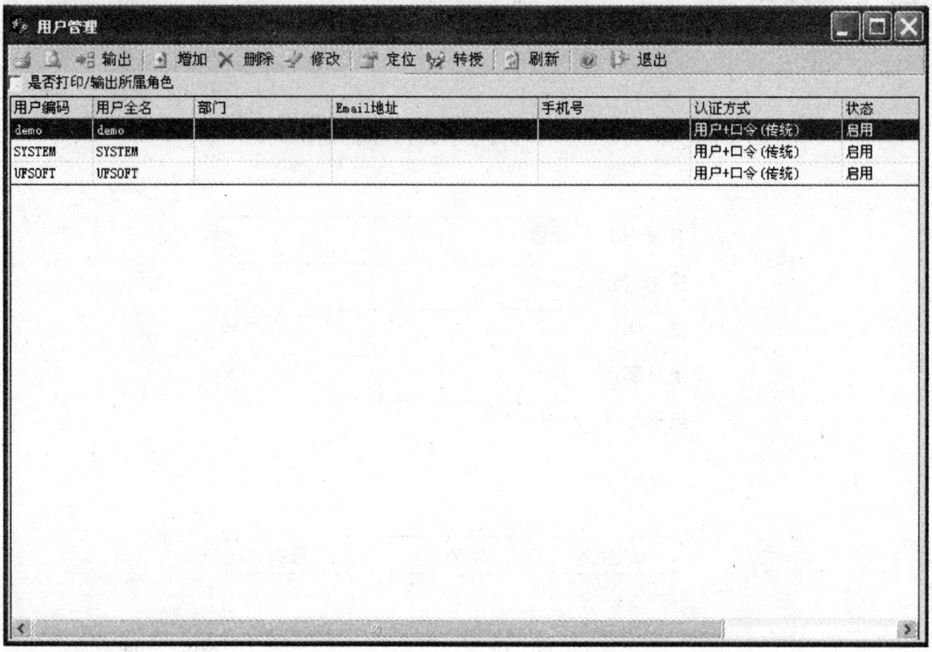

图 2.4

(2) 单击工具栏中的“增加”按钮,打开“增加用户”对话框,如图 2.5。按表 2.1 中所示资料输入用户。

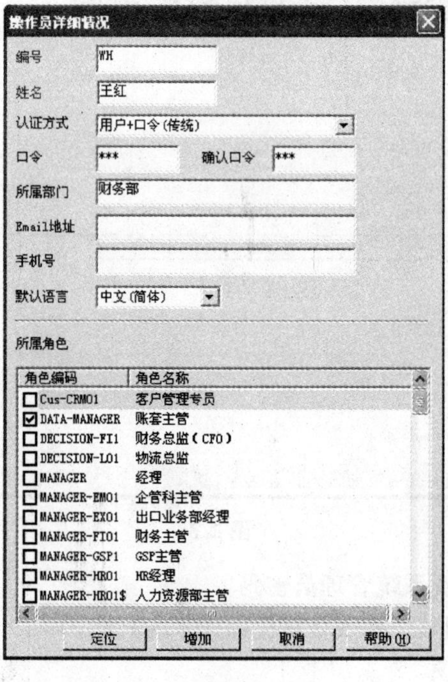

图 2.5

表 2.1 用户情况表

编 号	姓 名	口 令	确认口令	所属部门	角 色	完成操作
WH	王红	111	111	财务部	账套主管	单击“增加”按钮
LL	李立	222	222	财务部		单击“增加”按钮
ZY	赵雨	333	333	财务部		单击“增加”按钮
ZJ	张佳	444	444	采购部		单击“增加”按钮
LF	林枫	555	555	销售部		单击“增加”按钮

图 2.6 为完成后效果。

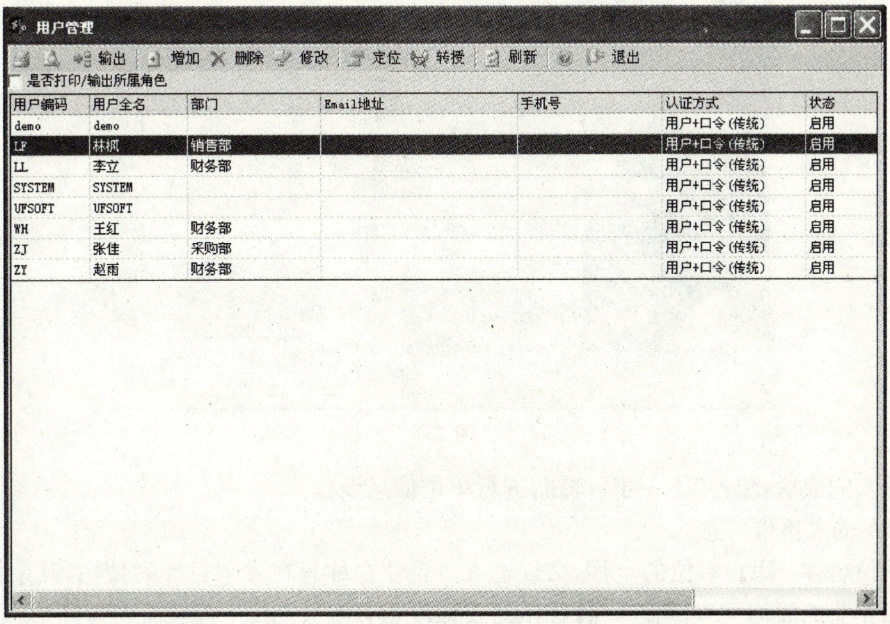

图 2.6

(3) 最后单击“取消”按钮结束,返回“用户管理”窗口。点击“退出”。

注意:

- 只有系统管理员用户才有权限设置操作员。
- 操作员编号在系统中必须唯一,即使是不同的账套,操作员编号也不能重复。
- 设置操作员口令时,为保密起见,输入的口令字以“*”号在屏幕上显示。
- 所设置的操作员用户一旦被引用,便不能被修改和删除。
- 指定“王红”为“账套主管”角色,“账套主管”角色拥有了该账套的全部功能权限。

2.2.5.3 建立账套

(1) 执行“账套”|“建立”命令,打开“创建账套”对话框。

(2) 输入账套信息。

已存账套:系统将已存在的账套以下拉列表框的形式显示,用户只能查看,不能输入或修改。

账套号:必须输入。可输入 3 个字符(只能是 001～999 之间的数字,而且不能是已存账套中的账套号)。本例输入账套号 800。

账套名称:必须输入。可以输入 40 个字符。本例输入“天津滨海机械设备有限公司”。

账套语言:用来选择账套数据支持的语种,也可以在以后通过语言扩展对所选语种进行扩充。

账套路径:用来确定新建账套将要被放置的位置,使用系统默认的路径,用户可以人工更改,也可以利用“ ... ”按钮进行参照输入。

启用会计期:必须输入。系统缺省为计算机的系统日期,更改为“2014 年 5 月”,如图 2.7。

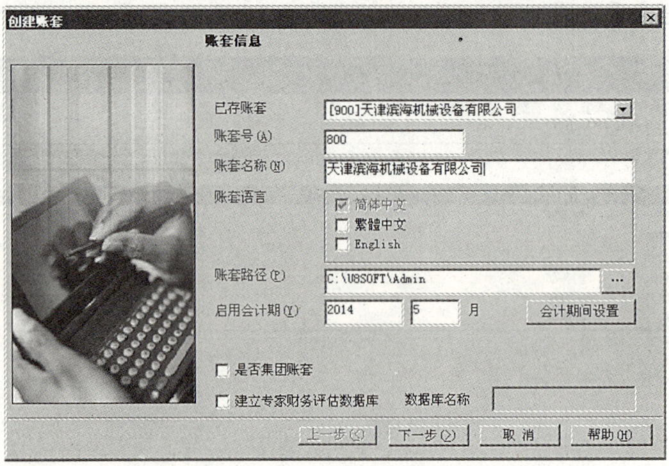

图 2.7

输入完成后,单击“下一步”按钮,进行单位信息设置。

(3) 输入单位信息。

单位名称:用户单位的全称,必须输入。企业全称只在发票打印时使用,其余情况全部使用企业的简称。本例输入“天津滨海机械设备有限公司”。

单位简称:用户单位的简称,最好输入。本例输入“滨海机械”。

其他栏目都属于任选项(不输入也可以通过),参照项目资料,如图 2.8。

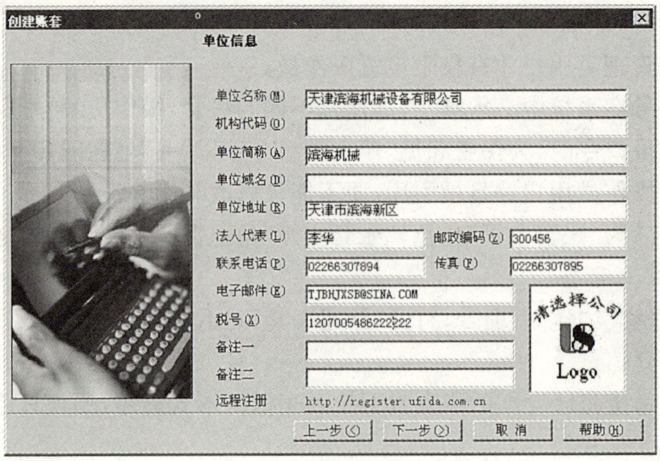

图 2.8

输入完成后，单击“下一步”按钮，进行核算类型设置。

(4) 输入核算类型。

本币代码：必须输入。本例采用系统默认值“RMB”。

本币名称：必须输入。本例采用系统默认值“人民币”。

企业类型：用户必须从下拉列表框中选择输入。系统提供了工业、商业、医药流通三种类型。如果选择工业模式，则系统不能处理受托代销业务；如果选择商业模式，委托代销和受托代销都能处理。本例选择“工业”。

行业性质：用户必须从下拉列表框中选择输入，系统按照所选择的行业性质预置科目。本例选择行业性质为“2007年新会计制度科目”。

账套主管：必须从下拉列表框中选择输入。本例选择“WH 王红”。

按行业预置科目：如果用户希望预置所属行业的标准一级科目，则选中该复选框。本例选择“按行业性质预置科目”，如图2.9。

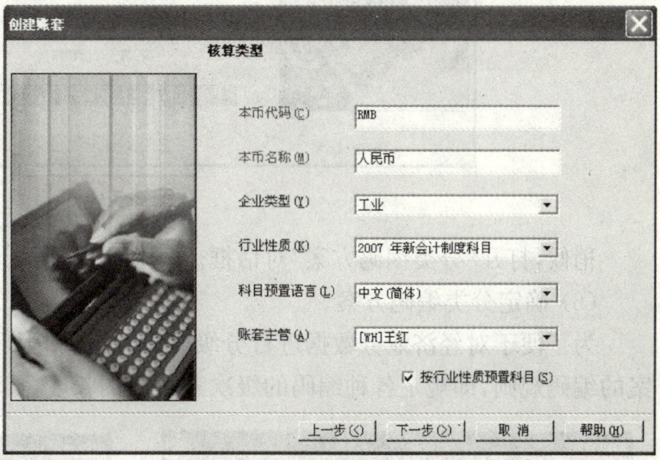

图2.9

输入完成后，单击“下一步”按钮，进行基础信息设置。

(5) 确定基础信息。

如果单位的存货、客户、供应商相对较多，可以对其进行分类核算。如果此时不能确定是否进行分类核算，也可以等到分销软件启动时再设置分类核算。

按照本例要求，选中“存货是否分类”、“客户是否分类”、“供应商是否分类”和“有无外币核算”四个复选框，如图2.10。

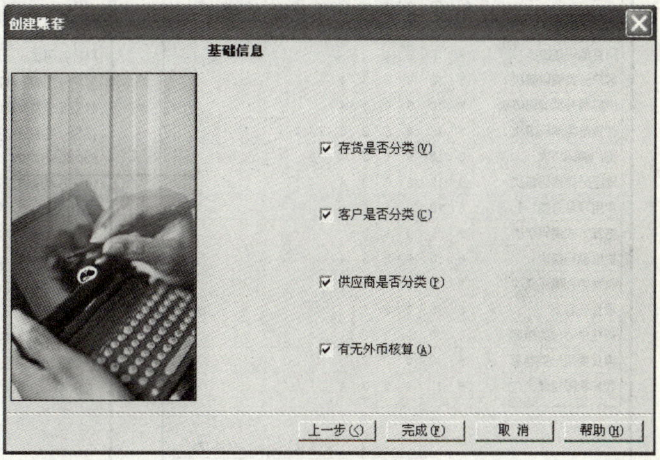

图2.10

单击“完成”按钮，弹出系统提示“可以创建账套了么?”，如图2.11和图2.12。

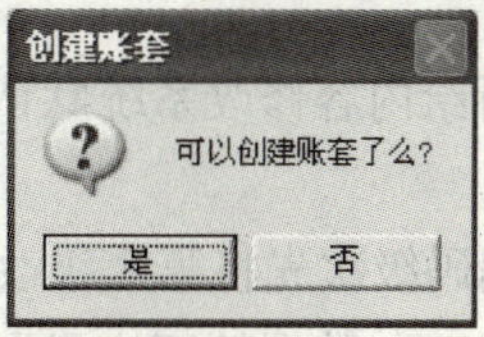

图2.11

单击“是”按钮。

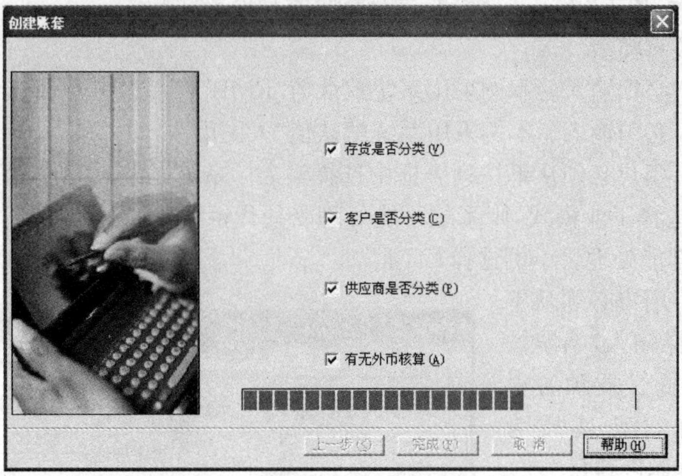

图 2.12

稍候,打开“分类编码方案”对话框。

(6) 确定分类编码方案。

为了便于对经济业务数据进行分级核算、统计和管理,系统要求预先设置某些基础档案的编码规则,即规定各种编码的级次及各级的长度,如图 2.13。

项目	最大级数	最大长度	单级最大长度	第1级	第2级	第3级	第4级	第5级	第6级	第7级	第8级	第9级
科目编码级次	9	15	9	4								
客户分类编码级次	5	12	9	2	3	4						
供应商分类编码级次	5	12	9	2	3	4						
存货分类编码级次	8	12	9	2	2	2	2	3				
部门编码级次	5	12	9	1	2							
地区分类编码级次	5	12	9	2	3	4						
费用项目分类	5	12	9	1	2							
结算方式编码级次	2	3	3	1	2							
货位编码级次	8	20	9	2	3	4						
收发类别编码级次	3	5	5	1	1	1						
项目设备	8	30	9	2	2							
责任中心分类档案	5	30	9	2	2							
项目要素分类档案	6	30	9	2	2							
客户权限组级次	5	12	9	2	3	4						

图 2.13

项目	最大级数	最大长度	单级最大长度	第1级	第2级	第3级	第4级	第5级	第6级	第7级	第8级	第9级
科目编码级次	9	15	9	4	2	2	2	2				
客户分类编码级次	5	12	9	2	3	4						
供应商分类编码级次	5	12	9	2	3	4						
存货分类编码级次	8	12	9	2	2	2	2	3				
部门编码级次	5	12	9	1	2							
地区分类编码级次	5	12	9	2	3	4						
费用项目分类	5	12	9	1	2							
结算方式编码级次	2	3	3	2	1							
货位编码级次	8	20	9	2	3	4						
收发类别编码级次	3	5	5	1	1	1						
项目设备	8	30	9	2	2							
责任中心分类档案	5	30	9	2	2							
项目要素分类档案	6	30	9	2	2							
客户权限组级次	5	12	9	2	3	4						

图 2.14

按项目资料所给内容修改系统默认值。如图 2.14。

注:

● 结算方式编码级次先将第 2 级改为:1,再将第 1 级改为:2。单击“确定”按钮,再单击“取消”按钮,打开“数据精度定义”对话框。

(7) 数据精度定义。

数据精度是指定义数据的小数位数，如果需要进行数量核算，需要认真填写该项。本例采用系统默认值，单击“确定”按钮，如图 2.15。（没有变动，可以点击取消。）

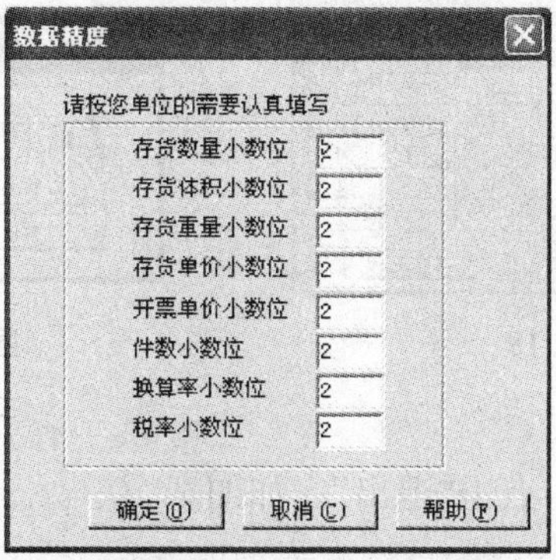

图 2.15

弹出系统提示“创建账套成功！”并问“现在进行系统启用的设置吗？”如图 2.16。

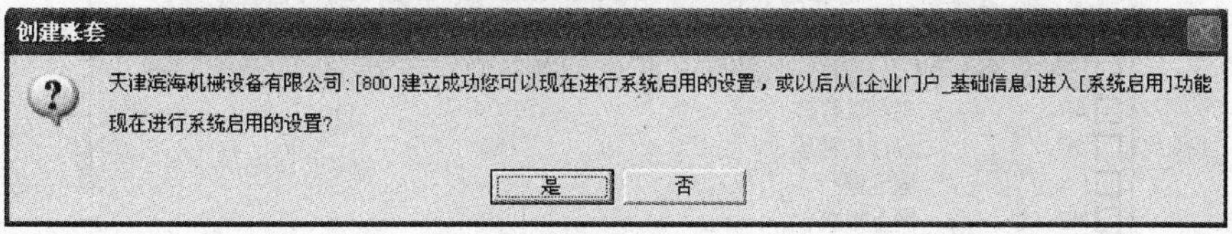

图 2.16

单击“是”，弹出“系统启用”对话框。如图 2.17。

图 2.17

点击总账的系统编码前的复选框。系统提示“日历”窗口，如图 2.18。

图 2.18

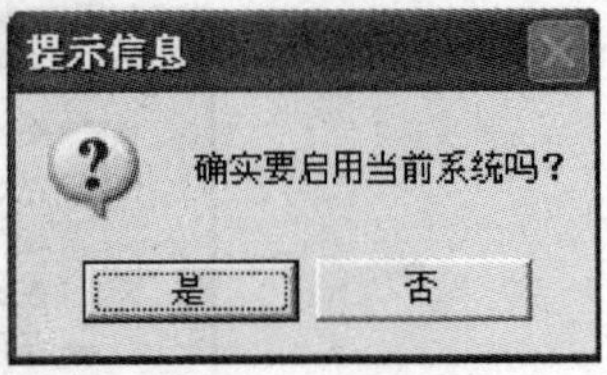

图 2.19(1)

点击"确定"，如图 2.19(1)。

单击"是"，如图 2.19(2)，点击"退出"。如图 2.20。

图 2.19(2)

单击"确定"。

2.2.5.4 财务分工

(1) 执行"权限"|"权限"命令，进入"操作员权限"窗口。

(2) 选择 800 账套，2014 年度。

(3) 从操作员列表中选择王红，"账套主管"复选框已经被选中，确定王红具有账套主管权限。

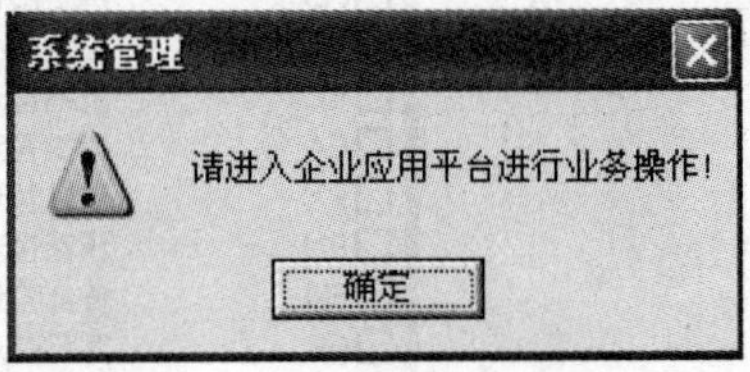

图 2.20

注意：

● 由于在建立账套时已指定"王红"为账套主管，此处无需再设置。

● 一个账套可以设定多个账套主管。

● 账套主管自动拥有该账套的所有权限。

(4) 选择李立,单击工具栏中的"修改"按钮,根据项目资料选择相应的权限项,单击"保存"按钮。如图2.21。

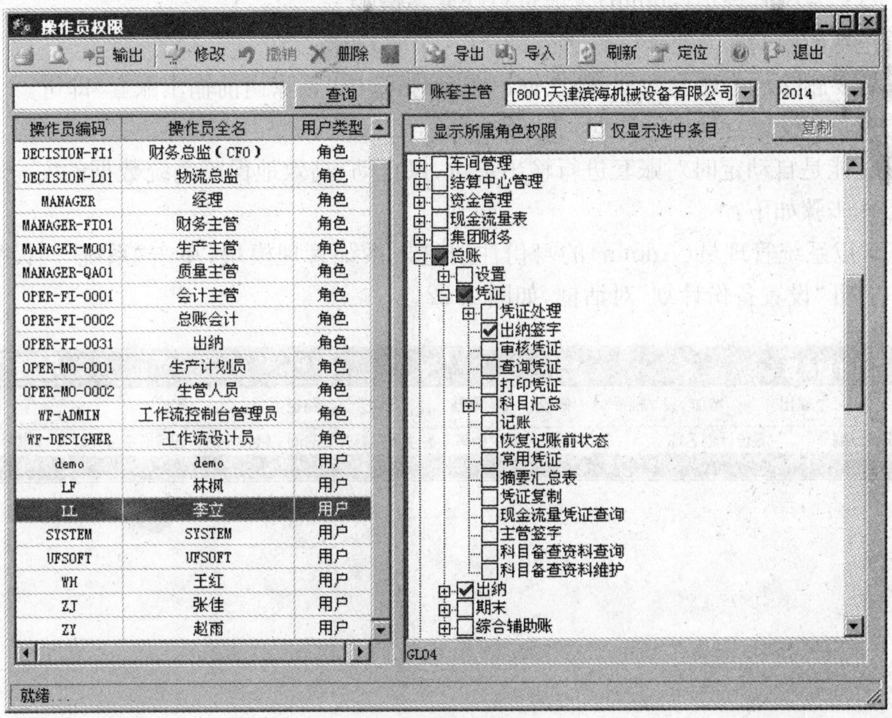

图2.21

同理,设置操作员赵雨等的权限。

(5) 单击工具栏中的"退出"按钮,返回系统管理。

2.2.5.5　备份账套数据

企业的财务信息不论是从企业自身的管理出发,还是从税务或上级主管部门的管理出发都是非常重要、不可缺失的信息。因此,我们要养成定期备份的习惯,将账套信息存储到不同的介质上,如软盘、光盘或网盘等。在难免遇到的计算机病毒、人为误操作或是地震、火灾等意外情况时,就可将数据进行恢复,即"账套引入"功能,以保证数据的安全性。账套的备份有两种方式。

方式一:手工备份方式

首先,在硬盘上,建立存放备份文件的文件夹。如"E:\800BF"。

(1) 以系统管理员的身份注册进入系统管理。

(2) 执行"账套"|"输出"命令,打开"账套输出"对话框,选择需要输出的账套800,单击"确认"按钮。

(3) 系统压缩完成所选账套数据后,弹出"选择备份目标"对话框。

(4) 单击下拉列表框,选择需要将账套数据输出的驱动器及所在文件夹,单击"确认"按钮。

(5) 系统开始进行备份,备份完成后,弹出系统提示"输出成功!"单击"确定"按钮返回。

注意：

- 只有系统管理员(admin)才能进行账套备份。
- 正在使用的账套是不允许删除的。
- 若要删除选中账套数据，则在输出账套时，选中“删除当前输出账套”即可。

方式二：设置自动备份计划

该功能是自动定时对账套进行输出备份，以自动、高效地保障系统数据的安全、稳定。具体操作步骤如下：

(1) 以系统管理员(Admin)的身份注册进入系统管理模块，单击“系统”/“设置备份计划”，打开“设置备份计划”对话框，如图 2.22。

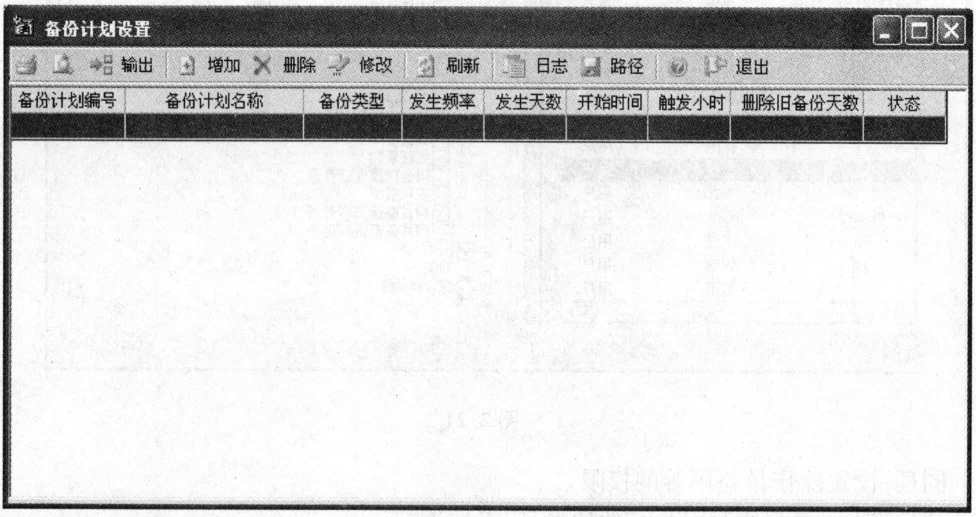

图 2.22

(2) 单击“增加”按钮，打开“增加备份计划”对话框，输入相关内容，包括：计划编号、计划名称、备份类型、发生频率、发生天数、开始时间、有效触发、保留天数、备份路径。

其中：

“备份类型”：分账套备份和年度备份。由于一个账套包含了该企业若干年度的账簿资料，因此，账套主管只能进行“年度备份”，而系统管理员可以进行[账套备份]；

“发生频率”：分“每天、每周、每月”三个选择，企业可以根据实际备份需要进行选择；

“发生天数”：是系统根据发生频率的设置，确认在每一周期中执行备份计划的具体时间，如选择“每周”为发生频率，则设置“1～31”之间的如“30”，则在每月 30 日系统进行自动备份，当 2 月份不足 30 天时，系统按最后一天进行备份。如选择“每周”，则可选择“1～7”之间数字，1 代表周一，依次类推；

“开始时间”：是指在具体发生频率的发生天数的确切备份时间，如：选择每周五的下午 5 点进行备份，则可在“发生频率”中选择“每周”，在“发生天数”中选择 5，在“开始时间”中选择 17:00:00。

2.2.5.6　账套数据引入

(1) 以系统管理员的身份注册进入系统管理。

(2) 执行“账套”|“引入”命令，打开“引入账套数据”对话框，选择需要引入的账套路径“E:\800BF”，选择账套文件“UFERPACT.LST”单击“确定”按钮。

(3) 系统提示“重新指定账套路径吗?”单击“否”按钮。

(4) 系统提示“正在引入账套，请等待……”最后提示“账套引入成功!”单击“确定”按钮。

注意：

● 只有系统管理员(admin)才能进行账套引入。

2.2.5.7　修改账套数据

如果账套启用后，需要修改建账参数，需要以账套主管的身份注册进入系统管理。

(1) 在“系统管理”窗口，执行“系统”|“注册”命令，打开“登录”对话框。

注意：

● 如果此前是以系统管理员的身份注册进入系统管理，那么需要首先执行“系统”|“注销”命令，注销当前系统操作员，再以账套主管的身份登录。

(2) 输入：操作员“WH”(或王红)；密码“111”。选择账套“800”；日期“2014-05-01”。

(3) 单击“确定”按钮，进入“系统管理”窗口，菜单中显示为黑色字体的部分为账套主管可以操作的内容。

(4) 执行“账套”|“修改”命令，打开“修改账套”对话框，可修改的账套信息以白色显示，不可修改的账套信息以灰色显示。

(5) 修改完成后，单击“完成”按钮，弹出系统提示信息“确认修改账套了么?”单击“是”按钮，确定“分类编码方案”和“数据精度定义”，单击“确认”按钮，弹出系统提示“修改账套成功!”

2.3　实战点拨

2.3.1　系统管理员与账套主管权限区别

系统允许以两种身份注册进入系统管理。

系统管理员负责整个系统的总体控制和数据维护工作，他可以管理该系统中所有的账套。以系统管理员身份注册进入，可以进行账套的建立、恢复和备份；设置操作员；指定账套主管；设置和修改用户的密码及其权限等。

账套主管负责所选账套的维护工作。主要包括对所选账套参数进行修改、对年度账的管理(包括年度账的建立、清空、恢复、备份和结转上年数据)，以及该账套操作员权限的设置。

系统管理员与账套主管在系统管理中各自所拥有的权限是不同的，为了清晰地比较两者权限的不同，我们列示表2.2。

表 2.2　系统管理员与账套主管权限比较表

主要功能	功能选项	系统管理员是否具备该权限	账套主管是否具备该权限
账　套	账套建立	具备	不具备
	账套修改	不具备	具备
	账套输出、引入	具备	不具备
	账套数据删除	具备	不具备
年度账	年度账建立	不具备	具备
	清空年度数据	不具备	具备
	年度账输出、引入	不具备	具备
	年度账数据删除	不具备	具备
系　统	结转上年数据	不具备	具备
	设置账套数据输出计划	具备	不具备
	设置年度账数据输出计划	具备	不具备
权　限	设置角色	具备	不具备
	设置用户	具备	不具备
	授权	具备	具备
视　图	刷新	具备	具备
	清除单据锁定	具备	不具备
	清除异常任务	具备	不具备
	上机日志	具备	不具备

2.3.2　操作员权限设置点拨

权限设置并不复杂，但不同软件的设计理念不同。使用时的操作方法有一定区别，因此要了解所使用软件的特点，才会得心应手。以用友软件为例：

（1）一个账套可以有若干个主管。

（2）在用友软件的权限设置中，操作员是系统的共享数据，不同账套的操作员统一在系统管理中设置，同一个操作员可以赋给不同账套的权限。即：一个操作员可以进入并使用不同的账套，这通过给操作员赋予不同账套的权限来实现。

2.3.3　建立账套的财务实务知识点

本例选择的行业性质为“2007 新会计制度科目”。企业应根据本企业所执行的会计制度来选择，如“2007 新会计制度科目”是按照 2007 年的企业会计准则确认与计量的规定制定。企业可以根据实际情况自行增设、拆分、合并会计科目。对于大型国有企业、股份制公司和已经执行 2007 年企业会计准则的企业建议使用“2007 新会计制度科目”的预置科目。对于其他企业可以使用“新会计制度科目”。

2.3.4　分类编码方案

企业可以根据企业的规模、行业和经营的特点以及自身管理的需要进行分类编码的设置。

例如：企业需要对客户进行分类管理，建立客户分类体系。可将客户按行业、地区等进行划分，设置客户分类后，根据不同的分类建立客户档案。没有对客户进行分类管理需求的用户可以不使用该项功能。客户较多，并且类型复杂，信用政策不同，客户分类的级次就多，单级最大长度编码就大，但不能超过最大长度。分类编码规则确定了，在进行客户分类时要遵守该规则。没有使用过的项目的规则可以修改，使用过的项目的规则编码为只读。

2.3.5　定期备份账套数据，只有在账套毁坏时才需引入

企业规模较大，要每天备份账套，以防账套毁坏、数据丢失。中小企业可每周或每月备份。在账套毁坏时使用恢复功能，引入最近的备份数据。

2.3.6　建立新年度核算体系

新年度到来时，应设置新年度核算体系，即设置新年度的账簿并将上年余额过渡到新年度，以便开始新的1年的核算。

年度账的管理工作由账套主管全权负责，因此需要以账套主管的身份注册进入系统管理。新年度建账流程如下所述。

(1) 年度账备份。

(2) 建立新年度账。

(3) 结转上年数据。

(4) 调整相关事项。

(5) 新年度日常业务。

2.4　实战训练

2.4.1　账套资料

请根据以下账套资料，为华新公司建立账套。

(1) 账套信息。账套号：200；账套名称：华新公司账套；账套路径默认；启用会计期：2015年1月。

(2) 单位信息。单位名称：华新公司；单位简称：华新公司。

(3) 核算类型。企业类型：工业；行业性质：新会计制度科目。

(4) 基础信息。无存货分类；无客户分类；无供应商分类；无外币核算。

(5) 分类编码方案。将会计科目编码级次设置为4-2-2-2，其他编码级次使用默认值。

(6) 数据精度。保持默认值。

(7) 系统启用。只启用总账子系统和薪资管理子系统，启用日期为2015年1月1日。

2.4.2 用户及权限

请根据以下用户和权限资料,为华新公司建立用户,并为用户分配指定的权限

编　号	姓　名	口　令	权　限
201	张　月	1	账套主管
202	王　云	2	总账、薪资管理

2.4.3 备份账套

在E盘建立新文件夹,名称:华新备份。将账套输出到“华新备份”文件夹中。

典型项目3　基础设置

用友 ERP-U8 管理软件是财务业务一体化管理系统，基础数据不仅涉及财务部门，还会涉及业务部门，因此数据收集、整理的工作量很大。

计算机信息处理的特点主要表现在：数据处理速度快，精确度高，分析统计汇总方便等，而基础档案是计算机汇总统计的依据。

用友 ERP-U8 管理软件由多个子系统构成，如总账管理系统、薪资管理系统、固定资产管理系统、购销存管理系统等等，这些子系统有很多信息是公用的，如部门、职员、会计科目等，另外也有一些基础信息为部分模块所特有，如收发类别、仓库档案等为购销存管理系统所特有。

3.1　基础设置概述

3.1.1　编码方案的设置

编码方案的设置包括科目编码、存货分类编码、地区分类编码、客户分类编码、供应商分类编码、部门编码、成本对象编码、收发类别编码和结算方式编码。

3.1.2　数据精度的设置

数据精度的设置包括存货数量小数位数、存货单价小数位数、开票单价小数位数、件数小数位数和换算率小数位数。

3.1.3　设置编码档案

设置编码档案主要包括部门档案、职员档案、客户档案、供应商档案、项目档案五部分。

3.1.3.1　部门档案

部门档案是设置会计科目中要进行部门核算的部门名称，以及要进行个人核算的往来个人所属的部门。

3.1.3.2　职员档案

设置职员档案可以方便地进行个人往来核算和管理等操作。

3.1.3.3　客户档案

企业如果需要进行往来管理，那么必须将客户的详细信息录入客户档案中。建立客户档案直接关系到对客户数据的统计、汇总和查询等分类处理。在销售管理等业务中需要处理的客户的档案资料，应先行在本功能中设定，平时如有变动应及时在此进行调整。

客户档案卡片包括“基本”、“联系”、“信用”、“其他”四张选项卡。

(1) 客户档案必须在最末级客户分类下增加。

(2) 客户分类编码必须唯一。

(3) 客户分类编码必须与所设定的编码级次结构相符。

(4) 客户编码、名称和简称必须输入,其余可以忽略。"联系"选项卡内容可以为空。

(5) 销售管理系统或应收账款核算系统启用后,"信用"选项卡中的应收余额由系统自动维护。

(6) 输入各项内容后,必须单击"保存"按钮,否则表示放弃。

3.1.3.4 供应商档案

企业如果需要进行往来管理,那么必须将企业中供应商的详细信息录入供应商档案中。建立供应商档案直接关系到对供应商数据的统计、汇总和查询等分类处理。在采购管理等业务中需要处理的供应商户的档案资料,应先行在本功能中设定,平时如有变动应及时在此进行调整。

(1) 供应商档案必须在最末级供应商分类下增加。

(2) 若无供应商分类,则将供应商归入无供应商分类。

(3) 关于设置供应商档案的详细内容请参照设置客户档案的操作步骤或参见软件中提供的帮助信息。

3.2 典型项目实训

3.2.1 项目目的

掌握用友 ERP-U8 软件系统参数设置的相关操作,理解系统参数设置在整个财务系统中的作用及重要性。

3.2.2 项目内容

分析企业组织结构,进行该企业会计信息系统整体初始化及参数设置,即:整体的基础信息设置。

(1) 建立部门档案。

(2) 建立各部门的职员档案。

(3) 分析企业销售渠道,进行客户分类及档案管理。

(4) 分析企业供应渠道,进行供应商分类及档案管理。

(5) 外币设置。

(6) 修改编码规则。

3.2.3 项目资料

3.2.3.1 企业组织结构

● 企业概况

天津滨海机械设备有限公司企业组织结构图,如图 3.1。

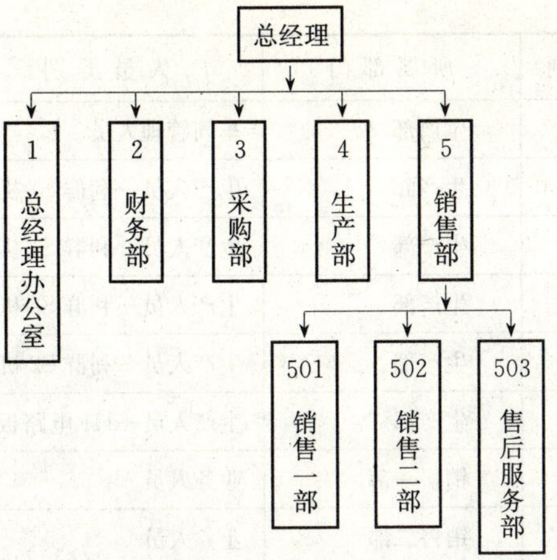

图 3.1

系统中设置如表 3.1。

表 3.1 部门名称表

部门编码	部门名称
1	总经理办公室
2	财务部
3	采购部
4	生产部
5	销售部
501	销售一部
502	销售二部
503	售后服务部

3.2.3.2 人员类别

为成本费用核算需要，在本企业“在职人员”增设下列类别：

1001 企业管理人员，1002 车间管理人员，1003 生产人员，100301 生产人员—利群 S1 机床，100302 生产人员—利群 S2 机床，100303 生产人员—H1 电路板，1004 业务人员。

以下人员全部是业务员，如表 3.2。

表 3.2 职员明细表

职员编号	职员姓名	性别	所属部门	人员类别	是否业务员	是否操作员
101	李 华	男	总经理办公室	企业管理人员	是	
102	徐 云	女	总经理办公室	企业管理人员	是	
201	王 红	女	财务部	企业管理人员	是	是
202	赵 雨	男	财务部	企业管理人员	是	是
203	李 立	女	财务部	企业管理人员	是	是
301	张 佳	女	采购部	业务人员	是	是
302	马 卿	女	采购部	业务人员	是	

（续表）

职员编号	职员姓名	性别	所属部门	人员类别	是否业务员	是否操作员
401	王　强	男	生产部	车间管理人员	是	
402	王红军	男	生产部	生产人员—利群S1机床	是	
403	李　飞	男	生产部	生产人员—利群S1机床	是	
404	张　力	男	生产部	生产人员—利群S2机床	是	
405	王利婷	女	生产部	生产人员—利群S2机床	是	
406	王祝军	男	生产部	生产人员—H1电路板	是	
501	林　枫	男	销售一部	业务人员	是	是
502	马静言	男	销售二部	业务人员	是	
503	李　新	男	销售二部	业务人员	是	
504	王知朋	男	售后服务部	业务人员	是	

3.2.3.3　地区分类（下列资料括号内内容不用输入，仅供参考）

01　华北地区　（北京市　天津市　河北省　内蒙古自治区　山西省　山东省）

02　华东地区　（上海市　安徽省　浙江省　江苏省）

03　华南地区　（广东省　福建省　海南省　广西壮族自治区）

04　华中地区　（湖北省　河南省　湖南省　江西省）

05　东北地区　（辽宁省　黑龙江省　吉林省）

06　西北地区　（陕西省　新疆维吾尔自治区　甘肃省　宁夏回族自治区　青海省）

07　西南地区　（重庆市　四川省　云南省　贵州省　西藏自治区）

08　国外

3.2.3.4　客户情况（如表3.3）

表3.3　客户情况表

客户类型	客户编码	客户名称	客户简称	地区分类	纳税人登记号	法人代表	开户银行	银行账号	地　址	邮政编码
经销	Shnj	上海农机厂	上海农机	华东地区	111235465514586	张有望	工商银行红星路支行	73853654	上海市红星路	200451
经销	Shjx	上海机械厂	上海机械	华东地区	111235125514525	李长青	工商银行复兴路支行	12256486	上海市复兴路	200897
零售	Hnfy	海南飞跃机械厂	海南飞跃	华南地区	211513254534554	吴　港	建设银行杨海支行	14068513	海口市杨海路	236510

根据客户情况，设置客户分类、地区分类和客户档案。

提示：

(1) 在客户分类中录入：01 经销；02 零售。

(2) 在客户分类档案中录入：Shnj 上海农机厂等相关资料。

3.2.3.5　供应商情况

供应商情况，如表3.4。

表 3.4　供应商情况表

供应商类型	供应商编码	供应商名称	供应商简称	属性	地区分类	纳税人登记号	法人代表	开户银行	银行账号	地　址	邮编政码
模具	Nhgj	南海工具厂	南海工具	货物、服务	华南地区	125476465514586	常青	农业银行	12492538	南海市蓝星路	510451
金属	Shld	上海铝锭厂	上海铝锭	货物	华东地区	111226525141426	王洪	工商银行	14694512	上海市复兴路	202654
配件	Fspj	佛山配件厂	佛山配件	货物	华南地区	124551325451265	洋溢	建设银行	14564511	佛山市公昂路	310050

根据供应商情况，设置供应商分类、地区分类和供应商档案。

3.2.3.6　外币及汇率

币种：美元；币符：USD；本月初记账汇率：1美元＝6.80元人民币。

3.2.4　项目要求

以“账套主管”身份进行基础设置。输出账套，以备后续项目使用。

3.2.5　项目指导

3.2.5.1　启动系统控制台

执行“开始”|“程序”|“用友 ERP－U872”|“企业应用平台”命令，打开“登录”对话框。输入：操作员“WH”；密码“111”。选择账套“800 天津滨海机械设备有限公司”；日期“2014－05－01”。单击“确定”按钮。

3.2.5.2　进行基础设置

打开“基础设置”页签，执行“基础档案”命令，在“基础档案”窗口中，双击要设置档案项目，即进入相应项目的设置界面。

3.2.5.3　按所给项目资料依次输入基础档案数据

(1) 根据结构图设置企业部门档案。编码可以按建账时设置的分类编码方案中的部门编码级次规则设置，查询编码方案，得知部门编码级次为12，即一级编码一位数，如图：1总经理办公室，2财务部等；二级编码两位数，501销售一部，502销售二部，503售后服务部……

当编码级次不够时，也可以在录入部门前修改编码设置，执行“开始”|“程序”|“用友ERP－872”|“企业应用平台”命令，点击“基础设置”|“基本信息”|“编码方案”，根据需要修改部门编码级次为122等。

(2) 人员类别。为成本费用核算需要，在本企业“在职人员”增设下列类别：

1001企业管理人员，1002车间管理人员，1003生产人员，1004业务人员。

在本企业“生产人员”增设下列类别：

100301生产人员-利群S1机床，100302生产人员-利群S2机床，100303生产人员-H1电路板。

(3) 人员档案。人员档案增加，如图3.2。

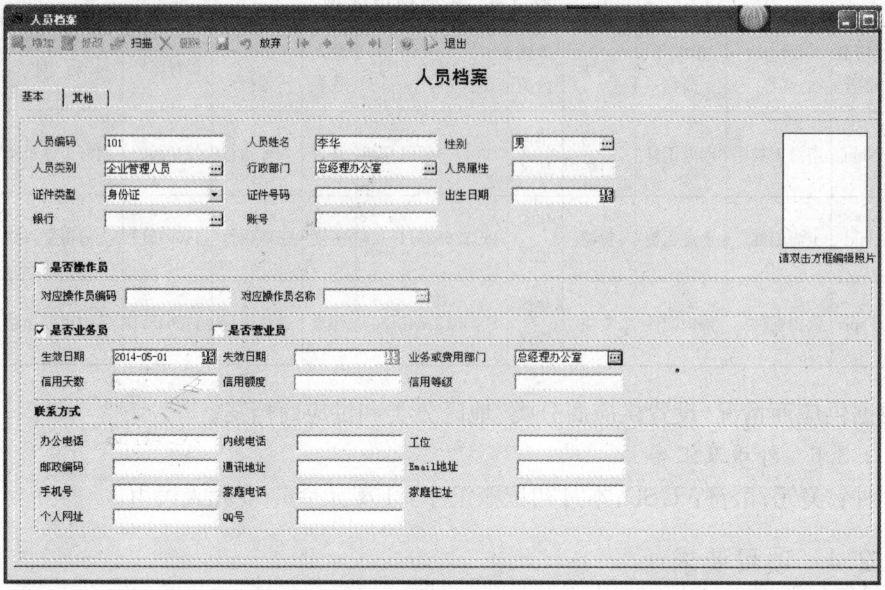

图 3.2

设置人员档案时,要了解"是否操作员"和"是否业务员"选项的意义。

第一,"是否操作员"选项的意义。职员设置的过程中是否操作员的选项,是与系统管理中的用户相对应,由于系统管理中的用户编码与人员档案中的用户编码不同,需重新选择一下对应操作员名称。(点击:对应操作员后的参照按钮,双击操作员。)

第二,"是否业务员"选项的意义。职员设置的过程中是否业务员的选项,控制着在今后的业务中,该职员在期初余额、凭证录入、出入库单等操作中是否可以使用。

注意:

- 所有档案建立时,应遵循事先设定的编码原则。
- 客户档案、供应商档案应建立在最末级分类上。

3.3 实战点拨

3.3.1 部门编码设置

由于企业运作过程中,人员机构或其他资料会有变化。因此,在建账工作完成后,还可能修改基础信息中的编码规则。例如:建账时,部门编码默认为12,意味着只有2级编码,天津滨海机械设备有限公司的组织机构如果有三层(即3级),需要返回"基础设置-基本信息-编码方案"修改,可以改为:112(或122)。

3.3.2 人员类别的设置意义

人员类别的设置影响着工资分摊时的成本去向,有着重要的意义。在工资分摊时,通过人员类别区分:同样是车间人员,其工资费用应记入制造费用还是生产成本,如图3.3。

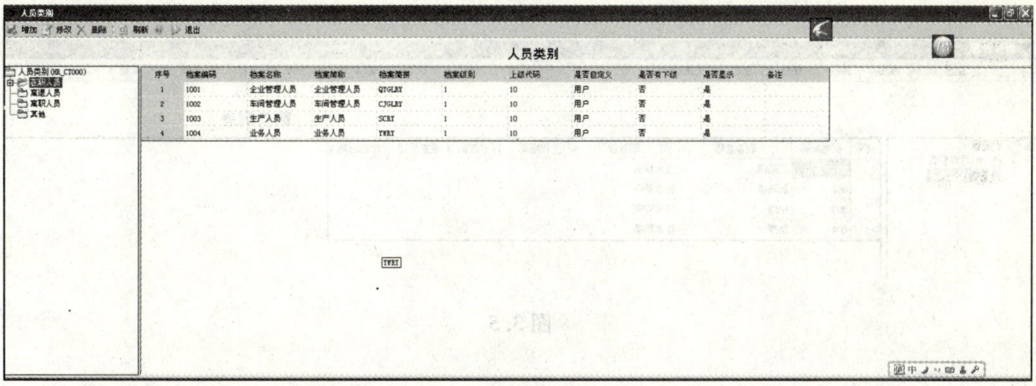

图 3.3

3.3.3　行政职务和技术职务设置在财务中的应用

在中大型企业中统一调整工资时,行政职务和技术职务通常是调整的依据,因此设置行政档案和技术档案可以作为筛选替换的条件。

(1) 行政档案,如表 3.5。

表 3.5　行政档案表

职务编码	职　务　名　称	职　务　簇
701	总经理	行政职务
702	经　理	行政职务
703	职　员	行政职务

实现如图 3.4。

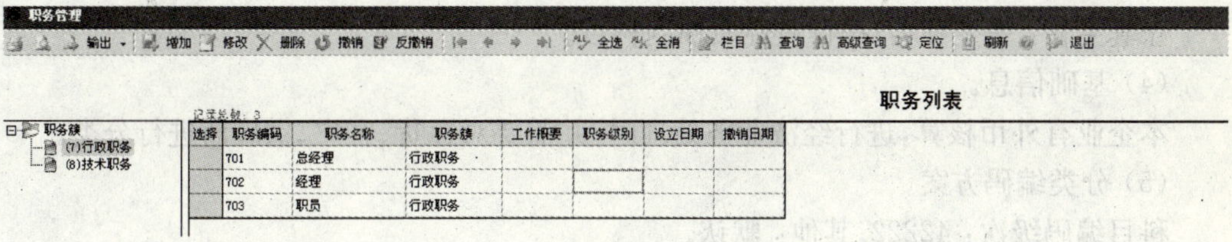

图 3.4

(2) 技术档案,如表 3.6。

表 3.6　技术档案表

职务编码	职　务　名　称	职　务　簇
801	正高级	技术职务
802	副高级	技术职务
803	中　级	技术职务
804	助　理	技术职务

实现如图 3.5。

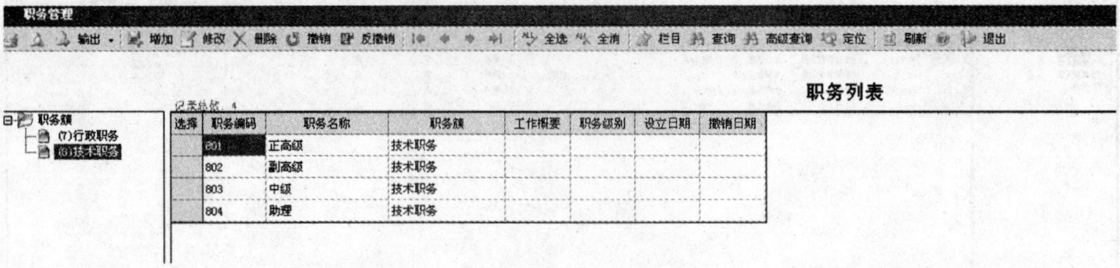

图 3.5

3.4 实战训练

3.4.1 建立账套并完成账套系统初始化(未给出信息由考生合理地自定)

(1) 账套信息。

账套号：学号后三位；账套名称："学员姓名"的账套；

账套路径：C:\ks。

启用会计期：2015 年 1 月；会计期间设置：1 月 1 日至 12 月 31 日。

(2) 单位信息。

单位名称："考生姓名"有限公司；单位简称："考生姓名"公司；

税号：120602113612017259。

(3) 核算类型。

本企业的记账本位币：人民币(RMB)；企业类型：工业；行业性质：新会计制度科目；账套主管：考生姓名；按行业性质预制科目。

(4) 基础信息。

本企业有外币核算，进行经济业务处理时，并需要对存货、客户、供应商进行分类。

(5) 分类编码方案。

科目编码级次：42222；其他：默认。

(6) 数据精度。

该企业对存货的数量、单价小数位定为 2。

3.4.2 财务分工

(1) 学员姓名(口令：1)。账套主管，具有系统所有模块的全部权限。

(2) 李凤(口令：2)。出纳，具有"总账-出纳签字"权限，具有"总账-出纳"的全部操作权限。

(3) 张芳(口令：3)。会计，具有"公用目录"、"总账"等权限。

3.4.3 部门及人员(未给出信息由考生合理地自定)

表 3.7 部门及人员

部门编号	部 门 名 称	部门人员(人员编号自定)
1	总经理办公室	王垒
2	财务部	学员姓名,李凤,张芳
3	生产部	李立,李欣
4	销售部	刘芳,王娜

3.4.4 客户类型及名称(未给出信息由考生合理地自定)

表 3.8 客户类型及名称

类型编码	类 型	客 户 名 称	客 户 简 称
01	外 地	天津海洋公司	海洋公司
02	本 地	北京远大公司	远大公司

3.4.5 供应商类型及名称(未给出信息由考生合理地自定)

表 3.9 供应商类型及名称

类型编码	类 型	客 户 名 称	客 户 简 称
01	模 型	上海模型公司	上海模型

典型项目 4　总账管理系统

4.1　总账管理初始设置

4.1.1　总账管理初始设置概述

总账初始设置的内容包括设置基础参数、会计科目、外币及汇率、凭证类别、结算方式、分类定义、编码档案、录入期初余额及设置操作员明细权限。

4.1.1.1　基础参数的设置及会计字典的建立

4.1.1.1.1　设置账簿选项

系统启用后，如果默认账套参数与实际需要不符，用户应根据实际情况，在建立账套之前应通过设置“总账系统选项”正确选择适合本单位的各种参数，以达到会计核算和财务管理的目的。

在“总账系统”窗口中，单击“设置”菜单中的“选项”，打开选项对话框，其中包含“凭证”、“账簿”、“会计日历”、“其他”四张选项卡。

(1)“凭证”选项卡。该选项卡包括“制单控制”、“凭证控制”、“凭证编号方式”、“外币核算”、“预算控制”、“客户及供应商往来款项” 区域。

(2)“账簿”选项卡。该选项卡包括“打印位数宽度”、“明细账(日记账、多栏账)打印方式”、“凭证、账簿套打”、“明细账查询权限控制到科目”、“正式账每页打印行数”区域。

(3)“会计日历”选项卡。系统自动将会计期间、开始日期和结束日期列表。此处只需用户选择“启用日期”。

(4)“其他”选项卡。该选项卡包括“数量、单价小数位及本位币精度”、“部门、个人、项目排序方式”区域。

4.1.1.1.2　定义外币及汇率

汇率管理是专为外币核算服务的。对本账套所使用的外币进行定义，在制单或进行其他有关操作时调用。

(1) 使用固定汇率的单位，在填制每月的凭证前，应预先录入该月的记账汇率。否则将会出现汇率为零的错误。

(2) 使用浮动汇率的单位，在填制当天的凭证前，应预先录入当天的记账汇率。

(3)“外币 * 汇率＝本位币”的折算方式是指直接汇率。

(4)“外币/汇率＝本位币”的折算方式是指间接汇率。

(5) 制单时使用固定汇率还是浮动汇率，需在总账系统选项“凭证”选项卡中设置。

4.1.1.1.3　建立会计科目

各单位必须根据国家会计制度的规定使用总账科目，可根据实际情况，在满足核算和管理要求以及报表数据来源的基础上，自行设定明细科目。

第一，增加会计科目。

如果用户所使用的会计科目基本上与所选行业会计制度规定的一级会计科目一致，则可以在建立账套时选择预置标准会计科目。这样，在会计科目初始设置时只需对不同的会计科目进行修改，对缺少的会计科目进行增加处理即可。

如果所使用的会计科目与会计制度规定的会计科目相差较多，则可以在系统初始设置时选择不预置行业会计科目，这样可以根据自身的需要自行设置全部会计科目。

(1) 增加明细科目时，系统默认其类型与上级科目保持一致。

(2) 已经使用过的末级会计科目不能再增加下级科目。

(3) 非末级会计科目不能再修改科目编码。

第二，修改会计科目。

如果要对已经设置完成的会计科目的名称、编码及辅助项目等内容进行修改，应在会计科目未使用之前在会计科目的修改功能中完成。

已经使用过的末级会计科目不能再修改科目编码。

(1) 已有数据的会计科目，应先将该科目及其下级科目余额清零后再修改。

(2) 被封存的科目在制单时不可以使用。

(3) 有末级科目才能设置汇总打印，且只能汇总到该科目本身或其上级科目。

(4) 只有处于修改状态才能设置汇总打印和封存。

第三，删除会计科目。

如果某些会计科目目前暂时不需用或者不适合企业科目体系的特点，可以在未使用之前将其删除。

第四，指定会计科目。

指定会计科目是指定出纳的专管科目。系统中只有指定科目后，才能执行出纳签字，从而实现现金、银行存款管理的保密性，才能查看现金、银行存款日记账。

第五，设置会计科目辅助项目。

一个科目设置了辅助核算后，它所发生的每一笔业务将会登记在总账和辅助明细账上。可以进行辅助核算的内容主要有：部门核算、个人往来、客户往来、供应商往来及项目核算等。

(1) 管理费用应设成部门核算。

(2) 生产成本设成项目核算。

(3) 应收账款设成客户往来核算。

(4) 应付账款设成供应商往来核算。

(5) 辅助账类必须设在末级科目上，但为了查询或出账方便，可以在其上级科目和末级科目上同时设置辅助账类。

4.1.1.1.4 设置凭证类别

系统提供了常用的凭证分类方式，用户可以从中选择，也可以根据实际情况自行定义。如果选择了"收款凭证 付款凭证 转账凭证"的分类方式，应根据凭证分类的特点进行相应限制条件的设置，以便提高凭证处理的准确性。

(1) 限制科目数量不限，科目间用逗号分隔。

(2) 填制凭证时,如果不符合这些限制条件,系统拒绝保存。

(3) 可以通过凭证类别列表右侧的上下箭头按钮调整明细账中凭证的排列顺序。

4.1.1.1.5 项目定义

项目核算是账务系统辅助核算管理的一项重要功能。一个单位项目核算的种类可能多种多样,比如,在建工程、对外投资、技术改造等等,为了满足企业的实际需要,在计算机账务系统中,借助于计算机处理数据的特点,设计了项目核算与管理功能,企业可以将具有相同特性的一类项目定义成一个项目大类,在总账业务处理的同时进行项目核算与管理。一个项目大类可以核算多个项目,为了便于管理,企业还可以对这些项目进行分级管理。

(1) 必须将需进行项目核算的科目设置为项目账类后,才能定义项目和目录。

(2) 如果使用存货核算系统,可以在此选择"使用存货目录定义项目",即使用存货系统中已定义好的存货目录作为项目目录。

(3) 项目大类的名称是该类项目的总称,而不是会计科目名称。如:在建工程按具体工程项目核算,其项目大类名称应为工程项目而不是在建工程。

(4) 一个项目大类可以指定多个会计科目,一个会计科目只能指定一个项目大类。

(5) 不能隔级录入分类编码。

(6) 若某项目分类下已定义项目,则不能删除,也不能定义下级分类,必须先删除项目,再删除该项目分类或定义下级分类。

(7) 不能删除非末级项目分类。

(8) 标识结算后的项目将不能再使用。

4.1.1.1.6 设置结算方式

该功能用来建立和管理在经营活动中所涉及的货币结算方式。它与财务结算方式一致,如现金结算、支票结算等。结算方式最多可以分为2级。

(1) 必须按照结算方式编码级次的先后顺序录入。

(2) 结算方式的录入内容必须唯一。

(3) 票据管理的标志可以根据实际情况选择是否需要。

(4) 结算方式的编码规则已经在建立账套时设定,如果要修改,可以在系统控制台中的基础设置中进行。

4.1.1.1.7 设置明细权限

操作员权限已在"操作员权限设置"中进行了设置,"设置明细权限"功能主要用于对某一功能权限的进一步细化,如制单权限控制到科目、凭证审核权限控制到操作员、明细账查询权控制到科目等。

第一,明细账科目权限设置。

本功能是查询和打印明细账权限的一个补充。一般说来,凡是拥有查询明细账权限的操作员都可以查询所有科目的明细账,但是有些时候,希望对查询和打印权限作进一步细化,如只允许某操作员查询或打印某科目明细账,而不能查询或打印其他科目的明细。这种情况下,可以通过此功能进行设置。

(1) 选择一级科目,拥有对其下级科目的明细账的查询权。

(2) 将科目的查询权限设置到末级，则只能查询末级科目的明细账。

(3) 在月份综合明细账中，可查询所有科目，不受此权限的设置。

(4) 若希望每个操作员都可查询所有科目的明细账，可在“总账系统”窗口中，单击“设置”菜单中的“选项”，打开“账簿”选项卡，取消“明细账查询权限控制到科目”的设置即可。

第二，凭证审核权限设置。

本功能是凭证审核权限的一个补充。一般说来，凡是拥有凭证审核权限的操作员都可以审核其他所有操作员填制的凭证，但是有些时候，希望审核权限作进一步细化，如只允许某操作员审核其本部门的操作员填制的凭证，而不能审核其他部门操作员填制的凭证。这种情况下，可以通过此功能进行设置。

第三，制单科目权限设置。

本功能是制单权限的一个补充。一般说来，凡是拥有制单权限的操作员都可以使用所有科目填制凭证，但是有些时候，希望对制单权限作进一步细化，如只允许某操作员使用某些科目填制凭证。这种情况下，可以通过此功能进行设置。

4.1.1.2　期初余额的录入

为了保证会计数据连续完整，并与手工账簿数据衔接，账务系统第一次投入使用前还需要将各种基础数据录入系统。这些基础数据主要是各明细科目的年初余额和系统启用前各月的发生额。其上级科目的余额和发生额由系统自动进行汇总。

在输入期初数据时，如果某一科目设置了辅助核算类别，还应输入辅助核算类别的有关初始余额。

4.1.1.2.1　录入基本科目余额

在开始使用总账系统时，应先将各账户启用月份的月初余额和年初到该月的借贷方累计发生额计算清楚，并输入到总账系统中。

如果是年初建账，可以直接录入年初余额；如果是在年中建账，则可录入启用当月(如 4 月)的期初余额及年初未用的月份(即 1～3 月)的借、贷方累计发生额，系统自动计算年初余额。

(1) 如果某科目为数量、外币核算，应录入期初数量、外币余额，而且必须先录入本币余额，再录入外币余额。

(2) 非末级会计科目余额不用录入，系统将根据其下级明细科目自动汇总计算填入，其数据栏为黄色。

(3) 出现红字余额用负号输入。

(4) 修改余额时，直接输入正确数据即可，然后单击“刷新”按钮进行刷新。

(5) 凭证记账后期初余额变为浏览只读状态，不能再修改。

4.1.1.2.2　录入个人往来科目余额

如果某科目涉及个人往来辅助核算，则需在系统打开的“个人往来期初”对话框中输入相关信息。

4.1.1.2.3　录入项目科目余额

如果某科目涉及项目辅助核算，则需在系统打开的“项目参照”对话框中输入相关的信息。

4.1.1.2.4 录入单位往来科目余额

如果某科目涉及客户供应商辅助核算,则需在系统打开的"客户往来期初"或"供应商往来期初"对话框中输入相关的信息。

4.1.1.2.5 调整余额方向

在录入会计科目余额时,系统提供了调整余额方向的功能,即在还未录入会计科目余额时如果发现会计科目的余额方向与系统设置的方向不一致时可以将其方向调整。

4.1.1.2.6 试算平衡

期初余额及累计发生额输入完成后,必须依据"资产=负债+所有者权益+收入-成本费用"的原则进行试算平衡。校验工作由计算机自动完成。

4.1.2 典型项目实训 子项目1 初始设置

4.1.2.1 项目目的

掌握用友ERP-U8软件中总账系统初始设置的相关内容,理解总账系统初始设置的意义,掌握总账系统初始设置的操作方法。

4.1.2.2 项目内容

(1) 总账系统控制参数设置。

(2) 基础档案设置:会计科目、指定科目、凭证类别、项目设置、结算方式、明细权限。

(3) 期初余额录入。

4.1.2.3 项目要求

以账套主管的身份进行初始设置。以系统管理员身份进行账套输出,以供后续项目使用。

4.1.2.4 项目资料

1) 总账控制参数,如表4.1。

表4.1 总账控制参数表

选项卡	参数设置
凭证	制单序时控制 支票控制 赤字控制资金及往来科目,提示 可以使用应收、应付、存货的受控科目 凭证编号由系统编号
账簿	默认
凭证打印	打印凭证的制单、出纳、审核、记账等人员姓名
预算控制	专家财务评估
权限	凭证审核控制到操作员 出纳凭证必须经出纳签字 允许修改、作废他人填制的凭证 明细账查询权限控制到科目 可查询他人凭证

（续表）

选 项 卡	参 数 设 置
会计日历	会计日历为 1 月 1 日至 12 月 31 日 数量小数位和单价小数位设为 2 位
其 他	部门、个人、项目按编码方式排序 外币核算采用固定汇率

2）基础数据。

(1) 2014 年 5 月份会计科目及余额表，如表 4.2。

表 4.2　会计科目及余额表

科 目 名 称	方向	币别/计量	辅助账类型	累计借方	累计贷方	期初余额
库存现金(1001)	借			100 000.00	186 355.56	1 083.00
银行存款(1002)	借			2 000 000.00	5 000 000.00	2 000 000.00
工商银行 RMB(100201)	借			2 000 000.00	5 000 000.00	1 562 000.00
中国银行 USD(100202)	借			—	—	438 000.00
	借	美元		—	—	64 411.76
其他货币资金(1012)	借			—	—	100 000.00

指定“库存现金”科目为现金总账科目，“银行存款”科目为银行总账科目。指定“库存现金”、“工商银行 RMB”、“中国银行 USD”、“其他货币资金” 科目为现金流量科目，如表 4.3。

表 4.3　会计科目及余额表

科 目 名 称	方向	币别/计量	辅助核算	累计借方	累计贷方	期初余额
交易性金融资产(1101)	借			—	—	800 000.00
应收账款(1122)	借		客户往来	500 000.00	140 000.00	500 000.00
预付账款(1123)	借		供应商往来	5 000.00	—	5 000.00
其他应收款(1221)	借			280 000.00	—	280 000.00
保险公司(122101)	借			200 000.00	—	200 000.00
备用金(122102)	借		部门核算	78 000.00	—	78 000.00
职工个人借款(122103)	借		个人往来	2 000.00	—	2 000.00
原材料(1403)	借			12 000.00	12 000.00	590 000.00
S1 型配件(140301)	借			3 500.00	1 000.00	100 000.00
	借	箱		35.00	10.00	1 000.00
S2 型材料(140302)	借			8 000.00	10 000.00	400 000.00
	借	千克		4 000.00	5 000.00	200 000.00
L1 型材料(140303)	借			500.00	1 000.00	90 000.00
	借	米		50.00	100.00	9 000.00
材料成本差异(1404)	借			—	—	—

（续表）

科目名称	方向	币别/计量	辅助账类型	累计借方	累计贷方	期初余额
库存商品(1405)	借			2 120 000.00	1 070 000.00	1 670 000.00
	借	件	项目核算	812.00	606.00	411.00
周转材料(1411)	借			—	—	10 000.00
持有至到期投资(1501)	借			215 000.00	—	2 000 000.00
长期股权投资(1511)	借			—	—	2 000 000.00
固定资产(1601)	借			—	—	21 500 000.00
累计折旧(1602)	贷			—	403 644.44	5 920 083.31
无形资产(1701)	借			—	—	1 200 000.00
S1 专利技术(170101)	借			—	—	1 200 000.00
累计摊销(1702)	贷			—	40 000.00	190 000.00
短期借款(2001)	贷			—	—	3 000 000.00
中国银行 USD(200101)	贷			—	—	3 000 000.00
	贷	美元		—	—	441 176.47
应付票据(2201)	贷			—	—	—
应付账款(2202)	贷		供应商往来	—	200 000.00	200 000.00
预收账款(2203)	贷		客户往来			
应付职工薪酬(2211)	贷					
应交税费(2221)	贷			6 000.00	6 000.00	5 000.00
应交增值税(222101)	贷				—	—
进项税额(22210101)	贷			—	—	—
销项税额(22210102)	贷			—	—	—
未交增值税(222102)	贷			6 000.00	6 000.00	5 000.00
长期借款(2501)	贷			2 100 000.00	—	5 520 999.69
应付债券(2502)	贷			—	—	—
实收资本(4001)	贷			—	—	22 000 000.00
中国机械(400101)	贷			—	—	12 000 000.00
中国重工(400102)	贷			—	—	10 000 000.00
资本公积(4002)	贷			—	—	150 000.00
盈余公积(4101)	贷			—	—	—
一般风险准备(4102)	贷			—	—	—
本年利润(4103)	贷			—	600 000.00	600 000.00
利润分配(4104)	贷			400 000.00	—	400 000.00
未分配利润(410401)	贷			—	—	400 000.00
库存股(4201)	借			—	—	—
生产成本(5001)	借		项目核算	2 020 000.00	1 700 000.00	5 330 000.00

（续表）

科目名称	方向	币别/计量	辅助账类型	累计借方	累计贷方	期初余额
直接材料(500101)	借		项目核算	2 020 000.00	1 700 000.00	5 330 000.00
直接人工(500102)	借		项目核算	—	—	—
制造费用(500103)	借		项目核算	—	—	—
制造费用(5101)	借			—	—	—
办公费(510101)	借			—	—	—
职工薪资(510102)	借			—	—	—
折旧(510103)	借			—	—	—
主营业务收入(6001)	贷		项目核算	2 050 000.00	2 050 000.00	—
	贷	件		156.00	156.00	—
主营业务成本(6401)	借		项目核算	1 070 000.00	1 070 000.00	—
	借	件		156.00	156.00	—
其他业务成本(6402)	借			—	—	—
营业税金及附加(6403)	借			8 000.00	8 000.00	—
销售费用(6601)	借			—	—	—
办公费(660101)	借		部门核算	—	—	—
职工薪资(660102)	借			—	—	—
折旧(660103)	借			—	—	—
管理费用(6602)	借			312 000.00	312 000.00	—
办公费(660201)	借		部门核算	112 000.00	112 000.00	—
职工薪资(660202)	借					—
折旧(660203)	借			200 000.00	200 000.00	—
财务费用(6603)	借			60 000.00	60 000.00	—
利息支出(660301)	借			60 000.00	60 000.00	—
汇兑损益(660302)	借			—	—	—
营业外支出(6711)	借			—	—	—
所得税费用(6801)	借			—	—	—

(2) 凭证类别，如表4.4。

表4.4　凭证类别表

凭证类别	限制类型	限制科目
收款凭证	借方必有	1001 1002
付款凭证	贷方必有	1001 1002
转账凭证	凭证必无	1001 1002

(3) 结算方式,如表4.5。

表4.5　结算方式表

结算方式编码	结算方式名称	票据管理
01	库存现金	否
02	支　票	否
021	现金支票	是
022	转账支票	是
03	电　汇	否
09	其　他	否

3) 项目设置,如表4.6。

表4.6　项目设置表

项目大类	一级
存货项目	1
工程项目	2

其中:存货项目的核算科目,如表4.7。

表4.7　存货项目的核算科目表

科目编码	科目名称
1405	库存商品
5001	生产成本
500101	直接材料
500102	直接人工
500103	制造费用
6001	主营业务收入
6401	主营业务成本

存货项目分类,如表4.8。

表4.8　存货项目分类表

分类编码	分类名称
1	机　床
2	其　他

存货项目目录,如表4.9。

表4.9　存货项目目录表

项目编号	项目名称	是否结算	所属分类码
101	利群S1机床		1
102	利群S2机床		1
201	H1电路板		2

4）期初余额。

应收账款明细余额：

往来明细，如表4.10。

表4.10　往来期初明细表

日　期	凭证号	客　户	业务员	摘要	方向	金　额	票号	票据日期
2014-4-30	转-120	海南飞跃	李　新	货款	借	350 000	1240	2014-4-30
2014-4-30	收-122	上海机械	马静言	货款	借	100 000	1245	2014-4-30
2014-4-30	转-124	上海农机	林　枫	货款	借	50 000	1248	2014-4-30
				合计	借	500 000		

汇总后，如表4.11。

表4.11　往来期初汇总表

客　户	业务员	方向	累计借方金额	累计贷方金额	金　额
海南飞跃	李　新	借	350 000	100 000	350 000
上海机械	马静言	借	100 000	20 000	100 000
上海农机	林　枫	借	50 000	20 000	50 000
合　计		借	500 000	140 000	500 000

注：业务员基本参照时，如果看不到内容，点击“全选”。能看到的业务员，一定是在职员档案中设置为业务员的职员。

预付账款明细余额，如表4.12。

表4.12　预付账款期初明细表

日　期	凭证号	供应商	业务员	摘要	方向	金额	票号	票据日期
2014-4-30	付-10	佛山配件	张　佳	货款	借	5 000	2345	2014-4-30
				合计	借	5 000		

汇总后，如表4.13。

表4.13　预付账款期初汇总表

供应商	业务员	方　向	累计借方金额	累计贷方金额	金　额
佛山配件	张佳	借	5 000		5 000
合　计		借	5 000		5 000

其他应收款明细余额：

备用金明细余额，如表4.14。

表4.14　备用金期初明细表

部　　门	方向	累计借方金额	累计贷方金额	金　额
采购部	借	50 000		50 000
销售一部	借	10 000		10 000
销售二部	借	10 000		10 000

（续表）

部　门	方向	累计借方金额	累计贷方金额	金　额
售后服务部	借	8 000		8 000
合　计	借	78 000		78 000

职工个人借款明细余额，如表4.15。

表4.15　职工个人借款期初明细表

日　期	凭证号	部　门	个　人	摘　要	方向	金额	票号	票据日期
2014-4-30	付-110	总经理办公室	李　华	差旅费	借	2 000		
				合　计	借	2 000		

汇总后，如表4.16。

表4.16　职工个人借款期初汇总表

部　门	个　人	方向	累计借方金额	累计贷方金额	金　额
总经理办公室	李　华	借	2 000		2 000
合　计		借	2 000		2 000

库存商品，如表4.17。

表4.17　库存商品期初明细表

项　目	方向	累计借方金额	累计贷方金额	金　额	累计借方数量	累计贷方数量	数　量
利群S1机床	借	1 680 000	840 000	1 050 000	8	4	5
利群S2机床	借	400 000	200 000	600 000	4	2	6
H1电路板	借	40 000	30 000	20 000	800	600	400
合　计	借	2 120 000	1 070 000	1 670 000	812	606	411

应付账款明细余额，如表4.18。

表4.18　应付账款期初明细表

日　期	凭证号	供应商	业务员	摘要	方向	金　额	票　号	票据日期
2014-4-30	转-113	南海工具	马　卿	货款	贷	200 000	2346	2014-4-30
				合计	贷	200 000		

汇总后，如表4.19。

表4.19　应付账款期初汇总表

供应商	业务员	方向	累计借方金额	累计贷方金额	金　额
南海工具	马　卿	贷		200 000	200 000
合　计		贷		200 000	200 000

生产成本——直接材料明细余额，如表4.20。

表4.20　生产成本——直接材料期初明细表

项　目	方向	累计借方金额	累计贷方金额	金　额
利群S1机床	借	1 020 000	900 000	4 330 000
利群S2机床	借	600 000	500 000	600 000
H1电路板	借	400 000	300 000	400 000
合　计	借	2 020 000	1 700 000	5 330 000

主营业务收入明细发生额，如表4.21。

表4.21　主营业务收入1～4月份累计发生额明细表

项　目	方向	累计借方金额	累计贷方金额	金　额	累计借方数量	累计贷方数量	数　量
利群S1机床	贷	1 600 000	1 600 000		4	4	
利群S2机床	贷	360 000	360 000		2	2	
H1电路板	贷	90 000	90 000		150	150	
合　计	贷	2 050 000	2 050 000		156	156	

主营业务成本明细发生额，如表4.22。

表4.22　主营业务成本1～4月份累计发生额明细表

项　目	方向	累计借方金额	累计贷方金额	金　额	累计借方数量	累计贷方数量	数　量
利群S1机床	借	840 000	840 000		4	4	
利群S2机床	借	200 000	200 000		2	2	
H1电路板	借	30 000	30 000		150	150	
合　计	借	1 070 000	1 070 000		156	156	

管理费用——办公费明细发生额，如表4.23。

表4.23　管理费用——办公费1～4月份累计发生额明细表

部　门	方向	累计借方金额	累计贷方金额	金　额
总经理办公室	借	100 000	100 000	
财务部	借	5 000	5 000	
采购部	借	7 000	7 000	
合　计	借	112 000	112 000	

4）明细权限分配。

出纳：可查询现金、银行存款科目，制单时可使用所有科目。

会计：可查询除现金、银行存款科目外的所有科目；制单时可使用所有科目；可查询、删改、审核、弃审和撤销出纳制作的凭证。

4.1.2.5　项目指导

1）启动与注册。

（1）单击“开始”按钮，执行“程序”|“用友ERP-872”|“企业应用平台”。

（2）输入：操作员“wh”；密码“111”。选择：账套“800天津滨海机械设备有限公司”；

日期“2014－05－01”。单击“确定”按钮。

2）设置总账控制参数。

双击“业务工作”|“财务会计”，进入总账系统。系统启用后，如果默认账套参数与实际不符，可以采用以下方法进行调整。

（1）执行“设置”|“选项”命令，打开“选项”对话框。点击编辑。

（2）分别单击“凭证”、“账簿”、“会计日历”、“其他”等选项卡，按照“项目资料”的要求进行相应的设置。

（3）设置完成后，单击“确定”按钮。

3）设置基础数据。

第一，建立会计科目——增加明细会计科目。

（1）执行“基础设置”|“基础档案”|“财务”|“会计科目”命令，进入“会计科目”窗口，显示所有按2007新会计准则预置的科目。

（2）单击“增加”按钮，进入“会计科目——新增”窗口，输入实验资料中所给的明细科目。

（3）输入明细科目相关内容。输入编码“100201”，科目名称“工商银行RMB”，单击“确定”按钮。由于实验将指定现金和银行存款科目为现金总账银行存款总账，系统将自动选择“日记账”、“银行账”，这里不再选择“日记账”、“银行账”。

（4）输入编码“100202”，科目名称“中国银行USD”，选择“外币核算”：美元USD，单击“确定”按钮，如图4.1。

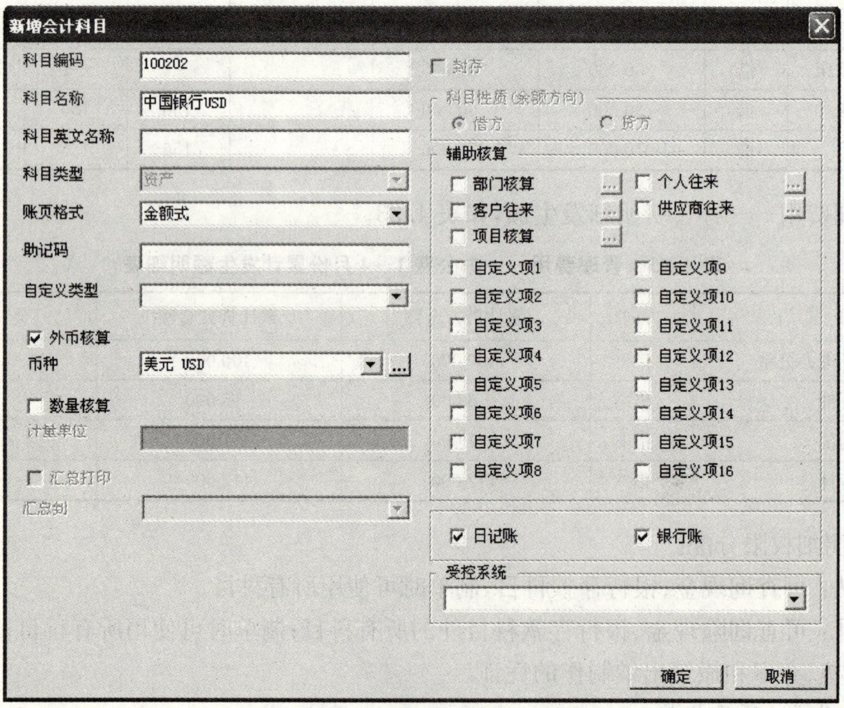

图4.1

（5）继续单击“增加”按钮，输入实验资料中其他明细科目的相关内容。

（6）全部输完后，单击“关闭”按钮。

注意：

- 增加的会计科目编码长度及每段位数要符合编码规则。
- 科目一经使用，就不能再增设下级科目。只能增加同级科目。

第二，建立会计科目——指定会计科目。

(1) 在“会计科目”窗口中，执行“编辑”|“指定科目”命令，进入“指定科目”窗口。

(2) 单击“现金科目”单选按钮，将“1001 库存现金”由待选科目选入已选科目，如图4.2。

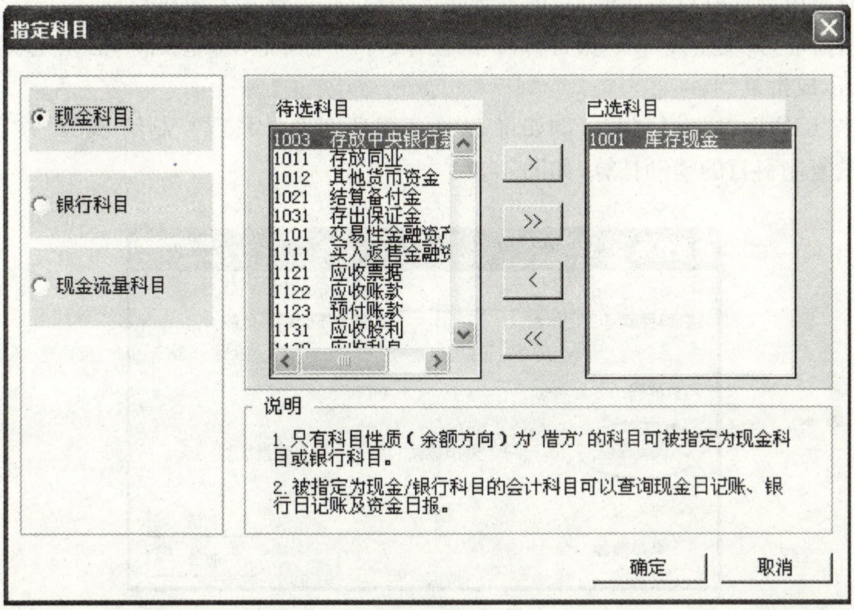

图4.2

(3) 单击“银行科目”单选按钮，将“1002 银行存款”由待选科目选入已选科目。

(4) 单击“现金流量科目”单选按钮，将“1001 库存现金”，“100201 工商银行 RMB”，“100202 中国银行 USD”，“其他货币资金”由待选科目选入已选科目。

(5) 单击“确定”按钮。

注意：

- 指定会计科目是指定出纳的专管科目。只有指定科目后，才能执行出纳签字，从而实现现金、银行管理的保密性，才能查看现金、银行存款日记账。

第三，建立会计科目——修改会计科目。

(1) 在“会计科目”窗口中，单击要修改的会计科目“1001”。

(2) 单击“修改”按钮或双击该科目，进入“会计科目——修改”窗口。

(3) 单击“修改”按钮，选中“日记账”复选框，单击“确定”按钮。

(4) 按实验资料内容修改其他科目的辅助核算属性，修改完成后，单击“返回”按钮。

注意：

- 已有数据的科目不能修改科目性质。
- 被封存的科目在制单时不可以使用。
- 只有处于修改状态才能设置汇总打印和封存。

第四,建立会计科目——删除会计科目。

(1) 在“会计科目”窗口中,选择要删除的会计科目。

(2) 单击“删除”按钮,弹出“记录删除后不能修复！真的删除此记录吗?”提示框。

(3) 单击“确定”按钮,即可删除该科目。

注意:

- 如果科目已录入期初余额或已制单,则不能删除。
- 非末级会计科目不能删除,可先删除下级科目,再删除上级科目。
- 被指定为“现金科目”、“银行科目”的会计科目不能删除;如想删除,必须先取消指定。

第五,成批复制。

点击“编辑”|“成批复制”。例如将 5101 下的所有会计科目复制给 6602,并且复制科目拥有被复制科目的辅助核算,如图 4.3。

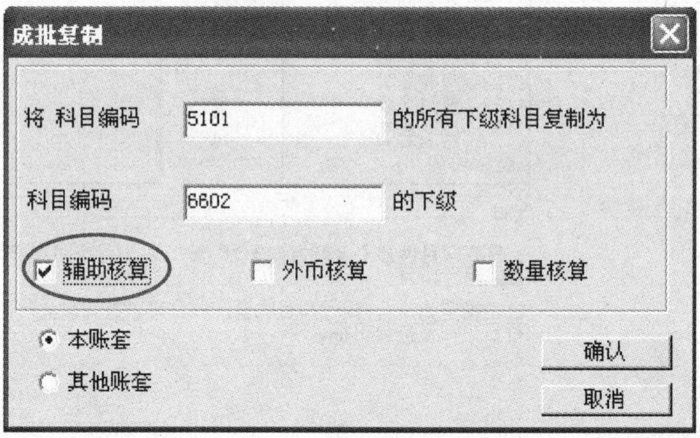

图 4.3

4) 设置凭证类别。

(1) 执行“财务”|“凭证类别”命令,打开“凭证类别预制”对话框。

(2) 单击“收款凭证、付款凭证、转账凭证”单选按钮。

(3) 单击“确定”按钮,进入“凭证类别”窗口。

(4) 单击工具栏中的“修改”按钮,再单击收款凭证“限制类型”的下三角按钮,选择“借方必有”;在“限制科目”栏输入“1001,1002”。

(5) 设置付款凭证的限制类型“贷方必有”、限制科目“1001,1002”;转账凭证的限制类型“凭证必无”、限制科目“1001,1002”。

(6) 设置完后,单击“退出”按钮。

5) 设置结算方式。

(1) 执行“基础设置”|“基础档案”|“收付结算”|“结算方式”命令,进入“项目档案”窗口。

(2) 单击“增加”按钮,按照资料增加结算方式,如图 4.4。

6) 设置项目目录。

第一,设置项目目录——定义项目大类。

(1) 执行“基础设置”|“基础档案”|“财务”|“项目目录”命令,进入“项目档案”窗口。

(2) 单击“增加”按钮,打开“项目大类定义——增加”对话框。

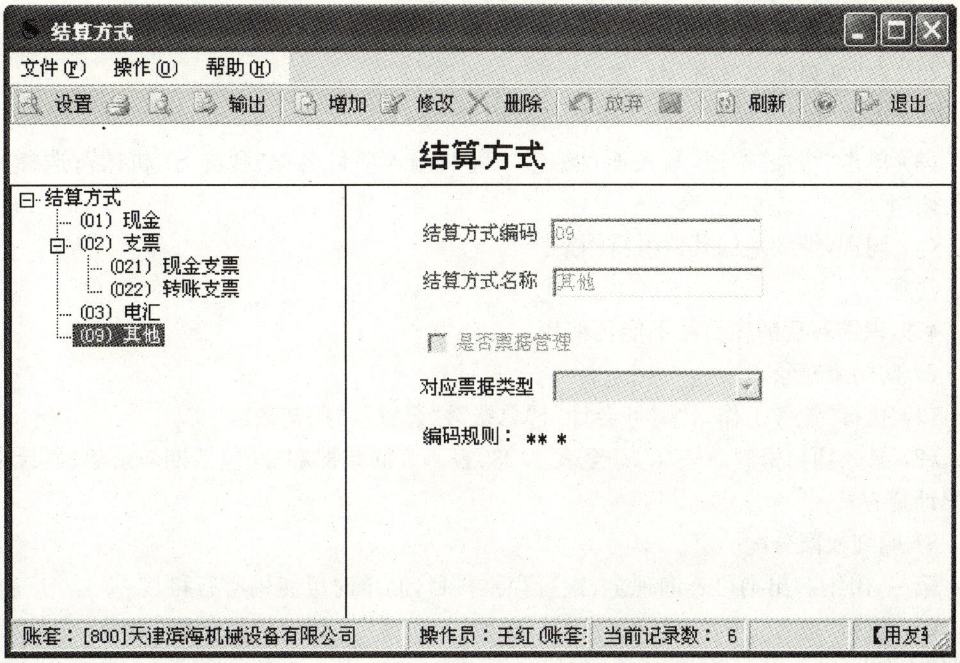

图 4.4

(3) 输入新项目大类名称“存货项目”。

(4) 单击“下一步”按钮，“一级”默认：1，其他设置均采用系统默认值。最后单击“完成”按钮，返回“项目档案”窗口。

(5) 同上再次增加“工程项目”大类，“一级”选择：2。

注意：

● 项目大类的名称是该类项目的总称，而不是会计科目名称。如：在建工程按具体工程项目核算，其项目大类名称应为“工程项目”而不是“在建工程”。

第二，设置项目目录——指定核算科目。

(1) 在“项目档案”窗口中，点击“核算科目”。

(2) 选择项目大类“存货项目”。

(3) 分别选择要参加核算的科目，“库存商品”等，单击“>”按钮，单击“确定”按钮。

注意：

● 一个项目大类可指定多个科目，一个科目只能指定一个项目大类。

第三，设置项目目录——定义项目分类。

(1) 在“项目档案”窗口中，选择“项目分类定义” 页签。

(2) 单击右下角的“增加”按钮，输入分类编码“1”；输入分类名称“机床”，单击“确定”按钮。

(3) 同理定义“2 其他”项目分类。

注意：

● 为了便于统计，可对同一项目大类下的项目进行进一步划分，即定义项目分类。

● 若无分类,也必须定义项目分类为“无分类”。

第四,设置项目目录——定义项目目录。

(1) 在“项目档案”窗口中,选择“项目目录”页签。

(2) 单击“维护”按钮,进入“项目目录维护”窗口。

(3) 单击“增加”按钮,输入项目编号“101”;输入项目名称“利群 S1 机床”;选择所属分类码“1”。

(4) 同理,继续增加其他项目档案。

注意:

● 标识结算后的项目将不能再使用。

7) 期初余额录入。

(1) 执行“业务工作”|“财务会计”|“总账”|“设置”|“期初余额”。

(2) 录入项目资料。表 4.10 至表 4.23、表 4.2 的数据部分(包括期初余额、累计借方和累计贷方)。

8) 明细权限分配。

第一,出纳。出纳可查询现金、银行存款科目,制单时可使用所有科目。

(1) 执行“业务工作”|“财务会计”|“总账”|“设置”|“数据权限分配”命令,进入“权限浏览”窗口。

(2) 选择:“李立”;业务对象:“科目”;点击:“授权”;进入“记录权限设置”窗口。

(3) 将“库存现金”和“银行存款”及其下级科目,点击 > ,从“禁用”选到“可用”,如图 4.5。

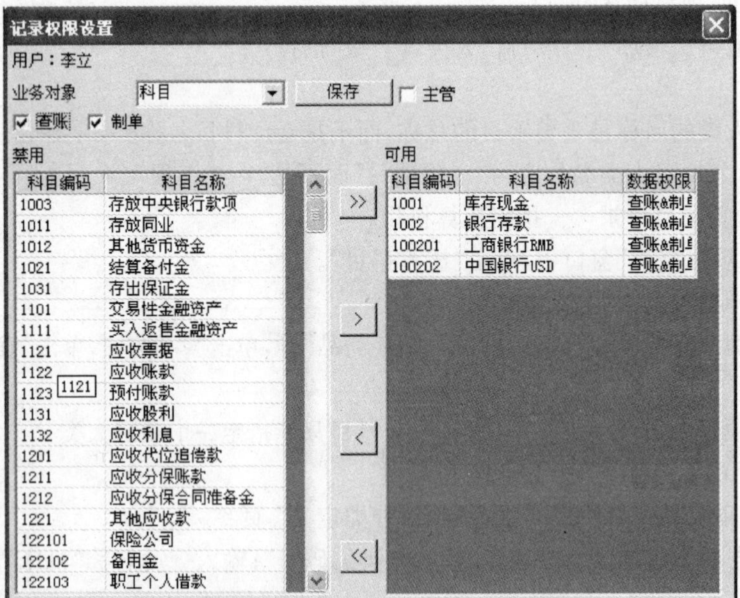

图 4.5

(4) 取消“查账”前复选框的对钩。点击 » ,将其他科目全部从“禁用”选到“可用”,如图 4.6。

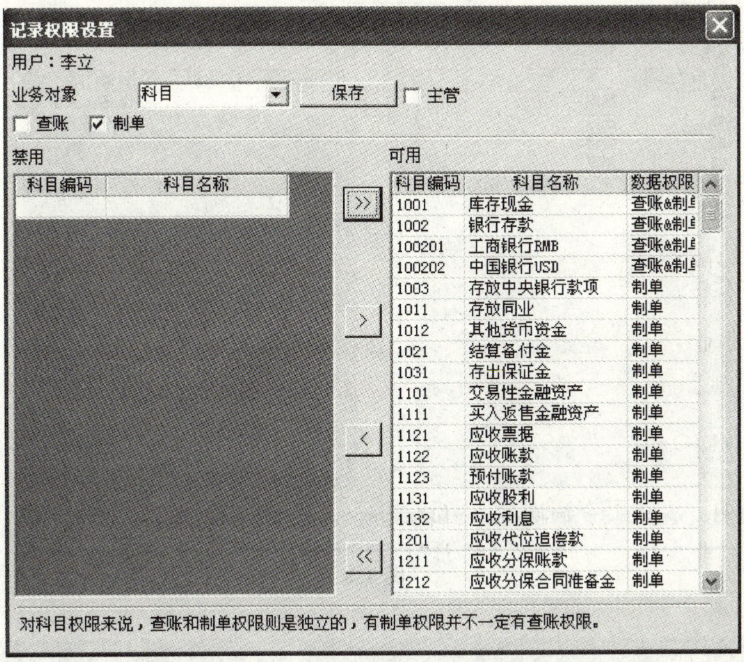

图 4.6

(5) 点击“保存”。提示图 4.7。

(6) 点击“确定”。

图 4.7

第二,会计。会计可查询除现金、银行存款科目外的所有科目;制单时可使用所有科目;可查询、删改、审核、弃审和撤销出纳制作的凭证。

(1) 同理,处理会计赵雨的查询和制单权限。

(2) 选择:“赵雨”;业务对象:“用户”;点击:“授权”;进入“记录权限设置”窗口。

(3) 选择:“李立”;点击“>”;点击:“保存”,如图 4.8。

4.1.3　实战点拨

企业存货较多的情况下,可以使用存货目录定义项目,将存货项目定义为“使用存货目录定义项目”。这样总账系统可以与存货管理系统、采购管理系统和销售管理系统等共享存货分类和存货档案。

将原材料、库存商品、周转材料和生产成本的科目,定义为“使用存货目录定义项目”的存货项目。这种定义方法既可以减少会计科目的设置工作,又可以在总账中监控各种存货的总账,还可以使用项目核算的各种查询方法,掌握各种存货的明细和原始单据,如图 4.9。

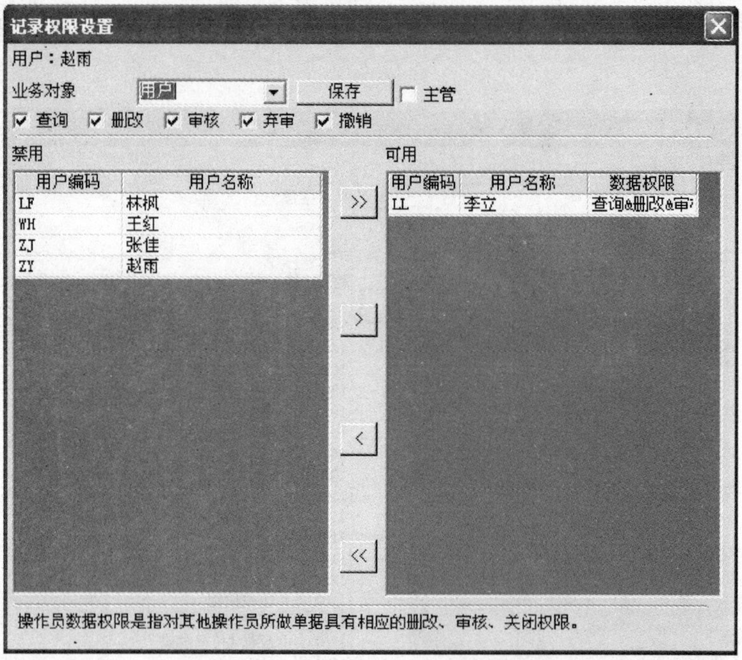

图 4.8

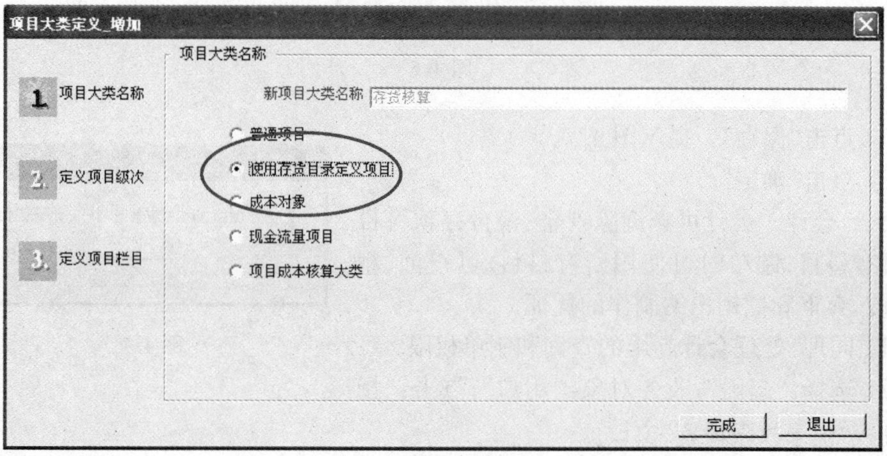

图 4.9

4.2 日常业务处理

在总账管理系统中，当初始化设置完成后，就可以开始进行日常账务处理了。会计业务流程为线索，结合具体业务介绍日常会计业务处理的各项基本操作。

日常业务处理的任务是通过输入和处理各种记账凭证、审核凭证、记账，查询和打印输出各种凭证、日记账、明细账和总分类账，进行月末对账和结账，最终生成和输出各种常用报表等。

4.2.1　总账管理日常业务处理概述

4.2.1.1　填制凭证

记账凭证是登记账簿的依据，是总账系统的唯一数据源，填制凭证也是最基础和频繁的工作。在实行计算机处理账务后，电子账簿的准确与完整完全依赖于记账凭证，因而在实际工作中，必须确保准确完整地输入记账凭证。

在填制凭证的过程中，出现错误凭证在所难免。为更正错误，系统提供了对错误凭证修改或删除的功能。

4.2.1.1.1　增加凭证

记账凭证一般包括两部分：一是凭证头部分，包括凭证类别、凭证编号、凭证日期和附件张数等；二是凭证正文部分，包括摘要、科目、借贷方向和金额等。如果输入会计科目有辅助核算要求，则应输入辅助核算内容；如果一个科目同时兼有多种辅助核算，则同时要求输入各种辅助核算的有关内容。

1）输入凭证头部分。

填制记账凭证时，应先完成凭证头部分的录入。此项操作对于录入各种类型的凭证，其操作步骤都是类似的。

(1) 由于系统默认凭证保存时，不按凭证号顺序排列而按日期顺序排列，如不按序时制单将出现“凭证假丢失”现象。如有特殊需要可将其改为不按序时制单，平时在制单时凭证号必须按日期顺序排列。

(2) 在“附单据数”处可以按 Enter 键通过，也可以输入单据数量。

(3) 凭证一旦保存，其凭证类别、凭证编号均不能修改。

2）输入凭证正文部分。

凭证头部分完成后，接下来输入凭证正文部分，这是填制凭证的重要环节，企业应根据具体经济业务内容，采用不同的方式填制凭证，而且每张凭证要求借贷平衡。

(1) 正文中不同行的摘要可以相同也可以不同，但不能为空。每行摘要将随相应的会计科目在明细账、日记账中出现。新增分录完成后，按回车键，系统将摘要自动复制到下一分录行。

(2) 会计科目通过科目编码或科目助记码输入。

(3) 科目编码必须是末级的科目编码。

(4) 金额不能为“0”，红字以“－”号表示。

3）输入辅助核算信息。

当输入具有辅助核算的科目时，要求输入相应的辅助信息。

(1) 当输入一个不存在的个人姓名时，应先编辑该人姓名及其他资料。在录入个人信息时，若不输入“部门名称”只输“个人名称”时，系统将根据所输入个人名称自动输入其所属的部门。

(2) 其他辅助核算科目可以参照录入。

4.2.1.1.2　修改凭证

输入凭证时，尽管系统提供了多种控制错误的手段，但误操作是在所难免的，记账凭证的错误，必然影响系统的核算结果。为更正错误，可以通过系统提供的修改功能对错误凭证进行修改。

(1) 若已采用制单序时控制,则在修改制单日期时,不能在上一张凭证的制单日期之前。

(2) 若已选择不允许修改或作废他人填制的凭证权限控制,则不能修改或作废他人填制的凭证。

(3) 如果涉及银行科目的分录已录入支票信息,并对该支票做过报销处理,修改操作将不影响"支票登记簿"中的内容。

(4) 外部系统传递来的凭证不能在总账系统中修改,只能在生成该凭证的系统中进行修改。

4.2.1.1.3　冲销凭证

如果需要冲销某张已记账的凭证,可以采用"制单"中的"冲销凭证"命令制作红字冲销凭证。

4.2.1.1.4　作废及删除凭证

日常操作过程,若遇到非法凭证需要作废时,可以使用"作废/恢复"功能,将这些凭证作废。

(1) 账簿查询时,找不到作废凭证的数据。

(2) 若当前凭证已作废,可单击"制单"菜单中的"作废/恢复"选项,取消作废标志,并将当前凭证恢复为有效凭证。

(3) 只能对未记账的凭证作凭证整理。

(4) 已记账凭证作凭证整理,应先取消记账,再作凭证整理。

4.2.1.1.5　查询凭证

在制单过程中,我们可以通过"查询"功能对凭证进行查看,以便随时了解经济业务发生的情况,保证填制凭证的正确性。

4.2.1.2　出纳签字

出纳签字是指由出纳人员通过"出纳签字"功能对制单员填制的带有现金和银行科目的凭证进行检查核对,主要核对出纳凭证的出纳科目的金额是否正确,如果凭证正确则在凭证上进行出纳签字,经审查如果认为该张凭证有错误或有异议,则不予进行出纳签字,并应交给填制人员修改后再核对。

注意:

- 出纳需先重新注册才能对凭证进行签字。
- 已签字凭证仍有错误,则需单击"取消"按钮,取消签字,再由制单人修改。
- 出纳签字时,可以单击"签字"菜单下的"成批出纳签字"选项;取消签字时,则可以单击"签字"菜单下的"成批取消签字"完成相应的操作。
- 凭证一经签字,不能被修改、删除,只有被取消签字后才可以进行修改或删除,取消签字只能由出纳本人进行操作。

4.2.1.3　审核凭证

审核凭证是指由具有审核权限的操作员按照会计制度规定,对制单人填制的记账凭证进行合法性检查。其目的是防止错误及舞弊。

屏幕审核时,可直接根据原始凭证,对屏幕上显示的记账凭证进行审核,对正确的记账凭证，发出签字指令，计算机在凭证上填入审核人名字。

(1) 在确认一批凭证无错误时可以单击“审核”菜单中的“成批审核凭证”功能，以便加快审核签字速度，但请慎用。

(2) 作废凭证不能被审核，也不能被标错。

(3) 审核人和制单人不能是同一个人，凭证一经审核，不能被修改、删除，只有取消审核签字后才可操作，已标错的凭证不能被审核，需先取消标错后才能审核。

(4) 执行审核后，系统将自动翻页，或单击“首张”、“上张”、“下张”、“末张”按钮翻页或按“查询”按钮重新输入条件查找其他待审核凭证。

4.2.1.4　记账

记账是以会计凭证为依据，将经济业务全面、系统、连续地记录到具有账户基本结构的账簿中去的一种方法。

在手工方式下，记账是由会计人员根据已审核的记账凭证及所附有的原始凭证逐笔或汇总后登记有关的总账和明细账。

在电算化方式下，记账是由有记账权限的操作员发出记账指令，由计算机按照预先设计的记账程序自动进行合法性检查、科目汇总、登记账簿等。

1. 记账

记账凭证经审核及出纳签字后，即可以进行登记总账、明细账、日记账及往来账等操作。本系统记账采用向导方式，使记账过程更加明确，记账工作由计算机自动进行数据处理，不用人工干预。

(1) 未审核凭证不能记账，记账范围应小于等于已审核范围。

(2) 作废凭证不需审核可直接记账。

(3) 在设置过程中，如果发现某一步设置错误，可单击“上一步”返回后进行修改。如果不想再继续记账，可单击“取消”，取消本次记账工作。

(4) 记账过程一旦断电或其他原因造成中断后，系统将自动调用“恢复记账前状态”恢复数据，然后再重新记账。

(5) 在记账过程中，不得中断退出。

2. 取消记账

如果由于某种原因，事后发现本月已记账的凭证有错误且必须在本月进行修改，利用“恢复记账前状态”功能，将本月已记账的凭证恢复到未记账状态，进行修改、审核后再进行记账。

4.2.1.5　账簿管理

账簿管理是在凭证录入之后，系统的直接收获。与手工相比，我们可以理解为系统将凭证快速准确地登记到各种账簿，实际上，是系统提供的对凭证的各种查询方式。

企业发生的经济业务，经过制单、审核、记账操作之后，就形成了正式的会计账簿。

为了能够及时地了解账簿中的数据资料，并满足对账簿数据的统计分析及打印的需要，在总账系统中，系统提供了强大的查询功能，包括基本会计核算账簿的查询输出、各种辅助核算账簿及现金和银行存款日记账的查询和输出。整个系统实现总账、明细账、凭证联查功能。

1) 总账查询。

总账查询不但可以查询各总账科目的年初余额、各月发生额合计和月末余额，而且还可以查询所有各级明细科目的年初余额、各月发生额合计和月末余额。

(1) 如果需查看明细账还可在“总账查询”窗口中单击“明细”按钮。

(2) 如果需查询包含未记账凭证的总账，则应选中“包含未记账凭证”复选框。

(3) 可将查询条件保存到“我的账簿”中。

2) 发生额及余额表查询。

发生额及余额表查询与总账查询基本相似，余额表用于查询统计各级科目的本期发生额、累计发生额和余额等。

3) 明细账查询。

本功能用于平时查询各账户的明细发生情况，以及按任意条件组合查询明细账。在查询过程中可以包含未记账凭证。

4) 辅助账。

辅助账的查询功能，是对前期各种辅助功能信息录入后的归纳，充分节约能源，提高管理效率。

如客户业务余额表可以考查业务人员的业绩，客户往来账龄分析减少了大量的手工统计工作。部门收支分析可以准确汇总管理费用等部门核算的费用，减少浪费。项目成本多栏明细账可准确核算项目成本。

5) 日记账查询。

日记账是指现金和银行存款日记账。在日常业务处理过程中，通过记账功能就能直接完成日记账的记账操作。日记账的作用只是用于查询和输出现金和银行存款的账务资料。

现金日记账及银行存款日记账查询功能既可以查询某一天的现金或银行存款日记账也可以查询某一个月份的现金及银行存款日记账。

(1) 在“现金日记账”中，如果本月尚未结账，显示“当前合计”、“当前累计”；如果本月已经结账，则显示“本月合计”、“本年累计”。

(2) 查询日记账时还可以用鼠标双击某行或按“凭证”按钮，查看相应的凭证，按“总账”按钮可以查看此科目的三栏式总账。

(3) 银行存款日记账的查询与现金日记账的查询操作基本相同。

(4) 在“总账系统”窗口中单击“出纳”菜单中的“资金日报”或执行“出纳管理”|“资金日报”命令查询或输出现金、银行存款科目某日的发生额及余额情况。

4.2.2 典型项目实训——子项目2 日常业务

4.2.2.1 项目目的

掌握用友 ERP-U8 务软件中总账系统日常业务处理的相关内容，熟悉总账系统日常业务处理的各种操作，掌握凭证管理、出纳管理和账簿管理的具体内容和操作方法。

4.2.2.2 项目内容

(1) 凭证管理：填制凭证、出纳签字、审核凭证、凭证记账。

(2) 出纳管理：支票登记操作，现金、银行存款日记账和资金日报表的查询。

(3) 账簿管理：总账、科目余额表、明细账、辅助账(管理费用的部门总账、明细账和收支分析)。

4.2.2.3　项目要求

(1) 以会计的身份进行填制凭证,凭证查询操作。

(2) 以出纳的身份进行出纳签字,现金、银行存款日记账和资金日报表的查询,支票登记操作。

(3) 以账套主管的身份进行审核、记账、账簿管理操作。

4.2.2.4　项目资料

天津滨海机械设备有限公司本年5月份典型的经济业务如下:

业务1　1日,售后服务部王知朋购买了400元的办公用品,以现金支付(附单据1张)。

借:销售费用——办公费	400
贷:库存现金	400

注:

● 增加常用凭证摘要[编码001,摘要内容:购买办公用品]。

业务2　4日,财务部出纳人员从工商银行提取人民币现金20 000元备用(现金支票号5301,附单据1张)。

借:库存现金	20 000
贷:银行存款——工商银行RMB	20 000

注:

● 增加常用凭证摘要[编码002,摘要内容:提现,相关科目1001]。

● 现金支票号表示为:XJ5301,XJ是区分现金支票和转账支票,方便管理支票的使用。以下类似。

业务3　4日,各部门领用备用金,采购部领用现金5 000元,售后服务部领用现金4 000元,生产部领用现金3 000元(附单据3张)。

借:其他应收款——备用金——采购部	5 000
——售后服务部	4 000
——生产部	3 000
贷:库存现金	12 000

业务4　5日,偿付中国银行3个月期贷款10 000美元,年利率5.6%(转账支票号6001,附单据2张)。

借:短期借款——中国银行USD	68 000
财务费用——利息支出	952
贷:银行存款——中国银行USD	68 952

注:

● 外币转账支票号表示为:ZZW6001,ZZW区分与人民币转账支票ZZ。

业务5　5日,采购部马卿借转账支票一张,付货款,票号ZZ7001,预计金额13 000元(登记支票登记簿,不填制凭证)。

注：

● 重新注册，由出纳完成。

业务6　6日，采购部张佳从上海铝锭厂购入S2型材料4 000千克，单价2.5元，货税款暂欠，商品已验收入库（适用税率17%，附单据4张）。

借：原材料——S2型材料　10 000
　　应交税费——应交增值税——进项税额　1 700
　贷：应付账款　11 700

● 增加常用凭证摘要［编码0003，摘要内容：购入材料］。

业务7　7日，采购部马卿采购S1型配件（121101）100箱，每箱110元，材料直接入库，货款以银行存款支付（适用税率17%，转账支票号ZZ7001，附单据4张）。

借：原材料——S1型配件　11 000
　　应交税费——应交增值税——进项税额　1 870
　贷：银行存款——工商银行RMB　12 870

业务8　8日，支付上笔业务S1型配件的运费500元（转账支票号ZZ7002，附单据2张）。

借：原材料——S1型配件　500
　贷：银行存款——工商银行RMB　500

业务9　12日，销售一部林枫收到上海农机厂转来一张转账支票，金额50 000元，用以偿还前欠货款（转账支票号ZZ7648，附单据2张）。

借：银行存款——工商银行RMB　50 000
　贷：应收账款　50 000

业务10　31日，报销业务招待费，总经理办公室2 400元，销售一部2 000元，销售二部1 000元（附单据12张）。

借：管理费用——招待费——总经理办公室　2 400
　　　　　　　　　　——销售一部　2 000
　　　　　　　　　　——销售二部　1 000
　贷：库存现金　5 400

注：

● 在填制凭证时新增加会计科目：管理费用——招待费，部门核算。

业务11　31日，总经理办公室李华出差回来，报销差旅费2 200元，余款用现金补足（附单据3张）。

借：管理费用——差旅费——总经理办公室　2 200
　贷：其他应收款——职工个人借款　2 000
　　　库存现金　200

注：

● 在填制凭证时新增加会计科目：管理费用——差旅费，部门核算。

业务 12　31 日，生产车间领用原材料(原材料计价使用加权平均法)(附单据 1 张)。

使用联查明细账或余额查询功能获得材料单价，填入表 4.24 单价(　　)中。

表 4.24　原材料领用汇总表

领用单位：生产车间

项　目 \ 原材料	S1 型配件数量 单价(　　)	S2 型材料数量 单价(　　)	L1 材料数量 单价(　　)
利群 S1 机床	300	50 000	200
利群 S2 机床	250	40 000	150
车间领用			100
合　　计	550	90 000	450

借：生产成本——直接材料

　(辅助：利群 S1 机床)

　贷：原材料——S1 型配件

　　　　　——S2 型材料

　　　　　——L1 材料

借：生产成本——直接材料

　(辅助：利群 S2 机床)

　贷：原材料——S1 型配件

　　　　　——S2 型材料

　　　　　——L1 材料

借：制造费用——办公费

　贷：原材料——L1 材料

4.2.2.5　项目指导

1) 凭证的填制。

记账凭证是会计人员根据审核后的原始凭证进行归类、整理，并确定会计分录而编制，是直接凭以登账的依据，是手工账务一个非常重要的环节。在计算机会计系统中，记账凭证是总账系统在总账的最主要的数据来源。

具体步骤：

以会计的身份登录企业应用平台，操作员“ZY”；密码“333”。选择账套“800 天津滨海机械设备有限公司”；日期“2014-05-31”。单击“确认”按钮。打开总账。

业务 1　5 月 1 日，售后服务部王知朋购买了 400 元的办公用品，以现金支付(附单据 1 张)。

借：销售费用——办公费　　　400

　贷：库存现金　　　400

(1) 执行在“凭证”菜单中，双击“填制凭证”，出现一张空白凭证。

(2) 单击“增加”按钮或按[F5]键，增加一张新凭证。

(3) 单击左上角的凭证类别处的参照按钮，在下拉列表框中选择一个凭证类别，例如：业务1应选择“付款凭证”。

(4) 凭证编号：如果在“选项”中选择“系统编号”则由系统按时间顺序自动编号。否则，请手工编号，允许最大凭证号为32767。系统规定每页凭证可以有五笔分录，当某号凭证不只一页，系统自动将在凭证号后标上几分之一，如：收-0001号0002/0003表示为收款凭证第0001号凭证共有三张分单，当前光标所在分录在第二张分单上。

(5) 输入制单日期，业务1应选择2014-05-01。输入原始单据张数：业务1应输入：1。

(6) 输入凭证分录的摘要，按F2或参照按钮输入常用摘要，但常用摘要的选入不会清除原来输入的内容。业务1：点击参照按钮，增加常用凭证摘要，编码001，摘要内容：购买办公用品。点击“选入”。

(7) 输入会计科目(末级科目)或按[F2]键参照录入。

方法一　输入“660101”；

方法二　输入末级科目文字“办公费”，出现“选择科目”窗口，点击上级科目(或一级科目)为“销售费用”的办公费。点击“确定”，如图4.10。

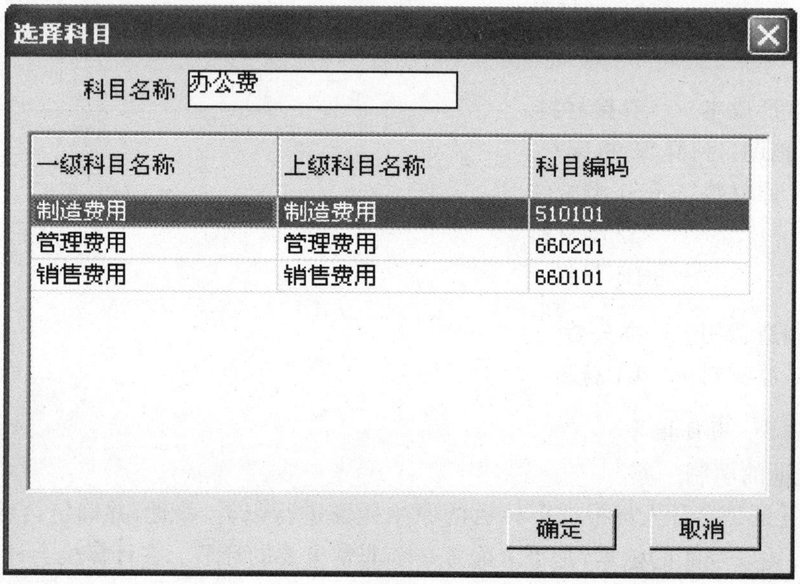

图 4.10

方法三　按[F2]键参照录入(或点击“…”)，选择“损益类”|“销售费用”|“办公费”。

(8) 会计科目“销售费用——办公费”设置了部门辅助核算，弹出“辅助项”窗口，选择部门：售后服务部。点击“确定”，如图4.11。

图 4.11

(9) 输入借方金额：400。按 Enter 键(回车)。

(10) 光标跳到下一行，将上一行摘要自动复制到下一行，可以修改，不同行摘要可以不同，但不能为空，每行摘要将随同行的会计科目显示在明细账和日记账中。

(11) 同理，输入第二条分录的会计科目"库存现金"，输入贷方金额：400。

提示：

● 可输入"="，系统自动取数，借贷平衡。

● 金额为红字(负数)，可点击"－"(减号，即负号)。

● 若金额输入正确，方向相反，可按"空格"键调整金额的借贷方向。

(12) 输入现金流量项目，07，支付的与其他经营活动有关的现金，点击：确定。

(13) 如果科目设置了辅助核算属性，则在这里还要输入辅助信息，如部门、个人、项目、客户、供应商、数量和自定义项等。录入的辅助信息将在凭证下方的备注中显示。

(14) 点击"保存"，或"增加"按钮，保存本张凭证并增加新凭证，如图 4.12。

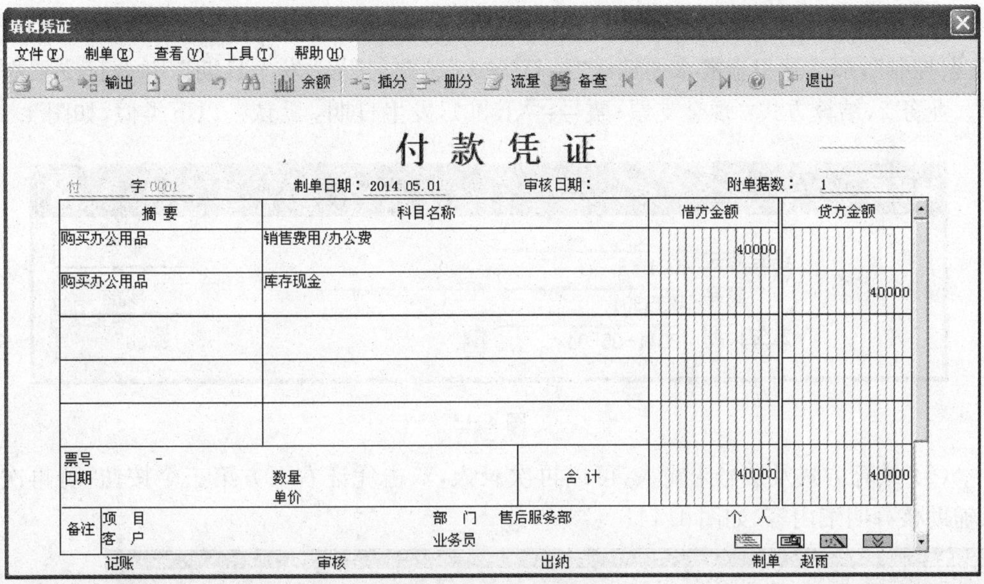

图 4.12

提示：

● 系统自动产生凭证编号，凭证编号分别按凭证类别按月进行顺序编号，同一类别凭证，按月从 1 开始，不允许重号，也不允许漏号。如果不划分凭证类别，所有凭证只用一个连续号。

● 由于日期的正确性将影响经济业务在明细账和日记账中的顺序，所以日期应随凭证号递增而递增，日期不能超过日历日期。

● 如果设置了"制单权限控制到科目"选项，则制单时不能使用无权限科目进行制单。

● 凭证一旦保存，其凭证类别、凭证编号将不能再修改。

● 若指定为现金流量科目，那么在录完本条分录后，要求指定这条分录的现金流量项目。可将一条件分录指定为多个现金流量项目，但总金额必须与分录的金额保持一致。

业务 2　5 月 4 日，财务部出纳人员从工商银行提取人民币现金 20 000 元备用(现金支票号 5301,附单据 1 张)。

借：库存现金　　20 000

　贷：银行存款——工商银行 RMB　　20 000

(1) 选择付款凭证。

(2) 输入日期：2014-05-04。

(3) 增加常用凭证摘要[编码 002,摘要内容：提现]。

(4) 从银行提取现金,或将现金存入银行等的业务不影响现金流量的变动,不需录入现金流量项目。但其他版本(如 T3)在“设置”|“选项”中,设置了“现金流量科目必录现金流量项目”,不录入现金流量项目凭证无法保存。会计科目“库存现金”和“银行存款——工商银行 RMB”,都输入现金流量项目：24,现金及现金等价物净增加额。由于金额相等,方向相反,相互抵消,不影响现金流量的增加减少,并在本项目中体现了“提现”、“存现”等业务的实际情况。

(5) 若科目为银行科目,且在结算方式设置中确定要进行票据管理,在“选项”中设置“支票控制”,那么这里会要求要输入“结算方式”、“票号”及“发生日期”,并登记支票登记簿。业务 2,结算方式：现金支票;票号：XJ5301,发生日期：默认。以下类似,如图 4.13。

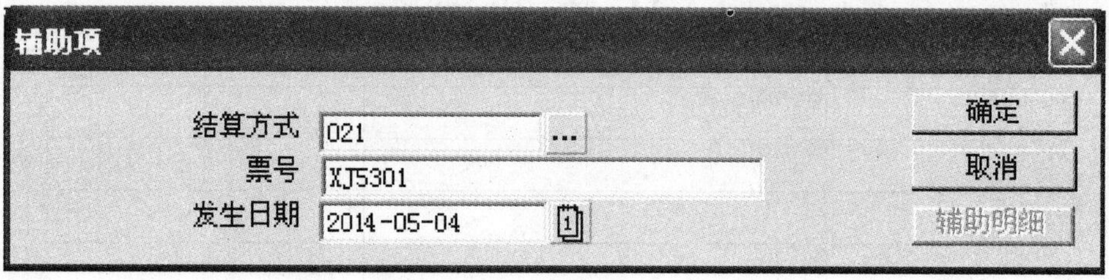

图 4.13

(6) 结算方式及票号未输入,可以再次录入,双击凭证右下方第三个按钮,可再次录入辅助核算明细内容,如图 4.14。

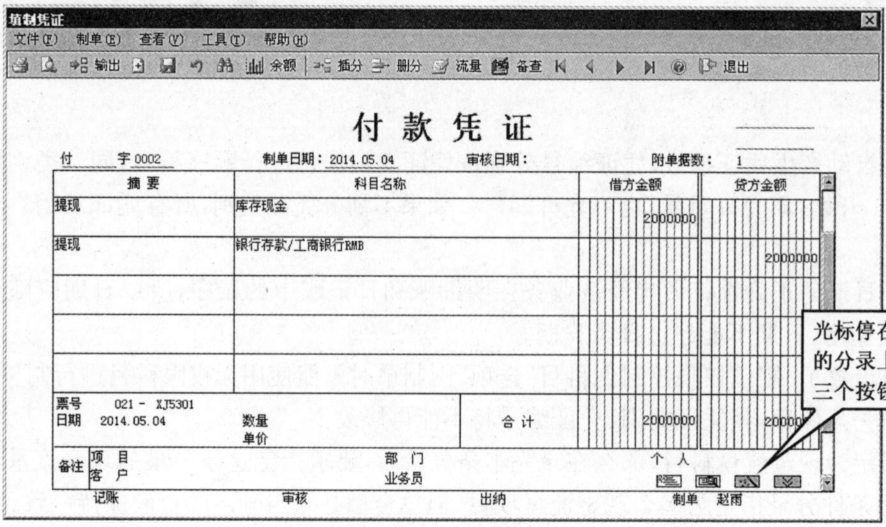

图 4.14

(7) 登记支票登记簿,系统提示:现金支票5301没有登记过支票登记簿,如果需要登记,点击“是”。进行支票登记,如图4.15和图4.16。

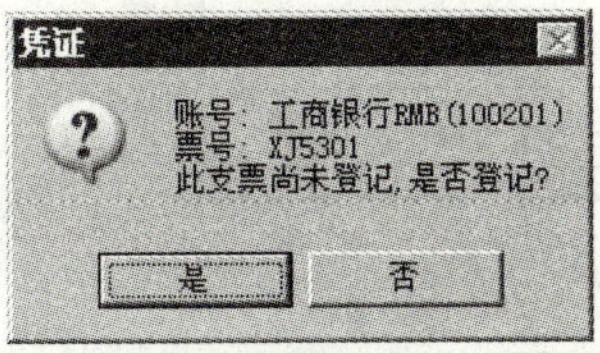

图4.15

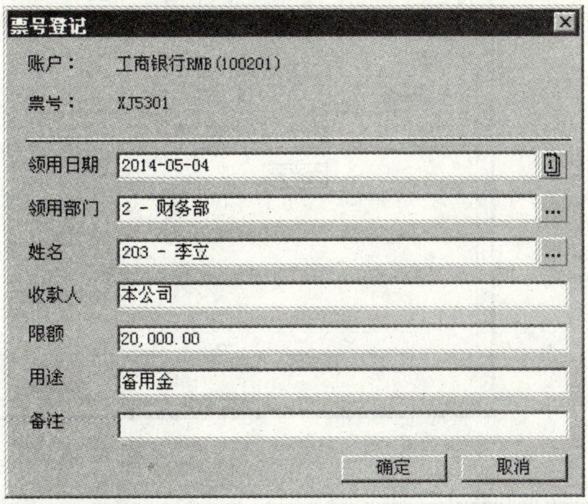

图4.16

业务3　5月4日,各部门领用备用金,采购部领用现金5 000元,售后服务部领用现金4 000元,生产部领用现金3 000(附单据3张)。

借:其他应收款——备用金——采购部	5 000	
——售后服务部	4 000	
——生产部	3 000	
贷:库存现金		12 000

(1) 选择付款凭证。

(2) 输入日期:2014-05-04。

(3) 凭证摘要输入:领用备用金。

(4) 会计科目“其他应收款——备用金”是部门核算,业务3需要录入3个部门,可以通过“辅助明细”功能,批量录入(分录合并录入),如图4.17。

图4.17

(5) 在“分录合并录入”窗口中,点击“增加”,录入(或选择)部门和金额。点击“确定”。回车后,系统自动添加科目相同,部门不同的三条分录,继续录入“库存现金”,贷方金额按“=”取平。如图4.18和图4.19。

(6) 指定“库存现金”这条分录的现金流量项目,07支付的与其他经营活动有关的现金。

业务4　5月5日,偿付中国银行3个月期贷款10 000美元,年利率5.6%(转账支票号6001,附单据2张)。

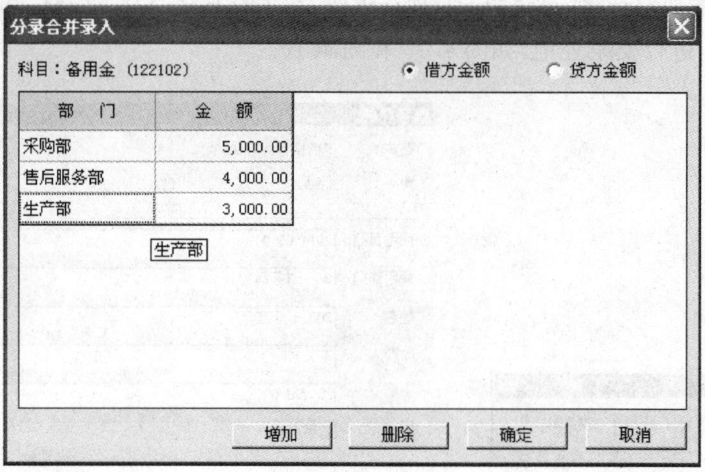

图 4.18

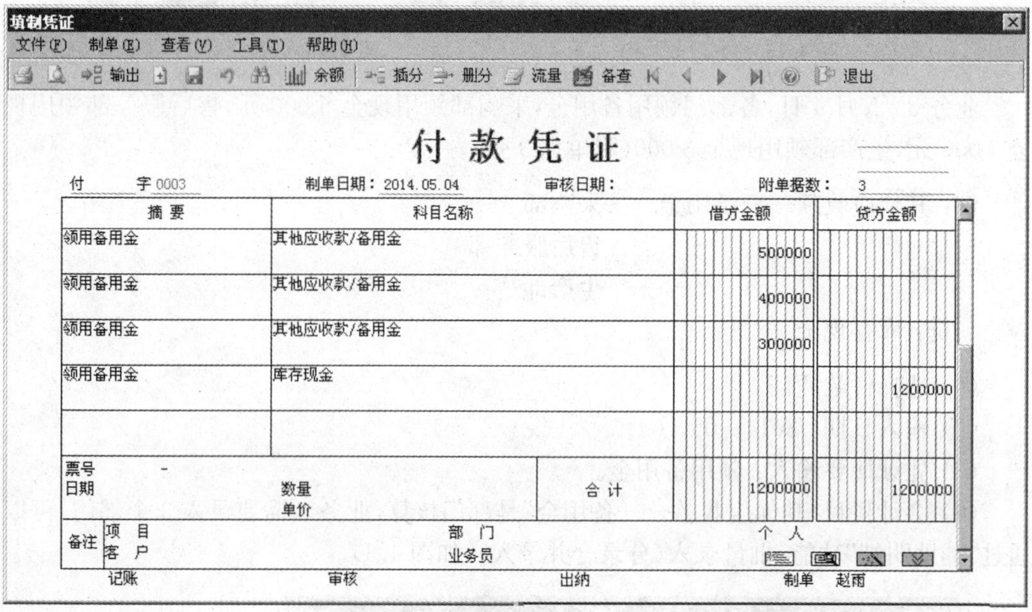

图 4.19

借：短期借款——中国银行 USD　　68 000

　　财务费用——利息支出　　952

　贷：银行存款——中国银行 USD　　68 952

（1）选择付款凭证。

（2）输入日期：2014－05－05。

（3）凭证摘要输入：偿还贷款。

（4）会计科目“短期借款——中国银行 USD”为外币核算，录入后，凭证格式发生变化。输入美元 10 000，按 Enter 键（回车），光标跳到汇率 USD6.8，本例外汇采用固定汇率（即月初汇率 6.8）。

(5) 按 Enter 键(回车)，光标跳到借方金额，自动算出并显示本币金额 68 000。按 Enter 键(回车)。

(6) 输入会计科目“财务费用——利息支出”，按 Enter 键(回车)，光标跳过外币栏(财务费用——利息支出不是外币核算，不需输入外币金额)，到借方金额按 F9，显示计算器，输入“68 000×0.056/4＝”，屏幕显示：952，点击确定，数字自动填入借方金额。按 Enter 键(回车)。

(7) 输入会计科目“银行存款——中国银行 USD”，按 Enter 键(回车)，输入结算方式：转账支票，票号 ZZW6001，点击“确定”。提示“此支票尚未登记，是否登记”。点击“是”进行登记，或“否”忽略。

(8) 光标跳到外币栏，不需输入，连续三次按 Enter 键(回车)。将光标跳到贷方金额，按“＝”，自动取借贷方平衡数值 68 952。

(9) 点击本行外币金额位置(原为空)，显示外币金额：10 140。如图 4.20(1)。

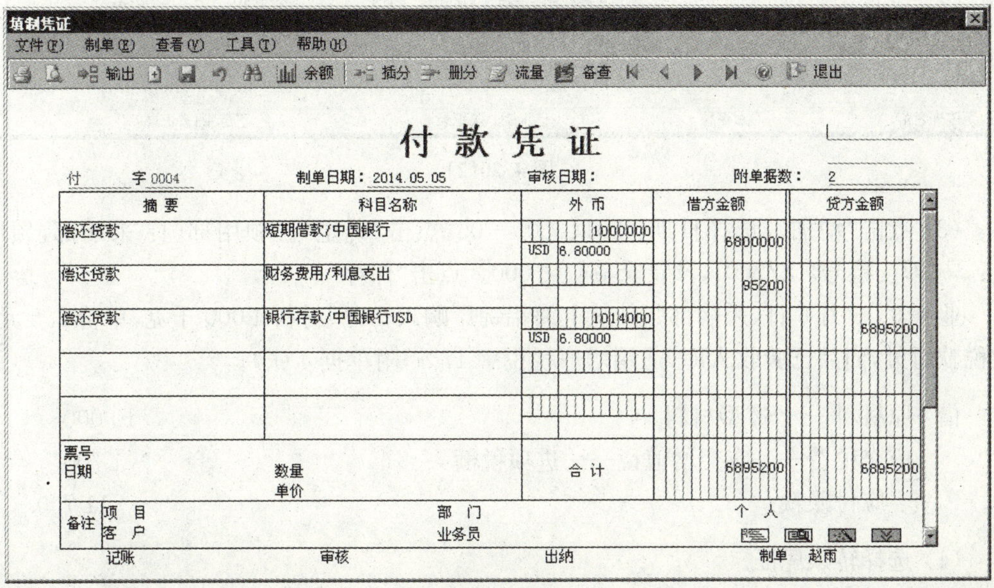
填制凭证

文件(F)　制单(E)　查看(V)　工具(T)　帮助(H)

输出　余额　插分　删分　流量　备查　退出

付款凭证

付　字 0004　制单日期：2014.05.05　审核日期：　附单据数：2

摘要	科目名称	外币	借方金额	贷方金额
偿还贷款	短期借款/中国银行	1000000 USD 6.80000	6800000	
偿还贷款	财务费用/利息支出		95200	
偿还贷款	银行存款/中国银行USD	1014000 USD 6.80000		6895200
票号 日期	数量 单价	合计	6895200	6895200

备注　项目　部门　个人　客户　业务员

记账　审核　出纳　制单　赵雨

图 4.20(1)

(10) 点击“保存”或“增加”。

(11) 显示“现金流量录入修改”窗口，将金额 68 952.00 改为 68 000.00，选择项目编码：20 偿还债务所支付的现金，如图 4.20(2)。

(12) 点击增加，选择科目：100202，金额自动显示 952.00，选择项目编码：21 分配股利、利润或偿还利息所支付的现金。点击“确定”。

业务5　5月5日，采购部马卿借转账支票一张，付货款，票号 7001，预计金额 13 000 元(登记支票登记簿，不填制凭证)。

(1) 执行菜单栏中的“重新注册”，弹出“登录”窗口。输入：操作员“LL”；密码“222”。选择账套“800 天津滨海机械设备有限公司”；日期“2014－05－31”。单击“确定”按钮。

(2) 执行“财务会计”|“总账”|“出纳”|“支票登记簿”，选择银行：工商银行 RMB (100201)。点击“确定”。支票登记簿中已经存在前面业务登记的支票。

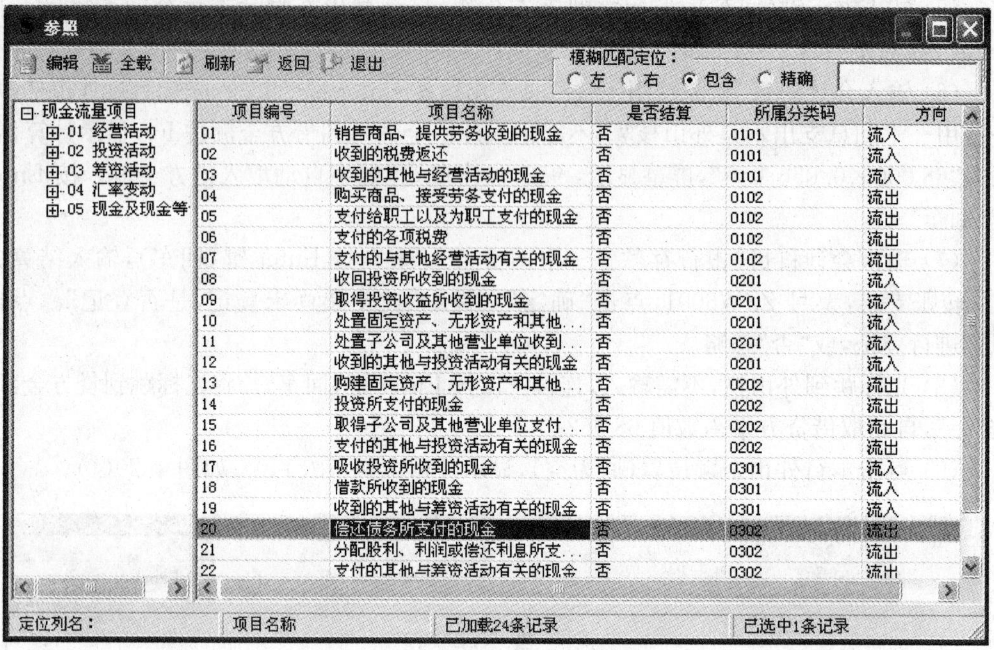

图 4.20(2)

(3) 点击“增加”，选择日期：2014－05－05，点击“确定”。领用部门：采购部，领用人：马卿，支票号：ZZ7001，预计金额：13 000。点击“保存”。

业务6　5月6日，采购部张佳从上海铝锭厂购入S2型材料4 000千克，单价2.5元，货税款暂欠，商品已验收入库（适用增值税税率17%，附单据4张）。

借：原材料——S2型材料　　10 000
　　应交税费——应交增值税——进项税额　　1 700
　贷：应付账款　　11 700

(1) 选择转账凭证。

(2) 输入日期：2014－05－06。

(3) 增加常用凭证摘要[编码003，摘要内容：购入材料]，选入003。

(4) 输入会计科目“原材料——S2型材料”为数量核算，需根据实际情况，录入数量4 000，单价2.5，系统自动计算金额10 000。不按采购的实际情况录入数量，或数量录入错误，会影响原材料发出或结存的单价的准确性。

(5) 输入会计科目“应交税费——应交增值税——进项税额”，金额1 700。

(6) 输入会计科目“应付账款”，供应商“上海铝锭”，业务员“张佳”，金额11 700。

业务7　5月7日，采购部马卿采购S1型配件100箱，每箱110元，材料直接入库，货款以银行存款支付（适用增值税税率17%，转账支票号7001，附单据4张）。

借：原材料——S1型配件　　11 000
　　应交税费——应交增值税——进项税额　　1 870
　贷：银行存款——工商银行RMB　　12 870

(1) 选择付款凭证。

(2) 输入日期：2014－05－07。

(3) 点击参照按钮，选入003，摘要内容：购入材料。

(4) 输入会计科目："原材料——S1型配件"为数量核算，需根据实际情况，录入数量100，单价110，系统自动计算金额11 000。

(5) 输入会计科目"应交税费——应交增值税——进项税额"，金额1 870。

(6) 输入会计科目"银行存款——工商银行"，结算方式：转账支票，票号，ZZ7001，金额12 870，系统提示，支票登记过，是否报销，点击"是"。保存。

(7) 选择现金流量，项目编码：04，购买商品、接受劳务支付的现金。

业务8　5月8日，支付上笔业务S1型配件的运费500元(转账支票号ZZ7002，附单据2张)。

借：原材料——S1型配件	500	
贷：银行存款——工商银行RMB		500

(1) 选择付款凭证。

(2) 输入日期：2014－05－08。

(3) 摘要输入：支付运费。

(4) 输入会计科目："原材料——S1型材料"，由于运费没有增加原材料数量，不需录入数量和单价，借方金额：500。

(5) 输入会计科目"银行存款——工商银行RMB"。结算方式：转账支票，票号，ZZ7002，提示"此支票尚未登记，是否登记"。点击"是"进行登记，或"否"忽略。贷方金额：500。

(6) 选择现金流量，项目编码：04，购买商品、接受劳务支付的现金。

业务9　5月12日，销售一部林枫收到上海农机厂转来一张转账支票，金额50 000元，用以偿还前欠货款(转账支票号ZZ7648，附单据2张)。

借：银行存款——工商银行RMB	50 000	
贷：应收账款		50 000

(1) 选择收款凭证。

(2) 输入日期：2014－05－12。

(3) 摘要输入：收货款。

(4) 输入会计科目"银行存款——工商银行RMB"，结算方式：转账支票，票号，ZZ7648，金额50 000。

(5) 选择现金流量，项目编码：01，销售商品、接受劳务收到的现金。

(6) 输入会计科目"应收账款"，客户上海农机厂，业务员林枫。

业务10　5月31日，报销业务招待费，总经理办公室2 400元，销售一部2 000元，销售二部1 000元(附单据12张)。

借：管理费用——招待费——总经理办公室　　2 400

——销售一部　　2 000

——销售二部　　1 000

贷：库存现金　　5 400

（1）选择付款凭证。

（2）输入日期：2014－05－31。

（3）摘要输入：报销业务招待费。

（4）查找会计科目“管理费用”，没有下级科目“招待费”，在科目参照窗口，点击“编辑”，增加会计科目“660204 管理费用——招待费”，选择“部门核算”。关闭返回。

（5）输入会计科目“管理费用——招待费”，显示“辅助项”窗口。点击“辅助明细”，合并录入总经理办公室 2 400，销售一部 2 000，销售二部 1 000。

（6）输入会计科目“库存现金”，金额 5 400。

（7）选择现金流量，项目编码：07，支付的与其他经营活动有关的现金。

业务 11　5 月 31 日，总经理办公室李华出差回来，报销差旅费 2 200 元，余款用现金补足（附单据 3 张）。

借：管理费用——差旅费　　2 200

贷：其他应收款——职工个人借款　　2 000

库存现金　　200

（1）选择付款凭证。

（2）输入日期：2014－05－31。

（3）摘要输入：报销差旅费。

（4）查找会计科目“管理费用”，没有下级科目“差旅费”，在科目参照窗口，点击“编辑”，增加会计科目“660205 管理费用——差旅费”，选择“部门核算”。关闭返回。

（5）输入会计科目“管理费用——差旅费”，显示“辅助项”窗口。输入：总经理办公室。金额 2 200。

（6）输入会计科目“其他应收款——职工个人借款”，显示“辅助项”窗口，部门：“总经理办公室”，个人：“李华”，点击：“确定”。

（7）点击：“余额”，系统显示最新余额一览表，显示总经理办公室李华借款余额2 000，如图 4.21，关闭。

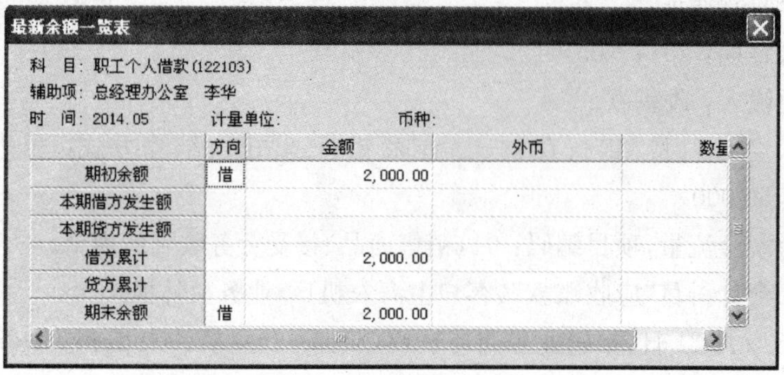

最新余额一览表

科　目：职工个人借款(122103)

辅助项：总经理办公室　李华

时　间：2014.05　　计量单位：　　币种：

	方向	金额	外币	数量
期初余额	借	2,000.00		
本期借方发生额				
本期贷方发生额				
借方累计		2,000.00		
贷方累计				
期末余额	借	2,000.00		

图 4.21

(8) 输入贷方金额2 000。

(9) 输入会计科目“库存现金”,金额200。

(10) 选择现金流量,项目编码:07,支付的与其他经营活动有关的现金。

业务12　5月31日,生产车间领用原材料(原材料计价使用加权平均法)(附单据1张)。使用联查明细账或余额查询功能获得材料单价,填入下表单价(　　)中。

表4.25　原材料领用汇总表

领用单位:生产车间

原材料 / 产品	S1型配件数量 单价(101.36)	S2型材料数量 单价(2.01)	L1材料数量 单价(10)
利群S1机床	300	50 000	200
利群S2机床	250	40 000	150
车间领用			100
合　计	550	90 000	450

分录数量参照上表(可合并填写一张凭证,也可参照下述方案填写一张,复制后修改生成新凭证)。

借:生产成本——直接材料
(辅助:利群S1机床)
　贷:原材料——S1型配件
　　　　　——S2型材料
　　　　　——L1材料

借:生产成本——直接材料
(辅助:利群S2机床)
　贷:原材料——S1型配件
　　　　　——S2型材料
　　　　　——L1材料

借:制造费用——办公费
　贷:原材料——L1材料

(1) 选择转账凭证。

(2) 输入日期:2014-05-31。

(3) 摘要输入:领用原材料。

(4) 输入会计科目“生产成本——直接材料”,显示“辅助项”窗口。输入:利群S1机床。金额1(暂时数字,经三种材料计算汇总而来)。

(5) 输入会计科目“原材料——S1型配件”,显示“辅助项”窗口。输入:数量300,单价需查询后填入。

(6) 点击“查看”|“联查明细账”,显示,“原材料——S1型配件”的明细账,将右上角的“金额式”选为“数量金额式”,当前合计的余额单价为101.36。如图4.22退出。返回凭证。

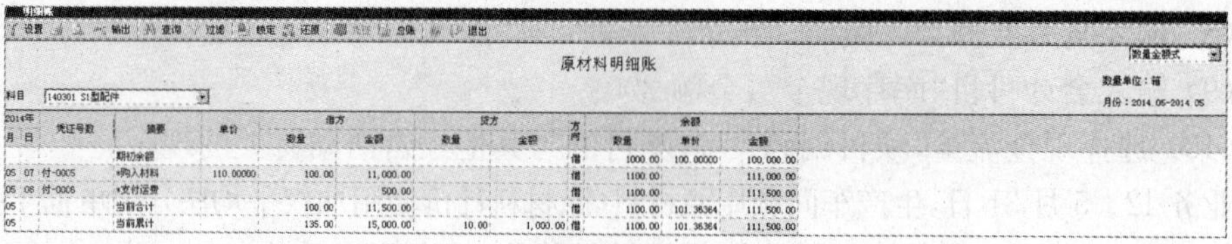
原材料明细账

数量金额式

科目 140301 S1型配件

数量单位：箱

月份：2014.05-2014.05

2014年 月	日	凭证号数	摘要	单价	借方 数量	借方 金额	贷方 数量	贷方 金额	方向	余额 数量	余额 单价	余额 金额
			期初余额						借	1000.00	100.00000	100,000.00
05	07	付-0005	*购入材料	110.00000	100.00	11,000.00			借	1100.00		111,000.00
05	08	付-0006	*支付运费			500.00			借	1100.00		111,500.00
05			当前合计		100.00	11,500.00			借	1100.00	101.36364	111,500.00
05			当前累计		135.00	15,000.00	10.00	1,000.00	借	1100.00	101.36364	111,500.00

图 4.22

(7) 点击右下角的辅助项显示按钮，在辅助项窗口输入单价 101.36，点击确定。金额 30 408，如果金额在借方，按“空格”键，金额跳到贷方。

(8) 同理，输入“原材料——S2 型材料”、“原材料——L1 型材料”。

(9) 光标点击“生产成本——直接材料”借方金额，按“＝”键，自动计算出金额 132 908，点击“保存”。

(10) 执行“制单”|“自动复制”，转字，回车，将“生产成本——直接材料”的“辅助项”改为利群 S2 机床。

(11) 输入会计科日“原材料——S1 型配件”，显示“辅助项”窗口。输入：数量 250，单价不变。

(12) 同理，修改“原材料——S2 型材料”、“原材料——L1 型材料”的数量。

(13) 光标点击“生产成本——直接材料”借方金额，按“＝”键，自动计算出金额 107 240，点击“保存”。

(14) 新增凭证，录入“借：制造费用——办公费 1 000，贷：原材料——L1 型材料 1 000”。

2) 出纳签字。

出纳凭证由于涉及企业库存现金和银行存款的收入与支出，应加强对出纳凭证的管理。出纳人员可通过出纳签字功能对制单员填制的带有现金银行科目的凭证进行检查核对，主要核对出纳凭证的出纳科目的金额是否正确，审查认为错误或有异议的凭证，应交与填制人员修改后再核对。

(1) 以出纳的身份登记总账，点击“重注册”。

(2) 操作员“LL”；密码“222”。选择账套“800 天津滨海机械设备有限公司”；日期“2014－05－31”。单击“确认”按钮。

(3) 执行“总账”|“凭证”|“出纳签字”，显示“出纳签字”窗口。点击“确定”。

注：

● 选择“全部”显示所有符合条件的凭证列表，选择“作废凭证”或“有错凭证”显示所有符合条件的作废或有错的凭证，三者任选其一。

● 可输入要查询的凭证类别，选择在凭证类别中定义的类别名称；选择查询月份和凭证号范围。

● 如果要专门查询某一段时间的凭证，请选择“日期范围”，此时凭证号范围不可选。

● 选择凭证来源于哪个外部系统，为空表示所有系统的凭证。

● 选择要对那位审核人审核的、哪一位出纳员制作的凭证进行签字。

● 系统根据输入的查询条件，显示所有符合条件的凭证列表，输出“凭证一览表”。

(4) 显示“凭证一览表”，呈现所有的收款凭证和付款凭证，点击“确定”。

注：

● 转账凭证不涉及现金业务，不会出现在这里。

● 已签字凭证背景为黄色。摘要栏显示凭证的第一条分录的摘要；系统栏显示凭证来源；备注栏中作废凭证则显示“作废”，有错凭证则显示“有错”。

● 在凭证一览表中双击某张凭证，则屏幕显示此张凭证。

（5）点击“签字”按钮，凭证下方出纳处显示当前操作员姓名，表示这张凭证出纳员已签字。若想对已签字的凭证取消签字，单击“取消”取消签字。

注：

● 为了提高工作效率，系统提供对已审核的凭证进行成批签字的功能，选择横向菜单“主管”中的“成批出纳签字”和“成批取消签字”，可进行签字的成批操作。

● 已签字的凭证，不能被修改、删除，只能取消签字才能进行。

● 取消签字只能由出纳人自己进行。

（6）补结算方式和票号功能。

如果在录入凭证时没有录入结算方式和票据号，系统提供在出纳签字时还可以补充录入。选择横向菜单中“出纳”|“票据结算”，列示所有需要进行填充结算方式、票据号、票据日期的分录，包括已填写的分录；填制结算方式和票号时，针对票据的结算方式进行相应支票登记判断。

（7）出纳签字完毕，退出。

3）凭证的审核。

（1）以会计主管的身份登记总账。

（2）执行“总账”|“凭证”|“审核凭证”，显示“凭证审核”窗口，点击“确定”。具体选择方法与出纳签字相同。

（3）显示“凭证一览表”，呈现所有的凭证，点击“确定”。

（4）审核人员在确认该张凭证正确后，单击“审核”按钮将在审核处自动签上审核人名，即该张凭证审核完毕，系统自动显示下一张待审核凭证。

（5）若审核人员发现该凭证有错误，可按“标错”按钮，对凭证进行标错，以便制单人可以对其进行修改。

（6）审核完毕，退出。

注：

● 单击“审核”菜单下的“成批审核”，系统自动对当前范围内的所有未审核凭证执行审核；单击“审核”菜单下的“成批取消审核”，系统自动对当前范围内的所有已审核凭证执行取消审核。

● 审核人和制单人不能是同一个人。

● 若想对已审核的凭证取消审核，单击“取消”取消审核。取消审核签字只能由审核人自己进行。

● 凭证一经审核，就不能被修改、删除，只有被取消审核签字后才可以进行修改或删除。

● 审核人除了要具有审核权外，还需要有对待审核凭证制单人所制凭证的审核权，这个权限在“基础设置”的“数据权限”中设置。

● 采用手工制单的用户，在凭单上审核完后还须对录入机器中的凭证进行审核。

● 作废凭证不能被审核，也不能被标错。

● 已标错的凭证不能被审核，若想审核，需先按“取消”取消标错后才能审核。已审核的凭证不能标错。

4）凭证记账。

记账凭证经审核签字后，即可用来登记总账和明细账、日记账、部门账、往来账、项目账以及备查账等。系统记账采用向导方式，使记账过程更加明确。

(1) 执行(双击)“总账”|“凭证”|“记账”，显示“记账”窗口。点击“记账”。

(2) 如果是第一次记账，显示“期初试算平衡”窗口。试算结果平衡方可记账。点击“确定”。

(3) 记账完毕，点击“确定”，点击“退出”。

注：

● 若选择记账范围，可输入连续编号范围；也可输入不连续编号，例如“5，6，9”，表示第5号、第6号、第9号凭证为此次要记账的凭证。

● 此次要记账的凭证中有些凭证没有审核或未经出纳签字，属于不能记账的凭证，可根据提示修改后，再记账。

5）恢复记账前状态。

记账过程一旦断电或其他原因造成中断后，系统将自动调用“恢复记账前状态”恢复数据，然后您再重新记账。

(1) 手动恢复记账，在“期末”|“对账”界面，按下〈Ctrl ＋ H〉键。

(2) 在“总账”|“凭证”下出现“恢复记账前状态”功能。

(3) 点击“恢复记账前状态”，选择恢复到的状态，确定。

(4) 输入执行操作的主管的密码。本案例：王红的密码111。

注：

● 在记账过程中，不得中断退出。

● 所选范围内的凭证如有不平衡凭证，系统将列出错误凭证，并重选记账范围。

6）账簿管理。

账簿管理是在凭证录入之后，系统的直接收获。与手工相比，我们可以理解为系统将凭证快速准确地登记到各种账簿，实际上，是系统提供的对凭证的各种查询方式。

第一，总账。

(1) 选择“账表”|“科目账”|“总账”，屏幕显示总账查询条件窗口。可将查询条件保存为我的账簿，或直接调用我的账簿即可。

(2) 选择或输入要查询的科目和科目级次，或直接选择查询到末级科目。

(3) 选择是只查询已记账凭证，还是包括未记账凭证。

(4) 输入完成后，按“确认”按钮进入总账查询窗口。

(5) 在查询结果界面，可以点取科目下拉框，选择需要查看的科目。

(6) 单击工具栏中的“明细”按钮，即可联查到当前科目当前月份的明细账。当期初余额或上年结转所在行为当前行时，不能联查明细账。

第二，科目余额表。

(1) 选择“余额表”，显示余额表查询条件窗口，根据需要输入查询条件。

(2) 可输入参照输入具体科目查询，也可以选择某一科目类型查询这一类型的所有科目余额表。

(3) 可选择查询科目的级次和余额范围。

(4) 用户输入完查询条件后，按“确认”按钮，则屏幕显示查询统计结果。

(5) 用户可以点取屏幕右上方账页格式下拉框，可以金额式、外币金额式、数量金额式、数量外币式显示账页。

第三，明细账。

(1) 普通明细账。

① 条件：选择“按科目范围查询”，选择科目范围(如果不选，表示按全部科目查询)，选择查询月份，是否按对方科目展开，包含未记账凭证。

② 显示结果：显示日期、凭证号、摘要、对方科目、借贷方发生额、方向和余额。可以点取科目下拉框选择需要查看的其他科目。

(2) 月份综合明细账。

① 条件：选择“月份综合明细账”，选择科目范围，查询月份范围，包含未记账。

② 查询结果：显示日期、凭证号、科目编码、科目名称、摘要、借贷方发生额、方向和余额，并按科目升序排列显示明细账，可选择账页格式金额式、外币金额式、数量金额式、数量外币式。

(3) 按科目排序明细账。

① 条件：与普通明细账选项相同，只是加选一项“按科目排序”。

② 查询结果：显示日期、凭证号、科目编码、科目名称、摘要、对方科目、借贷方发生额、方向和余额。可以点取科目下拉框选择需要查看的其他科目。

(4) 多栏账。

① 条件：选择有下级科目的会计科目，编制多栏账(可自动编制)。本案例设置管理费用多栏账。

② 查询结果：前几列同普通明细账，后几列为借(或贷)方明细展开内容。

第四，辅助账。

辅助账的查询功能，是对前期各种辅助功能信息录入后的归纳，充分利用能节约能源，提高管理效率。

如客户业务余额表可以考查业务人员的业绩，客户往来账龄分析减少了大量的手工统计工作。部门收支分析可以准确汇总管理费用等部门核算的费用，减少浪费。项目成本多栏明细账可准确核算项目成本。

4.2.3　实战点拨

4.2.3.1　红字冲销

5 月 31 日经济业务如下：

业务 13　发现 1 日，售后服务部王知朋购买了 400 元的办公用品的凭证错误，该业务是采购部张佳所做。

原凭证：借：销售费用 —— 办公费　　400
　　　　贷：库存现金　　400

正确凭证：借：管理费用——办公费　　400
　　　　　贷：库存现金　　400

注：

- 查出该业务的凭证号。
- 该业务是采购部张佳所作，红字冲销该凭证。（注意凭证号）
- 填制正确凭证。

提示思考：

- 记账前，如何修改凭证？
- 记账后，如何修改凭证？

以会计的身份登录企业应用平台，操作员“ZY”；密码“333”。选择账套“800 天津滨海机械设备有限公司”；日期“2014－05－31”。单击“确认”按钮。打开总账。

(1) 查询凭证。执行“总账”|“凭证”|“查询凭证”，点击“辅助条件”，对应输入想查询的凭证的相关内容，如图 4.23(1)和图 4.23(2)。

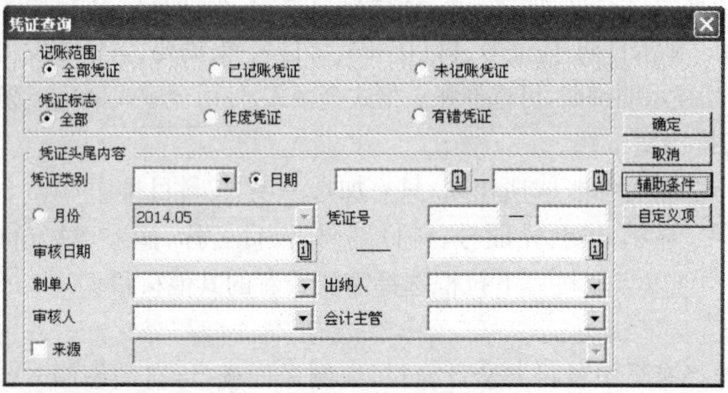

图 4.23(1)

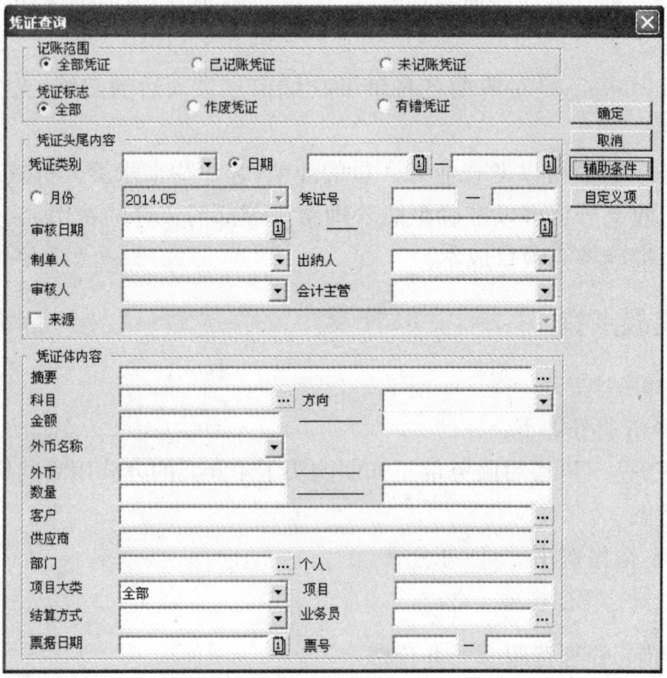

图 4.23(2)

(2) 摘要输入：购买办公用品。或：科目输入：销售费用——办公费。点击“确定”，如图 4.24。

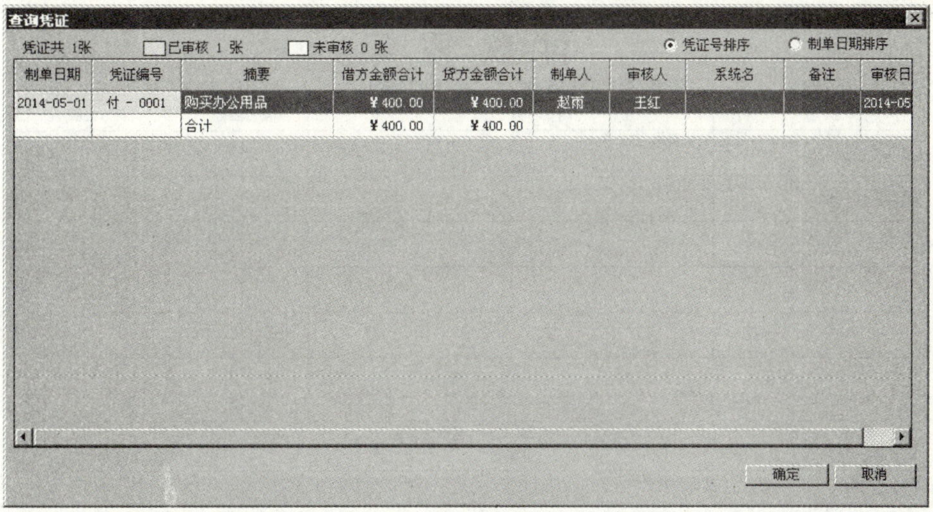

图 4.24

(3) 点击“确定”。确认是所选凭证，记住凭证号：付字 1 号。退出，取消，如图 4.25。

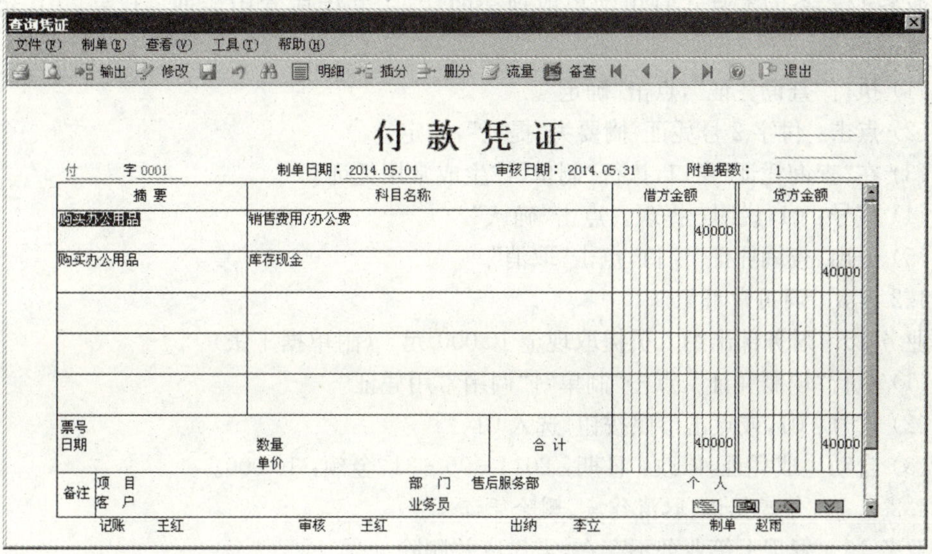

图 4.25

(4) 双击“填制凭证”。

(5) 执行“制单”|“冲销凭证”，选择“付款凭证”，凭证号：1，如图 4.26。

(6) 自动生成凭证付字 9 号，金额红字。保存。输入现金流量编码：07，确定，如图 4.27。

(7) 执行“增加”填制正确凭证。摘要：“更正付字 1 号凭证，购买办公用品”。

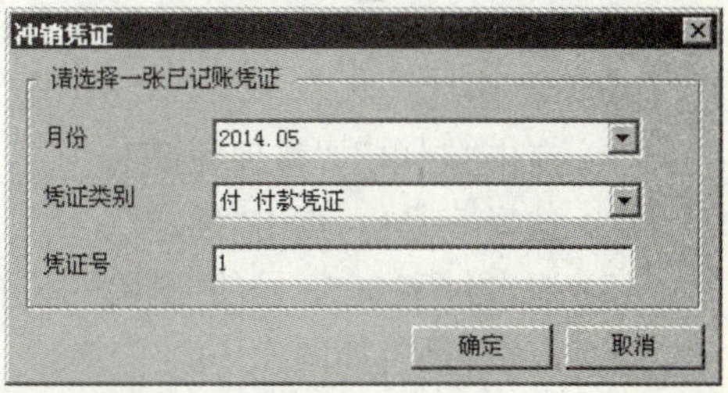

图 4.26

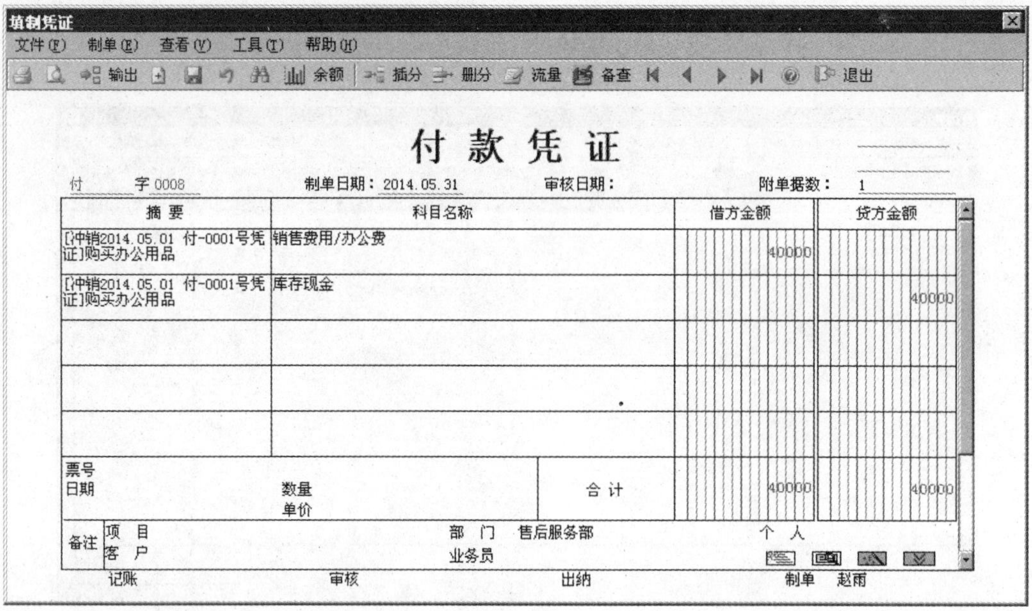

图 4.27

4.2.3.2　生成常用凭证

业务 14　查询本月 4 日出纳提取现金的凭证，并生成常用凭证。代号：01，说明：提现。

(1) 执行“查询凭证”，点击“确定”。

(2) 点击：付字 2 号凭证，摘要为“提现”，确定。

(3) 在“查询凭证”窗口，执行“制单”|“生成常用凭证”。

(4) 代号：01，说明：提现。点击“确认”。

(5) 退出“查询凭证”窗口，点击“取消”。

4.2.3.3　调用常用凭证

业务 15　财务部出纳人员提取现金 10 000 元。(附单据 1 张)

(1) 执行“填制凭证”，点击“制单”|“调用常用凭证”。

(2) 代号：01，或点击参照按钮，选入 01。

(3) 自动生成凭证，修改：日期：2014－05－31，金额：10 000。

4.2.3.4　作废凭证、取消作废、删除凭证

业务 16　发现上笔业务不存在，需作废并删除。

(1) 执行“填制凭证”，点击“制单”|“作废/恢复”。凭证左上角，出现红色“作废”章。

(2) 如需恢复，可再次执行“填制凭证”，点击“制单”|“作废/恢复”。凭证左上角的红色“作废”章消失。

(3) 点击“制单”|“整理凭证”。

(4) 选择 5 月份，点击“确定”。

(5) 双击付字 0009 号的“删除?”位置，出现“Y”，点击“确定”，如图 4.28 和图 4.29。

(6) 点击“是”，如图 4.30。

注：

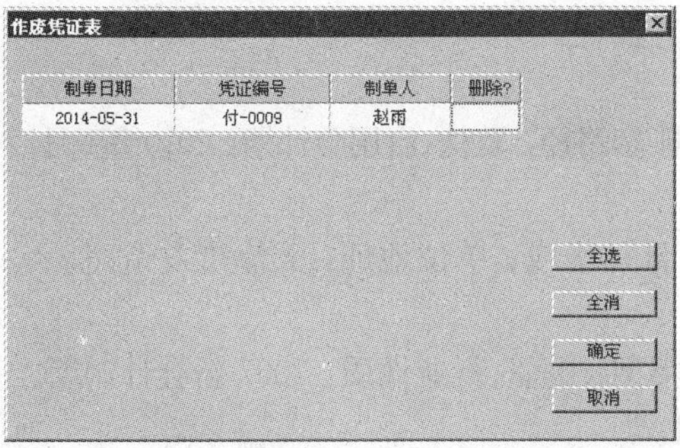

图 4.28

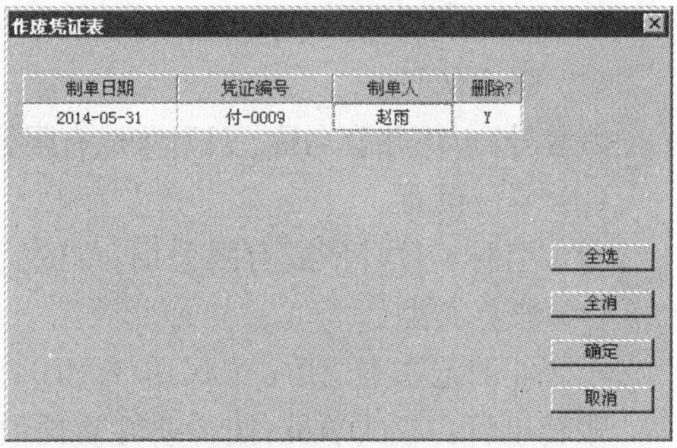

图 4.29

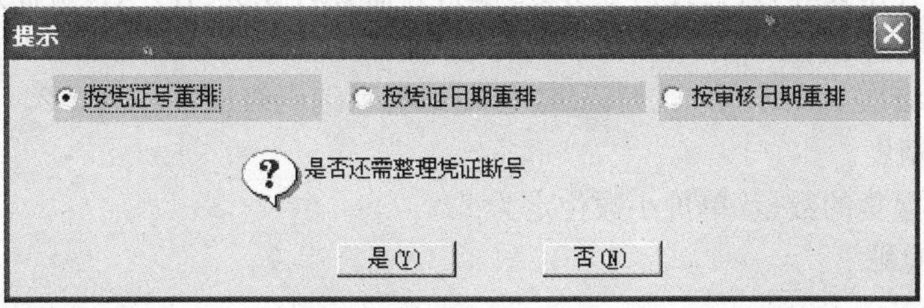

图 4.30

● 若本月有凭证已记账，那么，本月最后一张已记账凭证之前的凭证将不能作凭证整理，只能对其后面的未记账凭证作凭证整理。若想对已记账凭证作凭证整理，请先到“恢复记账前状态”功能中恢复本月月初的记账前状态，再作凭证整理。

● 若由于手工编制凭证号造成凭证断号，也可通过此功能进行整理，方法是不选作废凭证，直接按“确认”按钮即可。对由系统编号时，删除凭证后系统提示您是否整理空号凭证，若选取“是”，则将作废凭证删除并重新排凭证编号。

4.2.3.5　出纳签字

更换出纳人员进行出纳签字。

4.2.3.6　审核、记账

更换账套主管进行审核、记账。

4.2.3.7　凭证汇总

本功能可根据输入的汇总条件，有条件地对记账凭证进行汇总并生成一张科目汇总表。

(1) 执行“凭证”|“科目汇总”。

(2) 输入汇总条件后，点击“汇总”按钮，屏幕显示科目汇总表。

(3) 当光标在科目汇总表的某一科目行上时，按“详细”按钮，则显示对方明细科目汇总表。

(4) 按“级次”按钮，可指定汇总的级次。

(5) 如果凭证中存在红字，按“切换”按钮，可按两种方式进行展开。

(6) 点击“还原”按钮，恢复系统默认的栏目列宽。

4.2.4　实战训练

1) 新建文件夹：“日月备份”。

2）建立账套并完成账套系统初始化。

(1) 账套信息。

账套号：100;账套名称：日月华成有限公司;账套路径：默认;启用会计期：2010年1月。

(2) 单位信息。

单位名称：日月华成有限公司;单位简称：日月华成；单位地址：天津市友谊路。

(3) 核算类型。

本企业的记账本位币：人民币(RMB);企业类型：工业;行业性质：2007新会计制度。

账套主管：考试学员;按行业性质预设科目。

(4) 基础信息。

本企业有外币核算,进行经济业务处理时,并需要对存货、客户、供应商进行分类。

(5) 分类编码方案。

部门编码级次：1;结算方式编码级次：1 2;科目编码级次：4 2 2 2 2。

(6) 数据精度。

该企业对存货的数量、单价小数位定为2。

(7) 启用总账。

3) 财务分工。

(1) 401　考试学员是账套主管,具有系统所有模块的全部权限。

(2) 402　李仪具有“总账—凭证—出纳签字”权限,具有“总账—出纳”的全部操作权限。

(3) 403　张雷具有“总账”权限。

4) 企业概况。

(1) 企业组织结构：总经理办公室、人事部、采购部、财务部、销售部。

(2) 人员构成,如表4.26。

表4.26　人员构成表

职员编号	职 员 姓 名	部　　门
101	李　云	总经理办公室
102	李　欣	总经理办公室
201	王　倩	人事部
301	王曲霞	采购部
401	考试学员	财务部
402	李　仪	财务部
403	张　雷	财务部
501	杜　元	销售部

(3) 往来单位设置：

客户情况,如表4.27。

表4.27　客户情况表

客户类型	客户名称	客户简称	所属行业	纳税人登记号	开户银行	银行账号
外　地	桂林有限公司	桂　林	制造业	123456788965412	农业银行	65498778
外　地	南洋有限公司	南　洋	制造业	789456123321450	建设银行	74185236

供应商情况，如表4.28。

表4.28　供应商情况表

客户类型	客户名称	客户简称	所属行业	法人代表	纳税人登记号
金　属	蓝天有限公司	蓝　天	制造业	吴　羽	165346431343133
配　件	大华有限公司	大　华	制造业	侯　曲	746463131213113

(4) 外币及汇率：

美元，币符：USD；记账汇率：6.70。

港币，币符：HKD；记账汇率：1.08。

5) 总账控制参数，如表4.29。

表4.29　总账控制参数表

参　数　设　置
制单序时控制 支票控制 可以使用应收、应付系统的受控科目 打印凭证页脚姓名 出纳凭证必须经出纳签字

6) 凭证类别设置，如表4.30。

表4.30　凭证类别表

凭 证 类 别	限 制 类 型	限 制 科 目
收款凭证	借方必有	1001,1002
付款凭证	贷方必有	1001,1002
转账凭证	凭证必无	1001,1002

7) 会计科目设置及期初余额录入，如表4.31。

表4.31　会计科目期初余额表

账 户 名 称	借方余额	备　注	账 户 名 称	贷方余额	备　注
库存现金	3 000.00		短期借款	10 000.00	
银行存款	224 000.00		应付账款	82 300.00	(供应商往来)
工商银行人民币户	181 700.00				
中国银行美元户	31 500.00	5 000美元	其他应付款	10 800.00	
中国银行港币户	10 800.00	10 000港币	应交税费	48 000.00	
应收账款	56 000.00	(客户往来)	未交增值税	48 000.00	
其他应收款	1 000.00	(个人往来)	应交增值税		
原材料	85 600.00		实收资本	500 000.00	
A材料	55 600.00	11千克	盈余公积	27 000.00	
B材料	30 000.00	10千克	利润分配	5 000.00	
生产成本	8 000.00		未分配利润	5 000.00	
库存商品	98 000.00	80件	主营业务收入		数量：件
固定资产	220 000.00		累计折旧	12 500.00	

其他应收款期初明细账余额为：李欣：900 元；王曲霞 100 元。

应收账款期初明细账余额为：应收账款——桂林　借方余额 60 000 元；应收账款——南洋　贷方余额　4 000 元。

应付账款期初明细账余额为：应付账款——蓝天　贷方余额 90 000 元；应付账款——大华　借方余额　7 700 元(注意：一定完成指定科目操作)。

8) 会计凭证填制。

由会计“张雷”完成凭证录入，1 月份经济业务如下：

(1) 3 日，从蓝天有限公司购入 A 材料 10 千克，买价 50 000 元，增值税 8 500 元，款项用银行存款(工商银行)支付，材料已验收入库。(注：新增科目“进项税额”)

(2) 5 日，从大华有限公司购入 B 材料 20 千克，买价 60 000 元，增值税 10 200 元，材料已验收入库，企业开出一张 3 个月期限的商业承兑汇票支付货款。

(3) 13 日，从工商银行提取现金 50 000 元备发工资。

(4) 13 日，以现金发放职工工资 50 000 元。

(5) 23 日，职工李欣出差回来，报销差旅费 850 元，余款退回。

(6) 25 日，向南洋有限公司销售商品 50 件售价 120 000 元，增值税 20 400 元，货已发出，货款存入工商银行。(注：新增科目“销项税额”)

9) 出纳的工作。

凭证出纳签字。

10) 会计主管的工作。

由会计主管完成凭证审核、记账，查询余额表并输出到“日月备份”文件夹，文件名为：YEB。

11) 账套输出。

账套输出到“日月备份”文件夹。

4.3　总账管理系统银行对账

银行对账是货币资金管理的主要内容，是企业出纳员的最基本的工作之一。为了能够准确掌握银行存款的实际金额，了解实际可以动用的货币资金数额，防止记账发生差错，企业必须定期将银行存款日记账与银行出具的对账单进行核对，并编制银行存款余额调节表。

银行对账一般通过以下几个步骤完成：录入银行对账期初、录入银行对账单、银行对账、编制余额调节表和核销已达账。

4.3.1　总账管理系统银行对账概述

4.3.1.1　录入银行对账期初数据

第一次使用银行对账功能前，系统要求录入日记账及对账单未达账项，在开始使用银行对账之后不再使用。

4.3.1.2　录入银行对账单

要实现计算机自动进行银行对账，在每月月末对账前，必须将银行开出的银行对账单输入计算机，存入“对账单文件”。

4.3.1.3　自动对账

银行对账采用自动对账与手工对账相结合的方式。自动对账是计算机根据对账依据自动进行核对、勾销，对账依据由用户根据需要选择。

4.3.1.4　手工对账

由于系统中的银行未达账项是通过凭证处理自动形成的，期间有人工录入过程，可能存在有关项目内容输入不规范或不全面的情况，从而造成无法实现全面自动对账，此时可以采用系统提供的手工对账功能。

4.3.1.5　编制余额调节表

对账完成后，系统自动整理汇总未达账和已达账，生成银行存款余额调节表。

4.3.1.6　核销已达账

在总账系统中，用于银行对账的银行日记账和银行对账单的数据是会计核算和财务管理的辅助数据。正确对账后，已达账项数据已无保留价值，因此，通过上述对账的结果和对账明细情况的查询，确信对账准确后，可以通过核销已达账功能核销用于对账的银行日记账和银行对账单的已达账项。

4.3.2　典型项目实训——子项目3　银行对账

4.3.2.1　项目目的

掌握用友软件中银行对账的操作方法。

4.3.2.2　项目内容

(1) 银行对账单期初。

(2) 录入银行对账单。

(3) 银行对账。

(4) 编制银行余额调节表。

(5) 查询对账勾对情况。

(6) 核销已达银行账。

4.3.2.3　项目要求

以出纳的身份进行操作。

4.3.2.4　项目资料

(1) 银行对账期初，如表4.32。

表4.32　银行余额调整表

开户银行：工商银行人民币户　　　　2014年4月30日

企业银行日记账调整前余额	1 562 000	银行对账单调整前余额	1 462 000
加：银行已收，企业未收 减：银行已付，企业未付		加：企业已收，银行未收 减：企业已付，银行未付	100 000
企业银行日记账调整后余额	1 562 000	银行对账单调整后余额	1 562 000

未达账项“企业已收，银行未收”的业务内容为，2014.04.30收到的货款100 000元。

(2) 银行对账单，如表4.33。

表 4.33　2014 年 5 月份银行对账单

开户银行：工商银行人民币户

日　期	结算方式	票号	借方金额	贷方金额
2014 - 05 - 01				100 000
2014 - 05 - 04	现金支票	XJ5301	20 000	
2014 - 05 - 06				60 000
2014 - 05 - 07	转账支票	ZZ7001	12 870	
2014 - 05 - 10	转账支票	ZZ7002	500	
2014 - 05 - 13				50 000
2014 - 05 - 31	转账支票	ZZ7003	2 400	
2014 - 05 - 31			5 000	

4.3.2.5　项目指导

1) 以出纳的身份启动和注册总账系统。

以出纳的身份登录企业应用平台，操作员“LL”；密码“222”。选择账套“800 天津滨海机械设备有限公司”；日期“2014 - 05 - 31”。单击“确定”按钮。打开总账。

系统管理员赋予出纳的权限较少，在总账中显示的可操作的功能比会计和账套主管的少。

2) 输入银行对账期初数据。

(1) 执行“出纳”|“银行对账”|“银行对账期初录入”。

(2) 选择银行科目：工商银行 RMB(100201)，点击“确定”。

(3) 录入单位日记账调整前余额 1 562 000，银行对账单调整前余额 1 462 000。

(4) 点击日记账期初未达项，进入“企业方期初”。

(5) 点击“增加”，按资料要求录入，未知内容可以不录。

(6) 点击“退出”，调整后的余额左(单位日记账)右(银行对账单)的相等。

注：

● 多出来的空行，不需要填写内容的，可以连续按两次 ESC 键取消。

● 第一次使用银行对账功能前，系统要求录入日记账及对账单未达账项，在开始使用银行对账之后不再使用。

● 在录入完单位日记账、银行对账单期初未达账项后，请不要随意调整启用日期，尤其是向前调，这样可能会造成启用日期后的期初数不能再参与对账。

(7) 由于同一笔业务银行对账单的借贷方向与银行日记账借贷方向可能相反，因此观察从银行取回的对账单方向是录入对账单的关键。实训中的对账单的期末余额为贷方(即借贷方向与银行日记账借贷方向相反)，点击“方向”，系统提示：“是否改变银行对账单的余额方向？借方→贷方”点击“是”。如图 4.31。

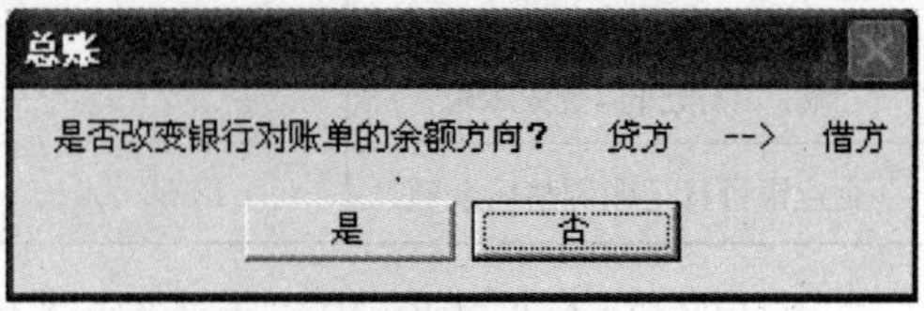

图 4.31

(8) 点击“退出”。

3) 录入银行对账单。

（1）执行“出纳”|“银行对账”|“银行对账单”。

（2）选择银行科目：工商银行 RMB(100201)，将右边的月份选择位 5 月，点击“确定”。

（3）按照资料录入对账单。

4）银行对账。

（1）自动对账。

执行“出纳”|“银行对账”|“银行对账”。选择银行科目：工商银行 RMB(100201)，将右边的月份选择位 5 月，点击“确定”。点击“对账”，显示“自动对账”窗口。如图 4.32。

点击：“确定”。

注意：

● 如凭证或对账单中的日期、结算票号和结算方式输入不准确，可去掉日期、结算票号和结算方式前的辅选框中的“√”。

● 对账条件中的“方向相反、金额相同”是必选条件，对账截止日期可输入也可不输。

● 对于已达账项，系统自动在银行存款日记账和银行对账单双方的“两清”栏打上圆圈标志。

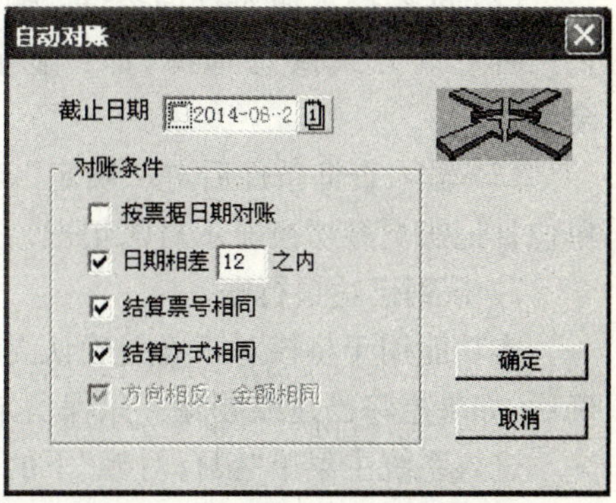

图 4.32(1)

（2）手工对账。

如果发现单位日记账和银行对账单中的业务金额相同（或合计后相同），方向相反，确实是同一笔业务。由于单位日记账和银行对账单的详尽程度不同，自动对账漏对的业务，可通过手工对账完成。

双击两边业务的两清位置，出现“Y”。即完成。如图 4.32(2)。

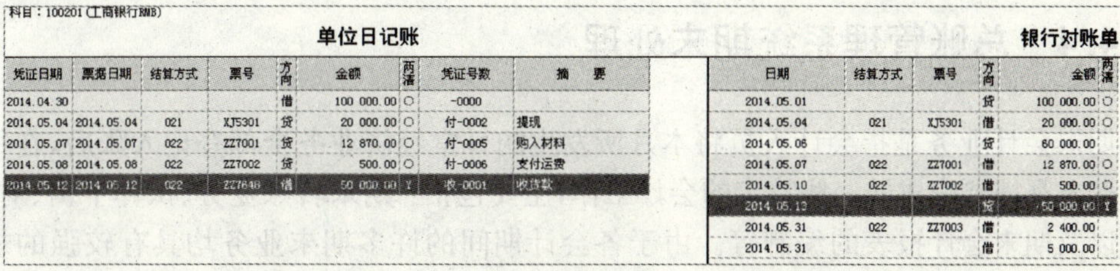
科目：100201（工商银行RMB）

单位日记账

凭证日期	票据日期	结算方式	票号	方向	金额	两清	凭证号数	摘　要
2014.04.30				借	100 000.00	○	-0000	
2014.05.04	2014.05.04	021	XJ5301	贷	20 000.00	○	付-0002	提现
2014.05.07	2014.05.07	022	ZZ7001	贷	12 870.00	○	付-0005	购入材料
2014.05.08	2014.05.08	022	ZZ7002	贷	500.00	○	付-0006	支付运费
2014.05.12	2014.05.12	022	ZZ7648	借	50 000.00	Y	收-0001	收货款

银行对账单

日期	结算方式	票号	方向	金额	两清
2014.05.01			贷	100 000.00	○
2014.05.04	021	XJ5301	借	20 000.00	○
2014.05.06			贷	60 000.00	
2014.05.07	022	ZZ7001	借	12 870.00	○
2014.05.10	022	ZZ7002	借	500.00	○
2014.05.13			贷	50 000.00	Y
2014.05.31	022	ZZ7003	借	2 400.00	
2014.05.31			借	5 000.00	

图 4.32(2)

5）查询银行余额调节表。

在对银行账进行两清勾对后，便可调用此功能查询打印《银行存款余额调节表》，以检查对账是否正确。进入此项操作，屏幕显示所有银行科目的账面余额及调整余额。

如要查看某科目的调节表，则将光标移到该科目上，然后用鼠标单击“查看”按钮或双击该行，则可查看该银行账户的银行存款余额调节表。

在银行余额调节表中按“详细”按钮，显示当前光标所在行的详细情况，可打印详细的银行存款余额调节表。

如果余额调节表显示账面余额不平，请查看以下几个处：

（1）“银行期初录入”中的“调整后余额”是否平衡？如不平衡请查看“调整前余额”、“日记账期初未达项”及“银行对账单期初未达项”是否录入正确。如不正确请进行调整。

(2) 银行对账单录入是否正确?如不正确请进行调整。

(3) "银行对账"中勾对是否正确、对账是否平衡?如不正确请进行调整,尤其应注意手工对账时,单位日记账和银行对账单勾对的金额是否相同。

6) 查询对账勾对情况。

用于查询单位日记账及银行对账单的对账结果。

(1) 进入"银行对账"下的"查询对账勾对情况"功能。

(2) 屏幕提示输入查询条件:输入要查找的银行科目,然后选择查询方式。系统提供三种查询方式供您选择,即:显示全部、显示未达账、显示已达账,系统默认显示全部。

(3) 输入查询条件后,按"确定",屏幕显示查询结果。您可以通过单击银行对账单、单位日记账页签切换显示对账情况。

7) 核销已达银行账。

本功能用于将核对正确并确认无误的已达账删除,对于一般用户来说,在银行对账正确后,如果想将已达账删除并只保留未达账时,可使用本功能。

进入系统主菜单"银行对账"下的"核销银行账"功能,选择要核销的银行科目,按"确定"按钮即可。

注:

- 如果银行对账不平衡时,请不要使用本功能,否则将造成以后对账错误。
- 本功能不影响银行日记账的查询和打印。
- 按 ALT+U 可以进行反核销。

4.4 总账管理系统期末处理

期末会计业务是指会计人员将本月所发生的日常经济业务全部登记入账后,在每个会计期末都需要完成的一些特定的会计工作,主要包括:期末转账业务、试算平衡、对账、结账以及期末会计报表的编制等。由于各会计期间的许多期末业务均具有较强的规律性,因此由计算机来处理期末会计业务,不但可以规范会计业务的处理还可以大大提高处理期末业务的工作效率。

4.4.1 总账管理系统期末处理概述

4.4.1.1 定义转账凭证

转账凭证的定义提供了自定义转账凭证、对应结转、结转销售成本及结转期间损益等。

1) 自定义转账设置。

由于各个企业情况不同,必然会造成各个企业对各类成本费用的分摊结转方式的不同。在电算化方式下,为了实现各个企业不同时期期末会计业务处理的通用性,用户可以自行定义自动转账凭证以完成每个会计期末的固定会计业务的自动转账。自定义转账凭证功能可以完成对各种费用的分配、分摊、计提、税金的计算及期间损益转账凭证的设置等。

(1) 转账序号不是凭证号,转账序号可以任意定义,但只能输入数字、字母,不能重号。

(2) 转账凭证号在执行自动转账时由系统生成,一张转账凭证对应一个转账序号。

(3) 转账科目可以为非末级科目,部门可为空,表示所有部门。

(4) 如果使用应收、应付系统,在总账系统中,不能按客户、供应商辅助项进行结转,只能按科目总数进行结转。

(5) 科目缺省,取对方所有科目的金额之和。

(6) 如果公式的表达式明确,可直接输入公式。

(7) 输入公式时,如果公式的表达式不太明确,可采用向导方式输入金额公式。

(8) 在函数公式中,选择期初、期末时,方向一般为空,避免由于出现反向余额时发生取数错误。

(9) 如果输入常数的窗口没有打开,可以单击"上一步"按钮返回后,再单击"下一步"按钮重新打开。

2) 对应结转设置。

对应结转不仅可以进行两个科目一对一的结转,还可以进行科目的一对多结转。对应结转的科目可以是上级科目,但其下级科目的科目结构必须一致(相同明细科目)。

3) 销售成本结转设置。

销售成本结转设置功能主要用来辅助没有启用购销存业务模块的企业完成销售成本的计算和结转。

4) 汇兑损益设置。

企业发生外币业务时,应当将有关外币金额折合为记账本位币金额记账。与外币业务有关的账户,应当采用业务发生当期期初汇率或业务发生时的汇率折合,但期末应调整为期末汇率。

总账中的汇兑损益,指月末按记账汇率调整所有外币业务(除实收资本外),将产生的汇兑损益生成凭证。

5) 期间损益设置。

本功能用于在一个会计期间终了将损益类科目的余额结转到本年利润科目中,从而及时反映企业利润的盈亏情况。

4.4.1.2　转账生成

在定义完成转账凭证后,每月月末只需执行本功能即可快速生成转账凭证,在此生成的转账凭证将自动追加到未记账凭证中去。由于转账是按照已记账凭证的数据进行计算的,所以在进行月末转账工作之前,必须先将所有未记账凭证记账,否则,将影响生成的转账凭证数据的正确性。

(1) 转账生成之前,注意转账月份为当前会计月份。

(2) 进行转账生成之前,先将相关经济业务的记账凭证登记入账。

(3) 若凭证类别、制单日期和附单据数与实际情况有出入,可直接在当前凭证上进行修改,然后再保存。转账凭证每月只生成一次。

(4) 生成对应结转凭证和销售成本结转凭证的操作与自定义转账生成的操作基本相同。

(5) 生成的转账凭证,仍需审核才能记账。

(6) 在生成凭证时必须注意业务发生的先后次序,否则计算金额时就会发生差错。

4.4.1.3 月末结账

在会计期末,除了对收入、费用类账户余额进行结转外,还要进行对账、结账,并在结账之前进行试算平衡。

1) 对账。

对账是对账簿数据进行核对,以检查记账是否正确,以及账簿是否平衡。它主要是通过核对总账与明细账、总账与辅助账数据来完成账账核对。为了保证账证相符、账账相符,应经常使用"对账"功能进行对账,至少一个月一次,一般可在月末结账前进行。

2) 结账。

结账指每月月末计算和结转各账簿的本期发生额和期末余额,并终止本期的账务处理工作的过程。结账只能每月进行一次,要正确地完成结账工作必须符合系统对结账工作的要求。

(1) 如果与其他联合使用,其他子系统未全部结账,本系统不能结账。

(2) 已结账月份不能再填制凭证。

(3) 结账前,要进行数据备份。在结账的过程中,可以单击"取消"按钮取消正在进行的结账操作。

(4) 取消结账功能键为:Ctrl+Shift+F6。

4.4.2 典型项目实训　子项目 4　期末处理

4.4.2.1 项目目的

掌握用友软件中总账系统月末处理的相关内容,熟悉总账系统月末处理业务的各种操作,掌握自动转账设置与生成、对账和月末结账的操作方法。

4.4.2.2 项目内容

1) 自动转账。

(1) 自定义转账。

(2) 对应结转。

(3) 销售成本结转。

(4) 汇兑损益结转。

(5) 期间损益结转。

2) 对账、结账。

4.4.2.3 项目要求

(1) 以会计的身份进行自动转账操作。

(2) 以账套主管的身份进行对账、结账操作。

4.4.2.4 项目说明

"期末处理"实际工作应该在其他项目(后面的典型项目)做完,并与总账对账正确后,再进行,考虑到总账系统功能学习的完整性,在本项目中提前学习。

4.4.2.5 项目资料

5 月 31 日经济业务如下:

业务1 财务部收到销售收入汇总表(见表4.34),所有客户款项均未收。编制记账凭证。

表4.34 销售收入汇总表

5月31日

客户名称	产 品	数量	单 价	金 额	税金(17%)	价税合计
海南飞跃机械厂(李新)	利群S1机床	2	420 000	840 000	142 800	982 800
	利群S2机床	2	360 000	720 000	122 400	842 400
	H1电路板	50	100	5 000	850	5 850
	小 计			1 565 000	266 050	1 831 050
上海机械厂(马静言)	利群S1机床	2	420 000	840 000	142 800	982 800
	利群S2机床	2	360 000	720 000	122 400	842 400
	H1电路板	30	100	3 000	510	3 510
	小 计			1 563 000	265 710	1 828 710
上海农机厂(林枫)	利群S1机床	1	420 000	420 000	71 400	491 400
	利群S2机床	1	360 000	360 000	61 200	421 200
	H1电路板	20	100	2 000	340	2 340
	小 计			782 000	132 940	914 940
	总 计			3 910 000	664 700	4 574 700

注:

- 建议每个客户输一张凭证。
- 采用合并录入方式。
- 使用复制凭证功能。

业务2 本公司的无形资产为一项购买来的S1型专利权,摊销期10年。使用自定义结转。

业务3 5月31日汇率:美元:1∶6.9,结转汇兑损益。

业务4 根据销售数据,结转本月销售成本。

业务5 将损益类科目结转至本年利润。

业务6 不考虑所得税等因素,将本年利润结转至"利润分配"/"未分配利润"(应年底生成此分录,使用对应结转)。

4.4.2.6 项目指导

1)销售收入凭证。

销售凭证的数量一定要准确,其直接影响到,销售成本的自动结转。

业务1 填制销售收入凭证,并审核、记账。

(1)以会计的身份登录企业应用平台,操作员"ZY";密码"333"。选择账套"800天津滨海机械设备有限公司";日期"2014-05-31"。单击"确定"按钮。打开总账。

(2)在"凭证"菜单中,双击"填制凭证",单击"增加"按钮或按"F5"键,增加一张新凭证。

(3)转账凭证,日期"2014-05-31",摘要:销售商品,未收款。分录如下(使用辅助明细，分录合并录入主营业务收入的项目)：

借：应收账款——海南飞跃　　1 831 050

　贷：主营业务收入——利群 S1 机床　　840 000

　　　　　　　　　——利群 S2 机床　　720 000

　　　　　　　　　——H1 电路板　　5 000

　　　应交税费——应交增值税——销项税额　　266 050

(4) 保存凭证。

(5) 点击“制单”|“自动复制”(或 CTRL＋F5)，复制生成一张新的凭证。

(6) 按资料修改应收账款的辅助核算客户名称，修改主营业务收入的数量，系统自动计算新的金额，修改应交税费/应交增值税/销项税额的金额。

(7) 光标放到应收账款的金额上，按“＝”键，自动取数，借贷平衡。

(8) 保存凭证。

(9) 同理，编制下一张凭证。

(10) 以账套主管的身份重新注册，进行审核和记账。

2) 自定义转账凭证。

企业财务上，月末需要定期编制一些摊销、计提或结转的记账凭证，这些凭证在金额上有一定规律业务。“自定义转账”是通过自己定义公式，生成自动转账凭证，根据需要，可在不同期间，通过“转账生成”功能调用，自动计算并生成凭证。如业务 2 可一次定义，可每月通过“转账生成”功能调用，自动摊销剩余的月份。

业务 2　本公司的无形资产为一项购买来的 S1 型专利权，摊销期 10 年。使用自定义结转。

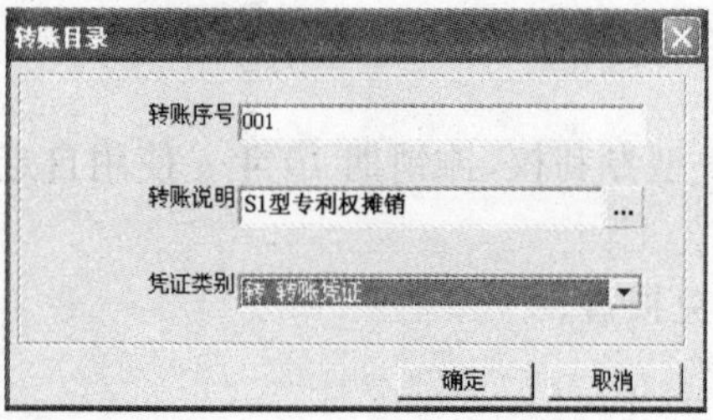

图 4.33

第一，定义自定义转账凭证。

(1) 增加会计科目“660206 管理费用/无形资产摊销”。

(2) 执行在“期末”|“转账定义”|“自定义转账”，单击“增加”，弹出“转账目录”，输入转账序号 001；转账说明：S1 型专利摊销；凭证类别：转账凭证。如图 4.33。

(3) 点击“增行”，会计科目：“660206 管理费用/无形资产摊销”；方向：借方金额公式：JG()。

(4) 点击“增行”，会计科目：“1702 累计摊销”；方向：贷方；金额公式：QM(170101，月)/10/12。

(5) 点击“保存”。

第二，生成自定义转账凭证。

(1) 以会计的身份登录企业应用平台，操作员“ZY”；密码“333”。选择账套“800 天津滨海机械设备有限公司”；日期“2014－05－31”。单击“确认”按钮。打开总账。

(2) 执行在“期末”|“转账生成”，点击“自定义转账”。

(3) 选择“001 S1 型专利权摊销”，点击“确定”。自生成转账凭证，如图 4.34。

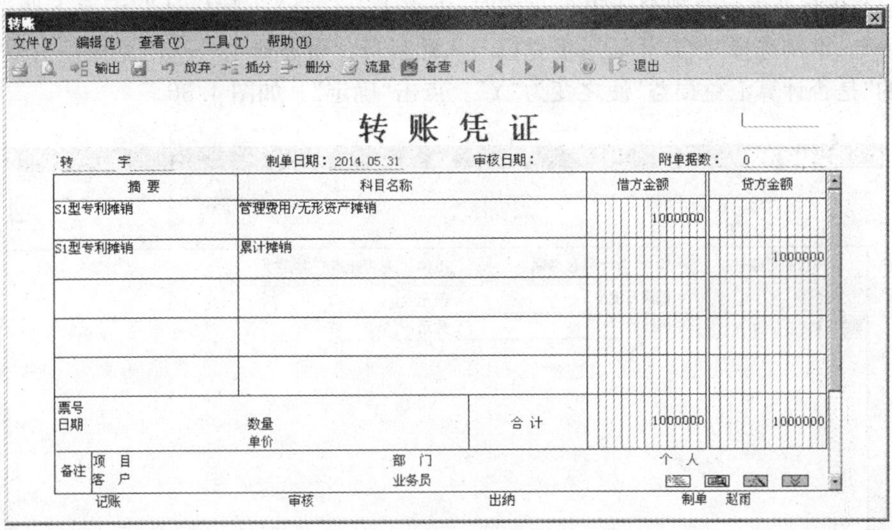

图 4.34

(4) 点击“保存”。左上角显示“已生成”红色印章，如图 4.35。

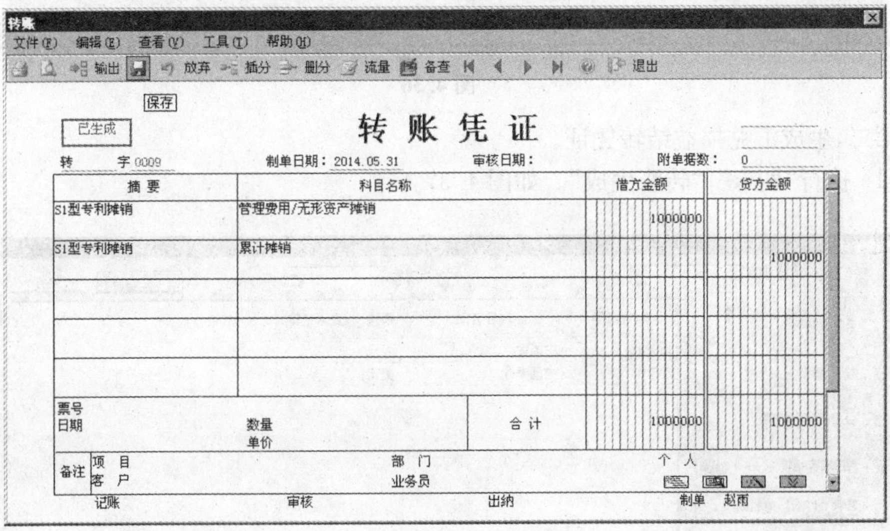

图 4.35

(5) 以账套主管的身份重新注册，进行审核和记账。

3) 汇兑损益结转。

业务 3　5 月 31 日美元汇率：1∶6.9，结转汇兑损益。

第一，定义汇兑损益结转凭证。

(1) 以会计的身份登录企业应用平台，操作员“ZY”；密码“333”。选择账套“800 天津滨海机械设备有限公司”；日期“2014－05－31”。单击“确认”按钮。打开总账。

(2) 执行“基础设置”|“基础档案”|“财务”|“外币设置”，输入 2014.05 的调整汇率 6.9，回车退出。

(3) 执行“业务工作”|“财务会计”|“总账”|“期末”|“转账定义”|“汇兑损益”。

(4) 在有外币库存现金或银行存款时，汇率上升选择“收款凭证”，汇率下调选择“付款凭证”。本例选择“收款凭证”；汇兑损益入账科目：“财务费用——汇兑损益”；双击外币科目的“是否计算汇兑损益”使之变为“Y”。点击“确定”。如图 4.36。

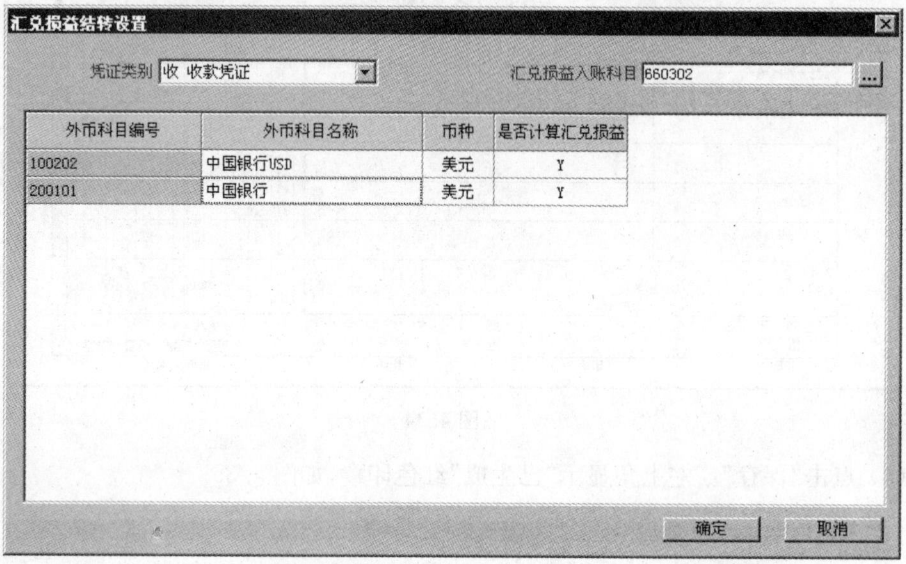

图 4.36

第二，生成汇兑损益结转凭证。

(1) 执行“期末”|“转账生成”。如图 4.37。

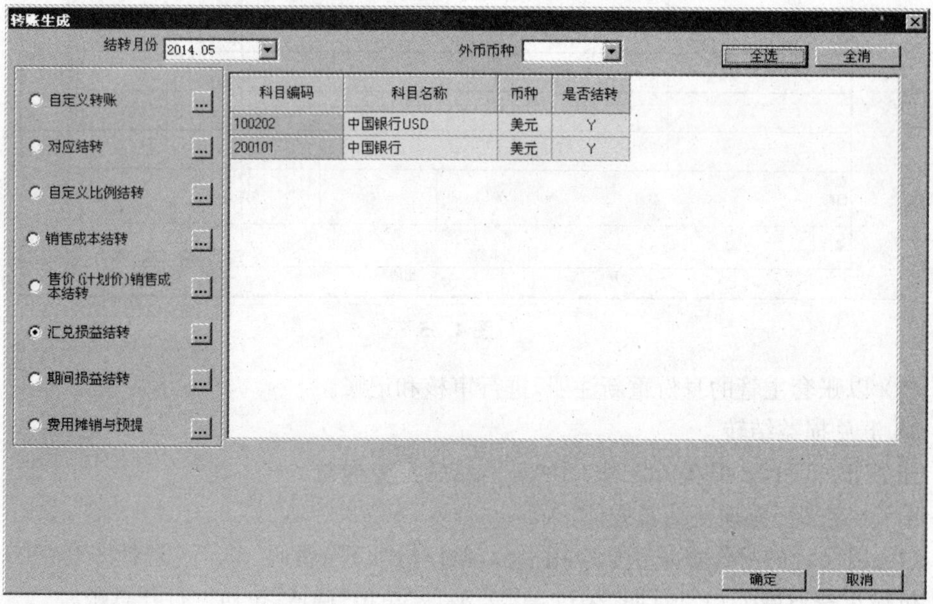

图 4.37

(2) 结转月份选择：“2014-05”，点击：“汇兑损益”，点击：“全选”。点击“确定”。如图 4.38。

(3) 调整列宽，可以观察到全部数据。数据正确，点击“确定”。如图 4.39。

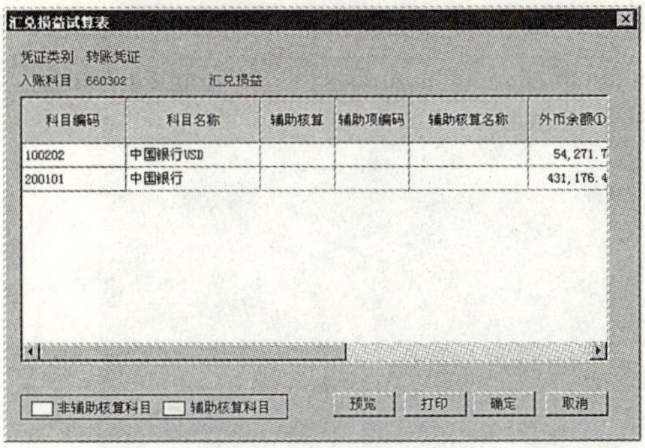

图 4.38

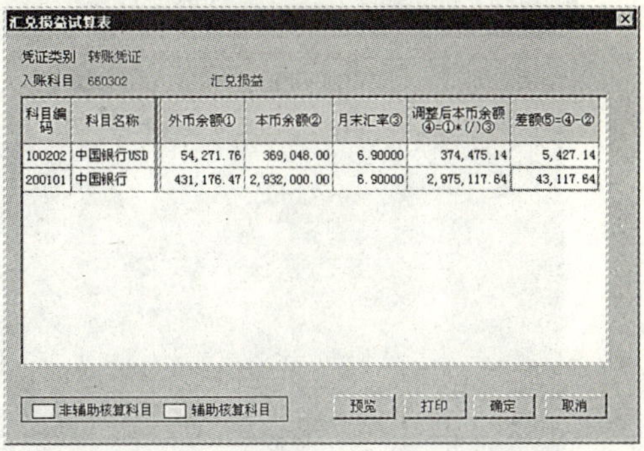

图 4.39

(4) 自动下列生成凭证。如图 4.40。若财务费用的汇总损益的金额为贷方,将金额改为借方红字。

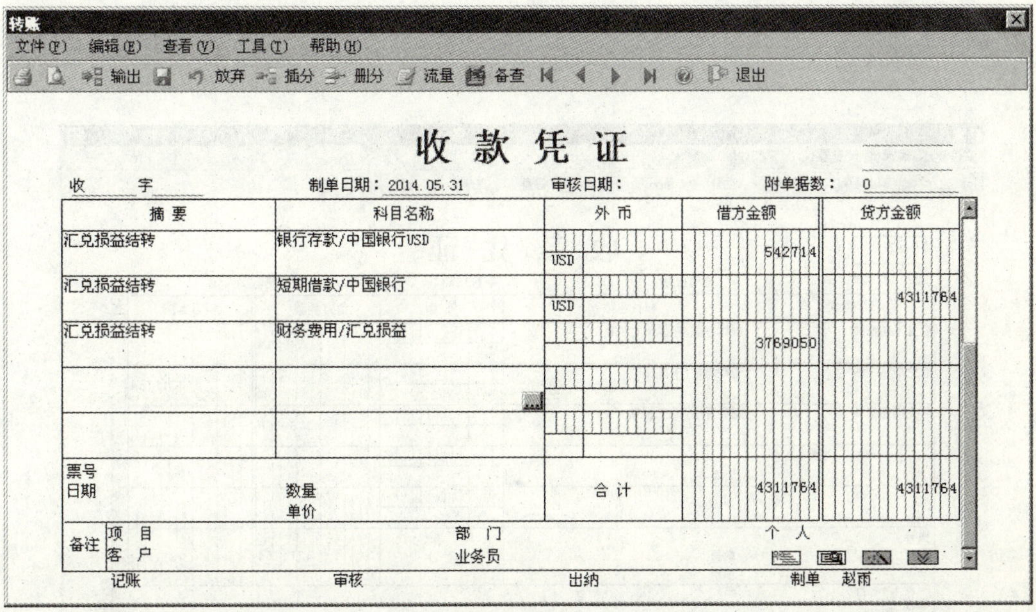

图 4.40

(5) 点击“流量”。现金流量选择：23 汇率变动对现金的影响。点击“确认”。如图 4.41。

(6) 点击“保存”。如图 4.42。

(7) 以出纳的身份重新注册,进行出纳签字。

(8) 以账套主管的身份重新注册,进行审核和记账。

4) 销售成本结转。

业务 4　根据销售数据,结转本月销售成本。

第一,定义销售成本结转凭证。

(1) 执行“总账”|“期末”|“转账定义”|“销售成本结转”。

(2) 凭证类型“转账凭证”;库存商品科目：选择“库存商品”;商品销售收入科目：“主营业务收入”;商品销售成本科目：“主营业务成本”。如图 4.43 和图 4.44。

(3) 点击 “确定”。

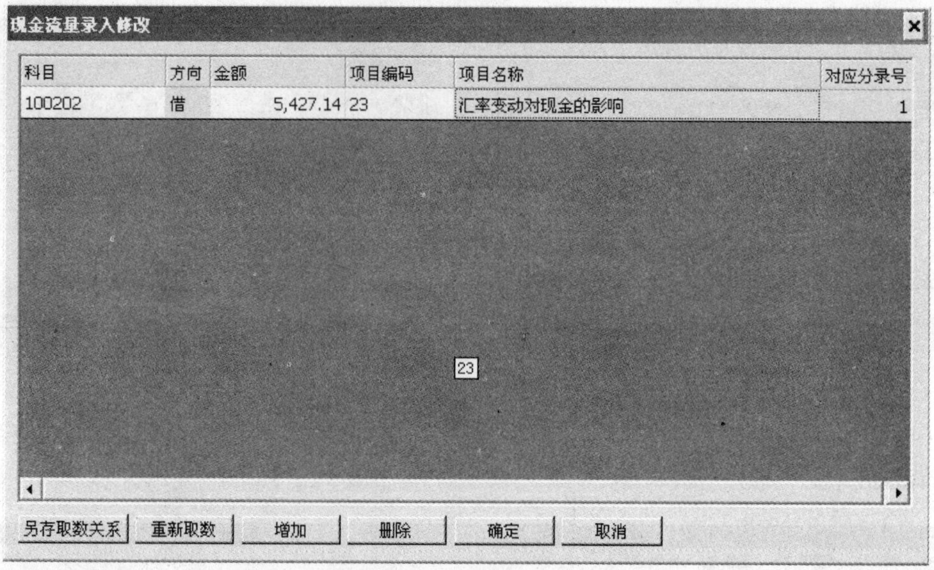

图 4.41

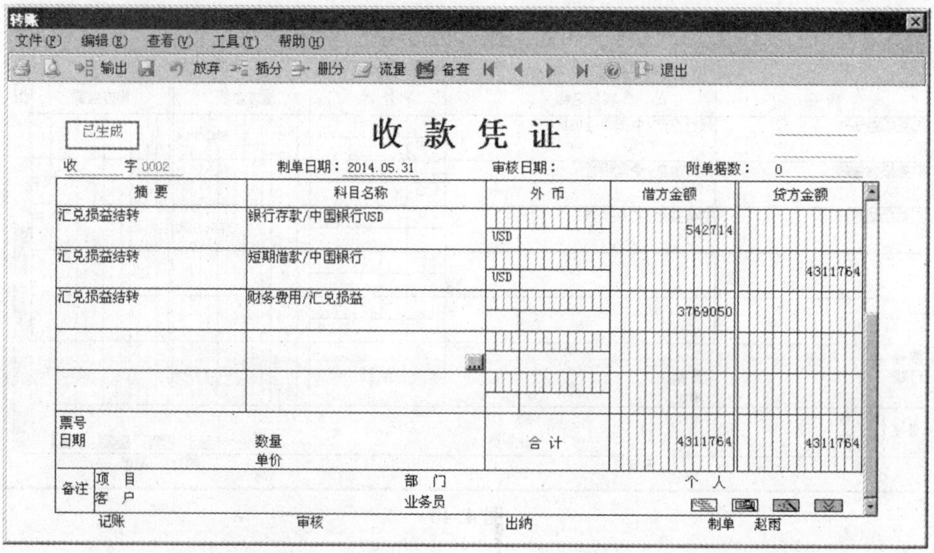

图 4.42

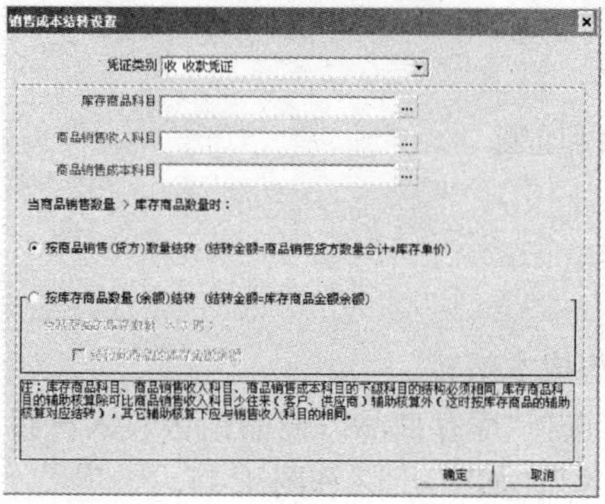

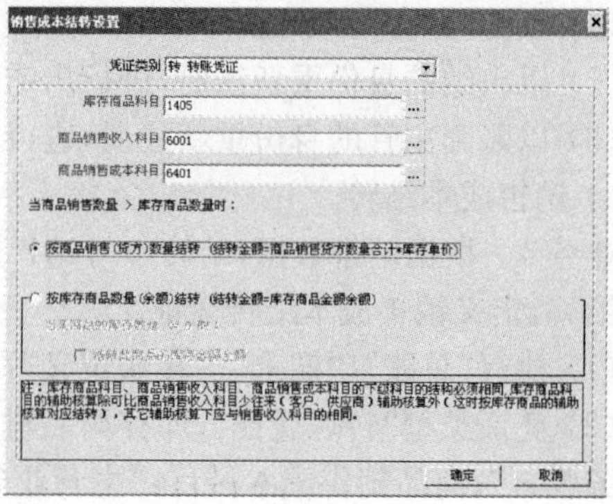

图 4.43

图 4.44

第二,生成销售成本结转凭证。

(1) 执行"期末"|"转账生成"。

(2) 结转月份选择:"2014－05",点击:"销售成本结转"。点击"确定"。如图4.45。

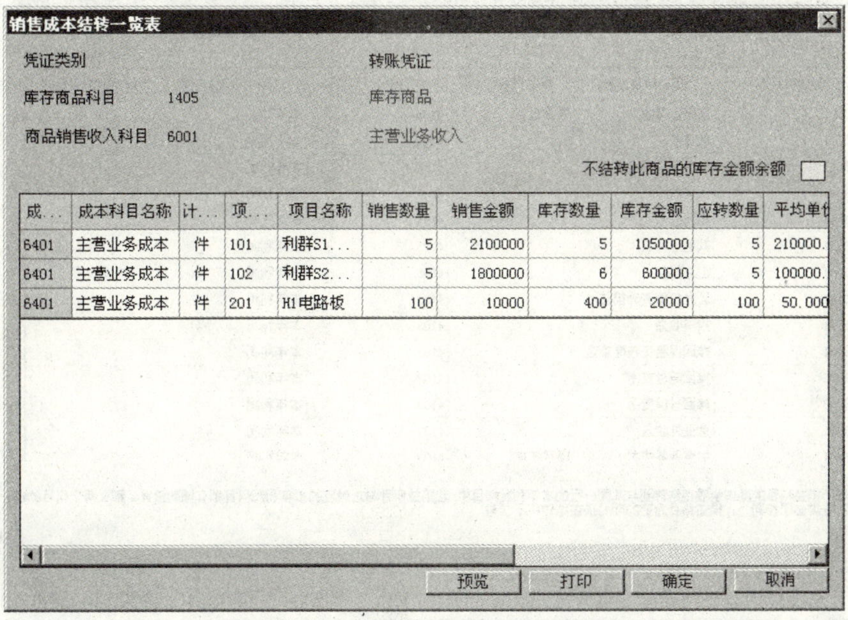

图 4.45

(3) 自动生成凭证,点击"保存"。如图4.46。

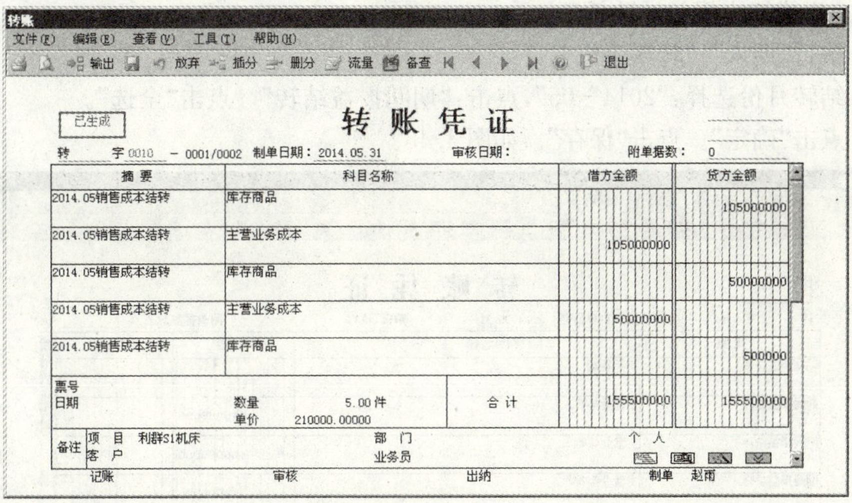

图 4.46

(4) 退出,取消。

(5) 以账套主管的身份重新注册,进行审核和记账。

5) 期末损益结转。

业务5　将损益类科目结转至本年利润。

第一,定义期末损益结转凭证。

(1) 执行"总账"|"期末"|"转账定义"|"期间损益"。

(2) 凭证类型：转账凭证；本年利润科目：4103 本年利润。

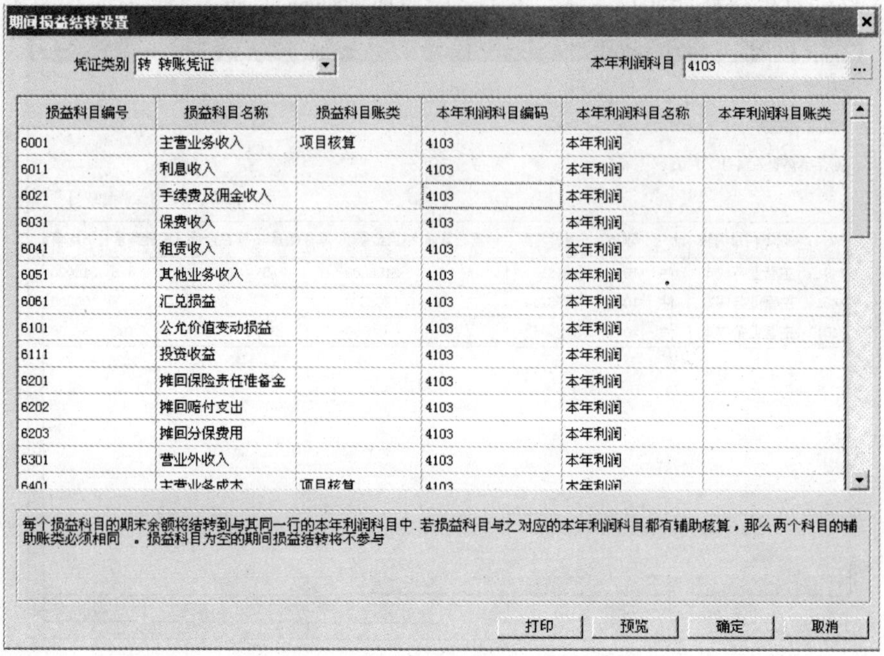

图 4.47

(3) 点击"确定"。如图 4.47。

第二,生成期末损益结转凭证。

(1) 执行"期末"|"转账生成"。

(2) 结转月份选择:"2014－05",点击:"期间损益结转"。点击"全选"。

(3) 点击"确定"。点击"保存"。如图 4.48。

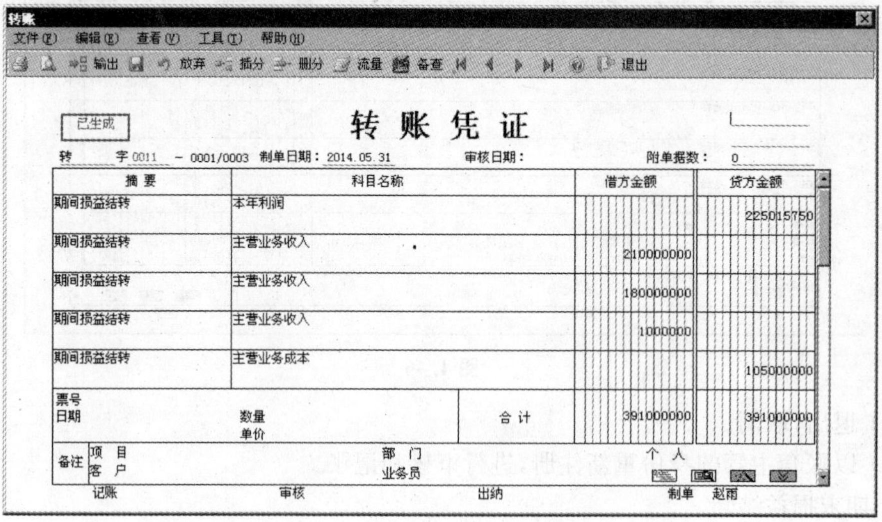

图 4.48

（4）退出，取消。

（5）以账套主管的身份重新注册，进行审核和记账。

6）对应结转。

业务 6　不考虑所得税等因素，将本年利润结转至“利润分配”/“未分配利润”（应年底生成此分录）（使用对应结转）。

第一，定义对应结转凭证。

（1）执行“总账”|“期末”|“转账定义”|“对应结转”。

（2）编号：001；凭证类型：转账凭证；摘要：本年利润结转利润分配；转出科目：4103 本年利润。如图 4.49 和图 4.50。

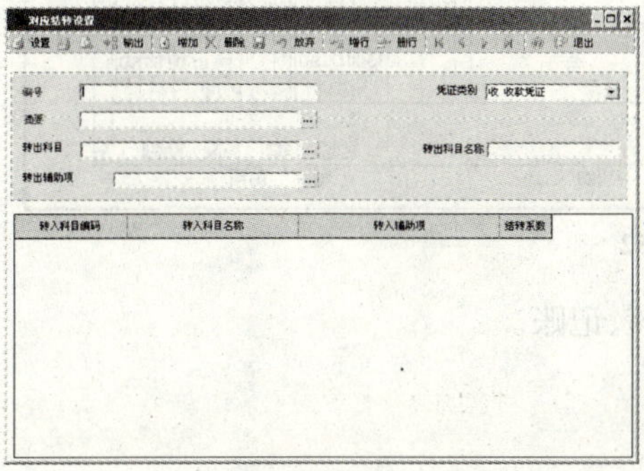

图 4.49

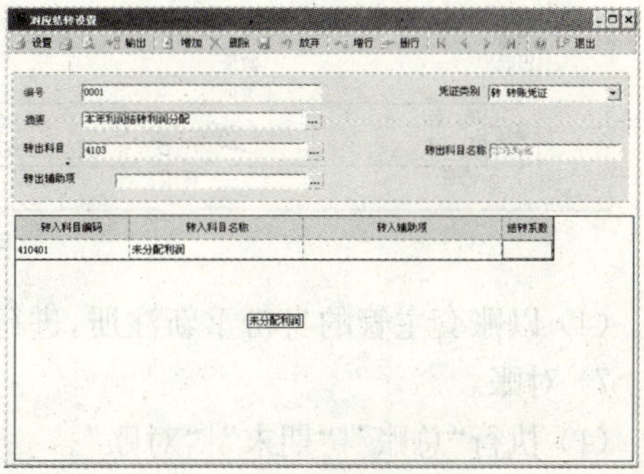

图 4.50

（3）点击“增行”，转入科目编码：410401 未分配利润。点击“保存”。

第二，生成期末损益结转凭证。

（1）执行“期末”|“转账生成”。

（2）结转月份选择：“2014－05”，点击：“对应结转”。点击“全选”。如图 4.51。

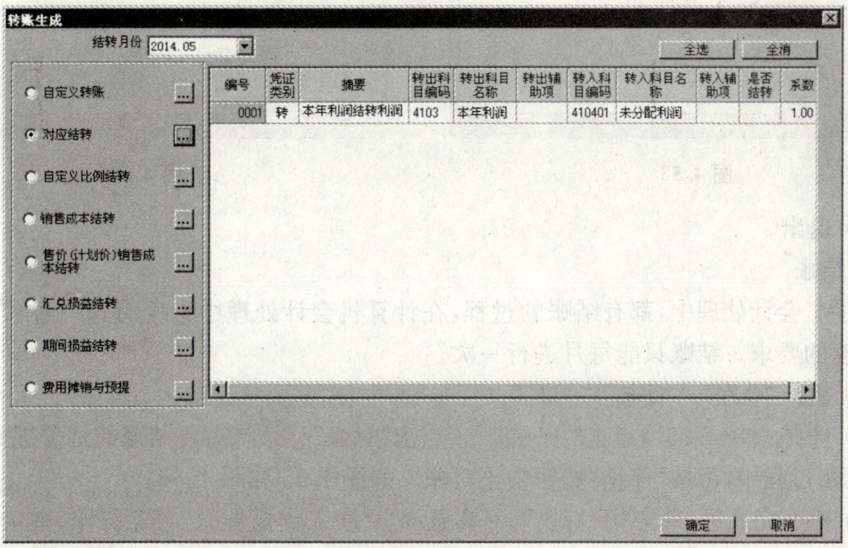

图 4.51

（3）点击“确定”。点击“保存”。如图 4.52。

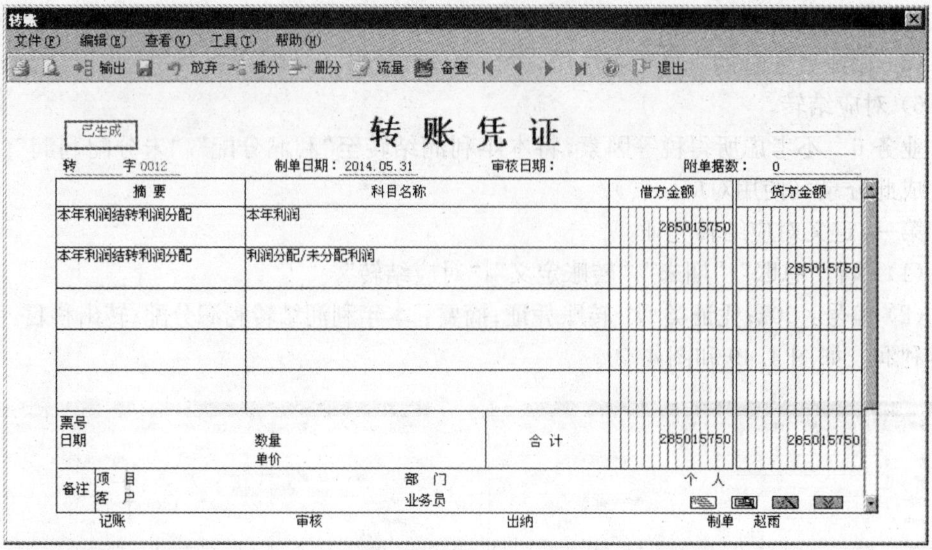

图 4.52

(4) 以账套主管的身份重新注册，进行审核、记账。

7) 对账。

(1) 执行“总账”|“期末”|“对账”。

(2) 点击“2014.05”，点击“选择”。点击“对账”。如图 4.53 和图 4.54。

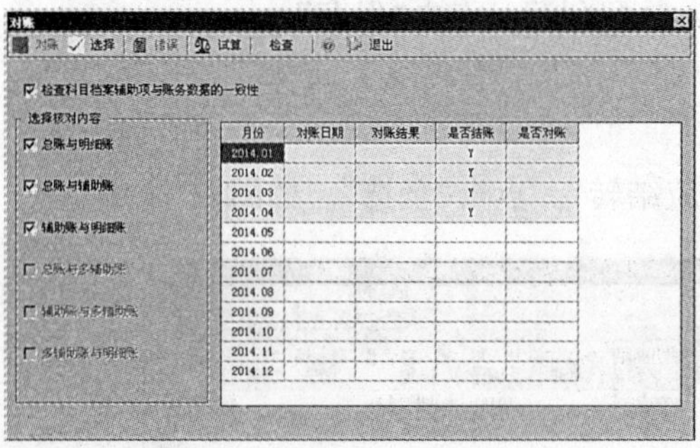

图 4.53

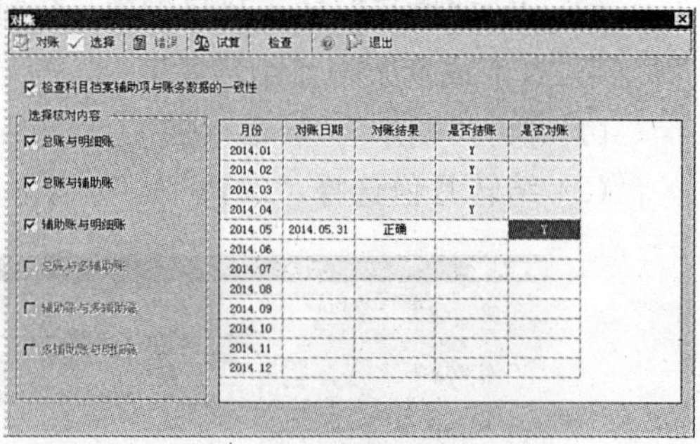

图 4.54

(3) 退出。

8) 结账。

在手工会计处理中，都有结账的过程，在计算机会计处理中也应有这一过程，以符合会计制度的要求。结账只能每月进行一次。

(1) 执行“总账”|“期末”|“结账”。

(2) 选择“2014.05”，点击“下一步”。点击“对账”。系统对要结账的月份进行账账核对，在对账过程中，可按“停止”按钮中止对账。如图 4.55 和图 4.56。

(3) 对账完成后，单击“下一步”，屏幕显示“月度工作报告”。若需打印，则单击“打印月度工作报告”即可打印。点击“下一步”。

(4) 查看工作报告后，单击“下一步”，屏幕显示完成结账。按“结账”按钮，若符合结账要求，系统将进行结账，否则不予结账。

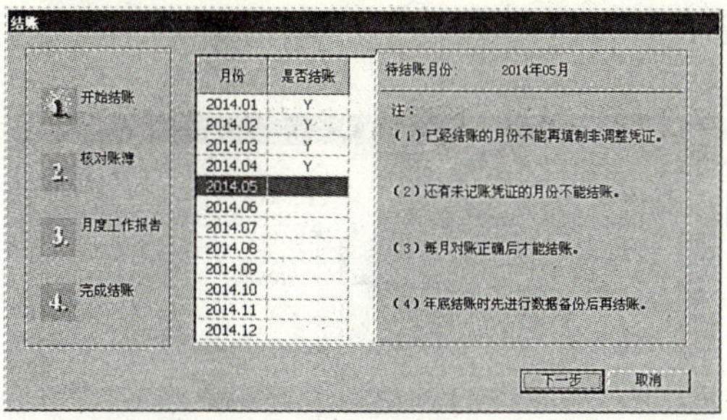

图 4.55

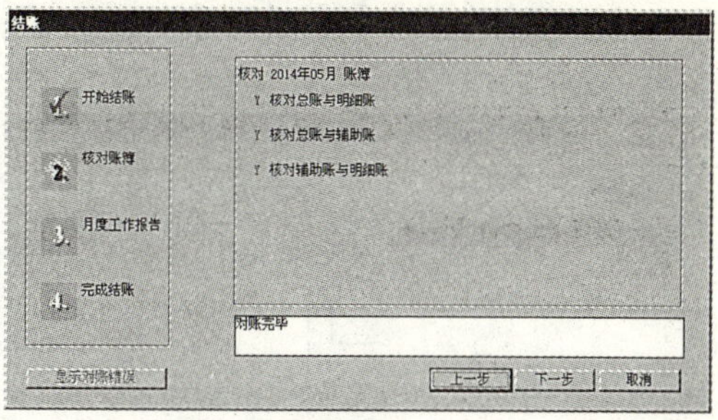

图 4.56

注：

- 上月未结账，则本月不能记账，但可以填制、复核凭证。
- 如本月还有未记账凭证时，则本月不能结账。
- 已结账月份不能再填制凭证。
- 结账只能由有结账权的人进行。
- 若总账与明细账对账不符，则不能结账。

9）反结账。

在结账向导中，选择要取消结账的月份上，按“Ctrl＋Shift＋F6”键即可进行反结账。

注：

- 反结账操作只能由账套主管执行。

4.4.3　实战点拨

业务 7　将制造费用结转到生产成本，利群 S1 机床、利群 S2 机床与 h1 电路板三种产品的分配比例为 5∶4∶1（采用自定义转账方式）。

借：生产成本——制造费用（利群 S1 机床）

（利群 S2 机床）

（H1 电路板）

贷：制造费用——办公费

——职工薪酬

（1）参照业务 2 定义自定义转账凭证，点击“增加”，录入：序号 002；转账说明：结转制造费用；凭证类别：转账凭证。

（2）点击增行，按图 4.57 定义公式。

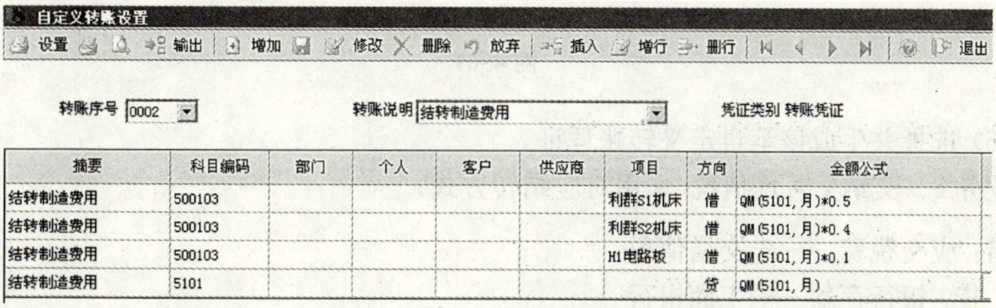

摘要	科目编码	部门	个人	客户	供应商	项目	方向	金额公式
结转制造费用	500103					利群S1机床	借	QM(5101,月)*0.5
结转制造费用	500103					利群S2机床	借	QM(5101,月)*0.4
结转制造费用	500103					H1电路板	借	QM(5101,月)*0.1
结转制造费用	5101						贷	QM(5101,月)

图 4.57

(3) 点击保存,生成图 4.58,点击"》",生成图 4.59。

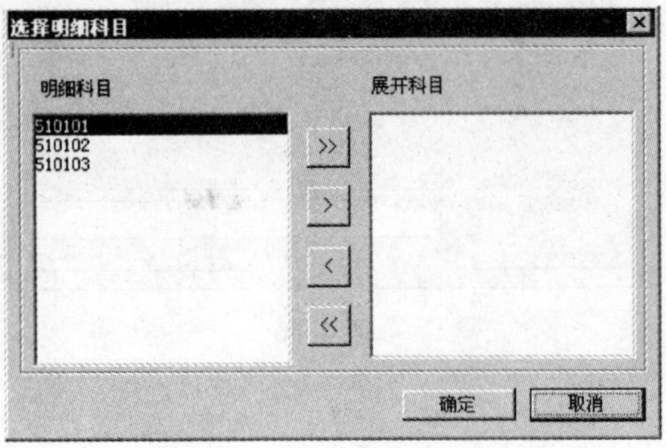

图 4.58

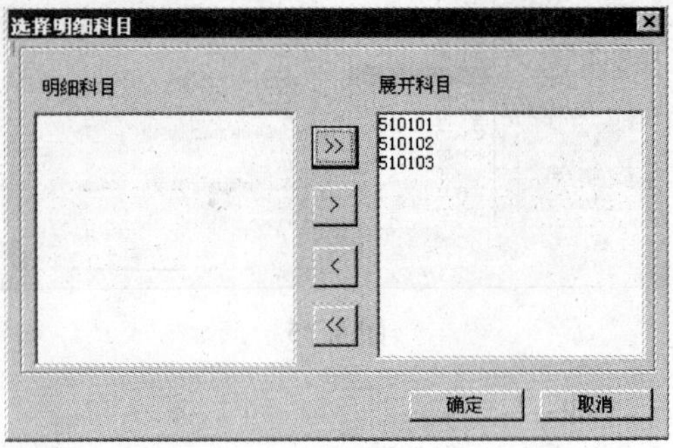

图 4.59

(4) 点击"确定",生成图 4.60。

图 4.60

(5) 按照图 4.61 修改贷方公式,点击"保存"。

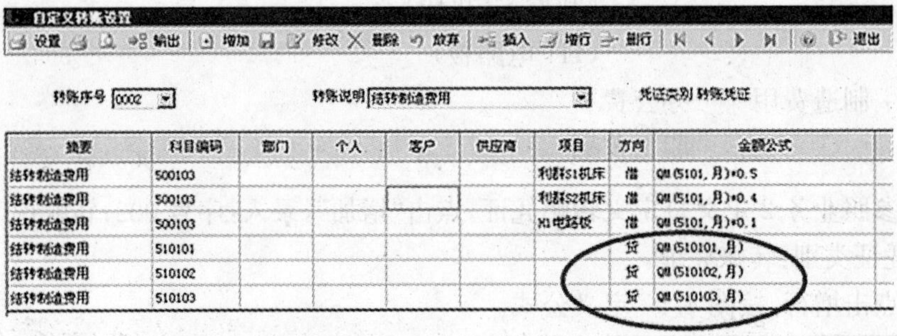

图 4.61

(6) 选择并生成该笔自定义转账凭证。

业务 8　交纳上月增值税(采用对应结转方式)。

借:应交税费——未交增值税

　贷:银行存款——工商银行

（1）参照业务6定义对应结转凭证，点击“增加”，录入：编号002；摘要：缴纳上月增值税；凭证类别：付款凭证。转出科目：应交税费——未交增值税。

（2）点击增行转入科目编码：100201；点击“保存”，退出。

（3）选择并生成该笔对应结转凭证，如图4.62。

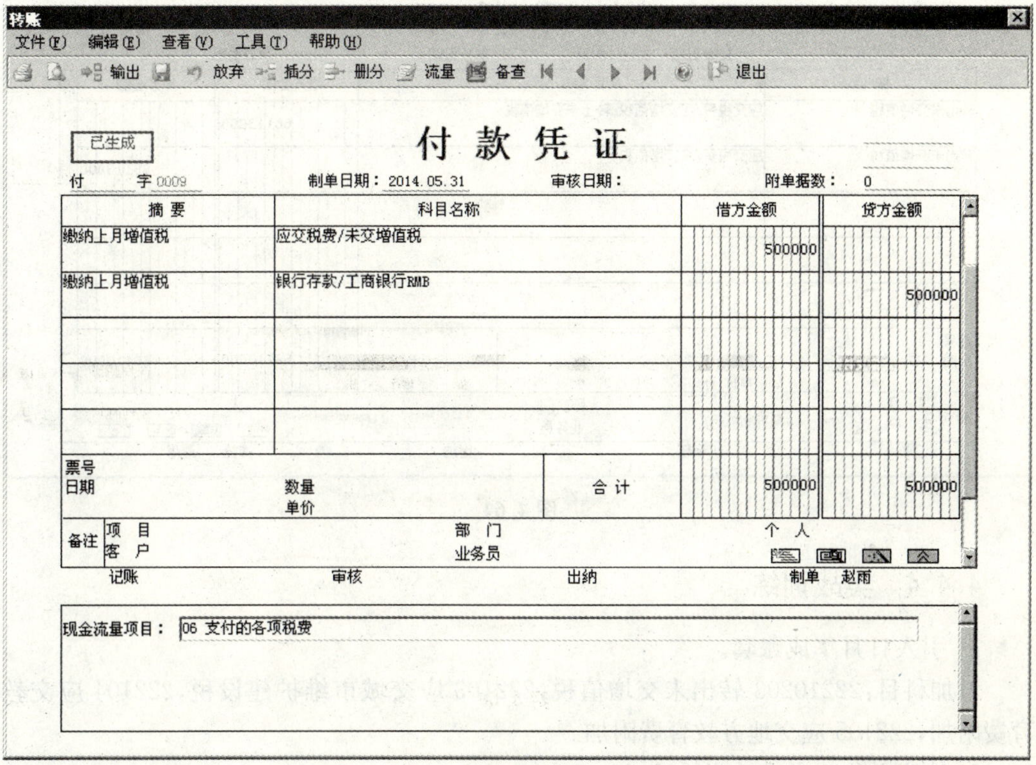

图4.62

业务9　转出未交增值税（采用自定义转账方式）。

（1）增加科目：22210103转出未交增值税。

（2）参照业务2定义自定义转账凭证，点击“增行”，录入：序号003；转账说明：转出未交增值税；凭证类别：转账凭证。

（3）点击增行，按图4.63定义公式。

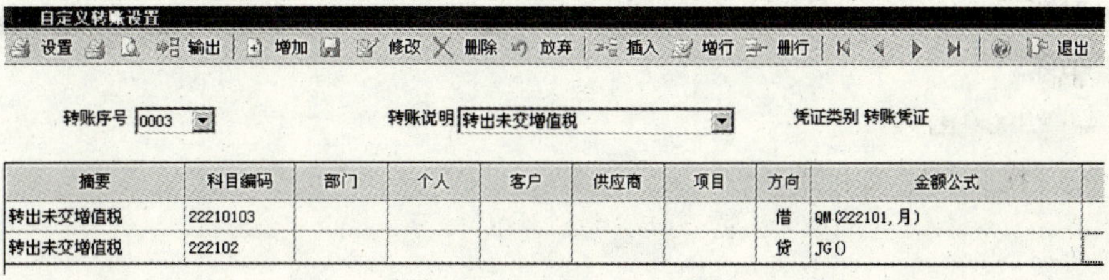

摘要	科目编码	部门	个人	客户	供应商	项目	方向	金额公式
转出未交增值税	22210103						借	QM(222101,月)
转出未交增值税	222102						贷	JG()

图4.63

(4) 选择并生成该笔自定义转账凭证,如图 4.64。

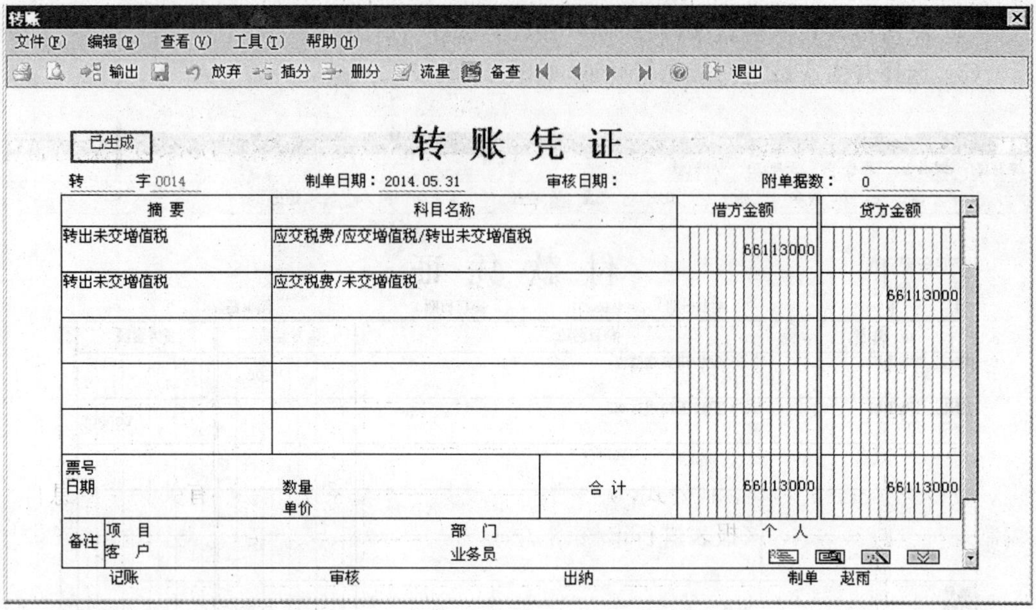

图 4.64

4.4.4 实战训练

1) 引入日月华成账套。

增加科目:22210203 转出未交增值税,222103 应交城市维护建设税,222104 应交教育费附加,222105 应交地方教育费附加。

2) 定义并生成自动转账凭证。

(1) 交纳上月增值税(对应结转)。

(2) 转出未交增值税(自定义转账)。

(3) 计提城市维护建设税、教育费附加、地方教育费附加等附税(采用自定义转账方式,以应交税费——未交增值税为基数,分别为 7%,3%,2%)。

(4) 期末美元汇率 6.50,港币汇率 0.90。

(5) 结转本期销售成本。

(6) 结转期间损益。

3) 对账。

4) 结账。

典型项目5　报表管理系统

5.1　格式设置

5.1.1　格式设置概述

5.1.1.1　UFO的功能

5.1.1.1.1　报表管理系统的任务

设计报表的格式和编制公式，从总账系统或其他业务系统中取得有关会计信息自动编制各种会计报表，对该报表进行审核、汇总、生成各种分析图，并按预定格式输出各种会计报表。

5.1.1.1.2　基本功能结构

用友UFO报表管理系统具有：文件管理功能、格式管理功能、数据处理功能、图形功能、打印功能和二次开发功能。

5.1.1.1.3　基本概念

1）单元。

报表有若干个列，若干个行，行、列的每一个交叉（即格子）在此称为“单元”，如某报表共有10行4列，那么该报表一共有40个单元，报表制作的大部分工作都是围绕“单元”进行的。

2）单元名。

报表的列由英文字母A，B，C，…，Z，AA，BB，CC，…来表示，行则由数字1、2、3、4等等来表示，这样报表中每个单元都有一个唯一的“单元名”，如A1、C2、DD15分别表示第一列第一行单元、第三列第二行单元、第三十列第十五行单元。单元名在以后的公式定义中是很重要的。

3）边界。

尽管报表中每一个单元有上、下、左、右四个边界线，但是本软件规定，每单元只拥有上、左两条边界，其他两条边界线分别属于下方和右侧的单元，所以在菜单中你能够修改上、左边界线的宽度、颜色。

4）组合。

组合是很常用的单元功能，所谓单元“组合”，就是将多个单元合并成为一个单元。组合单元的内容以参加组合的左上角第一个单元的内容为准。该方法同样适用于解除已组合的单元，报表的标题、表尾都是通过这样的组合方法得到的。

5）保护。

为了防止某些单元被他人更改或其他误操作而丢失，而引入了保护的概念，“保护”主要有以下两种用途：

(1) 防止被更改，设置"保护"对于有上下级关系的单位、上级单位设计好报表并下传以后，不希望下级单位擅自改动时很有用。

(2) 在以后对各下级单位的报表进行"同类报表汇总"功能时，对某些有行号的单元需要禁止汇总，那么也可以对这些单元设置保护。

当设置了保护以后，你还必须对报表设置口令，否则保护将无法生效。

6) 实表行列号。

行列号的标准同于 EXCEL。

7) 引导录入。

在数据录入行的最右侧有一个图标，点击后将出现函数引导录入窗口，在此你可以分类查看所有可用函数、各函数的参数等内容，帮助你快速查找函数、录入公式。

5.1.1.2　*格式设计*

定义一张报表，首先应该定义报表数据的载体——报表格式。不同的报表，格式定义的内容也会有所不同，但一般情况下报表格式应该包括报表表样、单元类型及单元风格等内容。

5.1.1.2.1　*启动 UFO 表*

在使用 UFO 报表系统处理会计报表之前，应首先启动 UFO 系统，并建立一张空白的报表，然后在这张空白报表的基础之上设计报表的格式。启动报表管理系统，创建一个新的会计报表文件。有些软件建立的是一个报表簿，可容纳多张报表；也有些软件只建立一张报表，甚至还需要规定其属性。

5.1.1.2.2　*设计表样*

设计表样主要包括设计报表的表格、输入报表的表间项目及定义项目的显示风格、定义单元属性。通过设置报表表样可以确定整张报表的大小和外观。

报表表样设置的具体内容一般包括：设置报表尺寸、定义报表行高列宽、画表格线、定义组合单元、输入表头表体表尾内容、定义显示风格、定义单元属性等。启动 UFO 报表系统，进入格式设计状态。

1) 设置报表尺寸。

设置报表尺寸是指设置报表的行数和列数。

2) 定义报表的行高和列宽。

如果报表中某些单元的行或列要求比较特殊，则需要调整该行的行高或列的列宽。

3) 划表格线。

报表的尺寸设置完成之后，在数据状态下，该报表是没有任何表格线的，所以为了满足查询和打印的需要，还需要划上表格线。

4) 定义组合单元。

有些内容如标题、编制单位、日期及货币单位等信息可能一个单元容纳不下，所以为了实现这些内容的输入和显示，需要定义组合单元。

5) 输入表间项目。

报表表间项目指报表的文字内容，主要包括表头内容、表体项目和表尾项目等。

6）定义单元属性。

单元属性主要指单元类型、数字格式、边框样式等内容的设置。

7）设置单元风格。

单元风格主要指的是单元内的字体、字号、字形、对齐方式、颜色图案等设置。设置单元风格会使报表更符合阅读习惯，更加美观清晰。

5.1.1.2.3 设置关键字

关键字主要有六种：单位名称、单位编号、年、季、月、日。另外，还可以自定义关键字，可以根据自己的需要设置相应的关键字。

● 每张报表可以同时定义多个关键字。

● 如果关键字的位置设置错误，可以执行“数据”菜单“关键字”|“取消”命令取消后再重新设置。

● 关键字在一张报表中只能定义一次，即同一张报表中不能有重复的关键字。

5.1.1.2.4 编辑公式

在UFO表中，由于各种报表之间存在着密切的数据间的逻辑关系，所以报表中各种数据的采集、运算的勾稽关系的检测就用到了不同的公式，报表主要有计算公式、审核公式和舍位平衡公式。

1）账务函数。

系统提供了函数向导帮助用户编辑公式，编写公式时，可以利用函数向导来完成公式的定义。

账务取数常用函数有：

总账函数	金额式	数量式	外币式
期初额	QC()	sQC()	wQC()
期末额	QM()	sQM()	wQM()
发生额	FS()	sFS()	wFS()
累计发生额	LFS()	sLFS()	wLFS()
净　额	JE()	sJE()	wJE()

2）平面计算公式。

PTOT(某区域)，如：D10＝D5＋D6＋D7＋D8＋D9 表示为：D10＝PTOT(D5：D9)

主要函数有：数据合计－＞PTOTAL()；平均值－＞PAVG()；计数－＞PCOUNT()

3）本表他页取数。

SELE选择函数的应用，例如：

本月利润表D8单元的值等于本月C8单元的值加上上月D8单元的值。公式如下：

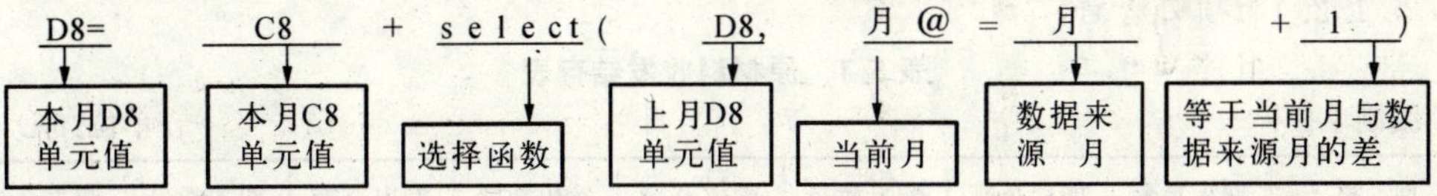

注：

● “月@”表示当前月，在本例中代表的是“本月”。

● “月”表示数据来源月，在本例中代表的是“上月”。

● “1”表示可变的常数，它等于“月@”减“月”。

● 如果要手工录入公式，所有的标点符号和括号必须在英文状态下录入。

4）单元公式输入。

单元公式在输入时，凡涉及数学符号的均须输入英文半角字符。否则系统将认为公式输入错误而不能被保存。

如果输入的会计科目有辅助核算，还可以输入相关辅助核算内容。如果没辅助核算，则“辅助核算”选择框呈灰色，不可输入。

审核公式在格式状态下编辑，在数据状态下执行审核公式。

5.1.1.3 保存报表

报表的格式设置完成之后，为了确保今后能够随时调出使用并生成报表数据，应将会计报表的格式保存起来。

5.1.1.4 报表模板

利用报表模板可以迅速建立一张符合您需要的财务报表。另外，对于一些本企业常用但报表模板没有提供标准格式的报表，在定义完这些报表以后可以将其定制为报表模板，以后使用时可以直接调用这个模板。

1. 调用报表模板

系统中提供了16个行业的标准财务报表模板。报表模板即建立了一张标准格式的会计报表。如果用户需使用系统内的报表模板，则可以直接调用。

2. 自定义报表模板

用户除了使用系统中的会计报表模板外还可以根据本单位的实际需要定制内部报表模板，并将自定义的模板加入系统提供的模板库内，也可以根据本行业的特征，增加或删除各个行业及其内置的模板。

自定义报表模板主要需要定义报表的所属行业及报表名称。

5.1.2 典型项目实训——子项目1 原材料收发结存表格式设置

5.1.2.1 项目目的

理解报表编制的原理及流程。掌握报表格式定义、公式定义的操作方法；掌握报表单元公式的设置方法。

5.1.2.2 项目内容

自定义一张原材料收发结存表。编制10万元为单位的原材料收发结存表。

5.1.2.3 项目要求

编制单位和年、月、日应设为关键字。

5.1.2.4 项目资料

表5.1 原材料收发结存表

编制单位：　　　　　　　　　　年　月　日　　　　　　　　　　单位：元

规　格	期初数量	期初金额	购入数量	购入金额	发出数量	发出金额	期末数量	期末金额
S1型配件								

（续表）

规　格	期初数量	期初金额	购入数量	购入金额	发出数量	发出金额	期末数量	期末金额
S2型材料								
L1材料								
合　计								

制表人：

5.1.2.5　项目指导

1）启动UFO报表管理系统。

(1) 启动“企业应用平台”|“业务工作”|“财务会计”|“UFO报表”。

(2) 关闭“日积月累”。

(3) 执行“文件”|“新建”命令，建立一张空白报表，报表名默认为“report1”。

2）自定义一张原材料收发结存表。

第一，报表状态设置。

观察报表底部左下角的“格式/数据”按钮，使当前状态为“格式”状态。

第二，报表格式定义。

(1) 设置报表尺寸。

① 执行“格式”|“表尺寸”命令，打开“表尺寸”对话框。

② 输入行数“9”，列数“9”，单击“确认”按钮。

(2) 定义组合单元。

① 选择需合并的区域“A1：I1”。

② 执行“格式”|“组合单元”命令，打开“组合单元”对话框。

③ 选择组合方式“整体组合”或“按行组合”，该单元即合并成一个单元格。

④ 同理，定义“A2：I2”单元为组合单元。

(3) 画表格线。

① 选中报表需要画线的区域“A4：I8”。

② 执行“格式”|“区域画线”命令，打开“区域画线”对话框。

③ 选择“网线”，单击“确认”按钮，将所选区域画上表格线。

(4) 取消画线。

① 选中报表需要画线的区域“A4：I8”。

② 执行“格式”|“区域画线”命令，打开“区域画线”对话框。

③ 选择“网线”，样式：选择空白。单击“确认”按钮，将取消所选区域画上表格线。

(5) 输入报表项目。

① 选中需要输入内容的单元或组合单元。

② 在该单元或组合单元中输入相关文字内容，如在A1组合单元输入“原材料收发结存表”。

注意：

● 报表项目指报表的文字内容，主要包括表头内容、表体项目、表尾项目等。不包括关键字。

● 编制单位、日期一般不作为文字内容输入，而是需要设置为关键字。

(6) 定义报表行高和列宽。

① 选中需要调整的单元所在行“A1”。

② 执行“格式”|“行高”命令，打开“行高”对话框。

③ 输入行高：“10”，单击“确定”按钮。

④ 选中需要调整的单元所在列，执行“格式”|“列宽”命令，可设置该列的宽度。

注意：

● 行高、列宽的单位为毫米。

(7) 设置单元风格。

① 选中标题所在组合单元“A1”。

② 执行“格式”|“单元属性”命令，打开“单元格属性”对话框。

③ 单击“字体图案”选项卡，设置字体“黑体”，字号“14”。

④ 单击“对齐”选项卡，设置对齐方式“居中”，单击“确定”按钮。

(8) 定义单元属性。

① 选定单元格“H9”。

② 执行“格式”|“单元属性”命令，打开“单元格属性”对话框。

③ 单击“单元类型”选项卡，单击“字符”选项，单击“确定”按钮。

④ 同理，确定单元格“I3”。

注意：

● 格式状态下输入内容的单元均默认为表样单元，未输入数据的单元均默认为数值单元，在数据状态下可输入数值。若希望在数据状态下输入字符，应将其定义为字符单元。

● 字符单元和数值单元输入后只对本表页有效，表样单元输入后对所有表页有效。

(9) 根据实验资料，设置表格内其他样式。

如合并“规格”所在的单元格；

如将所有表格项目、文字设置成你喜欢的颜色、字体、风格为居中、居下、折行显示等等；

如将所有表格内的数字区域颜色设为蓝色。

(10) 设置关键字。

① 选中需要输入关键字的组合单元“A2”。

② 执行“数据”|“关键字”|“设置”命令，打开“设置关键字”对话框。

③ 单击“年”单选按钮，单击“确定”按钮。

④ 同理，设置、“月”、“日”关键字。

⑤ 选中需要输入关键字的单元“A3”。

⑥ 设置“单位名称”关键字。

注意：

● 每个报表可以同时定义多个关键字。

● 如果要取消关键字，须执行“数据”|“关键字”|“取消”命令。

(11) 调整关键字位置。

① 执行“数据”|“关键字”|“偏移”命令，打开“定义关键字偏移”对话框。

② 在需要调整位置的关键字后面输入偏移量。年“－300”，月“－270”，日“－240”。

③ 单击“确定”按钮。

注意：

● 关键字的位置可以用偏移量来表示，负数值表示向左移，正数值表示向右移。在调整时，可以通过输入正或负的数值来调整。

● 关键字偏移量单位为像素。

(12) 报表公式定义。

第一，定义单元公式__直接输入公式。

① 选定需要定义公式的单元“C5”，即“S1 型配件”的期初数。

② 执行“数据”|“编辑公式”|“单元公式”命令，打开“定义公式”对话框。

③ 在定义公式对话框内直接输入总账期初函数公式：QC(“140301”，月，“借”，“800”，，，，，，，)，单击“确认”按钮。

注意：

● 单元公式中涉及的符号均为英文半角字符。

● 单击“fx”按钮或双击某公式单元(在已经存在公式的状态下)或按“＝”键，都可打开“定义公式”对话框。

第二，定义单元公式__引导输入公式。

① 选定被定义单元“I5”，即“S1 型配件”期末数。

单击“fx”按钮，打开“定义公式”对话框。单击“函数向导”按钮，打开“函数向导”对话框。在函数分类列表框(左边)中选择“用友账务函数”，在右边的函数名列表中选中“期末(QM)”，单击“下一步”按钮，打开“用友账务函数”对话框。单击“参照”按钮，打开“账务函数”对话框。“科目”选择“原材料/S1 型配件”，其他各项均采用系统默认值，单击“确定”按钮，返回“用友账务函数”对话框。单击“确定”按钮，返回“定义公式”对话框，单击“确认”按钮。

② 选定被定义单元“B5”，即“S1 型配件”期初数量。

单击“fx”按钮，打开“定义公式”对话框。单击“函数向导”按钮，打开“函数向导”对话框。在函数分类列表框(左边)中选择“用友账务函数”，在右边的函数名列表中选中“数量期初(SQC)”，单击“下一步”按钮，打开“用友账务函数”对话框。单击“参照”按钮，打开“账务函数”对话框。“科目”选择“原材料/S1 型配件”，其他各项均采用系统默认值，单击“确定”按钮，返回“用友账务函数”对话框。单击“确定”按钮，返回“定义公式”对话框，单击“确认”按钮。

③ 选定被定义单元“E5”，即“S1 型配件”本期购入材料金额。

单击“fx”按钮，打开“定义公式”对话框。单击“函数向导”按钮，打开“函数向导”对话框。在函数分类列表框(左边)中选择“用友账务函数”，在右边的函数名列表中选中“发生(FS)”，方向：“借”。单击“下一步”按钮，打开“用友账务函数”对话框。单击“参照”按钮，打开“账务函数”对话框。“科目”选择“原材料/S1 型配件”，其他各项均采用系统默认值，单击“确定”按钮，返回“用友账务函数”对话框。单击“确定”按钮，返回“定义公式”对话框，单击“确认”按钮。

④ 选定被定义单元“G5”，即“S1 型配件”本期发出材料金额。

单击“fx”按钮，打开“定义公式”对话框。单击“函数向导”按钮，打开“函数向导”对话框。在函数分类列表框(左边)中选择“用友账务函数”，在右边的函数名列表中选中“发生(FS)”，方向：“贷”。单击“下一步”按钮，打开“用友账务函数”对话框。单击“参照”按钮，打开“账务函数”对话框。“科目”选择“原材料/S1 型配件”，其他各项均采用系统默认值，单击“确定”按钮，返回“用友账务函数”对话框。单击“确定”按钮，返回“定义公式”对话框，单击“确认”按钮。

⑤ 输入其他单元公式。

⑥ 选定被定义单元“B8”，即原材料期初结存数量合计。

单击“fx”按钮，打开“定义公式”对话框。方法一，直接录入需合计的单元：B5＋B6＋B7。方法二，单击“函数向导”按钮，打开“函数向导”对话框。在函数分类列表框(左边)中选择“统计函数”，在右边的函数名列表中选中“PTOTAL”，单击“下一步”按钮，打开“统计函数”对话框，固定区区域：B5：B7，其他为空。方法三，如果想拷贝该公式，则将 B5＋B6＋B7 改为？B5＋?B6＋?B7，或固定区区域：B5：B7 改为?B5：?B7(此操作将公式中的绝对地址改为相对地址)。录入其他合计公式，可复制。

第三，定义审核公式。

① 执行“数据”|“编辑公式”|“审核公式”命令，打开“审核平衡公式”对话框。

② 在审核关系框中录入：C8＋E8－G8＝I8。

MESS ″期初＋购入－发出<>期末″。

③ 单击“确定”。

第四，定义舍位平衡公式。

① 执行“数据”|“编辑公式”|“舍位公式”命令，打开“舍位平衡公式”对话框。

② 确定如下信息。舍位表名“原材料舍位表”，舍位范围“B5：I8”，舍位位数“3”，平衡公式“C8＝C5＋C6＋C7，E8＝E5＋E6＋E7，G8＝G5＋G6＋G7，I8＝I5＋I6＋I7”。

③ 单击“完成”按钮。观察舍位数据，对比平衡效果。

注意：

● 舍位平衡公式是指用来重新调整报表数据进位后的小数位平衡关系的公式。

● 每个公式一行，各公式之间用逗号“，”(半角)隔开，最后一条公式不用写逗号，否则公式无法执行。

● 等号左边只能为一个单元(不带页号和表名)。

● 舍位公式中只能使用“＋”、“－”符号，不能使用其他运算符及函数。

(13) 保存报表格式。

① 执行“文件”|“保存”命令。如果是第一次保存，则打开“另存为”对话框。

② 选择要保存的文件夹，输入报表文件名“原材料收发结存表”；选择保存类型“*.REP”，单击“保存”按钮。

注意：

● 报表格式设置完以后切记要及时将这张报表格式保存下来，以便以后随时调用。

● 如果没有保存就退出，系统会出现提示：“是否保存报表?”以防止误操作。

● “. REP”为用友报表文件专用扩展名。

5.2　数据管理

5.2.1　数据管理概述

报表数据处理主要包括生成报表数据、审核报表数据和舍位平衡操作等工作，数据处理工作必须在数据状态下进行。处理时，计算机会根据已定义的单元公式、审核公式和舍位平衡公式自动进行取数、审核及舍位等操作。

报表数据处理一般是针对某一特定表页进行的，因此，在数据处理时还涉及表页的操作，如增加、删除、插入、追加表页等。

5.2.1.1　进入报表数据状态

进入报表数据处理状态既可以使用菜单进入，也可以直接使用“数据/格式”切换按钮进入。

5.2.1.2　录入关键字

关键字是表页定位的特定标识，在格式状态下设置完成关键字以后，只有在数据状态下对其实际赋值才能真正成为表页的鉴别标志，为表页间、表间的取数提供依据。

5.2.1.3　整表重算

当完成报表的格式设计并完成账套初始和关键字的录入之后便可以计算指定账套并指定报表时间的报表数据了。计算报表数据是在数据处理状态下进行的，它既可以在录入完成报表的关键字后直接计算，也可以使用菜单功能计算。

5.2.2　典型项目实训　子项目2　原材料收发结存表的数据管理

5.2.2.1　项目目的

理解报表编制的原理及流程。掌握报表数据处理、表页管理及图表功能等操作。

5.2.2.2　项目内容

报表数据处理、表页管理、转换为Excel格式及图表功能操作。

5.2.2.3　项目资料

表5.2　原材料收发结存表

单位名称：　　　　　　　　　　　　年　月　日　　　　　　　　　　　　单位：元

规　格	期初数量	期初金额	购入数量	购入金额	发出数量	发出金额	期末数量	期末金额
S1型配件								
S2型材料								
L1材料								
合　计								

制表人：

5.2.2.4 项目指导

1）打开定义好的原材料收发结存表。

(1) 启动 UFO 系统，执行“文件”|“打开”命令。

(2) 选择需要打开的报表文件“原材料收发结存表.REP”，单击“打开”按钮。

(3) 单击空白报表底部左下角的“格式/数据”按钮，使当前状态为“数据”状态。

注意：

● 报表数据处理必须在“数据”状态下进行。

2）报表数据处理。

第一，增加表页。

(1) 执行“编辑”|“追加”|“表页”命令，打开“追加表页”对话框。

(2) 输入需要增加的表页数“2”，单击“确认”按钮。

注意：

● 追加表页是在最后一张表页后追加 N 张空表页，插入表页是在当前表页后面插入一张空表页。

● 一张报表最多只能管理 99 999 张表页，演示版最多为 4 页。

第二，输入关键字值。

(1) 执行“数据”|“关键字”|“录入”命令，打开“录入关键字”对话框。

(2) 输入单位名称“天津滨海机械设备有限公司”，年“2010”，月“05”，日“31”。

(3) 单击“确认”按钮，弹出“是否重算第 1 页?”对话框。

(4) 单击“是”按钮，系统会自动根据单元公式计算 5 月份数据；单击“否”按钮，系统不计算 5 月份数据，以后可利用“表页重算”功能生成 5 月份数据。

(5) 同理，选中“第 2 页”，录入关键字，表页重算，生成 6 月份数据。

注意：

● 每一张表页均对应不同的关键字值，输出时随同单元一起显示。

● 日期关键字可以确认报表数据取数的时间范围，即确定数据生成的具体日期。

第三，生成报表。

(1) 执行“数据”|“表页重算”命令，弹出“是否重算第 1 页?”提示框。

(2) 单击“是”按钮，系统会自动在初始的账套和会计年度范围内根据单元公式计算生成数据。

第四，审核。

执行“数据”|“审核”命令。

第五，报表舍位操作。

(1) 执行“数据”|“舍位平衡”命令。

(2) 系统会自动根据前面定义的舍位公式进行舍位操作，并将舍位后的报表保存在“原材料千位表.REP”文件中。

注意：

● 舍位操作以后，可以将原材料千位表.REP 打开查阅一下。

● 如果舍位公式有误，系统状态栏会提示“无效命令或错误参数！”

3）表页管理。

第一，交换表页。

(1) 单击“格式/数据”按钮，进入数据状态。

(2) 单击“编辑”菜单中的“交换”|“表页”，弹出“交换表页”窗口。

(3) 一次交换多个表页，可用“，”隔开，并上下对应。如图5.1和图5.2。

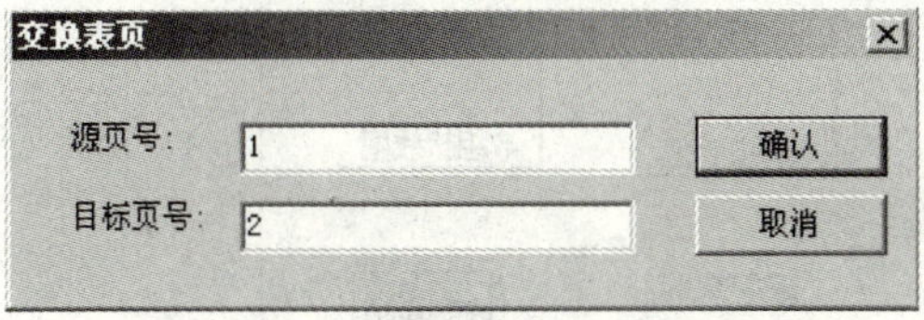

图5.1

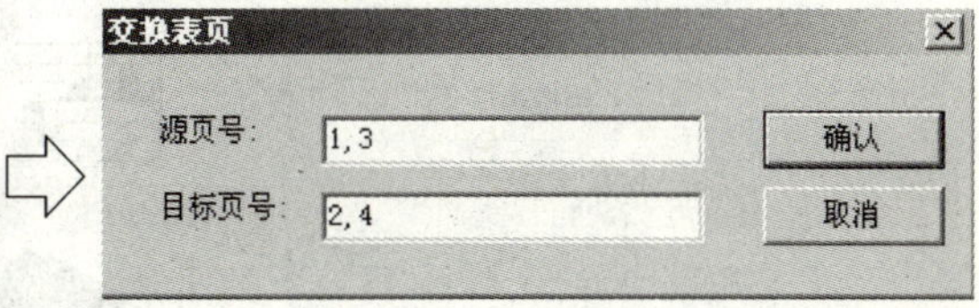

图5.2

第二，表页排序。

(1) 执行“数据”|“排序”|“表页”命令，打开“表页排序”对话框。

(2) 确定如下信息。选择第一关键值“年”，排序方向“递增”，第二关键字“月”，排序方向“递增”。

(3) 单击“确认”按钮。系统将自动把表页按年份递增顺序重新排列，如果年份相同则按月份递增顺序排序。

第三，表页查找。

(1) 执行“编辑”|“查找”命令，打开“查找”对话框。

(2) 确定查找内容“表页”，选定查找条件“月”，“＝”，“1”。

(3) 单击“查找”按钮，查找到符合条件的表页作为当前表页。

4) 转换为Excel格式。

在数据状态，执行“文件”|“表页另存为”，文件类型改为“MS Excel文件”，点击“另存为”可将UFO报表转化为Excel格式，便于二次开发应用。

5) 图表功能。

第一，固定表追加行(作为图表显示区域)。

(1) 在格式状态下，执行“编辑”|“追加”|“行”命令，打开“追加行”对话框。

(2) 输入追加行数“10”，单击“确定”按钮。

注意：

- 固定表追加行或列，插入行或列须在格式状态下进行。
- 可变表追加可变区内的行或列，插入可变区内的行或列须在数据状态下进行，并选中可变区。

第二，插入图表对象。

(1) 在数据状态下，选取数据区域“A5：C8”。

(2) 执行“工具”|“插入图表对象”命令，打开“区域作图”对话框。如图5.3。

(3) 选择确定如下信息。数据组“行”，数据范围“当前表页”。

(4) 输入图表名称“原料结构分析图”，图表标题“原料期初结构分析”，X轴标题“期初项目”，Y轴标题“数量＆金额”。

(5) 选择图表格式“成组直方图”，单击“确定”按钮。

注意：

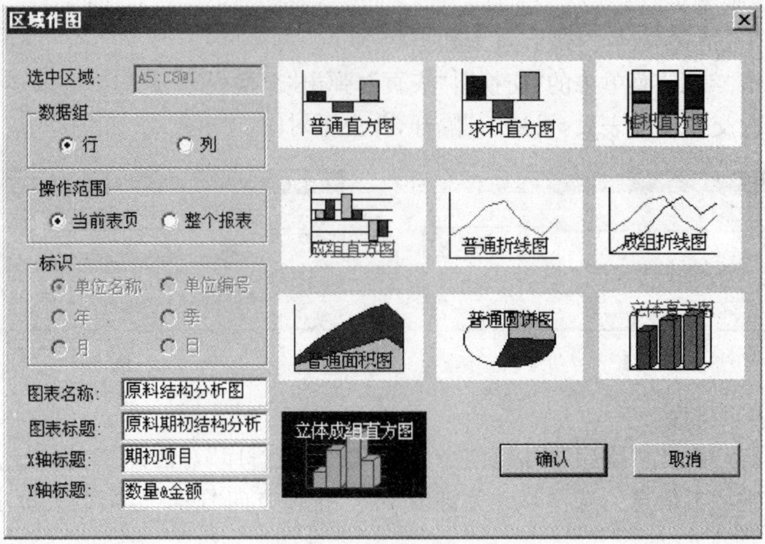

图 5.3

● 插入的图表对象实际上也属于报表的数据,因此有关图表对象的操作必须在数据状态下进行。

● 选择图表对象显示区域时,区域不能少于 2 行×2 列,否则会提示出现错误。

第三,编辑图表对象。

其一,编辑图表主标题。

(1) 双击图表对象的任意位置,选中图表。

(2) 执行"编辑"|"主标题"命令,打开"编辑标题"对话框。

(3) 输入主标题"原料期初结构分析 2014 年",单击"确认"按钮。

其二,编辑图表主标题字样。

(1) 单击选中"主标题"(即"原料期初结构分析 2014 年")。

(2) 执行"编辑"|"标题字体"命令,打开"标题字体"对话框。

(3) 选择字体"幼园",字形"粗体",字号"14";效果"加下划线",单击"确认"按钮。

(4) 单击选中 X 轴标题"期初项目",自行设置其他效果。

5.3 资产负债表、利润表和现金流量表

5.3.1 报表编制概述

5.3.1.1 利用模板快速编制财务报告

在财务报表系统中,一般都预置了分行业的常用会计报表格式,称为报表模板,企业可以以系统提供的报表模板为基础,实现财务报告的快速编制。

5.3.1.2 现金流量的编制

现金流量的编制与资产负债表和利润表不同。资产负债表和利润表的数据直接来自总账科目,或是余额,或是发生额。而现金流量表上的数据与账簿上的科目没有直接对应关系。

5.3.2　典型项目实训——子项目3　财务报表编制

5.3.2.1　项目目的

领会报表编制的原理及流程。掌握如何利用报表模板生成财务报表。

5.3.2.2　项目内容

利用报表模板生成资产负债表、利润表和现金流量表。

5.3.2.3　项目资料

引入上一项目。

报表模板中的资产负债表模板、利润表模板和现金流量表模板。

5.3.2.4　项目指导

1）编制资产负债表。

第一，调用资产负债表模板。

(1) 执行“格式”|“报表模板”命令，打开“报表模板”对话框。

(2) 选择您所在的行业“2007新会计制度科目”，财务报表“资产负债表”。

(3) 单击“确认”按钮，弹出“模板格式将覆盖本表格式！是否继续?”提示框。

(4) 单击“确定”按钮，即可打开“资产负债表”模板。

第二，调整报表模板。如有报表模板与本单位的实际情况不符情况。

(1) 单击“数据/格式”按钮，将“资产负债表”处于格式状态。

(2) 根据本单位的实际情况，调整报表格式，修改报表公式。

(3) 保存调整后报表模板。

第三，生成资产负债表数据。

(1) 在数据状态下，执行“数据”|“关键字”|“录入”命令，打开“录入关键字”对话框。

(2) 输入关键字：年“2014”，月“05”，日“31”。

(3) 单击“确认”按钮，弹出“是否重算第1页?”提示框。

(4) 单击“是”按钮，系统会自动根据单元公式计算5月份数据；单击“否”按钮，系统不计算5月份数据，以后可利用“表页重算”功能生成5月份数据。

2）编制利润表。

(1) 调用利润表模板。

(2) 调整报表模板。根据本单位的实际情况，调整报表格式，修改报表公式。

(3) 保存调整后报表模板

(4) 生成利润表数据。

3）生成现金流量表。

第一，调用现金流量表模板。

(1) 执行“格式”|“报表模板”命令，打开“报表模板”对话框。

(2) 选择您所在的行业“2007新会计制度科目”，财务报表“现金流量表”。

(3) 单击“确认”按钮，弹出“模板格式将覆盖本表格式！是否继续?”提示框。

(4) 单击“确定”按钮，即可打开“现金流量表”模板。

第二，调整报表模板。如有报表模板与本单位的实际情况不符情况。

(1) 单击“数据/格式”按钮，将“现金流量表”处于格式状态。

(2) 根据本单位的实际情况，调整报表格式，修改报表公式。

利用函数向导录入公式。如图 5.4。

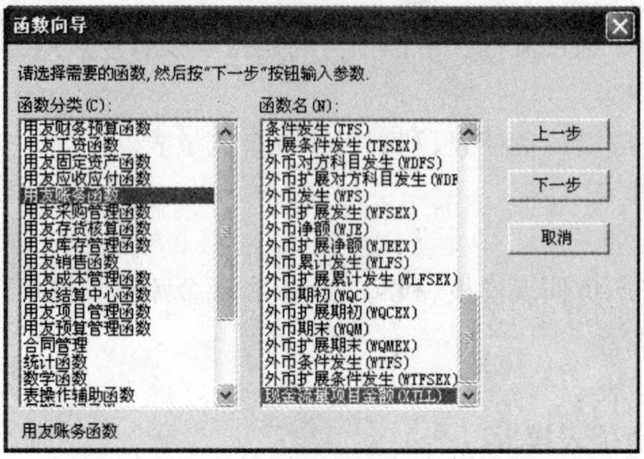

图 5.4

下一步。如图 5.5。

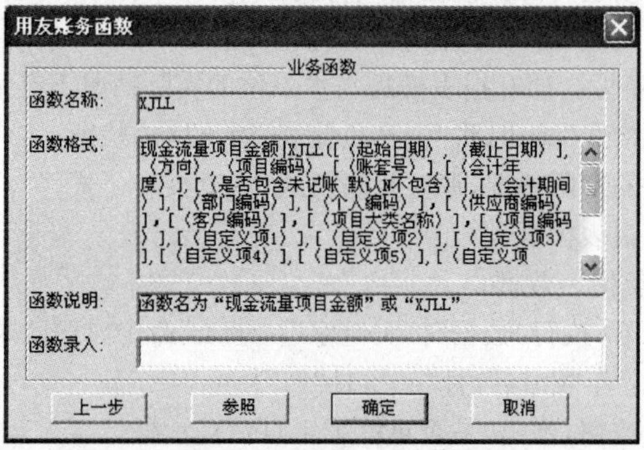

图 5.5

点击"参照"。如图 5.6。

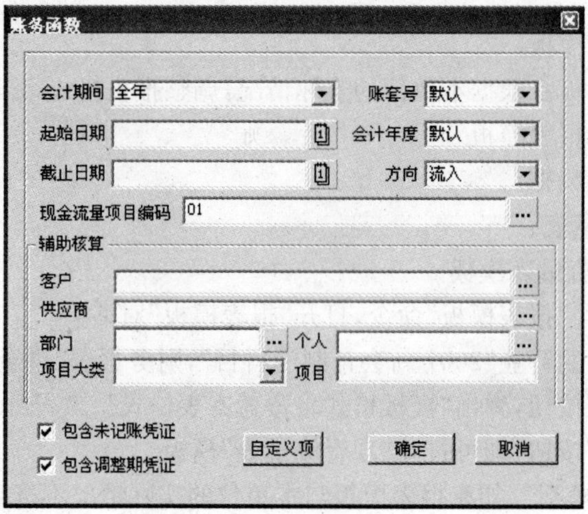

图 5.6

点击“包含为记账凭证”,点击“确定”。如图 5.7。

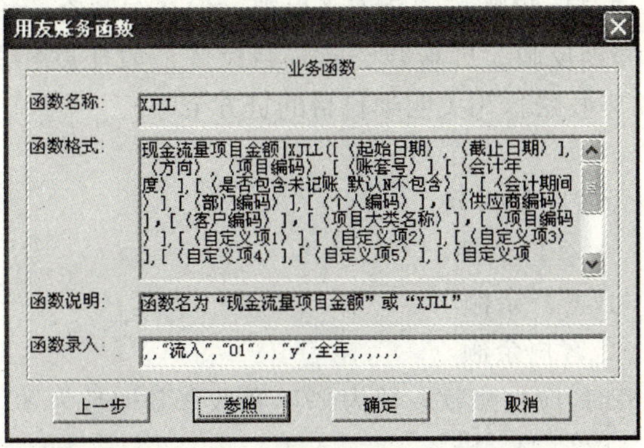

图 5.7

点击“确定”。如图 5.8。

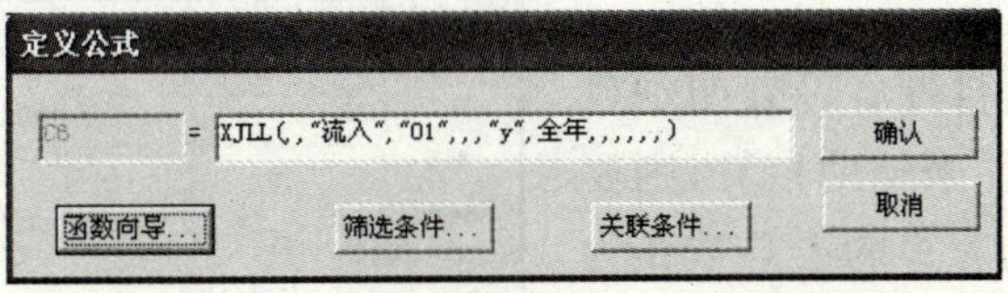

图 5.8

点击“确认”。

(3) 保存调整后报表模板。

第三,生成现金流量表数据。

(1) 在数据状态下,执行“数据”|“关键字”|“录入”命令,打开“录入关键字”对话框。

(2) 单击“确认”按钮,弹出“是否重算第 1 页?”提示框。

(3) 单击“是”按钮,系统会自动根据单元公式计算本表数据;单击“否”按钮,系统不计算本表数据,以后可利用“表页重算”功能生成本表数据。

5.3.3 实战点拨

5.3.3.1 资产负债表中应收账款和预收账款的“重分类调整”公式

重分类指会计报表的重分类。它调表不调账,即不调整明细账和总账,只调整报表科目余额,具体说来,它根据会计明细科目的期末余额而非总账余额(净值)而定,当资产类往来会计科目期末出现贷方余额时,这时不再是债权而是一种债务,应重新分类到负债类科目;反之,当负债类往来科目期末出现借方余额时,这时不再是一种债务而是一种债权,应重新分类到资产类科目中去。如果不这样进行重分类而直接以总账余额反映到会计报表当中,则不能反映资产负债的本来面目,甚至导致财务指标异常。

比如,应收账款某一明细科目期末出现贷方余额,这时应将它重分类到预收账款当中。同理,应付账款某一明细科目期末出现借方余额,这时应将它重分类到预付账款当中。因此,应收账款与预收账款、应付账款与预付账款、其他应收款与其他应付款、待摊费用与预提费用为重分类的对应科目。

按照企业会计制度和准则规定，预收账款业务很少的企业，可以不设置“预收账款”科目，发生的预收账款，通过应收账款的贷方来反映。但在编制资产负债表的时候，必须把应收账款和预收账款分别反映。即应收账款项目反映应收账款相关明细科目的借方余额，预收账款项目反映应收账款相关明细科目的贷方余额。

业务举例：

1）应收账款科目设置明细科目。

如：应收账款——A 客户余额　200

——B 客户余额　70

——C 客户余额　−80

则编制资产负债表时，应收账款取数为 270，预收账款取数为 80。取数公式修改为

应收账款：QM("1122",月,"借",,,,,,,,)

预收账款：QM("2203",月,"贷",,,,,,,,)

2）应收账款科目设置为客户往来辅助核算。

如果应收账款科目没有设置明细科目，而是设置了客户往来辅助核算，则要取期末余额为借方的客户的汇总数作为应收账款的数据。编制公式的截图，如图 5.9。

则公式为：QM（" 1122"，月，"借",,,"",,,"y","t",）。

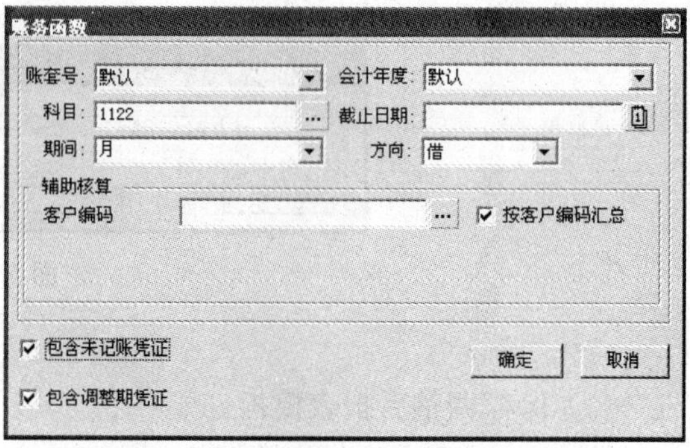

图 5.9

3）同时使用“应收账款”和“预收账款”科目。

如果企业同时使用“应收账款”科目和“预收账款”科目，则编制资产负债表时，应收账款应根据“应收账款”、“预收账款”科目的所属明细科目的期末借方余额计算填列。

表 5.3　应收账款与预收账款明细表

科　目	客　户	借方余额	贷方余额
应收账款（借方科目）	A 客户	80	
	B 客户		30
预收账款（贷方科目）	C 客户		80
	D 客户	20	

这样资产负债表上，

应收账款＝80＋20＝100

预收账款＝30＋80＝110

应收账款和预收账款的公式修改为：

应收账款＝ QM("1122",月,"借",,,"",,,"y","t",)＋ QM("2203",月,"借",,,"",,,"y","t",)

预收账款＝ QM("1122",月," 贷",,,"",,,"y","t",)＋ QM("2203",月,"贷",,,"",,,"y","t",)

同理：应付账款和预付账款的公式也是这种原则来编制。

注意：软件中，财务分析模块的报表分析是按照上述公式进行取数的。财务报表模块的默认公式只是简单地取某个科目的期末余额。这样，就产生了财务报表中数据与财务分析中的数据不一致的问题。解决这个问题的方法，就是修改财务报表模块的取数公式。

5.3.3.2　编制损益表(利润表)时，“本年累计”数不正确的解决方法

1）年初启用账套。

如果是年初启用账套，或者是新建的企业，则第2个月编制损益表时，必须先打开第1月份保存的损益表，在这张报表的基础上追加表页，然后在新的表页上录入第2月份的关键字。

表5.4　利润表

会企02表

编制单位：　　　　年　月　　　　单位：元

项　　目	行次	本　月　数	本年累计数
一、营业收入	1	fs(6001,月,"贷",,年)＋fs(6051,月,"贷",,年)	?C5＋select(?D5,年@＝年 and 月@＝月＋1)
减：营业成本	2	fs(6401,月,"借",,年)＋fs(6402,月,"借",,年)	?C6＋select(?D6,年@＝年 and 月@＝月＋1)
营业税金及附加	3	fs(6403,月,"借",,年)	?C7＋select(?D7,年@＝年 and 月@＝月＋1)
销售费用	4	fs(6601,月,"借",,年)	?C8＋select(?D8,年@＝年 and 月@＝月＋1)
管理费用	5	fs(6602,月,"借",,年)	?C9＋select(?D9,年@＝年 and 月@＝月＋1)
财务费用	6	fs(6603,月,"借",,年)	?C10＋select(?D10,年@＝年 and 月@＝月＋1)
资产减值损失	7	fs(6701,月,"借",,年)	?C11＋select(?D11,年@＝年 and 月@＝月＋1)
加：公允价值变动净收益(净损失以“－”号填列)	8	fs(6101,月,"贷",,年)	?C12＋select(?D12,年@＝年 and 月@＝月＋1)
投资收益(损失以“－”号填列)	9	fs(6111,月,"贷",,年)	?C13＋select(?D13,年@＝年 and 月@＝月＋1)
其中：对联营企业和合营企业的投资收益	10		
二、营业利润(亏损以“－”号填列)	11	C5－C6－C7－C8－C9－C10－C11＋C12＋C13	?C15＋select(?D15,年@＝年 and 月@＝月＋1)
加：营业外收入	12	fs(6301,月,"贷",,年)	?C16＋select(?D16,年@＝年 and 月@＝月＋1)
减：营业外支出	13	fs(6711,月,"借",,年)	?C17＋select(?D17,年@＝年 and 月@＝月＋1)
其中：非流动资产处置损失	14		
三、利润总额(亏损总额以“－”号填列)	15	C15＋C16－C17	?C19＋select(?D19,年@＝年 and 月@＝月＋1)

（续表）

项　　目	行次	本 月 数	本 年 累 计 数
减：所得税费用	16	fs(6801,月,"借",,年)	?C20+select(?D20,年@=年 and 月@=月+1)
四、净利润(净亏损以"－"号填列)	17	C19－C20	?C21+select(?D21,年@=年 and 月@=月+1)
五、每股收益：	18		
(一) 基本每股收益	19	×	
(二) 稀释每股收益	20	×	

注意：追加表页，默认前后的公式保持一致，如果后面月份业务发生变化，要修改公式，则前几个月的数据也按照新的公式重新计算。如果不希望前面的数据发生变化，则在"数据"状态下对之前的表页打上"表页不计算"的标志。

2）年中启用账套。

如果是年中启用账套，要注意两点问题：

第一：总账中录入期初余额的时候，虽然损益类科目的期初余额为0，但损益类科目的"借方累计数"和"贷方累计数"一定要录入。这样账簿中的"本年累计"数才是全年的数据。

第二：同时要把损益表中"本年累计数"的用LFS(累计发生数)函数取数。"本年累计"数公式参照表5.5。

表5.5　年中启用账套"利润表"表体

项　　目	行次	本 月 数	本 年 累 计 数
一、营业收入	1	fs(6001,月,"贷",,年)+fs(6051,月,"贷",,年)	lfs(6001,月,"贷",,年)+lfs(6051,月,"贷",,年)
减：营业成本	2	fs(6401,月,"借",,年)+fs(6402,月,"借",,年)	lfs(6401,月,"借",,年)+lfs(6402,月,"借",,年)
营业税金及附加	3	fs(6403,月,"借",,年)	lfs(6403,月,"借",,年)
销售费用	4	fs(6601,月,"借",,年)	lfs(6601,月,"借",,年)
管理费用	5	fs(6602,月,"借",,年)	lfs(6602,月,"借",,年)
财务费用	6	fs(6603,月,"借",,年)	lfs(6603,月,"借",,年)
资产减值损失	7	fs(6701,月,"借",,年)	lfs(6701,月,"借",,年)
加：公允价值变动净收益(净损失以"－"号填列)	8	fs(6101,月,"贷",,年)	lfs(6101,月,"贷",,年)
投资收益(损失以"－"号填列)	9	fs(6111,月,"贷",,年)	lfs(6111,月,"贷",,年)
其中：对联营企业和合营企业的投资收益	10		
二、营业利润(亏损以"－"号填列)	11	C5－C6－C7－C8－C9－C10－C11+C12+C13	D5－D6－D7－D8－D9－D10－D11+D12+D13
加：营业外收入	12	fs(6301,月,"贷",,年)	lfs(6301,月,"贷",,年)
减：营业外支出	13	fs(6711,月,"借",,年)	lfs(6711,月,"借",,年)
其中：非流动资产处置损失	14		

（续表）

项　目	行次	本 月 数	本年累计数
三、利润总额（亏损总额以"一"号填列）	15	C15＋C16－C17	D15＋D16－D17
减：所得税费用	16	fs(6801,月,"借",,年)	lfs(6801,月,"借",,年)
四、净利润(净亏损以"一"号填列)	17	C19－C20	D19－D20
五、每股收益：	18		
(一) 基本每股收益	19	×	
(二) 稀释每股收益	20	×	

5.3.3.3　现金流量表的月报编制

现金流量表的月报不能简单地使用报表模版，可根据下表的格式和公式，修改系统中的模版。删除"年度"。将"年"和"月"设置为关键字，如表5.6。

表5.6　现金流量表

会企03表

编制单位：　　　　　　年　月　　　　　　单位：元

项　目	行次	本 月 数	本年累计数
一、经营活动产生的现金流量：	1		
销售商品、提供劳务收到的现金	2	XJLL(,,"流入","01",,,"y",月,,,,,,)	XJLL(,,"流入","01",,,"y",全年,,,,,,)
收到的税费返还	3	XJLL(,,"流入","02",,,"y",月,,,,,,)	XJLL(,,"流入","02",,,"y",全年,,,,,,)
收到其他与经营活动有关的现金	4	XJLL(,,"流入","03",,,"y",月,,,,,,)	XJLL(,,"流入","03",,,"y",全年,,,,,,)
经营活动现金流入小计	5	ptotal(?C6：?C8)	ptotal(?D6：?D8)
购买商品、接受劳务支付的现金	6	XJLL(,,"流出","04",,,"y",月,,,,,,)	XJLL(,,"流出","04",,,"y",全年,,,,,,)
支付给职工以及为职工支付的现金	7	XJLL(,,"流出","05",,,"y",月,,,,,,)	XJLL(,,"流出","05",,,"y",全年,,,,,,)
支付的各项税费	8	XJLL(,,"流出","06",,,"y",月,,,,,,)	XJLL(,,"流出","06",,,"y",全年,,,,,,)
支付其他与经营活动有关的现金	9	XJLL(,,"流出","07",,,"y",月,,,,,,)	XJLL(,,"流出","07",,,"y",全年,,,,,,)
经营活动现金流出小计	10	ptotal(?C10：?C13)	ptotal(?D10：?D13)
经营活动产生的现金流量净额	11	?C9－?C14	?D9－?D14
二、投资活动产生的现金流量：	12		
收回投资收到的现金	13	XJLL(,,"流入","08",,,"y",月,,,,,,)	XJLL(,,"流入","08",,,"y",全年,,,,,,)
取得投资收益收到的现金	14	XJLL(,,"流入","09",,,"y",月,,,,,,)	XJLL(,,"流入","09",,,"y",全年,,,,,,)

（续表）

项　　目	行次	本　月　数	本年累计数
处置固定资产、无形资产和其他长期资产收回的现金净额	15	XJLL(,,"流入","10",,,"y",月,,,,,,)	XJLL(,,"流入","10",,,"y",全年,,,,,,)
处置子公司及其他营业单位收到的现金净额	16	XJLL(,,"流入","11",,,"y",月,,,,,,)	XJLL(,,"流入","11",,,"y",全年,,,,,,)
收到其他与投资活动有关的现金	17	XJLL(,,"流入","12",,,"y",月,,,,,,)	XJLL(,,"流入","12",,,"y",全年,,,,,,)
投资活动现金流入小计	18	ptotal(?C17：?C21)	ptotal(?D17：?D21)
购建固定资产、无形资产和其他长期资产支付的现金	19	XJLL(,,"流出","13",,,"y",月,,,,,,)	XJLL(,,"流出","13",,,"y",全年,,,,,,)
投资支付的现金	20	XJLL(,,"流出","14",,,"y",月,,,,,,)	XJLL(,,"流出","14",,,"y",全年,,,,,,)
取得子公司及其他营业单位支付的现金净额	21	XJLL(,,"流出","15",,,"y",月,,,,,,)	XJLL(,,"流出","15",,,"y",全年,,,,,,)
支付其他与投资活动有关的现金	22	XJLL(,,"流出","16",,,"y",月,,,,,,)	XJLL(,,"流出","16",,,"y",全年,,,,,,)
投资活动现金流出小计	23	ptotal(?C23：?C26)	ptotal(?D23：?D26)
投资活动产生的现金流量净额	24	?C22－?C27	?D22－?D27
三、筹资活动产生的现金流量：	25		
吸收投资收到的现金	26	XJLL(,,"流入","17",,,"y",月,,,,,,)	XJLL(,,"流入","17",,,"y",全年,,,,,,)
取得借款收到的现金	27	XJLL(,,"流入","18",,,"y",月,,,,,,)	XJLL(,,"流入","18",,,"y",全年,,,,,,)
收到其他与筹资活动有关的现金	28	XJLL(,,"流入","19",,,"y",月,,,,,,)	XJLL(,,"流入","19",,,"y",全年,,,,,,)
筹资活动现金流入小计	29	ptotal(?C30：?C32)	ptotal(?D30：?D32)
偿还债务支付的现金	30	XJLL(,,"流出","20",,,"y",月,,,,,,)	XJLL(,,"流出","20",,,"y",全年,,,,,,)
分配股利、利润或偿付利息支付的现金	31	XJLL(,,"流出","21",,,"y",月,,,,,,)	XJLL(,,"流出","21",,,"y",全年,,,,,,)
支付其他与筹资活动有关的现金	32	XJLL(,,"流出","22",,,"y",月,,,,,,)	XJLL(,,"流出","22",,,"y",全年,,,,,,)
筹资活动现金流出小计	33	ptotal(?C34：?C36)	ptotal(?D34：?D36)
筹资活动产生的现金流量净额	34	?C33－?C37	?D33－?D37
四、汇率变动对现金的影响	35	XJLL(,,"流入","23",,,"y",月,,,,,,)－XJLL(,,"流出","23",,,"y",月,,,,,,)	XJLL(,,"流入","23",,,"y",全年,,,,,,)－XJLL(,,"流出","23",,,"y",全年,,,,,,)
五、现金及现金等价物净增加额	36	?C15＋?C28＋?C38＋?C39	?D15＋?D28＋?D38＋?D39

（续表）

项　　目	行次	本　月　数	本年累计数
加：期初现金及现金等价物余额	37	QC("1001",全年,,,年,,)+QC("1002",全年,,,年,,)+QC("1012",全年,,,年,,)	QC("1001",全年,,,年,,)+QC("1002",全年,,,年,,)+QC("1012",全年,,,年,,)
六、期末现金及现金等价物余额	38	?C40+?C41	?D40+?D41

5.3.4　实战训练

编制明华成有限公司的资产负债表、利润表和现金流量表。

典型项目6　薪 资 管 理

6.1　薪资管理概述

薪资管理系统可以根据企业的薪资制度、薪资结构设置企业的薪资标准体系，在发生人事变动或薪资标准调整时执行调资处理，记入员工薪资档案作为工资核算的依据；根据不同企业的需要设计工资项目、计算公式，更加方便的输入、修改各种工资数据和资料；自动计算、汇总工资数据，对形成工资、福利费等各项费用进行月末、年末账务处理，并通过转账方式向总账系统传输会计凭证，向成本管理系统传输工资费用数据。

薪资管理系统是由工资管理系统更名而来，如果启用了人力资源系统下的HR基础设置和人事信息管理两个模块，则系统菜单下又会显示“薪资标准”和“薪资调整”两组功能节点，这两组功能中的信息与薪资管理系统中其他功能相互独立，不能直接引用，需要手工指定对应关系才可建立关联。

6.1.1　薪资管理系统的功能

薪资管理系统适用于各类企业、行政事业单位进行工资核算、工资发放、工资费用分摊、工资统计分析和个人所得税核算等。与总账系统联合使用，可以将工资凭证传输到总账系统中；与成本管理系统联合使用，可以为成本管理系统提供人员的人工费用。薪资管理系统具有以下功能。

6.1.1.1　初始设置

(1) 设置薪资标准体系。

(2) 设置调资业务。

(3) 可设置代发工资的银行名称。

(4) 可自定义工资项目及计算公式。

(5) 可设置人员附加信息、人员类别、部门选择设置、人员档案等基础档案。

(6) 提供多工资类别核算、工资核算币种、扣零处理、个人所得税扣税处理、是否核算计件工资、是否起用工资变动审核等账套参数设置。

6.1.1.2　业务处理

(1) 调资处理：对人事变动进行处理，应用薪资标准或手工执行薪资调整；记录工资变动的项目、金额、批准时间、起薪日期、截止日期。

(2) 薪资档案：查看工资档案、工资变动档案。

(3) 工资数据变动：进行工资数据的变动、汇总处理，支持多套工资数据的汇总。

(4) 工资分钱清单：提供部门分钱清单、人员分钱清单、工资发放取款单。

(5) 工资分摊：月末自动完成工资分摊、计提、转账业务，并将生成的凭证传递到总账系统。

(6) 银行代发：灵活的银行代发功能，预置银行代发模板，适用于由银行发放工资的企业。可实现在同一工资账中的人员由不同的银行代发工资，以及多种文件格式的输出。

(7) 扣缴所得税：提供个人所得税自动计算与申报功能。

6.1.1.3　统计分析报表业务处理

(1) 提供按月查询凭证的功能。

(2) 提供工资表：工资发放签名表、工资发放条、工资卡、部门工资汇总表、人员类别汇总表、条件汇总表、条件明细表、条件统计表、多类别工资表等。

(3) 提供工资分析表：工资项目分析表、工资增长分析、员工工资汇总表、按月分类统计表、部门分类统计表、按项目分类统计表、员工工资项目统计表、分部门各月工资构成分析表、部门工资项目构成分析表等。

6.1.2　薪资核算类别

用友 ERP - U8 薪资管理系统可为有多种工资核算类型的企业提供解决方案。

6.1.2.1　工资核算类型

(1) 所有人员统一工资核算的企业，使用单工资类别核算。

(2) 分别对在职人员、退休人员、离休人员进行核算的企业，可使用多工资类别核算。

(3) 分别对正式工、临时工进行核算的企业，可使用多工资类别核算。

(4) 每月进行多次工资发放，月末统一核算的企业，可使用多工资类别、多次发放核算。

(5) 企业有多个工厂，可以设置多个工资类别分别核算。

(6) 在不同地区有分支机构，而由总管机构统一进行工资核算的企业，可使用多工资类别核算。

(7) 高层管理人员可设置一个单独的工资类别核算。

6.1.2.2　单类别工资核算管理的企业

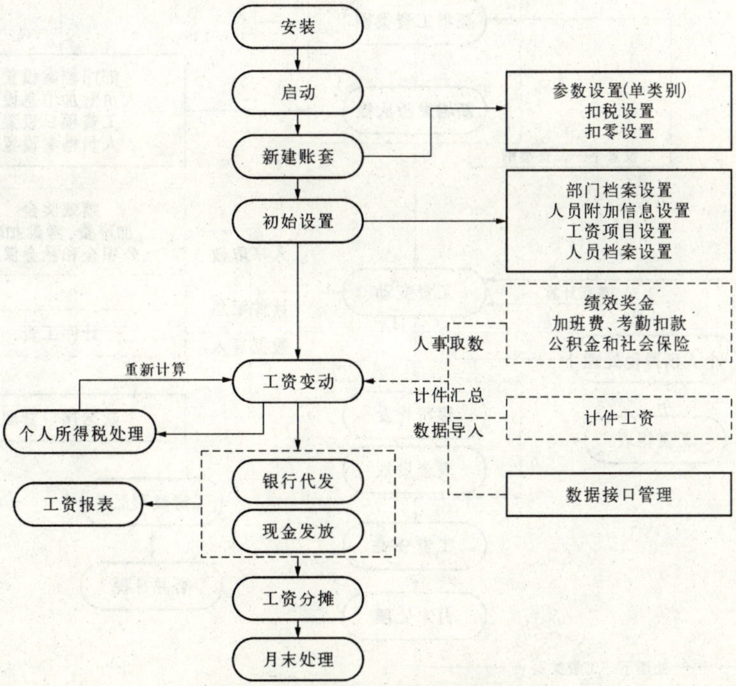

图 6.1　单类别薪资核算流程图

如果您的企业中所有人员的工资统一管理，而人员的工资项目、工资计算公式全部相同，则您可按下列方法建立薪资管理系统。

(1) 安装薪资管理系统。

(2) 设置工资账的参数(选择单个工资类别)。

(3) 设置部门。

(4) 设置工资项目。

(5) 设置薪资标准体系：薪资目录、薪资标准表、薪资公式。

(6) 设置调资类别、调资业务。

(7) 录入/同步人员档案。

(8) 设置工资计算公式。

(9) 录入工资数据。

(10) 进行其他业务处理。

6.1.2.3　多类别工资核算管理的企业

如果您的单位按周或者一月多次发放工资，或者是有多种不同类别的人员，工资发放项目不尽相同，计算公式亦不相同，但需进行统一工资核算管理，则可按下列方法建立薪资管理系统。

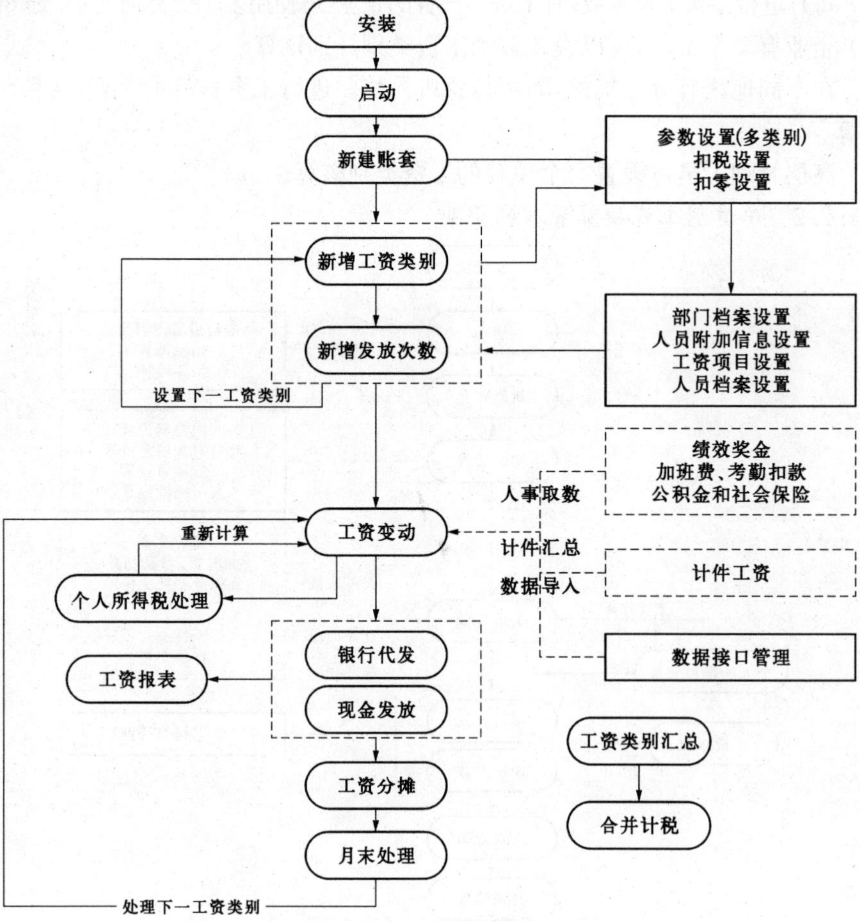

图 6.2　多类别薪资核算流程图

(1) 安装薪资管理系统。

(2) 设置工资账参数(选择多个工资类别)。

(3) 设置涉及的所有部门、所有工资项目。

(4) 建立第一个工资类别,选择所管理的部门。

(5) 设置薪资标准体系：薪资目录、薪资标准表、薪资公式。

(6) 设置调资类别、调资业务。

(7) 录入/同步人员档案。

(8) 选择第一个工资类别所涉及的工资项目并设置工资计算公式。

(9) 录入工资数据。

(10) 建立第二个工资类别并选择所管理的部门。

(11) 录入/同步人员档案或从第一个工资类别中复制人员档案。

(12) 选择第二个工资类别所涉及的工资项目并设置工资计算公式。

(13) 重复步骤(10)～(12)直至完成所有工资类别的建立 。

工资类别进行工资核算的业务处理。月末处理前将所要核算的工资类别进行汇总,生成汇总工资类别,然后进行对汇总。

6.1.2.4　第二年使用流程

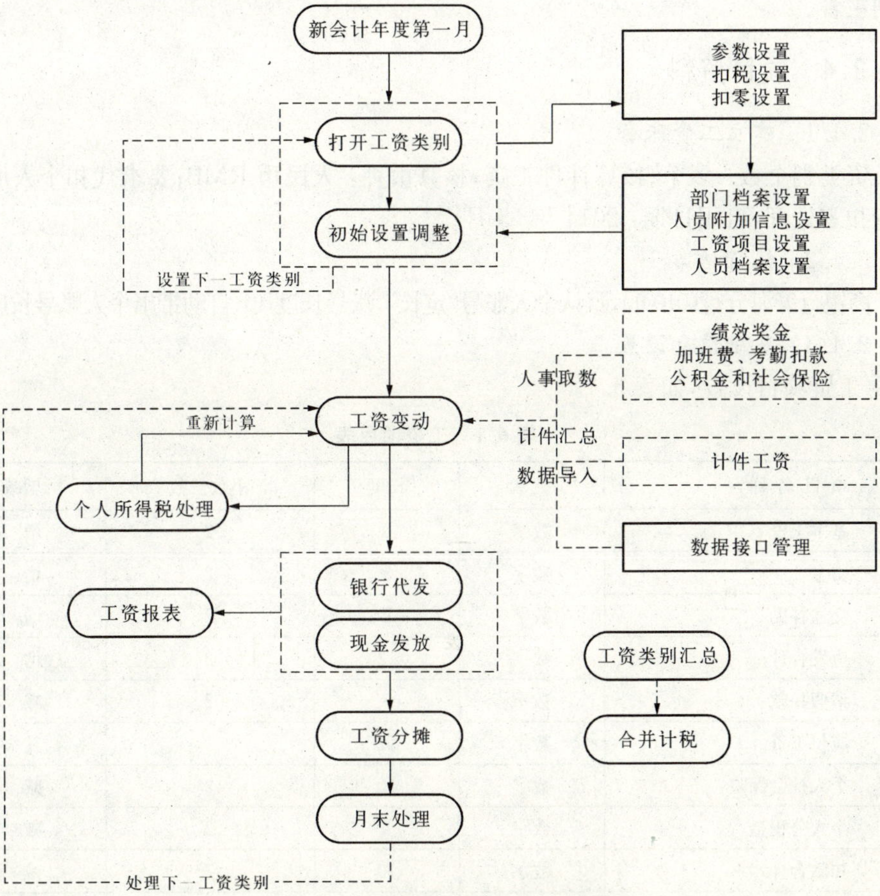

图 6.3　第二年薪资系统使用流程图

6.2 典型项目实训

6.2.1 项目目的

(1) 了解用友 ERP－U8 管理软件中薪资管理系统的相关内容。

(2) 掌握薪资管理系统初始化、日常业务处理、工资分摊及月末处理的操作。

6.2.2 项目内容

1. 薪资管理系统初始设置
2. 薪资管理系统日常业务处理
3. 工资分摊及月末处理
4. 薪资管理系统数据查询

6.2.3 项目准备

引入"典型项目 4 子项目 1"账套数据。启用薪资管理和计件工资。设置赵雨为工资类别主管。

6.2.4 项目资料

6.2.4.1 建立工资账套

工资类别个数：多个；核算计件工资；核算币种：人民币 RMB；要求代扣个人所得税；不进行扣零处理，启用日期：2014 年 05 月。

6.2.4.2 银行档案

工商银行滨海分行(01001)，默认个人账号"定长"，账号长度 13，自动带出个人账号长度 11。

6.2.4.3 基础信息设置

1）工资项目设置，如表 6.1。

表 6.1 工资项目表

项目名称	类型	长度	小数位数	增减项
基本工资	数字	8	2	增项
奖金	数字	8	2	增项
交通补助	数字	8	2	增项
应发合计	数字	12	2	增项
请假扣款	数字	8	2	减项
应付工资	数字	12	2	其他
个人社会保险	数字	8	2	减项
个人公积金	数字	8	2	减项
扣款合计	数字	10	2	减项
应税薪资	数字	12	2	其他

（续表）

项目名称	类型	长度	小数位数	增减项
代扣税	数字	8	2	减 项
请假天数	数字	8	2	其 他
日工资标准	数字	8	2	其 他
社保基数	数字	8	2	其 他

2）人员档案。

工资类别：正式人员、营销人员。

(1) 正式员工。

部门选择：除销售部外所有部门。

工资项目：基本工资、奖金、交通补助、应发合计、请假扣款、应付工资、个人社会保险、个人公积金、扣款合计、应税薪资、工资代扣税、实发合计、请假天数、日工资标准和社保基数。

计算公式：

表 6.2 工资项目公式

工资项目	定义公式
日工资标准	基本工资÷22
请假扣款	日工资标准×请假天数
交通补助	iff(人员类别="企业管理人员" OR 人员类别="车间管理人员",200,100)
个人社会保险	社保基数×0.11
个人公积金	社保基数×0.035
应付工资	基本工资+奖金+交通补助-请假扣款
应税薪资	应付工资-个人社会保险-个人公积金

人员档案：

表 6.3 正式人员情况表

职员编号	职员姓名	部门	人员类别	账号(工商银行滨海分行)	中方人员	是否计税	计件工资
101	李 华	总经理办公室	企业管理人员	3020290700101	是	是	否
102	徐 云	总经理办公室	企业管理人员	3020290700102	是	是	否
201	王 红	财务部	企业管理人员	3020290700103	是	是	否
202	赵 雨	财务部	企业管理人员	3020290700104	是	是	否
203	李 立	财务部	企业管理人员	3020290700105	是	是	否
301	张 佳	采购部	业务人员	3020290700106	是	是	否
302	马 卿	采购部	业务人员	3020290700107	是	是	否
401	王 强	生产车间	车间管理人员	3020290700108	是	是	否
402	王红军	生产车间	生产人员-S1车床	3020290700109	是	是	否
403	李 飞	生产车间	生产人员-S1车床	3020290700110	是	是	否

（续表）

职员编号	职员姓名	部　门	人员类别	账号（工商银行滨海分行）	中方人员	是否计税	计件工资
404	张　力	生产车间	生产人员-S2车床	3020290700111	是	是	否
405	王利婷	生产车间	生产人员-S2车床	3020290700112	是	是	否
406	王祝军	生产车间	生产人员-H1电路板	3020290700113	是	是	否

(2) 营销员工。

部门选择：销售部门。

工资项目：基本工资、计件工资、应发合计、代扣税、实发合计。

人员档案：

表6.4　营销人员情况表

职员编号	职员姓名	部　门	人员类别	账号（工商银行滨海分行）	中方人员	是否计税	核算计件工资
601	林　枫	销售一部	业务人员	3020290700201	是	是	是
602	马静言	销售一部	业务人员	3020290700202	是	是	是
603	李　新	销售二部	业务人员	3020290700203	是	是	是
604	王知朋	售后服务部	业务人员	3020290700204	是	是	是

6.2.4.4　代扣个人所得税

计税基数3 500元。附加费用1 300元，按新的个人所得税法修改。

6.2.4.5　工资数据

1) 5月初人员工资情况。社保基数统一为2 500元。

表6.5　正式人员工资情况表

职员姓名	基本工资	奖　金
李　华	5 000.00	3 000.00
徐　云	2 200.00	3 000.00
王　红	2 350.00	1 500.00
赵　雨	2 135.00	1 500.00
李　立	3 135.00	1 000.00
张　佳	2 135.00	1 000.00
马　卿	4 000.00	1 500.00
王　强	1 200.00	1 500.00
王红军	2 225.00	1 500.00
李　飞	2 135.00	1 500.00
张　力	1 015.00	1 500.00
王利婷	4 000.00	1 000.00
王祝军	4 000.00	1 000.00

表 6.6 营销人员工资情况表

职员姓名	基本工资
林 枫	1 500.00
马静言	1 200.00
李 新	1 200.00
王知朋	1 850.00

2）5 月份工资变动情况。

考勤情况：马卿请假 2 天；王强请假 1 天。

发放奖金情况：因上月产品质量较好，生产部每人增加奖金 200 元。

人员调动情况：采购部新增业务人员李勇（男，编号 303），其基本工资 2 000 元，无奖金，代发工资银行账号：3020290700123。

6.2.4.6 工资分摊

工资分摊的金额应为应付工资总额，系统提供的“应发合计”，简单地将项目中的增项合计，没有扣除由于职工个人原因的各种不应计入应发工资总额的项目。

资料中，本公司由于有请假扣款，应付工资总额不等于系统提供的“应发合计”，而应等于新增项目“应付工资”，因此，工资项目选择“应付工资”。单位社会保险，单位公积金以“社保基数”为计提基数。

（1）正式人员工资费用分配的转账分录如表 6.7。

表 6.7 正式人员工资、保险和公积金费用分录设置表

<table>
<tr><th rowspan="2">部门</th><th rowspan="2">人员类别</th><th rowspan="2">借方项目（存货项目）</th><th colspan="2">应付工资</th><th colspan="2">单位社会保险（社保基数 30%）
单位公积金（社保基数 3.5%）</th></tr>
<tr><th>借方科目</th><th>贷方科目</th><th>借方科目</th><th>贷方科目</th></tr>
<tr><td>总经理办公室</td><td rowspan="2">企业管理人员</td><td rowspan="2"></td><td rowspan="2">管理费用——职工薪资</td><td rowspan="7">应付职工薪酬——工资</td><td rowspan="2">管理费用——职工薪资</td><td rowspan="7">应付职工薪酬——社保保险（或——公积金）</td></tr>
<tr><td>财务部</td></tr>
<tr><td>采购部</td><td>业务人员</td><td></td><td>管理费用——职工薪资</td><td>管理费用——职工薪资</td></tr>
<tr><td rowspan="4">生产部</td><td>车间管理人员</td><td></td><td>制造费用——职工薪资</td><td>制造费用——职工薪资</td></tr>
<tr><td>生产人员－S1 机床</td><td>利群 S1 机床</td><td>生产成本——直接人工</td><td>生产成本——直接人工</td></tr>
<tr><td>生产人员－S2 机床</td><td>利群 S2 机床</td><td>生产成本——直接人工</td><td>生产成本——直接人工</td></tr>
<tr><td>生产人员－H1 电路板</td><td>H1 电路板</td><td>生产成本——直接人工</td><td>生产成本——直接人工</td></tr>
</table>

（2）营销人员工资费用分配的转账分录如表 6.8。

表 6.8 营销人员工资分配分录设置表

<table>
<tr><th rowspan="2">部门</th><th rowspan="2">人员类别</th><th colspan="2">应付工资</th></tr>
<tr><th>借方科目</th><th>贷方科目</th></tr>
<tr><td>销售一部、销售二部、售后服务部</td><td>业务人员</td><td>销售费用——职工薪资</td><td>应付职工薪酬</td></tr>
</table>

由于没有请假扣款，应付工资总额等于系统提供的“应发合计”，因此，工资项目选择系统默认的“应发合计”。设置营销人员的工资分摊后，在本项目中不马上生成凭证，待典型项目7计件工资管理中核算出营销人员的销售提成后，再与基本工资合计生成凭证。

6.2.4.7 生成工资凭证

6.2.4.8 月末处理

6.2.5 项目要求

以账套主管的身份进行工资业务处理，以会计的身份制单。

6.2.6 项目指导

6.2.6.1 在企业应用平台中启用薪资管理和计件工资管理系统

(1) 执行“开始”|“所有程序”|“用友ERP-U872”|“企业应用平台”，打开“登录”对话框。

(2) 以账套主管的身份进入项目进行操作，时间为“2014年5月1日”。

(3) 执行“基础设置”|“基本信息”|“系统启用”命令，打开“系统启用”选中“薪资管理”，“计件工资管理”，并选择启用时间为“2014年5月1日”，单击“确定”，如图6.4。

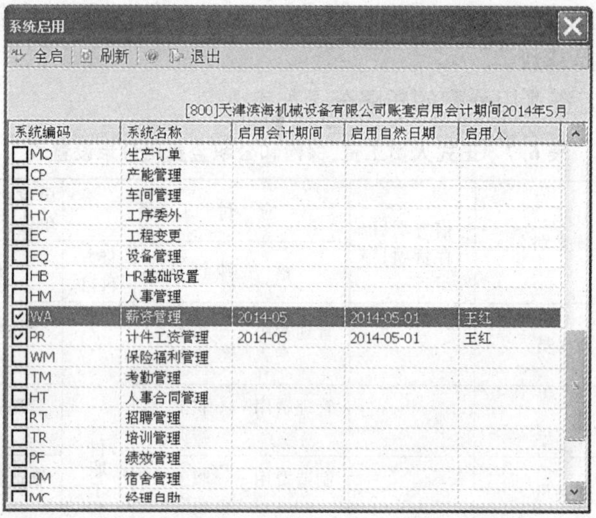

图6.4

(4) 进入企业应用平台，打开“业务工作”，选择“人力资源”中的“薪资管理”。弹出薪资管理对话框。如图6.5，点击“确定”。打开“建立工资账套”对话框。

图6.5

6.2.6.2 建立工资账套

(1) 在建账第一步“参数设置”中，选择本账套所需处理的工资类别个数“多个”，默认货币名称为“人民币”，选中“是否核算计件工资”复选框，单击“下一步”，如图6.6。

(2) 在建账第二步“扣税设置”中，选中“是否从工资中代扣个人所得税”单击“下一步”，(银行代发，不必扣零，发放现金企业，通常采用扣零设置)，如图6.7。

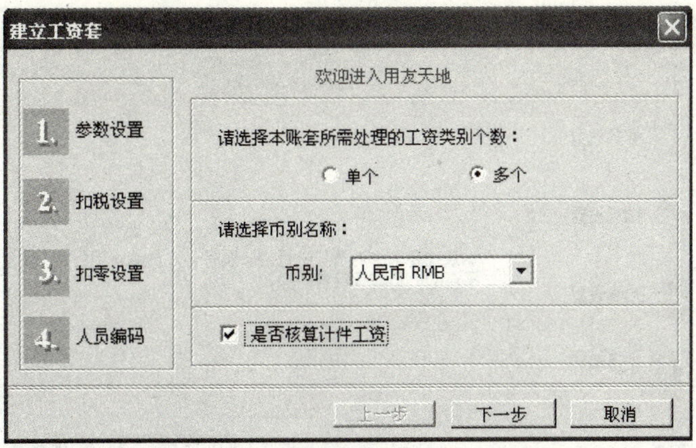

图 6.6

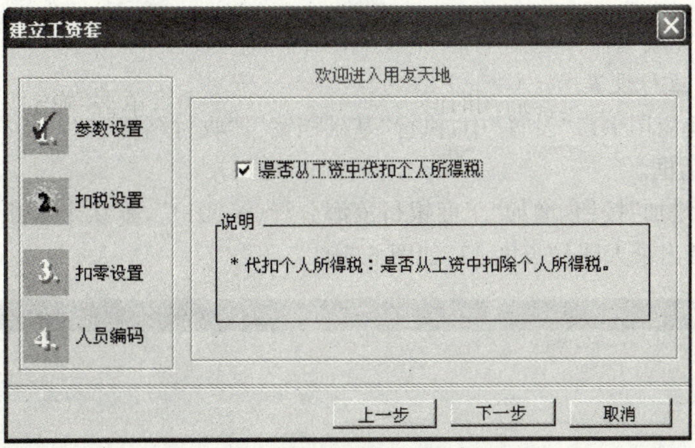

图 6.7

(3) 在建账第三步“扣零设置”中，不做选择，直接单击“下一步”，如图 6.8。

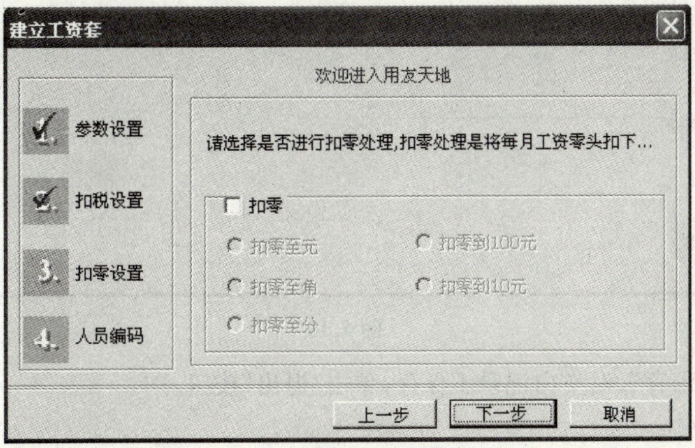

图 6.8

(4) 在建账第四步“人员编码”中，系统要求和公共平台中的人员编码保持一致，如图 6.9。

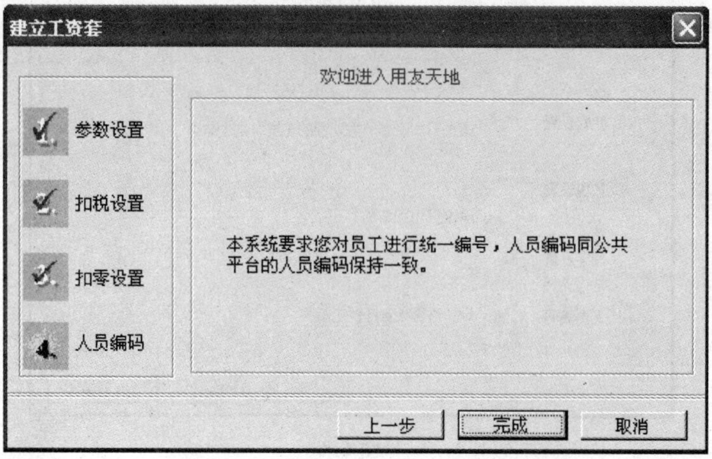

图 6.9

(5) 单击“完成”。

6.2.6.3　银行设置

(1) 在企业应用平台“设置”中，执行“基础档案”|“收付结算”|“银行档案”命令，打开“银行档案”对话框。

(2) 单击“增加”按钮，增加“工商银行滨海分行(01001)”，默认个人账号“定长”，账号长度 13，自动带出个人账号长度 11，如图 6.10。

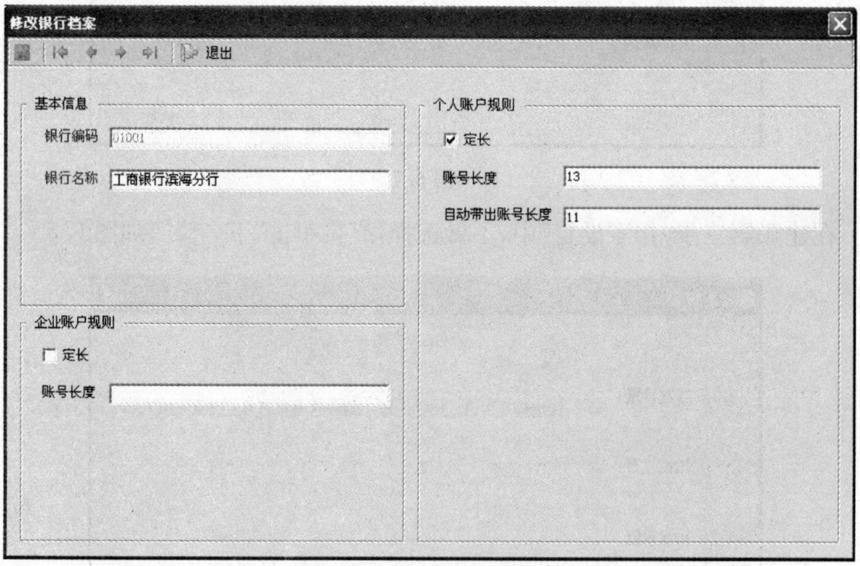

图 6.10

(3) 单击“保存”，对空白记录不保存，单击“退出”按钮。

注：

在进行系统启用时，如果总账模块和薪资管理模块同时启用，人员档案设置前即可进行银行设置，人员档案设置时可直接设置银行名称及账号，使用自动带出账号功能，减少账号的输入工作量。

6.2.6.4　基础工资项目

(1) 执行“设置”|“工资项目设置”命令，打开“工资项目设置”对话框。

(2) 按资料增加工资项目，如图 6.11。

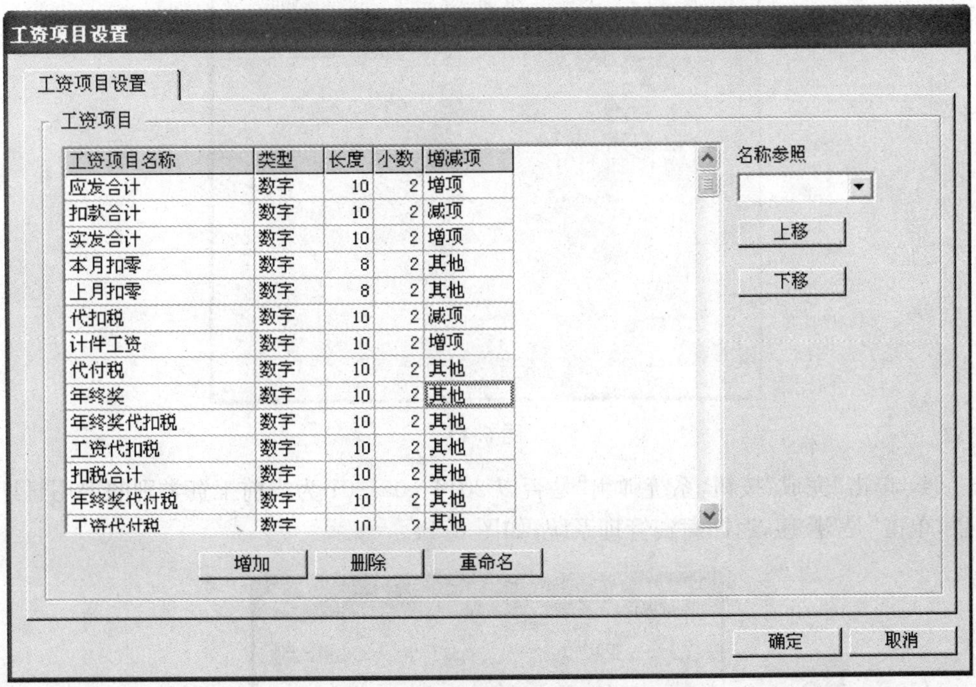

图 6.11

6.2.6.5　建立工资类别

1) 建立正式人员工资类别。

(1) 在薪资管理系统中，执行“工资类别”|“新建工资类别”命令，打开“新建工资类别”对话框。

(2) 在文本框中输入第一个工资类别“正式人员”，单击“下一步”按钮，如图 6.12。

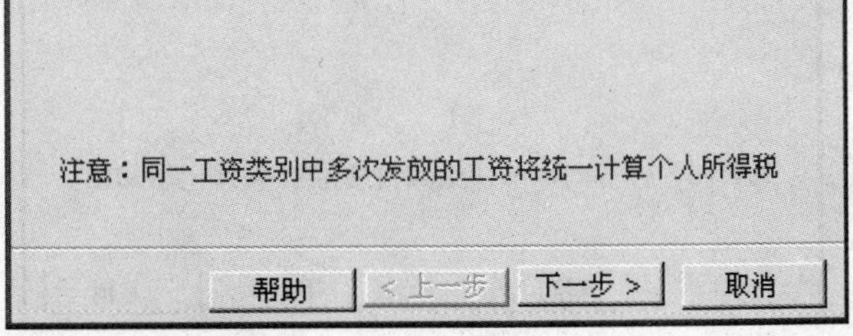

图 6.12

(3) 选中除销售部以外的全部部门复选框,如图 6.13。

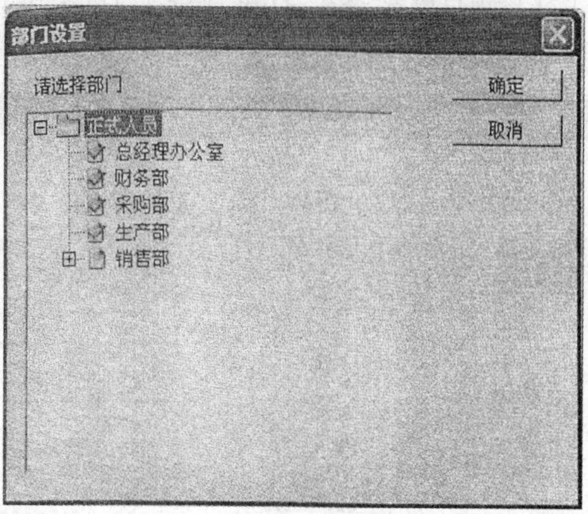

图 6.13

(4) 单击"完成"按钮,系统弹出"是否以 2014 - 05 - 01 为当前工资类别的启用日期?"信息,单击"是"按钮,返回薪资管理系统,如图 6.14。

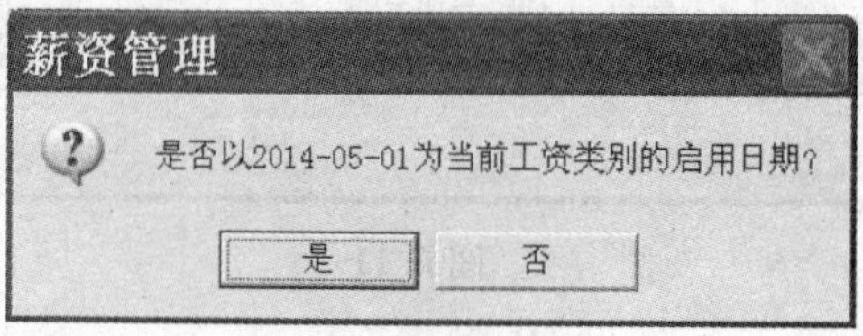

图 6.14

(5) 执行(双击)"工资类别"|"关闭工资类别"命令,关闭"正式人员"工资类别。

2) 建立营销人员工资类别。

(1) 执行"工资类别"|"新建工资类别"命令,打开"新建工资类别"对话框。

(2) 在文本框中输入第二个工资类别"营销人员",单击"下一步"按钮,如图 6.15。

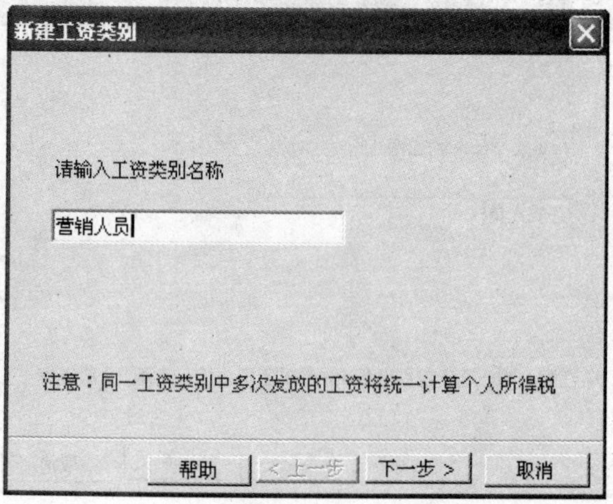

图 6.15

(3) 单击鼠标,先选取销售部门,再选取其下属部门,如图 6.16。

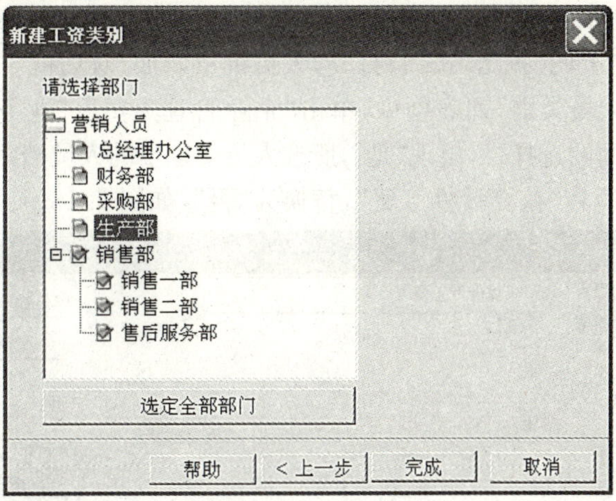

图 6.16

(4) 单击“完成”按钮,系统弹出“是否以 2014-05-01 为当前工资类别的启用日期?”信息,单击“是”按钮,返回薪资管理系统。

(5) 执行“工资类别”|“关闭工资类别”命令,关闭“营销人员”工资类别。

6.2.6.6　正式员工工资类别初始设置

1) 打开工资类别。

(1) 执行“工资类别”|“打开工资类别”命令,打开“打开工资类别”对话框。

(2) 选择“001 正式人员”工资类别,单击“确定”按钮,如图 6.17。

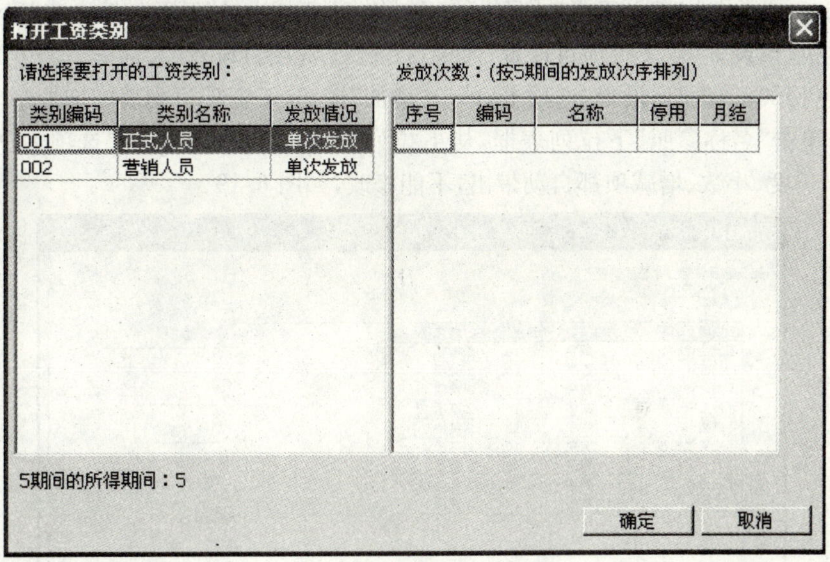

图 6.17

2) 设置人员档案。

薪资管理系统各工资类别中的人员档案一定是来自企业应用平台基础档案设置中设置中的人员档案。企业应用平台中设置的人员档案是企业全部职工信息;薪资管理系统中的人员档案是需要进行工资发放和管理的人员,它们之间是包含关系。

(1) 在薪资管理系统中,执行"设置"|"人员档案"命令,进入"人员档案"窗口。

(2) 单击工具栏上的"批增"按钮,打开"人员批量增加"对话框。

(3) 在左侧的"人员类别"列表框中,单击"企业管理人员"、"业务人员"、"车间管理人员"和"生产人员"前面的选择栏,出现"是",所选人员类别下的人员档案出现在右侧列表中。

(4) 点击"替换",将"核算计件工资",替换为"否",如图 6.18。

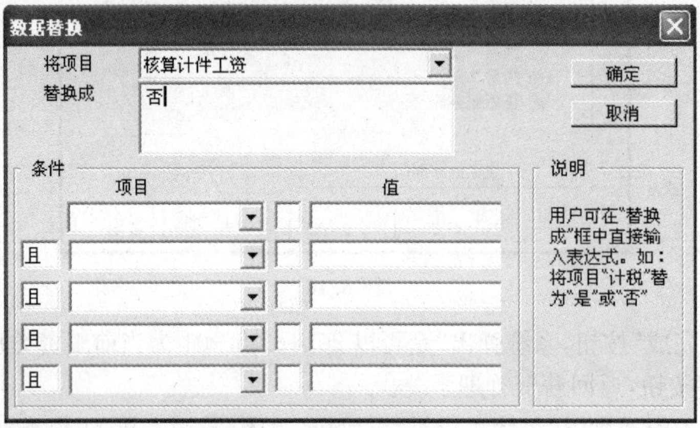

图 6.18

(5) 修改人员档案信息,补充输入银行账号信息。最后单击工具栏上的"退出"按钮。

3) 选择工资项目。

(1) 打开"正式人员"工资类别。

执行"工资类别"|"打开工资类别"命令。选择"001 正式人员"工资类别,单击"确认"按钮。

(2) 执行"设置"|"工资项目设置"命令,打开"工资项目设置"对话框。

(3) 打开"工资项目设置"选项卡,单击"增加"按钮,工资项目列表中增加一空行。

(4) 单击"名称参照"下拉列表框,从下拉列表中选择"基本工资"选项,工资项目名称、类别、长度、小数、增减项都自动带出,不能修改,如图 6.19。

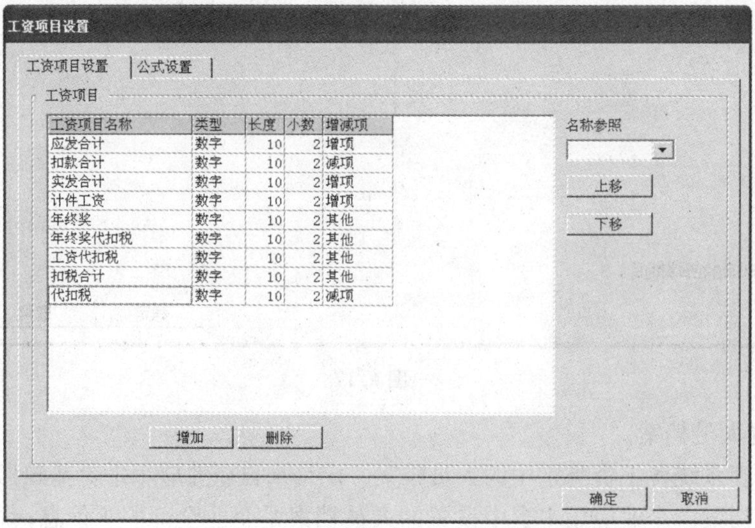

图 6.19

(5) 单击“增加”按钮，增加其他工资项目。

(6) 所有项目增加完成后，单击“工资项目设置”窗口上的“上”、“下”箭头按钮，按照项目资料所给顺序调整工资项目的排列位置。

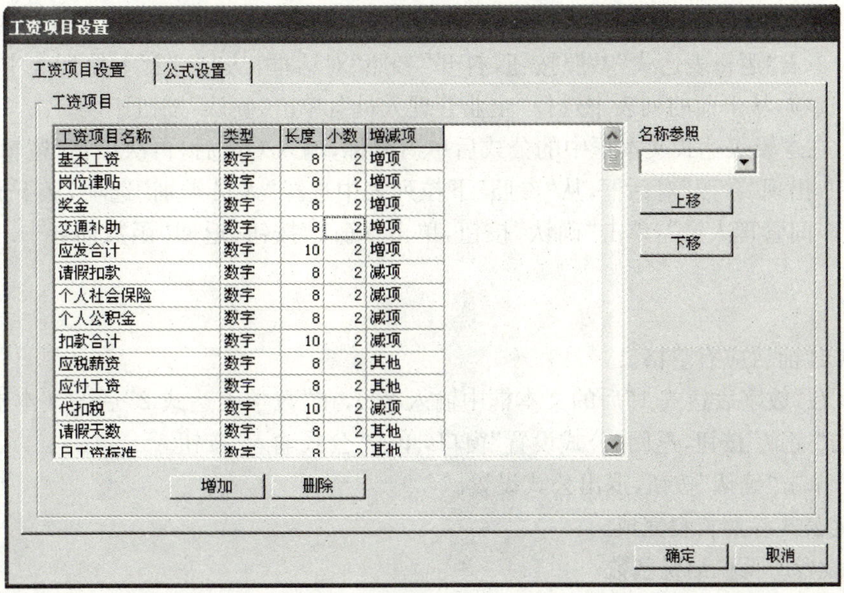

图 6.20

注：

● 工资项目不能重复选择，没有选择的工资项目不允许在计算公式中出现，不能删除以输入数据的工资项目和已设置计算公式的工资项目。

4) 设置计算公式。

在“工资项目设置”对话框中，打开“公式设置”选项卡。

第一，设置公式：日工资标准＝基本工资÷22。

(1) 单击“增加”按钮，在工资项目列表中增加一空行，单击该行，在下拉列表中选择“日工资标准”选项。

(2) 单击“公式定义”文本框，单击工资项目列表中的“基本工资”。

(3) 单击运算符“/”，在“/”后输入数字22。

(4) 单击“公式确认”按钮。

第二，设置公式：请假扣款＝日工资标准×请假天数。

(1) 单击“增加”按钮，在工资项目列表中增加一空行，单击该行，在下拉列表中选择“请假扣款”选项。

(2) 单击“公式定义”文本框，单击工资项目列表中的“日工资标准”。

(3) 单击运算符“＊”，在“＊”后单击工资项目列表中的“请假天数”。

(4) 单击“公式确认”按钮。

第三，设置公式：交通补助＝iff(人员类别＝“企业管理人员” OR 人员类别＝“车间管理人员”，200，100)。

(1) 单击“增加”按钮，在工资项目列表中增加一空行，单击该行，在下拉列表框中选择“交通补助”选项。

(2) 单击“公式定义”文本框,再单击“函数公式向导输入”按钮,打开“函数向导——步骤 1”对话框。

(3) 从“函数名”列表中选择 iff,单击“下一步”按钮,打开“函数向导——步骤 2”对话框。

(4) 单击“逻辑表达式”参照按钮,打开“参照”对话框,从“参照”下拉列表中选择“人员类别”选项,从下面的列表中选择“企业管理人员”,单击“确认”按钮。

(5) 在逻辑表达式文本框中的公式后单击鼠标,输入 OR 后,再次单击“逻辑表达式”参照按钮,出现“参照”对话框,从“参照”下拉列表中选择“人员类别”选项,从下面的列表中选择“车间管理人员”,单击“确认”按钮,单击“确认”按钮,返回“函数向导——步骤 2”对话框。

注:

在 OR 前后应有空格。

(6) 在“数字表达式 1”后的文本框中输入 200,在“数学表达式 2”后的文本框中输入 100,单击“完成”按钮,返回“公式设置”窗口,单击“公式输入”按钮。

(7) 单击“确认”按钮,退出公式设置。

其他公式参照资料完成。

5) 设置所得税纳税基数。

(1) 执行“薪资管理”|“设置”|“选项”|“扣税设置”。

(2) 点击编辑,将“实发工资”改为“应税薪资”,如图 6.21。

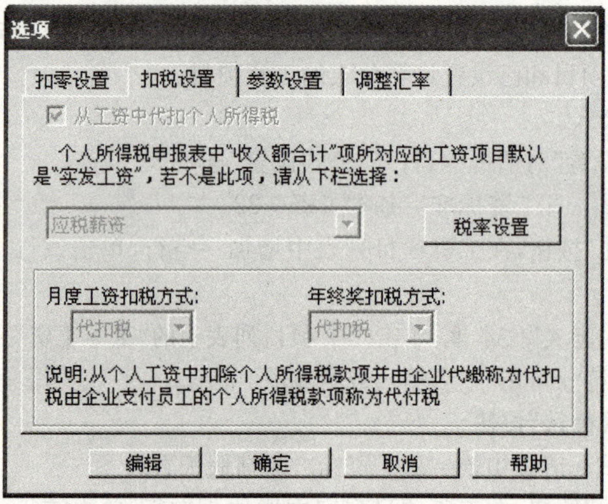

图 6.21

(3) 点击“税率设置”,基数:3 500。附加费用:1 300。按照新的个人所得税税率表修改。点击:“确定”,如图 6.22。

6.2.6.7　工资日常处理

第一,正式人员工资类别日常处理。

1) 输入正式人员基本工资数据。

(1) 单击“业务处理”|“工资变动”命令,进入“工资变动”窗口。

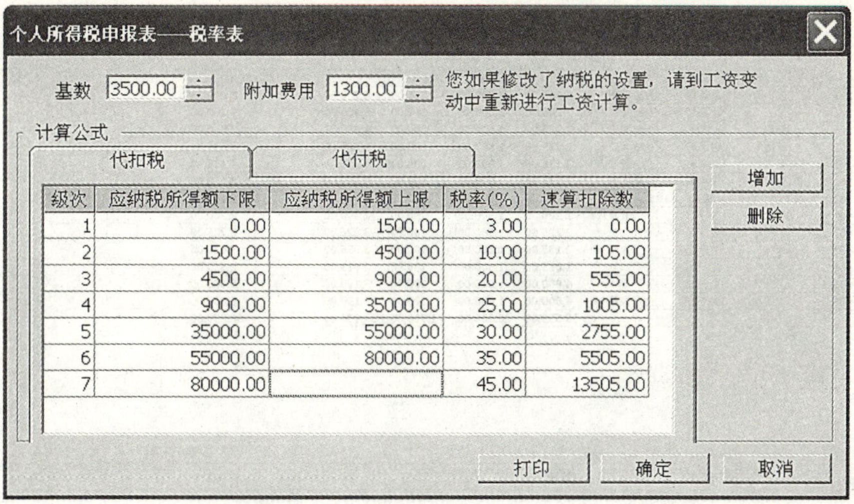

级次	应纳税所得额下限	应纳税所得额上限	税率(%)	速算扣除数
1	0.00	1500.00	3.00	0.00
2	1500.00	4500.00	10.00	105.00
3	4500.00	9000.00	20.00	555.00
4	9000.00	35000.00	25.00	1005.00
5	35000.00	55000.00	30.00	2755.00
6	55000.00	80000.00	35.00	5505.00
7	80000.00		45.00	13505.00

图 6.22

(2) 单击“过滤器”下拉列表框，从中选择“过滤设置”选项，打开“项目过滤”对话框。

(3) 选择“工资项目”列表框中的“基本工资”和“奖金”选项，单击“〉”按钮，将两项选入“已选项目”列表框中。

(4) 单击“确认”按钮，返回“工资变动”窗口，此时每个人的工资项目只显示两项。

(5) 输入“正式人员”工资类别的工资数据。如图 6.23。

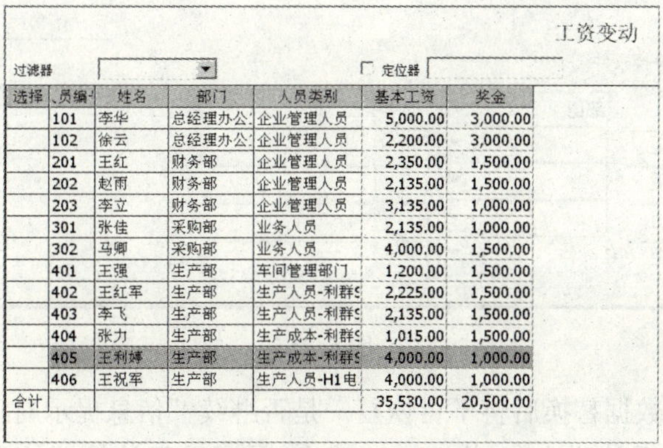

选择	人员编号	姓名	部门	人员类别	基本工资	奖金
	101	李华	总经理办公	企业管理人员	5,000.00	3,000.00
	102	徐云	总经理办公	企业管理人员	2,200.00	3,000.00
	201	王红	财务部	企业管理人员	2,350.00	1,500.00
	202	赵雨	财务部	企业管理人员	2,135.00	1,500.00
	203	李立	财务部	企业管理人员	3,135.00	1,000.00
	301	张佳	采购部	业务人员	2,135.00	1,000.00
	302	马卿	采购部	业务人员	4,000.00	1,500.00
	401	王强	生产部	车间管理部门	1,200.00	1,500.00
	402	王红军	生产部	生产人员-利群	2,225.00	1,500.00
	403	李飞	生产部	生产人员-利群	2,135.00	1,500.00
	404	张力	生产部	生产成本-利群	1,015.00	1,500.00
	405	王利娉	生产部	生产成本-利群	4,000.00	1,000.00
	406	王祝军	生产部	生产人员-H1电	4,000.00	1,000.00
合计					35,530.00	20,500.00

图 6.23

注意：

● 这里只需要输入没有进行公式设定的项目，如基本工资、奖励工资和请假天数，其余项由系统根据计算公式自动计算生成。

(6) 单击“过滤器”下拉列表框，从中选择“所有项目”选项，屏幕上显示所有工资项目。

2) 输入正式人员工资变动数据。

(1) 输入考勤情况：马卿请假 2 天；王强请假 1 天。

(2) 单击工具栏上的“全选”按钮，如图 6.24。

(3) 单击工具栏上的“替换”按钮，单击“将工资项目”下拉列表框，从中选择“奖金”选项，在“替换成”文本框中，输入“奖金＋200”。

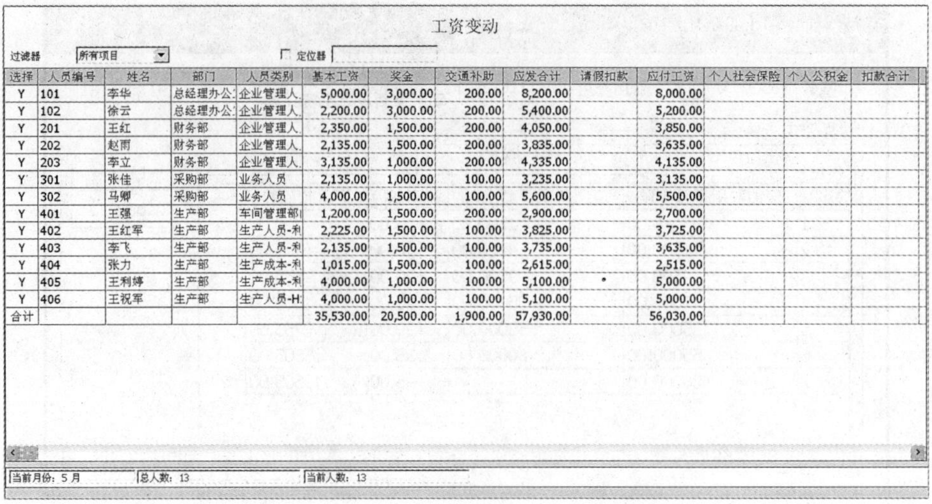

工资变动

过滤器 所有项目 定位器

选择	人员编号	姓名	部门	人员类别	基本工资	奖金	交通补助	应发合计	请假扣款	应付工资	个人社会保险	个人公积金	扣款合计
Y	101	李华	总经理办公	企业管理人	5,000.00	3,000.00	200.00	8,200.00		8,000.00			
Y	102	徐云	总经理办公	企业管理人	2,200.00	3,000.00	200.00	5,400.00		5,200.00			
Y	201	王红	财务部	企业管理人	2,350.00	1,500.00	200.00	4,050.00		3,850.00			
Y	202	赵雨	财务部	企业管理人	2,135.00	1,500.00	200.00	3,835.00		3,635.00			
Y	203	李立	财务部	企业管理人	3,135.00	1,000.00	200.00	4,335.00		4,135.00			
Y	301	张佳	采购部	业务人员	2,135.00	1,000.00	100.00	3,235.00		3,135.00			
Y	302	马卿	采购部	业务人员	4,000.00	1,500.00	100.00	5,600.00		5,500.00			
Y	401	王强	生产部	车间管理部	1,200.00	1,500.00	200.00	2,900.00		2,700.00			
Y	402	王红军	生产部	生产人员-私	2,225.00	1,500.00	100.00	3,825.00		3,725.00			
Y	403	李飞	生产部	生产人员-私	2,135.00	1,500.00	100.00	3,735.00		3,635.00			
Y	404	张力	生产部	生产成本-私	1,015.00	1,500.00	100.00	2,615.00		2,515.00			
Y	405	王利婷	生产部	生产成本-私	4,000.00	1,000.00	100.00	5,100.00		5,000.00			
Y	406	王祝军	生产部	生产人员-H	4,000.00	1,000.00	100.00	5,100.00		5,000.00			
合计					35,530.00	20,500.00	1,900.00	57,930.00		56,030.00			

当前月份：5月 总人数：13 当前人数：13

图 6.24

(4) 在"替换条件"文本框中分别选择："部门""＝""生产部"，单击"确定"按钮，如图 6.25。

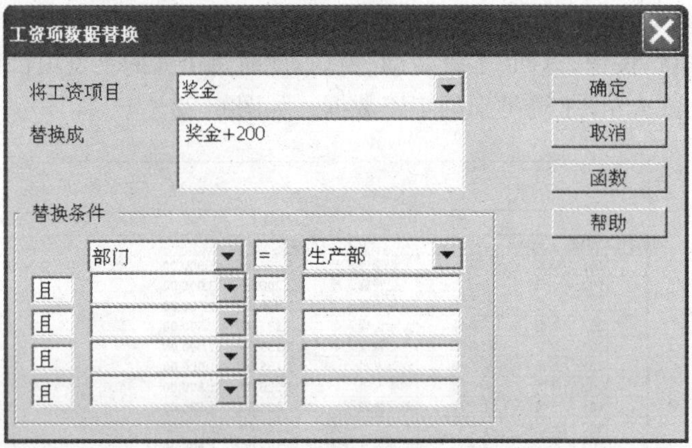

图 6.25

(5) 系统弹出"数据替换后将不可恢复。是否继续？"信息提示对话框，如图 6.26。

单击"是"按钮，系统弹出"6 条记录被替换，是否重新计算？"信息提示对话框，单击"是"按钮，系统自动完成工资计算，如图 6.27。

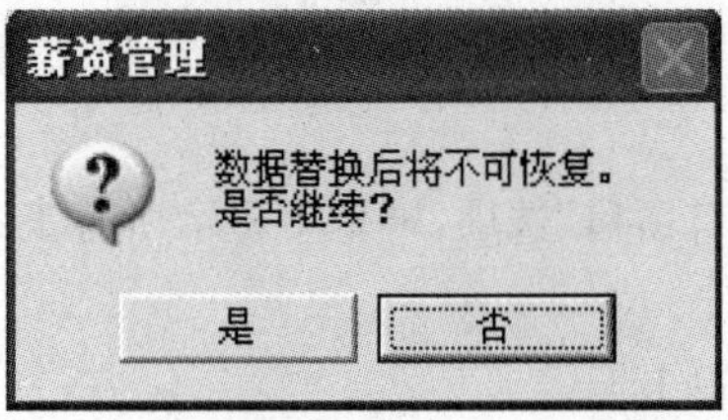

图 6.26

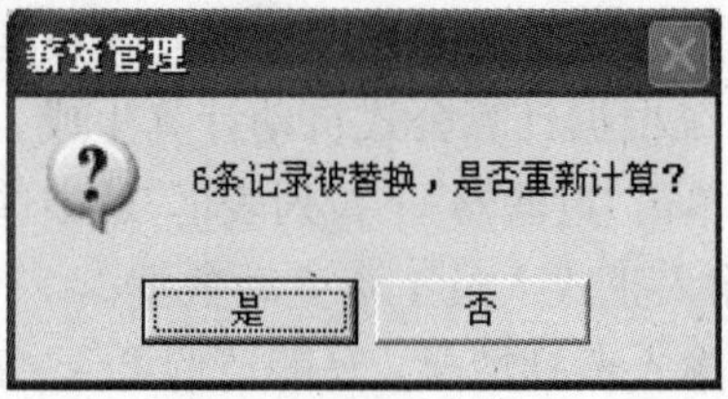

图 6.27

3) 人员变动。

(1) 在企业应用平台中，执行"基础设置"|"基础档案"|"机构人员"|"人员档案"命

令,进入“人员档案”窗口。

(2) 单击“增加”按钮,输入新增人员李勇的详细档案资料。

(3) 单击“确认”按钮,返回人员档案窗口,单击工具栏上的“退出”按钮。

(4) 在薪资管理系统正式人员工资类别中,选择“基础设置”|“人员档案”命令,增加李勇档案资料。如图 6.28。

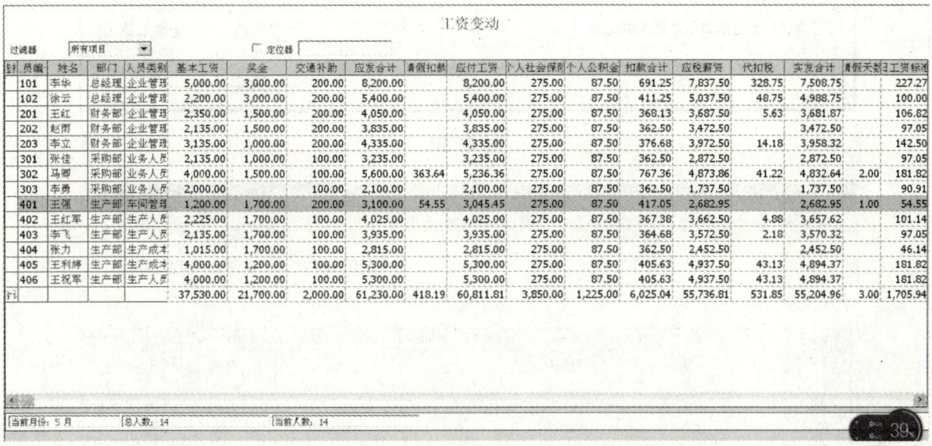

	员编	姓名	部门	人员类别	基本工资	奖金	交通补助	应发合计	请假扣款	应付工资	个人社会保	个人公积金	扣款合计	应税薪资	代扣税	实发合计	请假天数	日工资标准
	101	李华	总经理	企业管理	5,000.00	3,000.00	200.00	8,200.00		8,200.00	275.00	87.50	691.25	7,837.50	328.75	7,508.75		227.27
	102	徐云	总经理	企业管理	2,200.00	3,000.00	200.00	5,400.00		5,400.00	275.00	87.50	411.25	5,037.50	48.75	4,988.75		100.00
	201	王红	财务部	企业管理	2,350.00	1,500.00	200.00	4,050.00		4,050.00	275.00	87.50	368.13	3,687.50	5.63	3,681.87		106.82
	202	赵雨	财务部	企业管理	2,135.00	1,500.00	200.00	3,835.00		3,835.00	275.00	87.50	362.50	3,472.50		3,472.50		97.05
	203	李立	财务部	企业管理	3,135.00	1,000.00	200.00	4,335.00		4,335.00	275.00	87.50	376.68	3,972.50	14.18	3,958.32		142.50
	301	张佳	采购部	业务人员	2,135.00	1,000.00	100.00	3,235.00		3,235.00	275.00	87.50	362.50	2,872.50		2,872.50		97.05
	302	马卿	采购部	业务人员	4,000.00	1,500.00	100.00	5,600.00	363.64	5,236.36	275.00	87.50	767.36	4,873.86	41.22	4,832.64	2.00	181.82
	303	李勇	采购部	业务人员	2,000.00		100.00	2,100.00		2,100.00	275.00	87.50	362.50	1,737.50		1,737.50		90.91
	401	王强	生产部	车间管理	1,200.00	1,700.00	200.00	3,100.00	54.55	3,045.45	275.00	87.50	417.05	2,682.95		2,682.95	1.00	54.55
	402	王红军	生产部	生产人员	2,225.00	1,700.00	100.00	4,025.00		4,025.00	275.00	87.50	367.38	3,662.50	4.88	3,657.62		101.14
	403	李飞	生产部	生产人员	2,135.00	1,700.00	100.00	3,935.00		3,935.00	275.00	87.50	364.68	3,572.50	2.18	3,570.32		97.05
	404	张力	生产部	生产成本	1,015.00	1,700.00	100.00	2,815.00		2,815.00	275.00	87.50	362.50	2,452.50		2,452.50		46.14
	405	王利婷	生产部	生产成本	4,000.00	1,200.00	100.00	5,300.00		5,300.00	275.00	87.50	405.63	4,937.50	43.13	4,894.37		181.82
	406	王祝军	生产部	生产人员	4,000.00	1,200.00	100.00	5,300.00		5,300.00	275.00	87.50	405.63	4,937.50	43.13	4,894.37		181.82
计					37,530.00	21,700.00	2,000.00	61,230.00	418.19	60,811.81	3,850.00	1,225.00	6,025.04	55,736.81	531.85	55,204.96	3.00	1,705.94

图 6.28

4) 数据计算与汇总。

(1) 在“工资变动”窗口中,单击工具栏上的“计算”按钮,计算工资数据。

(2) 单击工具栏上的“汇总”按钮,汇总工资数据。

(3) 单击工具栏上的“退出”按钮,退出“工资变动”窗口。

第二,查看个人所得税。

(1) 执行“业务处理”|“扣缴所得税”命令。

(2) 打开“栏目选项”对话框。

(3) 单击“确认”按钮,进入“个人所得税扣缴申报表”窗口,查看个人所得税扣缴情况,如图 6.29 至图 6.31。

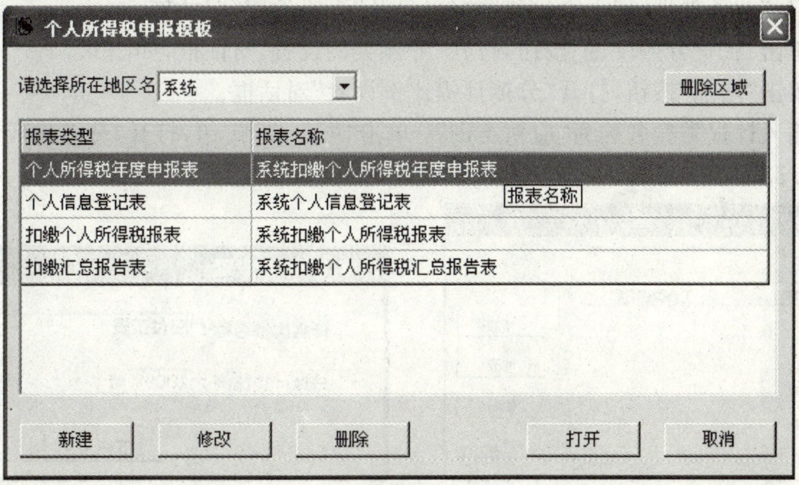

图 6.29

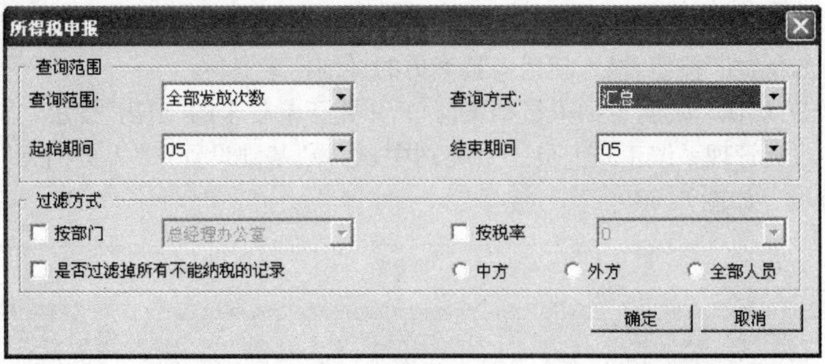

图 6.30

所得税申报

输出 | 税率 | 栏目 | 内容 | 邮件 | 过滤 | 定位 | 退出

系统扣缴个人所得税年度申报表

2014年5月 -- 2014年5月

姓名	证件号码	所得项目	所属期间(...	所属期间(...	收入额	减费用额	应纳税所...	税率	速算扣除数	应纳税额	已扣缴税款
李华		工资	20140101	20141231			4337.50	10	105.00	328.75	328.75
徐云		工资	20140101	20141231			1537.50	10	105.00	48.75	48.75
王红		工资	20140101	20141231			187.50	3	0.00	5.63	5.63
赵雨		工资	20140101	20141231			0.00	0	0.00	0.00	0.00
李立		工资	20140101	20141231			472.50	3	0.00	14.18	14.18
张佳		工资	20140101	20141231			0.00	0	0.00	0.00	0.00
马卿		工资	20140101	20141231			1373.86	3	0.00	41.22	41.22
李勇		工资	20140101	20141231			0.00	0	0.00	0.00	0.00
王强		工资	20140101	20141231			0.00	0	0.00	0.00	0.00
王红军		工资	20140101	20141231			162.50	3	0.00	4.88	4.88
李飞		工资	20140101	20141231			72.50	3	0.00	2.18	2.18
张力		工资	20140101	20141231			0.00	0	0.00	0.00	0.00
王利婷		工资	20140101	20141231			1437.50	3	0.00	43.13	43.13
王祝军		工资	20140101	20141231			1437.50	3	0.00	43.13	43.13
合计							11018.86		210.00	531.85	531.85

图 6.31

6.2.6.8 正式人员类别工资分摊

在“应付职工薪酬”下新增会计科目 221101 工资，221102 社会保险，221103 公积金。

第一，工资分摊类别设置。

1）执行“业务处理”|“工资分摊”命令，打开“工资分摊”对话框。

(1) 单击“工资分摊设置”按钮，打开“分摊类型设置”对话框，如图 6.32。

(2) 单击“增加”按钮，打开“分摊计提比例设置”对话框。

(3) 输入计提类型名称为“应付工资”：单击“下一步”按钮，打开“分摊构成设置”对话框，如图 6.33 和图 6.34。

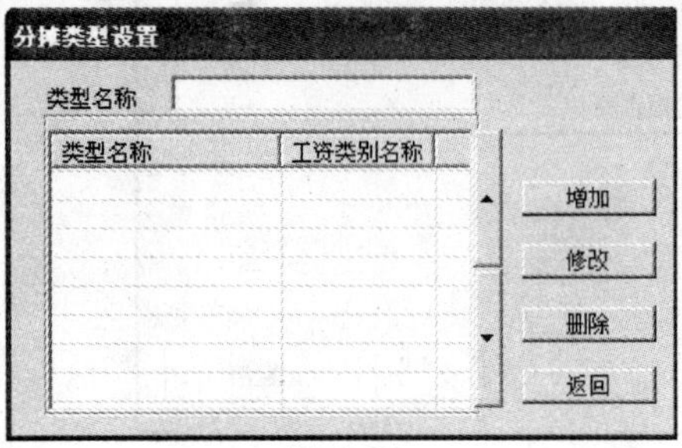

图 6.32

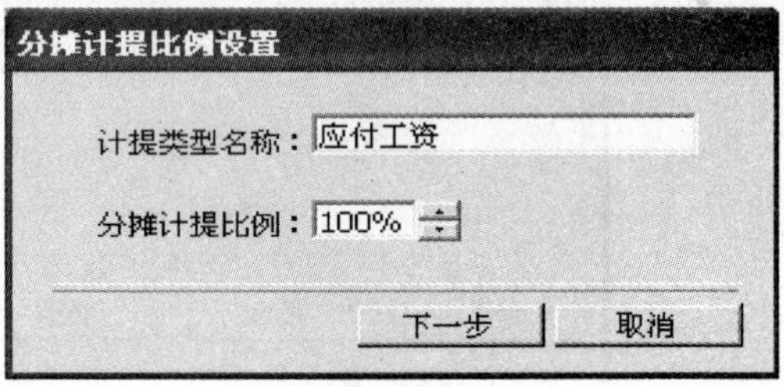

图 6.33

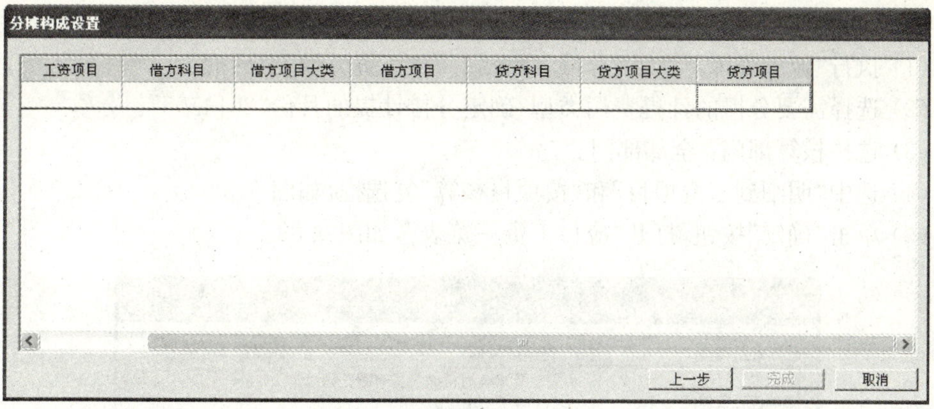

图 6.34

(4) 按项目资料内容进行设置。如部门名称设置选择“总经理办公室”和“采购部”,点击“确定”,如图 6.35。工资项目选择“应付工资”,如图 6.36。返回“分摊类型设置”对话框,继续设置单位社会保险,单位公积金等分摊计提项目,如图 6.37。

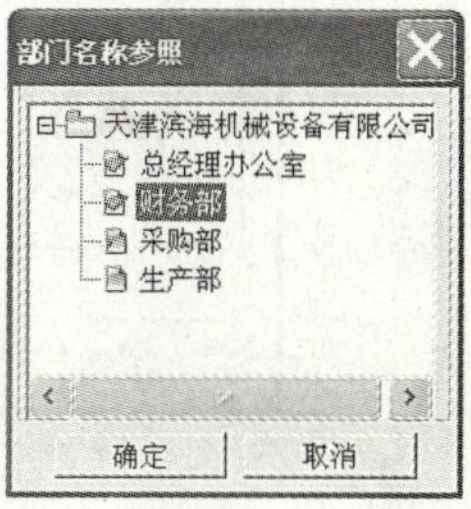

图 6.35

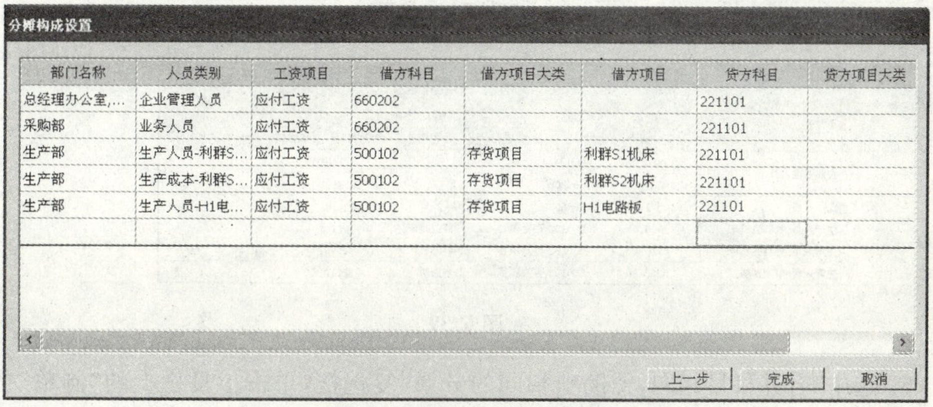

图 6.36

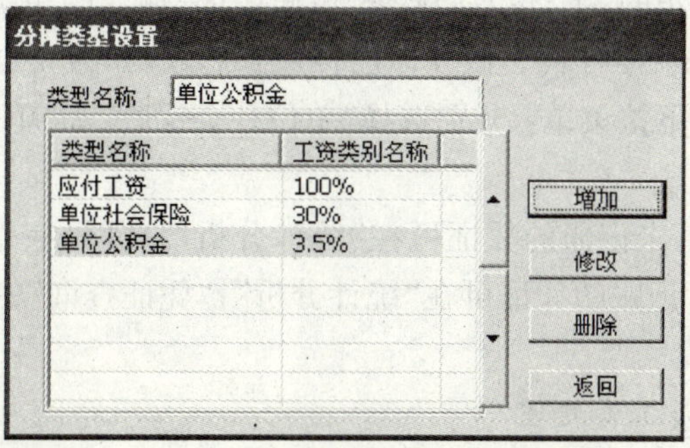

图 6.37

第二,分摊工资费用。

(1) 执行“业务处理”|“工资分摊”命令,打开“工资分摊”对话框。

(2) 选择需要分摊的计提费用类型,确定分摊计提的月份“2014.05”。

(3) 选择核算部门:全部部门。

(4) 选中“明细到工资项目”和“按项目核算”复选框,如图 6.38。

(5) 单击“确定”按钮,打开“应付工资一览表”,如图 6.39。

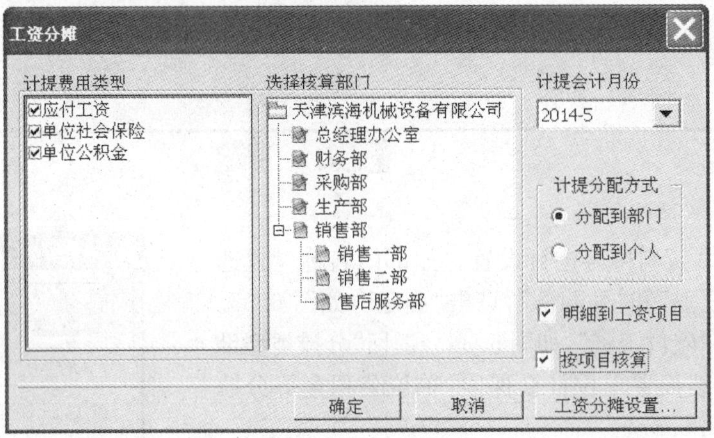

图 6.38

应付工资一览表

合并科目相同、辅助项相同的分录

类型 应付工资　　　　计提会计月份 5月

部门名称	人员类别	应付工资						
		分配金额	借方科目	借方项目大类	借方项目	贷方科目	贷方项目大类	贷方项目
总经理办公室	企业管理人员	13600.00	660202			221101		
财务部		12220.00	660202			221101		
采购部	业务人员	10571.36	660202			221101		
生产部	生产人员-利群S1机床	7960.00	500102	存货项目	利群S1机床	221101		
	生产成本-利群S2机床	8115.00	500102	存货项目	利群S2机床	221101		
	生产人员-H1电路板	5300.00	500102	存货项目	H1电路板	221101		

图 6.39

(6) 选中“合并科目相同,辅助项相同的分录”复选框,单击工具栏上的“制单”按钮,即生成记账凭证。

(7) 单击凭证左上角的“字”位置,选择“转账凭证”输入附单据数,单击“保存”按钮,凭证左上角出现“已生成”字样代表该凭证已传递到总账,如图 6.40。

(8) 单击“类型”的下拉菜单:分别选择“单位社会保险”和“单位公积金”,如图 6.41。生成另外两张凭证。

(9) 凭证生成错误,未记账的凭证可在“统计分析”|“凭证查询”中删除,被删除的凭证在总账中自动作废。记账的凭证可在“统计分析”|“凭证查询”中冲销,被冲销的凭证在总账中自动冲销。

6.2.6.9　营销人员工资处理

在完成正式人员工资数据的处理后,打开营销人员工资类别,参照正式人员工资类别

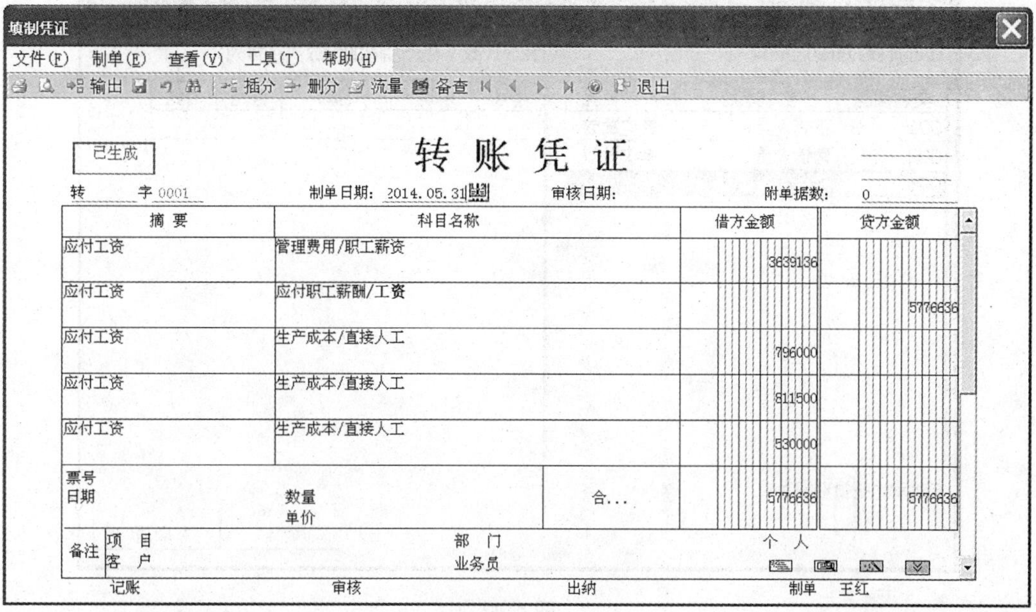

图 6.40

部门名称	人员类别	社保基数								
		计提基数	计提比例	计提金额	借方科目	借方项目大类	借方项目	贷方科目	贷方项...	贷方项目
总经理办公室	企业管理人员	5000.00	30.00%	1500.00	660202			221102		
财务部		7500.00	30.00%	2250.00	660202			221102		
采购部	业务人员	7500.00	30.00%	2250.00	660202			221102		
生产部	生产人员-利群S1机床	5000.00	30.00%	1500.00	500102	存货项目	利群S1机床	221102		
	生产成本-利群S2机床	5000.00	30.00%	1500.00	500102	存货项目	利群S2机床	221102		
	生产人员-H1电路板	2500.00	30.00%	750.00	500102	存货项目	H1电路板	221102		

图 6.41

初始设置及数据处理方式完成营销人员工资处理。

按项目资料首先在“企业应用平台”|“基础档案”|“人员档案”中，增加营销人员档案，然后在薪资管理系统营销人员工资类别中，设置发放工资人员的其他必要信息。

在“计件工资管理”系统中完成其销售提成计算。

6.2.6.10　汇总工资类别

(1) 执行“工资类别”|“关闭工资类别”命令。

(2) 执行“维护”|“工资类别汇总”命令，打开“选择工资类别”对话框。

(3) 选择要汇总的工资类别，单击“确定”按钮，完成工资类别按钮汇总。

(4) 执行工资类型中的“打开工资类别”命令，打开“选择工资类别”对话框，如图6.42。

(5) 选择“998 汇总工资类别”，单击“确认”按钮，查看工资类别汇总后的各项数据。

6.2.6.11　月末处理

(1) 执行“业务处理”|“月末处理”命令，打开“月末处理”对话框。单击“确定”按钮，

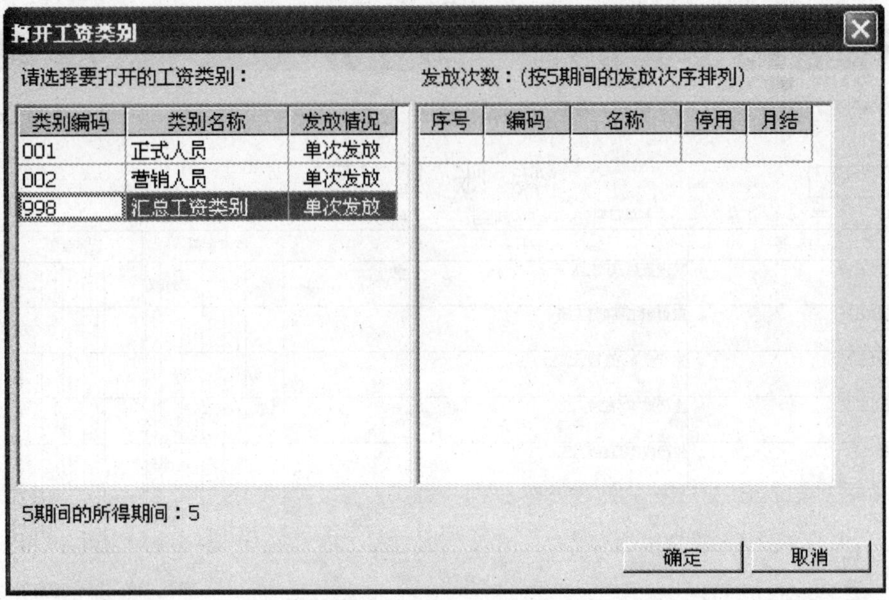

图 6.42

系统弹出“月末处理之后，本月工资将不许变动，继续月末处理吗?”信息提示对话框，单击“是”按钮，系统继续弹出“是否选择清零项目”对话框。

(2) 在“请选择清零项目”列表框中，单击鼠标选择“请假天数”，“请假扣款”和“奖金”项目，单击“＞”按钮，将所有项目移动到右侧的列表中。

(3) 单击“确定”按钮，系统弹出“月末处理完毕!”信息提示对话框，单击“确定”按钮返回。

(4) 以此类推，完成“营销人员”工资类别月末处理。

典型项目 7　计件工资管理

7.1　计件工资管理概述

计件工资是薪资核算系统的组成部分，主要用于核算职工计件工资，并将计件工资数据传递到薪资系统，并必须与薪资管理结合使用。首先需要进入薪资管理设置工资类别、人员档案，并设置工资类别是否核算计件工资、设置计件人员，计件工资汇总后传递到工资变动的计件工资项目中，完成计件工资的核算功能。

7.2　典型项目实训

7.2.1　项目目的

(1) 掌握用友 ERP－U8 管理软件中计件工资管理系统的相关内容。

(2) 掌握计件工资管理系统初始化、日常业务处理、与薪资管理系统数据传递的操作。

7.2.2　项目内容

(1) 计件工资管理系统初始设置。

(2) 计件工资管理系统日常业务处理。

(3) 与薪资管理系统数据传递。

7.2.3　项目准备

引入“典型项目 6”账套数据。

7.2.4　项目资料

1) 存货分类。

01 库存商品。

2) 计量单位。

分组设置：

计量单位组编码：01

计量单位组名称：无换算

计量单位组类别：无换算率

单位设置：

计量单位编码：01；计量单位名称：无换算：台

计量单位编码：02;计量单位名称：无换算：块

3）存货档案。

表 7.1　存货档案表

存货编码	存货名称	启用日期	计量单位组名称	主计量单位名称	计件
1	利群 S1 机床	2014－5－1	无换算	台	√
2	利群 S2 机床	2014－5－1	无换算	台	√
3	H1 电路板	2014－5－1	无换算	块	√

4）选项。

采用个人计件。

5）计件工价设置。

表 7.2　计件工价表

产品编码	产　品	工　价
1	利群 S1 机床	500
2	利群 S2 机床	300
3	H1 电路板	2

6）计件工资录入。

表 7.3　销售人员销量表

销售人员	项　目	数　量
李　新	利群 S1 机床	2
	利群 S2 机床	2
	H1 电路板	50
马静言	利群 S1 机床	2
	利群 S2 机床	2
	H1 电路板	30
林　枫	利群 S1 机床	1
	利群 S2 机床	1
	H1 电路板	20

7.2.5　项目要求

以账套主管的身份进行工资业务处理，以会计的身份制单。

7.2.6　项目指导

1）存货分类。

（1）在企业应用平台“基础设置”中，执行“基础档案”|“存货”|“存货分类”命令，打开“存货分类”对话框。

（2）增加库存商品(分类编码 01)。单击“退出”，如图 7.1。

2）计量单位。

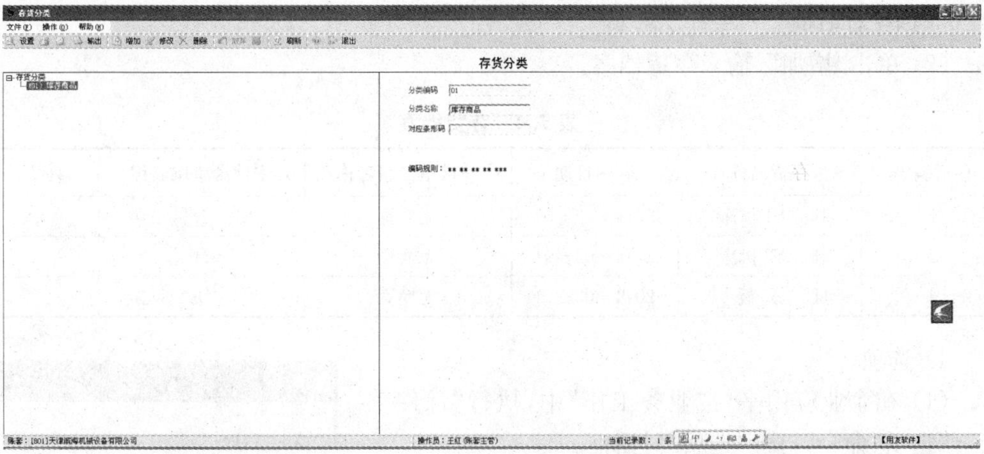

图 7.1

(1) 在企业应用平台“基础设置”中,执行“基础档案”|“存货”|“计量单位”命令,打开“计量单位”对话框。

(2) 单击“分组”,输入:

计量单位组编码: 01

计量单位组名称: 无换算

计量单位组类别: 无换算率

(3) 单击“单位”,输入:

计量单位编码: 01;计量单位名称: 无换算: 台

计量单位编码: 02;计量单位名称: 无换算: 块

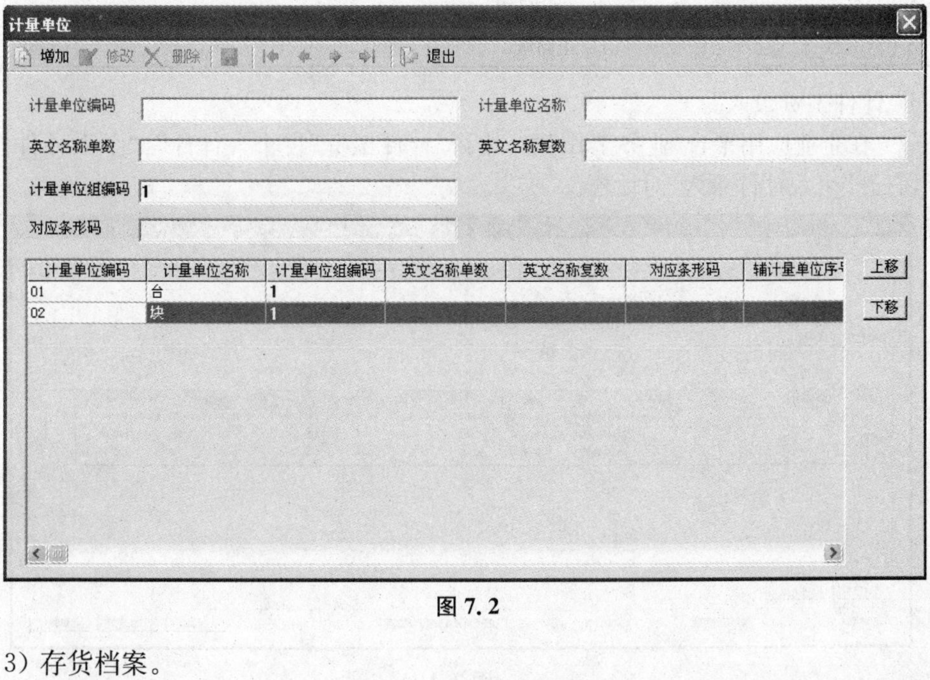

图 7.2

3) 存货档案。

(1) 在企业应用平台“基础设置”中,执行“基础档案”|“存货”|“存货档案”命令,打开

“存货档案”对话框。

(2) 单击“增加”,输入存货档案。

表 7.4 存货档案

存货编码	存货名称	启用日期	计量单位组名称	主计量单位名称	计 件
1	利群 S1 机床	2014-05-01	无换算	台	√
2	利群 S2 机床	2014-05-01	无换算	台	√
3	H1 电路板	2014-05-01	无换算	块	√

4) 选项。

(1) 在企业应用平台“业务工作”中,执行“计件工资”|“选项”命令,打开“选项”对话框。

(2) 单击“个人计件”前的复选框,单击“确定”,如图 7.3。

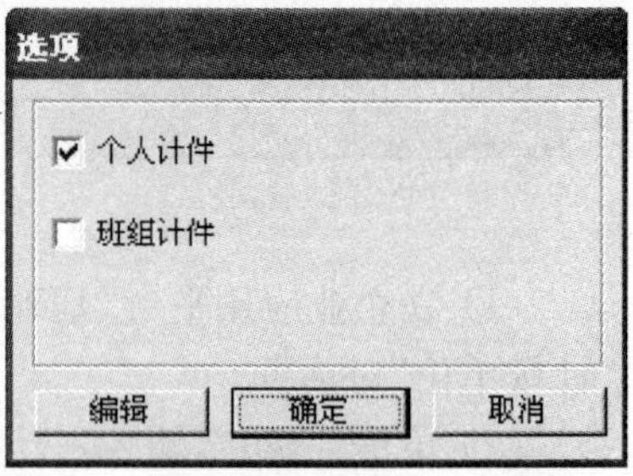

图 7.3

5) 计件工价设置。

(1) 在企业应用平台“业务工作”中,执行“计件工资”|“设置”|“计件工价设置”命令,打开“计件工价设置”对话框。

(2) 单击“增加”,双击“产品”。选择并输入下列销售产品的单位提成。

表 7.5 计价工价表

产品编码	产 品	工 价
1	利群 S1 机床	500
2	利群 S2 机床	300
3	H1 电路板	2

6) 计件工资录入。

(1) 在企业应用平台“业务工作”中,执行“计件工资”|“个人计件”|“个人计件录入”命令,打开“个人计件录入”对话框。

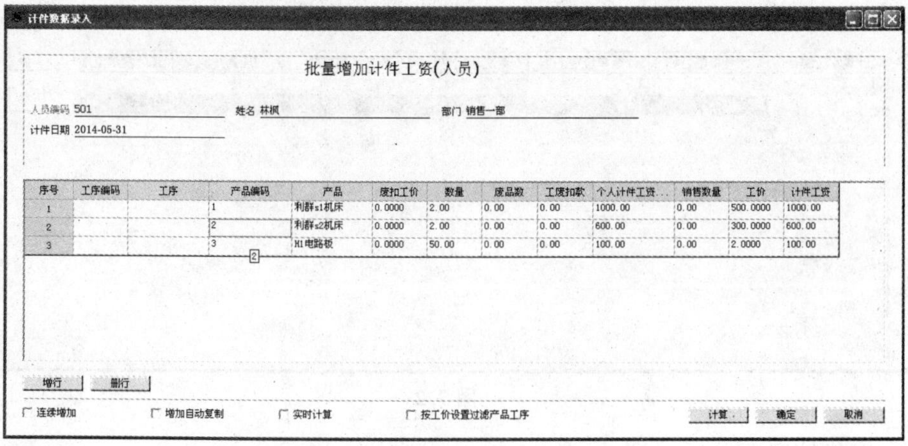

图 7.4

(2) 选择工资类别:“营销人员”。单击“批增”。

(3) 姓名:选择“林枫”。计件日期:2014-05-31。

(4) 单击“增行”,产品:选择:利群S1机床,数量:输入:2。

(5) 同理,增加利群S2机床和H1电路板。

(6) 单击:“计算”。

(7) 单击:“确定”。

(8) 同理,录入其他人员计件工资。

表7.6　销售人员销量表

销售人员	计件日期	项　　目	数　量
李　新	2014-05-31	利群S1机床	2
		利群S2机床	2
		H1电路板	50
马静言	2014-05-31	利群S1机床	2
		利群S2机床	2
		H1电路板	30
林　枫	2014-05-31	利群S1机床	1
		利群S2机床	1
		H1电路板	20

注:统一部门人员可以选择批量生成,即选择“批量”旁的下拉菜单中的“批量生成”。

7) 审核计件工资。

单击菜单栏“全选”,单击“审核”。是否审核栏的“否”全部改为“是”。

8) 计件工资汇总。

(1) 在企业应用平台“业务工作”中,执行“计件工资”|“计件工资汇总”命令,打开“计件工资汇总”窗口。

(2) 选择工资类别:“营销人员”。单击“汇总”。关闭窗口。

9) 营销人员工资处理。

(1) 在企业应用平台“业务工作”中,执行“薪资管理”|“工资类别”|“打开工资类别”命令,打开“打开工资类别”对话框,如图7.5。

(2) 选择“002营销人员”工资类别,单击“确定”按钮。

(3) 在企业应用平台“业务工作”中,执行“薪资管理”|“业务处理”|“工资变动”命令,打开“工资变动”对话框。

(4) 执行“计算”和“汇总”命令。计算和汇总出当前的销售部基本工资、计件工资、应发工资、代扣税和实发工资等。

(5) 关闭窗口。

10) 生成分摊凭证。

参照典型项目6的正式人员处理。

11) 汇总工资类别。

参照典型项目6的正式人员处理。

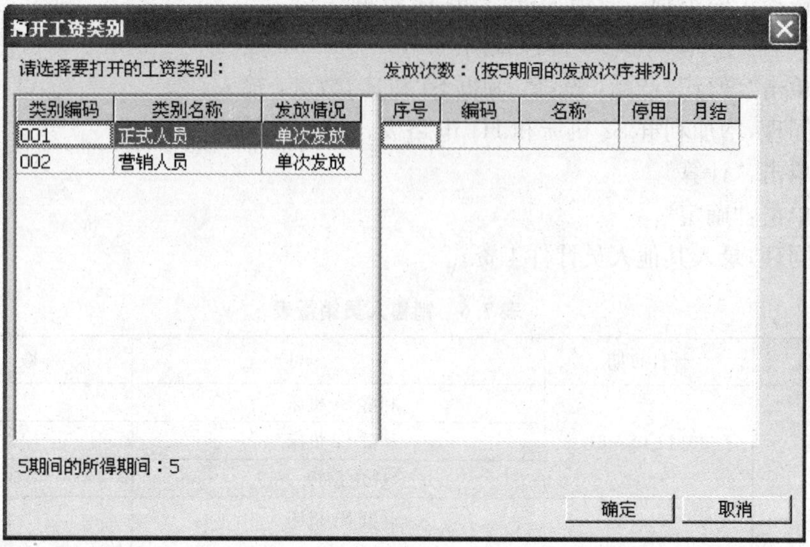

图 7.5

12）月末处理。

参照典型项目 6 的正式人员处理。

典型项目8　固定资产管理

固定资产管理系统帮助企业的财务部门进行固定资产总值、累计折旧数据的动态管理,协助企业进行部分成本核算,同时还为设备管理部门提供固定资产的各项指标管理工作。

8.1　固定资产管理概述

固定资产管理系统的主要作用是完成企业固定资产日常业务的核算和管理,生成固定资产卡片,按月反映固定资产的增加、减少、原值变化及其他变动,并输出相应的增减变动明细账,按月自动计提折旧,生成折旧分配凭证,同时输出相关的报表和账簿。

8.1.1　固定资产管理系统概述

8.1.1.1　系统主要功能

(1) 系统的初始化设置。

(2) 与账务系统接口。

(3) 固定资产的折旧计算。

(4) 资产卡片及变动的管理。

(5) 月末的对账、结账以及账表查询。

8.1.1.2　系统基本原则

表现在固定资产按类别设置管理,固定资产卡片是本系统的主要内容,可对卡片进行增加、删减、修改的管理,并可按月自动计提折旧。

1) 系统资产管理采用严格的序时管理,序时到日,也就是说,当以某个日期进行编辑后,以后的编辑必须在此日期之后,删除则正好相反,必须删除后序的工作,才能删除前一步的工作。

2) 各种变动变动后折旧计算和分配汇总原则如下:

(1) 本系统发生与折旧计算有关的变动后,加速折旧法在变动生效的当期以净值作为计提原值,以剩余使用年限为计提年限计算折旧;直线法还以原公式计算(因公式中已考虑了价值变动和年限调整)。以前修改的月折旧额或单位折旧的继承值无效。

(2) 与折旧计算有关的变动是除了部门转移、类别调整、使用状况调整外的由变动单引起的变动。

(3) 原值调整、累计折旧调整、净残值(率)调整下月有效。

(4) 折旧方法调整、使用年限调整当月生效。使用状况调整下月有效。

(5) 折旧分配:部门转移和类别调整当月计提的折旧分配分配到变动后部门和类别。

(6) 本系统各种变动后计算折旧采用未来适用法,不自动调整以前的累计折旧,采用追溯适用法的企业只能手工调整累计折旧。

(7) 报表统计：当月折旧和计提原值的汇总到变动后部门和类别。

(8) 如果选项中“当(月初已计提月份=可使用月份-1)时,将剩余折旧全部提足”的判断结果是“是”,则除工作量法外,该月月折旧额=净值-净残值,并且不能手工修改;如果选项中“当(月初已计提月份=可使用月份-1)时将剩余折旧全部提足”的判断结果是“否”,则该月不提足,并且可手工修改,但如以后各月按照公式计算的月折旧率或额是负数时,认为公式无效,令月折旧率=0,月折旧额=净值-净残值。

8.1.1.3　固定资产与其他系统的数据传输

固定资产管理系统中资产的增加、减少以及原值和累计折旧的调整、折旧计提都要将有关数据通过记账凭证的形式传输到总账系统,同时通过对账保持固定资产账目与总账的平衡,并可以查询凭证。固定资产管理系统为成本管理系统提供折旧费用数据。UFO报表系统可以通过使用相应的函数从固定资产系统中提取分析数据。

8.1.1.4　结转到下一年度

本年度最后一个会计期间月末结账后,该年工作结束。以新年度会计期间进入,在系统管理模块中完成结转上年操作,将上年的各项资料转入本年账套后,可对部分账套参数或基础设置信息进行调整,再开始日常处理工作。

8.1.2　固定资产系统初始化

在新建账套初次使用固定资产系统时,系统会提示“这是第一次打开此账套,还未进行过初始化,是否进行初始化”。系统初始化是使用固定资产系统管理资产的首要操作,是根据单位的具体情况,建立一个适合自己需要的固定资产子账套的过程。

8.1.2.1　建立固定资产账套

建立固定资产账套之前要设置的内容主要包括：约定及说明、启用月份、折旧信息、编码方式、账务接口和完成设置六部分。

企业在实际计提折旧时,不一定每个月计提一次,可能因行业和自身情况,每季度、半年或一年计提一次,折旧费用的归集也按照这样的周期进行,如保险行业每三个月计提和汇总分配一次折旧。

系统设定的处理方式是：每个月均计提折旧,但折旧的汇总分配原则按选择的周期进行,一旦选定,系统将自动在相应的月末生成折旧分配表,提示制作记账凭证。系统提供1、2、3、4、6、12几个分配周期。

当(月初已提月份=可使用月份-1)时,将剩余的折旧全部提足(工作量法除外)：如果选中该项,则除工作量法外,只要上述条件满足,该月月折旧额=净值-净残值,并且不能手工修改;如果不选该项,则该月不提足折旧,并且可手工修改,但如以后各月按照公式计算的月折旧率或折旧额是负数时,认为公式无效,令月折旧率=0,月折旧额=净值-净残值。

资产类别编码方式设定以后,一旦某一级设置了类别,则该级的长度不能修改,未使用过的各级的长度可修改。每一个账套的资产自动编码方式只能选择一种,一经设定,该自动编码方式不得修改。

完成建账之后，当需要对账套中某些参数进行修改时，可在“系统菜单”|“设置”|“选项”中进行重新设置，当发现某些设置错误而又不允许修改(例如：本账套是否计提折旧)，但必须纠正，则只能通过“重新初始化”功能实现，但应注意重新初始化将清空对该子账套所做的一切工作。

8.1.2.1.1 选项设置

在开始记账前，必须将手工记账时采用的信息，在账套内进行设置，这些基础设置是使用固定资产系统进行资产管理和核算的基础。系统的各项基础设置中除资产类别和建账期初数据必须由用户设置外，其他各部分都有缺省的内容。

(1) 基本信息设置。选项中包括在账套初始化中设置的参数和其他一些在账套运行中使用的参数或判断，在此只对初始化中没有设置的参数进行说明，账套初始化中可修改的参数可以在这里修改。

(2) 如果选择了“登录系统是显示资产到期提示表(若存在本期间到期资产)”此项，则根据该参数判断当用户每次登录固定资产子系统时自动显示当前期间使用年限已到期的固定资产信息，以及即将到期的资产信息，以丰富查询分析，提高产品的管理性能。

(3) 部门档案和部门对应折旧科目的设置。对应折旧科目是指折旧费用的入账科目。资产计提折旧后必须把折旧数据归入成本或费用科目，根据不同企业的具体情况，有按部门归集的，也有按类别归集的。当按部门归集折旧费用时，一般情况下，某一部门内的资产的折旧费用将归集到一个比较固定的科目，部门折旧科目的设置就是给每个部门选择一个折旧科目，这样在录入卡片时，该科目自动添入卡片中，不必一个一个输入。

因本系统录入卡片时，只能选择明细级部门，所以设置折旧科目也只有给明细级部门设置才有意义。如果对某一上级部门设置了对应的折旧科目，下级部门继承上级部门的设置(设置部门对应的折旧科目时，必须选择末级会计科目)。

设置上级部门的折旧科目，则下级部门可以自动继承，也可以选择不同的科目，即上下级部门的折旧科目可以相同，也可以不同。

(4) 资产类别设置。固定资产的种类繁多，规格不一，要强化固定资产管理，及时准确作好固定资产核算，必须科学地对固定资产进行分类，为核算和统计管理提供依据。企业可根据自身的特点和管理要求，确定一个较为合理的资产分类方法。

(5) 增减方式设置。增减方式包括增加方式和减少方式两类。资产增加或减少方式用以确定资产计价和处理原则，此外，明确资产的增加或减少方式可对固定资产增减的汇总管理做到心中有数。系统内置的增加方式有：直接购买、投资者投入、捐赠、盘盈、在建工程转入、融资租入6种。减少方式有：出售、盘亏、投资转出、捐赠转出、报废、毁损、融资租出等7种。用友ERP-U8应用系统中固定资产的增减方式可以设置两级，用户可根据需要自行增加。

当想要增加/删除某一种增减方式时，需要在左侧的“增减方式目录表”中选中其上级，再单击“增加”或“删除”按钮。

此处设置的对应入账科目是为了生成凭证时缺省。例如资产增加时，以购入方式增加资产该科目可设置为“银行存款”，以投资者投入时该科目可设置为“实收资本”，该科目缺省在贷方；资产减少时，该科目可设置为“固定资产清理”，该科目缺省在借方。

系统缺省的增减方式中“盘盈、盘亏、毁损”不能修改和删除，因为本系统提供的报表中有固定资产盘盈盘亏报告表。

非明细级增减方式不能删除；已使用的增减方式不能删除。生成凭证时，如果入账科目发生了变化，可以即时修改。

（6）使用状况设置。从固定资产核算和管理的角度，需要明确资产的使用状况，一方面，可以正确地计算和计提折旧；另一方面，便于统计固定资产的使用情况，提高资产的利用效率。主要的使用状况有：在用、季节性停用、经营性出租、大修理停用、不需用、未使用等。

用友 ERP－U8 固定资产子系统提供了基本的使用状况，分为两级，不可修改或删除，可以在此基础上定义新的使用状况。只能有使用中、未使用、不需用三种一级使用状况，不能增加、修改、删除。可以在一级使用状况下增加二级使用状况。

如果想要新增一种使用状况，则可以首先在“使用状况目录表”中选择使用状况，然后单击“增加”按钮，显示该类别“单张视图”；再在编辑区输入上级名称、使用状况名称，根据使用状况和本单位实际情况判断该资产“是否计提折旧”，单击“保存”按钮即可。

修改某一使用状况的“是否计提折旧”的判断后，对折旧计算的影响从当期开始，不调整以前的折旧计算。“在用”状况下级缺省的内容因涉及卡片的大修理记录和停启用记录表的自动填写，不能删除，名称可以修改。修改名称后系统认为保持原有概念不变。

（7）折旧方法设置。折旧方法设置是系统自动计算折旧的基础。系统提供了常用的六种折旧方法：不提折旧、平均年限法（一和二）、工作量法、年数总和法、双倍余额递减法，并列出了它们的折旧计算公式。这几种方法是系统缺省的折旧方法，只能选用，不能删除和修改。另外可能由于各种原因，这几种方法不能满足需要，系统提供了折旧方法的自定义功能，可以定义自己合适的折旧方法的名称和计算公式。

修改卡片已使用的折旧方法的公式，将使得所有使用该方法的资产折旧的计提按修改过的公式计算折旧，故应慎重进行处理，但以前期间已经计提的折旧不变。

自定义公式中所包含的项目只能是系统给定的项目。月折旧额和月折旧率公式定义时必须有单向包含关系，但不能同时互相包含。在进行计提折旧时，如果自定义的折旧方法的月折旧额或月折旧率出现负数，则将自动终止折旧计提。如果自定义的折旧方法中包含了与工作量相关的项目，修改后不允许与其无关。正在使用的折旧方法（包括类别设置中已选用或录入的卡片已选用）不允许删除。

（8）卡片项目设置。用友 ERP－U8 应用系统的固定资产子系统提供了一些常用卡片必需的项目，称为系统项目，由于不同的行业或单位，固定资产卡片的项目不尽相同，可以通过卡片项目定义中的增加、修改、删除功能来定义所需要的项目，定义的项目称为自定义项目，这两部分构成卡片项目目录。在定义卡片样式时，把这些项目选择到样式中，得到真正属于自己的卡片样式。

卡片项目是资产卡片上要显示的用来记录资产信息的栏目，如原值、资产名称、使用年限、折旧方法等均是卡片最基本的项目。

当卡片项目有误，或无需再使用时，可以修改或删除卡片项目。

对于已定义的系统项目或自定义项目，均不能修改数据类型。所有系统项目可以修改名称，卡片上相应项目名称随之改变，但该项目的含义不变。系统项目及已使用的自定义项目不能删除。

(9) 卡片样式设置。卡片样式指卡片的整个外观,包括其格式(是否有表格线、对齐形式、字体大小、字形等)、所包含的项目和项目的位置。不同的企业或不同资产,由于管理的内容和侧重点可不同,固定资产卡片的样式不尽相同,系统提供卡片样式定义功能,增大灵活性。系统提供的卡片样式为通用样式。

因为卡片样式定义比较复杂,尤其是有很多系统项目样式上是不能缺少的,否则无法正确计算折旧,因此定义一个新的卡片样式一般是在通用卡片样式的基础上得到。

如果想要新增卡片样式,则可以直接单击工具栏上的“增加”按钮,弹出系统提示询问“是否以当前卡片样式为基础建立新样式”,确认后显示通用卡片样式,可以在此基础上进行修改,完成后保存为新的卡片样式。

定义卡片样式。可将系统项目或自定义项目移入或移出,调整固定资产卡片内容,可对卡片项目的行高、列宽进行调整,可对卡片显示出的文字的字形、字体、格式、在单元格中的位置进行设置。

“外币原值、汇率、货币单位”这三个项目要移动位置必须同时移动。“工作总量、累计工作量、工作量单位”三个项目要移动位置也必须同时移动。

卡片样式上必须同时有或同时没有“项目”和“对应折旧科目”。如果修改一个使用过的样式,会影响已使用该样式录入的卡片。而对于已使用(类别设置中已选用,或已使用该样式录入卡片)的样式则不允许删除。

8.1.2.1.2 原始卡片录入

在使用固定资产系统进行核算前,除了前面必要的基础工作外,必须将建账日期以前的数据录入到系统中,保持历史数据的连续性。原始卡片的录入不限制必须在第一个期间结账前,任何时候都可以录入原始卡片。

卡片中的固定资产编号根据初始化或选项设置中的编码方式,自动编码或需要用户手工录入。录入人自动显示为当前操作员,录入日期为当前登录日期。

在该界面中,除主卡的“固定资产卡片”外,还有若干的附属页签,附属页签上的信息只供参考,既不参与计算,也不进行回溯。

在进行录入固定资产数据时,有些卡片项目需要直接手工录入,有些则可以进行选择。如单击卡片项目出现类似“类别编号”按钮,则单击按钮显示参照界面,选择需要的内容即可。在执行原始卡片录入或资产增加功能时,可以为一个资产选择多个使用部门。

当资产为多部门使用时,原值、累计折旧等数据可以在多部门间按设置的比例分摊。单个资产对应多个使用部门时,卡片上的对应折旧科目处不许输入,只能按使用部门选择时的设置确定。

8.1.3 固定资产业务处理

前面的工作都做完后,平时只用对新增加的资产进行卡片录入及资产有变动的部分进行管理。固定资产的日常管理主要涉及企业平时的固定资产卡片管理、固定资产的增减管理以及固定资产的各种变动管理。

8.1.3.1 固定资产卡片管理

固定资产卡片管理是对固定资产系统中所有卡片综合管理的功能操作,包括卡片修改、卡片删除、卡片打印、卡片查询等。

1）查询卡片。

在卡片管理窗口中，系统提供以下方便的查询功能。

(1) 查看单张卡片。每一张卡片在固定资产列表显示为一条记录行。通过这条记录行或快捷信息窗体可查看该资产的简要信息，要想查看详细情况，可从卡片管理列表中选中要查看的卡片记录行，双击该记录行，即可显示单张卡片的详细内容。

(2) 查看卡片汇总信息。查看卡片汇总信息即查看企业实际业务中的固定资产台账，固定资产系统设置按部门查询、按类别查询、自定义查询三种查询方式。

(3) 自定义查询条件设置。自定义查询是通过用户设置的自定义查询条件表进行的。自定义查询表是用户根据自己管理卡片的需要自定义的一类报表，其内容是根据所定义的查询条件（由多个查询条件组成的查询条件集合）筛选出的卡片集合。

2）修改卡片。

当发现卡片有录入错误或资产在使用过程中有必要修改卡片的一些内容时，可通过卡片修改功能来实现，这种修改称为无痕迹修改，即在变动清单和查看历史状态时不体现，无痕迹修改前的内容在任何查看状态都不能再看到。从卡片管理列表中双击选择要修改的卡片，单击“修改”按钮即可进行修改。

原始卡片的原值、使用部门、工作总量、使用状况、累计折旧、净残值（率）、折旧方法、使用年限、资产类别在没有做变动单或评估单情况下，在录入当月可无痕迹修改；如果做过变动单，只有删除变动单才能无痕迹修改；若各项目在作过一次月末结账后，只能通过变动单或评估单调整，不能通过卡片修改功能改变。

通过资产增加录入系统的卡片如果没有制作凭证和变动单、评估单情况下，录入当月可无痕迹修改。如果做过变动单，只有删除变动单才能无痕迹修改。如果已制作凭证，要修改原值或累计折旧必须删除凭证后，才能无痕迹修改。卡片上其他项目，任何时候均可无痕迹修改。

3）删除卡片。

删除卡片是指把卡片资料彻底从系统内清除，不是资产清理或减少。该功能只有在下列两种情况下有效：

(1) 当月录入的卡片如有错误可以删除。在卡片管理界面双击选择要删除的卡片，单击“删除”按钮即可。删除后如果该卡片不是最后一张，卡片编号保留空号（非本月录入的卡片，不能删除）。

(2) 通过“资产减少”功能减少的卡片资料。在其满足会计档案管理要求后可以将原始资料从系统内彻底清除，否则不允许删除。

卡片作过一次月末结账后不能删除。作过变动单或评估单的卡片删除时，提示先删除相关的变动单或评估单。对于已制作过凭证的卡片在进行删除时，系统会提示请先删除相应凭证，然后删除卡片。

4）打印卡片。

固定资产卡片可打印输出，卡片打印提供两种打印结果：一是卡片；二是卡片列表。卡片打印分为两种形式：单张打印和批量打印。

(1) 打印单张卡片。打印单张卡片是指将正在查看那张卡片的主卡及各附属表打印输出。在单张卡片查看界面，单击“打印”按钮可直接打印该卡片主卡及各附属表。

(2) 打印卡片列表。在卡片管理界面,首先根据查询条件选择显示符合条件的卡片列表,单击“打印”按钮,弹出系统提示,选择“打印列表”项,进行确定后即可打印资产列表。

(3) 批量打印卡片。批量打印卡片实际上是前两种打印方式的综合。在卡片管理界面,首先根据查询条件选择显示符合条件的卡片列表,单击“打印”按钮,弹出系统提示,选择“批量打印卡片”选项,确定后即以单张卡片形式打印输出列表集合中列示的卡片。

8.1.3.2 固定资产增减管理

企业会购进或通过其他方式增加企业资产,资产增加也是一种新卡片的录入,与原始卡片录入相对应。

1) 固定资产增加。

资产通过“录入原始卡片”还是通过“资产增加”录入,在于资产在本单位的开始使用日期,只有当开始使用日期的期间＝录入的期间时,才能通过“资产增加录入”。

新卡片录入的第一个月不提折旧,折旧额为空或零。原值录入的必须是卡片录入月月初的价值,否则将会出现计算错误。如果录入的累计折旧、累计工作量大于零,说明是旧资产,该累计折旧或累计工作量是在进入本单位前的值。

已计提月份必须严格按照该资产在其他单位已经计提或估计已计提的月份数,不包括使用期间停用等不计提折旧的月份,否则不能正确计算折旧。

2) 固定资产减少。

资产在使用过程中,会由于各种原因(如毁损、出售、盘亏等)退出企业,此时要做资产减少处理。本系统提供资产减少的批量操作,为同时清理一批资产提供方便。选择要减少的资产,有两种方法:

(1) 如果要减少的资产较少或没有共同点,则通过输入资产编号或卡片号,然后单击“增加”按钮,将资产添加到资产减少表中。

(2) 如果要减少的资产较多并且有共同点,则通过单击“条件”按钮,屏幕显示的界面与卡片管理中自定义查询的条件查询界面一样。输入一些查询条件,将符合该条件集合的资产挑选出来进行减少。

(3) 在表内输入资产减少的信息:减少日期、减少方式、清理收入、清理费用、清理原因。如果当时清理输入和费用还不知道,可以以后在该卡片的附表“清理信息”中输入。单击“确定”按钮,即可完成该(批)资产的减少。

只有当账套开始计提折旧后才可以使用资产减少功能,否则,减少资产只有通过删除卡片来完成。对于误减少的资产,可以使用系统提供的纠错功能来恢复。只有当月减少的资产才可以恢复。如果资产减少操作已制作凭证,必须删除凭证后才能恢复。只要卡片未被删除,就可以通过卡片管理中“已减少资产”来查看减少的资产。

3) 撤销已减少资产。

撤销已减少资产的操作是一个纠错的功能,当月减少的资产可以通过本功能恢复使用。通过“资产减少”减少的资产只有在减少的当月可以恢复。如果资产减少已制作凭证,必须删除凭证后才能恢复。

8.1.3.3 固定资产变动管理

资产在使用过程中,可能会调整卡片上的某些项目,这种变动要求留下原始凭证,制作的原始凭证称为“变动单”。资产的变动包括：原值变动、部门转移、使用状况变动、使用年限调整、折旧方法调整、净残值(率)调整、工作总量调整、累计折旧调整、资产类别调整、变动单管理。其他项目的修改，如名称、编号、自定义项目等的变动等可直接在卡片上进行。

因为本月录入的卡片和本月增加的资产不允许进行变动处理，因此，要进行下面的变动处理，必须先计提上月份折旧并制单、结账后，再以新的月份注册进入固定资产系统，才可进行下面的操作。

1）原值变动。

原值变动包括原值增加和原值减少两部分。下面以增加资产原值为例，说明原值变动的操作过程。

完成原值变动，卡片上相应的项目如原值、净残值、净残值率根据变动单而改变(变动单保存后不能修改，只能在当月删除后重新填制，所以保存前要慎重)。如果选项中选择了“业务发生后立即制单”，可制作记账凭证。

2）部门转移。

资产在使用过程中，因内部调配而发生的部门变动应及时处理，否则将影响部门的折旧计算。变动单保存后，固定资产主卡上“部门名称”自动修改，附属选项卡“资产转移记录”自动登记。

3）使用状况变动。

资产使用状况分为在用、未使用、不需用、停用、封存五种。资产在使用过程中，可能会因为某种原因，使得资产的使用状况发生变化，这种变化会影响到设备折旧的计算，因此应及时调整。

4）使用年限调整。

资产在使用过程中，可能会由于资产的重估、大修等原因调整资产的使用年限。进行使用年限调整的资产在调整的当月就按调整后的使用年限计提折旧。

5）折旧方法调整。

一般情况下，资产的折旧方法 1 年之内不应改变，进行折旧方法调整的资产在调整的当月就按调整后的折旧方法计提折旧。但如有特殊情况需调整的，可通过系统提供的“系统菜单”|“卡片”|“变动单”|“折旧方法调整”功能来完成。

6）累计折旧调整。

由于上述折旧方法调整属于会计政策变更，根据企业会计制度的规定，应采用追溯调整法进行调整。而本系统只在当月按照新的方法计提折旧，以前期间的数据不能自动调整，只能手工调整累计折旧额。

7）其他调整。

资产累计折旧的调整：调整后的累计折旧必须保证大于等于净残值。调整资产的工作总量：调整后的工作总量不能小于累计用量。调整资产的净残值(率)：调整后净残值必须小于净值。调整资产所属的类别：调整后的类别和调整前的类别的计提属性必须相同。

8）批量变动。

为提高工作效率，用友 ERP－U8 应用系统还提供批量处理固定资产变动的功能。批量变动的资产有两种方法：手工选择和条件选择。

手工选择：如果需批量变动的资产没有共同点，则可在“批量变动单”界面内，直接输入卡片编号或资产编号，也可使用参照按钮，将资产逐个的增加到批量变动表内进行变动。

条件选择：是指通过一些查询条件，将符合该条件集合的资产挑选出来进行变动。

如果要变动的资产有共同之处，可以通过条件选择的方式选择资产，而不用逐个增加。单击“条件筛选”按钮，则屏幕显示条件筛选界面，在该界面中输入筛选条件集合后，单击“确定”按钮，则批量变动表中自动列示按条件筛选出的资产。

9）变动单管理。

变动单管理可以对系统制作的变动单进行综合管理。基本内容同固定资产卡片管理。因为本系统遵循严格的序时管理，删除变动单必须从该资产制作的编号最大的变动单开始删起。

8.1.3.4　固定资产评估管理

随着市场经济的发展，企业在经营活动中，根据业务需要或国家要求需要对部分资产或全部资产进行评估和重估，而其中固定资产评估是资产评估的重要组成部分。固定资产评估管理的主要功能：

(1) 将评估机构的评估数据手工录入或定义公式录入到系统。

(2) 根据国家要求手工录入评估结果或根据定义的评估公式生成评估结果。

(3) 对评估单的管理。

本系统资产评估功能提供可评估的资产内容包括原值、累计折旧、净值、使用年限、工作总量、净残值率，用户可根据需要自行进行选择。原值、累计折旧和净值三项中必须且只能选择两个，另一个通过公式“原值－累计折旧＝净值”推算得到。

8.1.3.5　固定资产卡片管理

固定资产管理过程中，应当在期末或至少在每年年度终了的时候，对所属的固定资产逐项进行检查，及时掌握资产的统计、汇总和其他各方面的信息，本系统根据对系统的日常操作，自动提供这些信息，以账和表的形式提供给财务人员和资产管理人员。

8.1.3.6　减值准备处理

企业应当在期末或至少在每年年度终了，如果由于市价持续下跌，或技术陈旧等原因导致其可回收金额低于账面价值的，应当将可回收金额低于账面价值的差额作为固定资产减值准备（固定资产减值准备必须按单项资产计提）。

如已计提的固定资产价值又得以恢复，则需要在原已计提的减值准备范围内将其进行转回。在固定资产子系统中，执行“系统菜单”|“卡片”|“变动单”|“转回减值准备”命令项，进入变动单的窗口，可进行转回减值准备处理。

8.1.3.7　折旧处理

系统每期计提折旧一次，根据录入系统的资料自动计算每项资产的折旧，并自动生成折旧分配表，然后制作记账凭证，将本期的折旧费用自动登账。

影响折旧计提的因素有：原值、减值准备、累计折旧、净残值（率）、折旧方法、使用年限和使用状况。

1）工作量输入。

当账套内的资产有使用工作量法计提折旧的时候，每月计提折旧前必须录入资产当月的工作量，本功能提供当月工作量的录入和以前期间的工作量信息的查看(输入的本期工作量必须保证使累计工作量小于等于工作总量)。

在选择继承上月工作量情况下，如果上期期末累计工作量加上本期继承值大于工作总量，则系统不执行继承上月工作量，而是根据“本月工作量＝工作总量－上期期末累计工作量”自动进行计算，然后在本月工作量后的单元格内标上“*”号，如果对自动计算的值不满意，可手工修改。

2）计提本月折旧。

当开始计提折旧时，系统将自动计提所有资产当期折旧额，并将当期的折旧额自动累加到累计折旧项目中。计提工作完成后，需要进行折旧分配，形成折旧费用，系统除了自动生成折旧清单外，同时还生成折旧分配表，从而完成本期折旧费用登账工作。

计提折旧应遵循以下原则：

(1) 在一个期间内可以多次计提折旧，每次计提折旧后，只是将计提的折旧累加到月初的累计折旧上，不会重复累计。

(2) 如果上次计提折旧已制单并传递到总账系统，则必须删除该凭证才能重新计提折旧。

(3) 如果自定义的折旧方法月折旧率或月折旧额出现负数，系统自动中止计提。

(4) 计提折旧后又对账套进行了影响折旧计算或分配的操作，必须重新计提折旧，否则系统不允结账。

(5) 资产的使用部门和资产折旧要汇总的部门可能不同，为了加强资产管理，使用部门必须是明细部门，而折旧分配部门不一定分配到明细部门，不同的单位处理可能不同，因此要在计提折旧后，分配折旧费用时作出选择。

3）折旧清单。

折旧清单显示所有应计提折旧的资产所计提折旧数额的列表，单期的折旧清单中列示了资产名称、计提原值、月折旧率、单位折旧、月工作量、月折旧额等信息。全年的折旧清单中同时列出了各资产在 12 个计提期间中月折旧额、本年累计折旧等信息。

4）折旧分配表。

折旧分配表是制作记账凭证，把计提折旧额分配到有关成本和费用的依据。折旧分配表有两种类型：类别折旧分配表和部门折旧分配表，只能选择其中一个来制作记账凭证。

什么时候生成折旧分配表根据您在初始化或选项中选择的折旧分配汇总周期确定，如果选定的是 1 个月，则每期计提折旧后自动生成折旧分配表，如果选定的是 3 个月，则只有到 3 的倍数的期间，即第 3、第 6、第 9、第 12 期间计提折旧后才自动生成折旧分配凭证。制作记账凭证要在生成折旧分配表后进行。

8.1.4 固定资产账表管理

固定资产管理的任务是反映和监督固定资产的增加、调出、保管、使用及清理报废等情况。保护企业财产的安全完整，充分发挥固定资产效能，也便于成本计算。

本系统根据用户对系统的日常操作，自动提供这些信息，以报表的形式提供给财务人员和资产管理人员。系统所提供的报表分为五类：分析表、统计表、账簿、折旧表、自定义报表，选择相应账表可查看各报表信息。

同时，账表管理提供了强大的联查功能，将各类账表与部门、类别明细和原始单据等有机地联系起来，真正实现了方便、快捷的查询模式。

8.1.4.1　分析表

分析表主要通过对固定资产的综合分析，为管理者提供管理和决策依据。系统提供了四种分析表：部门构成分析表、价值结构分析表、类别构成分析表、使用状况分析表。管理者可以通过这些表了解本企业资产计提折旧的程度和剩余价值的大小。

8.1.4.2　统计表

统计表是出于管理资产的需要，按管理目的统计的数据。

系统提供了八种统计表：固定资产原值一览表、固定资产到期提示表、固定资产统计表、评估汇总表、评估变动表、盘盈盘亏报告表、逾龄资产统计表、役龄资产统计表。这些表从不同的侧面对固定资产进行统计分析，使管理者可以全面细致地了解企业对资产的管理、分布情况，为及时掌握资产的价值、数量以及新旧程度等指标提供依据。

其中，"固定资产到期提示表"是本系统新增的一种统计表。该表主要用于显示当前期间使用年限已到期的固定资产信息，以及即将到期的资产信息，以丰富查询分析功能，提高产品的管理性能。

与此相对应，在"选项"中增加"是否每次登录系统时显示资产到期提示表"的选项，根据该参数判断是否当用户每次登录固定资产系统时自动显示该表。

固定资产到期提示表显示所选期间使用年限恰好到期的资产信息，期间可以选择"1～12"，对于未处理的期间也可以提前查看资产的即将到期数据，但折旧数据仅为已计提期间的数据。

如果在选项中选择了"每次登录系统时显示资产到期提示表"，则无论是否有到期的固定资产，都会显示资产到期提示表。

8.1.4.3　账簿

系统自动生成的账簿有：(单个)固定资产明细账、(部门、类别)明细账、固定资产登记簿、固定资产总账。这些账簿以不同方式，序时地反映了资产变化情况，在查询过程中可联查某时期(部门、类别)明细及相应原始凭证，从而获得所需财务信息。

8.1.4.4　折旧表

系统提供了五种折旧表：(部门)折旧计提汇总表、固定资产及累计折旧表(一)(二)、固定资产折旧计算明细表、固定资产折旧清单表。通过该类表可以了解并掌握本企业所有资产本期、本年以至某部门计提折旧及其明细情况。

1) 部门折旧计提汇总表。

部门折旧计提汇总表反映该账套内各使用部门计提折旧的情况，包括计提原值和计算的折旧额信息。

该表既可选择某1个月份汇总折旧数据，又可选择期间段进行查询。如果用户选择期间段数据，如选择2～3月，则报表栏目中隐藏"计提原值"列，仅显示按期间段汇总的"折旧额"数据，并且不允许联查明细账。

2）固定资产折旧清单。

固定资产折旧清单表用于查询按资产明细列示的折旧数据及累计折旧数据信息，以完善系统报表查询功能。该报表可以按部门、资产类别查询固定资产的明细折旧数据信息。

3）固定资产折旧计算明细表。

折旧计算明细表是按类别设立的，反映资产按类别计算折旧的情况，包括上月计提情况、上月原值变动和本月计提情况。

由于本系统不限制只能在建账当期录入原始卡片，那是因为系统使用过程中录入的原始卡片在当月计提折旧，所以在当期或上期录入原始卡片的情况下，上月计提原值加上上月增加原值减去上月减少原值不等于本月计提原值。

当有多个使用部门的资产发生原值变动时，变动的原值在各部门之间按比例分配，分配比例可通过修改使用部门和分配比例改变，按比例变动出现的差额，按分配部门顺序，归最后一个部门。

4）固定资产及累计折旧表(一)。

固定资产及累计折旧表(一)是按期编制的反映各类固定资产的原值、累计折旧(包括年初数和期末数)和本年折旧的明细情况(建账当年的年初数是指建账当期的期初数)。

5）固定资产及累计折旧表(二)。

本表是固定资产及累计折旧表(一)的续表，反映本年截止到查询期间固定资产的增减情况。本表与表(一)的数值之间是有联系的，它们之间的关系可用公式描述：

固定资产原值期末数合计＝原值年初数合计＋本年增加原值合计－本年减少原值合计

固定资产累计折旧期末数合计＝累计折旧年初数合计＋本年折旧额合计＋
本年增加累计折旧合计－本年减少累计折旧合计

但上述公式不是绝对成立的，如在资产发生原值变动情况下，表(一)反映该变动，而表(二)不反映。

8.1.4.5　自定义报表

当系统提供的报表不能满足企业要求时，可以自己定义报表，可存放在自定义账夹中。

8.1.4.6　图形分析

所谓图形分析，是将报表中的数据用图形反映出来。可进行图形分析的报表有：固定资产总账、部门折旧计提汇总表、固定资产使用状况分析表、固定资产部门构成分析表、固定资产及累计折旧表(二)。

8.1.5　制单

制作记账凭证即制单。固定资产系统和账务系统之间存在着数据的自动传输，该传输通过制作传送到账务的凭证实现。本系统需要制单或修改凭证的情况包括：资产增加(录入新卡片)、资产减少、卡片修改(涉及原值或累计折旧时)、资产评估(涉及原值或累计折旧变化时)、原值变动、累计折旧调整、折旧分配。

制作凭证必须保证借方和贷方的合计数与原始单据的数值是相等的。如增加资产制作凭证，增加资产的原值为10 000元，则合法的凭证的借方和贷方合计必须等于10 000。

利用折旧分配表制作凭证时，该表中所有缺省的借贷方的数据不允许修改，所有缺省的科目(从卡片得到)不能修改,不能增、删分录。

另外,系统提供了批量制单功能,在变动单发生时,不制单,通过此功能来完成,批量功能可同时将一批需制单业务连续制作凭证传输到账务系统,避免了多次制单的烦琐。

凡是应制单业务发生当时没有制单的,该业务自动排列在批量制革表中,表中列示应制单而没有制单的业务发生的日期、类型、原始单据号,缺省的借贷方科目和金额以及制单选择标志。

8.1.5.1　制作记账凭证

制作记账凭证可以采取“立即制单”或“批量制单”两种方法实现。当在“选项”中设置了“业务发生后立即制单”之后,则以上需要制单的相关业务发生后系统自动调出不完整凭证供修改;如果在“选项”中未选取“业务发生后立即制单”,则可利用本系统提供的另一功能——批量制单完成制单工作。

批量制单功能可同时将一批需要制单的业务连续制作凭证并传输到账务系统,避免了多次制单的繁琐。凡是业务发生当时没有制单的,该业务自动排列在批量制单表中,表中列示应制单而没有制单的业务发生的日期、类型、原始单据号,缺省的借贷方科目和金额以及制单选择标志。

如该单据在其他系统已制单或发生其他情况不应制单,可选中该行后单击“删除”按钮,将该应制单业务从表中删除。如果在业务发生时立即制单,摘要根据业务情况自动填入;如果使用批量制单方式,则摘要为空,需要手工录入。

8.1.5.2　查询、修改和删除凭证

在进行修改凭证时,能修改的内容仅限于摘要、用户自行增加的凭证分录、系统缺省的分录的折旧科目,而系统缺省的分录的金额是与原始单据相关的,不能修改。固定资产系统传递到总账中的凭证,总账无权修改和删除。

8.1.6　对账

当在初始化或选项中选择了与账务系统对账,才可使用本系统的对账功能。为保证固定资产系统的资产价值与总账系统中固定资产科目的数值相等,可随时使用对账功能对两个系统进行审查。对账的操作不限制时间,任何时候都可以进行对账。系统在执行月末结账时自动对账一次,并给出对账结果。

只有设置账套参数时选择了“与财务系统进行对账”,本功能才能操作。如果对账不平,需要根据初始化时是否选中“在对账不平情况下允许固定资产月末结账”来判断是否可以进行结账处理。

8.1.7　月末结账处理

8.1.7.1　月末结账

当固定资产系统完成了本月全部制单业务后,可以进行月末结账。月末结账每月进行一次,结账后当期的数据不能修改。12月底结账时系统要求完成本年应制单业务,也就是说必须保证批量制单表是空的才能结账。

至此,用户不能再对此账套本月任何数据进行修改,如果要开始下一会计期间的业务处理,需要重新注册,用下一会计期间日期登录系统。

如果本期不结账，将不能处理下期的数据；结账前一定要进行数据备份，否则数据一旦丢失，将造成无法挽回的后果。

8.1.7.2 恢复月末结账前状态

恢复月末结账前状态又称“反结账”，是本系统提供给您的一个纠错功能。如果由于某种原因，您在结账后发现结账前的操作有误，而结账后不能修改结账前的数据，因此可使用此功能恢复到结账前状态去修改错误。

如果结账后发现有未处理的业务或者需要修改的事项，可通过系统提供的“恢复月末结账前状态”功能进行反结账。反结账完成后，系统提示：“成功恢复账套月末结账前状态！”，单击“确定(Y)”按钮返回。

不能跨年度恢复数据，即本系统年末结转后，不能利用本功能恢复年末结转。由于成本系统每月从本系统提取折旧费数据，因此一旦成本系统提取了某期的数据，则该期不能反结账。恢复到某个月月末结账前状态后，本账套内对该结账后所做的所有工作都无痕迹删除。

8.2 典型项目实训

8.2.1 项目目的

了解固定资产子系统的工作特点及其与手工系统和其他会计子系统的区别。了解固定资产子系统数据流程、编码的方式以及基本功能结构。熟悉固定资产子系统与其他子系统集成运行时的数据传递。掌握固定资产子系统如何进行数据输入、数据处理和数据输出的。

掌握固定资产管理系统初始设置、日常业务处理和月末处理。

8.2.2 项目内容

(1) 固定资产管理系统初始设置。

(2) 固定资产管理系统日常业务处理：录入日常变动单，生成凭证。

(3) 月末处理。

8.2.3 项目准备

引入“典型项目4　子项目1”账套备份。

8.2.4 项目资料

1) 期初设置。

(1) 控制参数。

表8.1　固定资产控制参数表

控制参数	参数设置
约定与说明	我同意
启动月份	2014.5

（续表）

控制参数	参数设置
折旧信息	本月账套计提折旧
	折旧方法：平均年限法(二)
	折旧汇总分配周期：1个月
	当(月初已计提月份＝可使用月份－1)时，将剩余折旧全部提足
编码方式	资产类别编码方式：2112
	固定资产编码方式：按“类别编码＋部门编码＋序号”自动编码
	卡片序号长度为3
财务接口	与账务系统进行对账
	对账科目： 固定资产对账科目：固定资产1601 累计折旧对账科目：累计折旧1602
	在对账不平情况下允许固定资产月末结账
补充参数	业务发生后立即制单
	月末结账前一定要完成制单登账业务
	固定资产默认入账科目：1601 累计折旧默认入账科目：1602 减值准备默认入账科目：1603

(2) 资产类别。

表8.2　资产类别表

编　码	类别名称	净残值率	单　位	计提属性
01	厂房建筑	5%	座	正常计提
02	交通工具	5%	辆	正常计提
03	机器设备	5%	台	正常计提
04	电子设备	5%	台	正常计提

(3) 部门及对应折旧科目。

表8.3　部门对应折旧科目表

使用部门	对应科目
总经理办公室，采购部，财务部	管理费用——折旧
销售部	销售费用——折旧
生产部	制造费用——折旧

(4) 增减方式的对应入账科目。

表8.4　增减方式对应入账科目表

增减方式目录	对应入账科目
增加方式	
直接购入	工商银行100201
减少方式	

（续表）

增减方式目录	对应入账科目
毁损	固定资产清理 1606
盘亏	待处理财产损溢 1901

(5) 原始卡片。固定资产的使用状况为在用，净残值率为 5%。

表 8.5　固定资产原始卡片表

固定资产名称	类别编号	固定资产编号	使用部门	增加方式	使用年限(月)	开始使用日期	原　值	累计折旧
仓库	01	014001	生产部	在建工程转入	240	2007-10-01	200 000.00	61 750.00
办公楼	01	011001	总经理办公室	投资者投入	240	2008-07-01	19 000 000.00	5 189 375.00
轿车	02	021001	总经理办公室	直接购入	60	2011-08-01	380 000.00	192 533.33
商务车	02	02503001	售后服务部	直接购入	60	2012-11-01	270 000.00	72 675.00
卡车	02	02501001	销售一部	直接购入	60	2013-03-01	150 000.00	30 875.00
1 号钻床	03	034001	生产部	投资者投入	120	2010-12-01	560 000.00	177 333.33
2 号钻床	03	034002	生产部	直接购入	120	2012-02-01	280 000.00	57 633.33
2 号车床	03	034003	生产部	直接购入	120	2012-02-01	250 000.00	51 458.33
3 号车床	03	034004	生产部	直接购入	120	2012-02-01	110 000.00	22 641.67
装配生产线	03	034005	生产部	直接购入	120	2012-03-01	110 000.00	21 770.83
装配设备	03	034006	生产部	直接购入	120	2012-03-01	170 000.00	33 645.83
计算机	04	041001	总经理办公室	直接购入	36	2012-12-01	4 500.00	1 900.00
计算机	04	04501001	销售一部	直接购入	36	2012-12-01	4 500.00	1 900.00
相机	04	043001	采购部	直接购入	36	2012-12-01	10 000.00	4 222.22
传真机	04	043002	采购部	直接购入	36	2013-02-01	1 000.00	369.44
合计：(共计卡片 15 张)							21 500 000.00	5 920 083.31

2) 日常及期末业务。

(1) 5 月 2 日，企业为生产部购入不需安装生产用设备铣床 1 台，买价 200 000 元，增值税额 34 000 元，预计使用 10 年，残值率 5%，以转账支票付讫。

(2) 5 月 5 日，为装配生产线添加新配件，价值 20 000 元，取得普通发票，银行存款支付。变动原因：更新改造。

(3) 5 月 12 日，装配设备发生减值，减值后净值为 100 000 元，计提减值准备，减值原因：技术进步。

(4) 5 月 31 日，计提本月份固定资产折旧。

(5) 5 月 31 日，总经理办公室的计算机毁损。

(6) 6 月 4 日，接受捐赠的 1 辆全新轿车，价值 300 000 元，预计使用 10 年，交总经理办公室使用。

(7) 6 月 25 日，将销售部的计算机转移到总经理办公室，变动原因：调拨。

(8) 6 月 30 日，计提本月份固定资产折旧。

(9) 6 月 30 日，企业出售生产部用的 1 号钻床 1 台，以银行存款支付清理费 2 000 元，取得价款 37 000 元，存入银行。

(10) 6 月 30 日，对采购部的资产进行盘点，盘点情况为只有 1 台传真机，相机盘亏。

8.2.5　项目要求

以账套主管“王红”身份进行固定资产的初始操作，以会计“赵雨”进行日常业务。

8.2.6　项目知识准备

中级财务会计固定资产的基本知识。

8.2.7　项目指导

8.2.7.1　启动固定资产系统

（1）执行“开始”|“程序”|“用友”|“企业应用平台”|“登录”，或双击桌面“企业应用平台”快捷菜单，打开“登录”对话框。

（2）输入“WH，密码 111”，在“账套”中选择“800 天津滨海机械设备有限公司”，日期“2014－05－01”，单击“确定”，如图 8.1。

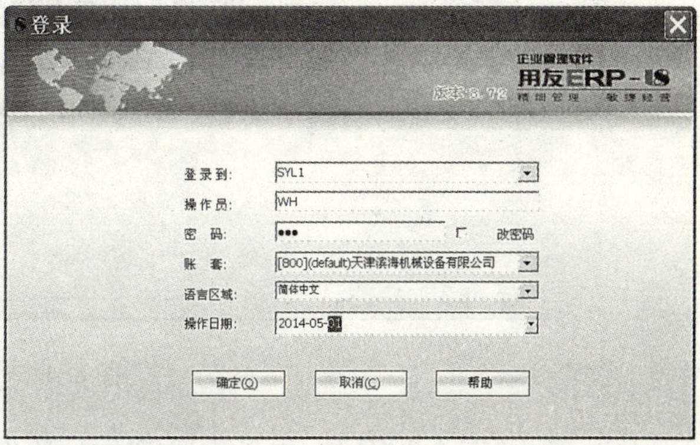

图 8.1

（3）执行“基础设置”|“基本信息”|“系统启用”。打开“系统启用”对话框，选中“FA 固定资产”复选框，在弹出的“日历”对话框，选择固定资产系统启用日期“2014－05－01”，单击“确定”，系统弹出“确实要启用当前系统吗?”单击“是”按钮返回，如图 8.2。

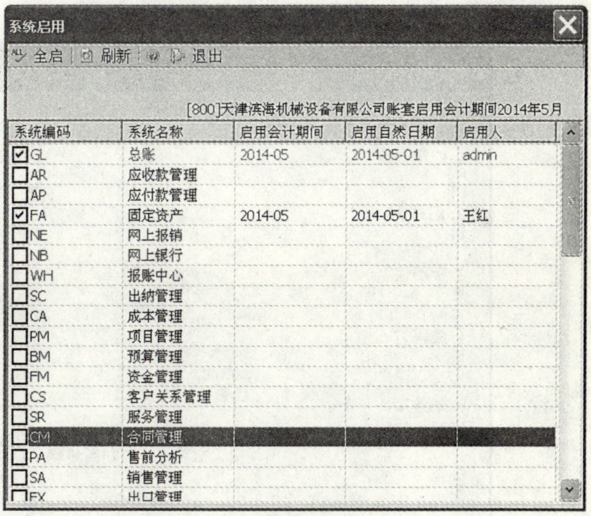

图 8.2

（4）在“业务工作”选项卡中，双击“财务会计”|“固定资产”，弹出“这是第一次打开此账套，还未进行过初始化，是否进行初始化?”，单击“是”，如图 8.3。

8.2.7.2　初始设置

1）设置控制参数。

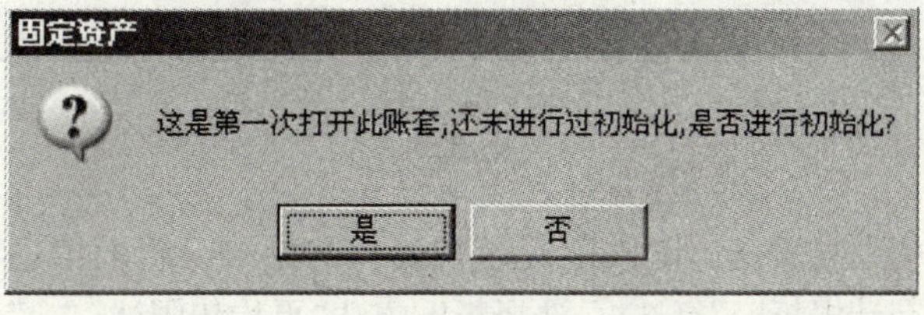

图 8.3

(1) 初次启用固定资产管理系统的参数设置。

单击“初始化向导——约定及说明”对话框,选择“我同意”,如图 8.4。

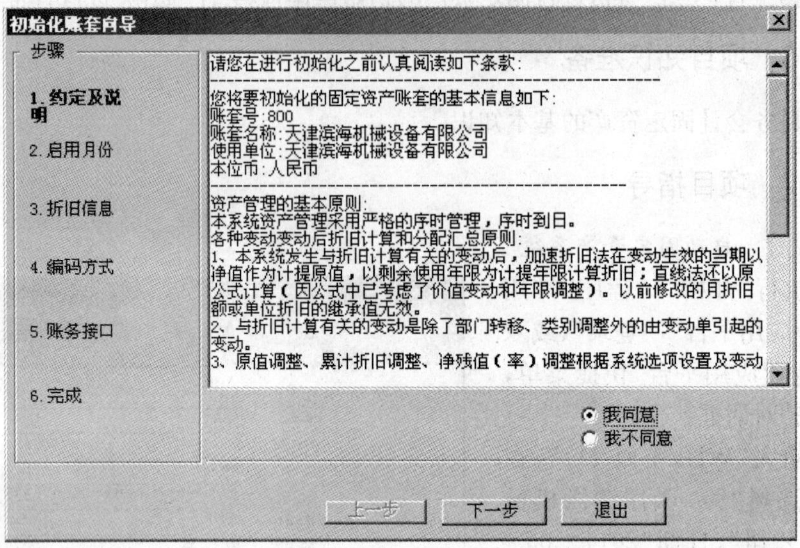
初始化账套向导
步骤
1.约定及说明
2.启用月份
3.折旧信息
4.编码方式
5.账务接口
6.完成
请您在进行初始化之前认真阅读如下条款:
您将要初始化的固定资产账套的基本信息如下:
账套号:800
账套名称:天津滨海机械设备有限公司
使用单位:天津滨海机械设备有限公司
本位币:人民币
资产管理的基本原则:
本系统资产管理采用严格的序时管理,序时到日。
各种变动变动后折旧计算和分配汇总原则:
1、本系统发生与折旧计算有关的变动后,加速折旧法在变动生效的当期以净值作为计提原值,以剩余使用年限为计提年限计算折旧;直线法还以原公式计算(因公式中已考虑了价值变动和年限调整)。以前修改的月折旧额或单位折旧的继承值无效。
2、与折旧计算有关的变动是除了部门转移、类别调整外的由变动单引起的变动。
3、原值调整、累计折旧调整、净残值(率)调整根据系统选项设置及变动
我同意
我不同意
上一步
下一步
退出

图 8.4

(2) 单击“下一步”按钮,打开“固定资产初始化向导——启用月份”对话框。

(3) 选择起用月份“2014-05”,如图 8.5。

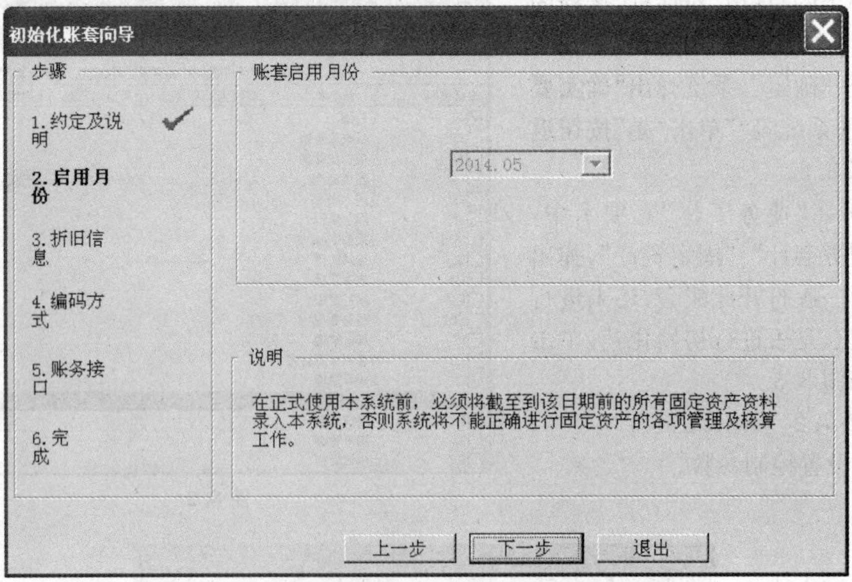
初始化账套向导
步骤
1.约定及说明
2.启用月份
3.折旧信息
4.编码方式
5.账务接口
6.完成
账套启用月份
2014.05
说明
在正式使用本系统前,必须将截至到该日期前的所有固定资产资料录入本系统,否则系统将不能正确进行固定资产的各项管理及核算工作。
上一步
下一步
退出

图 8.5

(4) 单击“下一步”按钮,打开“固定资产初始化向导——折旧信息”对话框。

(5) 选中“本账套计提折旧”复选框;选择折旧方法“平均年限法(二)”,折旧分配周期“1 个

月”;选中“当月初已计提月份＝可使用月份－1)时,将剩余折旧全部提足”复选框,如图 8.6。

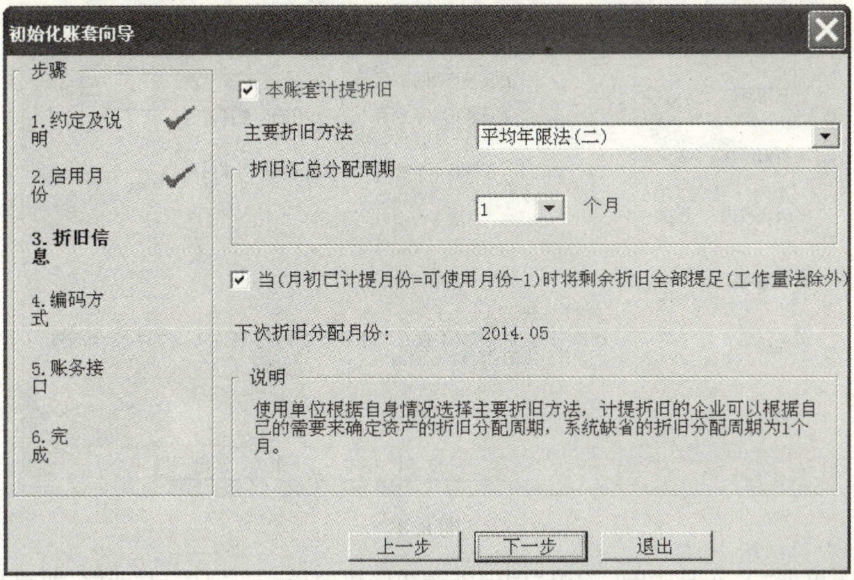

图 8.6

(6) 单击“下一步”按钮,打开“固定资产初始化向导——编码方式”对话框。

(7) 确定资产类别编码长度 2112;选择“自动编号”单选按钮,选择固定资产编码方式“类别编号＋部门编号＋序号”,选择序号长度 3,如图 8.7。

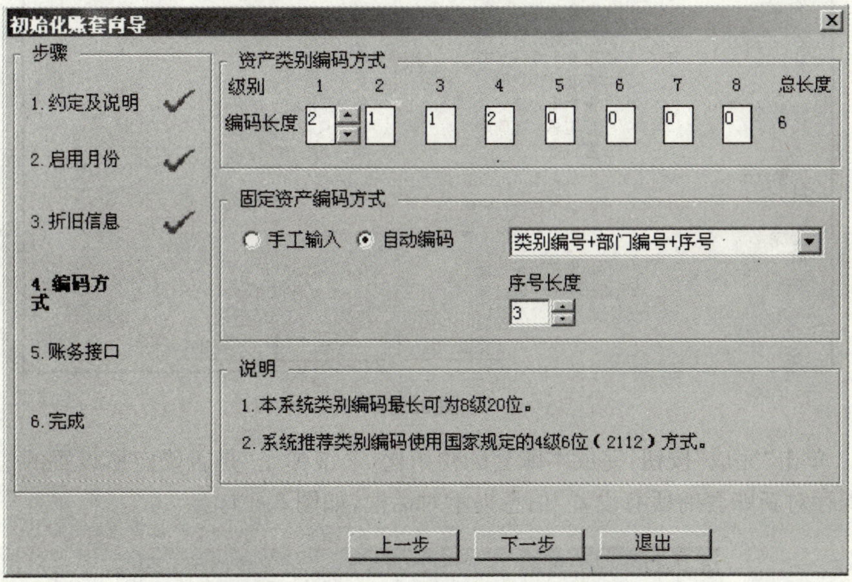

图 8.7

(8) 单击“下一步”按钮,打开“固定资产初始化向导——财务接口”对话框。

(9) 选中“与财务系统进行对账”复选框;选择固定资产的对账科目“固定资产(1601)”,累计折旧的对账科目“累计折旧(1602)”,如图 8.8。

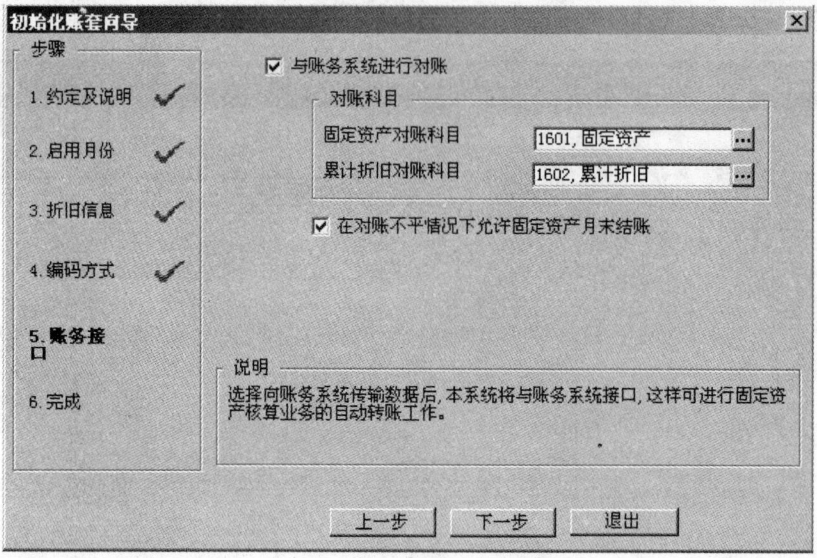

图 8.8

(10) 单击“下一步”按钮,打开“固定资产初始化向导——完成”对话框,如图 8.9。

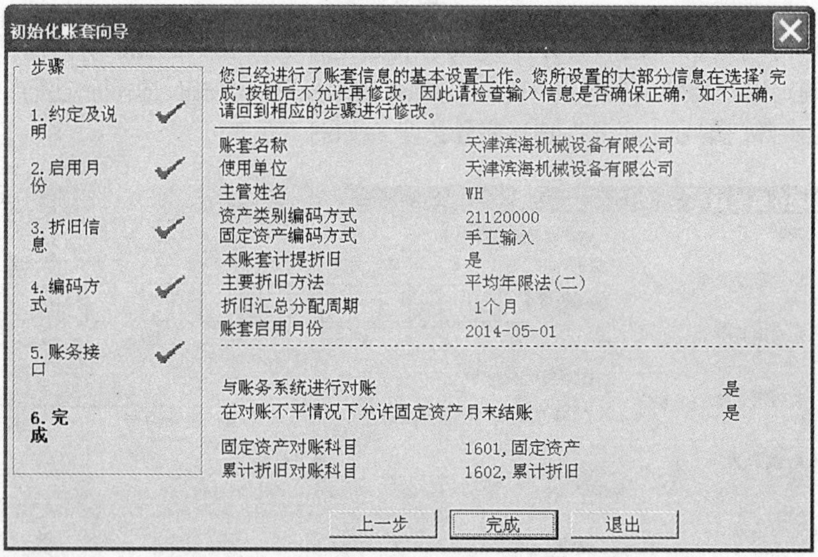

图 8.9

(11) 单击“完成”按钮,完成本账套的初始化,系统弹出“是否确定所设置的信息完全正确并保存对新账套的所有设置”信息提示对话框,如图 8.10。

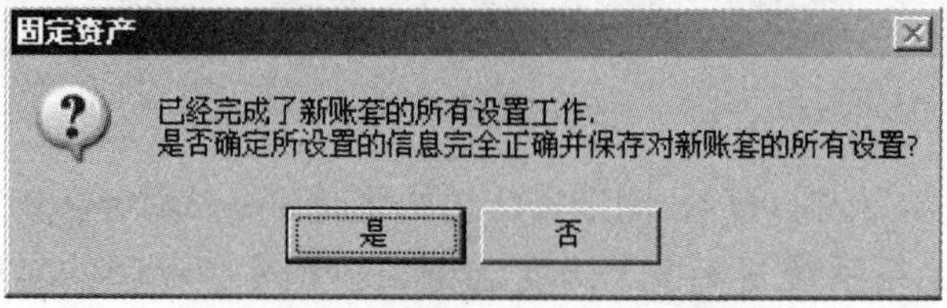

图 8.10

(12) 单击“是”按钮，系统弹出“已成功初始化本固定资产账套”信息提示对话框，单击“确定”按钮，如图8.11。

图8.11

2) 补充参数设置。

(1) 执行“设置”|“选项”命令，进入“选项”窗口。

(2) 打开“与账务系统接口”选项卡，单击“编辑”按钮。

(3) 选中“业务发生后立即制单”、“月末结账前一定要完成制单登账业务”复选框；选择默认入账科目“固定资产(1601)”、“累计折旧(1602)”、“固定资产减值准备(1603)”，单击“确定”按钮，如图8.12。

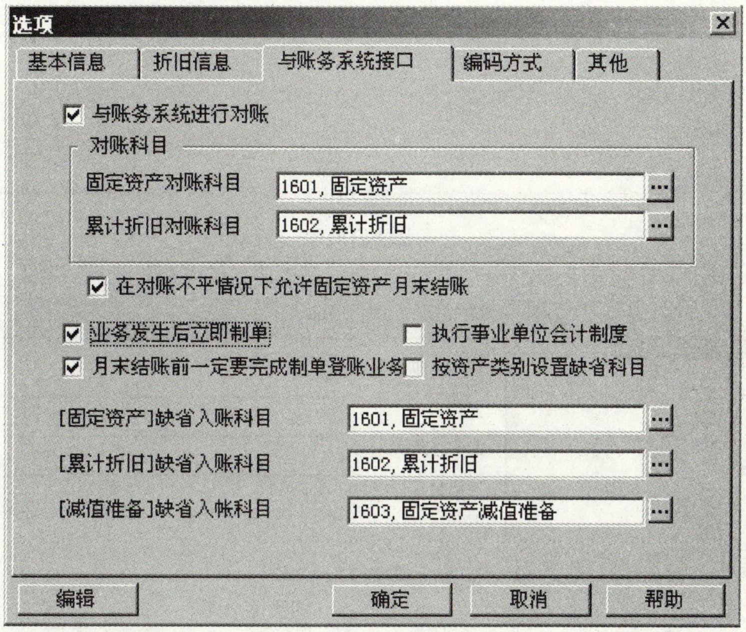

图8.12

3) 设置资产类别。

(1) 执行“设置”|“资产类别”，进入“类别编码表”窗口。

(2) 单击“增加”，输入类别名称“厂房建筑”，净残值率“5%”；计提属性“正常计提”，折旧方法“平均年限法(二)”，卡片样式“通用样式”，单击“保存”，如图8.13。

(3) 同理，完成其他资产类别的设置。

4) 设置部门对应折旧科目。

(1) 执行“设置”|“部门对应折旧科目”，进入“部门编码表”窗口。

(2) 选择部门“总经理办公室”，单击“修改”按钮。

(3) 选择折旧科目“管理费用/折旧(660203)”，单击“保存”按钮，如图8.14。

(4) 在修改销售部时，选择折旧科目“销售费用/折旧(660103)”，单击“保存”按钮，系统弹出“是否将销售部的所有下级部门的折旧科目替换为[折旧]”？信息提示对话框，单击“是”。替换之后，即可看到销售部下的销售一部、销售二部和售后服务部折旧科目均修改为“销售费用/折旧”，如图8.15。

同理，完成起他部门折旧科目的设置。

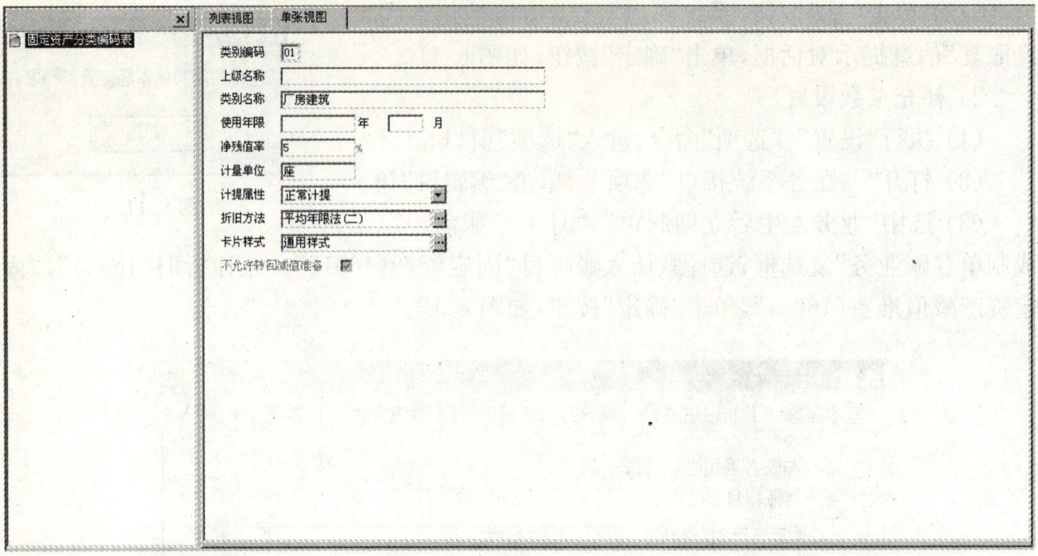

图 8.13

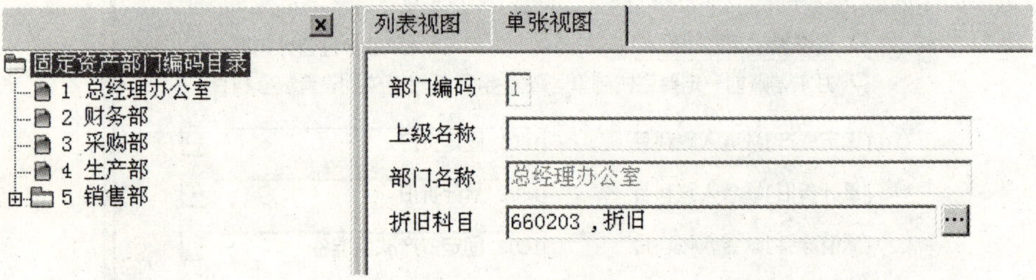

图 8.14

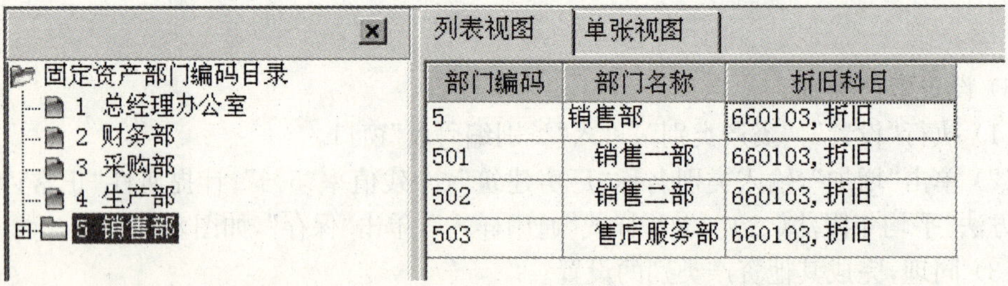

图 8.15

5）设置增减方式的对应科目。

(1) 执行“设置”|“增减方式”命令，进入增减方式窗口。

(2) 在左侧列表框中，单击“直接购入”增加方式，单击“修改”按钮。

(3) 输入对应入账科目“工商银行(100201)”，单击“保存”。

(4) 同理，输入减少方式“损毁”的对应入账科目“固定资产清理(1606)”。

注：

- 当固定资产发生增减变动时，系统生成凭证时，会默认采用这些科目。

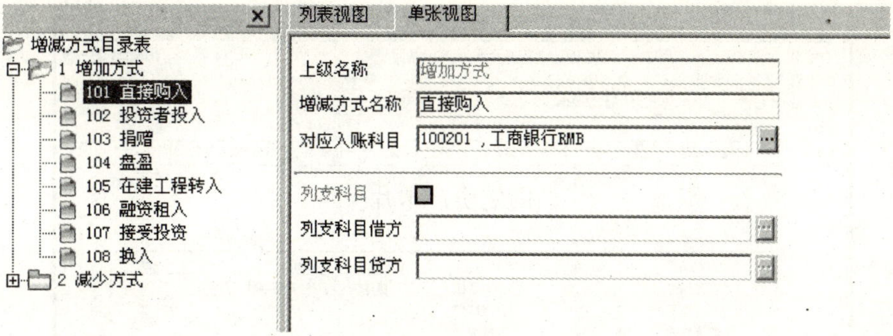

图 8.16

6）录入原始卡片。

(1) 执行"卡片"|"录入原始卡片"命令，进入"资产类别参照"窗口。

(2) 选择固定资产类别"01 厂房建筑"，单击"确认"按钮，进入"固定资产卡片录入"窗口。

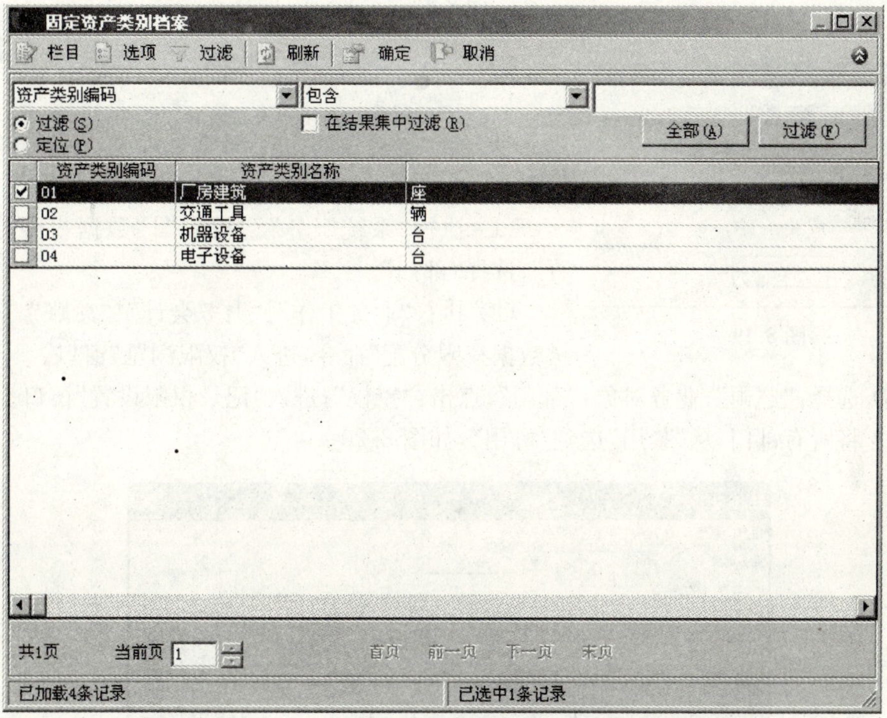

图 8.17

(3) 输入固定资产名称"仓库"；双击"部门名称"选择"生产部"，双击"增加方式"选择"在建工程转入"，双击"使用状况"选择"在用"；输入开始使用日期"2007.10.1"；输入原值200 000，累计折旧 61 750；输入可使用年限"240"个月；其他信息自动算出，如图 8.18。

(4) 单击"保存"按钮，系统弹出"数据成功保存！"信息提示对话框，单击"确定"按钮。

(5) 同理，完成其他固定资产卡片的输入。

(6) 执行"处理"|"对账"命令，系统将固定资产系统录入的明细资料数据汇总与财务核对，显示与财务对账结果，单击"确定"按钮返回，如图 8.19。

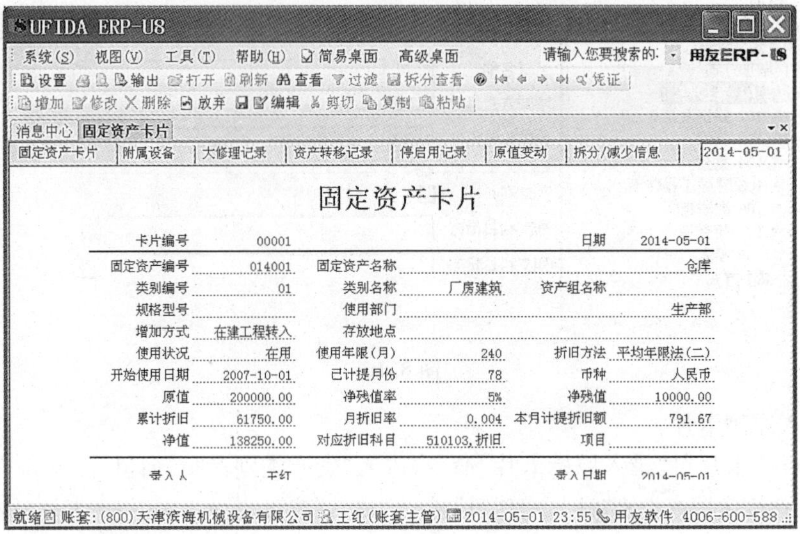

图 8.18

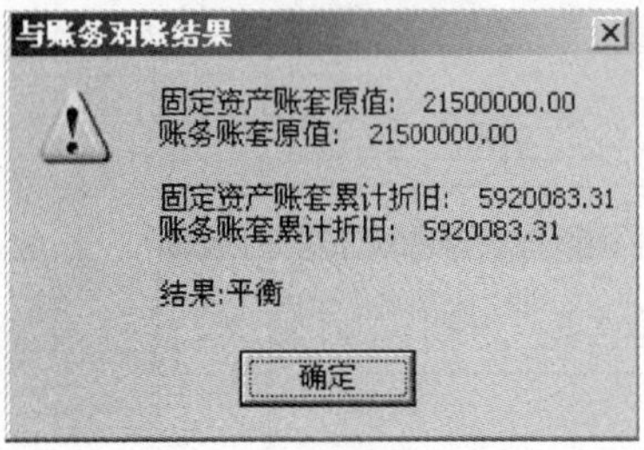

图 8.19

8.2.7.3 日常及期末处理

1）明细权限。

以会计“赵雨”身份进行日常处理时，要添加其明细权限。

(1) 执行“系统服务”|“权限”|“数据权限控制设置”，选择“部门”。

(2) 执行“业务工作”|“财务会计”|“总账”|“设置”|“数据权限分配”命令，进入“权限浏览”窗口。

(3) 选择：“赵雨”；业务对象：“部门”；点击：“授权”；进入“记录权限设置”窗口。

(4) 将所有部门，从“禁用”选到“可用”，如图 8.20。

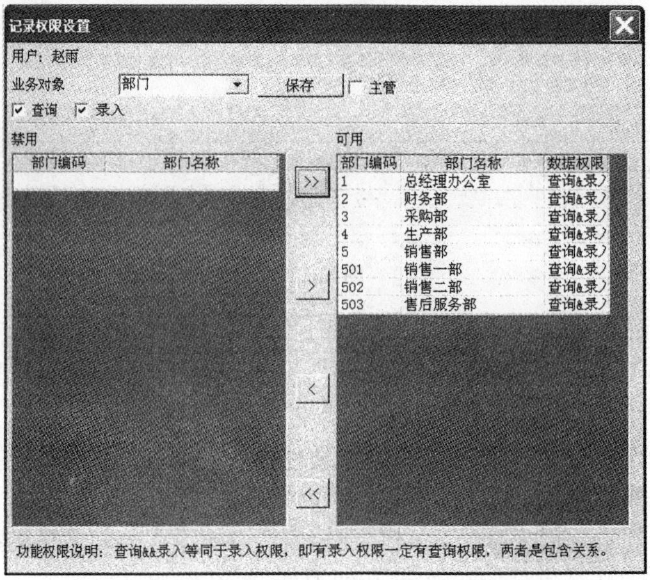

图 8.20

2）常用业务处理。

业务 1　资产增加

（1）用赵雨身份登录，重新注册，时间为 2014－5－2。

（2）执行："卡片"|"资产增加"命令，进入"资产类别参照"窗口。

（3）选择资产类别："机器设备 03"，单击"确定"按钮，进入"固定资产卡片"窗口，如图 8.21。

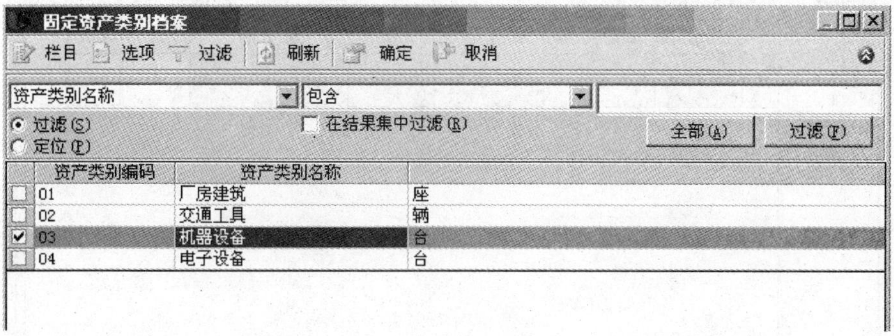

图 8.21

（4）输入固定资产名称"铣床"；单击使用部门弹出"本资产部门使用方式"信息提示对话框，选择"单部门使用"选项，单击"确定"按钮，打开"部门参照"对话框，选择"生产部"选项，单击"增加方式"选择"直接购入"，单击"使用状况"选择"在用"；输入原值 200 000，可使用年限"120"月，开始使用日期"2014－05－02"，如图 8.22。

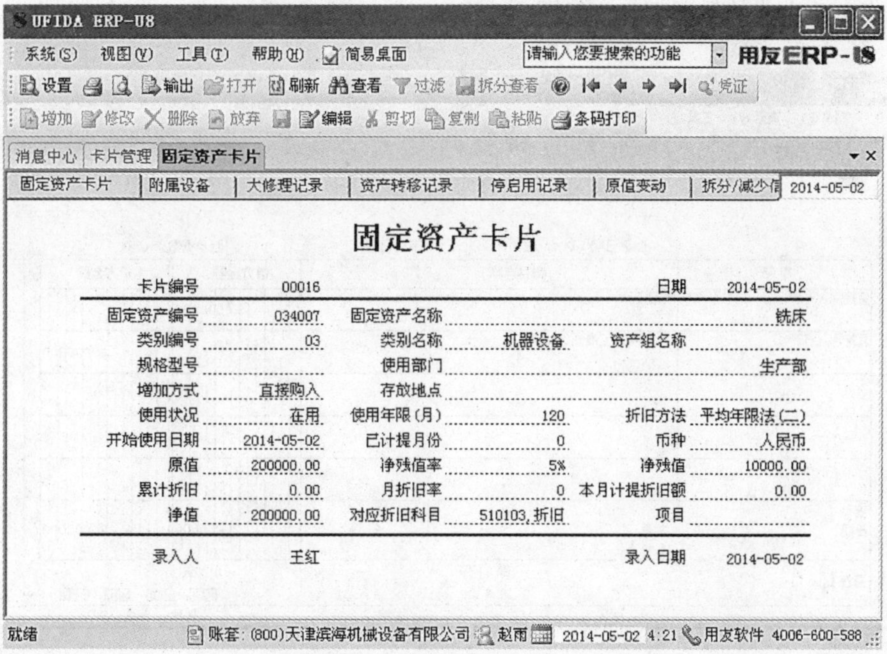

图 8.22

(5) 单击“保存”按钮，进入“填制凭证”窗口。单击退出，出现“还有 1 张凭证没保存”，单击确定。出现“还有没保存的凭证，是否退出，单击”“是”。

打开处理——批量制单，双击选择，出现“Y”，选择制单设置，单击“制单”，如图 8.23。

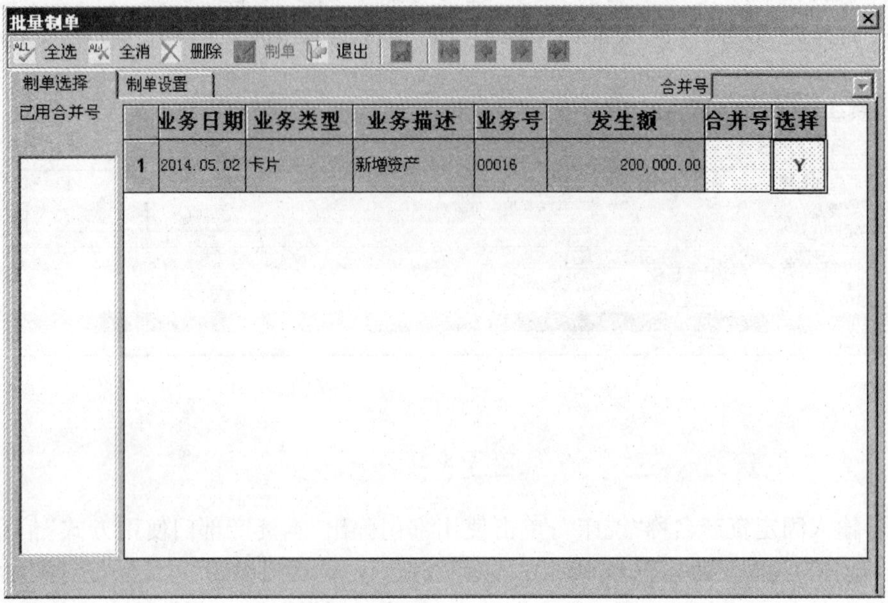

图 8.23

弹出自动生成的凭证窗口。如图 8.24。

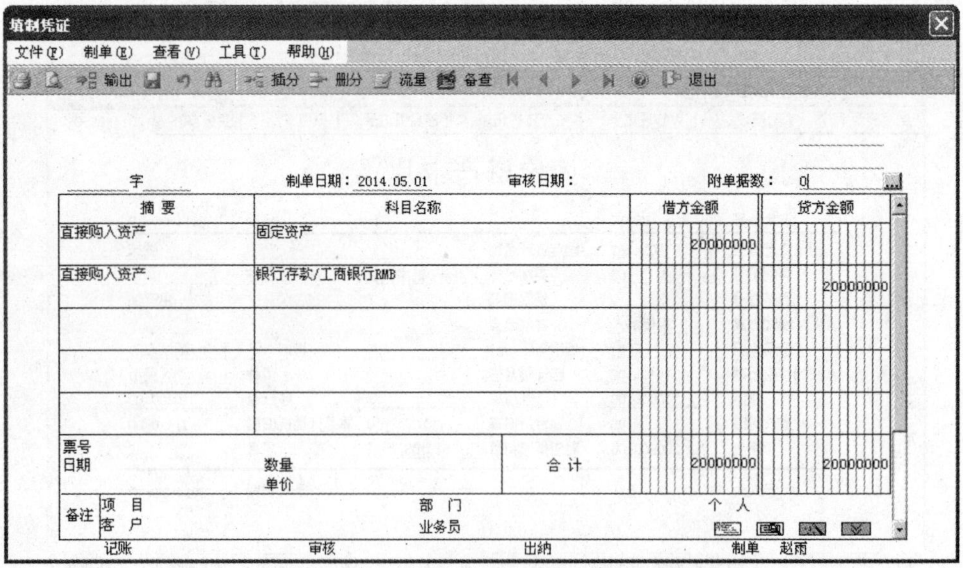

图 8.24

(6) 修改凭证，银行存款/工商存款 RMB 234 000 元，增加增值税 34 000，选择凭证类别“付款凭证”，修改制单日期、附件数，现金流量，单击“保存”按钮，如图 8.25。

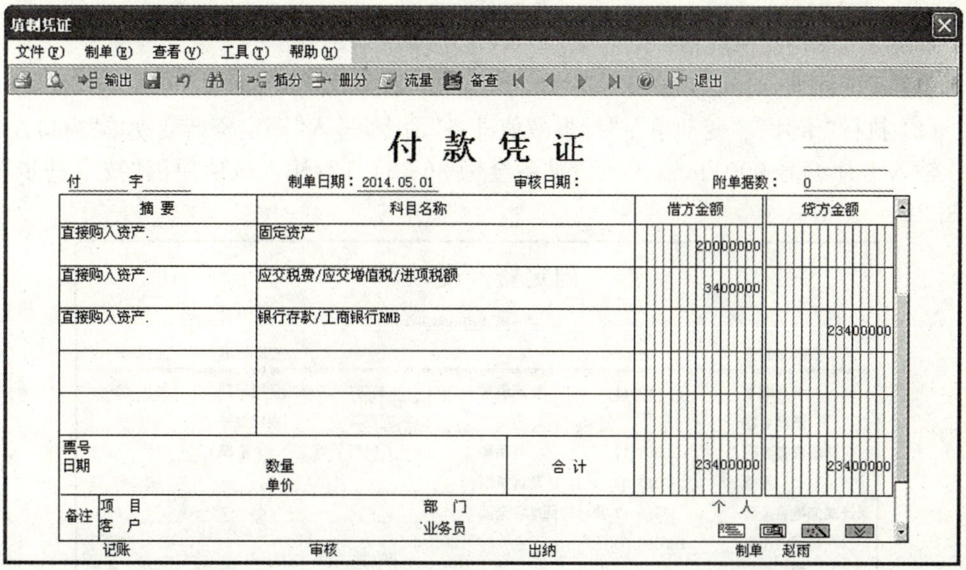

图 8.25

业务 2　原值增加

(1) 重新注册，时间为 2014 - 5 - 5。

(2) 执行“卡片”|“变动单”|“原值增加”命令，进入“固定资产变动单”窗口。

(3) 输入卡片编号 00010，输入增加金额 20 000，输入变动原因“更新改造”。

(4) 单击“保存”按钮，进入“填制凭证”窗口。

(5) 修改贷方科目为“银行存款/工商存款 RMB”。

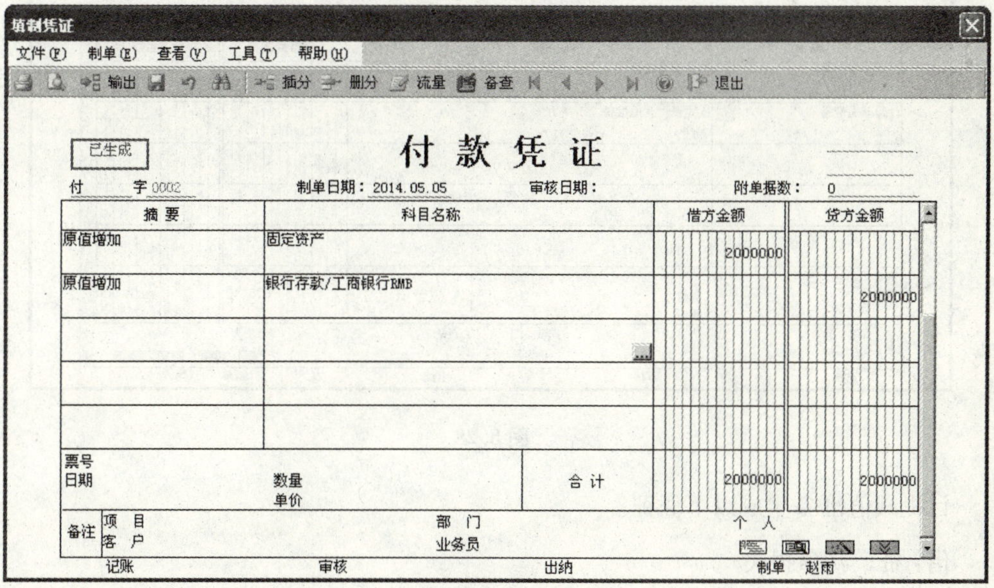

图 8.26

(6) 选择凭证类型“付款凭证”,填写修改其他项目,现金流量,单击“保存”按钮。如图 8.26。

业务 3 计提减值准备

(1) 重新注册,时间为 2014 - 5 - 12。

(2) 执行“卡片”|“变动单”|“计提减值准备”命令,进入“固定资产变动单”窗口。输入卡片编号 00011,输入减值准备金额 36 354.17;输入减值原因“技术进步”,如图 8.27。

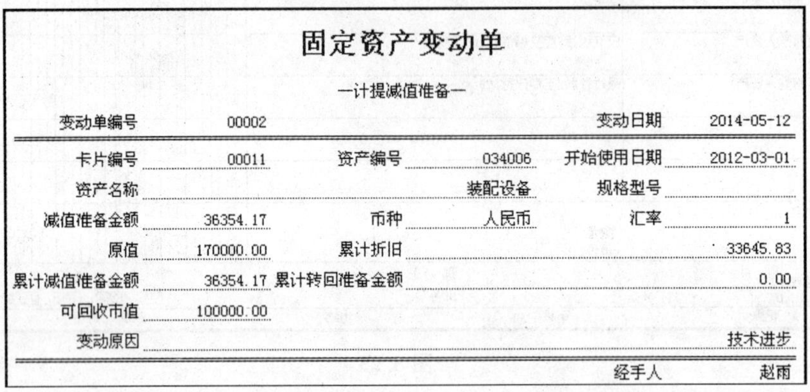

图 8.27

(3) 单击“保存”按钮,进入“填制凭证”窗口,如图 8.28。

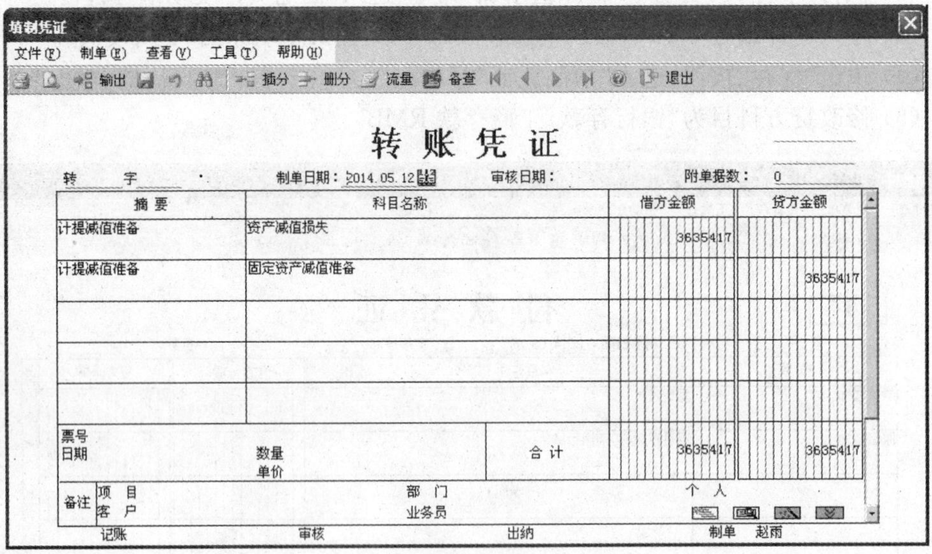

图 8.28

计提减值准备生成以下凭证。

借:资产减值损失

　贷:固定资产减值准备

(4) 选择凭证类型“转账凭证”,填写修改其他项目,单击“保存”按钮。如图 8.29。

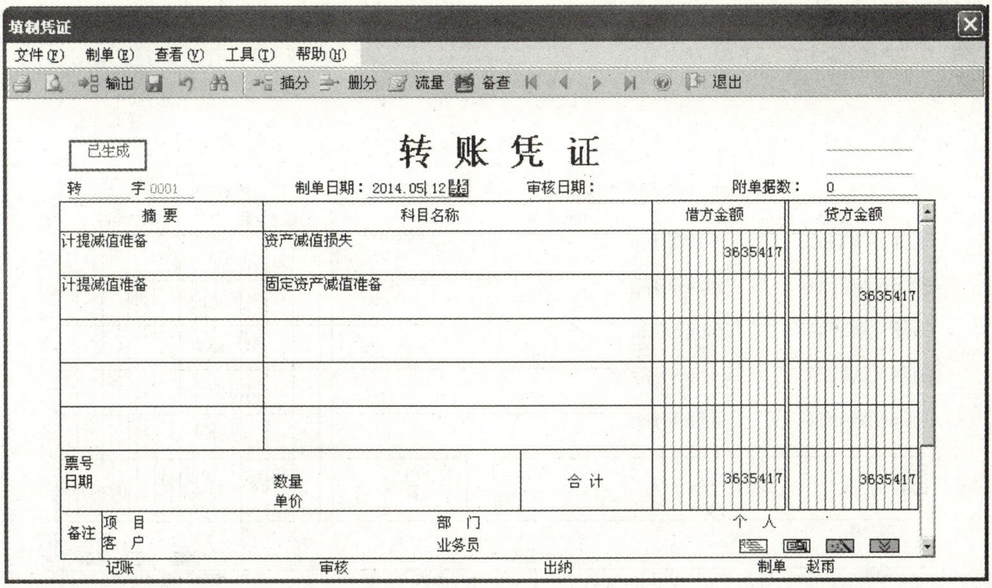

图 8.29

业务 4　计提本月折旧

(1) 重新注册，时间为 2014－5－31。

(2) 执行“处理”|“计提本月折旧”命令，系统弹出“是否要查看折旧清单?”信息提示对话框，单击“否”按钮。如果单击“是”，如图 8.30。

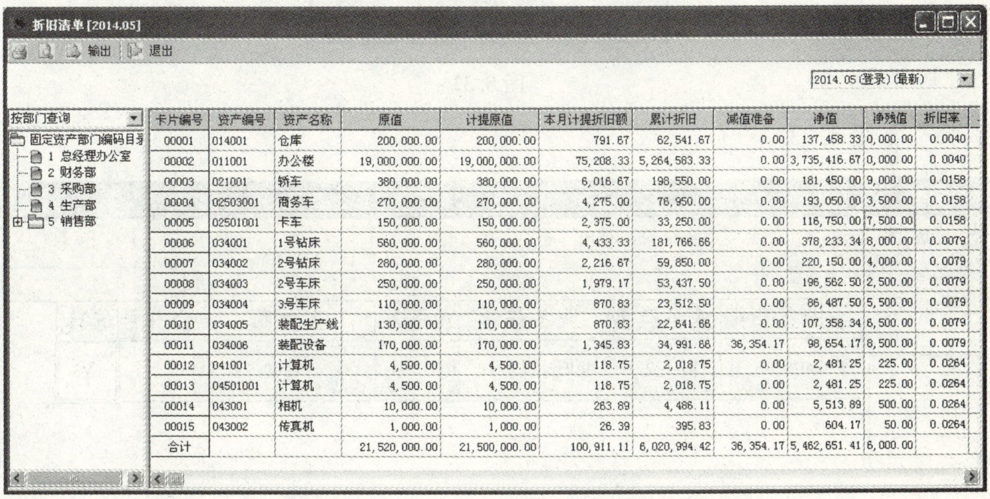

卡片编号	资产编号	资产名称	原值	计提原值	本月计提折旧额	累计折旧	减值准备	净值	净残值	折旧率
00001	014001	仓库	200,000.00	200,000.00	791.67	62,541.67	0.00	137,458.33	0,000.00	0.0040
00002	011001	办公楼	19,000,000.00	19,000,000.00	75,208.33	5,264,583.33	0.00	3,735,416.67	0,000.00	0.0040
00003	021001	轿车	380,000.00	380,000.00	6,016.67	198,550.00	0.00	181,450.00	9,000.00	0.0158
00004	02503001	商务车	270,000.00	270,000.00	4,275.00	76,950.00	0.00	193,050.00	3,500.00	0.0158
00005	02501001	卡车	150,000.00	150,000.00	2,375.00	33,250.00	0.00	116,750.00	7,500.00	0.0158
00006	034001	1号钻床	560,000.00	560,000.00	4,433.33	181,766.66	0.00	378,233.34	8,000.00	0.0079
00007	034002	2号钻床	280,000.00	280,000.00	2,216.67	59,850.00	0.00	220,150.00	4,000.00	0.0079
00008	034003	2号车床	250,000.00	250,000.00	1,979.17	53,437.50	0.00	196,562.50	2,500.00	0.0079
00009	034004	3号车床	110,000.00	110,000.00	870.83	23,512.50	0.00	86,487.50	5,500.00	0.0079
00010	034005	装配生产线	130,000.00	110,000.00	870.83	22,641.66	0.00	107,358.34	6,500.00	0.0079
00011	034006	装配设备	170,000.00	170,000.00	1,345.83	34,991.66	36,354.17	98,654.17	8,500.00	0.0079
00012	041001	计算机	4,500.00	4,500.00	118.75	2,018.75	0.00	2,481.25	225.00	0.0264
00013	04501001	计算机	4,500.00	4,500.00	118.75	2,018.75	0.00	2,481.25	225.00	0.0264
00014	043001	相机	10,000.00	10,000.00	263.89	4,486.11	0.00	5,513.89	500.00	0.0264
00015	043002	传真机	1,000.00	1,000.00	26.39	395.83	0.00	604.17	50.00	0.0264
合计			21,520,000.00	21,500,000.00	100,911.11	6,020,994.42	36,354.17	5,462,651.41	6,000.00	

图 8.30

(3) 系统继续弹出“本操作将计提本月折旧，并花费一定时间，是否要继续?”信息提示对话框，单击“是”按钮。

(4) 系统计提折旧完成后，进入“折旧分配表”窗口，单击“退出”按钮，进入“填制凭证”窗口，选择“转账凭证”类别，修改其他项目，单击“保存”按钮，如图 8.31。如果不保存，可通过批量制单生成凭证，如图 8.32。

(5) 批量制单生成折旧凭证。点击批量制单，双击折旧业务的选择项，使之变

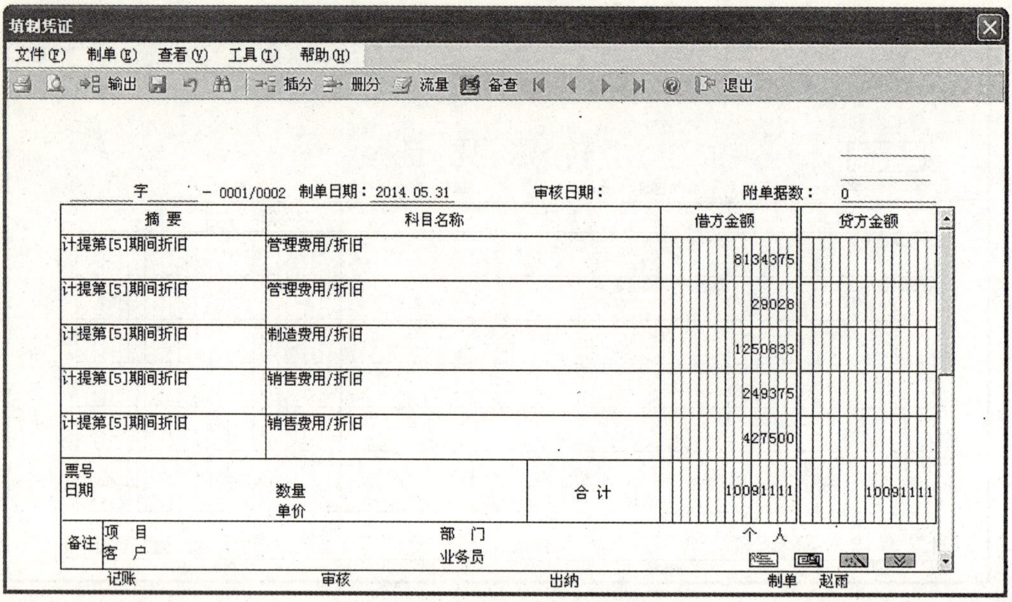

图 8.31

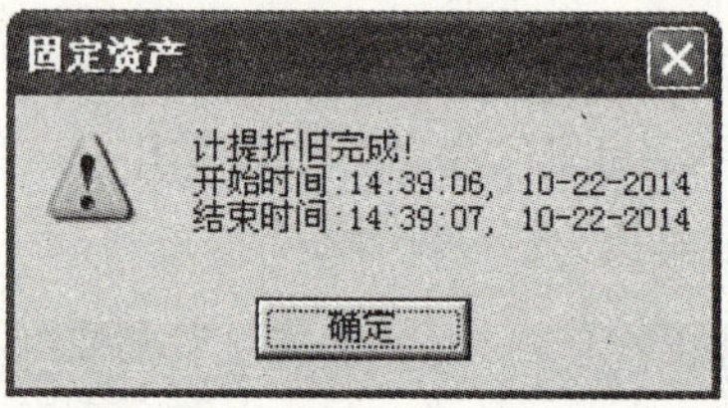

图 8.32

为:“Y”,如图 8.33。

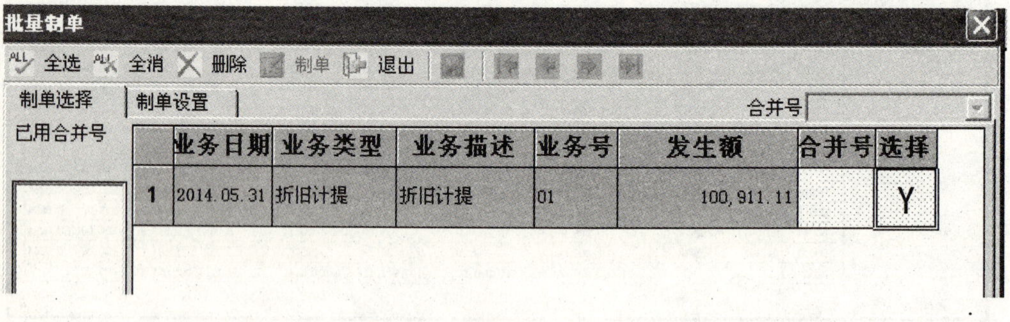

图 8.33

点击“制单设置”,点击“制单”。生成凭证保存,如图 8.34。

业务 5　资产减少

(1) 执行“卡片”|“资产减少”命令,进入“资产减少”窗口。

(2) 选择卡片编号 00012,单击“增加”按钮。

(3) 选择减少方式“毁损”,单击“确定”按钮,进入“填制凭证”窗口。选择“转账凭证”类别,修改其他项目,单击“保存”按钮。自动生成凭证,如图 8.35。

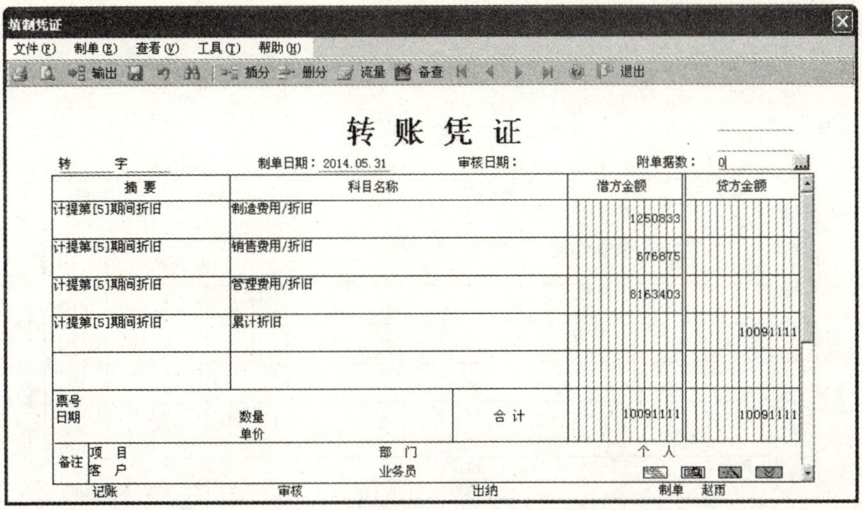

图 8.34

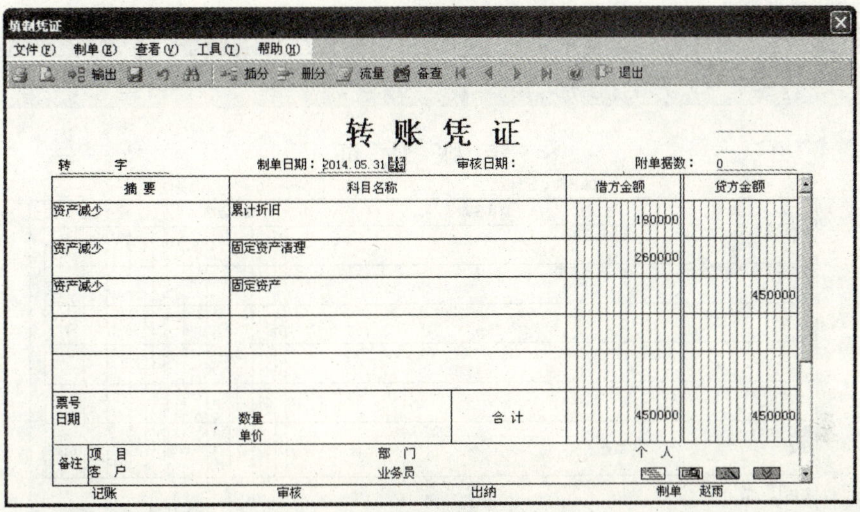

图 8.35

查询总经理办公室的计算机月初原值 4 500 元，累计折旧 1 900 元。本月应计提月折旧 118.75 元。用友 U8.72 系统中自动生成的记账凭证累计折旧的金额不正确，应为 2 018.75 元(1 900＋118.75)，固定资产清理的金额为 2 481.25 元(用友 U8.61 版本和新道版 U872 在此生成的凭证是正确的，不用修改)。

因此，修改凭证累计折旧的金额为 2 018.75 元，固定资产清理的金额为 2 481.25 元，如图 8.36(1)。

进入总账，填制，结转清理净损失的凭证，并将生成凭证审核记账，如图 8.36(2)。

3) 固定资产系统处理账表管理。

(1) 执行“账表”|“我的账表”命令，进入“固定资产报表”窗口。

(2) 单击“折旧表”，选择“(部门)折旧计提汇总表”。

(3) 单击“打开”按钮，打开“条件”对话框。

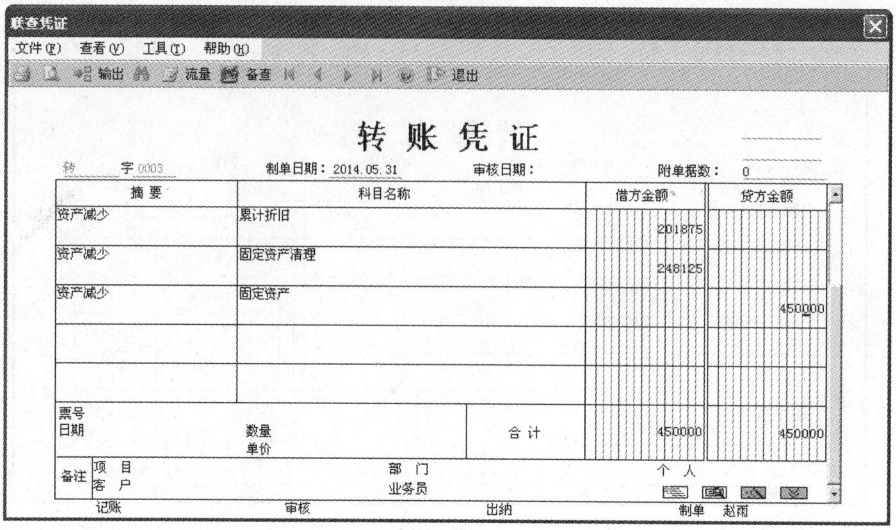

图 8.36(1)

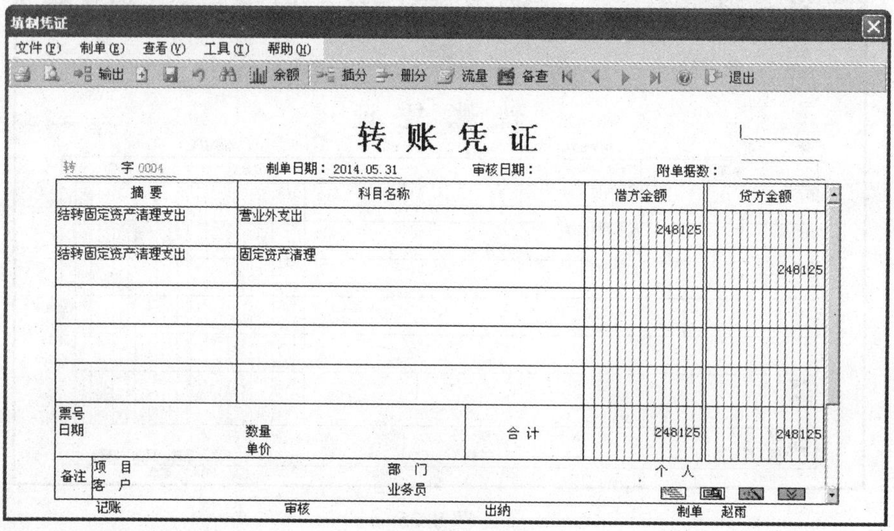

图 8.36(2)

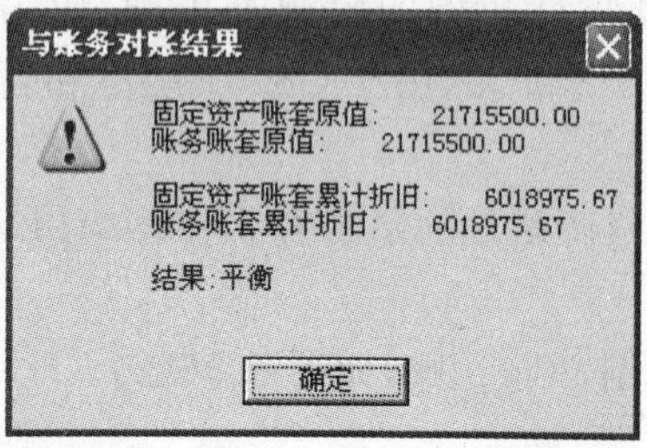

图 8.37

(4) 选择期间“2014－05”，汇总部门“1—2”，单击“确定”按钮。

4) 总账系统处理。

固定资产管理系统生成的凭证自动传递到总账管理系统。在总账管理系统中，对其他系统传递过来的凭证进行审核和记账。

(1) 以出纳“李立”的身份登录总账管理系统，进行出纳签字。

(2) 以主管的身份登录总账，进行审核、记账。

5) 对账。

（1）执行“处理”|“对账”命令，系统弹出“与财务对账结果”信息对话框，如图8.37。

（2）单击“确定”按钮。

6）结账。

（1）执行“处理”|“月末结账”命令，打开“月末结账”对话框，如图8.38。

（2）单击“开始结账”按钮，系统弹出“月末结账成功完成！”信息提示对话框。

（3）单击“确定”按钮。

取消结账。

（1）执行“处理”|“恢复月末结账前状态”命令，系统弹出“是否继续？”

（2）单击“是”按钮，系统弹出“成功恢复月末结账前状态！”信息提示对话框。

（3）单击“确定”按钮。

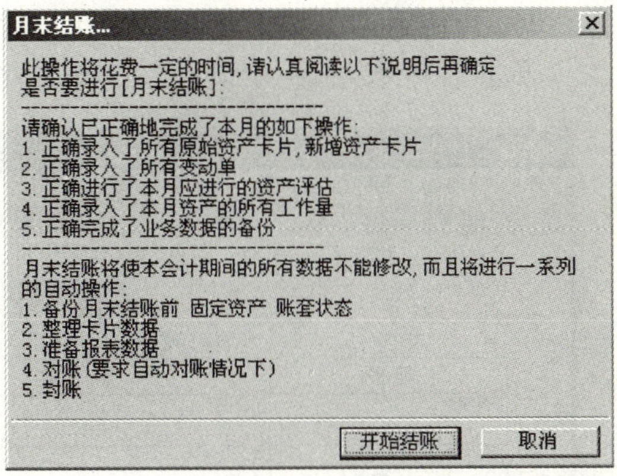

图8.38

注：

- 固定资产系统结账后，总账才能结账。
- 固定资产系统上月结账后，下月业务才能正常进行。

7）总账系统期末处理。

以主管的身份登录总账，结账。

8）特殊业务处理。

业务6　接受捐赠

（1）重新注册，时间为2014－6－4。

（2）执行：“卡片”|“资产增加”命令，进入“资产类别参照”窗口。

（3）选择资产类别：“交通工具02”，单击“确定”按钮，进入“固定资产卡片”窗口，如图8.39。

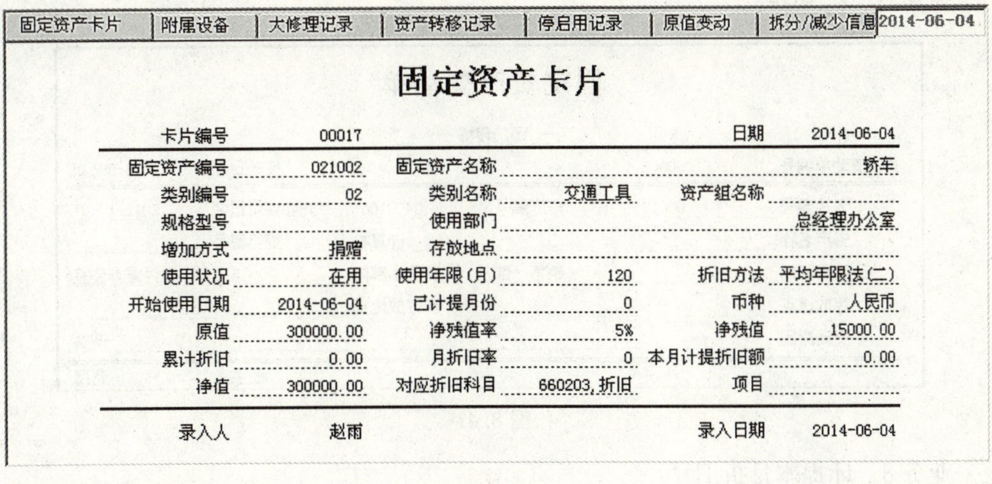

图8.39

(4) 输入固定资产名称“轿车”；单击使用部门弹出“本资产部门使用方式”信息提示对话框，选择“单部门使用”选项，单击“确定”按钮，打开“部门参照”对话框，选择“总经理办公室”选项，单击“增加方式”选择“捐赠”，单击“使用状况”选择“在用”；输入原值300 000，可使用年限“120”月，开始使用日期“2014－06－04”。

单击“保存”按钮，进入“填制凭证”窗口，修改贷方科目为营业外收入，单击保存，如图8.40。

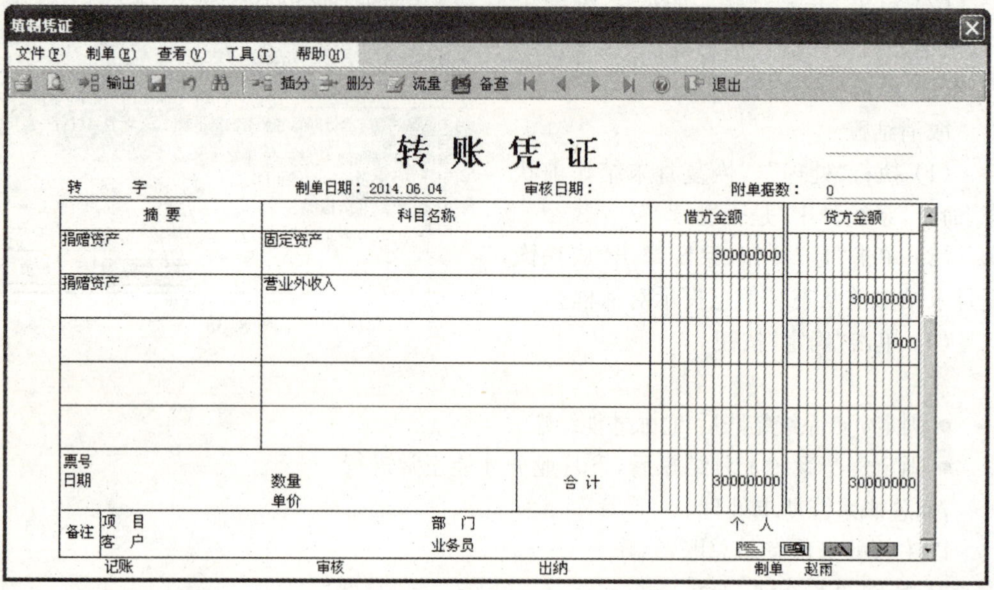

摘要	科目名称	借方金额	贷方金额
捐赠资产	固定资产	30000000	
捐赠资产	营业外收入		30000000
			000
票号 日期	数量 单价 合计	30000000	30000000

图8.40

业务7 资产部门转移

执行“卡片”|“变动单”|“部门转移”命令，进入“固定资产变动单”窗口。

输入卡片编号00013；单击“变动后部门”选择“总经理办公室”；输入变动原因“调拨”，如图8.41。

单击“保存”按钮。

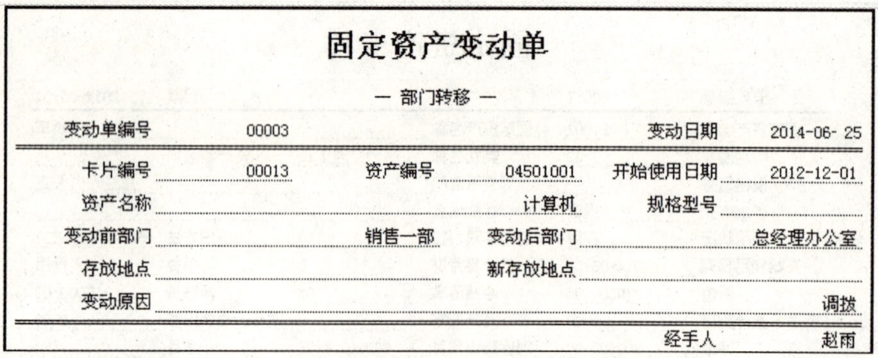

图8.41

业务8 计提本月折旧

(1) 重新注册，时间为2014－6－30。

(2) 执行“处理”|“计提本月折旧”命令，系统弹出“是否要查看折旧清单?”信息提示对话框，单击“否”按钮。

(3) 系统继续弹出“本操作将计提本月折旧，并花费一定时间，是否要继续?”信息提示对话框，单击“是”按钮。

(4) 系统计提折旧完成后，进入“折旧分配表”窗口，单击“退出”按钮，进入“填制凭证”窗口，选择“转账凭证”类别，修改其他项目，单击“保存”按钮。

业务9　固定资产清理

操作同业务5资产减少。需在总账中增加清理费用和收入的凭证，并结转清理损失。

业务10　资产盘点

(1) 重新注册，时间为2014－06－30。

(2) 执行“卡片”|“卡片管理”命令，进入“卡片管理”窗口。

(3) 选择“采购部”，执行“编辑”|“列头编辑”命令，补充选择其他列头显示项目。单击“打印”按钮，将采购部资产清单打印出来，以备按单核查。

(4) 实地盘点后，资料显示，缺少相机1台。执行“卡片”|“资产盘点”命令，进入“盘点单管理”窗口。

(5) 单击“增加”按钮，打开“新增盘点单——数据录入”对话框。单击“范围”，打开盘点范围设置，选择盘点日期“2014－06－30”；盘点方式“按使用部门盘点”；使用部门“采购部”，单击“确定”按钮(或单击“栏目”，选择“录入项目”为“固定资产编号”和“固定资产名称”，单击“确定”按钮，进入“数据录入”窗口。)删除“相机”所在行，点击保存。

(6) 单击“核对”按钮，系统自动与采购部的固定资产账面记录进行核对，生成盘点结果清单，如图8.42。

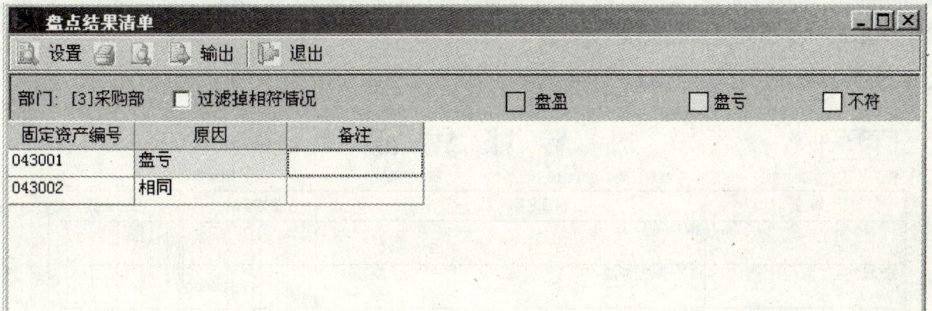

图8.42

(7) 执行“卡片”|“盘点盈亏确认”|,选择并审核。

(8) 执行“卡片”|“资产盘亏”,选择“相机”,点击“盘亏处理”。

(9) 自动进入“资产减少”,点击“确定”。生成“机制凭证”。

注意:减少固定资产的累计折旧的正确取数,如图 8.43 和图 8.44。

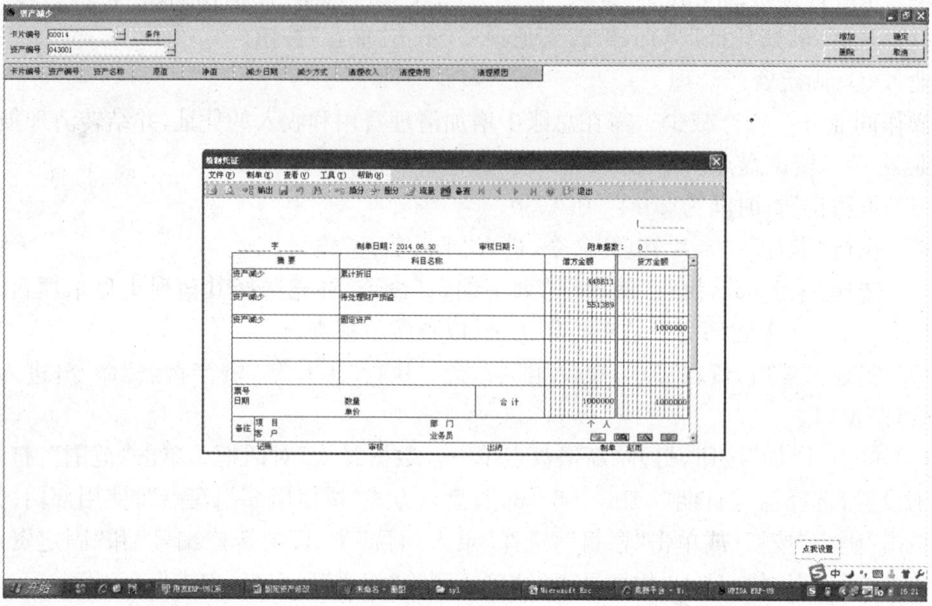

图 8.43

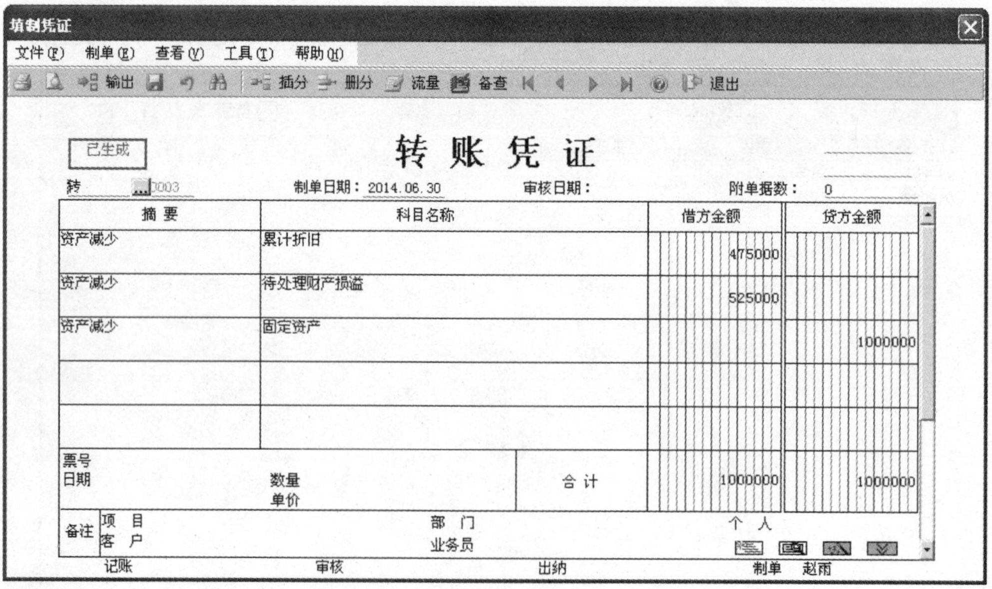

图 8.44

9) 总账系统处理。

(1) 以出纳“李立”的身份登录总账管理系统,进行出纳签字。

（2）以主管的身份登录总账，进行审核和记账。

10）对账。

（1）执行“处理”|“对账”命令，系统弹出“与财务对账结果”信息对话框，如图8.45。

图8.45

（2）单击“确定”按钮。

11）结账。

（1）执行“处理”|“月末结账”命令，打开“月末结账”对话框。

（2）单击“开始结账”按钮，系统弹出“月末结账成功完成!”信息提示对话框。

（3）单击“确定”按钮。

12）总账系统处理。

以主管的身份登录总账，进行结账。

8.3　实战点拨

8.3.1　固定资产结账应在总账结账之前

在学习使用固定资产系统时，最好单独建立一套新账来单独练习。因为经常有核算人员在正使用着的账套下打开固定资产来练习，结果使得最后总账系统月末结账时提示固定资产尚未结账而总账也无法结账的情况。

8.3.2　固定资产和总账对账不平的原因

（1）总账和固定资产启用的当期期初数字就不平。

（2）总账部分有些凭证涉及固定资产和累计折旧科目，但是固定资产系统没有做相应调整。

（3）固定资产系统所做业务没有全部通过做凭证传递到总账，或传递到总账但没有记账。

典型项目9　供应链管理系统初始化

9.1　供应链管理系统初始化概述

9.1.1　供应链管理系统的启用

(1) 采购、销售、存货、库存四个模块，如果其中有一个模块后启，其启用期间必须大于等于其他模块最大的未结账月。

(2) 应付先启，采购后启，采购的启用月必须大于等于应付的未结账月。

(3) 应收先启，销售后启，销售的启用月必须大于等于应收的未结账月，并且《应收款管理》未录入当月(销售启用月)发票，或者将录入的发票删除。

(4) 销售先启，应收后启，如果销售已有结账月，应收的启用月应大于等于销售未结账月；如果销售无结账月，应收的启用月应大于等于销售启用月。

(5) 销售先启，应收后启，应将销售当月已审核的代垫费用单生成应收单(单据日期为当月)。

(6) 委外管理只有在库存管理和存货核算两个模块都启用之后，才能启用。同时建议用户启用《委外管理》时，应保证其启用月份大于或等于《库存管理》、《存货核算》、《应付款管理》的未结账月份。

(7) 质量管理系统必须与库存系统一起使用，只有在库存系统启用后，质量管理系统才可启用，质量管理系统的启用月必须大于等于库存管理的未结账月；与其他系统无先后启用顺序控制。

9.1.2　基础数据的设置

在开始日常业务之前，必须设置所用到的所有基础数据。按照下列顺序设置业务需要的基础数据。

(1) 部门。

(2) 人员、人员类别、职务档案、岗位档案。

(3) 地区分类、客户分类、供应商分类。

(4) 付款条件。

(5) 自定义项设置。

(6) 自定义项档案。

(7) 发运方式。

(8) 客户、供应商。

(9) 存货分类、计量单位组、计量单位编码、存货。

(10) 仓库、货位。

(11) 产品结构、成套件。

(12) 收发类别。

(13) 销售类型、采购类型。

(14) 币种、汇率、科目。

(15) 结算方式、银行档案、本单位开户银行、费用项目、原因码档案、常用摘要、项目、凭证类别(没有顺序)。

9.1.3　供应链产品的期初数据

进行供应链管理系统初始化应准备下列数据。

(1) 采购管理：期初暂估入库、期初在途存货、期初受托代销商品。

(2) 库存管理：期初结存、期初不合格品。

(3) 销售管理：期初发货单、期初委托代销发货单。

(4) 存货核算：期初余额、期初分期收款发出商品、期初委托代销发出商品。

9.2　典型项目实训

9.2.1　项目目的

了解供应链管理的工作特点及其与手工系统和其他会计子系统的区别。掌握供应链管理系统初始设置。

9.2.2　项目内容

录入期初数据：录入期初数据，对期初数据进行记账、审核。

9.2.3　项目准备

引入典型项目 3，启用采购管理、库存管理、销售管理、存货核算、应收款管理和应付款管理子系统。

9.2.4　项目要求

以账套主管的身份进行初始设置。

9.2.5　项目资料

9.2.5.1　基础档案设置

1) 存货分类。

表 9.1　存货分类表

序　号	分　类　编　码	分　类　名　称
1	01	原材料
2	02	产成品
3	09	运输费用

2）计量单位组。

表 9.2　计量单位组表

序　号	计量单位组编码	计量单位组名称	计量单位组类别
1	1	无换算关系组	无换算率

3）计量单位。

表 9.3　计量单位表

序　号	计量单位编码	计量单位名称	计量单位组编码
1	101	箱	1
2	102	千克	1
3	103	公里	1
4	104	台	1
5	105	个	1

4）存货档案。

表 9.4　存货档案

序号	存货编码	存货名称	存货大类名称	主计量单位名称	进销项税率%	是否内销	是否外购	是否自制	是否生产耗用	是否应税劳务
1	0101	S1 配件	原材料	箱	17		Y		Y	
2	0102	S2 材料	原材料	千克	17		Y		Y	
3	0103	L1 材料	原材料	千克	17		Y		Y	
4	0201	利群 S1 机床	产成品	台	17	Y		Y		
5	0202	利群 S2 机床	产成品	台	17	Y		Y		
6	0203	H1 电路板	产成品	个	17	Y	Y	Y		
7	0901	运输费	运输费用	公里	11	Y	Y			Y

5）仓库档案。

表 9.5　仓库档案

仓 库 编 码	仓 库 名 称	计 价 方 式
1	原料库	移动平均法
2	成品库	移动平均法

6）收发类别。

表 9.6　收发类别表

序号	收发类别编码	收发类别名称	收发标志
1	3	正常出库	发
2	31	销售出库	发
3	32	领用出库	发
4	4	非正常出库	发
5	41	盘亏出库	发
6	42	其他出库	发

（续表）

序号	收发类别编码	收发类别名称	收发标志
7	1	正常入库	收
8	11	采购入库	收
9	12	成品入库	收
10	2	非正常入库	收
11	21	盘盈入库	收
12	22	其他入库	收

7）采购类型。

表 9.7　采购类型表

采购类型编码	采购类型名称	入库类别	是否默认值
1	普通采购	采购入库	是

8）销售类型。

表 9.8　销售类型

销售类型编码	销售类型名称	出库类别	是否默认值
1	经营销售	销售出库	是
2	代理销售	销售出库	否

9）本单位开户银行。

表 9.9　开户银行情况表

序号	编码	银行账号	币　种	开　户　银　行	所属银行编码	所属银行名称
1	1	120110257831	人民币	中国工商银行天津分行滨海新区分理处	01	中国工商银行

10）设置凭证类别。

凭证类别为记账凭证。

9.2.5.2　设置基础科目

1）存货核算系统。

存货科目：按照存货分类设置存货科目。

表 9.10　存货科目设置表

仓库编码	仓库名称	存货分类编码	存货科目编码	存货科目名称
1	原料库	01	1403	原材料
2	成品库	02	1405	库存商品

对方科目：根据收发类别设置对方科目。

表 9.11　对方科目设置表

收发类别编码	收发类别名称	对方科目编码	对方科目名称
11	采购入库	1402	在途物资
12	成品入库	5001	生产成本

（续表）

收发类别编码	收发类别名称	对方科目编码	对方科目名称
21	盘盈入库	1901	待处理财产损溢
31	销售出库	6401	主营业务成本
32	领用出库	5001	生产成本
41	盘亏出库	1901	待处理财产损溢

2）应收款管理系统。

（1）设置-选项。

表 9.12 应收款管理选项表

卡　片	内　容
常规	坏账处理方式：账龄分析法
凭证	默认
权限与预警	录入发票时显示提示信息
核销设置	应收款核销方式：按单据

（2）初始设置。

基本科目设置：应收科目 1122，预收科目 2203，销售收入 6001，销售退回 6001，税金科目 22210102，其他科目暂时不设置。

控制科目设置：

表 9.13 客户控制科目设置表

客户编码	客户简称	应收科目	预收科目
Hnfy	海南飞跃	1122	2203
Shjj	上海机械	1122	2203
Shnj	上海农机	1122	2203

结算方式科目设置

表 9.14 结算方式科目设置表

结算方式	币　种	科　目
01 现金	人民币	1001
021 现金支票	人民币	1002
022 转账支票	人民币	1002
03 电汇	人民币	1002

坏账准备设置：坏账准备期初 0，坏账准备科目 1231，对方科目 6701。

计提比例：

表 9.15 坏账准备计提比例表

序　号	起止天数	计提比率
01	0～30	0
02	31～60	10

（续表）

序　号	起止天数	计提比率
03	61～90	20
04	91～120	50
05	121 以上	90

账期内账龄区间设置：

表 9.16　账龄区间表

序　号	起止天数	总　天　数
01	0～30	30
02	31～60	60
03	61～90	90
04	91～120	120
05	121 以上	

报警级别设置：

表 9.17　报警级别设置表

序　号	起止比率	总比率()	级别名称
01	0～10%	10	A
02	10%～50%	50	B
03	50%～80%	80	C
04	80%～100%	100	D
05	100%以上		E

3）应付款管理系统。

（1）设置-选项。

表 9.18　应付款管理选项表

卡　片	内　容
常　规	默　认
凭　证	默　认
权限与预警	默　认
核销设置	应付款核销方式：按单据，其他默认

（2）初始设置。

基本科目设置：应付科目 220201，预付科目 1123，采购科目 1401，税金科目 22210101，其他科目可暂时不设置。

注：新增科目 220201 一般应付款，供应商核算，受控系统为应付系统：220102 暂估应付款，供应商核算，受控系统为空；修改 1123 预付账款，客户往来，受控系统为应收系统。

控制科目设置：

表 9.19　供应商控制科目设置

供应商编码	供应商简称	应付科目	预付科目
Fspj	佛山配件	220201	1123
Hngj	南海工具	220201	1123
Shld	上海铝锭	220201	1123

结算方式科目设置：

表 9.20　结算方式科目设置表

结　算　方　式	币　　种	科　　目
01 现金	人民币	1001
021 现金支票	人民币	1002
022 转账支票	人民币	1002
03 电汇	人民币	1002

账期内账龄区间设置：

表 9.21　账龄区间设置表

序　号	起 止 天 数	总　天　数
01	0～30	30
02	31～60	60
03	61～90	90
04	91～120	120
05	121 以上	

报警级别设置：

表 9.22　报警级别设置表

序　号	起止比率	总比率()	级别名称
01	0～10%	10	A
02	10%～50%	50	B
03	50%～80%	80	C
04	80%～100%	100	D
05	100%以上		E

9.2.5.3　期初数据

1）总账系统期初数据。

表 9.23　总账期初余额表

科　目　名　称	方　向	期 初 余 额
库存现金(1001)	借	1 083
银行存款(1002)	借	2 000 000
其他货币资金(1012)	借	100 000

（续表）

科目名称	方向	期初余额
交易性金融资产(1101)	借	800 000
应收账款(1122)	借	500 000*
预付账款(1123)	借	5 000*
其他应收款(1221)	借	280 000
原材料(1403)	借	590 000
库存商品(1405)	借	1 670 000
周转材料(1411)	借	10 000
持有至到期投资(1501)	借	2 000 000
长期股权投资(1511)	借	2 000 000
固定资产(1601)	借	21 500 000
累计折旧(1602)	贷	5 920 083.33
无形资产(1701)	借	1 000 000
长期待摊费用(1801)	借	10 000
短期借款(2001)	贷	3 000 000
应付账款(2202)	贷	200 000*
一般应付款(220201)	贷	200 000
暂估应付款(220202)	贷	0
应交税费(2221)	贷	5 000
应交增值税(222101)	贷	0
进项税额(22210101)	贷	0
销项税额(22210102)	贷	0
未交增值税(222102)	贷	5 000
长期借款(2501)	贷	5 520 999.67
实收资本(4001)	贷	22 000 000
盈余公积(4101)	贷	150 000
本年利润(4103)	贷	600 000
利润分配(4104)	贷	400 000
生产成本(5001)	借	5 330 000

带*号的数据暂时不输入。

2）采购管理系统期初数据。

4月26日，收到从上海铝锭采购的原材料S2材料500千克，暂估单价2元/千克，原料已验收入库，发票未收，业务员马卿。

3）销售管理系统期初数据。

4月28日，销售部林枫向上海农机厂销售利群S2机床一台，不含税单价360 000元，货已发出，尚未开出发票。

4）库存管理和存货核算系统期初数据。

原材料库

表 9.24　原材料期初数据表

存货编码	存货名称	主计量单位	数　量	单　价	金　额
0101	S1 配件	箱	1 000.00	100.00	100 000.00
0102	S2 材料	千克	200 000.00	2.00	400 000.00
0103	L1 材料	千克	9 000.00	10.00	90 000.00

成品库

表 9.25　成品库期初数据表

存货编码	存货名称	主计量单位	数　量	单　价	金　额
0201	利群 S1 机床	台	5.00	210 000.00	1 050 000.00
0202	利群 S2 机床	台	6.00	100 000.00	600 000.00
0203	H1 电路板	个	400.00	50.00	20 000.00

5）应收款管理系统期初数据。

表 9.26　应收款期初数据表

单 据 类 型	单据日期	客　户	科目	币种	摘要	方向	金额	部门	业务员
应收单——其他应收单	4 月 30 日	海南飞跃	1122	人民币	货款	借	350 000	采购部	李新
应收单——其他应收单	4 月 30 日	上海机械	1122	人民币	货款	借	100 000	采购部	马静言
应收单——其他应收单	4 月 30 日	上海农机	1122	人民币	货款	借	50 000	采购部	李新

6）应付款管理系统期初数据。

表 9.27　应付款期初数据表

单 据 类 型	单据日期	供应商	结算方式	存货	币种	摘要	金　额	部门	业务员
预付款——付款单	4 月 30 日	佛山配件厂	电汇		人民币	货款	5 000.00	采购部	张佳
采购专用发票	4 月 30 日	南海工具厂		S1 配件	人民币		200 000.00	采购部	马卿

9.2.6　项目指导

9.2.6.1　在企业应用平台中启用系统

(1) 执行“开始”|“程序”|“用友 ERP－U872”|“企业应用平台”，打开“登录”对话框。

(2) 以账套主管的身份进行项目操作。

(3) 执行“基础设置”|“基本信息”|“系统启用”命令，打开“系统启用”选中“应收款管理”、“应付款管理”、“销售管理”、“采购管理”、“库存管理”、“存货管理”，并选择启用时间为“2014 年 5 月 1 日”，单击“确定”，如图 9.1 和图 9.2。

9.2.6.2　基础档案设置

在开始日常业务之前，必须设置所用到的所有基础档案数据。

(1) 执行“基础设置”|“基础档案”|“存货”，设置项目资料中的“存货分类”，点击“增

加”，输入分类编码：01，分类名称：原材料。同理输入其他存货分类。

（2）执行“存货”|“计量单位”，点击“分组”，点击“增加”，先设置项目资料中的“计量单位组”，保存，退出，如图 9.3。

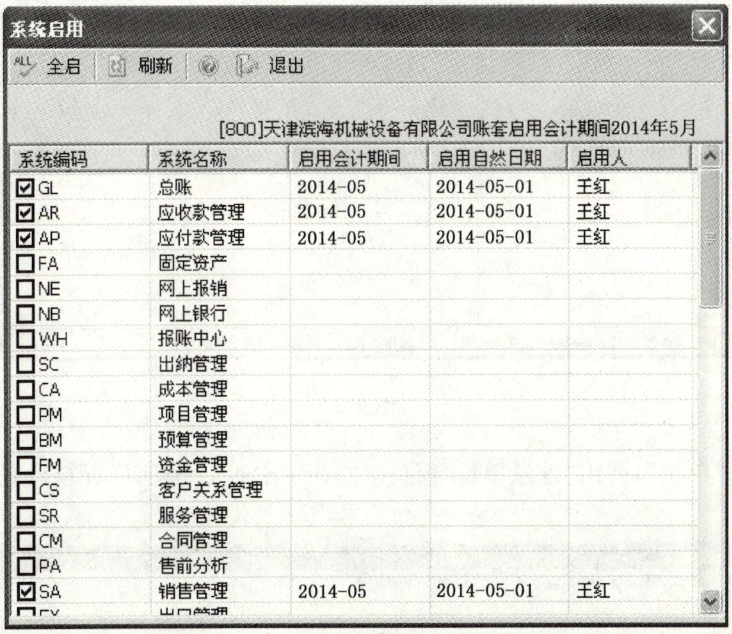

系统编码	系统名称	启用会计期间	启用自然日期	启用人
☑GL	总账	2014-05	2014-05-01	王红
☑AR	应收款管理	2014-05	2014-05-01	王红
☑AP	应付款管理	2014-05	2014-05-01	王红
☐FA	固定资产			
☐NE	网上报销			
☐NB	网上银行			
☐WH	报账中心			
☐SC	出纳管理			
☐CA	成本管理			
☐PM	项目管理			
☐BM	预算管理			
☐FM	资金管理			
☐CS	客户关系管理			
☐SR	服务管理			
☐CM	合同管理			
☐PA	售前分析			
☑SA	销售管理	2014-05	2014-05-01	王红

图 9.1

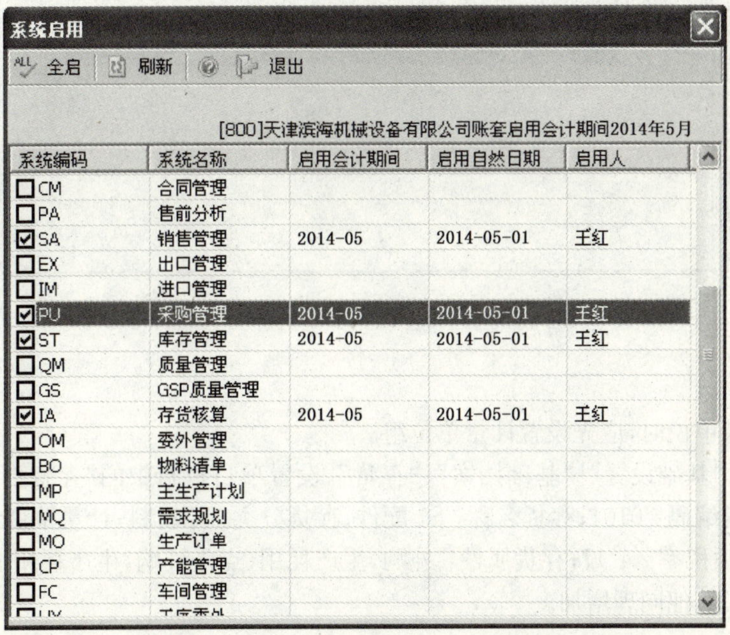

系统编码	系统名称	启用会计期间	启用自然日期	启用人
☐CM	合同管理			
☐PA	售前分析			
☑SA	销售管理	2014-05	2014-05-01	王红
☐EX	出口管理			
☐IM	进口管理			
☑PU	采购管理	2014-05	2014-05-01	王红
☑ST	库存管理	2014-05	2014-05-01	王红
☐QM	质量管理			
☐GS	GSP质量管理			
☑IA	存货核算	2014-05	2014-05-01	王红
☐OM	委外管理			
☐BO	物料清单			
☐MP	主生产计划			
☐MQ	需求规划			
☐MO	生产订单			
☐CP	产能管理			
☐FC	车间管理			

图 9.2

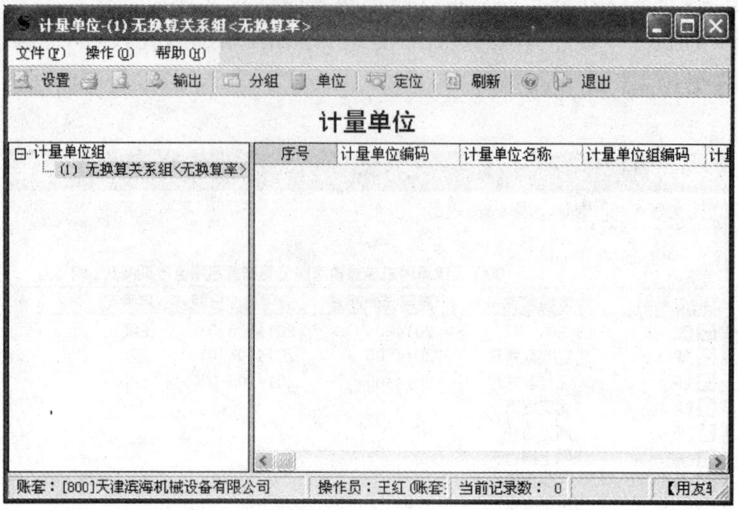

图 9.3

(3) 点击“单位”，弹出“计量单位”窗口。点击“增加”。按项目资料设置“计量单位”，如图 9.4。

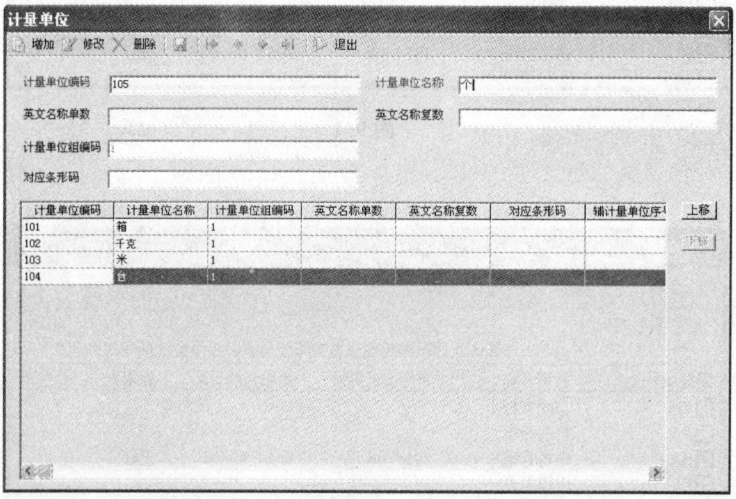

图 9.4

注：

设置计量单位时，应先设置计量单位组。

(4) 执行“基础设置”|“基础档案”|“存货”，设置项目资料中的“存货档案”，点击“增加”，输入存货编码：0101；存货名称：S1 配件；存货分类：原材料；计量单位组：1；主计量单位：箱；销项税率%：17；存货属性：外购，生产耗用(点击外购，生产耗用前的复选框)。点击“保存”。其他同理增加。

注：

存货属性设置一定正确，否则影响后期业务的使用。

(5) 执行"基础档案"|"业务",设置项目资料中的"仓库档案"(如图 9.5)、"收发类别"(如图 9.6)、"采购类型"(如图 9.7)和"销售类型"(如图 9.8)。

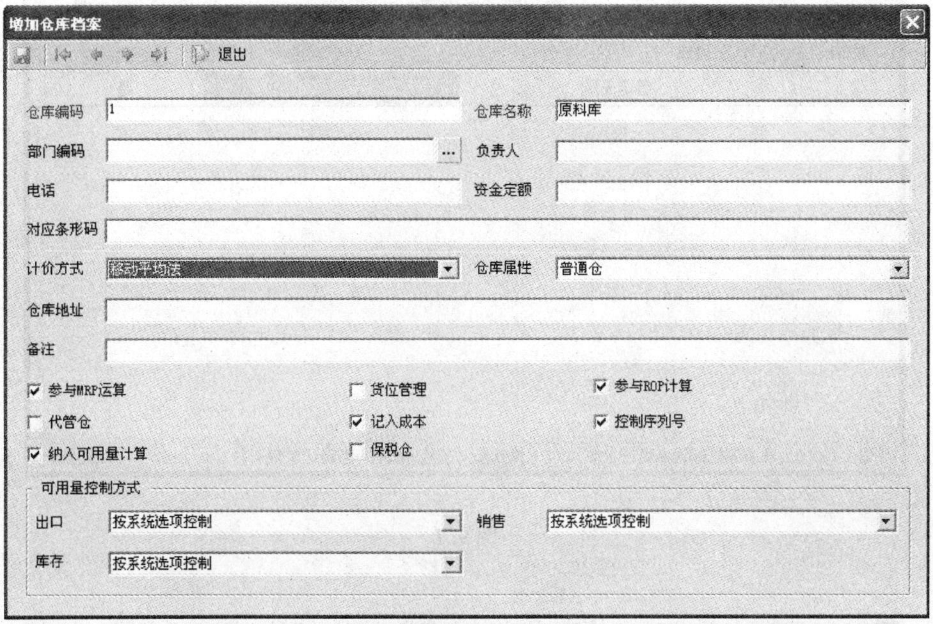

图 9.5

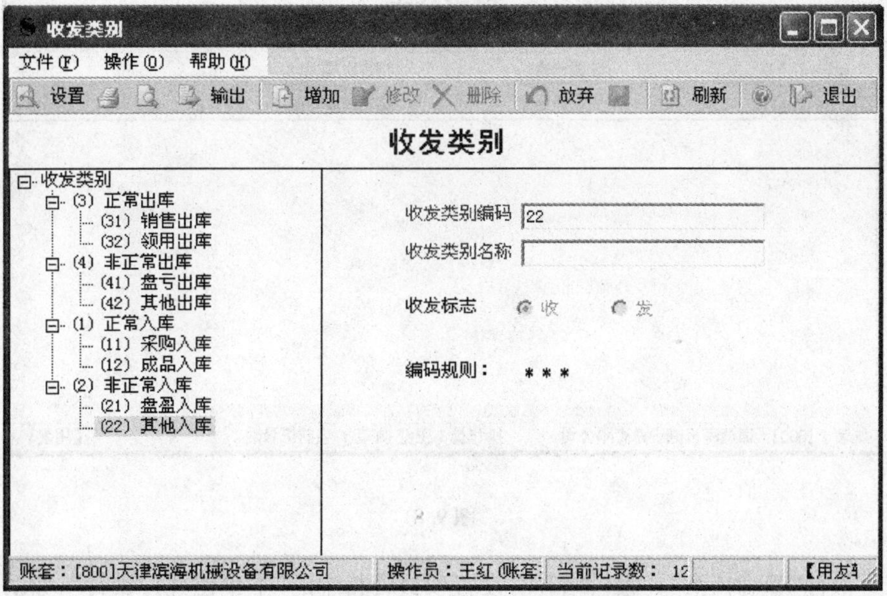

图 9.6

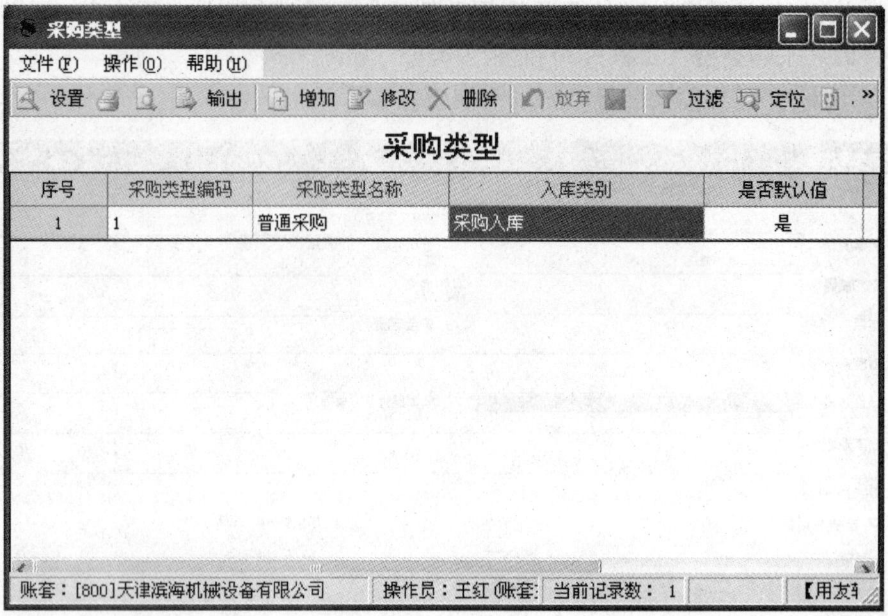

图 9.7

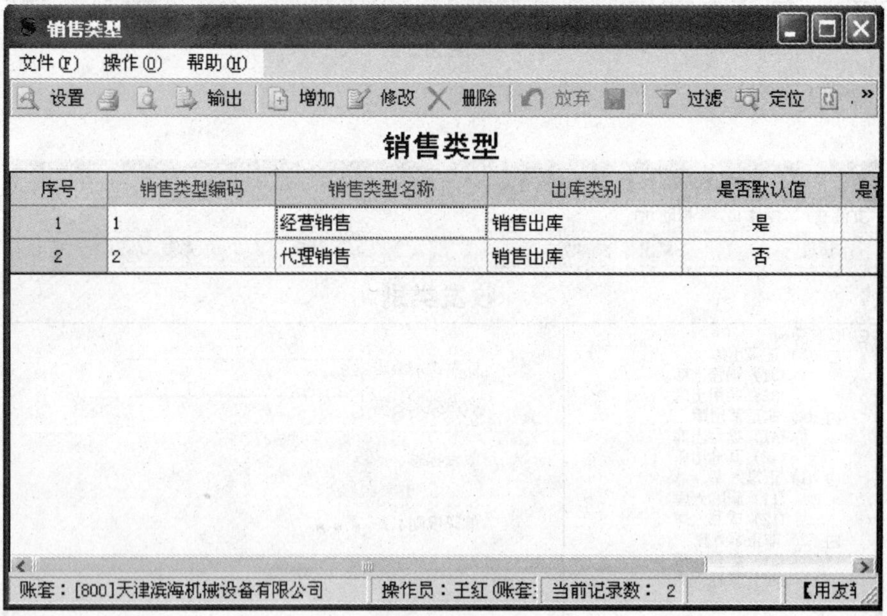

图 9.8

(6) 执行“基础档案”|“收付结算”，设置项目资料中的“本单位开户银行”，如图 9.9。

(7) 设置凭证类别。进入“基础设置”|“基础档案”|“财务”|“凭证类别”，设置凭证类别，选择“记账凭证”，确定，退出，如图 9.10。

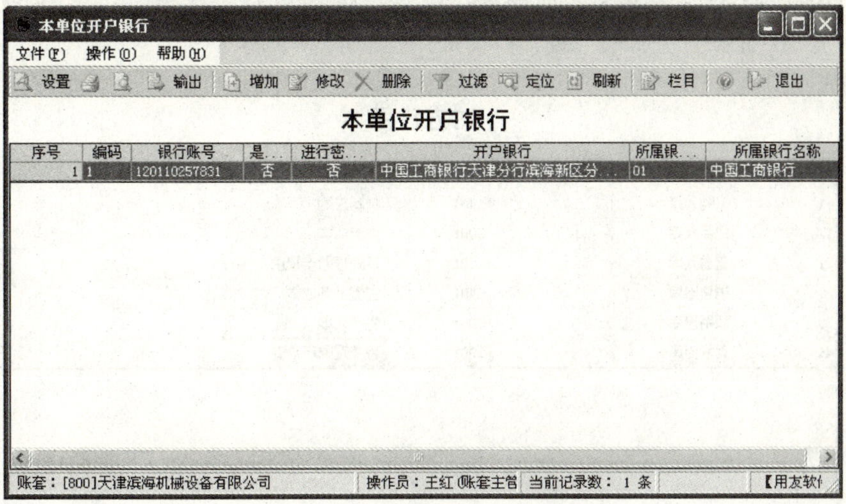

图 9.9

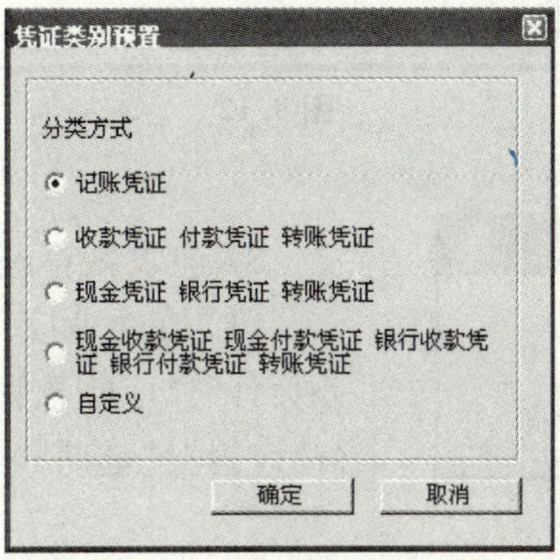

图 9.10

点击“确定”，退出。

9.2.6.3　设置基础科目

1) 存货核算系统的科目设置。

(1) 在企业应用平台，执行“业务工作”|“供应链”|“存货核算”，进入“存货核算系统”。

(2) 执行“初始设置”|“科目设置”|“存货科目”，进入“存货科目”窗口。点击“增加”，按资料设置，如图 9.11。

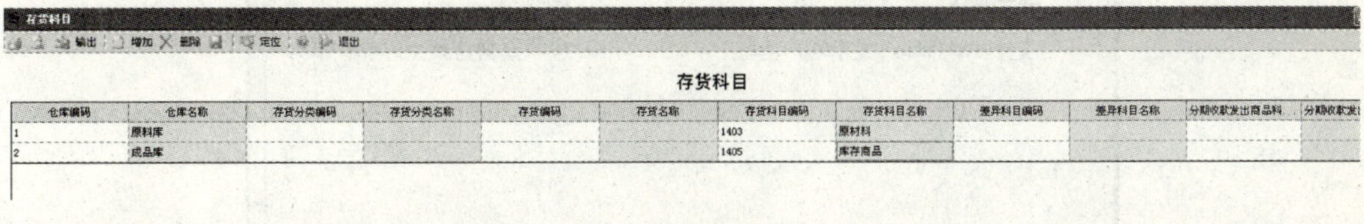

图 9.11

(3) 执行“初始设置”|“科目设置”|“对方科目”，进入“对方科目”窗口。点击“增加”，按资料设置。退出时保存，如图 9.12 和图 9.13。

收发类别编码	收发类别名称	项	项目编码	对方科目编码	对方科目名称	暂估科目编码	暂估科目名称
11	采购入库			1401	材料采购		
12	成品入库			5001	生产成本		
21	盘盈入库			1901	待处理财产损溢		
31	销售出库			6401	主营业务成本		
32	领用出库			5001	生产成本		
41	盘亏出库			1901	待处理财产损溢		

图 9.12

图 9.13

2）应收款管理系统。

(1) 在企业应用平台，执行“业务工作”|“财务会计”|“应收款管理”，进入“应收款管理”。执行“设置”|“选项”，如图 9.14。

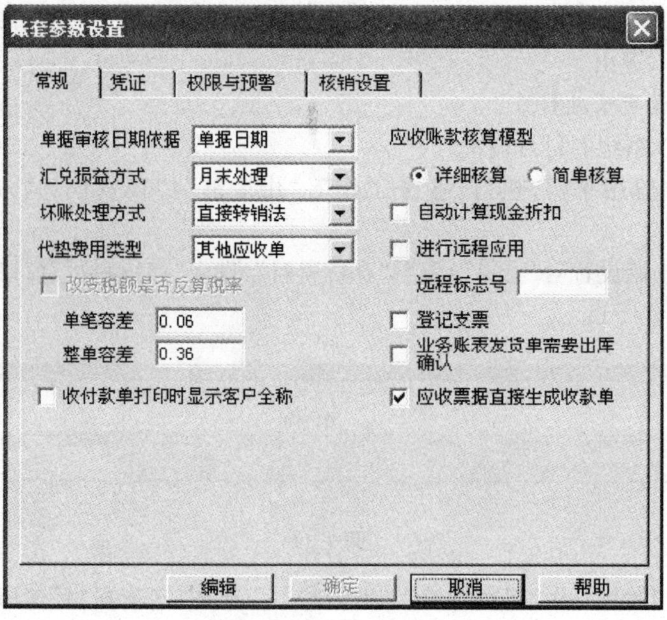

图 9.14

（2）点击“编辑”，出现“选项修改要重新登录才能生效”窗口，点击“确定”，如图 9.15。

（3）设置控制参数，按资料设置选项，如图 9.16 和 9.17。

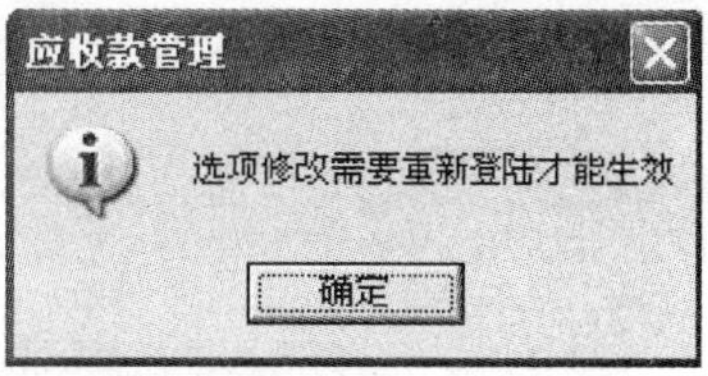

图 9.15

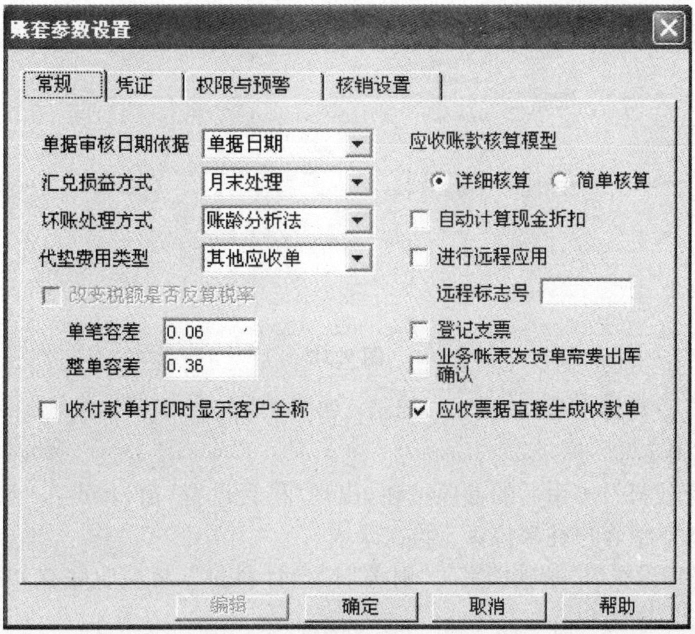

图 9.16

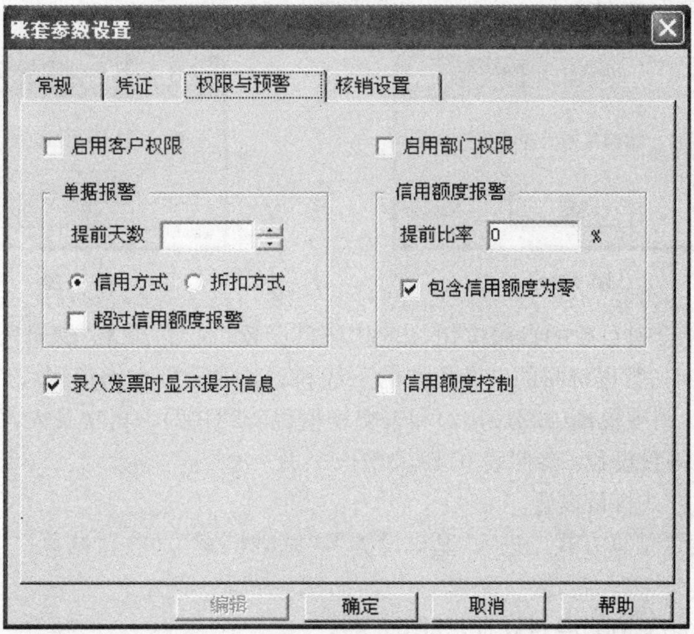

图 9.17

(4) 点击"初始设置"|"设置科目",如图 9.18。

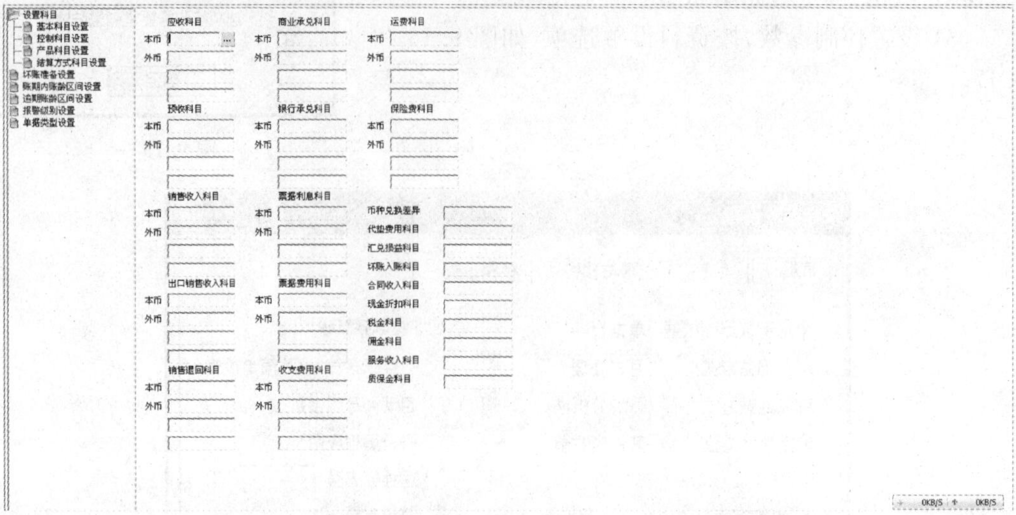

图 9.18

(5) 录入应收科目本币"1122"时,提示:如图 9.19。

(6) 点击"确定"。

(7) 点击应收科目本币后的参照按钮,出现"科目设置"窗口,点击"编辑",将应收账款和预收账款改为:客户往来核算。再次录入。

或进入"基础设置"|"基础档案"|"财务"|"会计科目",将应收账款和预收账款改为:客户往来核算。

(8) 按资料输入其他科目,输入税金科目"22210102"时,弹出"科目 22210102 不存在"。点击"确定",如图 9.20。

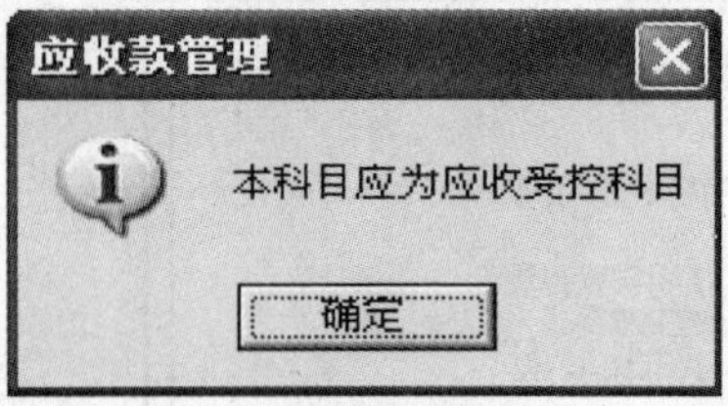

图 9.19

图 9.20

(9) 点击税金科目后的参照按钮,出现"科目设置"窗口,点击"编辑",按后面期初数据的总账系统期初数据资料的应交税费的下级科目增加:应交增值税(222101)、进项税额(22210101)、销项税额(22210102)和未交增值税(222102)。再次录入,如图 9.21。

(10) 控制科目设置:参照表 9.13,如图 9.22。

(11) 结算方式科目设置

首先,先设置结算方式。进入"基础设置"|"基础档案"|"收付结算"|"结算设置",如图 9.23。

然后,进行结算方式科目设置,如图 9.24。

录入完毕,点击"确定",如图 9.25。

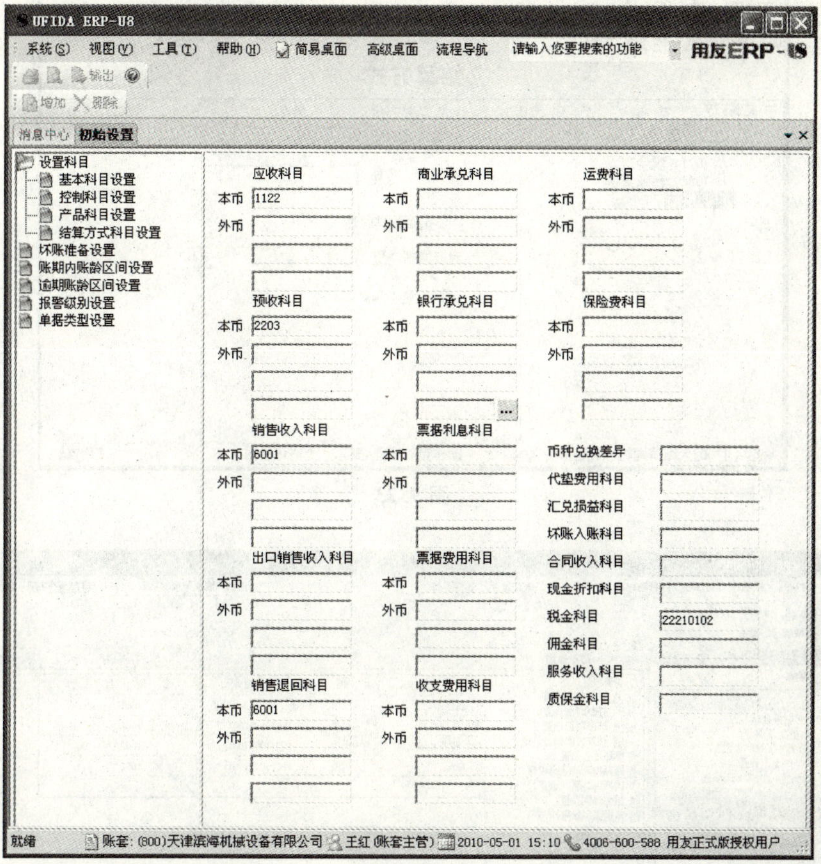

图 9.21

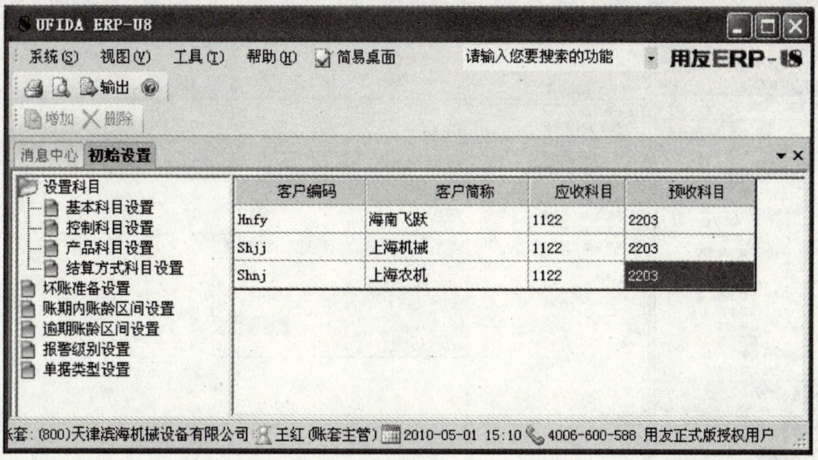

图 9.22

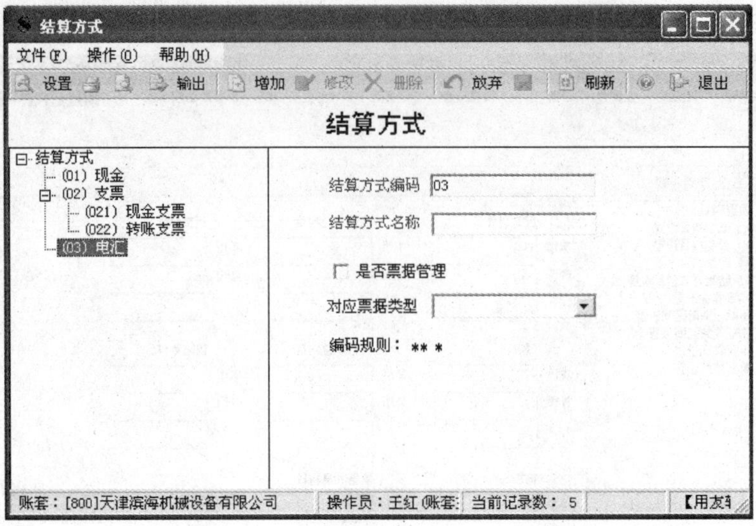

图 9.23

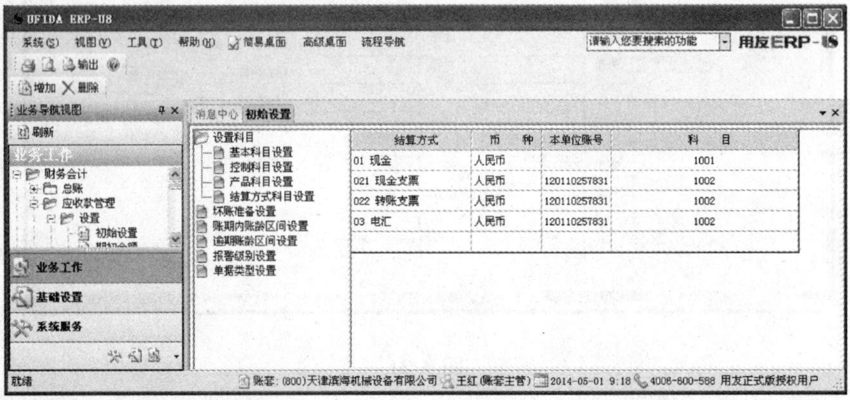

图 9.24

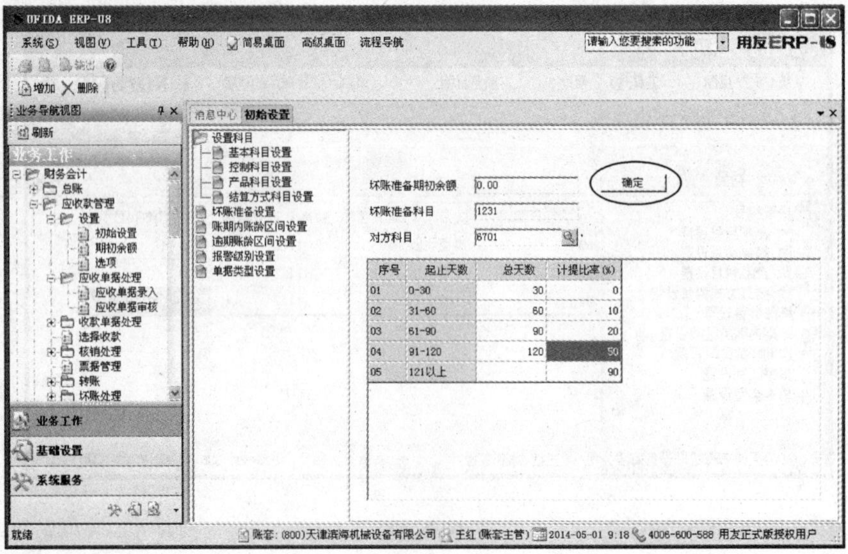

图 9.25

图 9.26

点击“确定”，如图 9.26。

3）应付款管理系统

参照应收款管理系统。

9.2.6.4　期初数据录入

1）采购管理系统期初数据。

执行“采购管理”|“采购入库”|“采购入库单”，点击“增加”，如图 9.27。

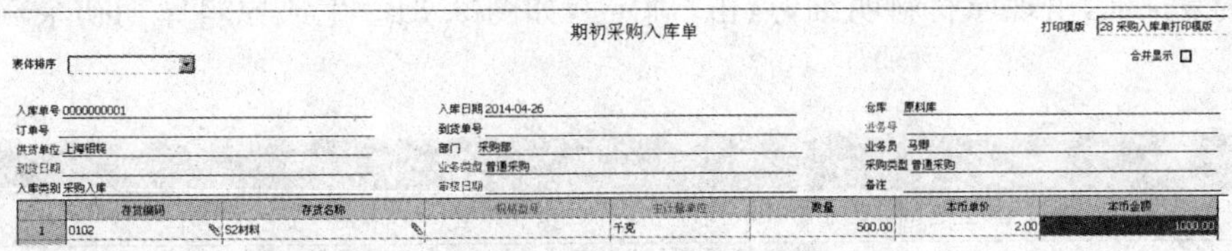

图 9.27

点击“保存”。

执行“设置”|“期初记账”。

点击：“记账”。

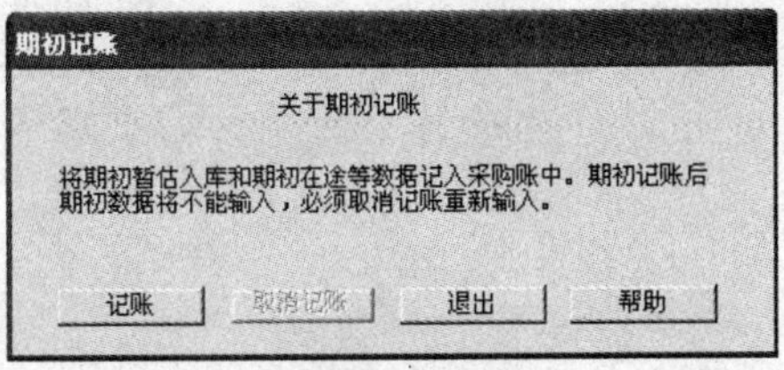

图 9.28

图 9.29

2）销售管理系统期初数据。

执行“销售管理”|“设置”|“期初录入”|“期初发货单”，点击“增加”。

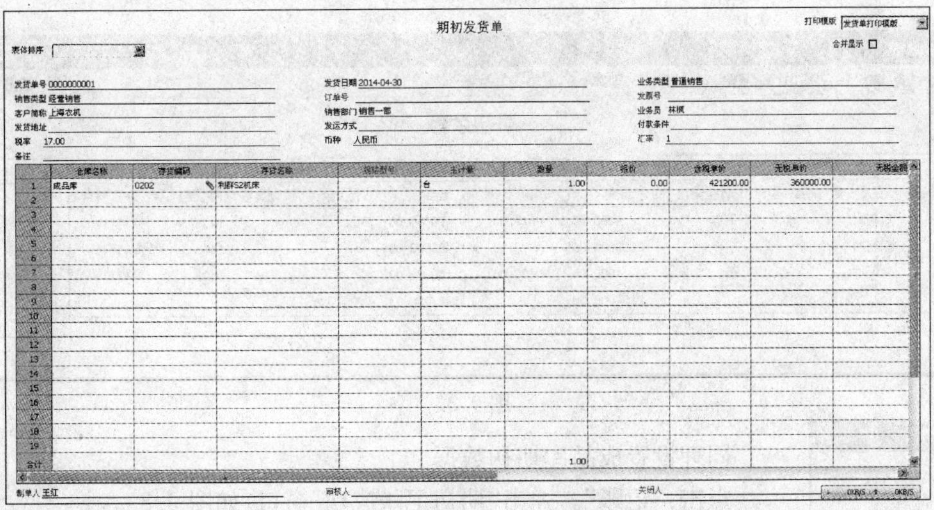

图 9.30

点击“审核”。

3）库存管理和存货核算系统期初数据。

库存管理和存货核算系统期初数据相同，可选择其中任意一个系统录入，另一个系统通过“取数”功能自动获取数据。

（1）存货核算系统期初数据录入。

执行“存货核算”|“初始设置”|“期初数据”|“期初余额”。

选择仓库：原料库，点击“选择”，弹出“选择存货”窗口，点击“存货”展开，选中“原材料”前的复选框，出现原材料明细，点击“确定”，如图 9.31。生成原料库期初余额，如图 9.32。

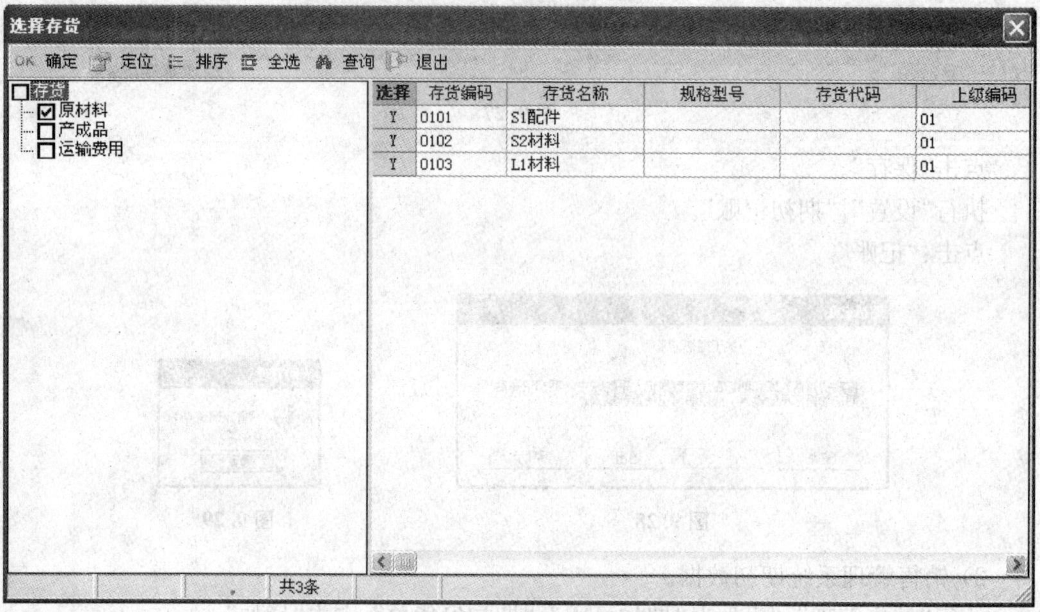

图 9.31

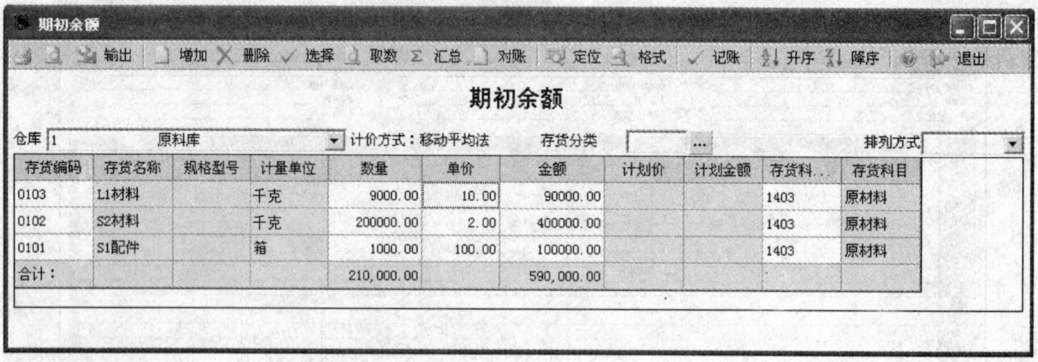

图 9.32

同理设置成品库期初数据。

点击：“记账”。弹出“期初记账成功”窗口，如图 9.33。

（2）库存管理系统期初数据录入。

执行“库存管理”|“初始设置”|“期初结存”。

图 9.33

选择仓库"原料库",点击"修改",点击"取数",自动取出原材料期初数据,点击"保存"。点击"批审",如图9.34。

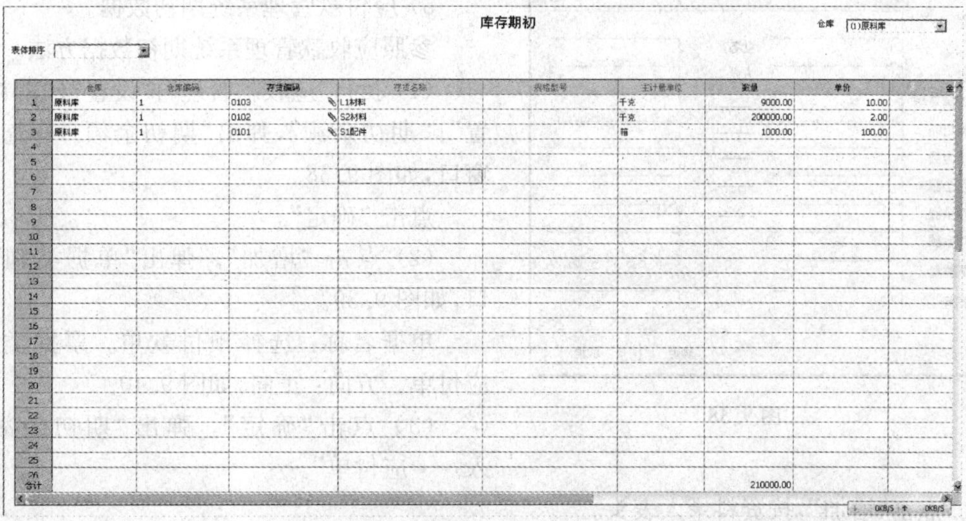

图9.34

同理。选择仓库"成品库",取出期初数据。

4）应收款管理系统期初数据。

(1）执行"应收款管理"|"设置"|"期初设置"|"期初余额",弹出"期初余额——查询"窗口,如图9.35。

点击"确定"。

(2）点击"增加"。弹出"单据类别"窗口,如图9.36。

单据名称：选择应收单。票据类型：其他应收单。方向：正向,如图9.37。

(3）点击"确定"。弹出"单据录入——应收单"。

图9.35

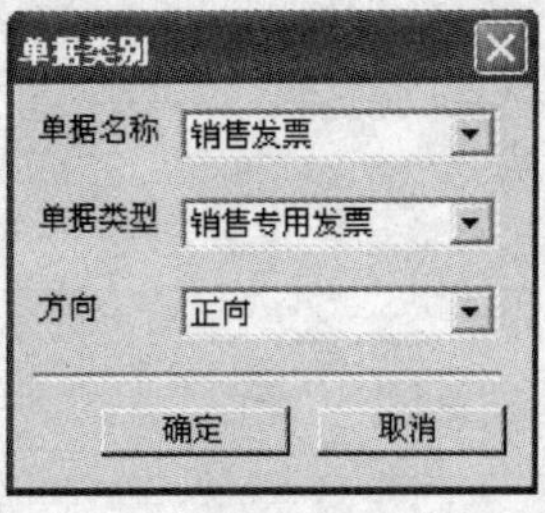

图9.36

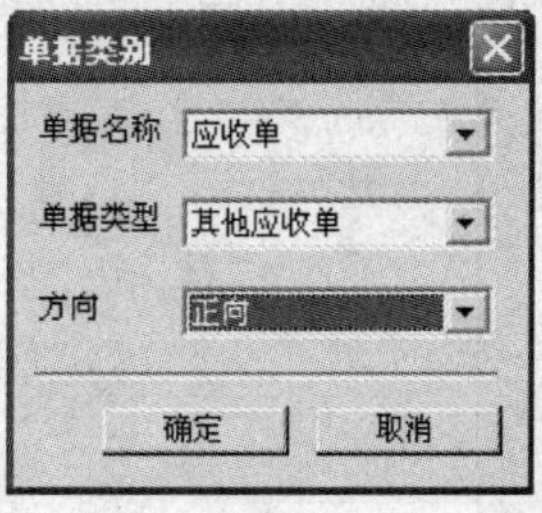

图9.37

(4）点击"增加",按资料录入表头,点击"保存"。

图 9.38

(5) 同理,继续录入其他客户资料。

(6) 点击“刷新”。

5) 应付款管理系统期初数据。

参照应收款管理系统期初数据方法。

(1) 执行“应收款管理”|“设置”|“期初设置”|“期初余额”,弹出“期初余额——查询”窗口,如图 9.38。

点击 “确定”。

(2) 点击 “增加”。弹出“单据类别”窗口,如图 9.39。

单据名称:选择预付款单。票据类型:应付单。方向:正向,如图 9.40。

(3) 点击“确定”。弹出“期初余额录入——应付单”。

点击“增加”,按资料录入表头。

点击表体,如图 9.41。

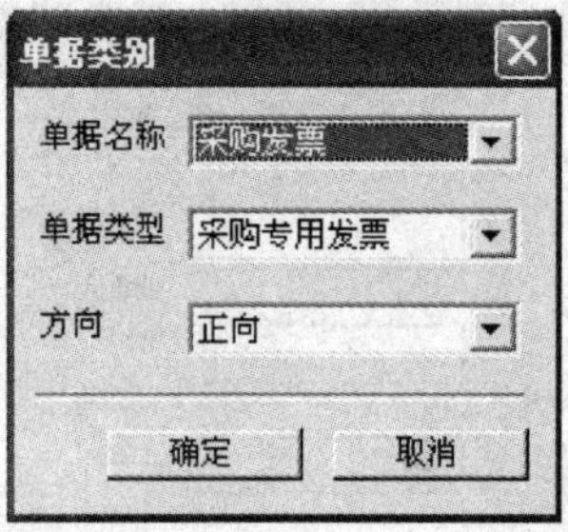

图 9.39

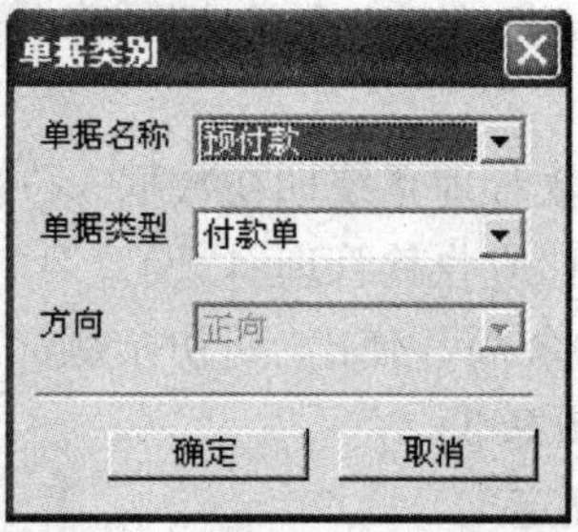

图 9.40

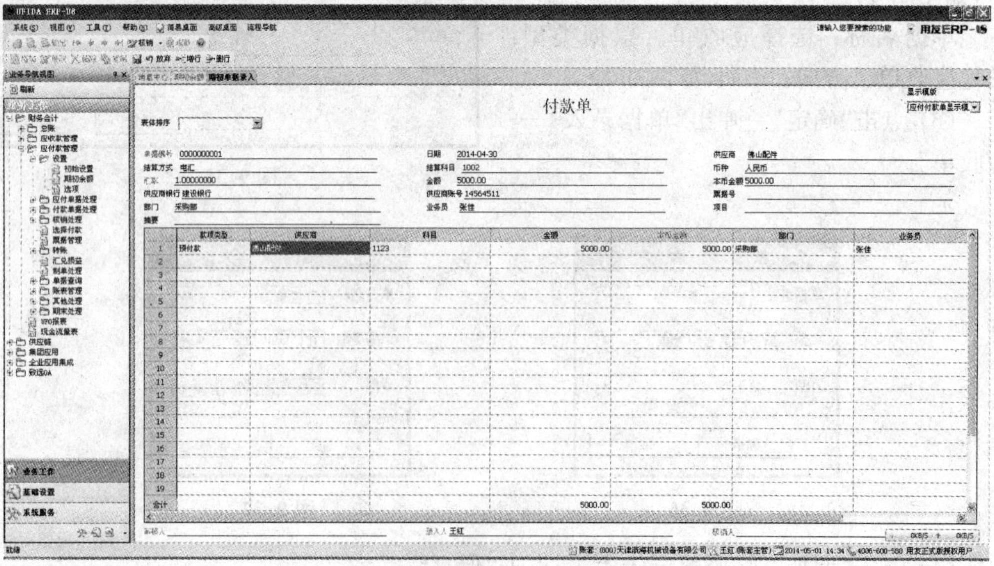

图 9.41

点击“保存”。

(4) 点击 “增加”。弹出“单据类别”窗口，如图 9.42。

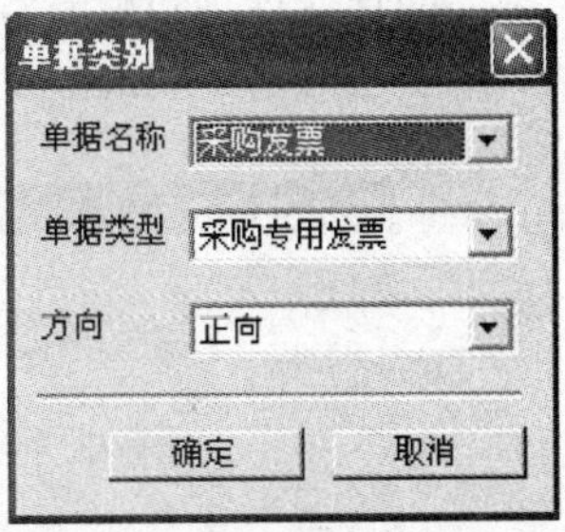

图 9.42

点击“确定”。

点击“增加”。按资料录入。

在表体原币价税合计录入：200 000，如图 9.43。

点击“保存”。

点击“刷新”，如图 9.44。

退出。

6）总账系统期初数据补充。

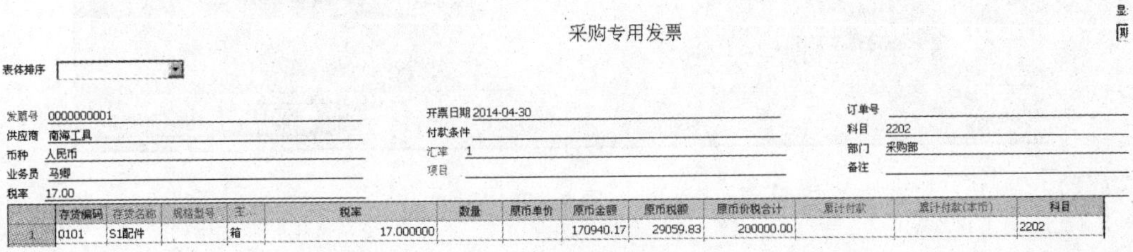

采购专用发票

表体排序

发票号 0000000001　开票日期 2014-04-30　订单号

供应商 南海工具　付款条件　科目 2202

币种 人民币　汇率 1　部门 采购部

业务员 马卿　项目　备注

税率 17.00

	存货编码	存货名称	规格型号	主…	税率	数量	原币单价	原币金额	原币税额	原币价税合计	累计付款	累计付款(本币)	科目
1	0101	S1配件		箱	17.000000			170940.17	29059.83	200000.00			2202

图 9.43

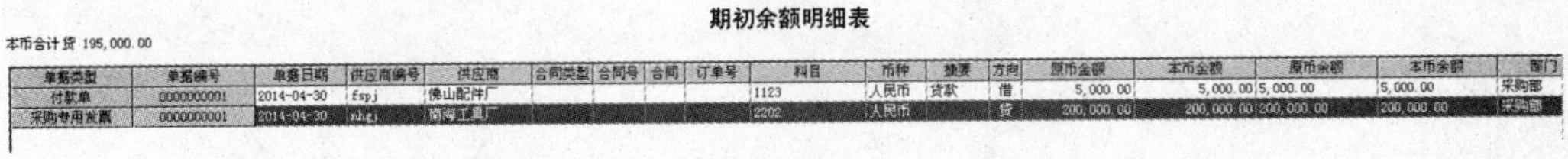

期初余额明细表

本币合计 贷 195, 000. 00

单据类型	单据编号	单据日期	供应商编号	供应商	合同类型	合同号	合同	订单号	科目	币种	摘要	方向	原币金额	本币金额	原币余额	本币余额	部门
付款单	0000000001	2014-04-30	fspj	佛山配件厂					1123	人民币	货款	借	5, 000. 00	5, 000. 00	5, 000. 00	5, 000. 00	采购部
采购专用发票	0000000001	2014-04-30	nhgj	南海工具厂					2202	人民币		贷	200, 000. 00	200, 000. 00	200, 000. 00	200, 000. 00	采购部

图 9.44

(1) 进入总账系统，执行“设置”|“期初余额”，双击“应收账款”，点击“往来明细”，点击“引入”。

点击“是”，如图 9.45。点击“汇总”。

图 9.45

点击“是”，如图 9.46。同理处理其他客户。退出。

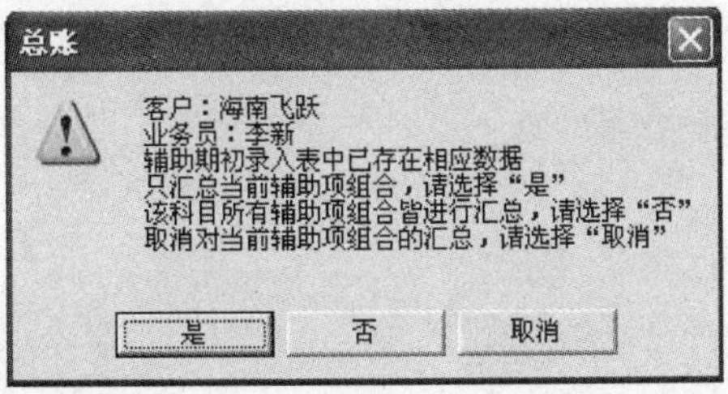

图 9.46

应收账款期初余额 500 000。

同理处理预付账款和应付账款。

点击“试算”,如图 9.47。

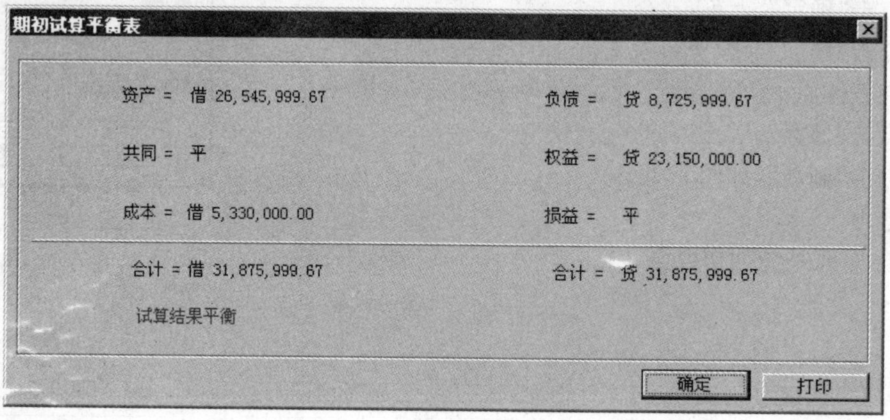

图 9.47

典型项目 10　采购与应付款管理

10.1　采购与应付款管理概述

10.1.1　功能概述

10.1.1.1　采购系统基本功能概述

采购管理模块可以对采购业务的全部流程进行管理，提供请购、订货、到货、入库、开票、采购结算的完整采购流程。

10.1.1.2　应付款管理基本功能概述

在总账系统中可以将往来科目设置成为供应商辅助项的方式来处理往来账款，以填制借贷凭证的方式来处理。应付系统中的往来账款是以填制发票和应付单的形式来处理的。填制付款单进行往来账款的核销工作，可选取自动核销或手工核销。应付管理对应着核算单位的采购业务。

可在应付中做往来账龄分析、对账单等工作，应付扩展了总账系统中对往来的管理，它使用户对往来账款的管理工作更加明细。

10.1.2　采购管理系统日常业务处理

10.1.2.1　日常业务中的相关概念

1）期初暂估入库。

没有取得供货单位的采购发票，不能进行采购结算，其入库单作为期初入库单输入系统，以便取得发票后进行采购的结算。

2）采购发票。

采购发票是供应商开出的销售货物的凭证，系统将根据采购发票确认采购成本，并据以登记应付账款。

采购发票按业务性质分为：蓝字发票、红字发票。

采购发票按发票类型分为：

增值税专用发票，增值税专用发票的单价为无税单价。

普通发票：增值税普通发票包括普通发票、废旧物资收购凭证、农副产品收购凭证、其他收据，这些发票的单价、金额都是含税的。普通发票的默认税率为 0，可修改。

运费发票，运费主要是指向供货单位或提供劳务单位支付的代垫款项、运输装卸费、手续费、违约金（延期付款利息）、包装费、包装物租金、储备费、进口关税等。运费发票的单价、金额都是含税的。运费发票的默认税率为 7，可修改。

在收到供货单位的发票后，如果没有收到供货单位的货物，可以对发票压单处理，待货物到达后，再输入系统做报账结算处理；也可以先将发票输入系统，以便实时统计在途货物。

3）采购结算。

第一，自动结算。自动结算功能中有三种结算模式：入库单和发票、红蓝入库单、红蓝发票。是由计算机系统自动将相同供货单位的，存货相同且数量相等采购入库单和采购发票进行结算。

注意：

● 红蓝入库单对结，入库单上必须有金额，可以不等。

（1）用鼠标单击“业务”下的“采购结算”，再选择“自动结算”，屏幕显示自动结算画面。

（2）可以根据需要输入结算条件，系统将根据企业输入的条件范围进行结算。例如，只要对某个供货单位的采购业务进行结算，可以输入该供货单位的名称或编号。

（3）用鼠标单击工具栏的“开始结算”按钮，计算机自动把采购入库单和采购发票相同，供货单位、存货相同且数量相等的单据进行结算，产生结算结果列表。

（4）用鼠标单击工具栏的“退出”按钮或单击窗体右上角的退出按钮，结束自动结算。

（5）进入“采购结算单列表”功能，查询、打印本次自动结算结果。

第二，手动结算。使用“手工结算”功能可以进行正数入库单与负数入库单结算，正数发票与负数发票结算，正数入库单与正数发票结算，费用发票单独结算。

手工结算时可以结算入库单中部分货物，未结算的货物可以在今后取得发票后再结算。可以同时对多张入库单和多张发票进行报账结算。

注意：

● 入库单的金额可以与发票金额不等，入库单金额可以为空，入库成本以结算金额为准。

● 如果没有期初记账，则不能进行采购结算。

● 入库单与采购发票可以分次结算，即入库单的一条记录可与采购发票多次结算。

● 如果当前操作日期在已月末结账的日期范围，则不能进行采购结算，必须注销账套，重新注册时调整操作日期。如果采购结算确实应核算在当前操作日期所在会计月内，那么可以先取消该月的月末结账后再做采购结算。

10.1.2.2　普通采购业务流程

普通采购业务流程的如图 10.1。

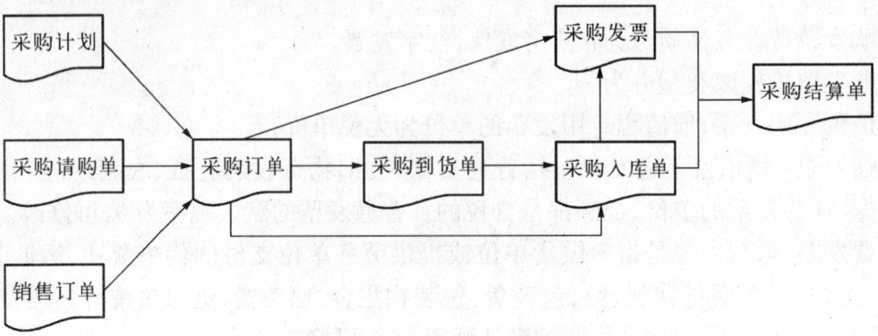

图 10.1

1）采购请购。

采购请购是指企业内部向采购部门提出采购申请，采购系统的请购单由生产部门、系统集成、结构设计等部门提出，请购是采购业务处理的起点，在此描述和生成采购的需求，如采购什么货物、采购多少、何时使用、谁用等内容；同时，也可为采购订单提供建议内容，如建议供应商、建议订货日期等。由总调度负责审核请购单，采购部门根据审核后的请购单进行采购，已审核或已执行的单据可以关闭。

2）采购订单（合同）。

采购订单是企业与供应商之间签订的采购合同、购销协议等，主要内容包括采购什么货物、采购多少、由谁供货、什么时间到货、到货地点、运输方式、价格、运费等。它可以是企业采购合同中关于货物的明细内容，也可以是一种订货的口头协议。指企业根据采购需求，与供货单位之间签订采购合同、购销协议，采购部门根据审核后的请购单和供应商接洽成功后，在系统中填制采购订单（合同），如果有对应的请购单或采购计划或销售订单（直运业务）应该参照以上单据生成。由采购主管负责审批。

3）采购请款。

采购部门的部分采购要求需要预先付全部或部分款项，采购员拿审批后的采购订单（尚没有达成采购订单的拿审批之后的请购单）找财务人员申请预付款，财务主管同意后，应付会计做付款单，款项类型为预付，备注栏填写该笔请购所对应的采购订单号，付款单打印出来后，要求领款人员签字确认领到此笔预付款。

应收应付会计审核预付款单，确认该笔预付款，预付款单制单既可以审核时进行，也可以在制单处理菜单中进行，货物收到并入库后，采购人员在采购系统录入。

4）采购到货。

采购的货物到货，采购员有责任进行初检，如果采购员对所采购的货物的质量有疑义，责令供货商退回，在系统中不做处理，如果对数量和质量没有疑义，采购人员在采购管理模块参照采购订单生成采购到货单。

采购到货单（到货退回单）不需审核，保存单据即为有效单据，可被其他单据、其他系统参照使用。有下游单据生成的，系统视为该单据已执行，不可修改、删除。

5）采购入库单。

仓库如果对质检部检验过的存货进行验收入库，根据检验单参照采购到货单在库存管理模块中生成采购入库单，目前管理要求采购发票和采购入库单之间是一对多的关系，即要求入库单开发票时不能拆单，所以采购人员有责任根据开票情况提示库房人员是否将本次入库的货物拆分成几张入库单，采购人员拿到采购入库单中的一联作回执，库房主管审核采购入库单。

6）采购发票。

采购人员收到采购货物的发票后，将发票录入系统（专用票用采购专用发票，普通票用采购普通发票，税率为0），然后将发票实物交给财务的应收应付会计，由应收应付会计审核确认该笔应付款，如果要马上付款，由应收应付会计对采购发票做现付处理。

运费发票是记录在采购货物过程中发生的运杂费、装卸费、入库整理费等费用的单据。运费发票记录可以在手工结算时进行费用分摊，也可以单独进行费用结算。本系统中采购中发生运费、港杂费、关税等费用应该分别在存货档案中设置应税劳务属性的存货,收到以上费用发票后,做采购运费发票,在摘要栏中注明对应的采购入库单号和采购货物发票号。

注意:

● 运费发票的表体存货只能是在存货档案中设定属性为“应税劳务”的存货。

● 运费发票如果与采购入库单或直接与存货进行结算,会产生一张结算单。

7) 手工结算。

为了将运费、关税等费用都计入该存货的成本,要求一种货物采购必须所有的货票和运费票都到齐后再进行采购手工结算。进入手工结算界面进行以下操作。

注意:

● 入库单与发票:存货、结算数量相等的入库和发票记录可以结算,如选择了“相同供应商”,则必须供应商、存货、结算数量相同才可结算。发票记录金额作为入库单记录的实际成本。记录结算到行。

● 红蓝入库单:存货相同、结算数量之和为0的入库单(退库单)记录可结算。如选择了“相同供应商”,则必须供应商、存货、结算数量相同才可结算。结算的成本即为各入库单记录的暂估金额。记录结算到行。

● 红蓝采购发票:存货相同、结算数量之和为0的红蓝采购发票记录对应结算,生成结算单。如选择了“相同供应商”,则必须供应商、存货、数量相同才可结算。金额不同的红蓝发票记录也可结算,此时业务含义为实物退回,购销双方各自承担一部分损失。结算的金额即为各发票记录的金额。记录结算到行。

8) 暂估处理。

对于当月货物已入库,但是到了月底采购发票仍然未到,在存货核算中进行存货价格的暂估处理,手工输入该存货的暂估单价(不含税价)。

录入单价完毕后点击“保存”,暂估处理后,采购入库单上自动回写该存货暂估的单价。

单据中的单价填入后,可记入存货明细账,此操作可以每月多次进行,也可以月末一次记账。存货核算模块记账时,有单价的单据都允许记账,包括已暂估的采购入库单,不允许记账的单据在系统中以蓝色标出,需要手工填入后或者对上游单据记账后才允许记账。

在存货核算模块中,采用单到回冲的方式,即下个月发票已到并和采购入库单结算后,自动生成一张红字回冲单,将暂估时的分录冲回。同时系统产生一张蓝字回冲单。

9) 采购退货。

(1) 结算前全额退货。即已录入采购入库单但未进行采购结算,并且全额退货。这时,需填制一张全额数量的退货单(负数入库单),把这张退货单与原入库单进行结算,冲抵原入库单数据。方法请参照采购入库及手工结算。

(2) 结算前部分退货。退已录入采购入库单但未进行采购结算,并且部分退货。这时,需填制一张部分数量的退货单(负数入库单),把这张退货单与原入库单、采购发票(发票上的数量=原入库单数量-退货单数量)进行结算,冲抵原入库单数据。方法请参照采购入库及手工结算。

(3) 结算后退货。即已录入采购入库单、采购发票,并且已进行采购结算。这时,需填制一张退货单(负数入库单),再填制一张红字发票(负数发票),把这张退货单与红字发票进行结算，冲抵原入库单数据。方法请参照采购入库、采购发票及手工结算。

10）换货处理。

货物已经入库，后来发现不合格，如果供应商交来合格品，在系统中可不处理。

11）发生采购的货物或本企业的产成品不合格。

发生采购的货物或本企业的产成品不合格，需待以后处理的，由库房人员作调拨单，将不合格品调入废品库。

10.1.2.3　账表管理

1）入库单明细列表。

入库单列表是将本年度的采购入库单以列表的格式显示出来，以便于快速查询入库单。入库单列表的功能在工具条的按钮上，主要有：打印、输出、过滤、定位、单据、设置、排序、刷新等，双击某行的入库单列表可以将该张入库单以单据格式显示出来，并且允许进行修改等操作。

用鼠标单击“业务”下的“采购入库”，选择“采购入库单列表”。

（1）设置入库单明细列表。

利用设置功能可以根据企业实际需要设计采购入库单明细一览表的格式。

用鼠标单击“上移”和“下移”按钮，来设置入库单列表的显示顺序；

用鼠标双击某“显示项”设定该项是否显示出来；打钩表示该项将出现在入库单列表中，没有打钩表示该项不显示在入库单列表中。

用鼠标双击某“条件项”设定该项是否作为过滤条件和查询条件；打钩表示该项将作为过滤条件和查找条件。

（2）利用过滤功能。过滤是将满足一定条件的入库单数据筛选并显示出来。比如在设置功能中，已在条件项中，选择了“供应商”和“日期”，这时您可以将某些供应商在某段日期范围的采购入库单挑选出来。

（3）利用定位功能。定位是将数据定位在满足条件第一笔入库单数据上。比如在设置功能中，已在条件项中，选择了“业务员”，这时您可以输入某业务员名称，计算机将把该业务员的第一笔入库单显示出来。

（4）利用单据联查功能。单据联查是查询列表中任意行中相对应的入库单，将该行对应的入库单以表格显示出来，以便详细查询入库数据。

用鼠标定位或光标移到要查询的列表行后，双击鼠标左键或在工具栏按“单据”按钮就可以查询该行的入库单。

（5）利用排序功能。排序是对设置的显示项目任选某些项进行按字母顺序和数字大小顺序排列。排列分为“升序”和“降序”两种，升序是由小到大，由 a 到 z 的顺序，降序则是由大到小，由 z 到 a 的顺序。

用鼠标选择“排序”功能后，显示出选择排序字段对话窗，用鼠标双击要排序的项目字段，会显示“升序”、“降序”和空，空表示取消该项排序。

要调整排序的顺序，可以用鼠标单击“上移”和“下移”按钮来设置，计算机将按字段的上下顺序来排序。

2）发票列表。

用鼠标单击“业务”下的“采购发票”，选择“发票明细列表”。查询方法同“入库单明细列表”。

10.1.2.4　月末结账

月末结账是逐月将每月的单据数据封存,并将当月的采购数据记入有关账表中。采购管理系统月末结账可以连续将多个月的单据进行结账,但不允许跨月结账。月末结账后,该月的单据将不能修改、删除。该月未输入的单据只能视为下个月单据处理。

选择结账的月份,必须连续选择,否则不允许结账。

月末结账后,如果发现已月末结账月份的某单据输入有错误,需要取消结账进行修改,那么可以选中那月份,用鼠标单击“取消记账”,将该月的月末结账取消。

10.1.3　应付款管理系统日常业务处理

10.1.3.1　应付款管理系统日常业务流程

1）应付单据录入。

应付单据录入其他非主销售业务形成的应付账款(如对外临时借款等情况)。

2）应付单据审核/弃审。

系统根据过滤条件将符合条件的单据全部显示,审核单据。

已收款销售发票审核处理时,核的发票是已经做过现结处理,则系统在审核过滤时需要选择“现结”记账的同时,后台还将自动进行相应的核销处理。对于发票有剩余的部分,作应付账款处理。

弃审是审核的反操作。

3）付款单据录入与审核。

应付系统的付款单用来记录企业所收到的供应商款项,款项性质包括应付款、预收款、其他费用等。其中应付款、预付款性质的付款单将与发票、应付单、付款单进行核销勾对。

应付系统收款单用来记录发生采购退货时,收到得供应商退回款项。该收款单可与应付、预收性质的收款单、红字应付单、红字发票进行核销。

付款单可进行单张审核,也可在批量处理界面进行“批审/批弃”。

4）核销处理。

单据核销的作用是解决收回客商款项核销该客商应付款的处理,建立收款与应付款的核销记录,监督应付款及时核销,加强往来款项的管理。

手工核销指由用户手工确定付款单核销与它们对应的应付单的工作。通过本功能可以根据查询条件选择需要核销的单据,然后手工核销,加强了往来款项核销的灵活性。

自动核销指用户确定收款单核销与它们对应的应付单的工作。通过本功能可以根据查询条件选择需要核销的单据,然后系统自动核销,加强了往来款项核销的效率性。

5）转账处理。

(1) 应付冲应付,是指将一家供应商的应付款转到另一家供应商中。通过本功能将应付款业务在客商之间进行转入、转出,实现应付业务的调整,解决应付款业务在不同客商间入错户或合并户问题。

(2) 预付冲应付。处理供应商的预付款和该供应商应付欠款的转账核销业务。

(3) 红票对冲。用某供应商的红字发票与其蓝字发票进行冲抵,分为手工冲销和自动冲销。

(4) 应付冲应收。用某供应商的应付账款，冲抵某客户的应收款项。系统通过应付冲应收功能，将应付款业务在供应商和客户之间进行转账，实现应付业务的调整，解决应收债权与应付债务的冲抵。

6) 制单。

制单即生成凭证，并将凭证传递至总账记账。系统在各个业务处理的过程中都提供了实时制单的功能；除此之外，系统提供了一个统一制单的平台，可以在此快速、成批生成凭证，并可依据规则进行合并制单等处理。

7) 凭证删除。

通过凭证查询来查看、修改、删除、冲销应付账款系统传到账务系统中的凭证。

当凭证处于已记账状态时，不能修改和直接删除凭证，只能红字冲销，即生成一张与该凭证方向、金额相同的红字凭证，原蓝字凭证所涉及的单据或处理回到原未制单状态。但已审核未记账、未审核的凭证不能做凭证红字冲销处理。

8) 恢复操作。

对原始单据进行了审核、对收款单进行了核销等操作后，发现操作失误，可将其恢复到操作前的状态，进行修改。

(1) 恢复单据核销前状态。输入过滤条件后，系统将满足恢复条件的收款单列出；在恢复标志一栏里双击鼠标，表示要将此张收款单恢复到核销前的状态；选择完成后，点击"确认"按钮，保存此次操作；点击"取消"按钮，取消此次操作。

注：

● 如果付款单日期在已经结账的月份内，也不能被恢复。

● 如果付款单在核销后已经制单，应先删除其对应的凭证，再进行恢复。

(2) 恢复其他转账处理前状态。输入过滤条件后，系统将满足恢复条件的处理列出。在恢复标志一栏里双击鼠标，表示要将此次业务恢复到处理前的状态；也可以在有标记的一栏里双击鼠标，取消选择。选择完成后，点击"确认"按钮，保存此次操作；点击"取消"按钮，取消此次操作。

注：

● 如果转账处理日期在已经结账的月份内，也不能被恢复。

● 如果该处理已经制单，应先删除其对应的凭证，再进行恢复。

10.1.3.2 期末处理

当月月底结束时，于每月自然月最后一天，在采购管理模块的月末结账的前提下可以进行应付账款模块结账，再有新业务则为下月单据。

当某月结账发生错误时，可以按"取消结账"恢复结账前，正确处理后再结账。不允许跳月取消月末结账。只能从最后一个月逐月取消。

注：

● 应付账款模块与采购管理模块集成使用，应付账款模块应在采购管理模块结账后，才能对应付账款模块进行结账处理。

● 当选项中设置审核日期为单据日期时，本月的单据（发票和应付单）在结账前应该全部审核。

● 当选项中设置审核日期为业务日期时，截止到本月末还有未审核单据（发票和应付单)，照样可以进行月结处理。

● 如果本月的结算单还有未审核的，不能结账。

● 当选项中设置月结时必须将当月单据以及处理业务全部制单，则月结时若检查当月有未制单的记录时不能进行月结处理。

● 当选项中设置月结时不用检查是否全部制单，则无论当月有无未制单的记录，均可以进行月结处理。

● 如果是本年度最后一个期间结账，建议将本年度进行的所有核销、转账等处理全部制单。

● 如果是本年度最后一个期间结账，建议本年度外币余额为 0 的单据的本币余额结转为 0。

10.2 典型项目实训

10.2.1 项目目的

(1) 掌握用友 ERP－U8 管理软件中采购管理系统的相关内容。

(2) 掌握企业日常采购业务处理方法。

(3) 理解采购管理系统与其他系统之间的数据传递关系。

10.2.2 项目内容

(1) 普通采购。

(2) 现结业务。

(3) 运费业务。

(4) 结算前退货。

(5) 结算后退货。

(6) 暂估入库业务。

(7) 冲销上月暂估入库业务。

10.2.3 项目准备

引入“供应链初始化”账套数据。

10.2.4 项目资料

2014 年 5 月采购业务

设置采购专用发票、采购普通发票和采购运输发票的发票为：“完全手工编号”。将采购请购单设为按月编号。

业务 1 普通采购业务

(1) 2 日，业务员张佳向佛山配件厂询问 S1 配件价格，佛山配件厂所出 S1 配件含税单价 120 元/箱。公司商议后认为价格可以接受，并向上级主管提出请购申报，请购数量暂定 50 箱，业务员填制请购单。

(2) 4 日，公司上级主管同意请购申报，正式向佛山配件厂订购 S1 配件 50 箱，含税单价 120 元/箱，并要求当天到货。

(3) 当日，收到在佛山配件厂订购的货物 S1 配件 50 箱。

(4) 货物验收入原料库。

(5) 收到对方发来的专用发票一张，票据号 7502。

(6) 将专用发票和入库单进行结算，并分别生成凭证。设置凭证类型为记账凭证。

(7) 财务部开出转账支票一张，票据号 ZZ002，付清应付款项，并生成凭证。

业务 2　现结业务

5 月 5 日，业务员张佳向上海铝锭厂购进 S2 材料，单价 2 元/千克，数量 50 千克，已验收入库，收到对方发来专用发票一张，票据号 7707。业务员立即支付转账支票一张用来支付货款，票据号 ZZ003。

业务 3　运费业务

5 月 7 日，业务员马卿向佛山配件厂购买 1 000 千克 L1 材料，单价 10 元/千克，已验收入库，收到对方发来的专用发票一张，票据号 7505。业务中发生运输费 100 元，税率 11%，收到一张运输发票，票据号 7777。已确定采购成本及应付账款，记入材料明细账。

业务 4　结算前退货

(1) 5 月 10 日，业务员马卿向南海工具厂购买 S1 配件 60 箱，单价为 100 元/箱，并验收入库。

(2) 仓库管理验收，发现有残次品 5 箱，要求退回。

(3) 5 月 11 日，收到南海工具厂开具的专用发票一张，票据号 5501，并进行结算。

业务 5　结算后退货

5 月 13 日，从南海工具厂购入的 S1 配件又发现残次品 5 箱，并退回南海工具厂，单价 100 元/箱。当天收到对方开具的红字专用发票一张，票据号 55027，并对采购入库单与发票进行结算。

业务 6　暂估入库业务

5 月 14 日，业务员马卿收到佛山配件厂发来的 S1 配件 50 箱，已入原料库。至本月底，本公司未收到对方发来的发票，公司暂估成本 5 500 元，进行暂估记账。

业务 7　冲销上月暂估入库业务

5 月 16 日，收到上海铝锭厂上月发来已验收入库的 500 千克材料 S2 的专用发票一张，票据号 7701。发票上单价为 2.5 元/千克。进行暂估报销处理，确定采购成本及应付账款。

10.2.5　项目指导

由于外来的采购发票编号对本企业来说没有顺序，因此设置采购专用发票、采购普通发票和采购运输发票的发票为："完全手工编号"。

以账套主管的身份登录企业应用平台，执行"基础设置"|"单据设置"|"单据编号设置"命令，弹出"单据编号设置"窗口。

双击"采购管理"，展开"采购管理"的下级菜单，选择"采购专用发票"，单击"修改"按钮，如图 10.2。

选中"完全手工编号"，点击"保存"，如图 10.3。

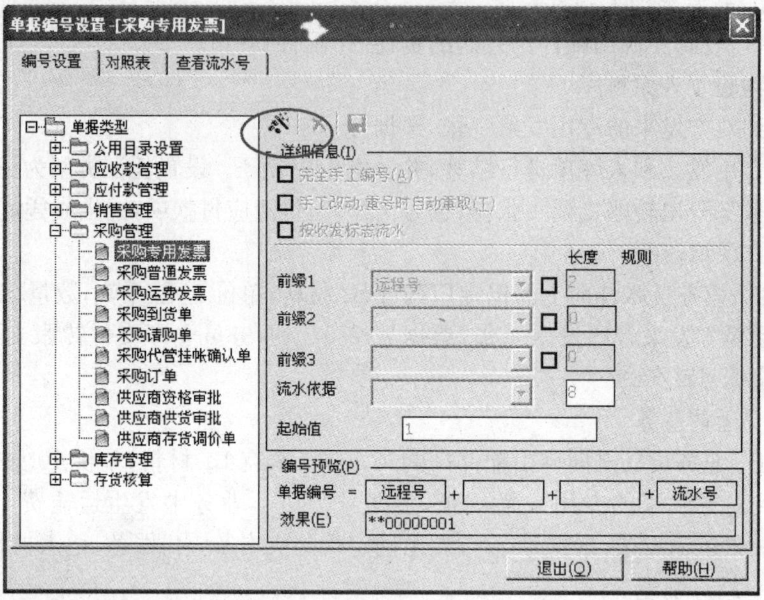

图 10.2

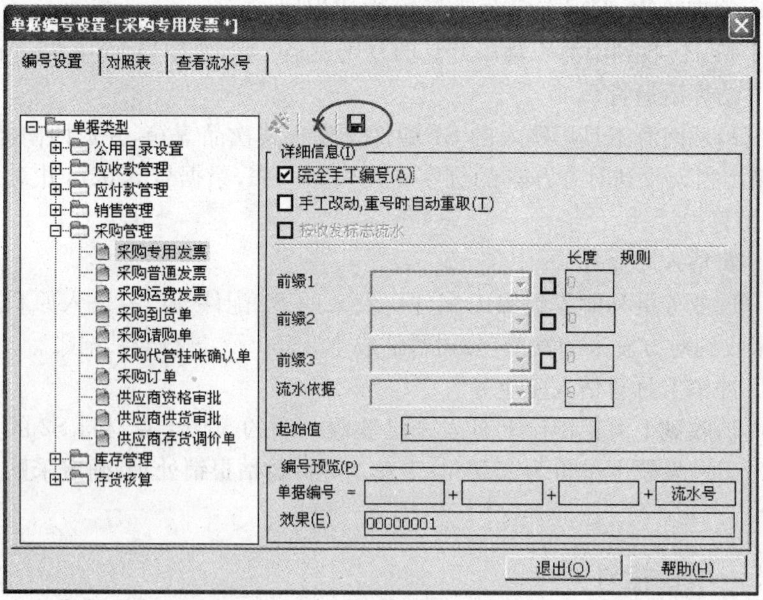

图 10.3

同理,设置采购普通发票和采购运输发票。

将采购请购单设为按月编号,流水依据长度为 3,如图 10.4。

业务 1　普通采购

1）请购。

(1）以采购主管张佳的身份登录企业应用平台,密码：444,日期 2014 年 5 月 2 日。

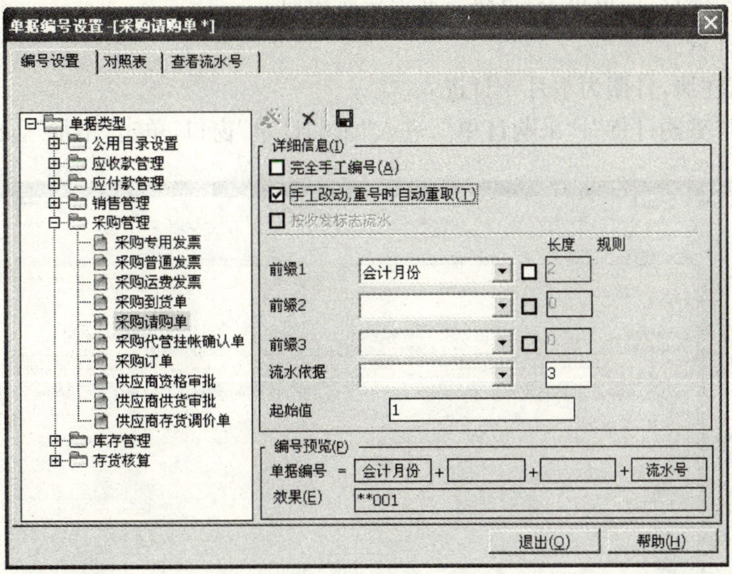

图 10.4

(2) 进入采购管理系统，执行“请购”|“请购单”，进入“采购请购单”窗口。

(3) 单击“增加”，输入日期“2014－5－2”，选择部门“采购部”，业务员“张佳”，表体中选择存货编号“0101”，存货名称“S1 配件”，数量 50 箱，本币价税合计“6 000”，需求日期和建议订货日期默认，供应商“佛山配件”，如图 10.5。

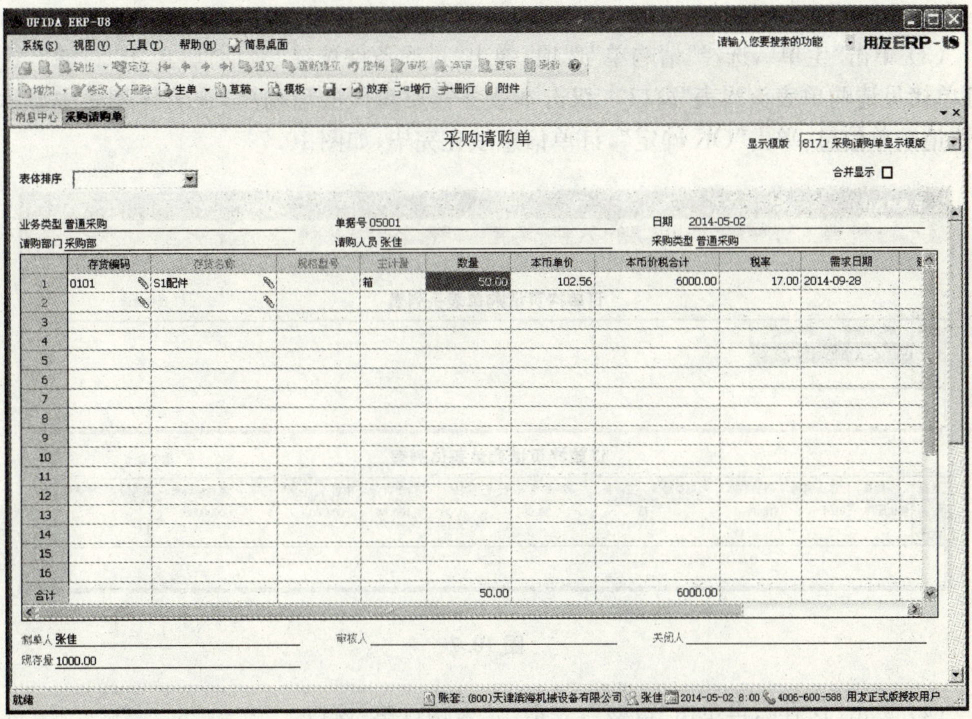

图 10.5

(4) 单击“保存”。再单击“审核”,并退出本窗口。

2) 采购订货。

(1) 重新注册,日期为本月 4 日进入。

(2) 执行“采购订货”|“采购订单”,进入“采购订单”窗口,单击“增加”,如图 10.6。

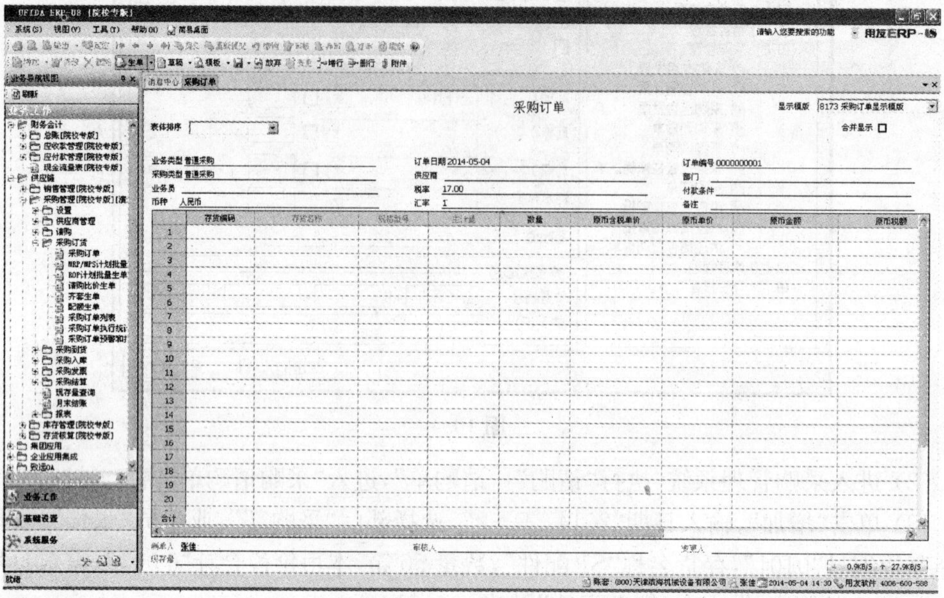

图 10.6

(3) 单击“生单”,选择“请购单”选项,弹出“过滤条件选择”对话框,单击“过滤”,进入“订单拷贝请购单表头列表”窗口。双击本业务需要参照的请购单,在表体列表中显示出所选请购单信息,单击“OK 确定”,订单信息填充完毕,如图 10.7。

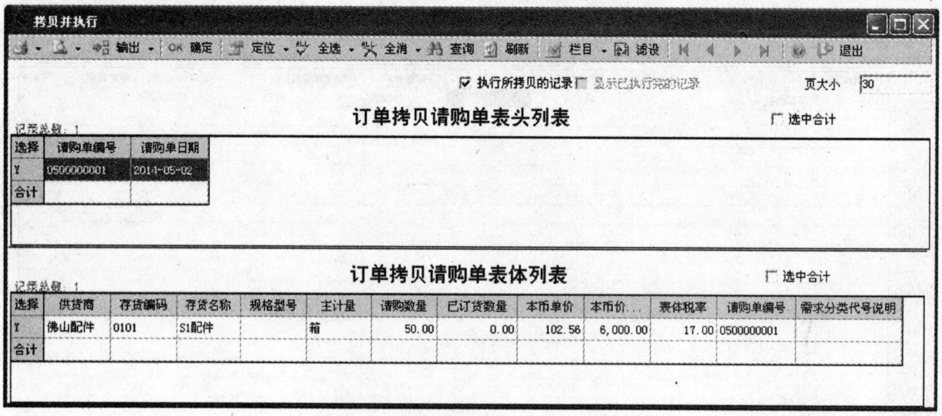

图 10.7

(4) 单击“保存”,再单击“审核”,并退出“采购订单”窗口。

3) 采购到货。

(1) 执行“采购到货”|“到货单”，进入“到货单”窗口，如图 10.8。

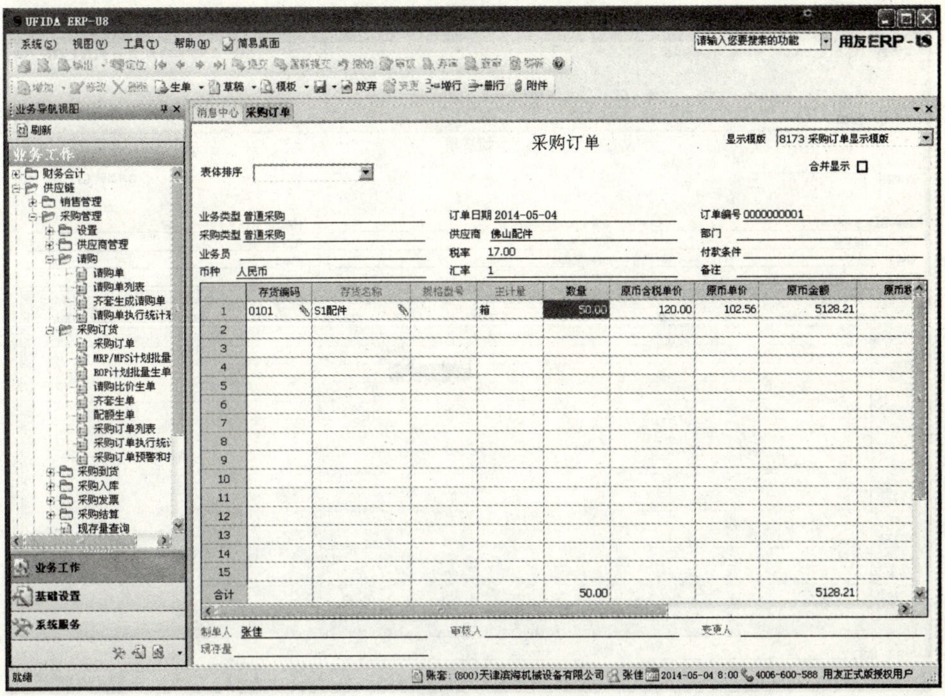

图 10.8

(2) 单击“增加”，单击“生单”，选择“采购订单”选项，弹出“过滤条件选择”对话框，单击“过滤”，进入“到货单拷贝订单”窗口，双击表头列表中本业务需要的订单信息，单击“OK 确定”，如图 10.9。

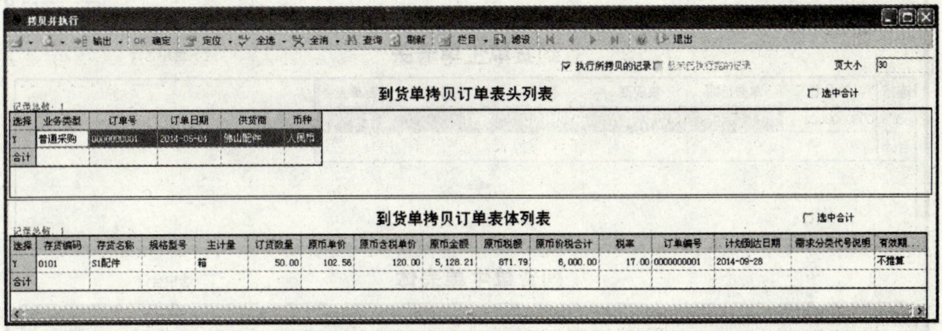

图 10.9

(3) 生成到货单，填入部门，业务员，如图 10.10。

(4) 信息填充完毕，单击“保存”，审核，退出本窗口。

4) 入库。

(1) 启动库存管理系统，执行“入库业务”|“采购入库单”，进入“采购入库单”窗口。单击“生单”，选择“采购到货单(蓝字)”选项，弹出“过滤条件选择”对话框，单击“过滤”，在

“到货单生单表头”中双击选择本项业务所需的到货单信息，如图 10.11。

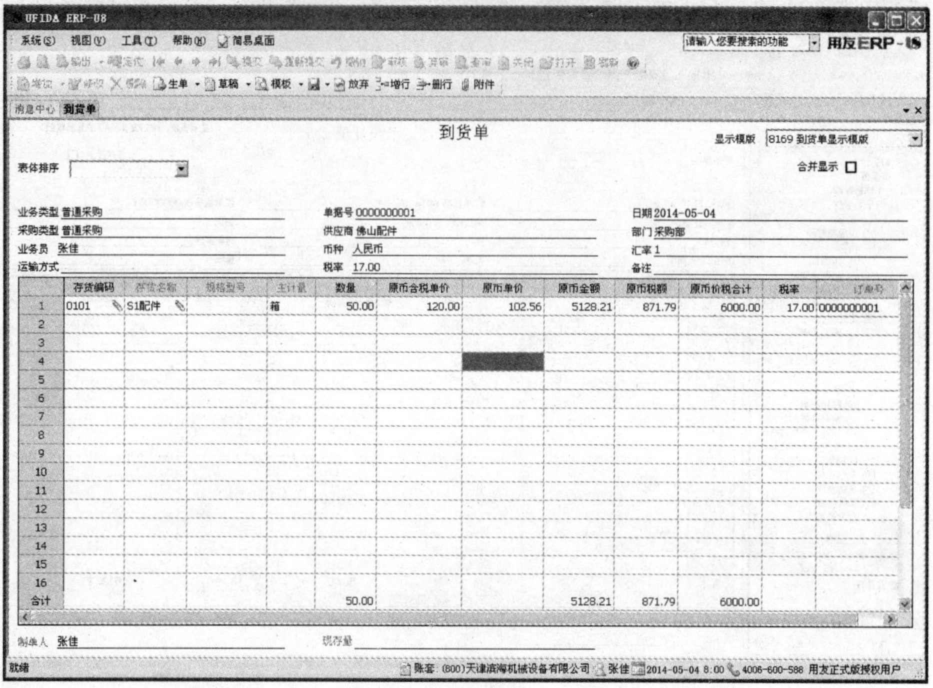

图 10.10

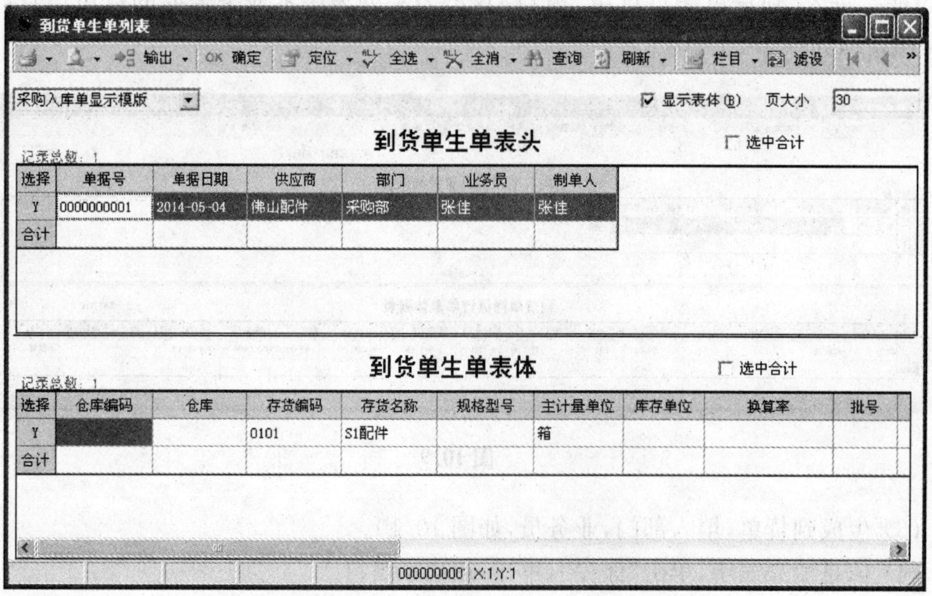

图 10.11

(2) 单击“OK 确定”。回到“采购入库单”窗口，如图 10.12。

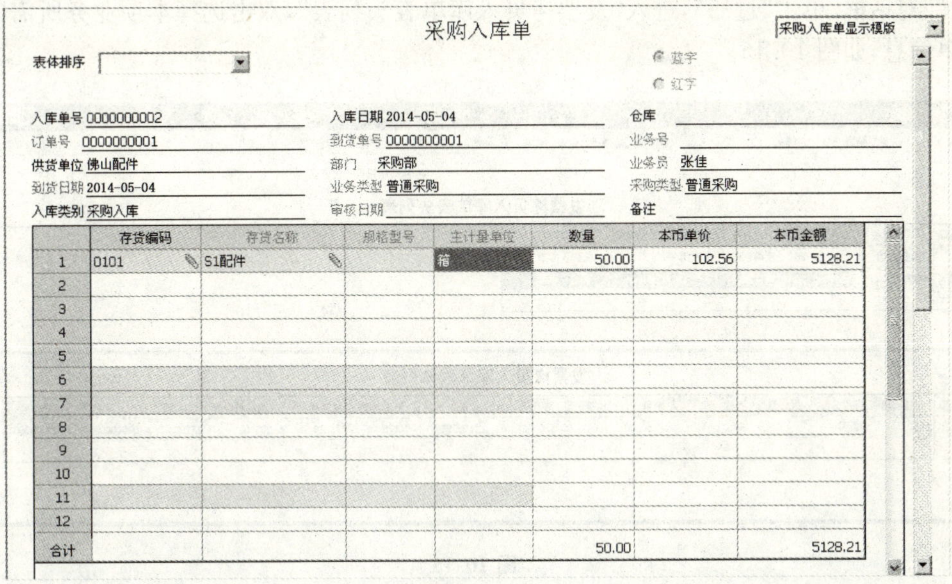

图 10.12

(3) 选择仓库“原料库”，如图 10.13。

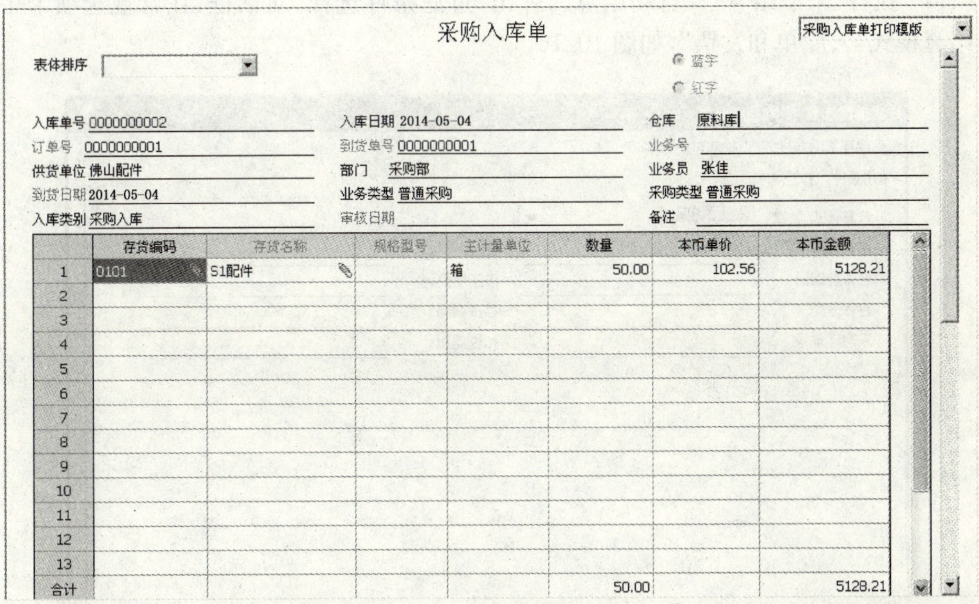

图 10.13

(4) 单击“保存”，再单击“审核”，系统弹出库存管理对话框提示“该单据审核成功”，如图 10.14。

图 10.14

(5) 单击“确定”。关闭该窗口。

5) 采购发票。

(1) 启动采购管理系统，执行“采购发票”|“专用采购发票”，

进入“采购专用发票”窗口。单击“增加”,单击“生单”,选择“入库单”选项,弹出“过滤条件选择”对话框,单击“过滤”,进入“发票拷贝入库单表头列表”,双击选择本项业务所需的入库单信息,如图 10.15。

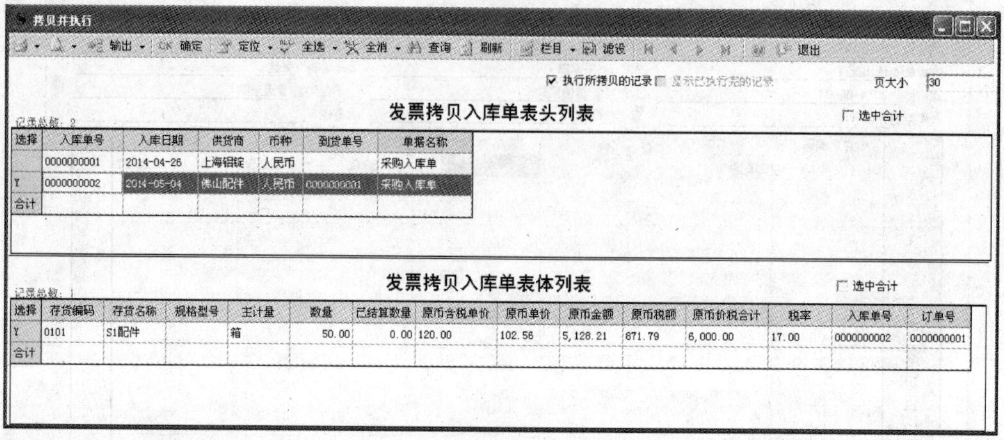

图 10.15

(2) 单击“OK 确定”,专用发票信息填充完毕,填入发票号 7502,单击“保存”,单击“退出”。

6) 采购结算。

(1) 执行“采购结算”|“自动结算”,弹出“过滤条件选择”对话框,在常规选项卡中选择结算模式“入库单和发票”,如图 10.16。

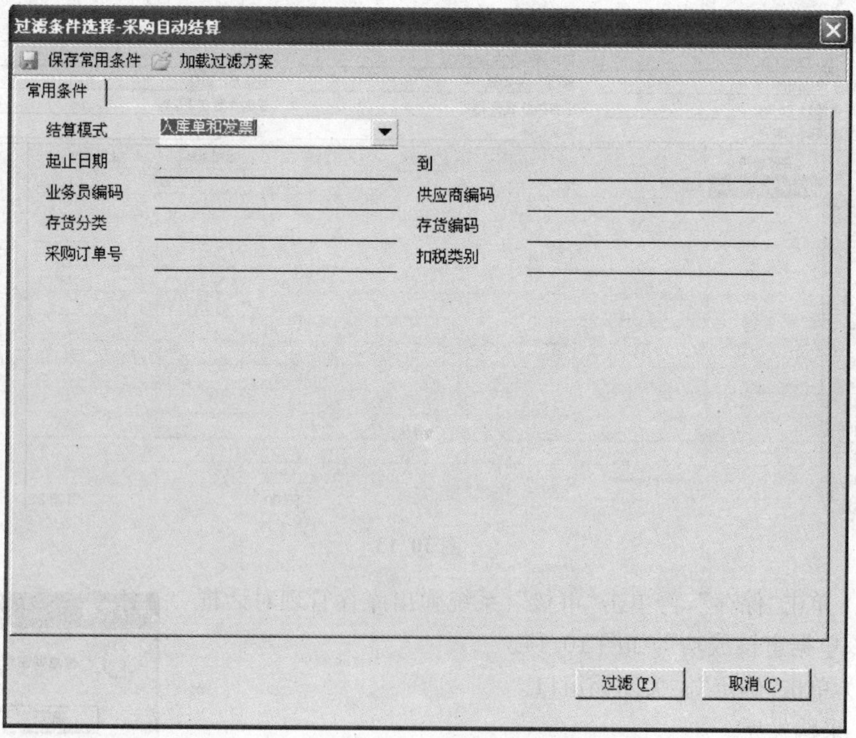

图 10.16

(2) 单击“过滤”，弹出“采购管理”对话框，提示“状态：全部成功，共处理了[1]条记录”，单击“确定”，如图 10.17。

图 10.17

(3) 或者执行“手工结算”，进入“手工结算”窗口，如图 10.18。

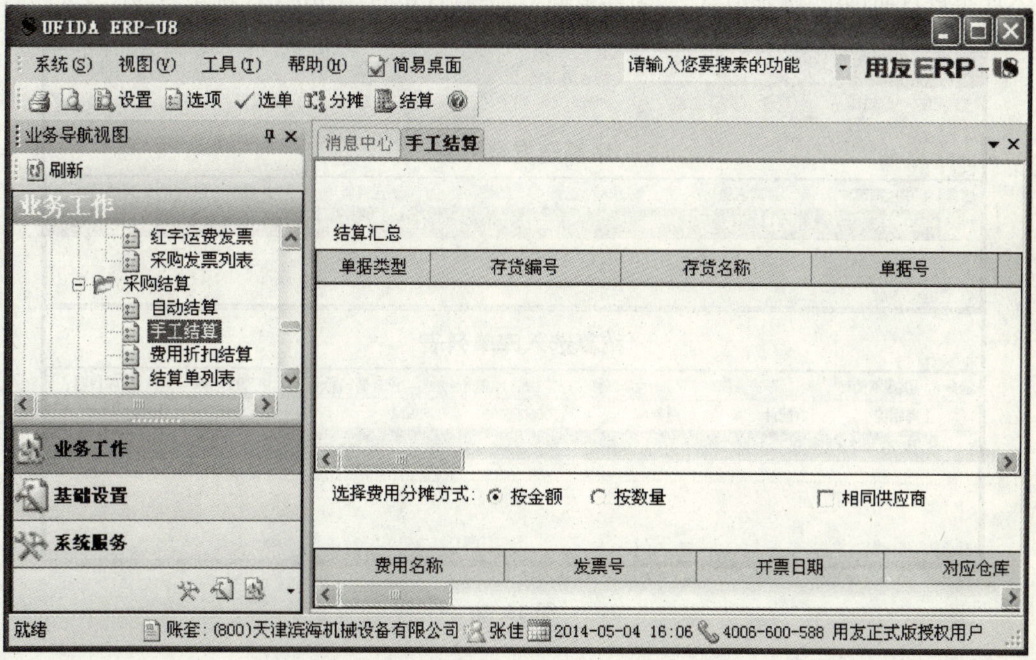

图 10.18

(4) 单击“选单”,进入“结算选单”窗口,如图 10.19。

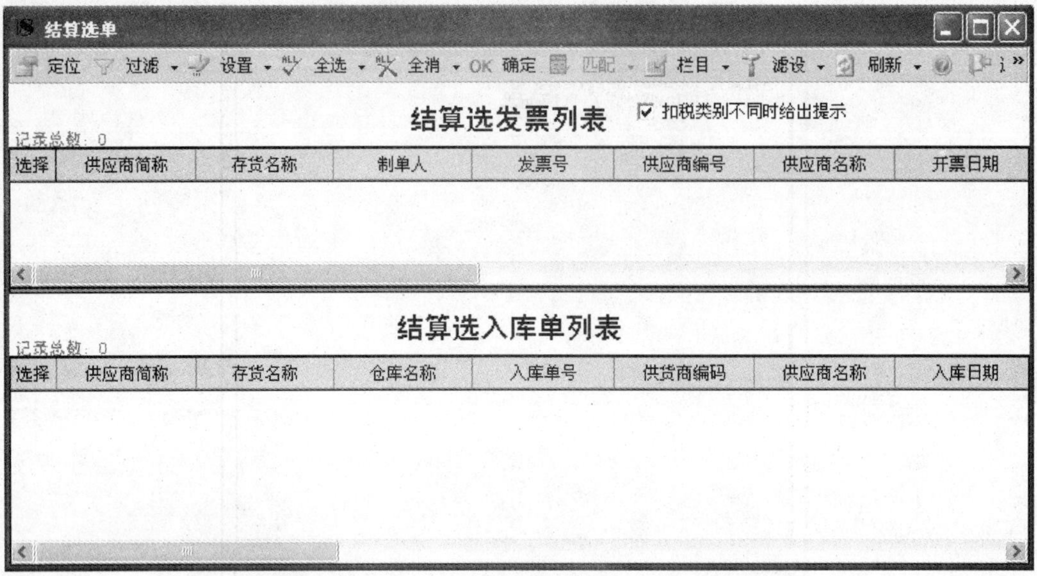

图 10.19

(5) 单击“过滤”,选择“发票选单过滤”,单击“过滤”,在“结算选发票列表”中显示出本业务的发票信息。双击选择该信息,同时“结算选入库单列表”中有关选中发票相应的入库单被自动选中,两条信息后“结算金额”为全款且相同,单击“OK 确定”,如图 10.20。

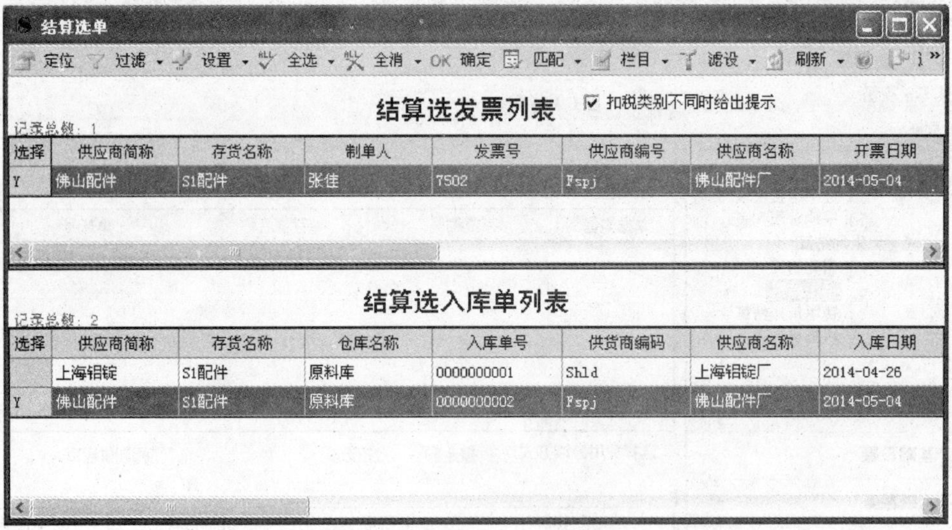

图 10.20

(6) 返回到“手工结算”窗口。可见“结算汇总”中出现刚选中的信息汇总,如图 10.21。

(7) 单击“结算”,采购管理提示“完成结算”,单击“确定”,如图 10.22。

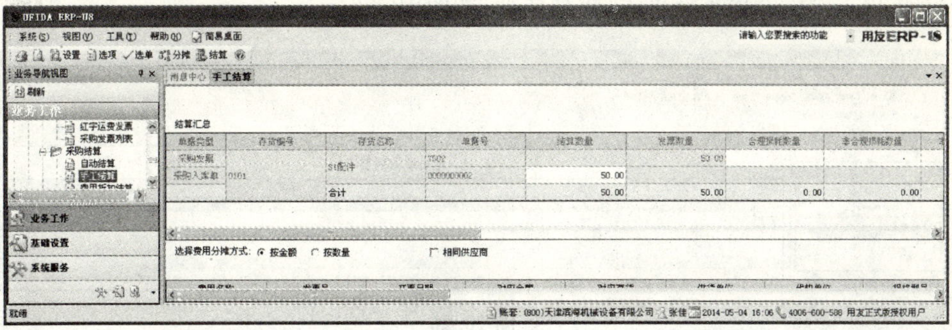

图 10.21

(8) 已结算的专用采购发票左上角会显示“已结算”的红章。

7) 应付单据审核。

(1) 启动应付款管理,执行“应付单据处理”|“应付单据审核”,弹出“应付单过滤条件”对话框,单击“确定”,进入“单据管理”窗口,如图 10.23。

图 10.22

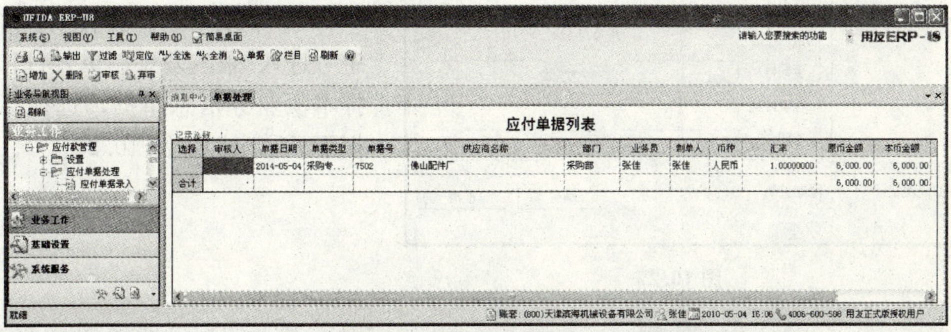

图 10.23

(2) 在“应付单据列表”中,双击选择本项业务的相关单据,单击“审核”。应付款管理系统弹出提示“本次审核成功单据[1]”,说明该张单据已审核成功;如果“本次审核未成功单据[1]”,则单击信息右边的“»”按钮,查看审核未成功的原因。单击“确定”,如图 10.24和图 10.25。

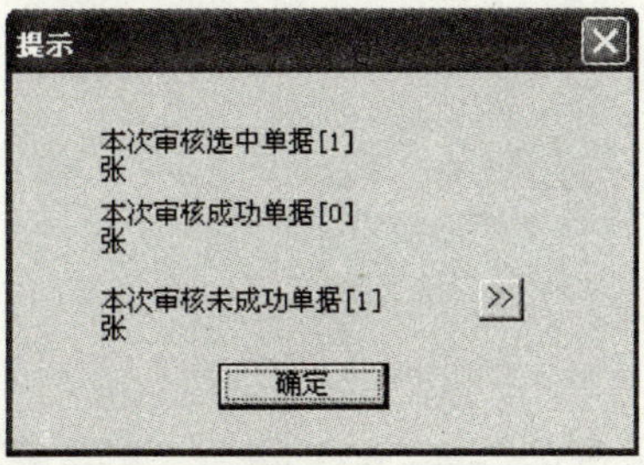

图 10.24

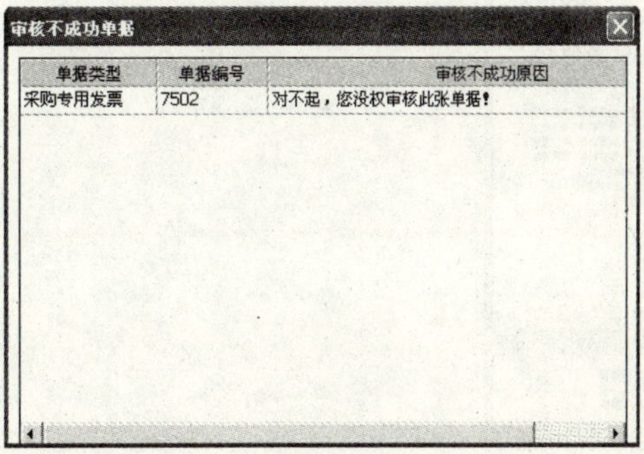

图 10.25

(3) 以王红的身份重新进入,审核成功,如图 10.26。

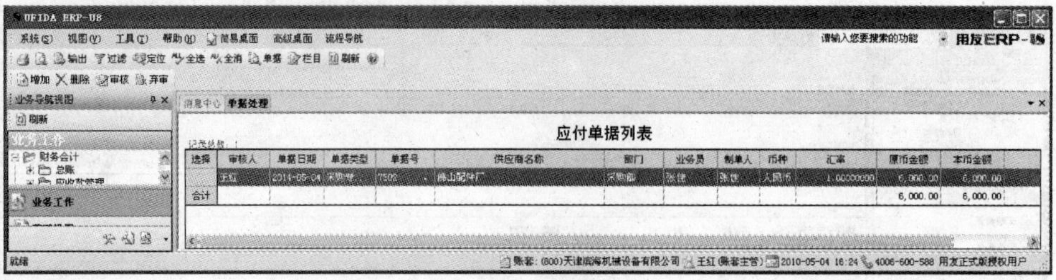

图 10.26

8) 发票制单。

(1) 以张佳身份,重新注册,进入应付款管理。

(2) 执行“制单处理”,弹出“制单查询”对话框,如图 10.27。

(3) 选择“发票制单”,单击“确定”,进入“采购发票制单”窗口。选择本项业务信息单据,“选择标志”框下显示“1”,如图 10.28。

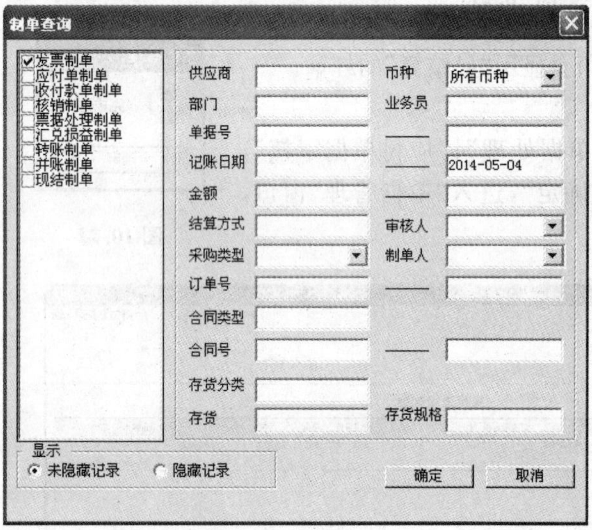

图 10.27

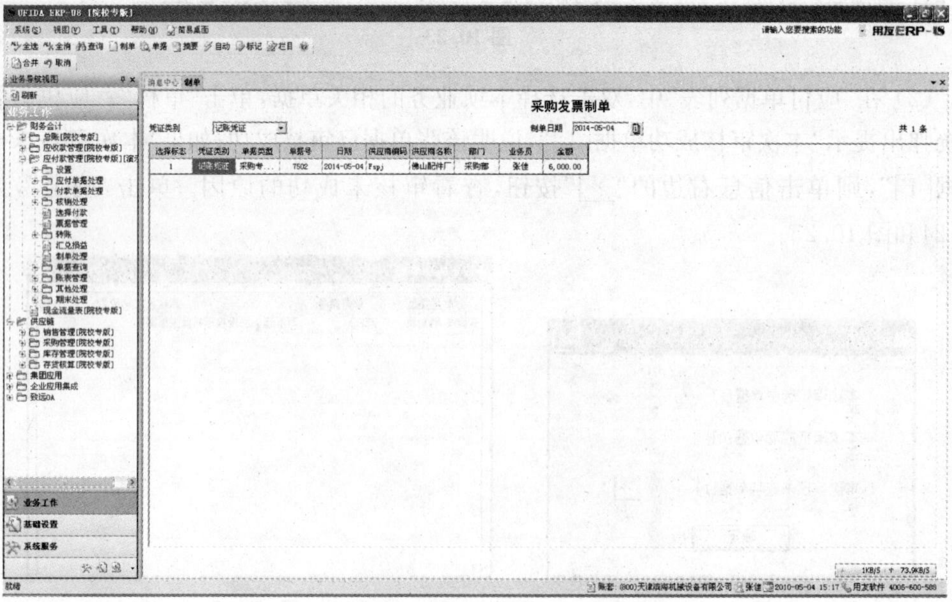

图 10.28

(4)“制单日期”为业务发生日期,单击“制单”,进入“填制凭证”,如图10.29。

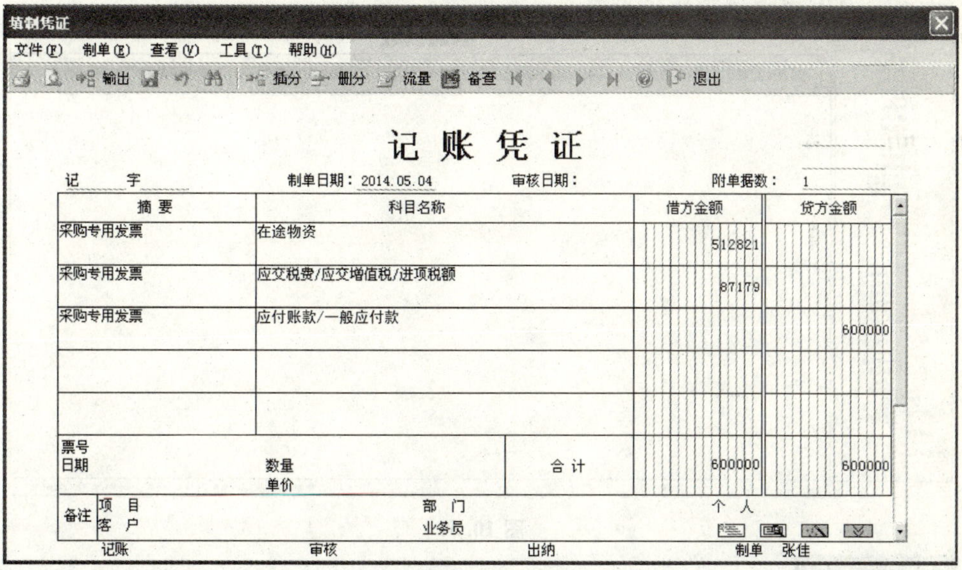

图 10.29

(5)检查凭证内容正确后单击“保存”,凭证左上角即显示出“已生成”的红章,如图10.30。

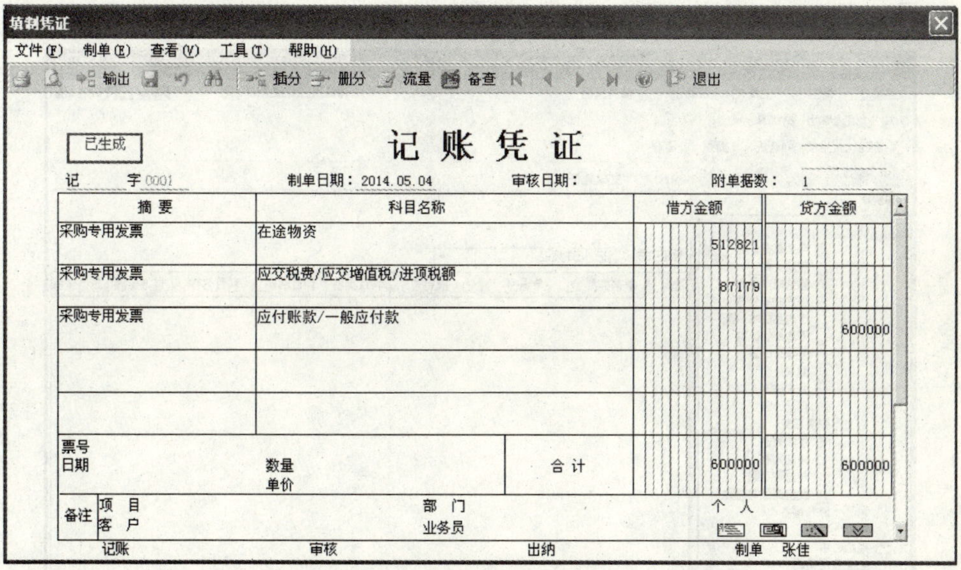

图 10.30

9)入库单记账。

入库单记账后,存货才可以正式入库。将入库单生成凭证,也需先作入库单记账。

(1)启动存货核算系统,执行“业务核算”|“正常单据计账”,弹出“过滤条件选择”对话框,单击“过滤”,进入“正常单据记账列表”窗口。

双击选择本项业务所需的采购入库单信息,选择项显示“Y”,如图10.31。

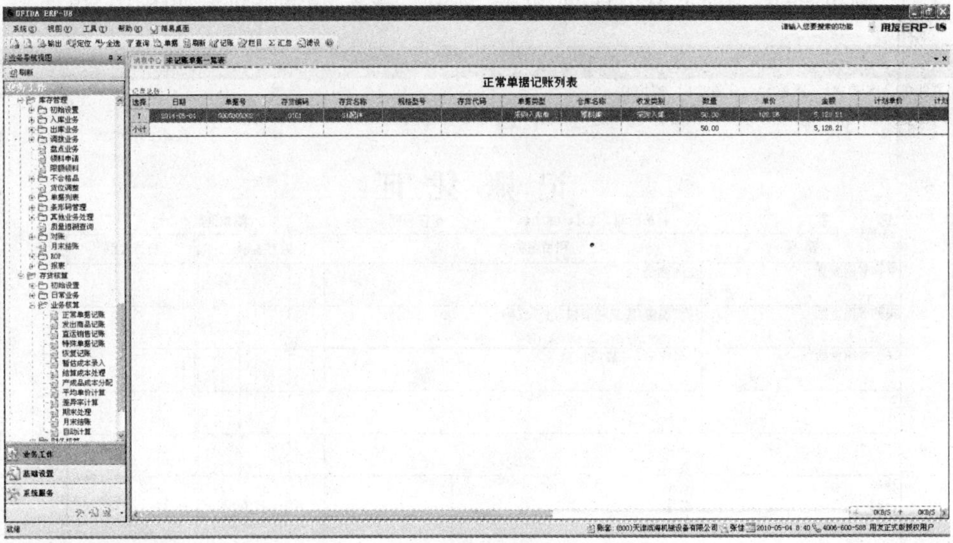

图 10.31

图 10.32

(2) 单击“记账”,存货核算系统弹出“记账成功”对话框,单击“确定”,如图 10.32。

(3) 关闭本功能,退出。

10) 入库单生成凭证。

(1) 执行“财务核算”|“生成凭证”,点击“选择”,如图 10.33。

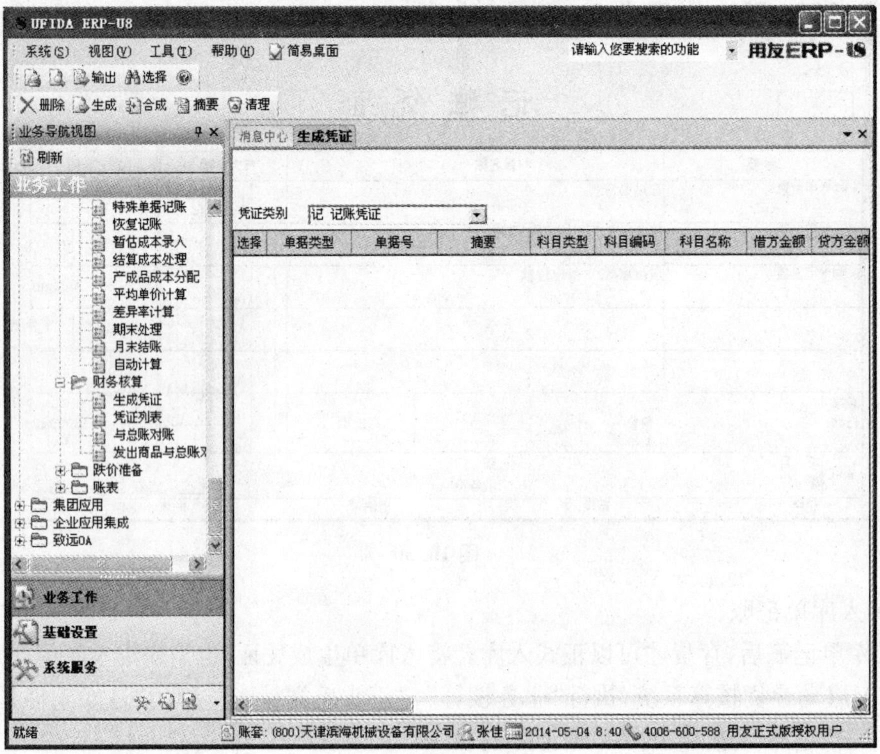

图 10.33

（2）弹出“查询条件”对话框，单击“确定”，进入“未生成凭证单据一览表”窗口，如图 10.34。

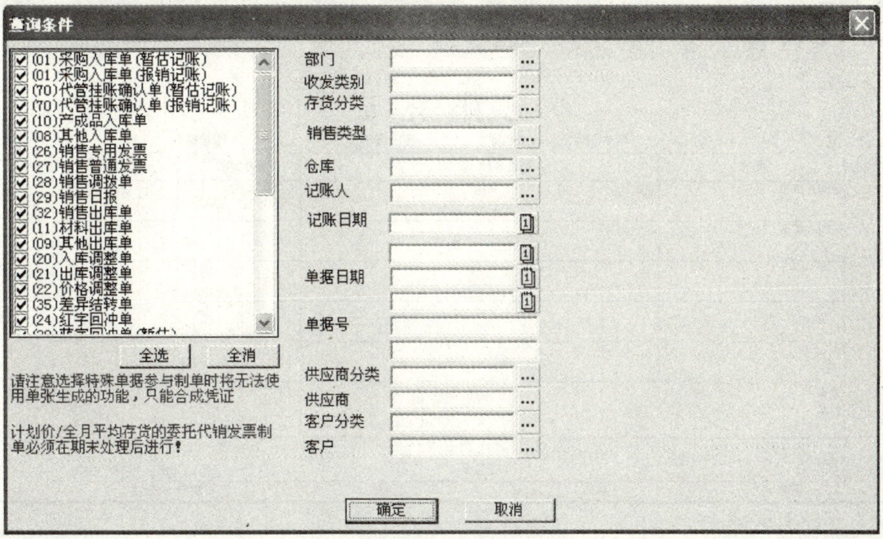

图 10.34

（3）选择本项业务所需的信息，“选择”栏中显示“1”，如图 10.35。

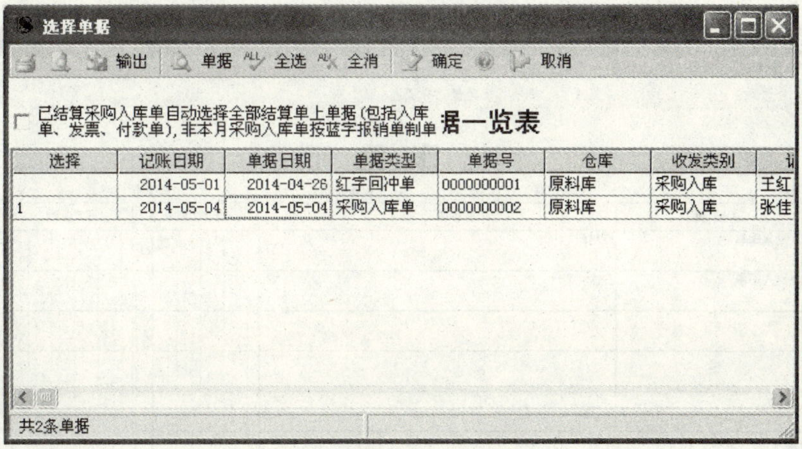

图 10.35

（4）单击“确定”，进入“生成凭证”窗口，如图 10.36。

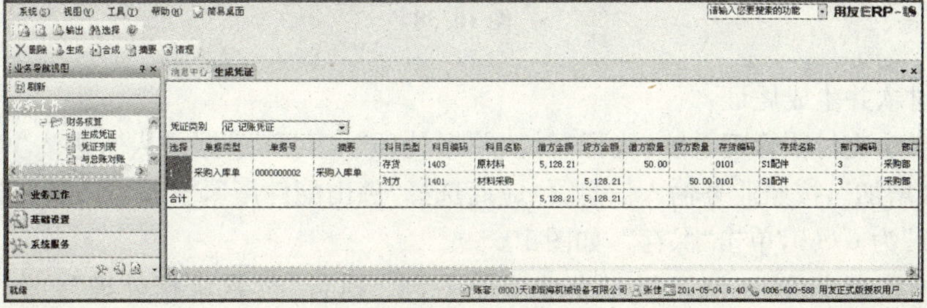

图 10.36

(5) 查看凭证信息,单击"生成",进入"填制凭证",如图 10.37。

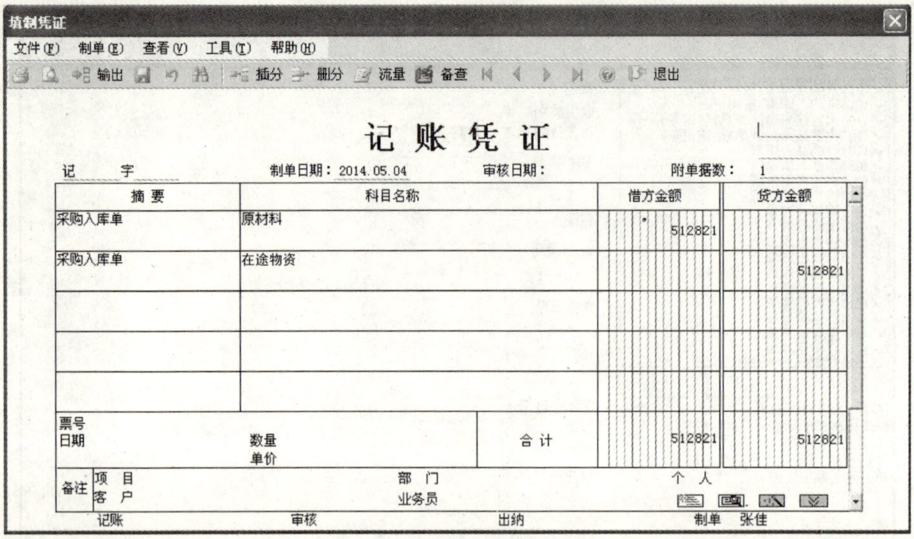

图 10.37

(6) 单击"保存",凭证左上角即显示"已生成"的红章。退出窗口,如图 10.38。

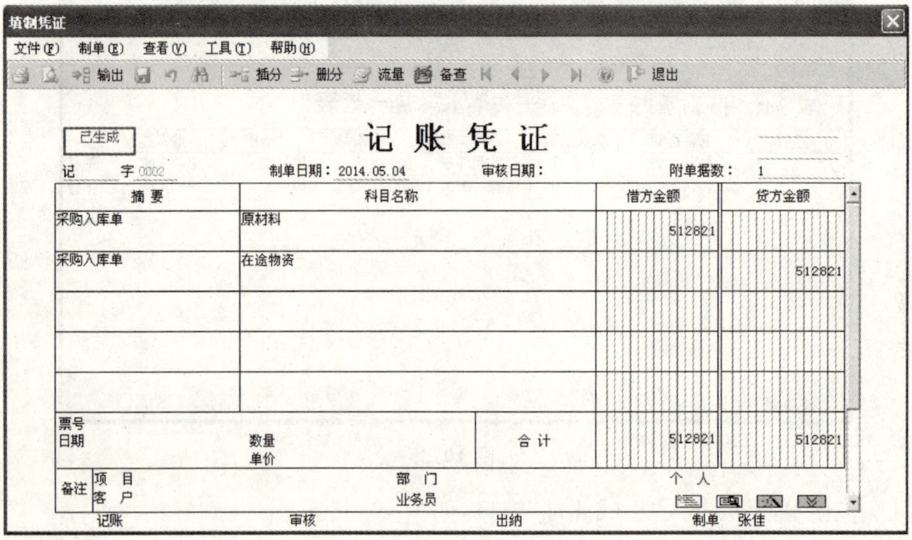

图 10.38

11) 付款并生成凭证。

(1) 启动应付款管理系统,执行"付款单据处理"|"付款单据录入",进入"付款单"窗口。单击"增加",按照业务输入信息,供应商选择"佛山配件厂","结算方式"选择"转账支票","金额"为 6 000,单击"保存",如图 10.39。

(2) 换账套主管"王红",登录企业应用平台。执行"付款单据处理"|"付款单据录入",进入"付款单"窗口。

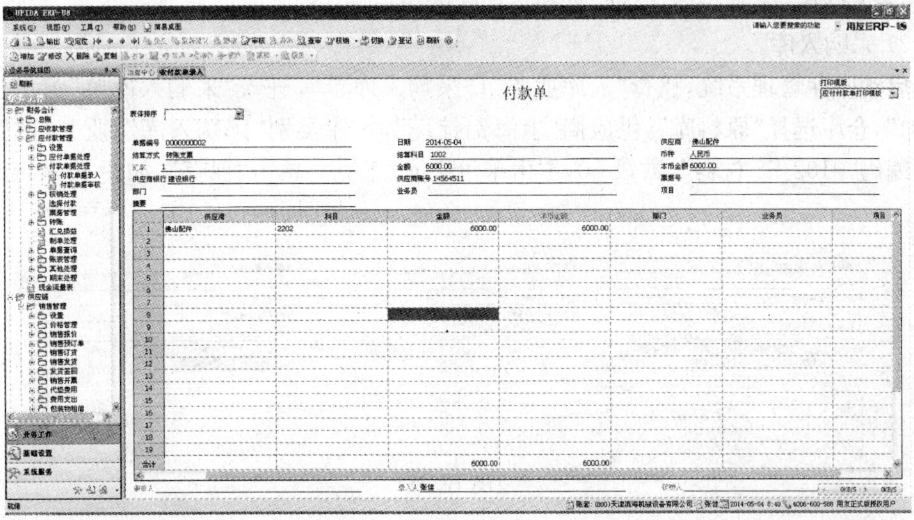

图 10.39

(3) 单击"审核",应付款管理系统弹出提示"是否立即制单?"单击"是",进入"填制凭证"对话框,检查凭证内容,准确无误后单击"确定",凭证左上角即显示出"已生成"的红章。退出应付款管理系统,如图 10.40。

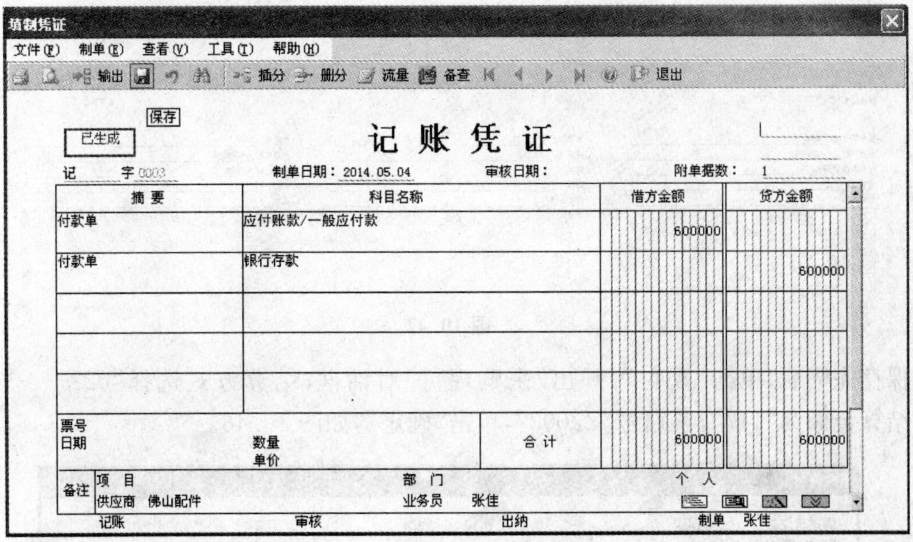

图 10.40

业务 2　现结业务

张佳由于不是账套主管,其权限有所限制,如审核权限,通过重新注册,更换操作人员,可体会到内部控制的严谨,但也带来操作的不便。如何设置非账套主管的审核将在下文讲解。为了加深对权限设置的认识,比较权限不同人员操作的不同效果,下列业务以账套主管王红的身份操作。

1) 采购请购、订货、到货。

启动采购管理系统,采购请购单、订单、到货单皆与上题步骤相同,且为可以省略的步骤(注意：要在“选项”中未设置“业务必有订单”的前提下)。

2) 采购入库。

启动库存管理系统,执行“入库业务”|“采购入库单”,进入“采购入库单”窗口。单击“增加”,仓库选择“原料库”,供应商“上海铝锭厂”,入库类别“采购入库”,业务员“张佳”,存货编码“0102 S2 材料”,数量 50,本币单价 2 元/千克。单击“保存”,如图 10.41。

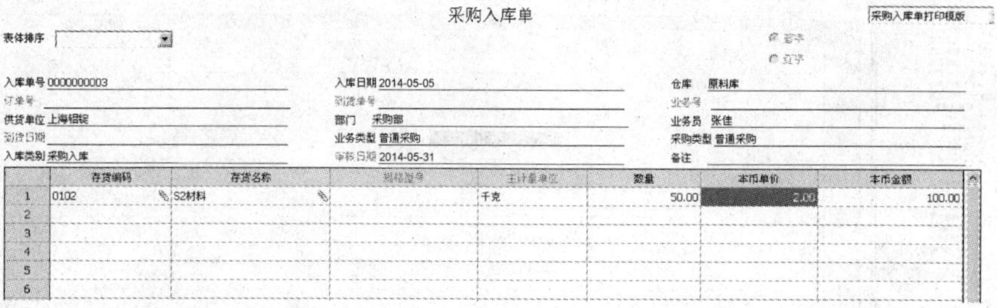

图 10.41

单击“审核”,弹出“该单据审核成功”。单击“确定”并退出。

3) 采购发票、现付和现结。

启动采购管理系统,执行“采购发票”|“专用采购发票”,进入“采购专用发票”窗口。单击“增加”,单击“生单”,选择“入库单”选项,弹出“过滤条件选择”对话框,单击“过滤”,进入“发票拷贝入库单表头列表”,双击选择本项业务所需的入库单信息,单击“OK 确定”,专用发票信息填充完毕,修改发票号 7707,单击“保存”,如图 10.42。

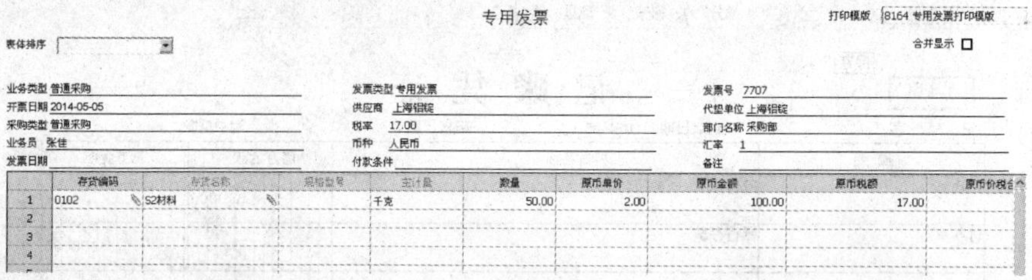

图 10.42

保存完毕后,单击“现付”,弹出“采购现付”对话框,结算方式选择“022——转账支票”,结算金额为“117”,票据号“ZZ003”,单击“确定”,如图 10.43。

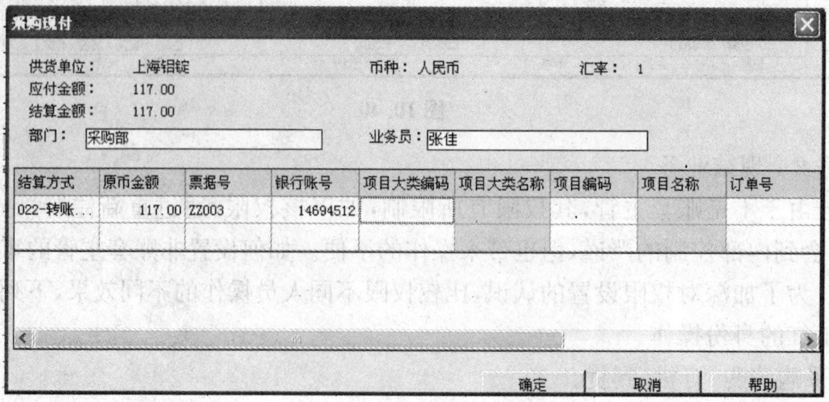

图 10.43

发票左上角即显示出“已现付”的红章，如图 10.44。

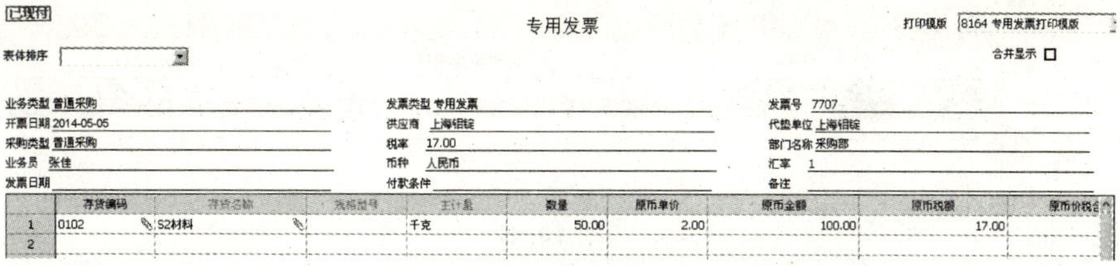

图 10.44

再单击“结算”，进行自动结算，专用采购发票左上角会显示“已结算”的红章，如图 10.45。

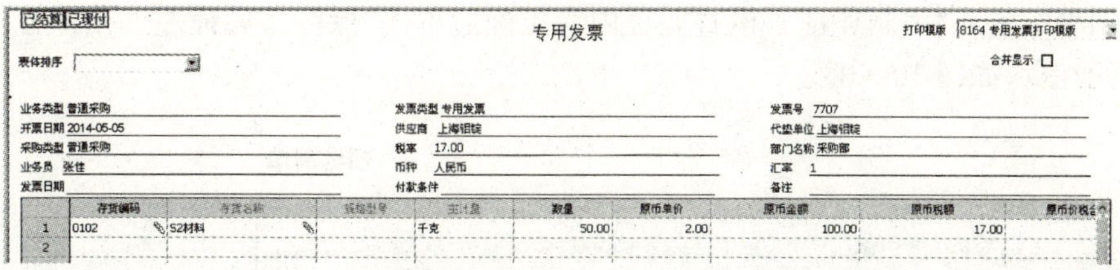

图 10.45

完毕后退出“专用发票”窗口。

4）应付单据审核。

启动应付款管理，执行“应付单据处理”|“应付单据审核”，弹出“应付单过滤条件”对话框，选中“包含已现结发票”，如图 10.46。

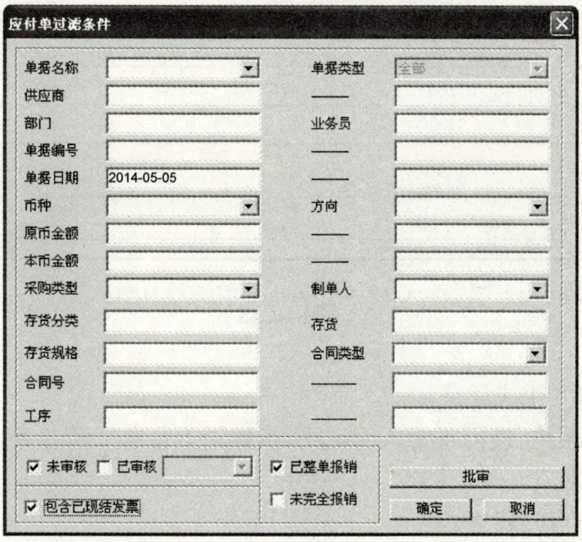

图 10.46

单击“确定”，进入“单据处理”窗口。在“应付单据列表”中，双击选择本项业务的相关单据，单击“审核”。审核成功后单击“确定”并退出，如图 10.47。

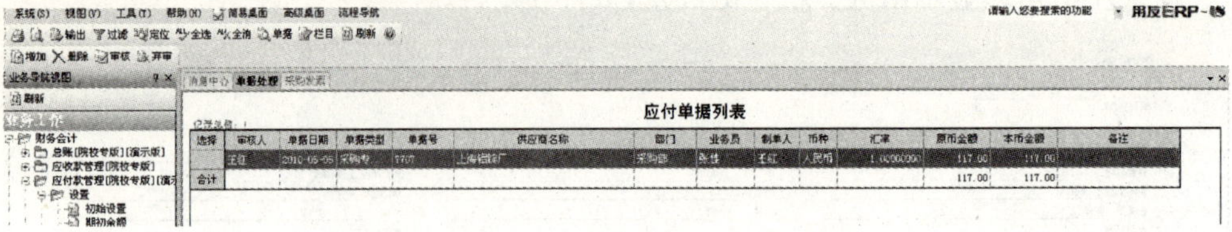

图 10.47

5）现结制单。

执行“制单处理”，弹出“制单查询”对话框，选择“现结制单”，单击“确定”，进入“现结制单”窗口。选择本项业务信息单据，选择所需的凭证类别，“制单日期”为业务发生日期，单击“制单”，进入“填制凭证”，检查凭证内容正确后单击“保存”，凭证左上角即显示出“已生成”的红章，如图 10.48。

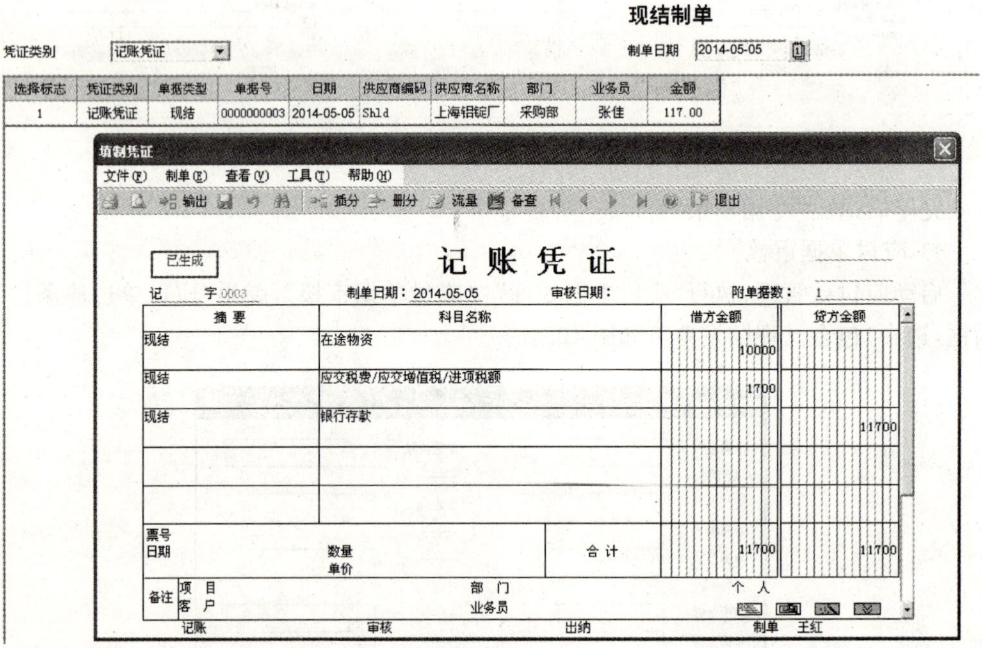

图 10.48

6）入库单记账并生成凭证。

启动存货核算系统，进行正常入库记账，步骤同上普通采购业务。

业务 3　运费业务

1）采购请购、订货、到货。

可省略。

2）采购入库。

启动库存管理系统，执行“入库业务”|“采购入库单”，进入“采购入库单”窗口。单击“增加”，仓库选择“原料库”，供应商“佛山配件厂”，入库类别“采购入库”，业务员“马卿”，

存货编码“0103 L1 材料”，数量 1 000，本币单价 10 元/千克。单击“保存”，单击“审核”，弹出“该单据审核成功”，单击“确定”并退出，如图 10.49。

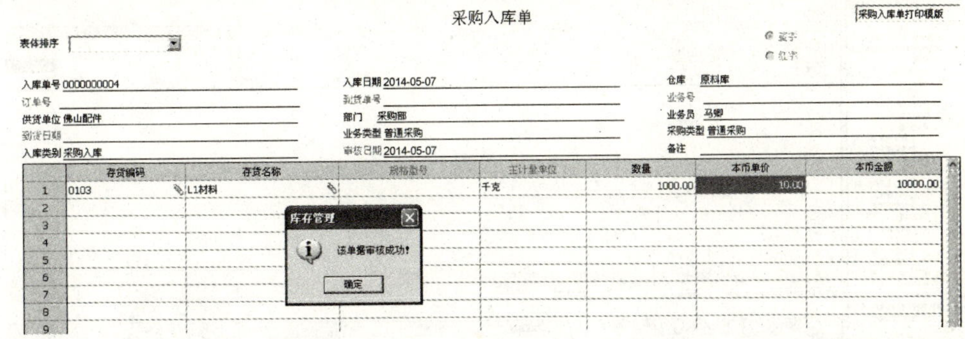

图 10.49

3）专用采购发票。

启动采购管理系统，执行“采购发票”|“专用采购发票”，进入“采购专用发票”窗口。单击“增加”，单击“生单”，选择“入库单”选项，弹出“过滤条件选择”对话框，单击“过滤”，进入“发票拷贝入库单表头列表”，双击选择本项业务所需的入库单信息，单击“OK 确定”，专用发票信息填充完毕，修改发票号 7505，单击“保存”。退出窗口。

4）运费发票。

执行“采购发票”|“专用采购发票”，进入“采购专用发票”窗口。单击“增加”，输入发票号“7777”，供应商“佛山配件厂”，税率“11”，业务员“马卿”，存货编号“0901 运输费”，原币金额“100”，其他不输，单击“保存”并退出，如图 10.50。

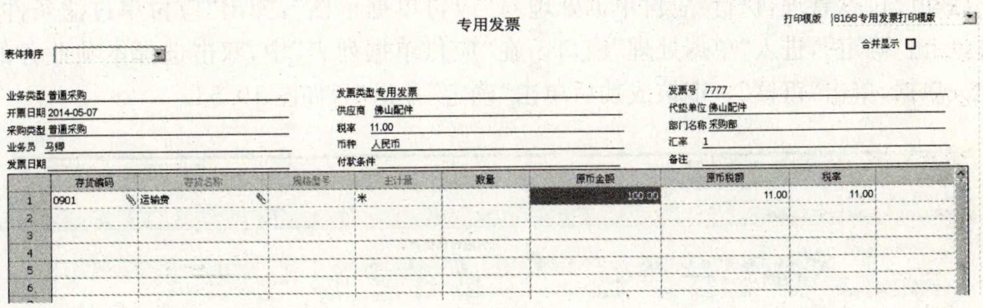

图 10.50

5）采购结算。

执行“采购结算”|“手工结算”，进入“手工结算”窗口。单击“选单”，进入“结算选单”窗口，单击“过滤”，在“结算选发票列表”中显示出本业务的专用发票和运费发票信息。双击选择该两条信息，同时“结算选入库单列表”中有关选中发票相应的入库单也要选中，所有信息后“结算金额”为全款，单击“OK 确定”，返回到“手工结算”窗口，如图 10.51。

可见“结算汇总”中出现刚选中的信息汇总，“选择费用分摊方式”为“按数量”，如图 10.52。

单击“分摊”弹出采购管理提示“费用分摊(按数量)完毕，请检查”，如图 10.53。

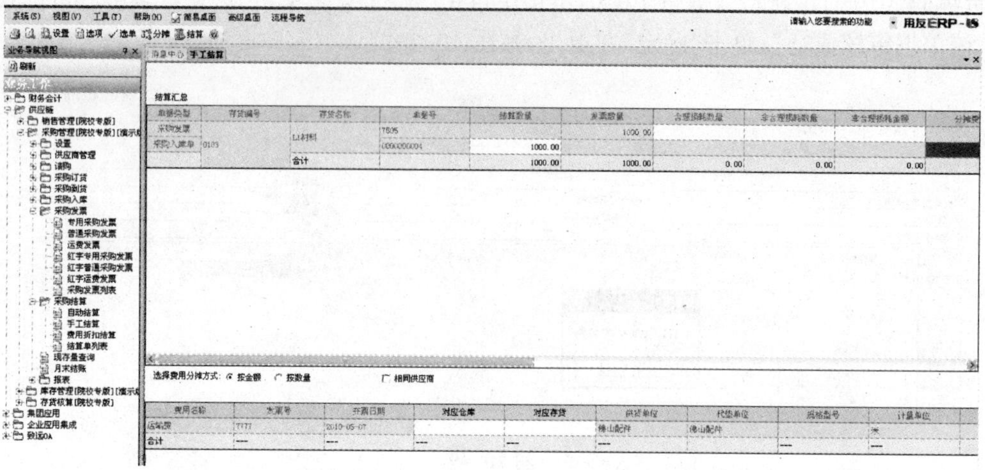

图 10.51

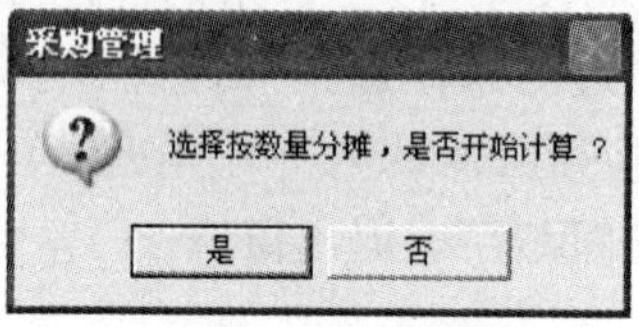

图 10.52

图 10.53

单击“确定”，单击“结算”，采购管理提示“完成结算”，单击“确定”。

6）应付单据审核。

启动应付款管理，执行“应付单据处理”|“应付单据审核”，弹出“应付单过滤条件”对话框，单击“确定”，进入“单据处理”窗口。在“应付单据列表”中，双击选择本项业务的两条相关单据，单击“审核”。审核成功后单击“确定”并退出，如图 10.54。

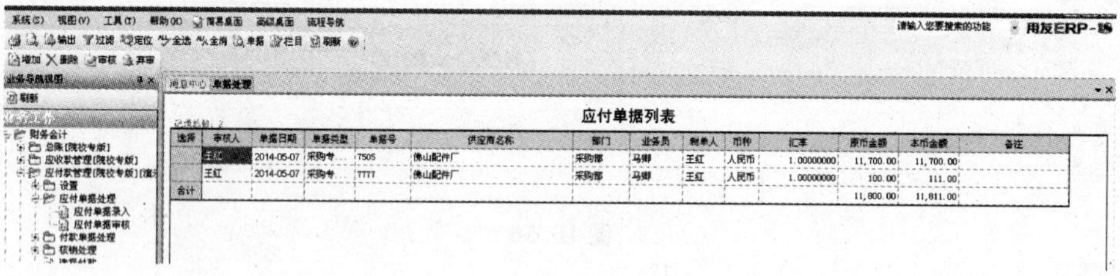

图 10.54

7）发票制单。

执行“制单处理”，弹出“制单查询”对话框，选择“发票制单”，单击“确定”，进入“采购发票制单”窗口。选择本项业务两条信息单据，“制单日期”为业务发生日期，单击“合并”，单击“制单”，进入“填制凭证”，检查凭证内容正确后单击“保存”，凭证左上角即显示出“已生成”的红章，如图 10.55。

8）入库单记账并生成凭证。

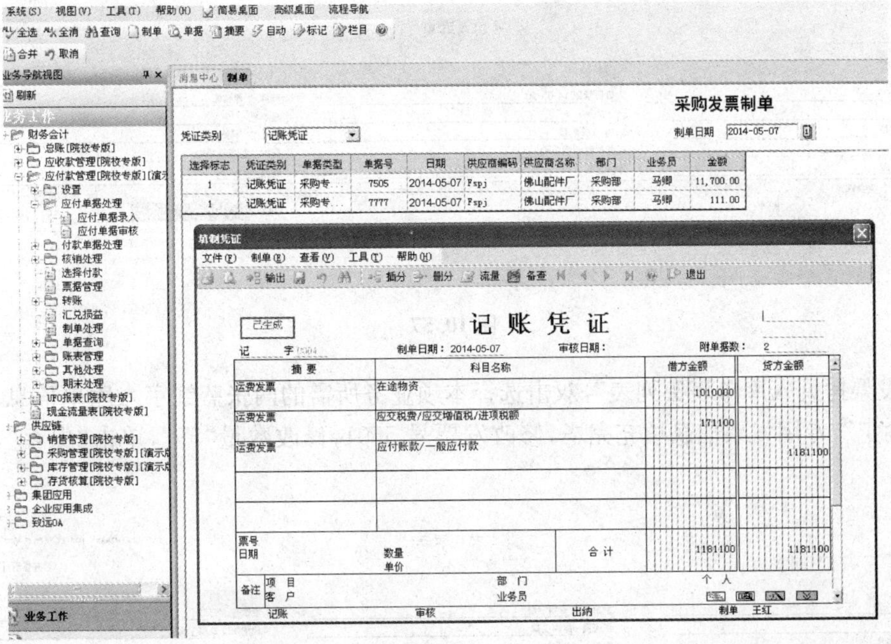

图 10.55

启动存货核算系统，进行正常入库记账，并生成凭证。步骤同上普通业务，如图 10.56。

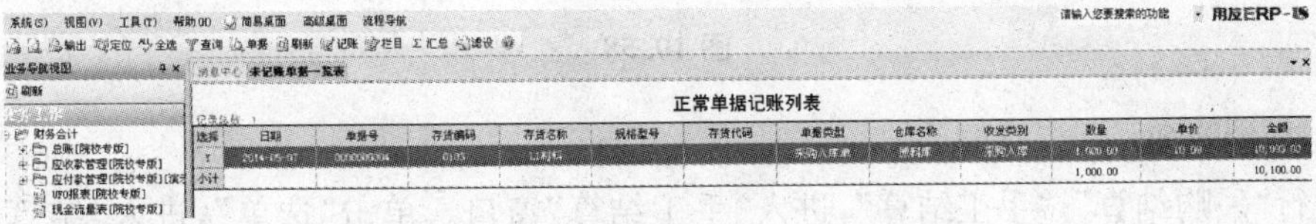

图 10.56

业务 4　结算前退货

1）采购入库。

启动库存管理系统，执行“入库业务”|“采购入库单”，进入“采购入库单”窗口。单击“增加”，仓库选择“原料库”，供应商“南海工具厂”，入库类别“采购入库”，业务员“马卿”，存货编码“0101 S1 配件”，数量 60，本币单价 100 元/箱。单击“保存”，单击“审核”，弹出“该单据审核成功”，单击“确定”并退出。

2）采购退货(红字采购入库单)。

执行“入库业务”|“采购入库单”，进入“采购入库单”窗口。单击“增加”，单击单据右上角为“红字”，仓库选择“原料库”，供应商“南海工具厂”，入库类别“采购入库”，业务员“马卿”，存货编码“0101 S1 材配件”，数量－5，本币单价 100 元/箱。单击“保存”，单击“审核”，弹出“该单据审核成功”，单击“确定”并退出，如图 10.57。

3）采购发票。

启动采购管理系统，执行“采购发票”|“专用采购发票”，进入“采购专用发票”窗口。单击“增加”，单击“生单”，选择“入库单”选项，弹出“过滤条件选择”对话框，单击“过滤”，

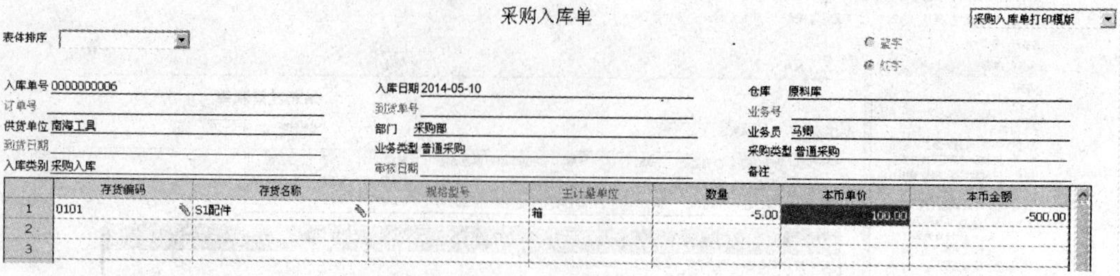

图 10.57

进入“发票拷贝入库单表头列表”，双击选择本项业务所需的两张蓝红字入库单信息，单击“OK 确定”，专用发票信息填充完毕，修改发票号 5501，修改数量“55”，单击“保存”，如图 10.58。

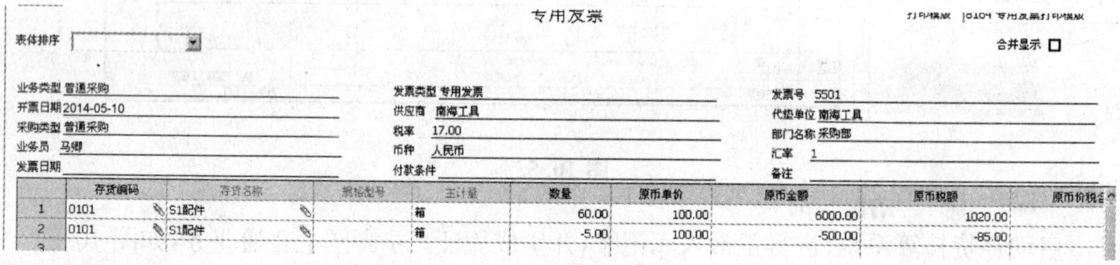

图 10.58

4）采购结算。

执行“采购结算”|“手工结算”，进入“手工结算”窗口。单击“选单”，进入“结算选单”窗口，单击“过滤”，选择“发票选单过滤”，单击“过滤”，在“结算选入库单列表”中显示出本业务的两张蓝红字入库单信息。双击选择该信息，单击“OK 确定”，返回到“手工结算”窗口。可见“结算汇总”中出现刚选中的信息汇总，单击“结算”，采购管理提示“完成结算”，单击“确定”，如图 10.59。

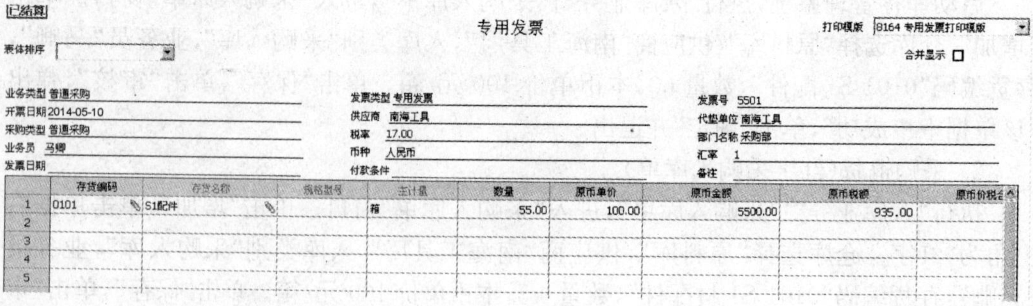

图 10.59

5）应付单据审核。

启动应付款管理，执行“应付单据处理”|“应付单据审核”，弹出“应付单过滤条件”对

话框,单击“确定”,进入“单据处理”窗口。在“应付单据列表”中,双击选择本项业务的两条相关单据,单击“审核”。审核成功后单击“确定”并退出,如图 10.60。

应付单据列表

记录总数: 1

选择	审核人	单据日期	单据类型	单据号	供应商名称	部门	业务员	制单人	币种	汇率	原币金额	本币金额	备注
	王红	2014-05-11	采购专…	5501	南海工具厂	采购部	马卿	王红	人民币	1.00000000	6,435.00	6,435.00	
合计											6,435.00	6,435.00	

图 10.60

6) 发票制单。

执行“制单处理”,弹出“制单查询”对话框,选择“发票制单”,单击“确定”,进入“采购发票制单”窗口。选择本项业务信息单据,“制单日期”为业务发生日期,单击“制单”,进入“填制凭证”,检查凭证内容正确后单击“保存”,凭证左上角即显示出“已生成”的红章,如图 10.61 和图 10.62。

采购发票制单

凭证类别　记账凭证　　制单日期　2014-05-11

选择标志	凭证类别	单据类型	单据号	日期	供应商编码	供应商名称	部门	业务员	金额
1	记账凭证	采购专…	5501	2014-05-11	Hngj	南海工具厂	采购部	马卿	6,435.00

图 10.61

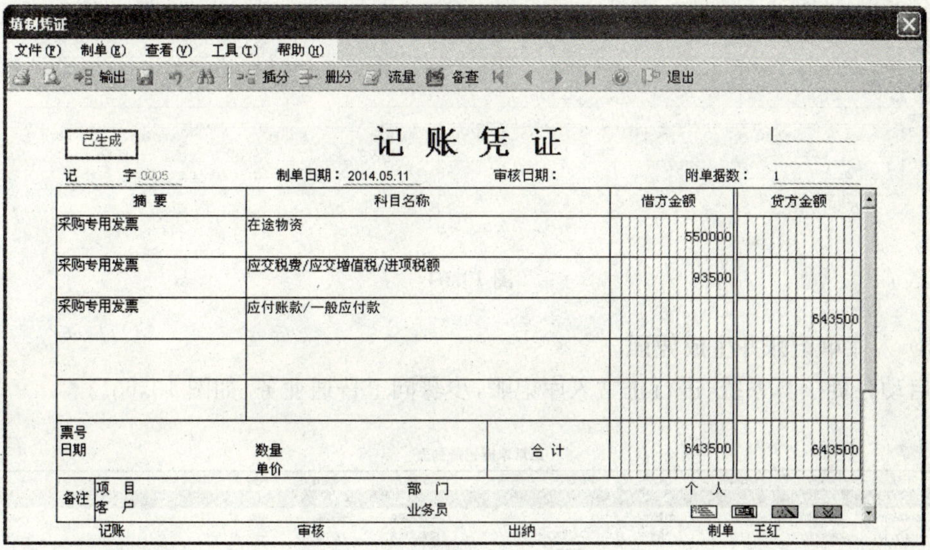

图 10.62

7) 入库单记账并生成凭证。

启动存货核算系统,进行正常入库记账,并生成凭证。步骤同上普通采购业务。

业务 5　结算后退货

1) 采购入库。

启动库存系统,执行“入库业务”|“采购入库单”,进入“采购入库单”窗口。单击“增加”,单击单据右上角为“红字”,仓库选择“原料库”,供应商“南海工具厂”,入库类别“采购入库”,业务员“马卿”,存货编码“0101 S1 材配件”,数量－5,本币单价 100 元/箱。单击

"保存",单击"审核",弹出"该单据审核成功",单击"确定"并退出,如图 10.63。

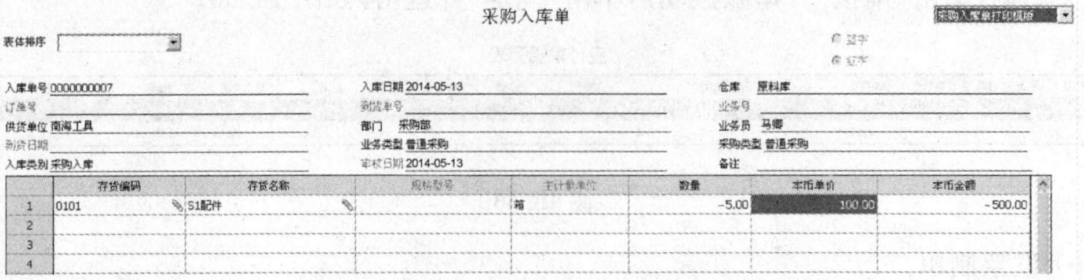
采购入库单

表体排序

蓝字
红字

入库单号 0000000007 入库日期 2014-05-13 仓库 原料库
订单号 到货单号 业务号
供货单位 南海工具 部门 采购部 业务员 马卿
到货日期 业务类型 普通采购 采购类型 普通采购
入库类别 采购入库 审核日期 2014-05-13 备注

	存货编码	存货名称	规格型号	主计量单位	数量	本币单价	本币金额
1	0101	S1配件		箱	-5.00	100.00	-500.00
2							
3							
4							

图 10.63

2) 采购发票。

启动采购管理系统,执行"采购发票"|"红字专用采购发票",进入"采购专用发票(红字)"窗口。单击"增加",单击"生单",选择"入库单"选项,弹出"过滤条件选择"对话框,单击"过滤",进入"发票拷贝入库单表头列表",双击选择本项业务所需的红字入库单信息,单击"OK 确定",专用发票信息填充完毕,修改发票号 55027,单击"保存"并退出。进行结算(自动或手动均可),完成后退出,如图 10.64。

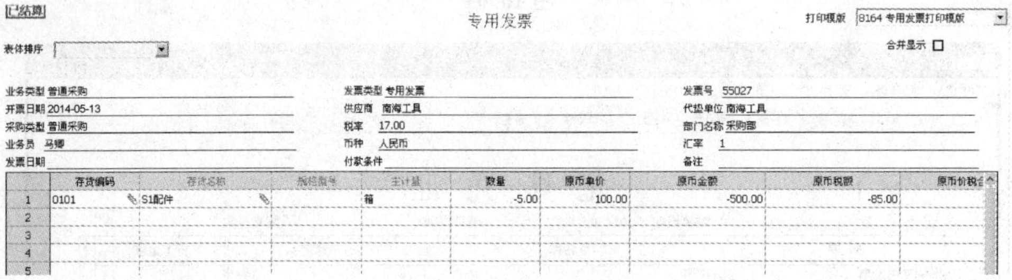
已结算

专用发票

打印模版 8164 专用发票打印模版

表体排序

合并显示

业务类型 普通采购 发票类型 专用发票 发票号 55027
开票日期 2014-05-13 供应商 南海工具 代垫单位 南海工具
采购类型 普通采购 税率 17.00 部门名称 采购部
业务员 马卿 币种 人民币 汇率 1
发票日期 付款条件 备注

	存货编码	存货名称	规格型号	主计量	数量	原币单价	原币金额	原币税额	原币价税合
1	0101	S1配件		箱	-5.00	100.00	-500.00	-85.00	
2									
3									
4									
5									

图 10.64

3) 入库单记账并生成凭证。

启动存货核算系统,进行正常入库记账,步骤同上普通业务,如图 10.65。

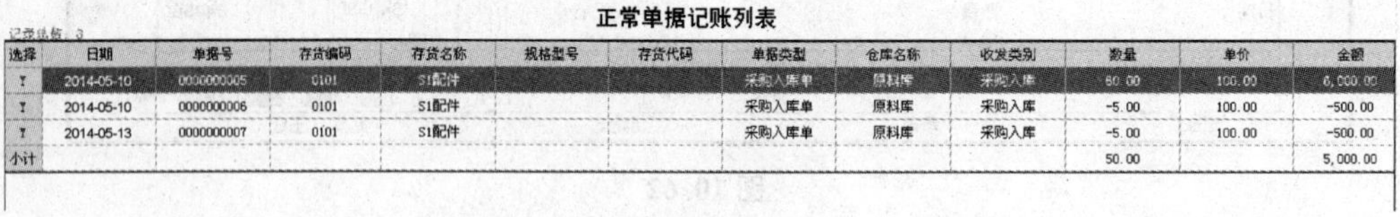
正常单据记账列表

记录总数: 3

选择	日期	单据号	存货编码	存货名称	规格型号	存货代码	单据类型	仓库名称	收发类别	数量	单价	金额
Y	2014-05-10	0000000005	0101	S1配件			采购入库单	原料库	采购入库	60.00	100.00	6,000.00
Y	2014-05-10	0000000006	0101	S1配件			采购入库单	原料库	采购入库	-5.00	100.00	-500.00
Y	2014-05-13	0000000007	0101	S1配件			采购入库单	原料库	采购入库	-5.00	100.00	-500.00
小计										50.00		5,000.00

图 10.65

4) 应付单据审核并制单。

启动应付款管理,进行应付账款的审核并制单,所制凭证共两张,步骤参照普通采购业务,如图 10.66。

业务 6 暂估入库业务

1) 采购入库。

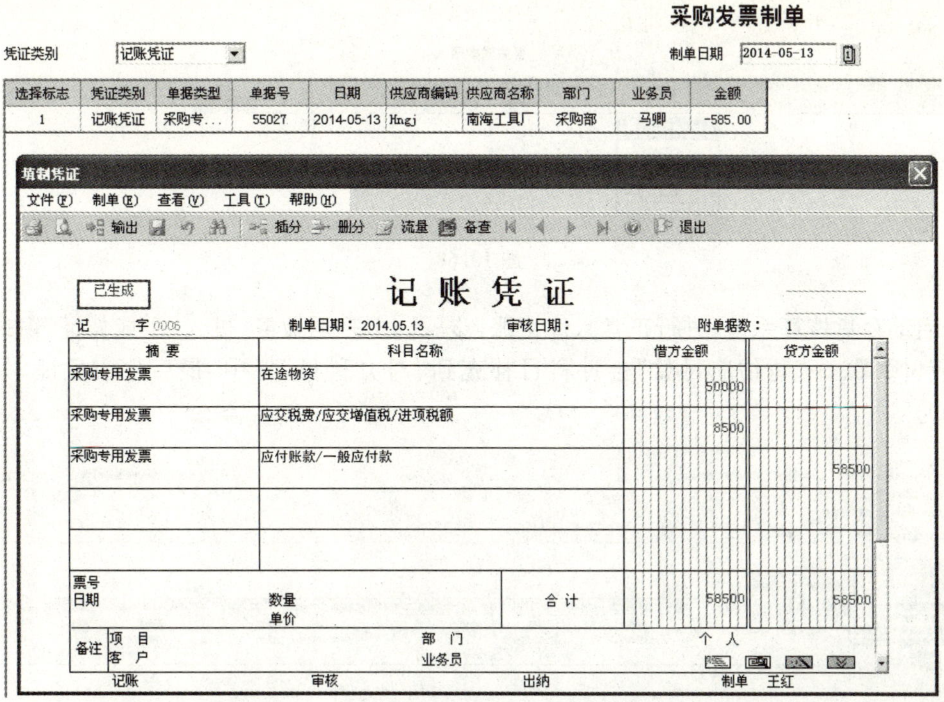

图 10.66

启动库存管理系统，执行“入库业务”|“采购入库单”，进入“采购入库单”窗口。单击“增加”，仓库选择“原料库”，供应商“佛山配件厂”，入库类别“采购入库”，业务员“马卿”，存货编码“0101 S1 配件”，数量 50，不填写单价。单击“保存”，单击“审核”，弹出“该单据审核成功”，单击“确定”并退出，如图 10.67。

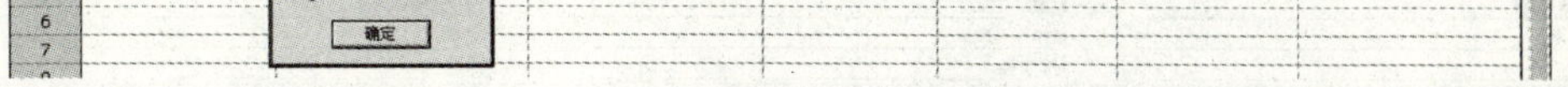

图 10.67

2）暂估成本。

至本月末，本业务发票未到。启动存货核算系统，执行“业务核算”|“暂估成本录入”，弹出“采购入库单成本成批录入查询”对话框，单击“确定”，进入“暂估成本录入”，输入金额“5500”（自动算出），单击“保存”，弹出提示“保存成功”，单击“确定”，并返回，如图 10.68。

3）入库单记账并生成凭证。

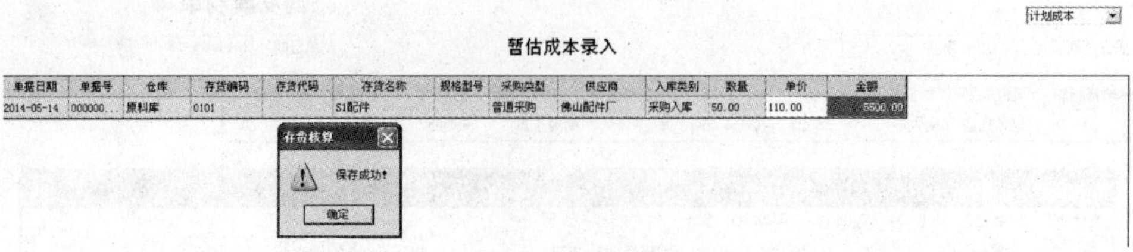

图 10.68

启动存货核算系统，进行正常入库记账，步骤同上普通业务，进入“生成凭证”窗口时将“应付账款——暂估应付款”会计科目补充到“对方科目”栏中，最后生成凭证，如图 10.69。

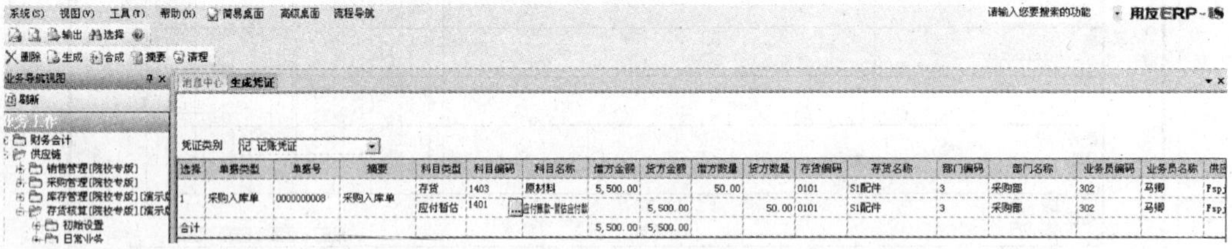

图 10.69

业务 7　冲销上月暂估入库业务

1）采购发票。

启动采购管理系统，执行“采购发票”|“专用采购发票”，进入“采购专用发票”窗口。单击“增加”，单击“生单”，选择“入库单”选项，弹出“过滤条件选择”对话框，单击“过滤”，进入“发票拷贝入库单表头列表”，双击选择本项业务所需的入库单信息，单击“OK 确定”，专用发票信息填充完毕，修改发票号 7701，修改单价“2.5 元”，单击“保存”，如图 10.70。

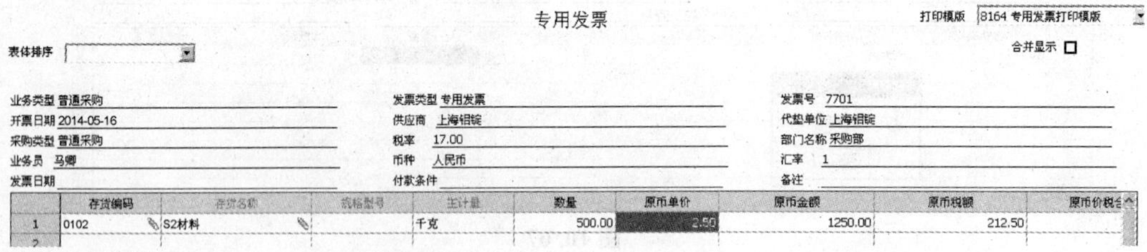

图 10.70

2）采购结算。

执行“手工结算”，进入“手工结算”窗口。单击“选单”，进入“结算选单”窗口，单击“过滤”，选择“入库单选单过滤”，修改日期为“从 2014 年 4 月 1 日至 2014 年 5 月 31 日”，如图 10.71。

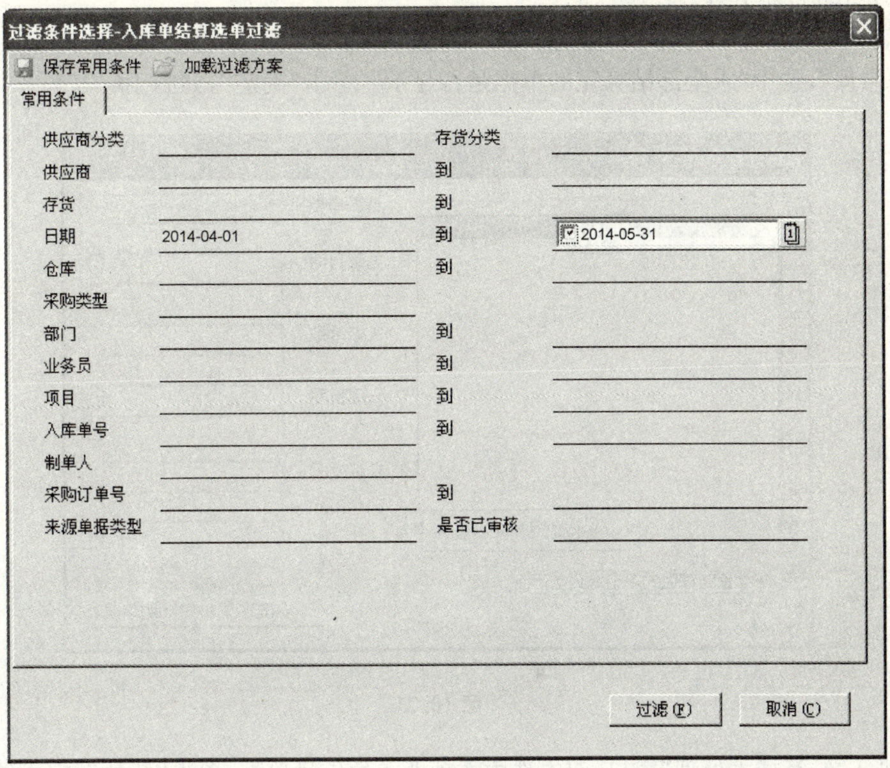

图 10.71

单击“过滤”，在上方“结算选发票列表”中显示出本业务的发票信息。双击选择该信息，同时“结算选入库单列表”中有关选中发票相应的入库单被自动选中，单击“OK 确定”，返回到“手工结算”窗口。可见“结算汇总”中出现刚选中的信息汇总，单击“结算”，采购管理提示“完成结算”，单击“确定”并返回，如图 10.72。

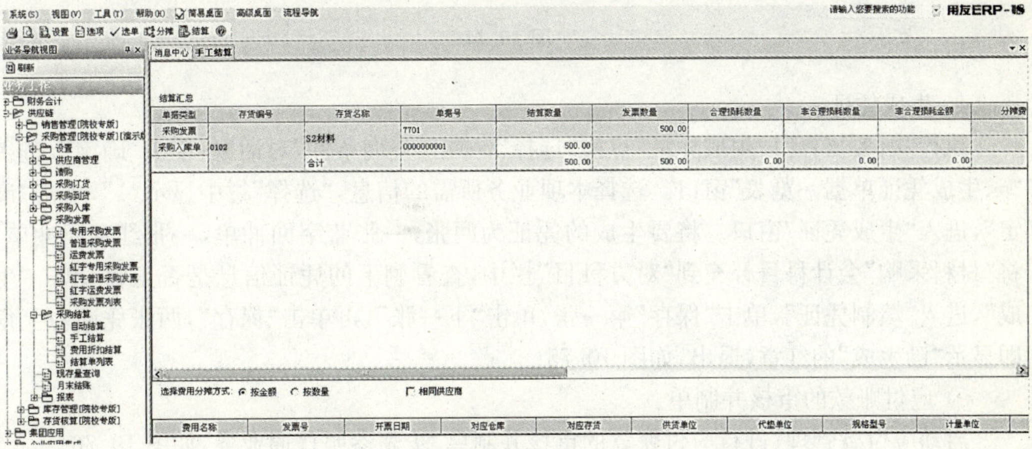

图 10.72

3）结算成本处理。

启动存货核算系统，执行“业务核算|结算成本处理”，弹出“暂估处理查询”对话框，选择“原料库”，选中“未全部结算完的单据是否显示”，单击“确定”，如图 10.73。

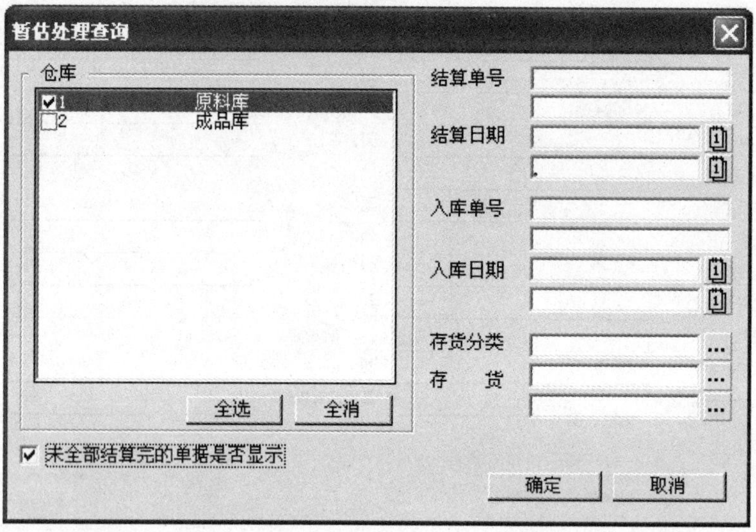

图 10.73

进入“结算成本处理”窗口，双击选中本项业务的信息单据，单击“暂估”，完成结算，如图 10.74。

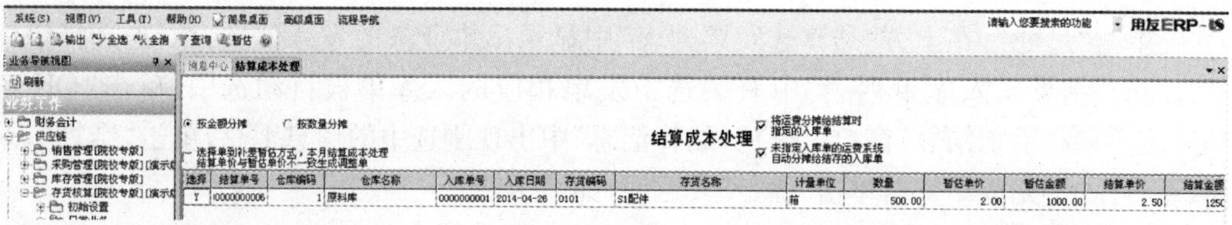

图 10.74

4）生成凭证。

执行“财务核算”|“生成凭证”点击“选择”，弹出“查询条件”对话框，单击“确定”，进入“未生成凭证单据一览表”窗口。选择本项业务所需的信息，“选择”栏中显示“1”，单击“确定”，进入“生成凭证”窗口。将要生成的凭证为两张，一张蓝字回冲单，一张红字回冲单，将“材料采购”会计科目补充到“对方科目”栏中，查看剩下的凭证信息是否正确，单击“生成”，进入“填制凭证”，单击“保存”第一张，单击“下一张”，再单击“保存”，两张凭证左上角即显示“已生成”的红章，退出，如图 10.75。

5）应付账款的审核并制单。

启动应付款管理，进行应付账款的审核并制单，步骤参照普通业务，如图 10.76。

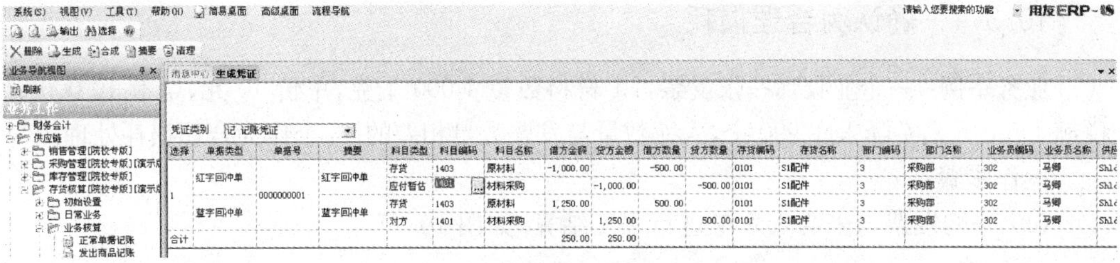

图 10.75

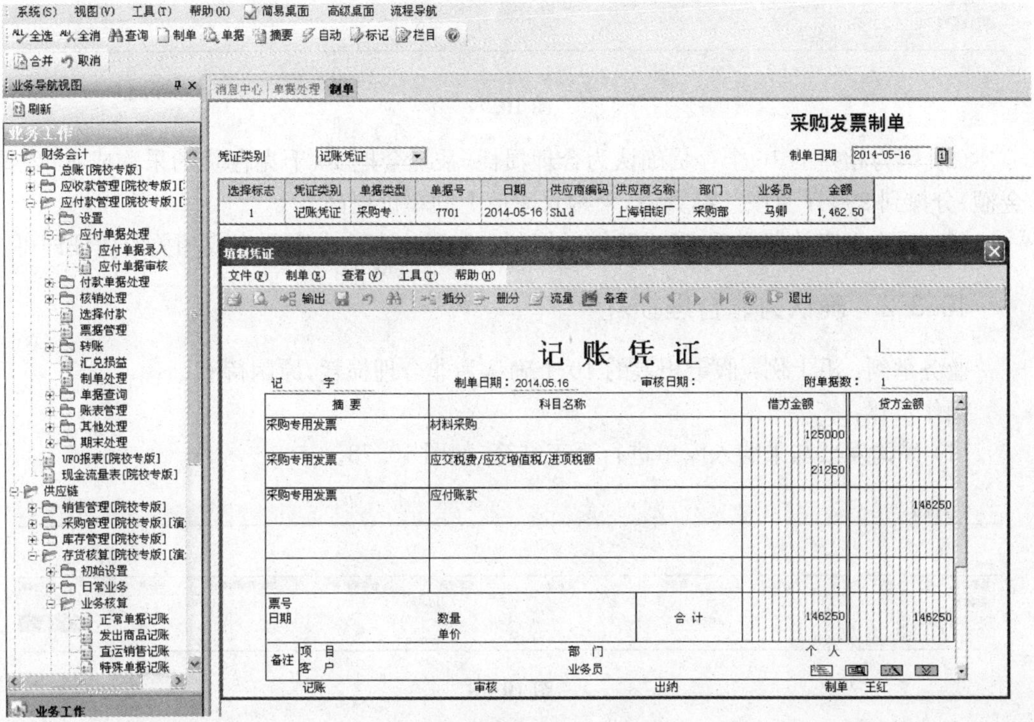

图 10.76

10.3　实战点拨

在实际业务中，经常会发生入库数量小于发票数量的情况，即发生了在途损耗。对于这种在途损耗，要区分合理损耗和非合理损耗，进而采取不同的会计处理方法。会计制度规定：合理损耗是企业在经营过程中不可避免的，因而要计入存货的成本，其进项税额不得转出，只是提高了单个存货的成本；而非合理损耗是不可预知的，非正常的，这部分损失不得计入存货的成本，其进项税额要转出，这部分损失先在“待处理财产损溢”中归集，查明原因后，转入费用类科目。

10.3.1 确认为合理损耗

业务举例：一企业收到一张发票，L1 材料数量 1 000 千克，单价 10 元，金额 10 000 元，税额 1 700 元。实际入库 990 个，入库数量与发票数量相差的 10 个作为合理损耗处理。

操作步骤：

(1) 采购发票与采购入库单进行手工结算，如图 10.77。

消息中心 手工结算

结算汇总

单据类型	存货编号	存货名称	单据号	结算数量	发票数量	合理损耗数量	非合理损耗数量	非合理损耗金额
采购发票	0103	L1材料	7505		1000.00	10.00		
采购入库单			0000000004	990.00				
		合计		990.00	1000.00	10.00	0.00	0.00

图 10.77

(2) 因为相差的 10 个存货确认为合理损耗，系统会把 10 千克存货的采购成本(发票金额)分摊到 990 千克中。结算后，采购入库单上的单价提高。

(3) 采购入库单记账后，通过购销单据制单和供应商往来制单生成相关的凭证即可。

10.3.2 确认为非合理损耗

业务举例：沿上例：假定相差的 10 个确认为非合理损耗，原因待查。

操作步骤：

(1) 采购发票与采购入库单进行手工结算，如图 10.78。

消息中心 手工结算

结算汇总

单据类型	存货编号	存货名称	单据号	结算数量	发票数量	合理损耗数量	非合理损耗数量	非合理损耗金额	分摊费
采购发票	0103	L1材料	7505		1000.00		10.00	100.00	
采购入库单			0000000004	990.00					
		合计		990.00	1000.00	0.00	10.00	100.00	

图 10.78

(2) 存在非合理损耗的采购结算。

(3) 因为非合理损耗导致金额和增值税进项税额都需要转出(先在“待处理财产损溢——待处理流动资产损溢”科目终归集)，所以采购入库的成本确认为 990 元，结算后的采购入库单的单价仍为 10 元。

(4) 采购入库单正常单据记账后，在购销单据制单中，选择采购入库单(报销记账)制单，选择“已结算采购入库单自动选择全部结算单上单据(包括入库单、发票、付款单)，非本月采购入库单按蓝字报销单制单”选项。

典型项目 11　销售与应收款管理

11.1　销售与应收款管理功能概述

11.1.1　销售管理系统基本功能概述

销售管理系统是销售部门用来处理客户的基本档案资料、定制销售计划、销售报价、开具销售订单(销售合同)、销售发货(销售退货)、销售开票的系统;在销售订单、发货、开票时可以检查和控制客户的信用额度和最低售价,减少坏账的发生;强大的统计分析功能,可以根据业务数据,生成各类丰富的统计报表,可按存货、地区、业务员、部门等类别分析销售状况和销售业绩,以便及时调整销售策略。

11.1.2　应收款管理基本功能概述

在总账系统中可以将往来科目设置成为客户辅助项的方式来处理往来账款,以填制记账凭证的方式。应收系统中的往来账款是以填制发票和应收单的形式来处理的。填制收款单进行往来账款的核销工作,可选取自动核销或手工核销。

应收管理对应着核算单位的销售业务。

在应收中做往来账龄分析、对账等工作,扩展了总账系统中对往来的管理,它使用户对往来账款的管理工作更加详细和深入。

11.2　销售管理系统日常业务处理

11.2.1　常见结算方式划分

赊销:进行开票后,财务挂应收账款,并列当月收入,货款按照约定的日期一次或分期收到。

现销:客户现款到公司提货,财务收款开票后列当月收入。

预付款:客户提前支付货款(部分货款),收到货款,进行发货开票的情况。

部分现结:客户带部分现款到公司提货,公司开具全额发票列收入账。

分期收款:根据客户达成的协议,先期进行发货,不列收入账;根据分期收到客户款项,进行开票、列收入转成本。

11.2.2　普通销售业务流程

1) 报价单。

报价时使用,系统操作时可省略。

2）销售订单。

销售人员根据客户具体要求签订销售合同，可省略。

3）销售发货单。

当前约定为发货参照订单生成，系统自动弹出销售订单选择窗口，选择相应订单。可以选择多个订单合并发货或拆分处理。

4）销售开票。

销售开票是在销售过程中企业给客户开具销售发票及其所附清单的过程，它是销售收入确认、销售成本计算、应交销售税金确认和应收账款确认的依据，是销售业务的重要环节。专用发票为增值税发票，需要客户单位的开户银行、税号、法人的增值税信息，普通发票则为商业零售发票。操作方式和处理方式相同。

增加方式为：手工增加、参照订单、参照发货单

5）销售开票现结。

现结是在款货两讫的情况下，在销售结算的同时向客户收取货币资金（支票、现金、汇票）。在销售发票收到货款后可以随时对其单据进行现结处理，现结操作必须在单据复核操作之前。一张销售单据可以全额现收，也可以部分现收。

现结的发票在"应收款管理"进行现结制单，但在"应收款管理"账表中并不反映现结的发票和现收款记录。即全额现收的发票在应收账表中不反映，部分现收的发票在应收账表中只记录发票未现收的部分。

6）销售开票复核。

销售发票复核作为确认收入，通知财务部门的"应收款管理"核算应收账款，在"应收款管理"审核登记应收明细账，制单生成凭证的依据。

7）销售退货处理。

（1）开票前退货。填制退货单，然后开票时红蓝发货单合并开具销售发票。参照发货单生成的退货单自动冲减发货单的未开票数量。开票时参照发货单即可，开票数量为冲减后的数量。

（2）开票后退货处理。开票后的退货，参照原有合同进行退货单录入，根据退货单开具红字销售发票，冲原有应收账款，财务往来会计在应收账款系统进行红蓝票对冲。

（3）退货退票退款处理。开票后的退货，参照原有合同进行退货单录入，根据退货单开具红字销售发票，进行退款时，可以在红字销售普通发票进行现结处理，也可在应收账款中进行付款处理。

8）直运业务。

销售的商品不经过公司库房，直接将商品从供应商处发送到客户方的销售业务（例如：商品代购业务）；结算时，财务通过直运销售发票、直运采购发票解决。

在录入销售订单时，选择业务类型为"直运业务"，则直运业务没有发货通知的步骤处理，直接进行销售开票处理。

9）服务收入。

对于服务收入、其他劳务收入等处理情况，需在存货分类中增加一类劳务费用类：存货档案具有应税劳务属性。

在发生劳务费用时，直接填加销售发票，选择对应劳务费用存货，不产生销售出库单，

只有销售发票到财务部门的业务传递。

11.2.3 月末结账

当月月底结束时，于每月自然月最后一天，销售管理系统的月末结账是将每月的销售单据逐月封存，并将当月的销售库数据记入有关账表中。进行系统内业务结账，再有新业务则为下月单据。

当某月结账发生错误时，可以按“取消结账”恢复结账前，正确处理后再结账。不允许跳月取消月末结账。只能从最后一个月逐月取消。

“销售管理”月末处理后，才能进行“库存管理”、“存货核算”、“应收款管理”的月末处理。

如果“销售管理”要取消月末处理，必须先通知“库存管理”、“存货核算”、“应收款管理”的操作人员，要求他们的系统取消月末结账。

如果“库存管理”、“存货核算”、“应收款管理”的任何一个系统不能取消月末结账，那么也不能取消“销售管理”的月末结账。

11.3 应收款管理系统日常业务处理

11.3.1 日常业务处理

11.3.1.1 应收单据录入

销售发票与应收单都是应收款日常核算的原始单据，在用友软件中如果应收款管理系统与销售管理系统共同使用，则销售发票在销售管理系统填制，传递至应收款管理系统中，在应收款管理系统中增加应收款则只能增加应收单，而不能增加销售发票，但可对销售发票进行查询、核销、制单等操作；如果该账套只启用了应收款管理系统，而没启用销售管理系统，在应收款管理系统中增加应收款既可以增加应收单、也可以增加销售发票。

11.3.1.2 应收单据审核

只有经过审核之后的应收款单据才可以被系统正式认为该笔应收账款有效。

对于一些已审核的单据，在没有生成凭证前，如需取消审核，可以在单据明细表中直接“弃审”，或者打开已审核的单据“弃审”。

如果应收单据在审核后已经生成了凭证，仍需取消审核，则应在删除凭证后（打开“日常处理”、“单据查询”下的“凭证查询”，找出相应的凭证，删除，如果该凭证已在总账系统中被记账，则需要回来总账系统中取消该凭证记账之后再执行前面的操作），然后打开“日常处理”、“应收单据处理”、“应收单据审核”，在“单据过滤条件”对话框中录入查询条件（注意，因为该单据是已审核之后方才生成了凭证，所以查询条件中需勾选“已审核”项）。

11.3.1.3 收款单据的录入和审核

应收系统的收款单用来记录企业所收到的客户款项，款项性质包括应收款、预收款、其他费用等。其中应收款、预收款性质的收款单将与发票、应收单、付款单进行核销勾对。

应收系统付款单用来记录发生销售退货时，企业开具的退付给客户的款项。该付款单可与应收、预收性质的收款单、红字应收单、红字发票进行核销。

收款单可进行单张审核，也可在单据列表界面选择要审核/弃审的单据。

11.3.1.4 核销处理

单据核销是解决收回客商款项核销该客商应收款的处理，建立收款与应收款的核销记录，监督应收款及时核销，加强往来款项的管理。

用友系统提供两种核销方式：手工核销指由用户手工确定收款单核销与它们对应的应收单的工作。自动核销指用户确定收款单核销与它们对应的应收单的工作。

11.3.1.5 票据管理

可以在此对银行承兑汇票和商业承兑汇票进行管理。记录票据详细信息，记录票据处理情况，查询应收票据(包括即将到期且未结算完的票据)。

11.3.1.6 转账处理

(1) 应收冲应收。

应收冲应收将一家客户的应收款转入到另一家客户中。

(2) 预收冲应收。

预收冲应收用来处理客户的预收款和该客户的应收款的转账核销业务。

(3) 应收冲应付。

应收冲应付用来处理将指定客户的应收款冲抵指定供应商的应付款项。

(4) 红票对冲。

红票对冲可实现某客户的红字应收单与其蓝字应收单、收款单与付款单中间进行冲抵的操作。

这种应收冲应付的情况一般用来处理三角债关系，但也有可能又是客户又是供应商的情况。可以在设置客户档案或供应商档案时就预先将其设置为相对应的关系。

11.3.1.7 坏账处理

坏账处理包括坏账计提、坏账发生和坏账收回。

坏账计提方法在进入本系统时在基础设置处预先进行设置，主要有销售收入百分比法、应收账款百分比法和账龄分析法；坏账准备已计提成功，本年度不能再做计提坏账准备。

11.3.1.8 制单处理

对需要生成凭证的单据，在选择标志中，输入任一序号。如果需要几张单据合并制单，在这几张单据的选择标志栏中都输入相同的序号即可。单击“全选”则所有单据都分别制单，单击“合并”则全部单据合并生成一张凭证。

选择要制单的单据，然后单击“制单”按钮，检查无误，单击“保存”按钮，该张凭证会出现“已生成”字样。该张凭证直接传递到总账系统，此时可直接打开总账系统，用查询凭证功能查到。

如果制单错误，或需要重新修改原始单据，但已制单，都需要先删除制单。

注：

- 只有未审核、未经出纳签字、未经主管签字的凭证才能删除。

11.3.2 账表管理

打开“账表管理”，选择不同的业务账表查询。

例如：应收明细账。打开“业务账表”下的“业务明细账”，系统弹出“应收明细账”查询条件对话框。

输入查询条件，然后单击“确认”按钮，系统列出所有符合条件的记录。

例如：账龄分析。打开“账表管理”下的“统计分析”，选择不同的账龄分析，如“应收款账龄分析”，系统弹出“应收账款账龄分析”条件对话框。录入分析条件，单击“确认”按钮，系统弹出“应收款账龄分析”报表。

11.3.3　期末处理

如果已经确认本月的各项处理已经结束，则可以选择执行月末结账功能。当执行了月末结账功能后，该月将不能再进行任何处理。尚有单据未有审核或制单，需完成其操作后方可重新进行结账。

如果在已结账的月份有数据还需要处理，则需要取消月结。

如果该月总账已结账，则需先取消总账的月结，然后再在此执行本月应收款系统的取消月结功能。用友软件中总账是最后一个结账的系统，它在其他系统结账之后方可结账。取消结账时就恰恰相反。

(1) 应收账款模块与销售管理模块集成使用，应收账款模块应在销售管理模块结账后，才能对应收账款模块进行结账处理。

(2) 当选项中设置审核日期为单据日期时，本月的单据(发票和应收单)在结账前应该全部审核。

(3) 当选项中设置审核日期为业务日期时，截止到本月末还有未审核单据(发票和应收单)，照样可以进行月结处理。

(4) 如果本月的结算单还有未审核的，不能结账。

(5) 当选项中设置月结时必须将当月单据以及处理业务全部制单，则月结时若检查当月有未制单的记录时不能进行月结处理。

(6) 当选项中设置月结时不用检查是否全部制单，则无论当月有无未制单的记录，均可以进行月结处理。

(7) 如果是本年度最后一个期间结账，建议将本年度进行的所有核销、坏账、转账等处理全部制单。

(8) 如果是本年度最后一个期间结账，建议本年度外币余额为0的单据的本币余额结转为0。

11.4　典型项目实训

11.4.1　项目目的

(1) 掌握用友ERP-U8管理软件中销售管理系统的相关内容。

(2) 掌握企业日常销售业务处理方法。

(3) 理解销售管理系统与其他系统之间的数据传递关系。

11.4.2　项目内容

(1) 普通销售业务。

(2) 现结销售业务。

(3) 商业折扣业务。

(4) 汇总开票业务。

(5) 代垫费用业务。

(6) 委托代销业务。

(7) 委托代销退货业务。

(8) 分次开票业务。

(9) 开票直接发货业务。

(10) 一次销售分次出库业务。

(11) 超发货单出库业务。

(12) 开票前退货业务。

(13) 直运业务。

11.4.3 项目准备

引入"供应链初始化"账套数据。

11.4.4 项目资料

2014 年 5 月公司发生下列销售业务。

业务 1　普通销售业务

(1) 5 月 15 日,海南飞跃机械厂欲购买本公司利群 S1 机床 2 台,向销售二部业务员李新询问价格。该业务员向海南飞跃机械厂报无税价 420 000 元/台。业务员填制并审核报价单。

(2) 客户上级批准申请后,正式向本公司订购利群 S1 机床 2 台,要求本月 16 日发货。业务员填制并审核销售订单。

(3) 5 月 16 日,销售二部从成品库向海南飞跃机械厂发出所订货物,以此开具专用发票一张,票号 2501。

(4) 业务员李新将其开具的销售发票记账联转交财务部,财务部记录该业务的收入并结转该业务的成本。

(5) 5 月 16 日,财务部收到海南飞跃机械厂转账支票一张,金额 982 800 元,转账支票号 5202。根据此单填制收款单并制单。

业务 2　现结销售业务

(1) 5 月 17 日,销售二部业务员李新向海南飞跃机械厂出售利群 S2 机床两台,无税单价 360 000 元/台,货物从成品库发出。

(2) 当日,依据业务发货单开具销售专用发票一张,票号 2502。同时收到客户支付全部货款 842 400 元的转账支票一张,支票号 5203。进行现结制单处理。

业务 3　商业折扣业务

(1) 5 月 19 日,销售二部业务员马静言向上海机械厂出售利群 S2 机床一台,报价 360 000 元/台(不含税报价),成交价为报价的 95%,货物从成品库发出。

(2) 当日依据上述发货单开具销售专用发票一张,票号 2503。

业务 4　汇总开票业务

(1) 5 月 19 日，销售一部业务员林枫向上海农机厂出售利群 S1 机床一台，报价 420 000 元/台，货物从成品库发出。

(2) 5 月 20 日，销售一部业务员林枫向上海农机厂出售利群 S2 机床一台，报价 360 000 元/台，货物从成品库发出。

(3) 5 月 20 日依据以上业务两张发货单开具销售专用发票一张，票号 2504。

业务 5　代垫费用业务

5 月 20 日，销售二部马静言在向上海农机厂销售产品过程中，发生了一项代垫的运费 1 000 元。客户尚未支付该款项。

业务 6　委托代销业务

(1) 5 月 20 日，销售二部业务员马静言委托经销商滨海商场代为销售 H1 电路板 32 个，售价 100 元/个，货物从成品库发出。

(2) 5 月 21 日，收到滨海商场的委托代销清单一张，结算 H1 电路板 32 个，售价 100 元/个。当即开具销售专用发票给滨海商场。滨海商场，编码 BHSC，开户银行中国工商银行滨海分理处，账号 1234567，税号：12013456789。

(3) 业务员将该业务所涉及的出库单及销售发票交给财务部门，财务部据此结转收入及成本。

业务 7　委托代销退货业务

5 月 21 日，委托滨海商场销售的 H1 电路板退回 2 个，入成品库。由于该货物已经结算，即开具红字专用发票一张。

业务 8　分次开票业务

(1) 5 月 22 日，销售一部业务员林枫向上海农机厂出售 H1 电路板 20 个，报价 100 元/个，货物从成品库发出。

(2) 当日，客户要求，对本项业务所发出的商品开具两张专用销售发票，第一张发票数量为 15 个，票号 2507；第二张发票数量为 5 个，票号 2508。

业务 9　开票直接发货业务

5 月 23 日，销售二部业务员马静言向上海机械厂出售利群 S2 机床一台，报价为 360 000 元/台，物品从成品库发出。依据业务开具专用销售发票一张，票号 2509。

业务 10　一次销售分次出库业务

(1) 5 月 24 日，销售二部业务员李新向海南飞跃机械厂出售 H1 电路板 35 个，报价 100 元/个，从成品库发出，当即开具专用销售发票一张，票号 2510。

(2) 当日，客户根据发货单从成品库提出 H1 电路板 20 个。

(3) 25 日，客户根据发货单再从成品库提出 H1 电路板 15 个。

业务 11　超发货单出库

(1) 5 月 26 日，销售二部业务员李新向南海飞跃机械厂出售 H1 电路板 10 个，报价 100 元/个，从成品库发出。

(2) 当即开具发票时，客户要求多买 5 个，依据客户要求开具了 15 个 H1 电路板的专用销售发票一张，票号 2511。

(3) 当日，客户从成品库领出 15 个 H1 电路板。

业务 12　开票前退货业务

(1) 5 月 26 日，销售一部业务员林枫向上海农机厂出售一台利群 S2 机床，报价 360 000 元/台，货物已出库，尚未开具销售专用发票。

(2) 5 月 27 日，上海农机厂由于利群 S2 机床不适用，退回此机床，单价 360 000 元/台，已回收入库。

业务 13　直运业务

(1) 5 月 27 日，销售一部林枫收到业务信息，上海机械厂要购买一台控制器(存货编码:0204)。经协商，已单价 20 000 元/台成交，增值税税率 17%。销售部填制销售订单。

(2) 当日，经联系，销售部已 18 000 元/台的价格向佛山配件厂发出采购订单，要求 28 日货物送至上海机械厂。

(3) 5 月 28 日，佛山配件厂已送货，并开具了一张专用发票给销售一部。

(4) 当日，销售部依据销售订单开具专用发票一张，票号 2512。

(5) 销售部将此业务的采购、销售发票交给财务部。财务部结转本业务的收入和成本。

11.4.5　项目指导

11.4.5.1　基础设置

(1) 以账套主管的身份登录企业应用平台，执行“系统服务”|“权限”|“数据权限分配”命令，选择“林枫”，业务对象选择“用户”，点击“授权”，将“林枫”从“禁用”选为“可用”。点击“保存”，如图 11.1。点击“确定”。

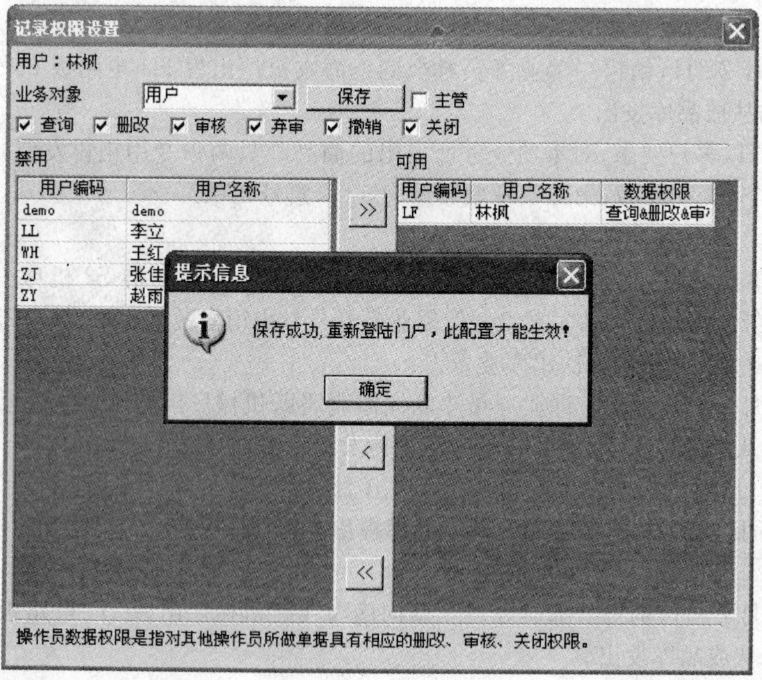

图 11.1

(2) 执行“基础设置”|“单据设置”|“单据编号设置”命令，弹出“单据编号设置”窗口。将销售管理下的“销售专用发票”改为“完全手工编号”，如图 11.2。并保存。

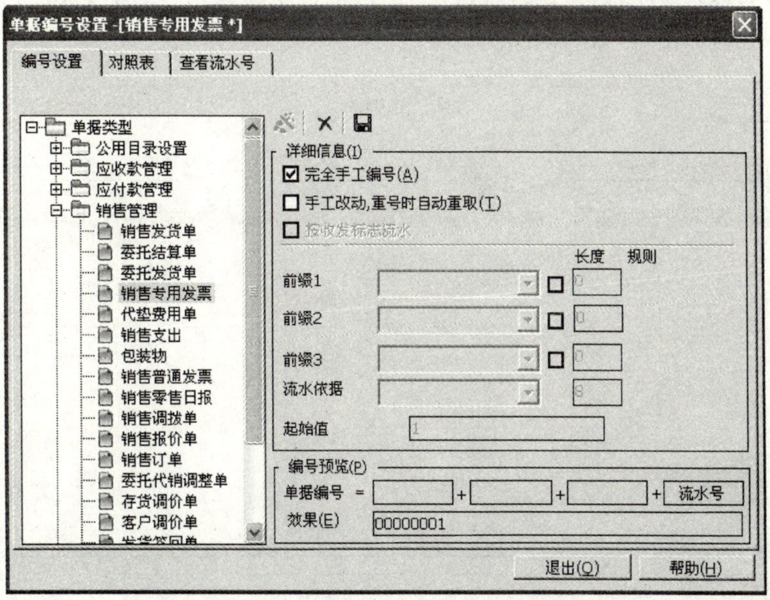

图 11.2

(3) 将报价设为不含税金额，可将“销售管理”|“设置”|“销售选项”中，“业务控制”的“报价含税”的选项去掉，如图 11.3。点击“确定”。

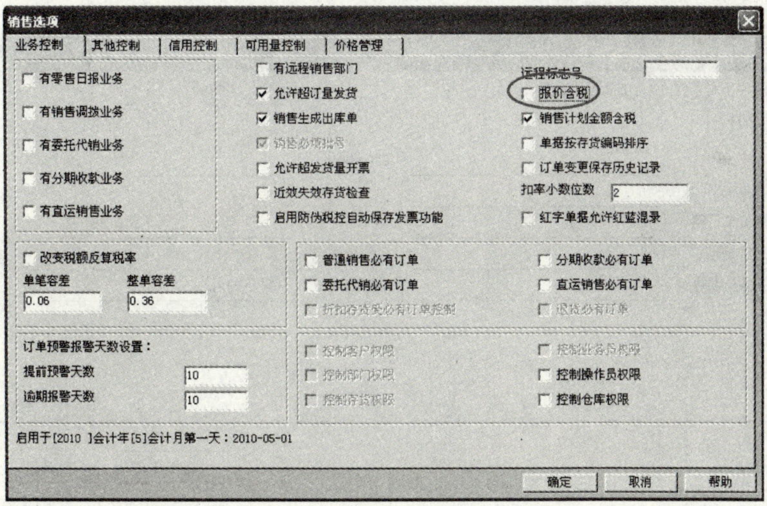

图 11.3

11.4.5.2　业务操作

按资料所给时间重新登录。

业务 1　普通销售业务

1）以林枫重新注册，时间 5 月 15 日。

2）报价单的填制与审核。

在销售管理系统中执行“销售报价”|“销售报价单”，点击“增加”，按资料输入相关内容，点击“保存”，点击“审核”，如图 11.4。

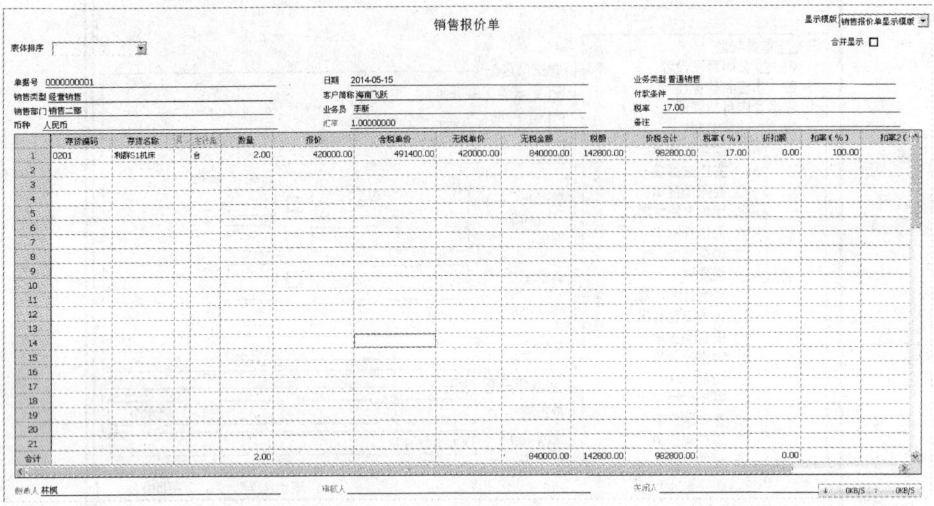

图 11.4

3）在销售管理系统中填制并审核销售订单。

（1）执行“销售订货”|“销售订单”，点击“增加”，点击“生单”选择“报价”，显示“过滤条件选择——订单参照报价单”，如图 11.5。

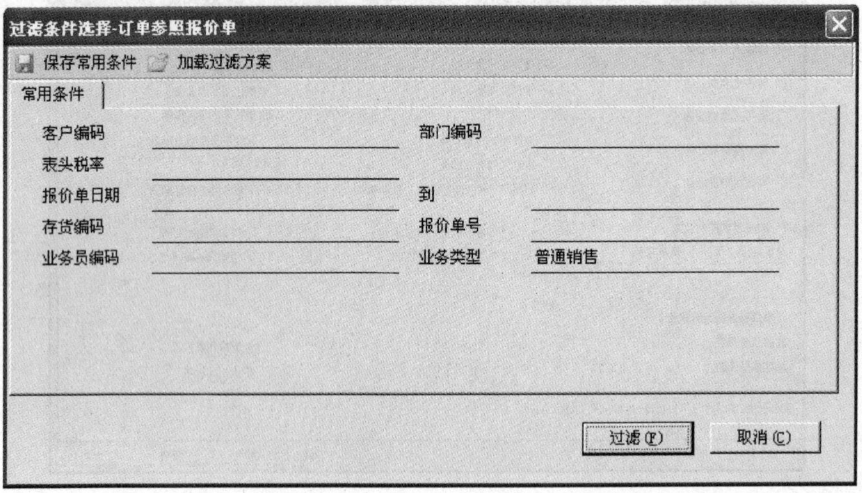

图 11.5

（2）点击“过滤”，如图 11.6。

（3）双击“选择”，选中相关报价单，如图 11.7。

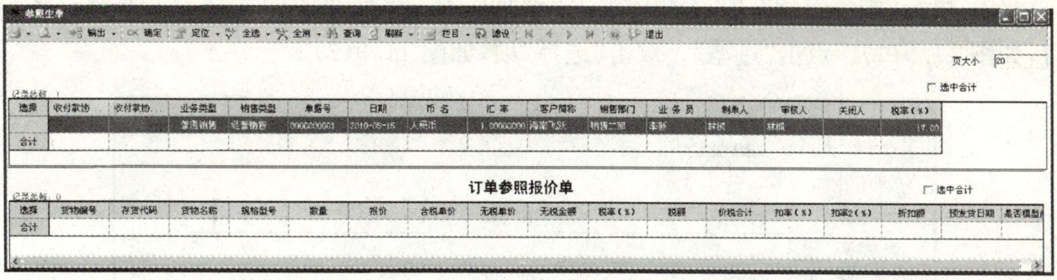

图 11.6

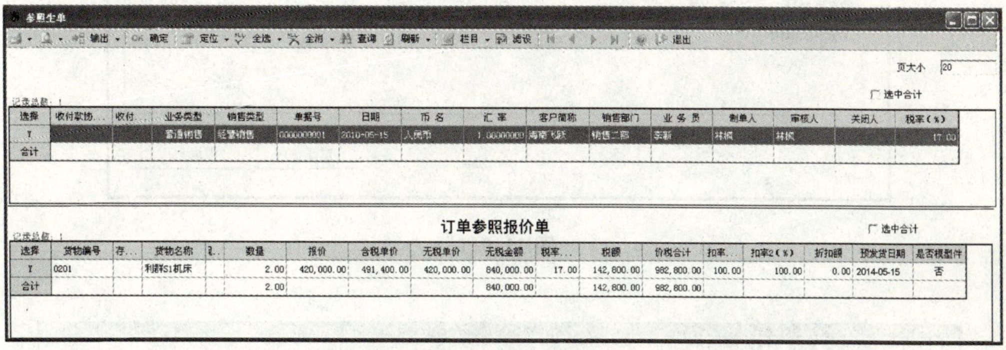

图 11.7

(4) 点击“OK 确定”。修改第一行末“预发货日期”为本月 16 日，点击“保存”，点击“审核”，退出。如图 11.8。

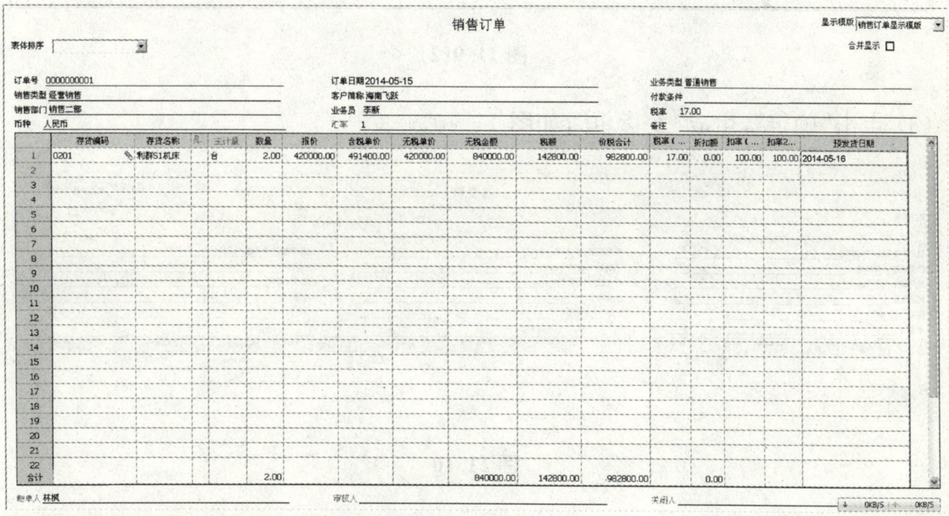

图 11.8

4) 在销售管理系统中填制并审核销售发货单。

(1) 重新注册，时间为本月 16 日。

(2) 执行“销售发货”|“发货单”点击“增加”,显示“过滤条件选择——参照订单”窗口,如图 11.9(1)。点击“过滤”。双击“选择”项,如图 11.9(2)。

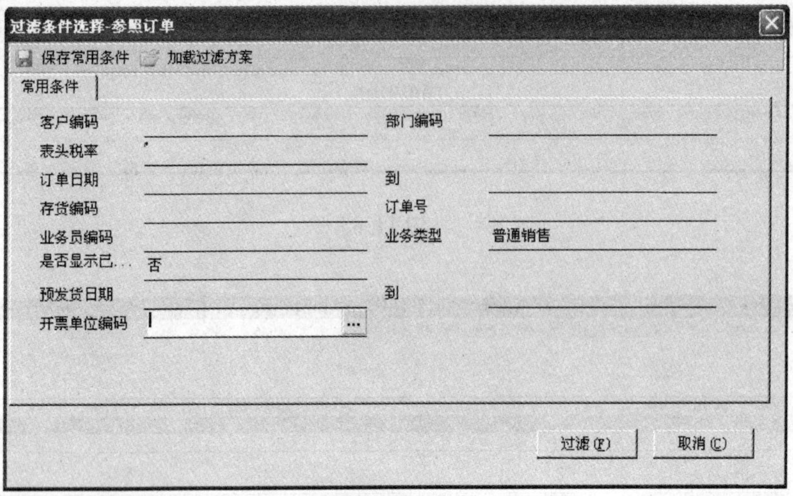

图 11.9(1)

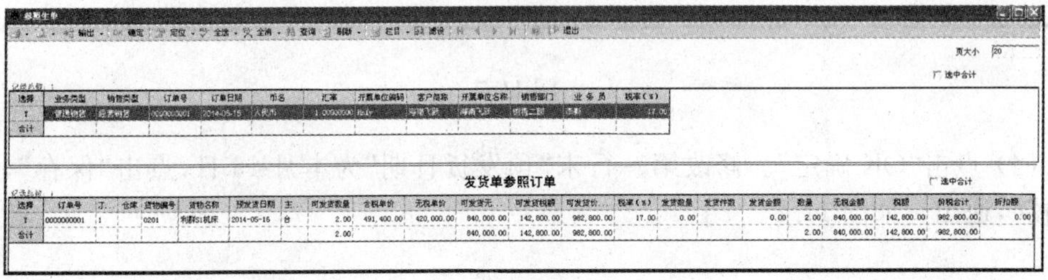

图 11.9(2)

(3) 点击“确定”,生成“发货单”,如图 11.10。

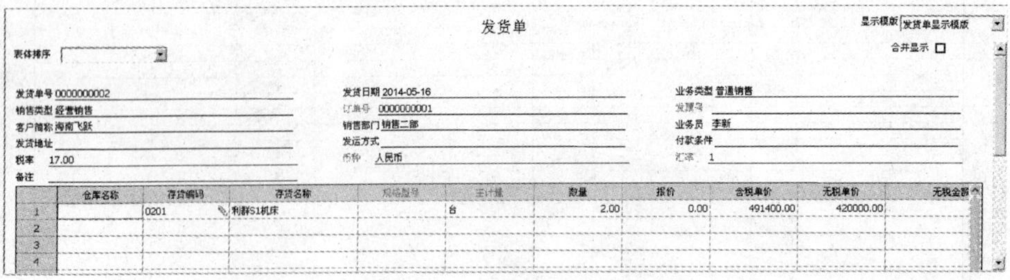

图 11.10

(4) 选择“仓库名称”为“成品库”。点击“保存”,点击“审核”。

5) 在销售管理系统中根据发货单填制并复核销售发票。

(1) 执行“销售开票”|“销售专用发票”,点击“增加”,显示“过滤条件选择——参照订单”。点击取消,点击“生单”右侧的向下黑三角,选择“过滤条件选择——发票参照发货

单”，如图 11.11。点击“过滤”，双击发货日期是本月 16 日的选择项。

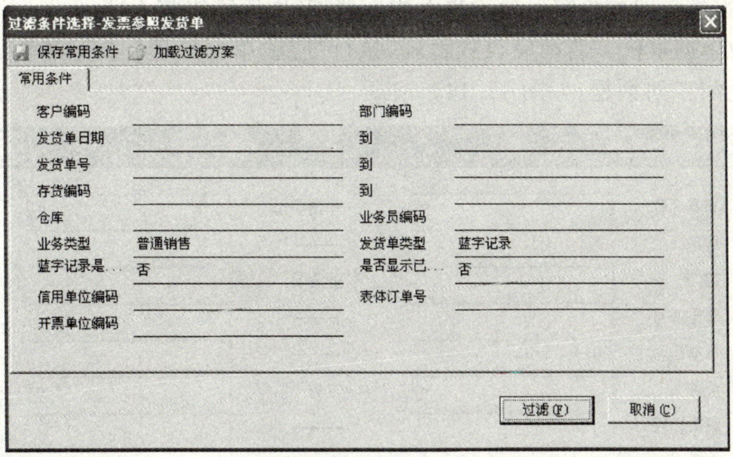

图 11.11

(2) 点击“OK 确定”。将发货单信息带入销售专用发票。如图 11.12。生成“销售专用发票”，如图 11.13。录入发票号“2501”。

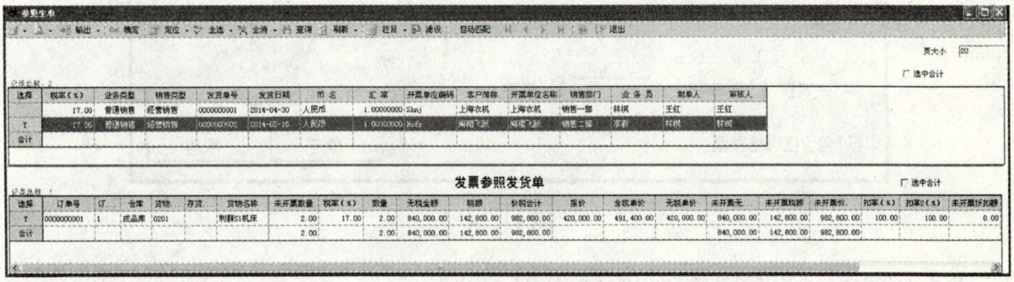

图 11.12

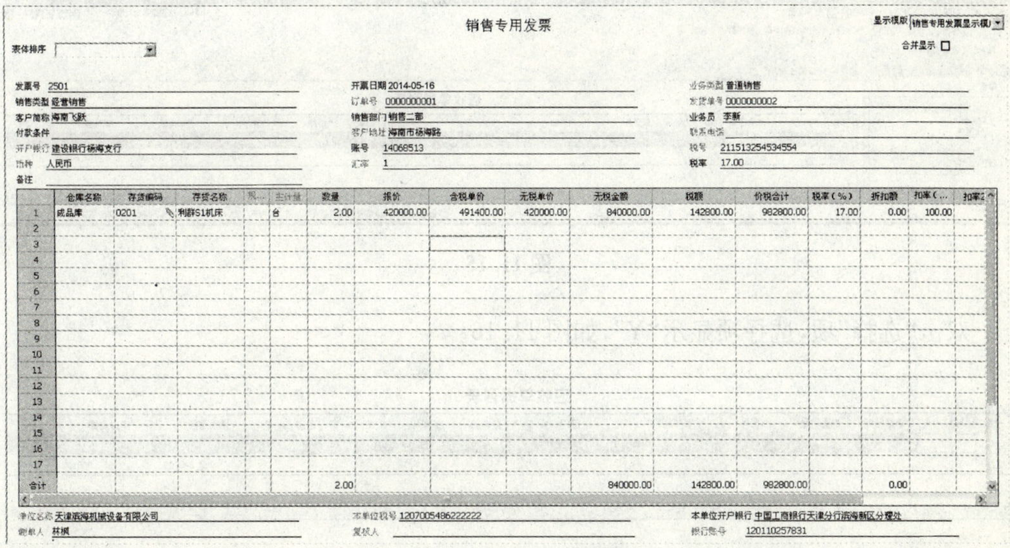

图 11.13

(3) 点击“保存”,点击“复核”。

6) 在应收款管理系统中审核销售专用发票,并生成销售收入凭证。

(1) 应收单据审核。启动应收款管理,执行“应收单据处理”|“应收单据审核”,弹出“应收单过滤条件”对话框,如图 11.14。

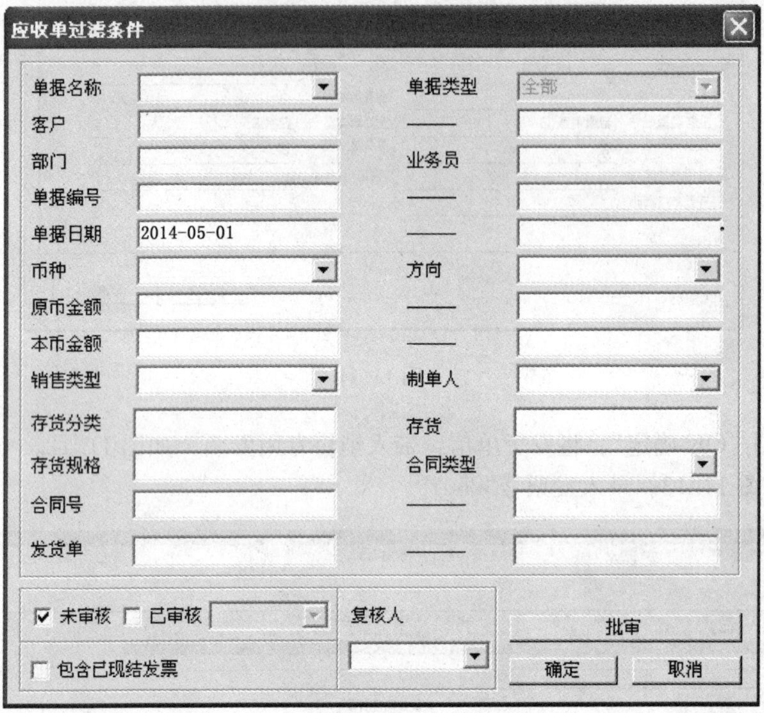

图 11.14

单击“确定”,进入“单据管理”窗口,如图 11.15。

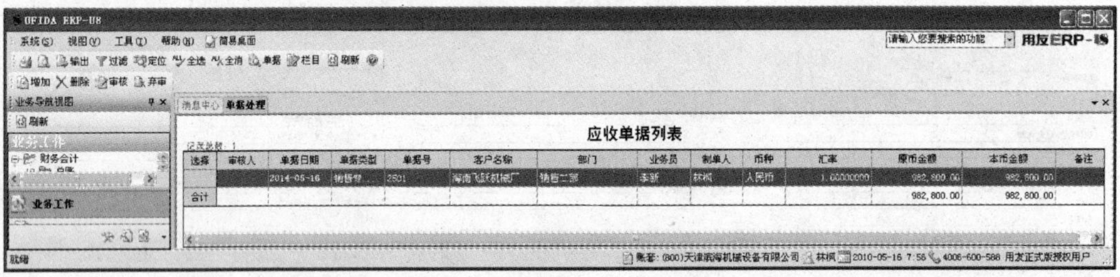

图 11.15

双击“选择”项,选择项显示“Y”,如图 11.16。

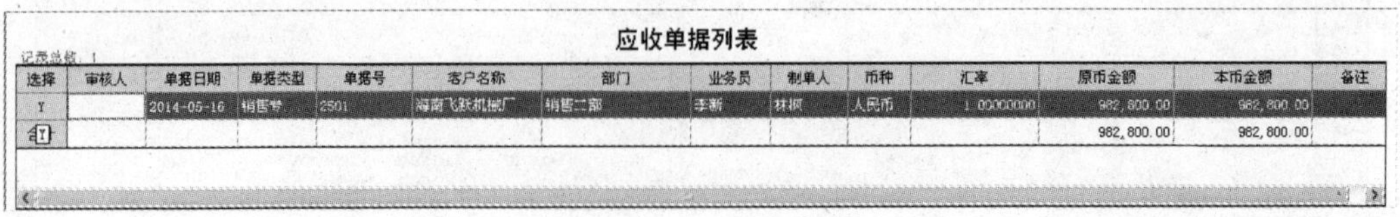

图 11.16

点击“审核”，显示“提示”窗口，审核成功。点击“确定”。退出，如图 11.17。

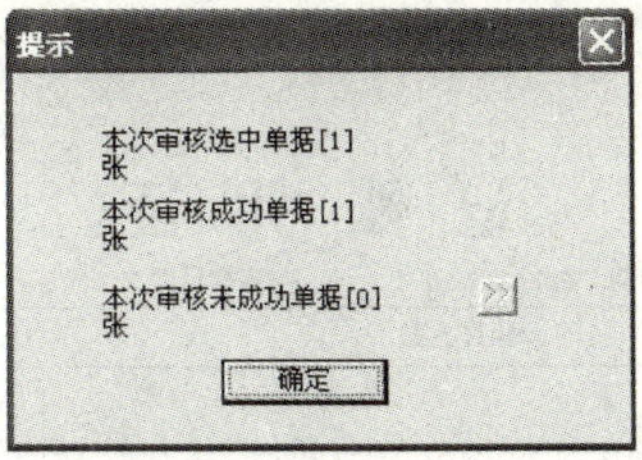

图 11.17

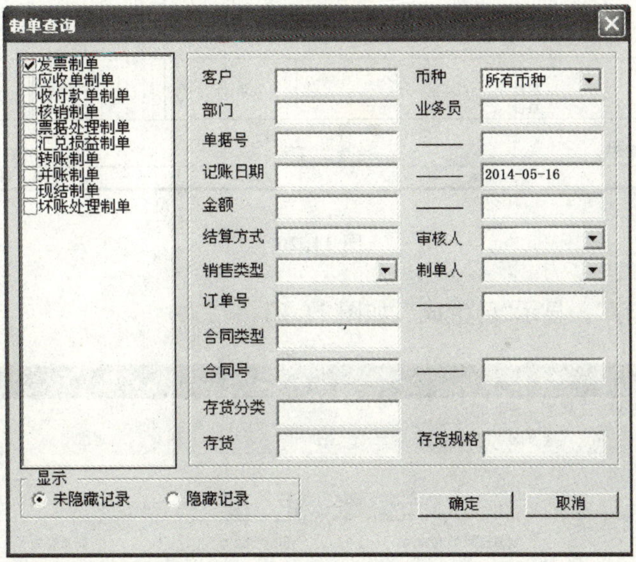

图 11.18

(2) 执行“制单处理”，显示“制单查询”窗口，如图 11.18。选择“发票制单”，点击“确定”。进入“销售发票制单”，如图 11.19。

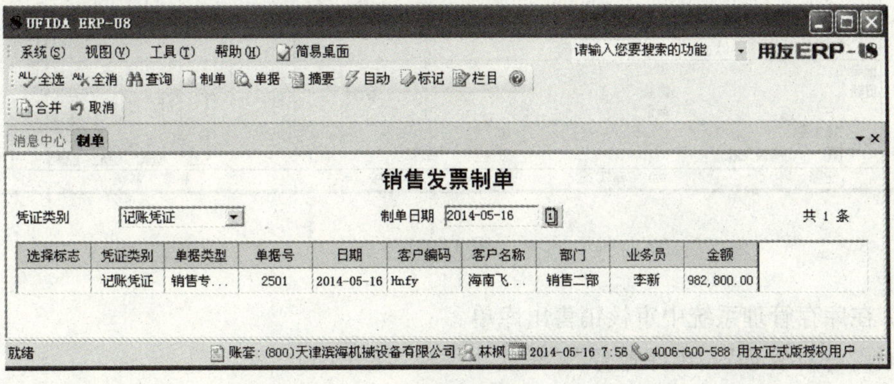

图 11.19

双击“选择标志”，点击“制单”，如图 11.20。

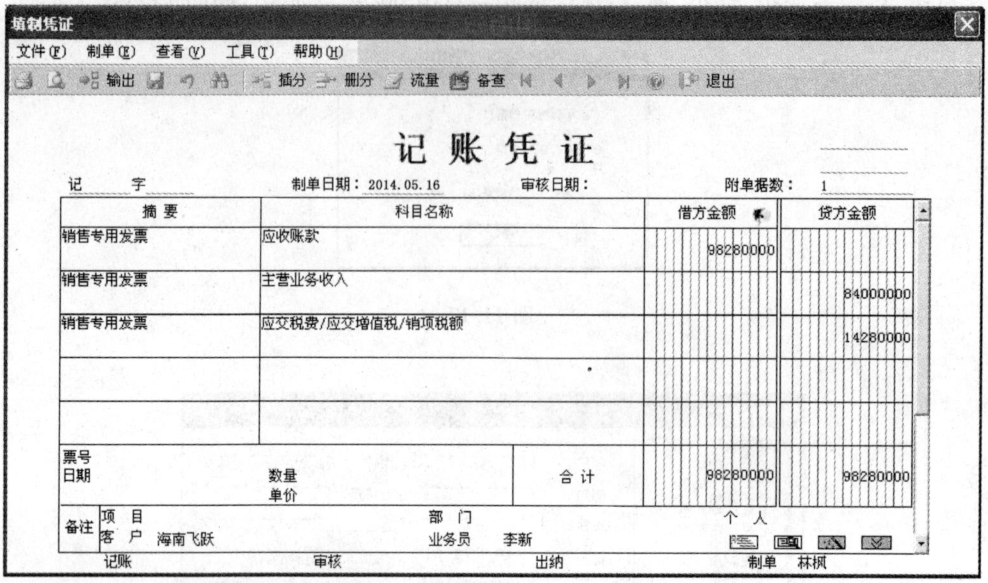

图 11.20

点击"保存"。显示"已生成"，如图 11.21。

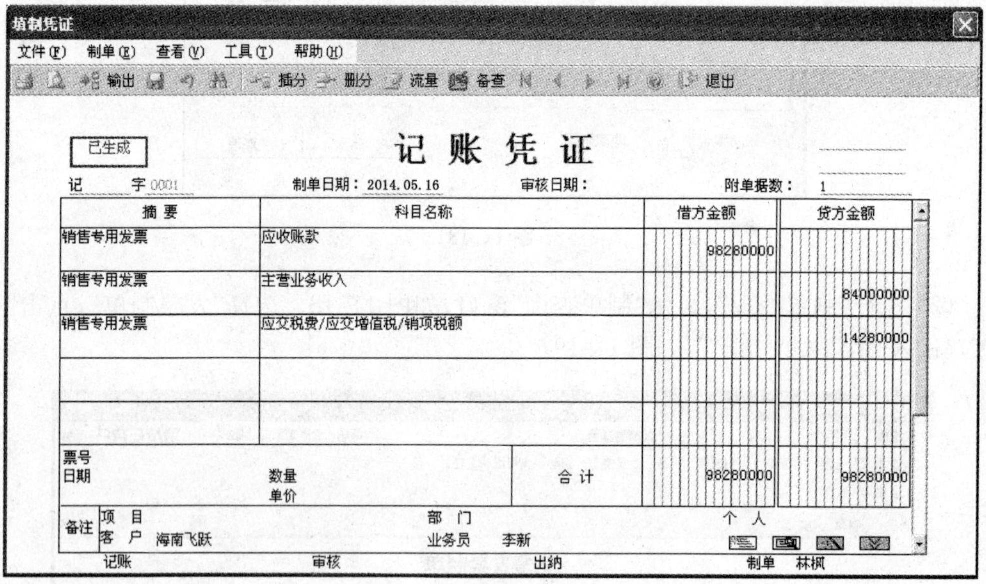

图 11.21

7）在库存管理系统中审核销售出库单。

执行"库存管理"|"出库业务"|"销售出库单"，如图 11.22。

方法一：点击"⇨|"，显示相关出库单，点击"审核"，弹出"该单据审核成功"，点击"确定"，如图 11.23。

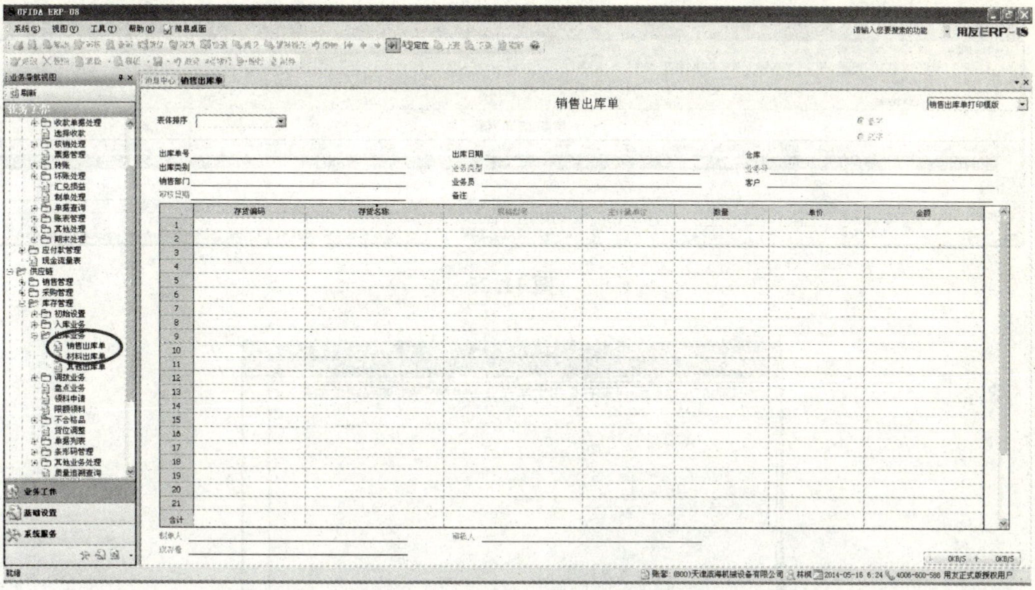

图 11.22

方法二：点击“定位”。弹出“过滤条件选择——销售出库单列表”窗口。点击“过滤”，如图 11.24。

显示“销售出库单列表”，如图 11.25。双击相关出库单“选择”项，显示“Y”，点击“审核”。

显示“批审完成！”窗口，如图 11.26。

8）在存货审核系统中对销售出库单记账并生成凭证。

图 11.23

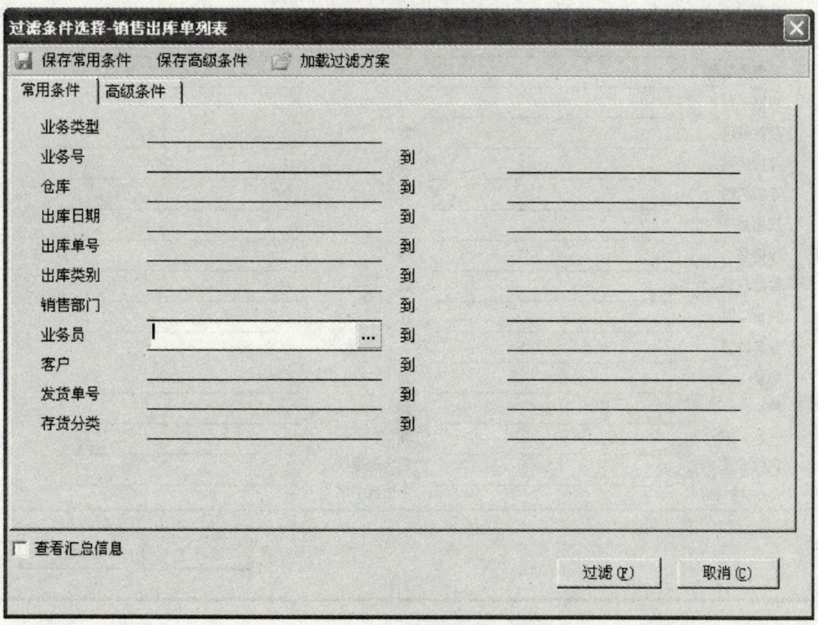

图 11.24

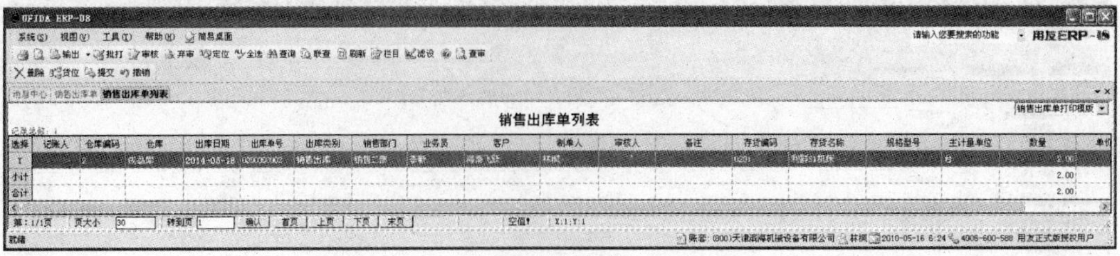

图 11.25

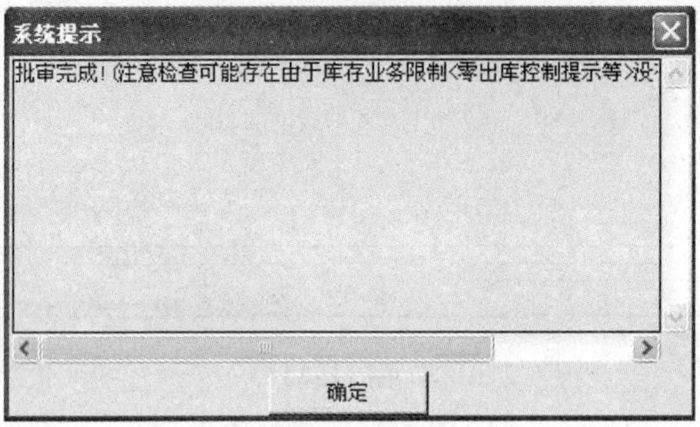

图 11.26

(1) 执行“业务核算”|“正常单据记账”。点击“过滤”,如图 11.27。

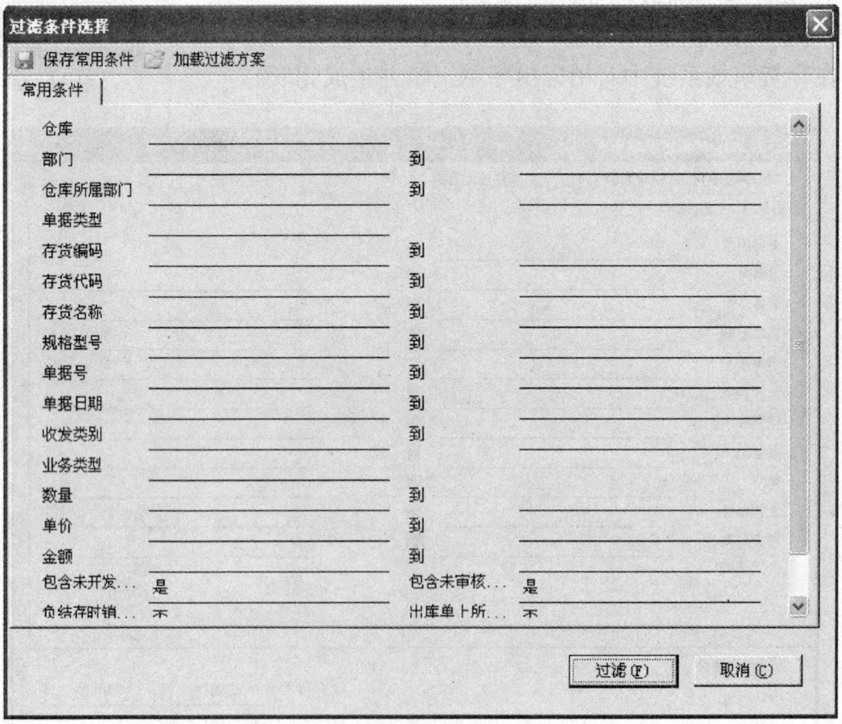

图 11.27

（2）选择相关单据，点击“记账”，如图 11.28。

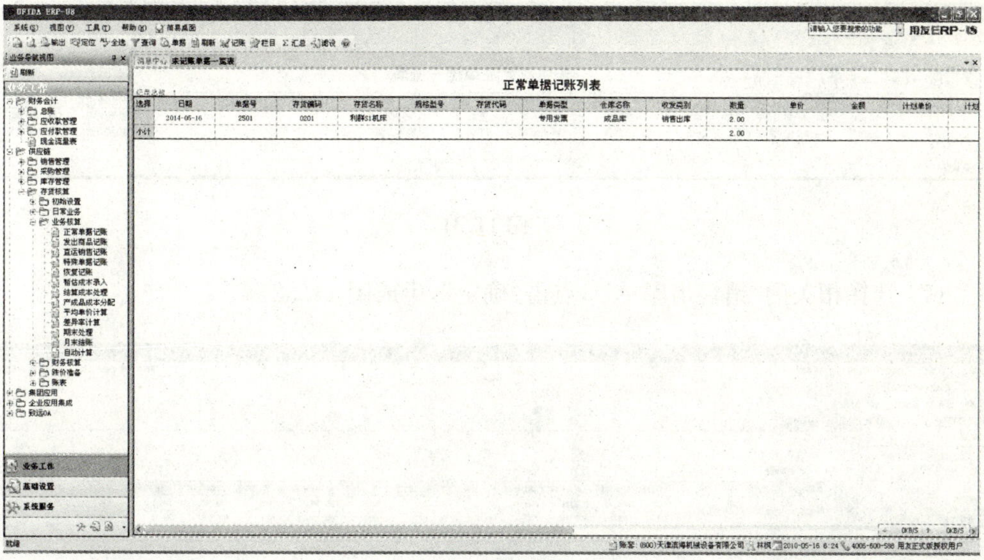

图 11.28

（3）显示“记账成功”。点击“确定”。退出，如图 11.29。

图 11.29

（4）执行“财务核算”|“生成凭证”，点击“选择”，弹出“查询条件”窗口，如图 11.30。

（5）点击“确定”（或点击“全消”，只选择“销售专用发票”，点击“确定”）。

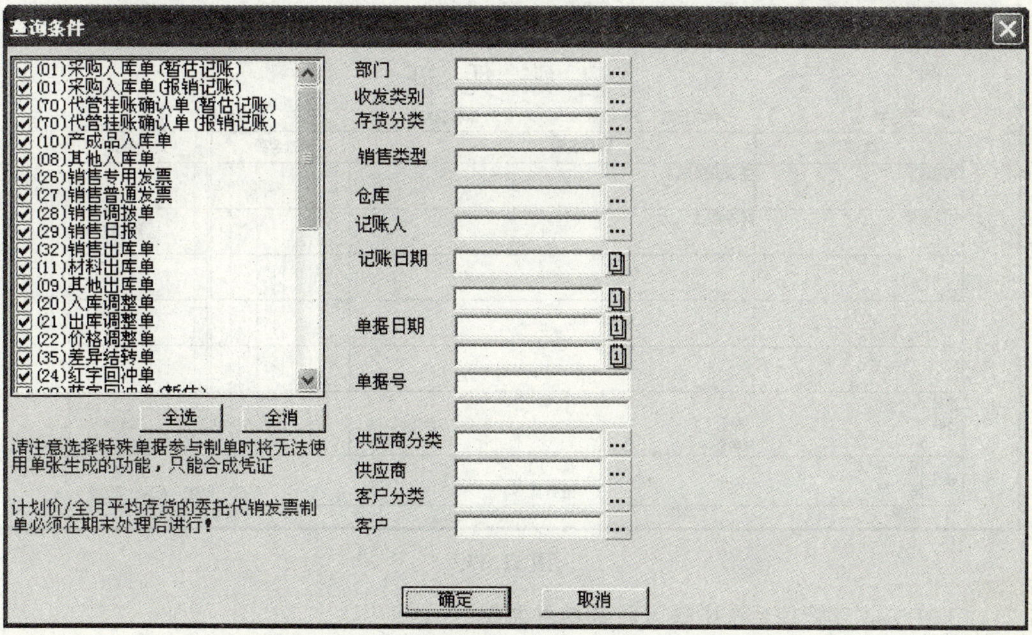

图 11.30

(6) 弹出“未生成凭证单据一览表”,如图 11.31。

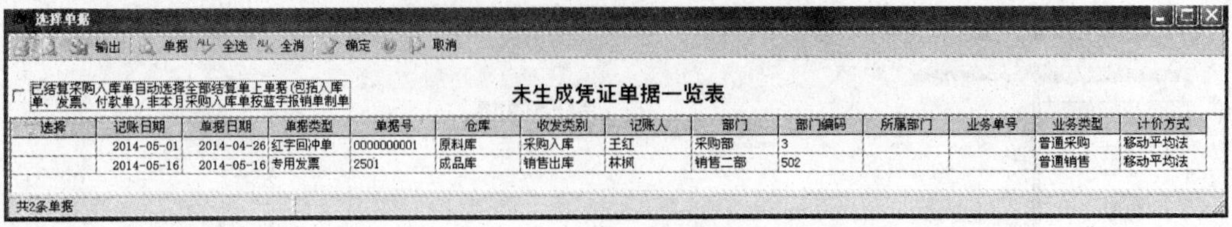

图 11.31

(7) 选择相关的“销售出库单”,点击“确定”,生成图 11.32。

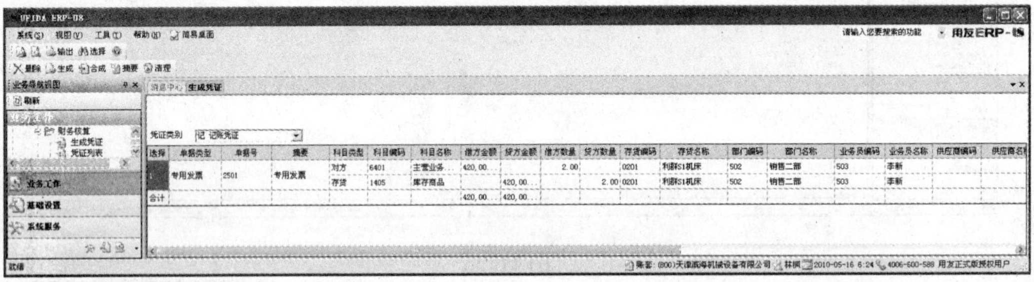

图 11.32

(8) 点击“生成”。

(9) 生成凭证,点击“保存”,如图 11.33。

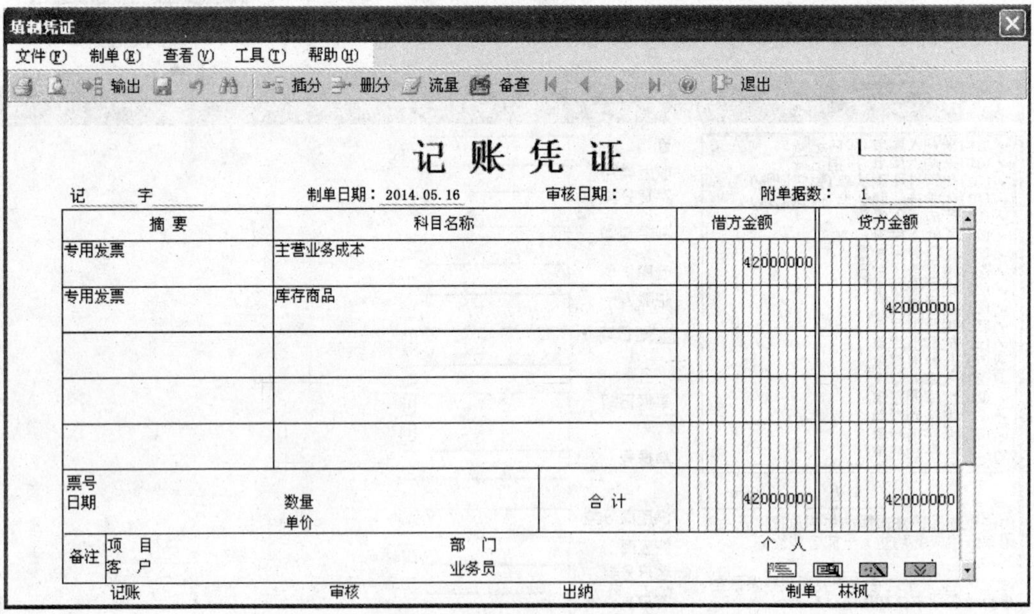

图 11.33

9) 在应收款管理系统中输入收款单并制单。

(1) 执行“应收款管理”|“收款单据处理”|“收款单据录入”,点击“增加”,录入收款信

息，如图 11.34。

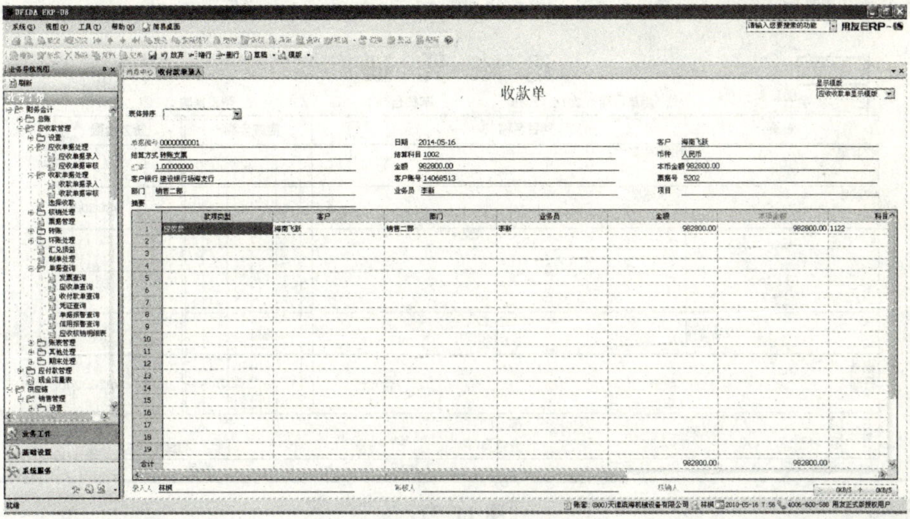

图 11.34

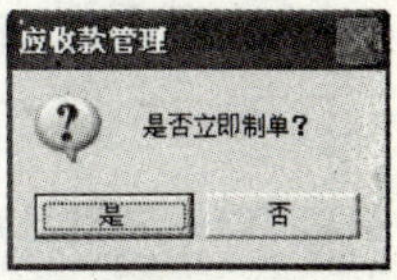

图 11.35

（2）点击“保存”。点击“审核”，弹出“是否立即制单”，点击“是”，如图 11.35。

（3）点击“保存”，如图 11.36 和图 11.37。

业务 2　现结销售业务。

1）重新注册，时间 5 月 17 日。

2）在销售管理系统中填制并审核发货单。

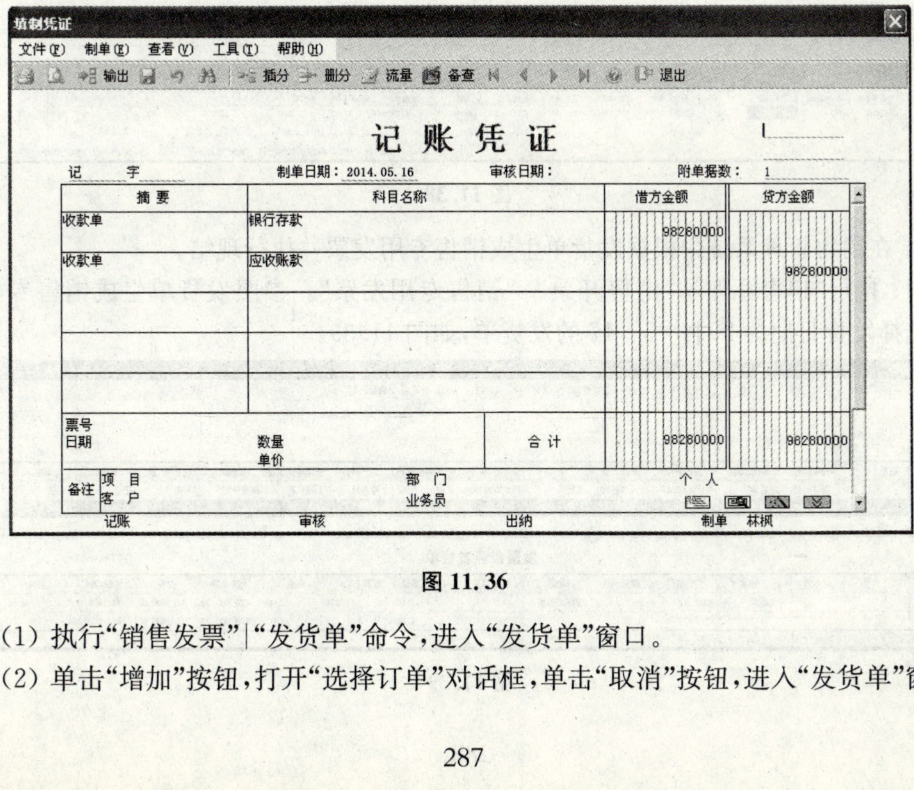

图 11.36

（1）执行“销售发票”|“发货单”命令，进入“发货单”窗口。

（2）单击“增加”按钮，打开“选择订单”对话框，单击“取消”按钮，进入“发货单”窗口。

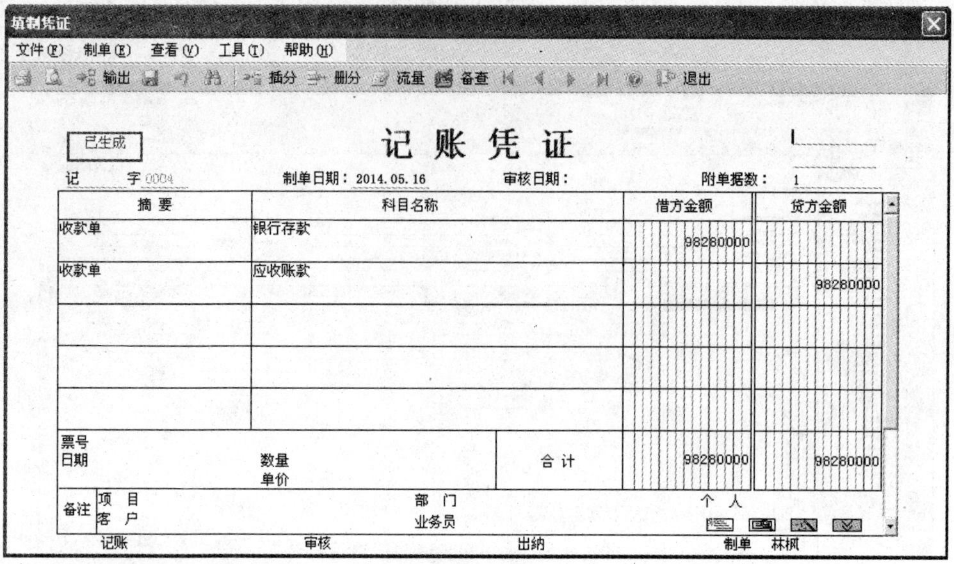

图 11.37

(3) 显示日期“2014－05－17”，选择客户“海南飞跃机械厂”，销售部门“销售二部”。

(4) 选择仓库“成品库”，存货名称“利群 S2 机床”，数量“2”，无税报价 360 000。

(5) 单击“ 保存”，再单击“审核”，保存并审核发货单后退出，如图 11.38。

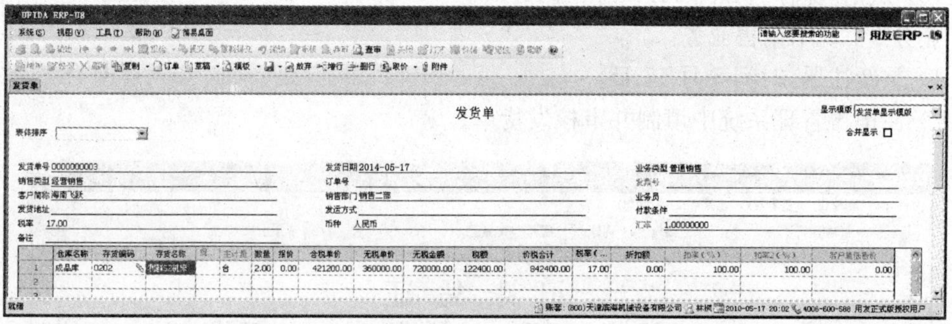

图 11.38

3) 在销售管理系统中根据发货单生成销售专用发票并执行现结。

(1) 执行“销售管理”|“销售开票”|“销售专用发票”。参照发货单生成销售专用发票。选择发货日期为 2014－5－17 的发货单，如图 11.39。

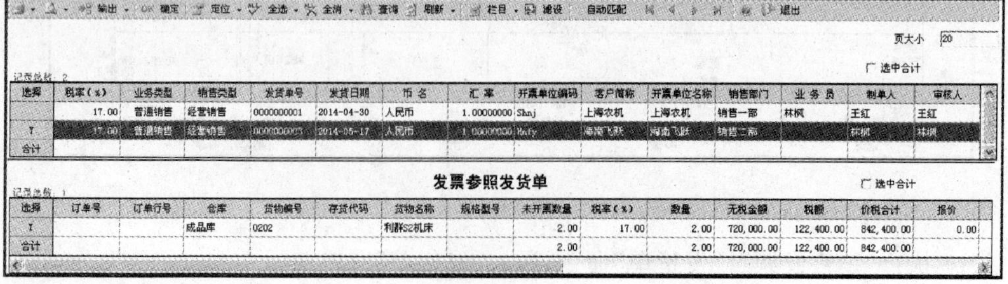

图 11.39

（2）点击“OK 确定”。

（3）输入发票号：2502。单击“保存”按钮，如图 11.40。

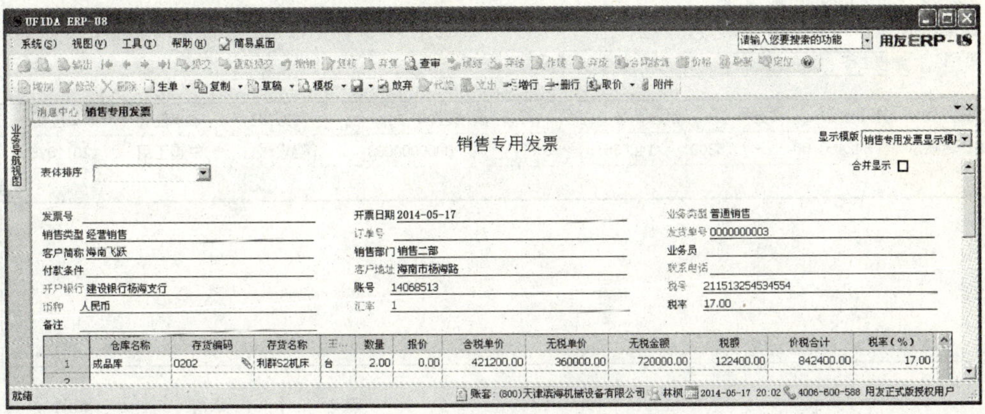

图 11.40

（4）在销售专用发票界面，单击“现结”按钮，打开“现结”对话框，如图 11.41。

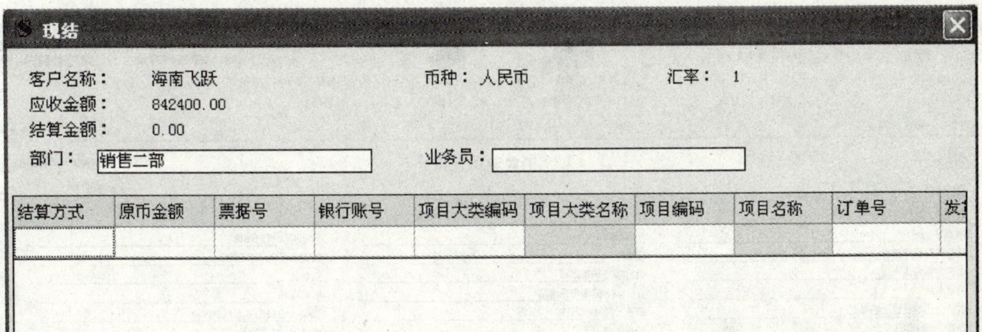

图 11.41

（5）选择结算方式为“转账支票”，输入结算金额 842 400，支票号 5203，选择银行账号 14068513，单击“确定”按钮返回，如图 11.42。

（6）销售专用发票上显示“现结”标志。单击“复核”按钮，对现结发票进行复核，如图 11.43。

4）在应收款管理系统中审核应收单据和现结制单。

（1）启用应收款管理系统，执行“应收单据处理”|“应收单据审核”命令，打开“单据过滤条件”对话框，如图 11.44。

（2）选种“包含已现结发票”复选框，单击“确定”按钮，进入“应收单据列表”窗口，如

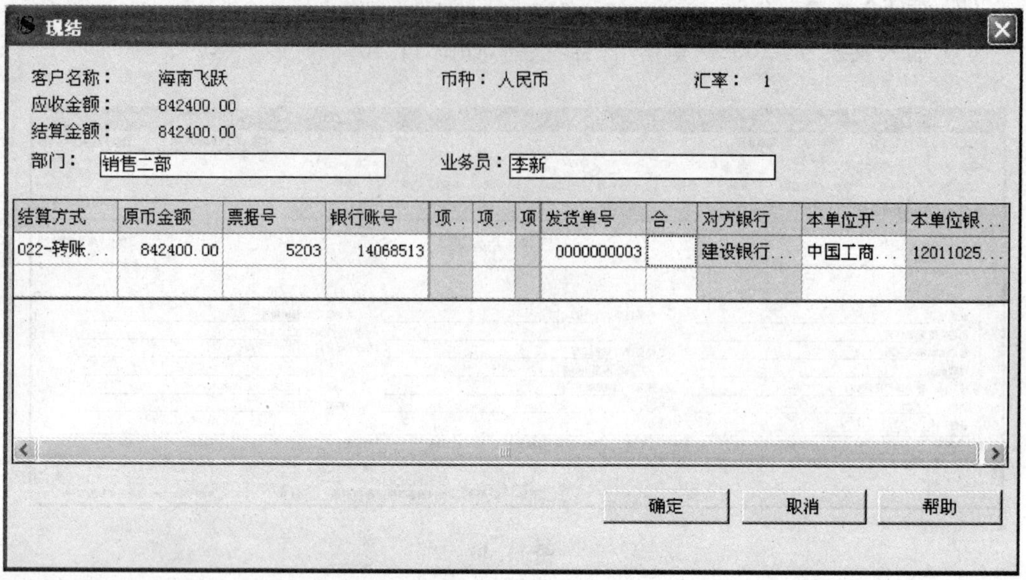

图 11.42

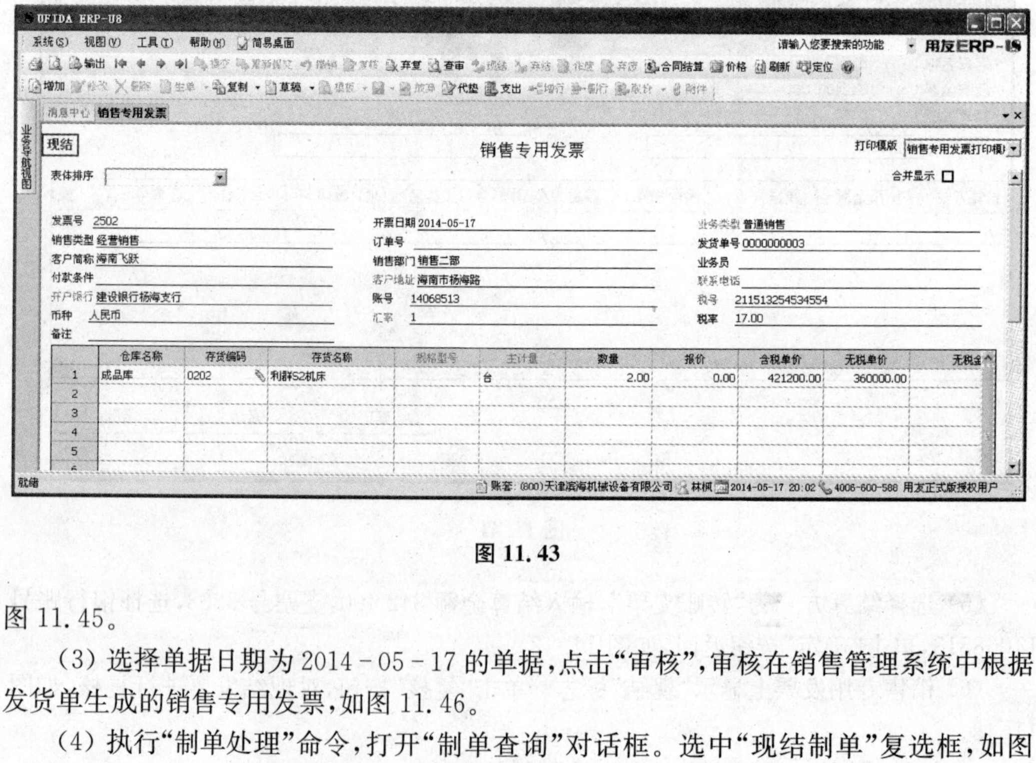

图 11.43

图 11.45。

（3）选择单据日期为 2014-05-17 的单据，点击“审核”，审核在销售管理系统中根据发货单生成的销售专用发票，如图 11.46。

（4）执行“制单处理”命令，打开“制单查询”对话框。选中“现结制单”复选框，如图 11.47。

（5）单击“确定”按钮，进入“应收制单”窗口。

（6）单击需要制单的单据行的“选择标志”栏，输入“1”，或双击，选择凭证类别“记账凭证”，如图 11.48。

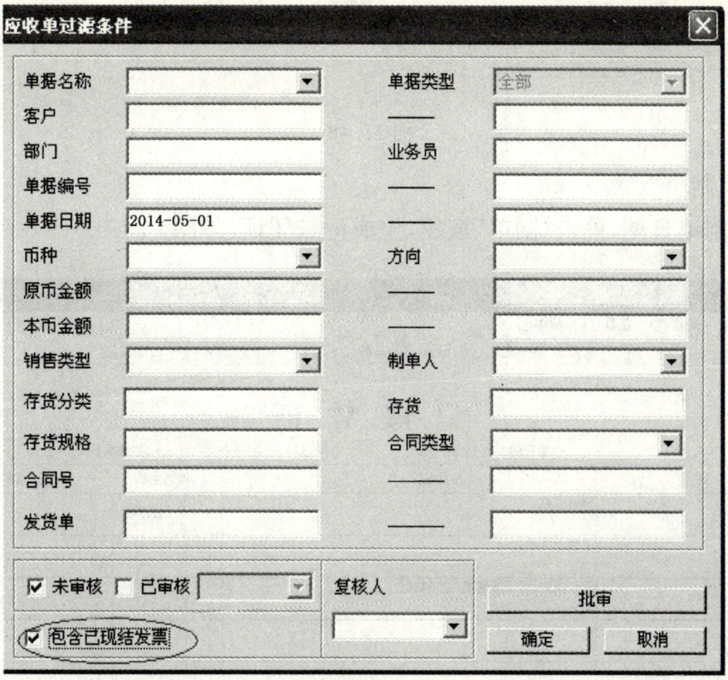

图 11.44

应收单据列表

记录总数：1

选择	审核人	单据日期	单据类型	单据号	客户名称	部门	业务员	制单人	币种	汇率	原币金额	本币金额	备注
Y		2014-05-17	销售专…	2502	海南飞跃机械厂	销售二部		林枫	人民币	1.00000000	842,400.00	842,400.00	
合计											842,400.00	842,400.00	

图 11.45

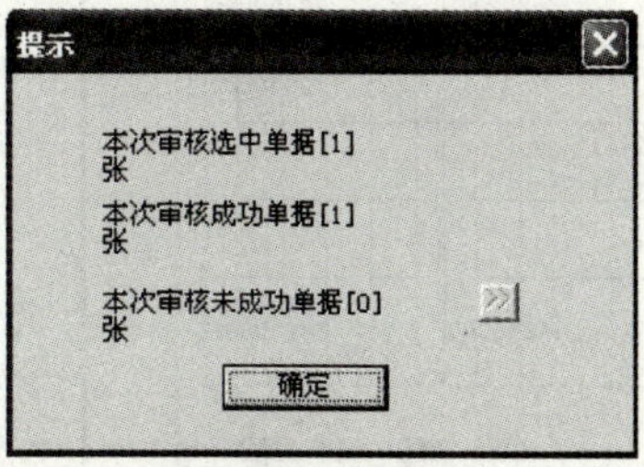

图 11.46

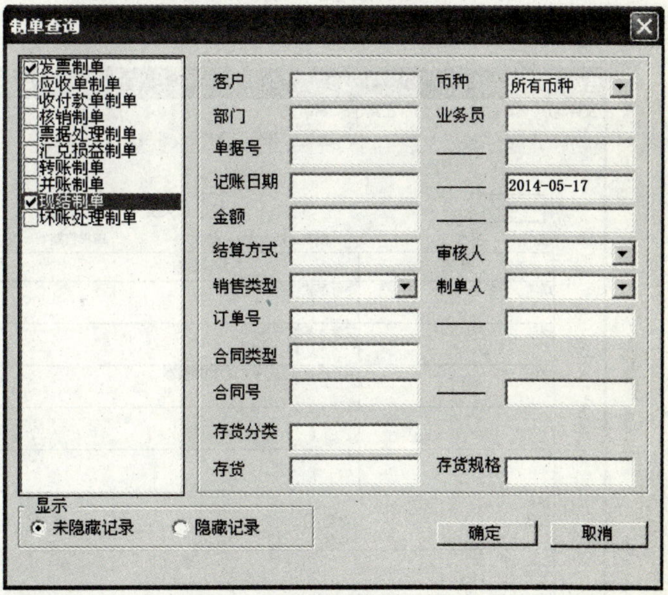

图 11.47

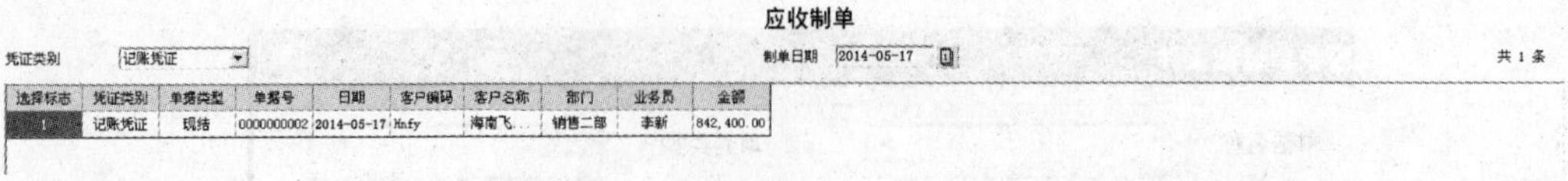
应收制单

凭证类别 记账凭证　　制单日期 2014-05-17　　共 1 条

选择标志	凭证类别	单据类型	单据号	日期	客户编码	客户名称	部门	业务员	金额
1	记账凭证	现结	0000000002	2014-05-17	Hnfy	海南飞...	销售二部	李新	842,400.00

图 11.48

(7) 点击“制单”。

(8) 输入制单日期,单击“制单”按钮,生成记账凭证,如图 11.49。

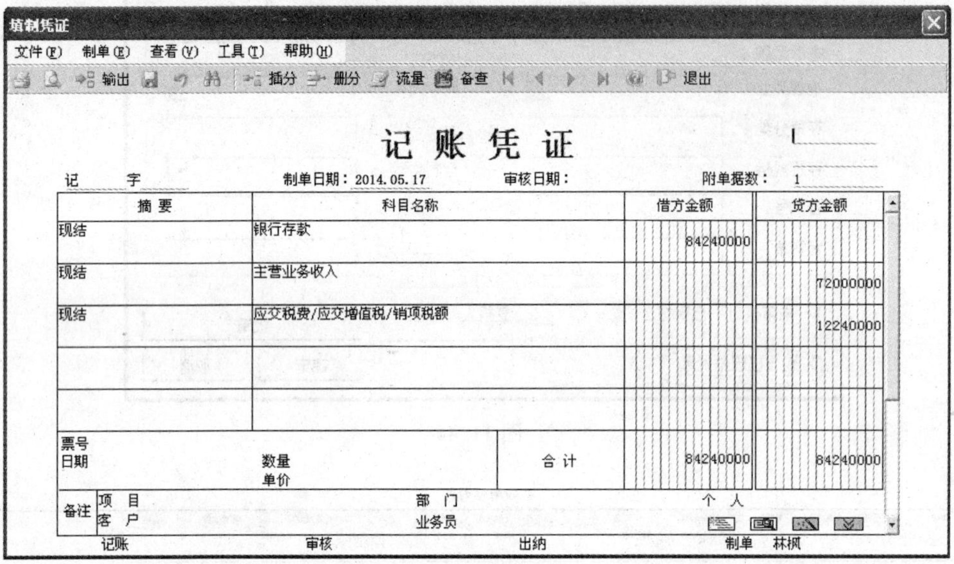
填制凭证

文件(F)　制单(E)　查看(V)　工具(T)　帮助(H)

输出　插分　删分　流量　备查　退出

记 账 凭 证

记　字　　制单日期：2014.05.17　　审核日期：　　附单据数：1

摘要	科目名称	借方金额	贷方金额
现结	银行存款	84240000	
现结	主营业务收入		72000000
现结	应交税费/应交增值税/销项税额		12240000
票号 日期	数量 单价　合计	84240000	84240000

备注　项目　部门　个人　客户　业务员

记账　审核　出纳　制单 林枫

图 11.49

(9) 单击“保存”按钮,凭证左上角出现“已生成”红色字样,表示凭证已传递到总账,如图 11.50。

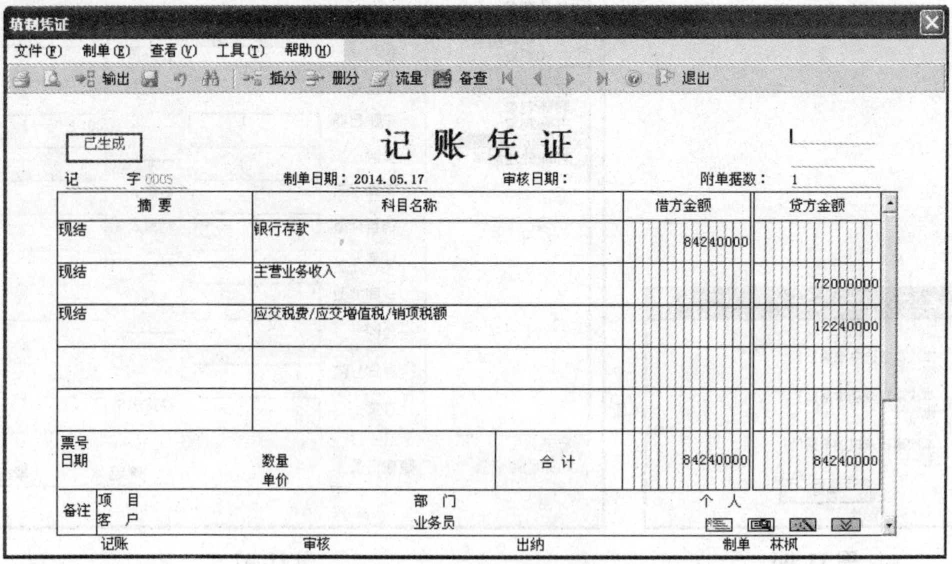
填制凭证

文件(F)　制单(E)　查看(V)　工具(T)　帮助(H)

输出　插分　删分　流量　备查　退出

已生成

记 账 凭 证

记　字 0005　　制单日期：2014.05.17　　审核日期：　　附单据数：1

摘要	科目名称	借方金额	贷方金额
现结	银行存款	84240000	
现结	主营业务收入		72000000
现结	应交税费/应交增值税/销项税额		12240000
票号 日期	数量 单价　合计	84240000	84240000

备注　项目　部门　个人　客户　业务员

记账　审核　出纳　制单 林枫

图 11.50

5）在库存管理系统中审核销售出库单。

执行"库存管理"|"出库业务"|"销售出库单"。同业务 1。

6）在存货管理系统中对销售出库单记账并生成凭证。

执行"业务核算"|"正常单据记账"。同业务 1。

执行"财务核算"|"生成凭证"。同业务 1，如图 11.51。

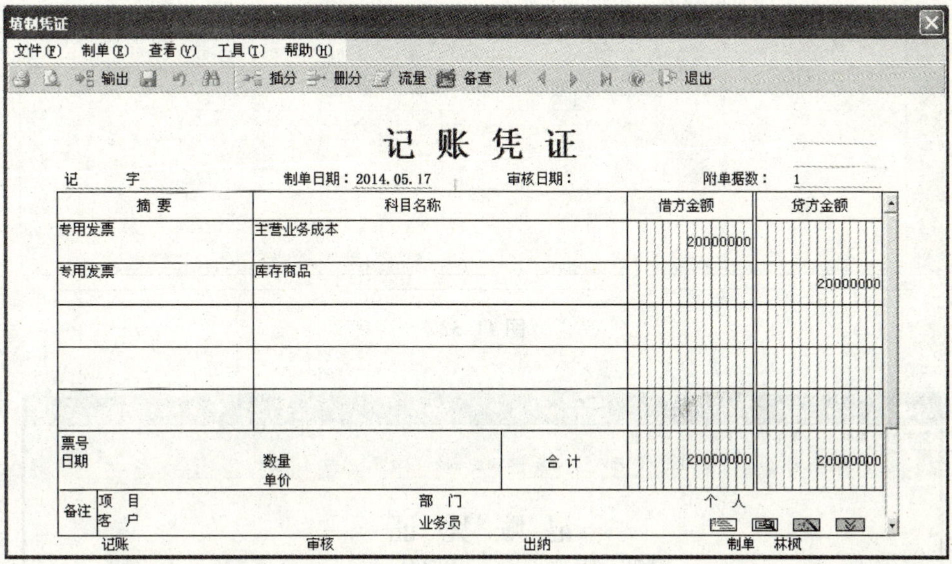

图 11.51

业务 3　商业折扣处理。

1）重新注册，时间 5 月 19 日。

2）在销售管理系统中填制并审核发货单。

(1) 执行"销售发货"|"发货单"命令，进入"发货单"窗口。

(2) 单击"增加"按钮，打开"选择订单"对话框，单击"取消"按钮，进入"发货单"窗口。

(3) 输入发货日期"2014－5－19"，客户"上海机械厂"，销售部门"销售二部"。

(4) 选择仓库"成品库"，存货名称"利群 S2 机床"，数量"1"，报价 360 000，扣率 95%，如图 11.52。

(5) 单击"保存"按钮，再单击"审核"按钮，并保存审核发货单后退出。

3）在销售管理系统中根据发货单填制并复核销售发票。

执行"销售开票"|"销售专用发票"命令，进入销售专用发票窗口。同业务 1，发票号 2503。

4）在应收款管理系统中审核销售专用发票并生成销售收入凭证。

启动应收款管理，执行"应收单据处理"|"应收单据审核"，同业务 1。

执行"制单处理"，显示"制单查询"窗口。同业务 1，如图 11.53。

5）在库存管理系统中审核销售出库单。

6）在存货审核系统中对销售出库单记账并生成凭证。

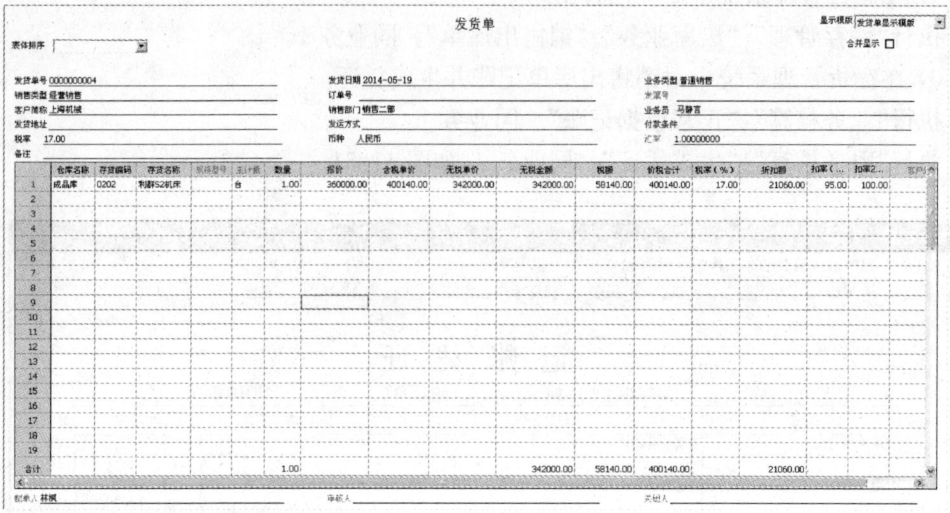

图 11.52

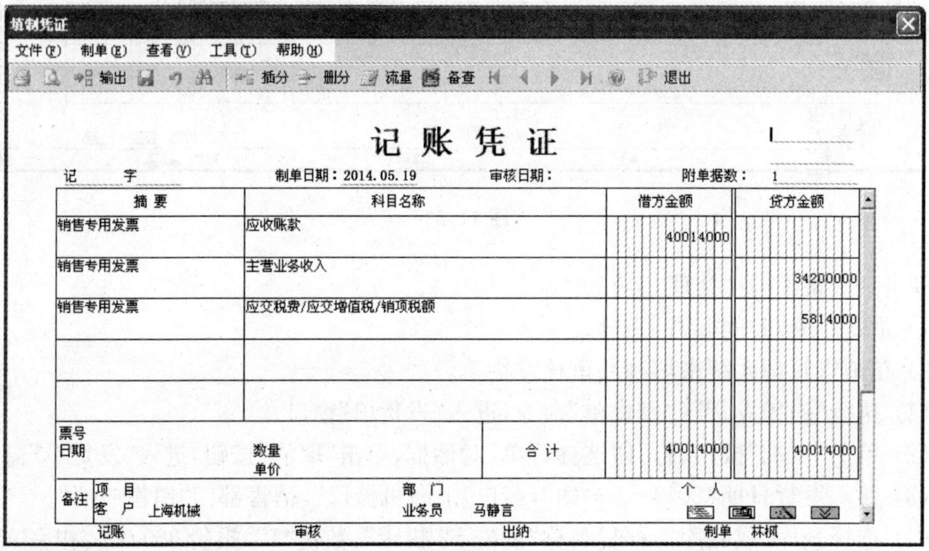

图 11.53

执行“业务核算”|“正常单据记账”。同业务 1。

执行“财务核算”|“生成凭证”。同业务 1，如图 11.54。

业务 4　多张发货单汇总开票业务。

1) 在销售管理系统中填制并审核发货单。

(1) 执行“销售发票”|“发货单”命令，进入“发货单”窗口。录入 5 月 19 销售发货单并审核。

(2) 重新注册，时间 5 月 20 日。同上录入 5 月 20 日销售发货单并审核。

2) 在销售管理系统中参照上述两张发货单填制并复核销售发票。

(1) 在销售管理系统中，执行“销售发票”|“销售专用发票” 命令，进入“销售专用发

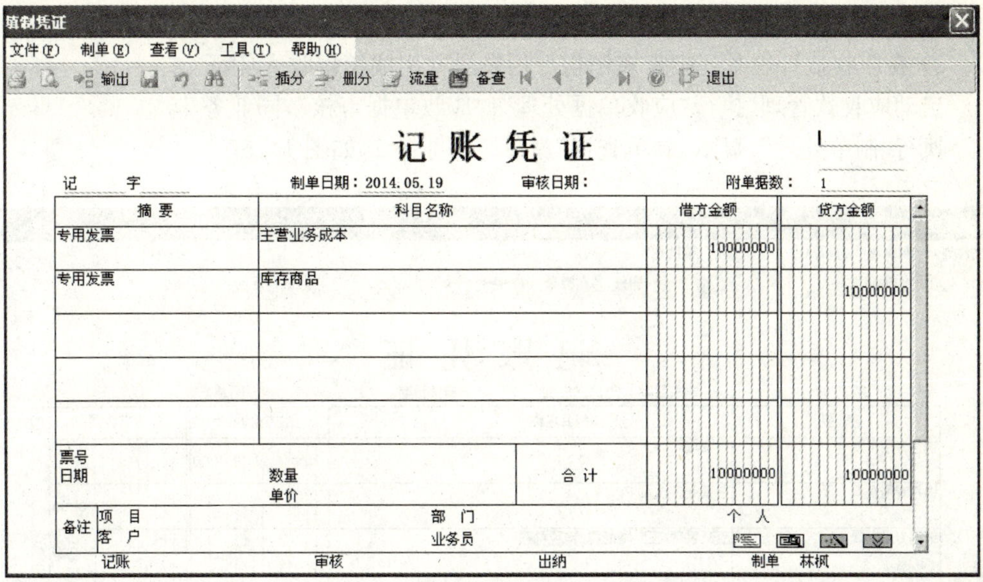

图 11.54

票”窗口。

（2）单击“增加”按钮，打开“参照发货单”对话框。连续选择“上海农机厂”的 2014－5－19 和 2014－5－20 两张发货单，如图 11.55。

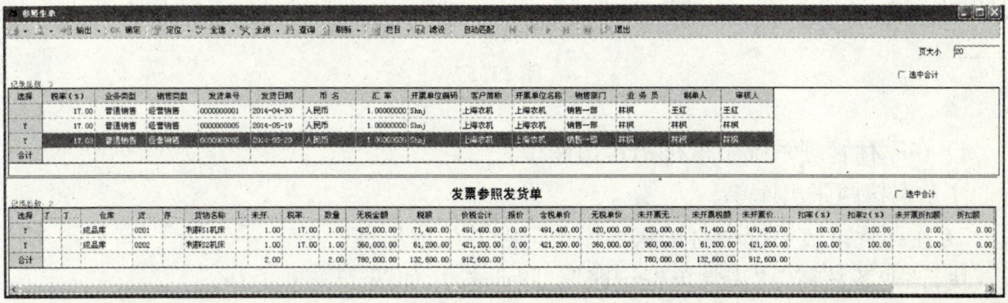

图 11.55

（3）点击“确定”按钮。将发货单信息汇总反映在销售专用发票上，如图 11.56。

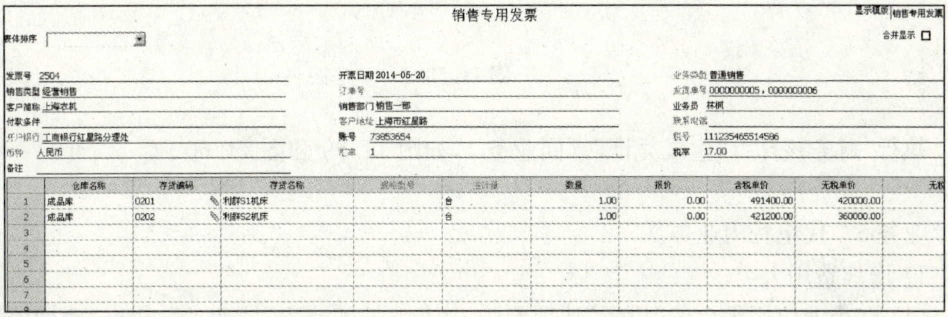

图 11.56

(4) 点击“保存”按钮,点击“复核”按钮。

3) 在应收款管理系统中审核销售专用发票并生成销售收入凭证。

启动应收款管理,执行“应收单据处理”|“应收单据审核”,同业务 1。

执行“制单处理”,显示“制单查询”窗口。同业务 1,如图 11.57。

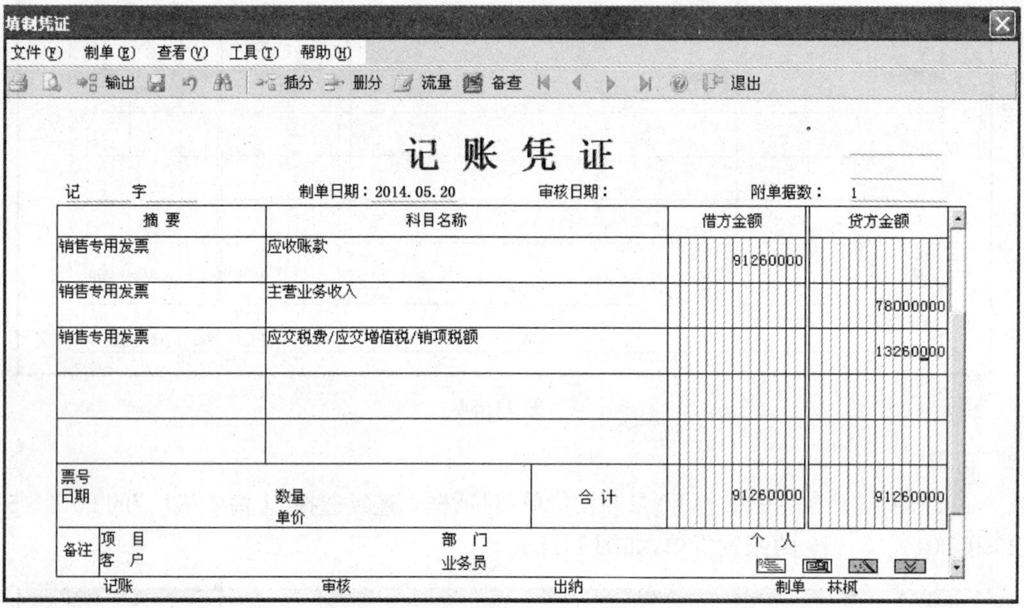

图 11.57

4) 在库存管理系统中审核销售出库单。

注意审核两张出库单。

5) 在存货审核系统中对销售出库单记账并生成凭证。

执行“业务核算”|“正常单据记账”。同业务 1,如图 11.58。

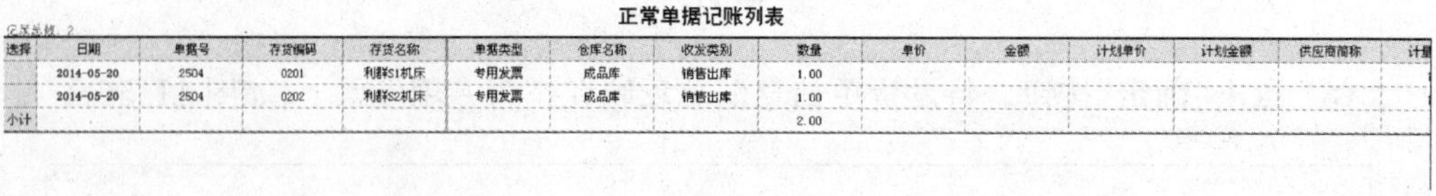

正常单据记账列表

选择	日期	单据号	存货编码	存货名称	单据类型	仓库名称	收发类别	数量	单价	金额	计划单价	计划金额	供应商简称	计量
	2014-05-20	2504	0201	利群S1机床	专用发票	成品库	销售出库	1.00						
	2014-05-20	2504	0202	利群S2机床	专用发票	成品库	销售出库	1.00						
小计								2.00						

图 11.58

执行“财务核算”|“生成凭证”。同业务 1,如图 11.59 和图 11.60。

业务 5　代垫费用业务。

1) 增加费用大类。

(1) 在企业应用平台的“设置”选项卡中,执行 “基础档案”|“业务”,执行“费用项目分类” 命令,进入“ 费用项目分类” 窗口。增加项目分类:分类编码 1,分类名称:代垫费用,

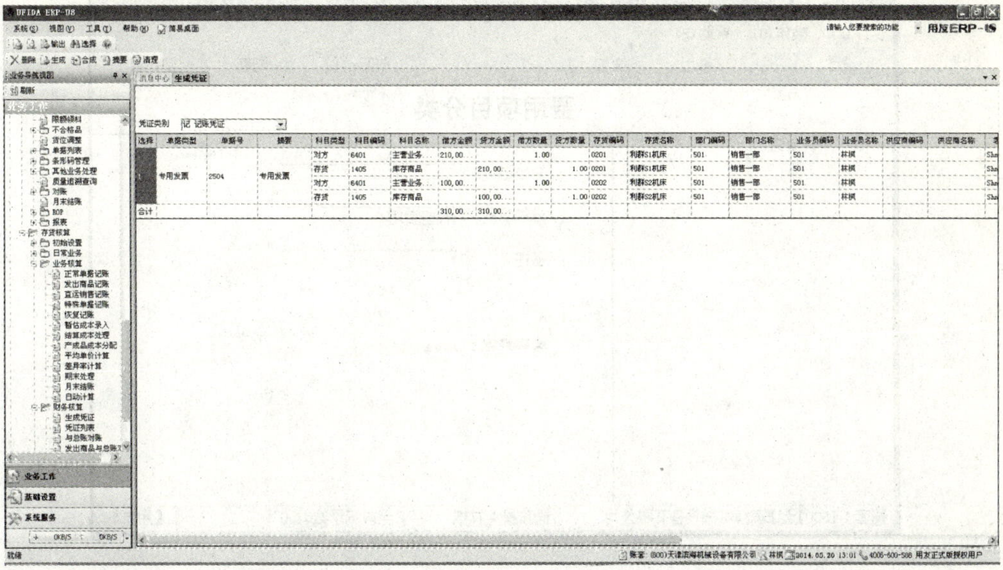

图 11.59

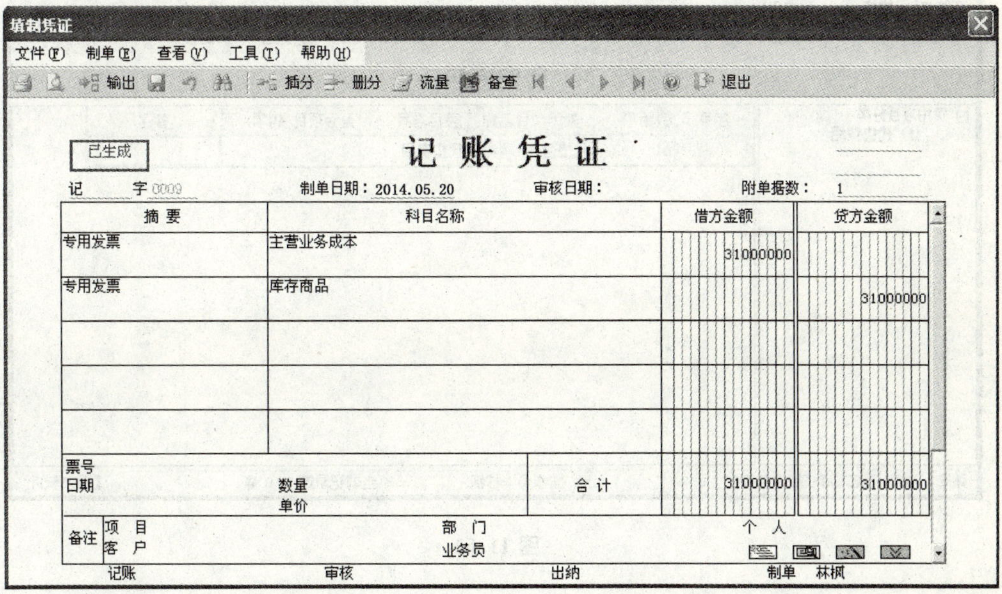

图 11.60

如图 11.61 和图 11.62。

（2）执行“基础档案”|“业务”|“费用项目”命令，进入项目窗口，如图 11.63。增加：01，代垫运费，并保存。

2）在“销售系统”中填制并审核代垫费用单。

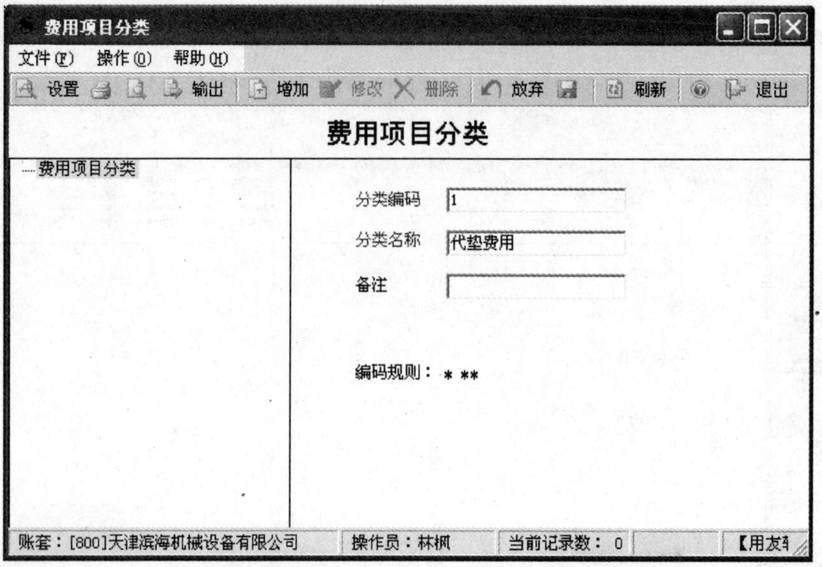

图 11.61

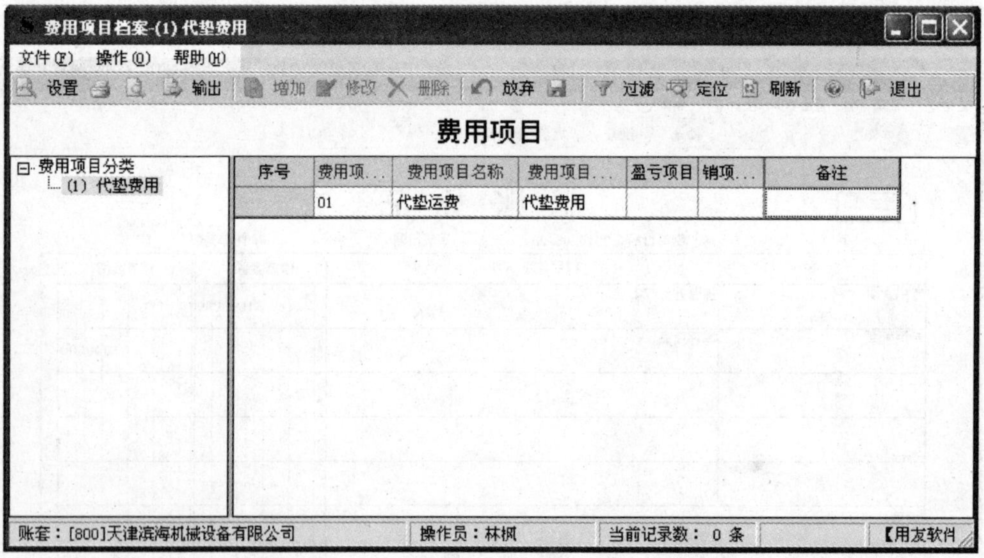

图 11.62

(1) 在“销售管理系统”中，执行 “代垫费用”|“代垫费用单” 命令，进入“代垫费用单”窗口。

(2) 单击“增加” 按钮，输入代垫日期 2014，05，20，客户简称 “上海农机”，销售部门“销售二部”，费用项目“运费”，代垫金额 1 000，保存并审核。

3) 在应收款项目系统中对待垫费用单审核并确认应收。

(1) 执行“应收款管理系统”|“应收单据处理”|“应收单据审核”，对代垫费用单形成的其他应收单进行审核，如图 11.64。

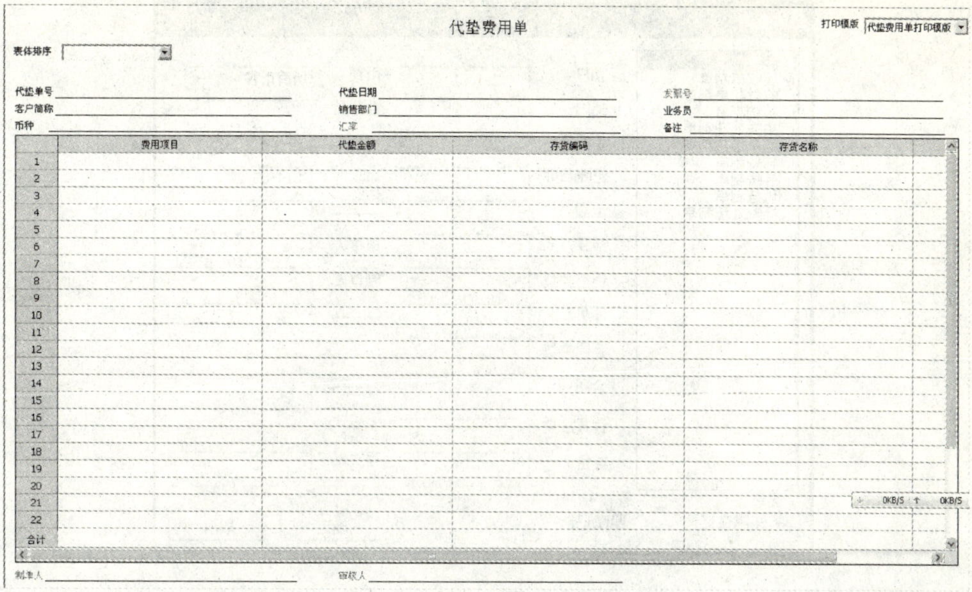

图 11.63

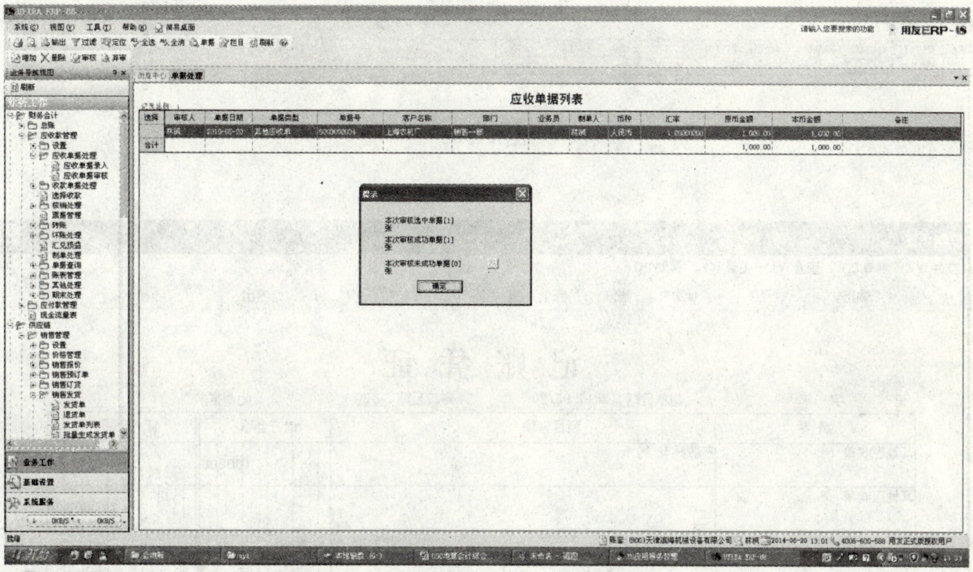

图 11.64

(2) 执行“制单处理”命令,打开“制单查询”对话框。如图 11.65。选择“应收单制单”选项,单击“确定”,进入“应收制单”窗口,如图 11.66。

(3) 单击“制单”。生成记账凭证,如图 11.67。

(4) 填入贷方科目 1002,单击“ ”,如图 11.68。

业务 6　委托代销业务。

1) 初始设置调整。

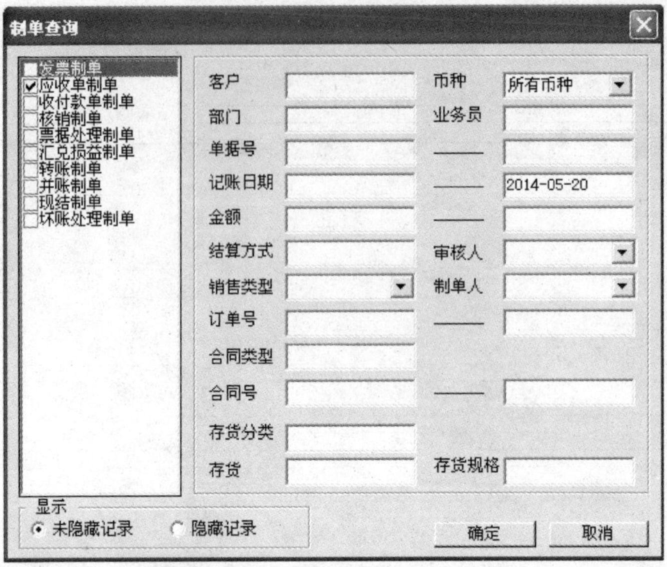

图 11.65

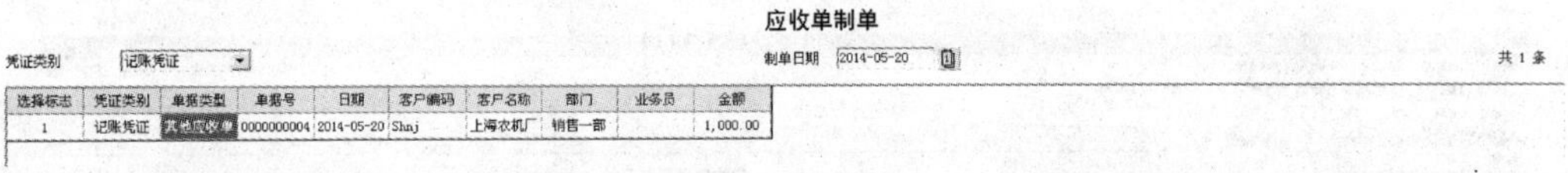

图 11.66

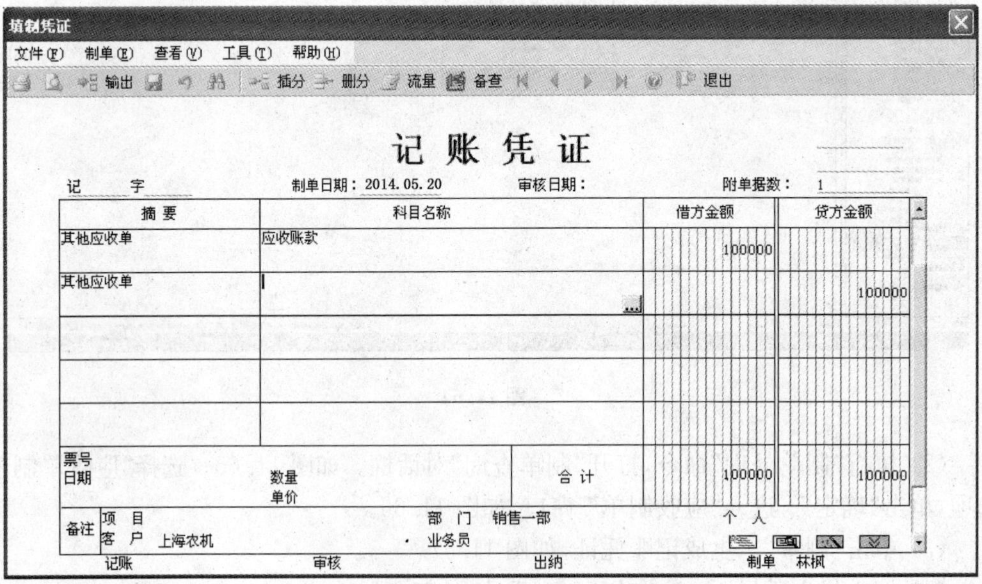

图 11.67

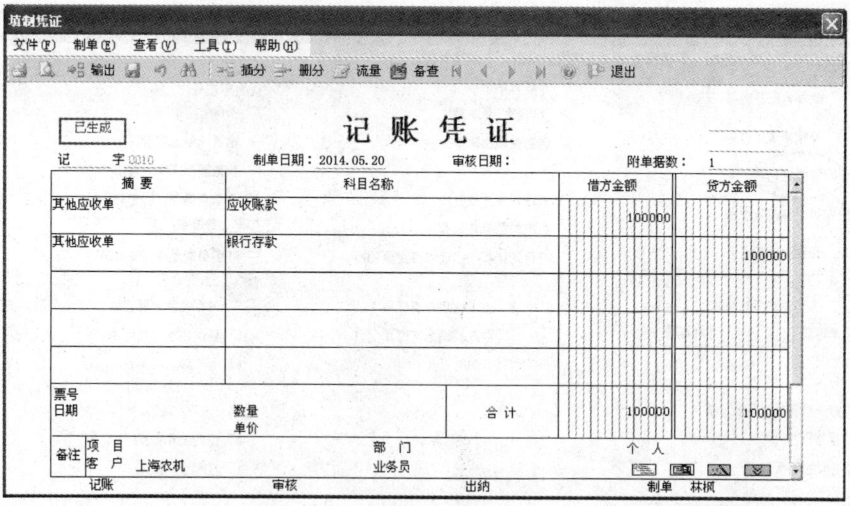

图 11.68

(1) 在“存货核算系统”中，执行“初始设置”|“选项”|“选项录入”命令，将“委托代销成本核算方式”设置为“按发出商品核算”，单击“确定”按钮，保存设置，如图 11.69 和图 11.70。

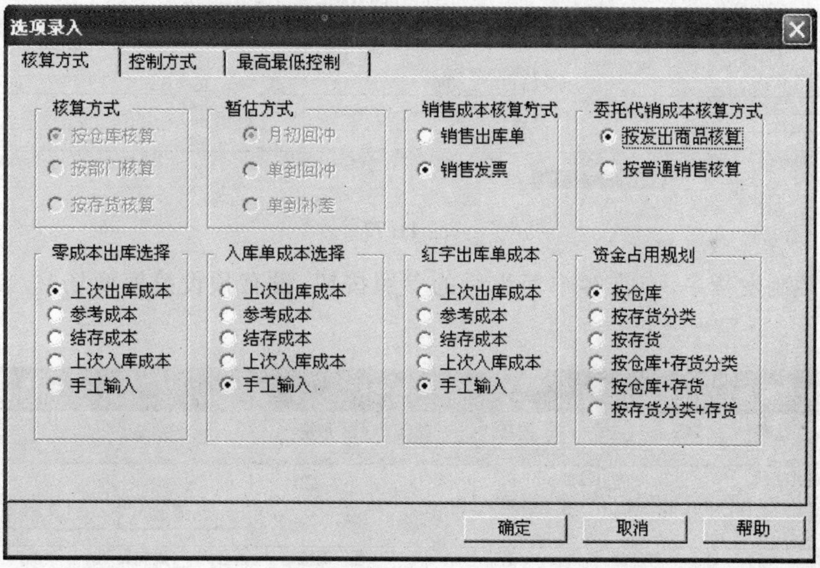

图 11.69

(2) 在销售管理系统中，执行“设置”|“销售选项”命令，在“业务控制”选项卡中，选择“是否有委托代销业务”选项，单击“确定”，如图 11.71。

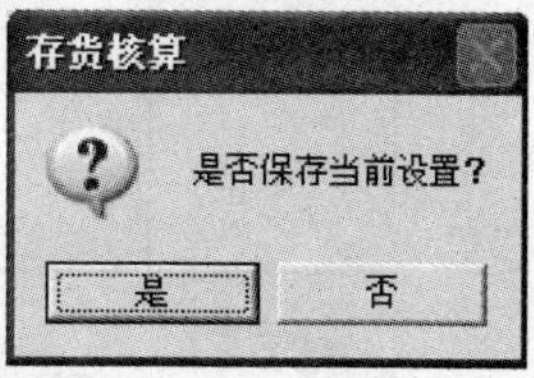

图 11.70

2) 在销售管理系统中填制委托代销发货单。

(1) 执行“委托代销”|“委托代销发货单”命令，进入“委托代销发货单”窗口，填制并审核委托代销发货单，如图 11.72。

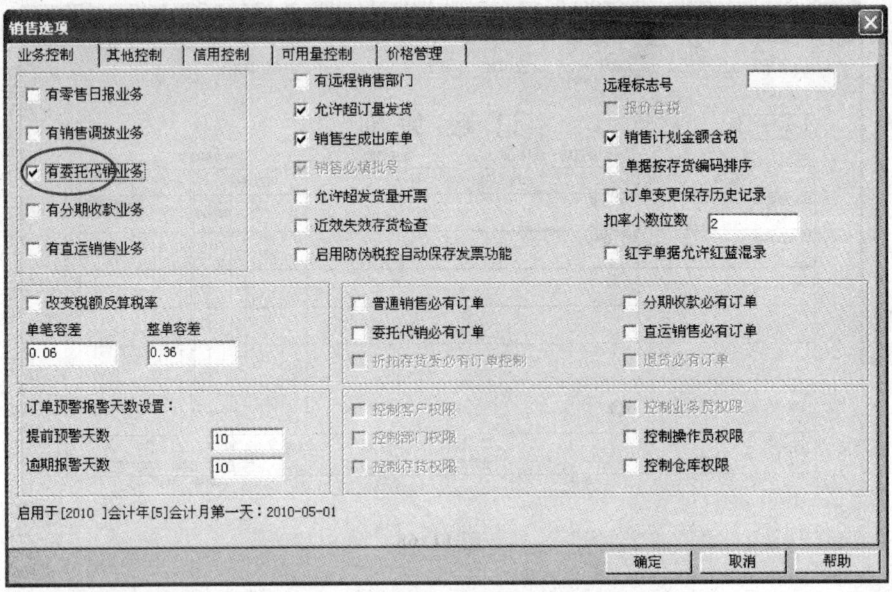

图 11.71

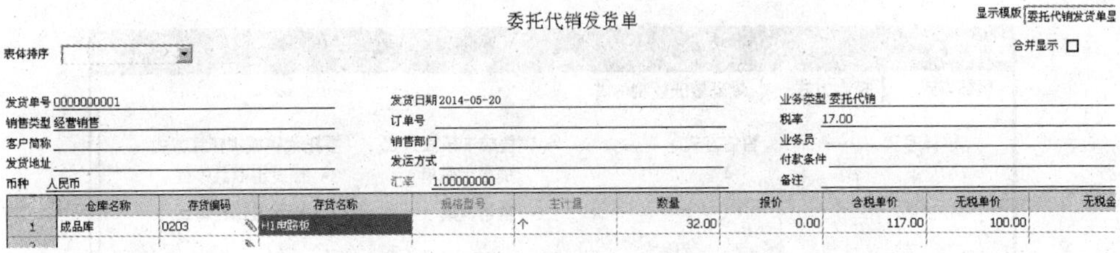

图 11.72

(2) 填制发货单，点击客户简称后的参照按钮，没有预设滨海商场，应新增，如图11.73。

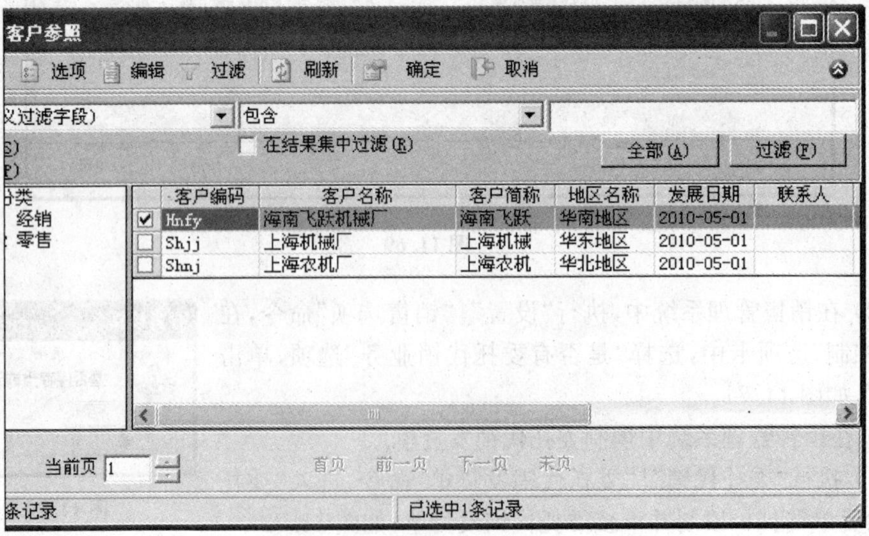

图 11.73

(3) 单击“编辑”按钮，单击“增加”按钮。

(4) 输入客户编码 BHSC，客户分类编码 01，客户简称：滨海商场，单击“ ”，如图 11.74。点击“银行”。按资料录入，如图 11.75。退出。重新选择“客户”，录入“滨海商场”，如图 11.76。

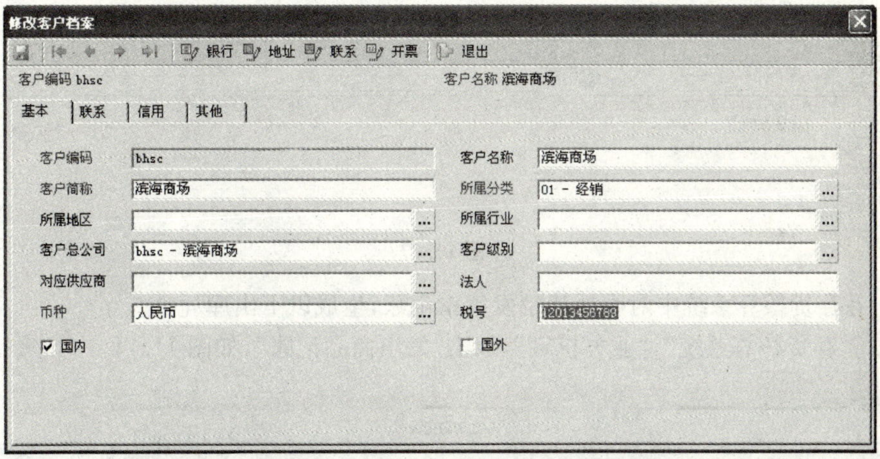

图 11.74

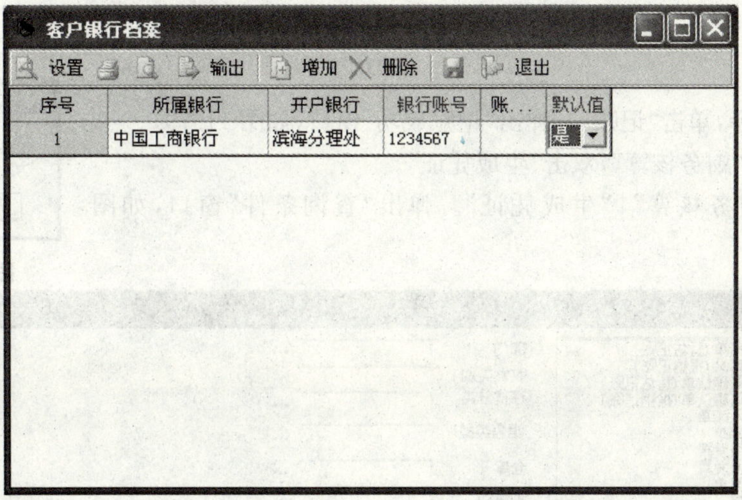

图 11.75

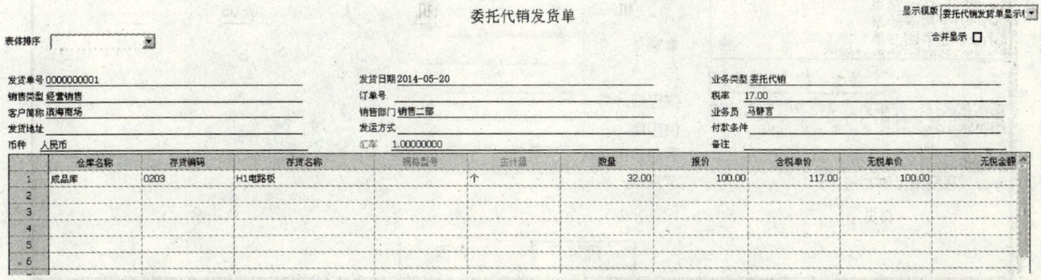

图 11.76

3）在库存管理系统中审核销售出库单。

执行“库存系统”|“出库业务”，双击“销售出库单”，单击 ➡，查询到委托代销的出库单，进行审核，如图 11.77。

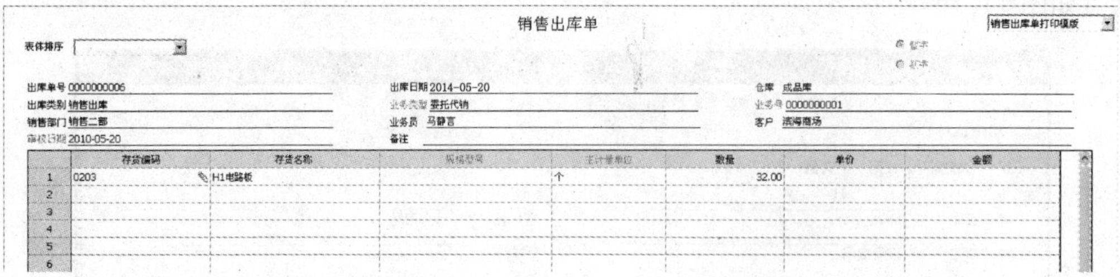

图 11.77

4）在存货核算系统中对委托代销发货单记账，生成以下出库凭证。

执行“存货核算系统”|“业务核算”，双击“发出商品记账”，如图 11.78。

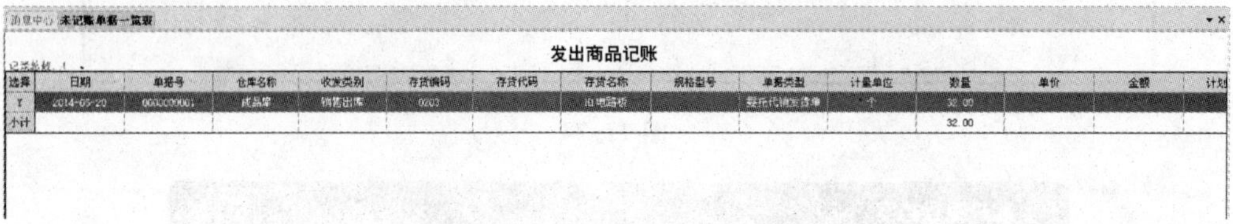

图 11.78

双击选择，单击“记账”。弹出“记账成功”窗口，如图 11.79。

5）执行“财务核算”，双击“生成凭证”。

执行“财务核算”|“生成凭证”。弹出“查询条件”窗口，如图 11.80。

图 11.79

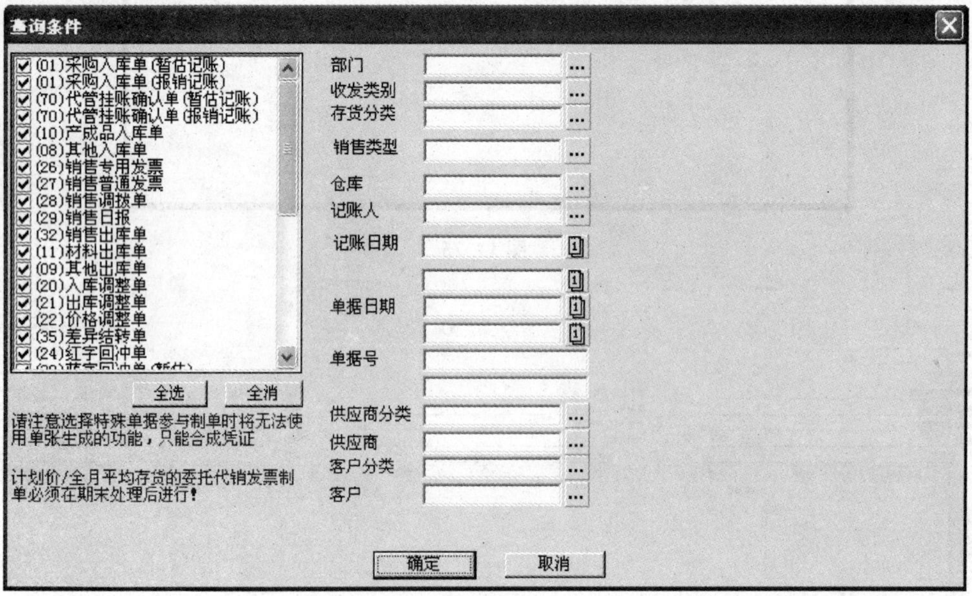

图 11.80

单击“确定”。弹出“未生成凭证单据一览表”,如图 11.81。

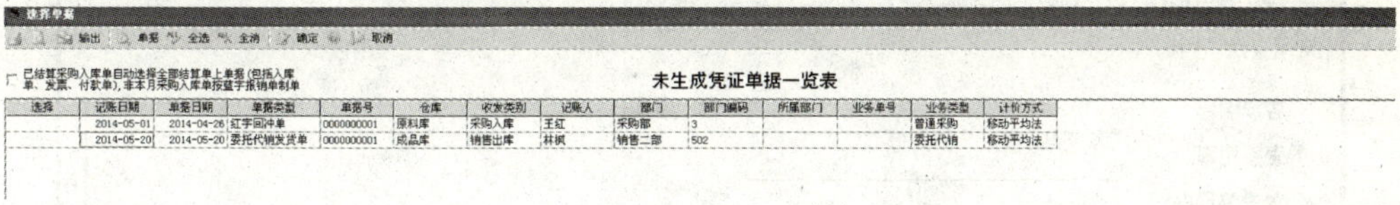

图 11.81

双击进行选择,单击“确定”。点击“科目编码”,选择“1406,发出商品”,如图 11.82。

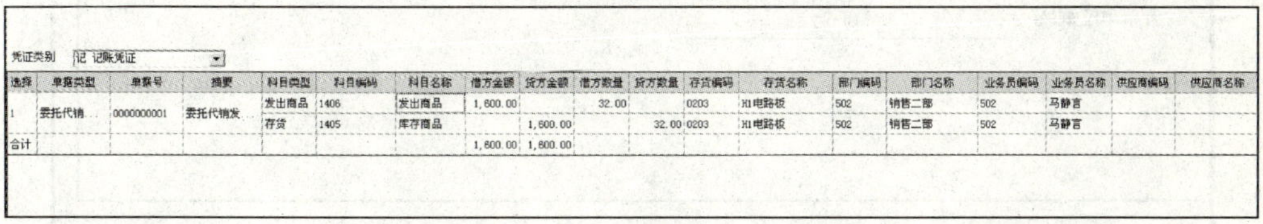

图 11.82

单击“生成”,弹出凭证,单击“ ”,如图 11.83。

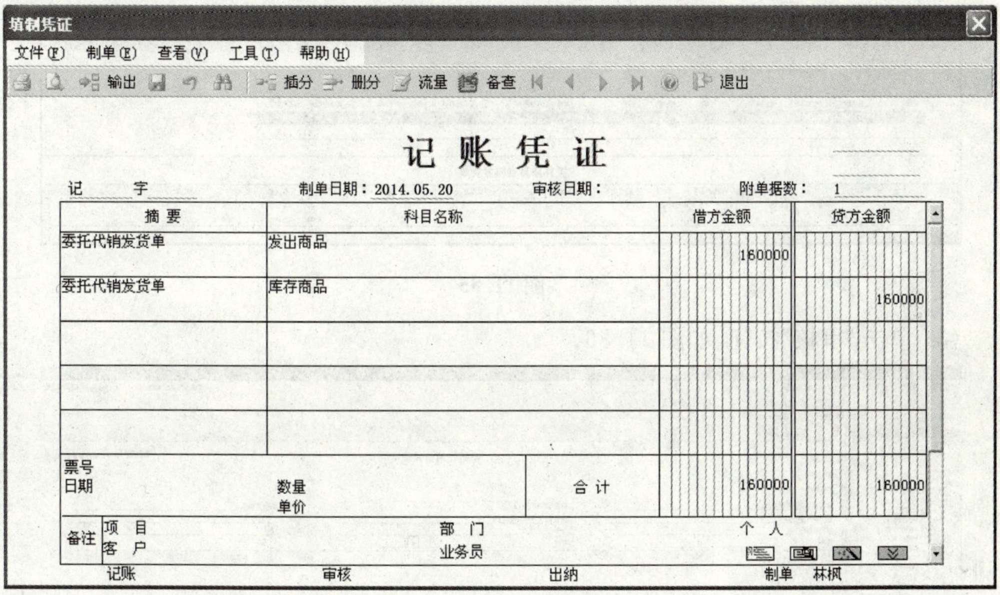

图 11.83

6) 委托代销结算处理。

(1) 重新注册,时间 5 月 21 日。

(2) 在销售管理系统中,“委托代销”|“委托代销结算单”,单击“增加”按钮,进入“委托结算参照发货单”窗口,如图 11.84。

(3) 单击“过滤”,进入选择窗口,双击进行选择,如图 11.85。

(4) 单击 OK 确定 。弹出“委托代销结算单”,单击“ ”。

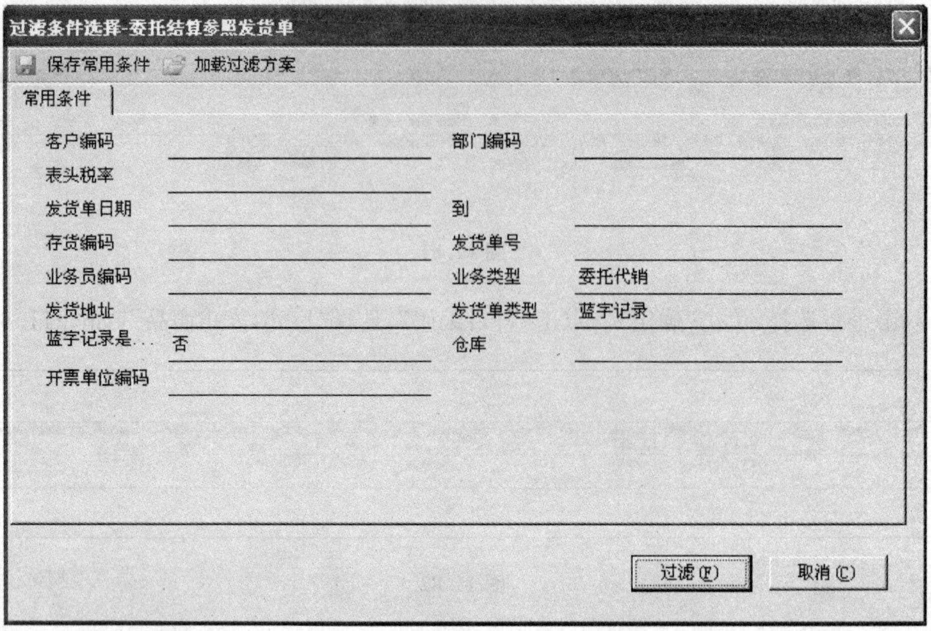

图 11.84

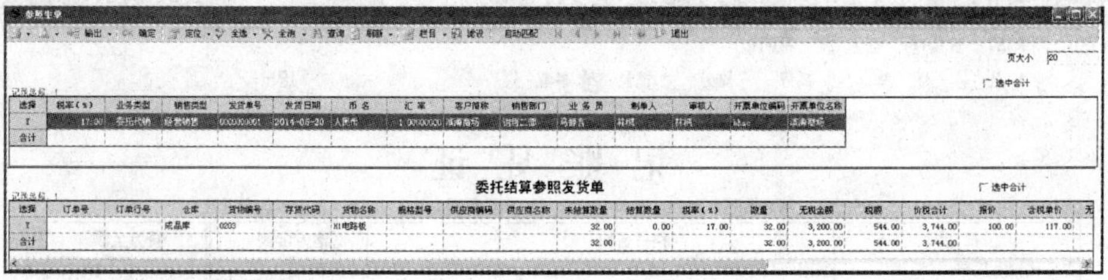

图 11.85

(5) 单击“审核”按钮，如图 11.86。

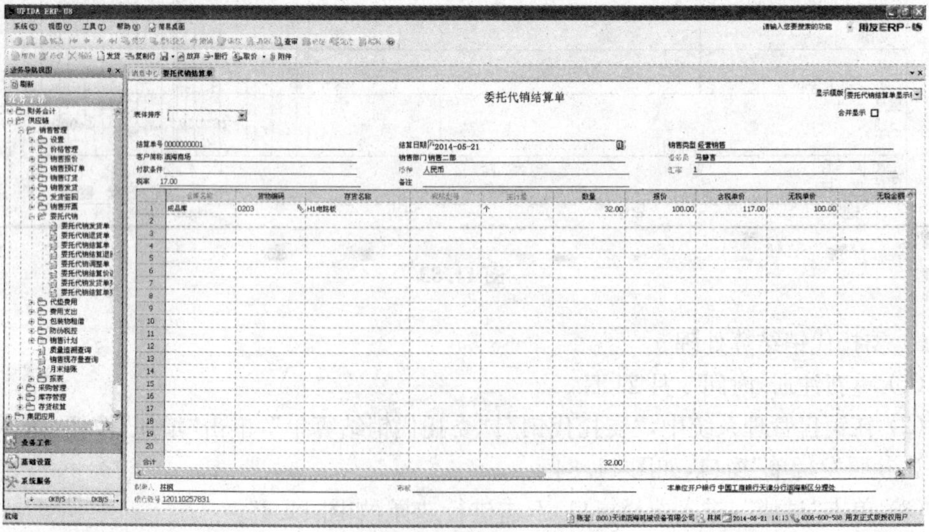

图 11.86

(6) 打开“请选择发票类型”对话框。选择“专用发票”选项，单击“确定”按钮后退出，如图 11.87。

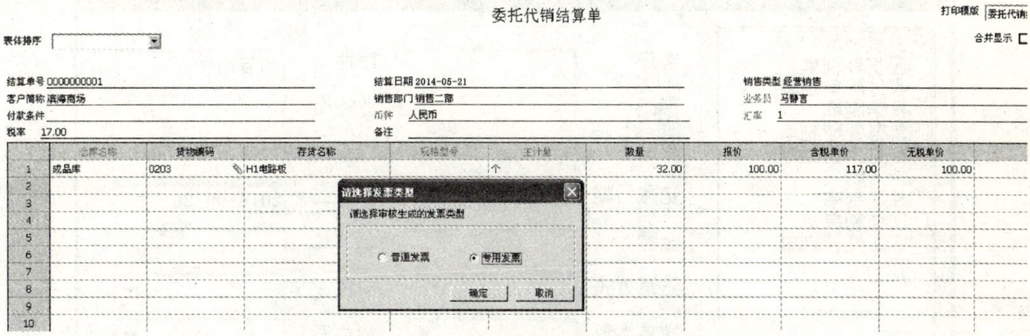

图 11.87

7) 在销售管理系统中，查看根据委托代销结算单生成的销售专用发票并复核。如图 11.88。

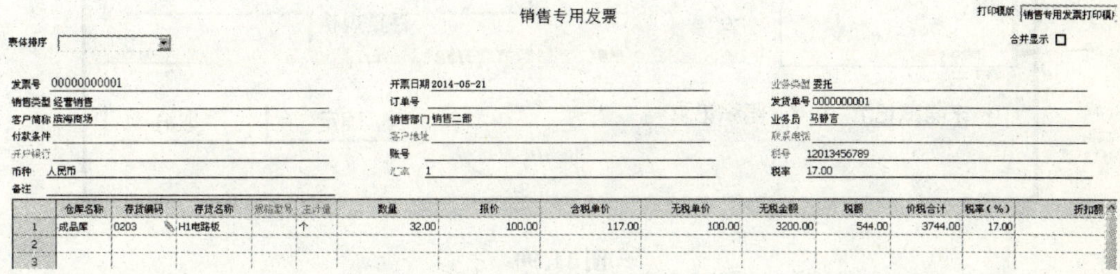

图 11.88

单击“复核”按钮，退出。

8) 在应收款管理系统中，审核销售发票生成销售凭证。

执行“应收账款系统”|“应收单据处理”，双击“应收单据审核”，进入选择窗口，双击进行选择，单击“审核”按钮，如图 11.89。

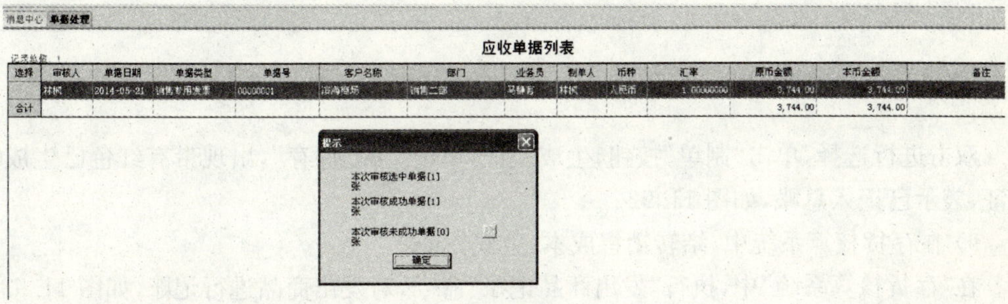

图 11.89

双击“制单处理”，进入“制单查询窗口”，如图 11.90。

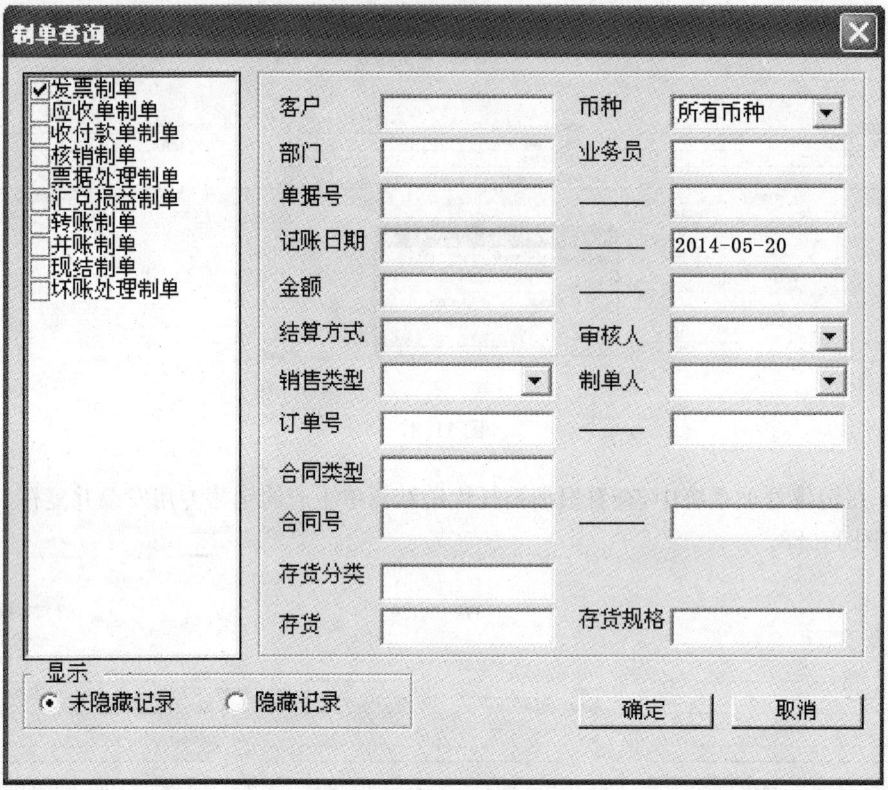

图 11.90

单击“确定”按钮，进入选择窗口，如图 11.91。

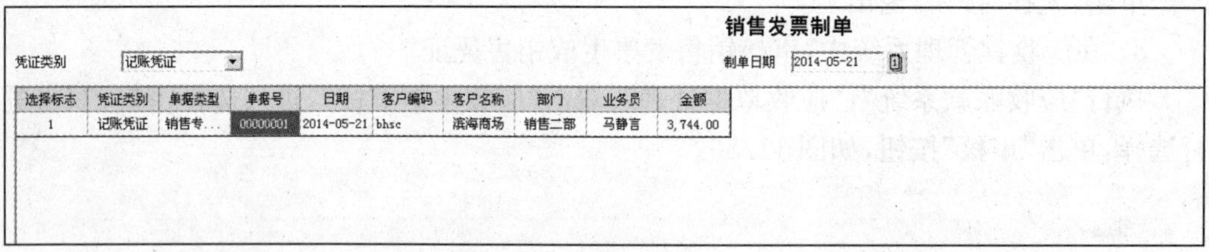

图 11.91

双击进行选择，单击“制单”按钮，生成凭证，单击“ 保存”，出现带有红色已生成的凭证，表示已记入总账，如图 11.92。

9）在存货核算系统中，结转销售成本，生成凭证。

在“存货核算系统”中，执行“发出商品记账”命令，对发出商品进行记账，如图 11.93。

执行“财务核算”|“生成凭证”，如图 11.94(1)、图 11.94(2)和图 11.94(3)。

单击“确定”按钮。

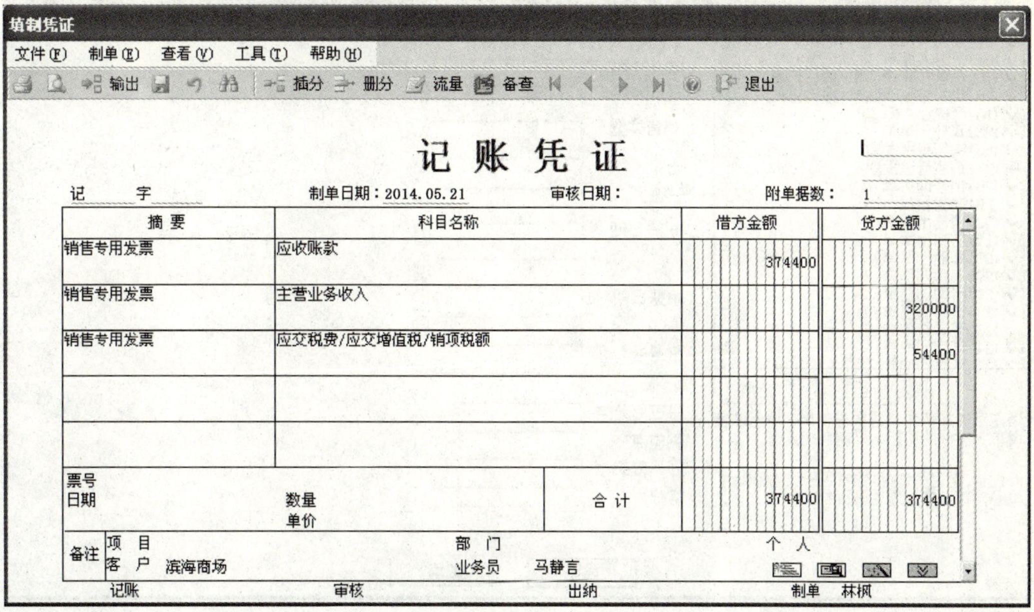

图 11.92

输入科目编码 1406，单击“生成”按钮，弹出凭证，单击“ ”，呈现带有红色已生成字样的凭证，表示已记入总账。

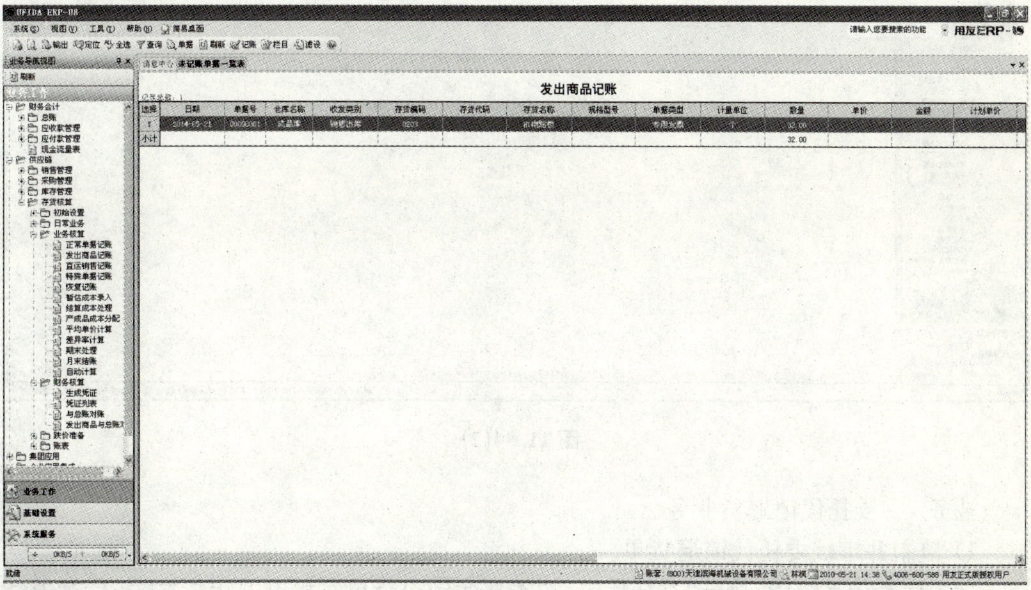

图 11.93

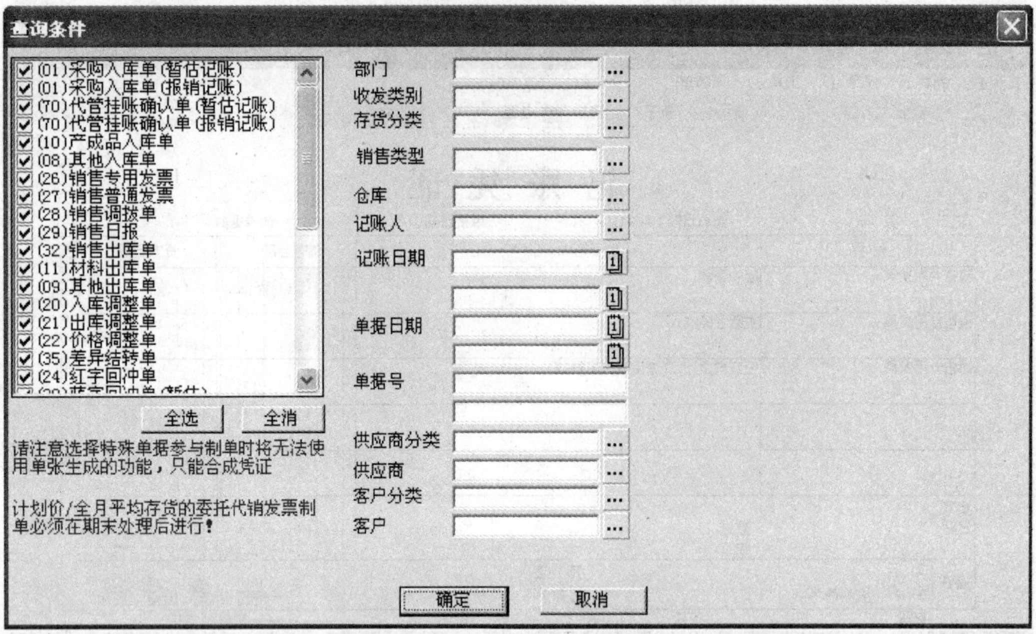

图 11.94(1)

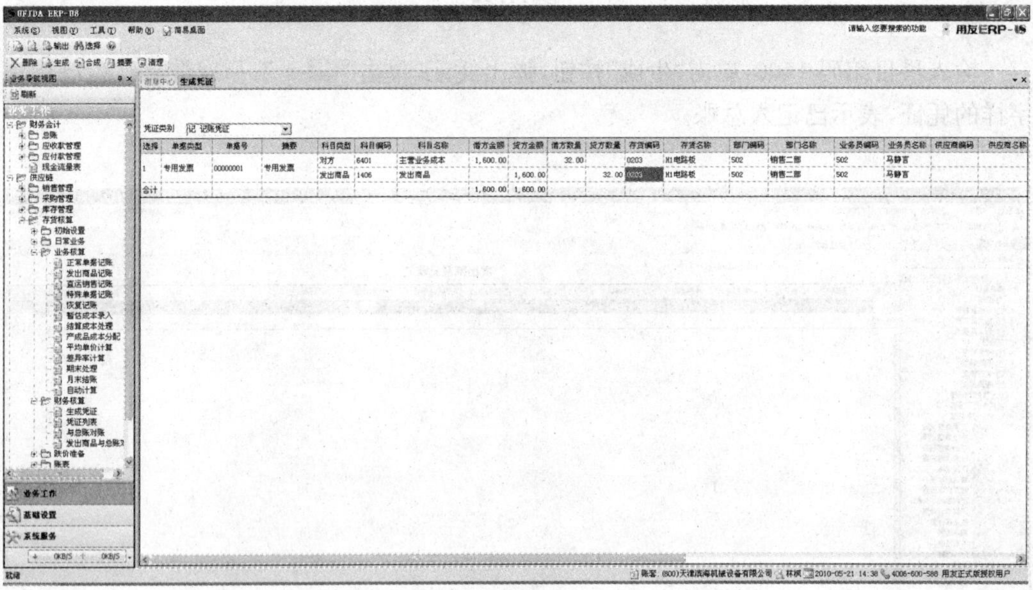

图 11.94(2)

业务 7　委托代销退货业务。

1）填制并审核委托代销退货单。

在销售管理系统中，执行“委托代销”|“委托代销退货单”，填制并审核“委托代销退货单”，修改数量为－2。

在销售管理系统中，执行“委托代销”|“委托代销结算退回”，填制并审核“委托代销结算退回单”，修改数量为－2，如图 11.95。

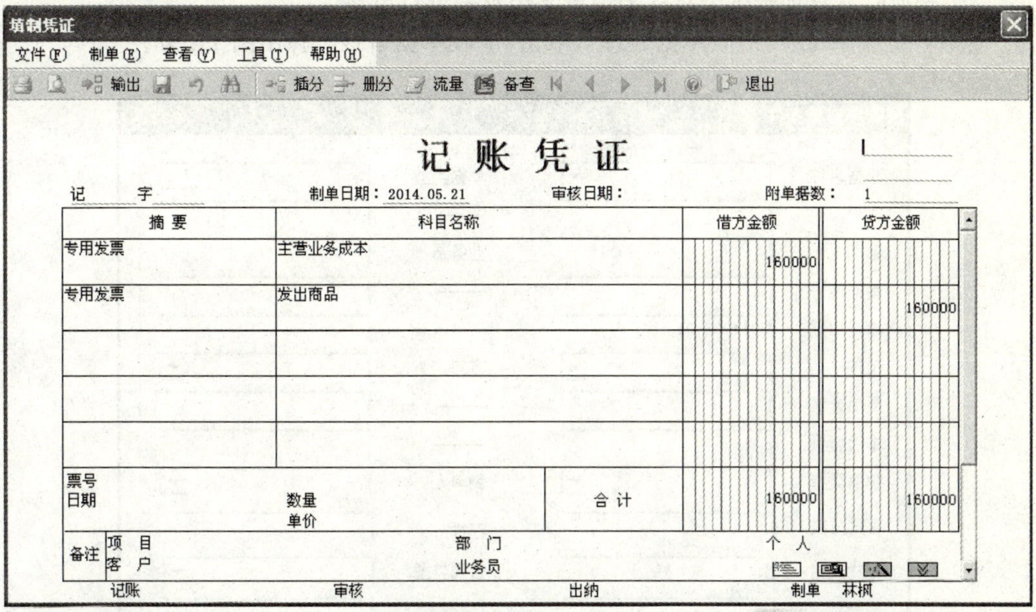

图 11.94(3)

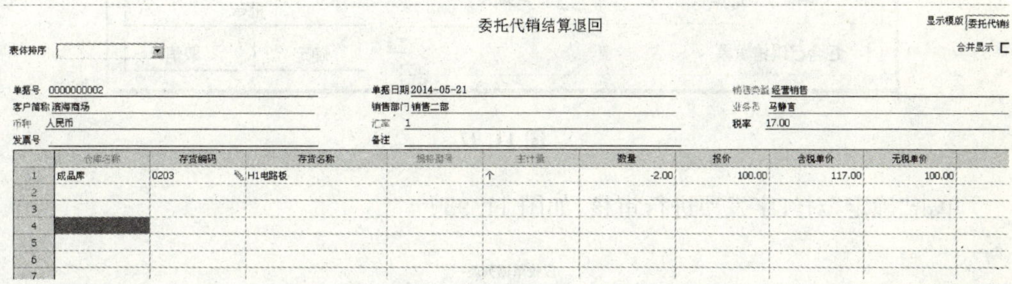

图 11.95

审核并选择专用销售发票。

2）红字专用销售发票复核。

执行“销售发票”|“红字专用销售发票”，进入销售专用发票窗口，查看已生成凭证，点击“复核”，点击“退出”，如图 11.96。

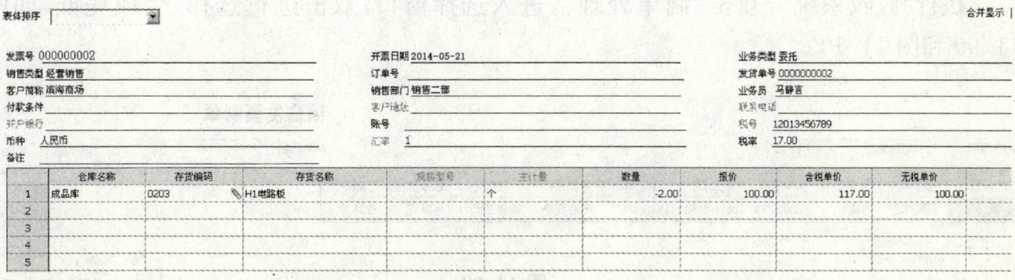

图 11.96

3）在应收款管理系统中对红字销售专用发票进行审核。

执行“应收系统”|“应收单据处理”，双击“应收单据审核”，弹出图 11.97。

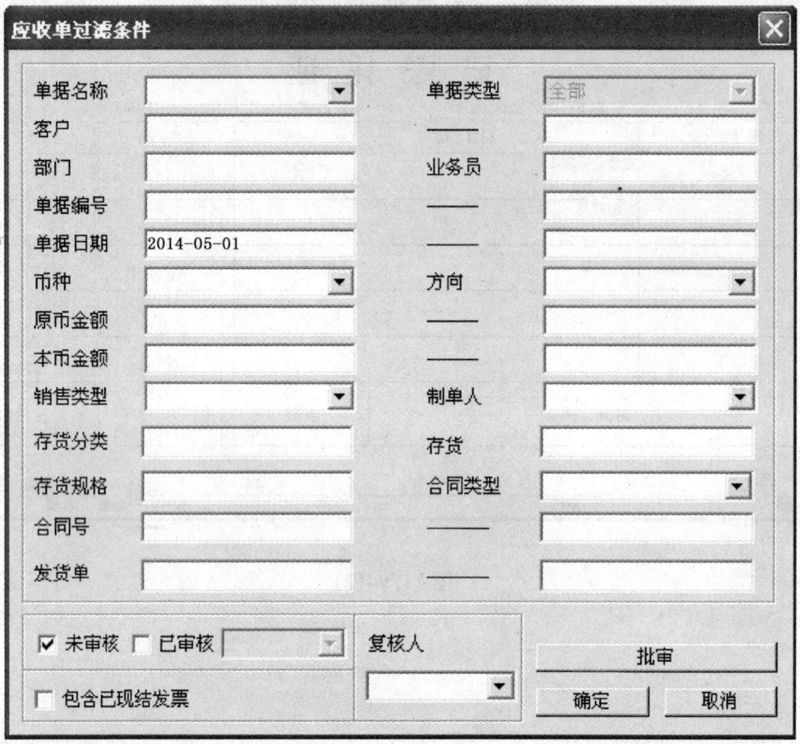

图 11.97

单击“确定”对红字发票进行审核，如图 11.98。

应收单据列表

记录总数：1

选择	审核人	单据日期	单据类型	单据号	客户名称	部门	业务员	制单人	币种	汇率	原币金额	本币金额	备注
Y		2014-05-21	销售专用发票	00000002	滨海商场	销售二部	马静言	林枫	人民币	1.00000000	-234.00	-234.00	
合计											-234.00	-234.00	

图 11.98

4）红字销售专用发票生成凭证。

执行“应收系统”，双击“制单处理”，进入选择窗口，双击进行选择，生成凭证，如图 11.99 和图 11.100。

销售发票制单

凭证类别 记账凭证　　制单日期 2014-05-21

选择标志	凭证类别	单据类型	单据号	日期	客户编码	客户名称	部门	业务员	金额
1	记账凭证	销售专…	00000002	2014-05-21	bhsc	滨海商场	销售二部	马静言	-234.00

图 11.99

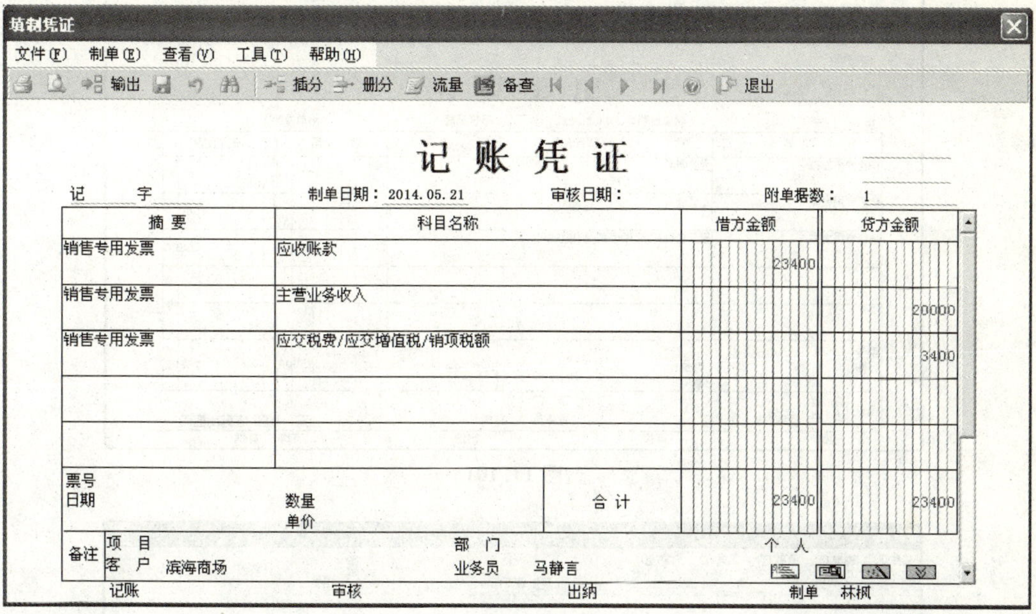

图 11.100

5）在存货核算系统中，结转退货成本，生成凭证。

业务 8　分次开票业务。

1）重新注册，时间 5 月 22 日。

2）在销售管理系统中填制发货单。

3）在销售管理系统中根据发货单填制发票并复核。

(1) 执行“销售系统”|“销售开票”，双击“销售专用发票”，弹出销售专用发票窗口，单击“增加”，弹出“过滤”窗口，单击“取消”。点击“生单”侧面的向下选择按钮“生单”，选择“参照发货单”。

(2) 选择生成第一张发票，发票号为 2507，数量改为 15。单击，单击“审核”按钮。

(3) 单击“增加”，弹出“过滤”窗口，单击“取消”。点击“生单”侧面的向下选择按钮“生单”，选择“参照发货单”。选择生成第二张发票，发票号改为 2508，数量自动生成 5 个。单击，单击“审核”按钮。

4）在应收款管理系统中，审核销售发票生成销售凭证。

执行“财务会计”|“应收系统”|“应收单据处理”，双击“应收单据审核”，弹出应收单据过滤条件。

单击“确定”。进入选择窗口，双击进行选择，选择两张发票，单击“审核”。单击“确定”。

执行“制单处理”。单击“确定”，进入选择窗口，双击进行选择，选择两张发票。点击“合并”，单击“制单”，生成凭证，单击，呈现带红色已生成字样的凭证说明已记入总账。可生成 2 张凭证，如图 11.101 和图 11.102。也可合并生成 1 张凭证，如图 11.103。

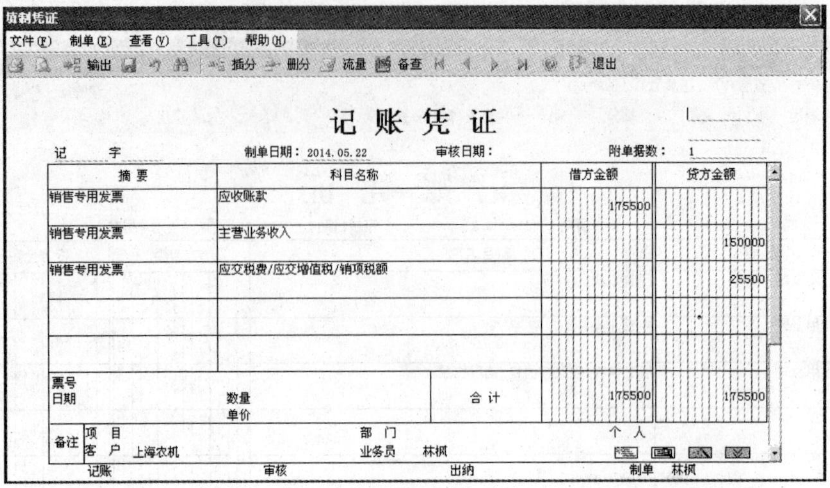
填制凭证

文件(F) 制单(E) 查看(V) 工具(T) 帮助(H)

输出 插分 删分 流量 备查 退出

记账凭证

记 字 制单日期：2014.05.22 审核日期： 附单据数：1

摘要	科目名称	借方金额	贷方金额
销售专用发票	应收账款	175500	
销售专用发票	主营业务收入		150000
销售专用发票	应交税费/应交增值税/销项税额		25500
票号 日期	数量 单价 合计	175500	175500

备注 项目 部门 个人

客户 上海农机 业务员 林枫

记账 审核 出纳 制单 林枫

图 11.101

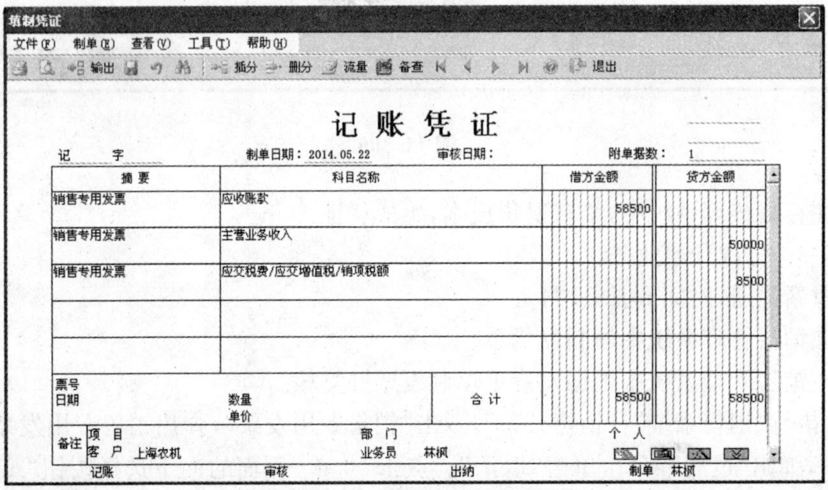
填制凭证

文件(F) 制单(E) 查看(V) 工具(T) 帮助(H)

输出 插分 删分 流量 备查 退出

记账凭证

记 字 制单日期：2014.05.22 审核日期： 附单据数：1

摘要	科目名称	借方金额	贷方金额
销售专用发票	应收账款	58500	
销售专用发票	主营业务收入		50000
销售专用发票	应交税费/应交增值税/销项税额		8500
票号 日期	数量 单价 合计	58500	58500

备注 项目 部门 个人

客户 上海农机 业务员 林枫

记账 审核 出纳 制单 林枫

图 11.102

或：

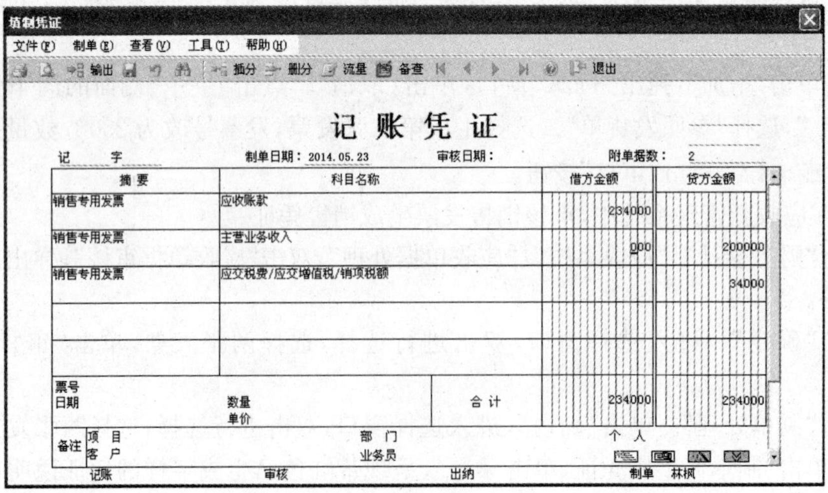
填制凭证

文件(F) 制单(E) 查看(V) 工具(T) 帮助(H)

输出 插分 删分 流量 备查 退出

记账凭证

记 字 制单日期：2014.05.23 审核日期： 附单据数：2

摘要	科目名称	借方金额	贷方金额
销售专用发票	应收账款	234000	
销售专用发票	主营业务收入	000	200000
销售专用发票	应交税费/应交增值税/销项税额		34000
票号 日期	数量 单价 合计	234000	234000

备注 项目 部门 个人

客户 业务员

记账 审核 出纳 制单 林枫

图 11.103

5）在库存管理系统中审核销售出库单。

6）在存货核算系统中，结转销售成本，并生成凭证。

如图 11.104 和图 11.105，或图 11.106。

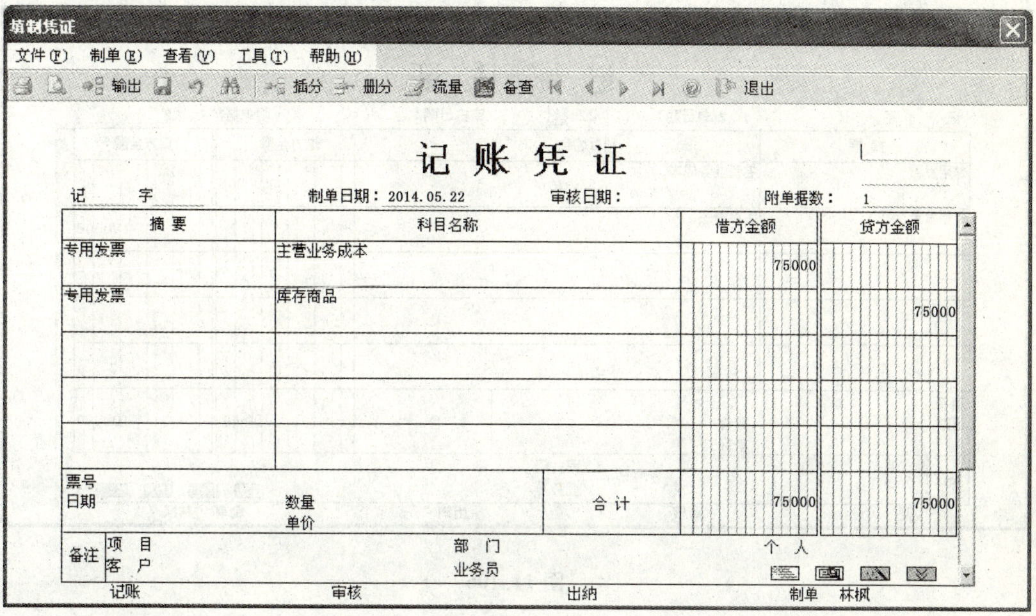

图 11.104

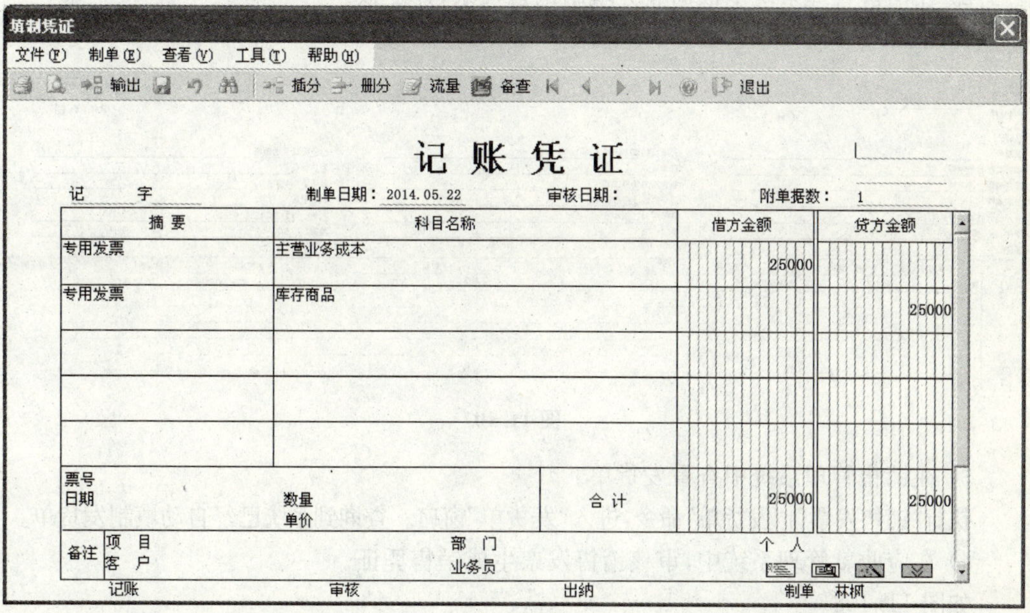

图 11.105

或：

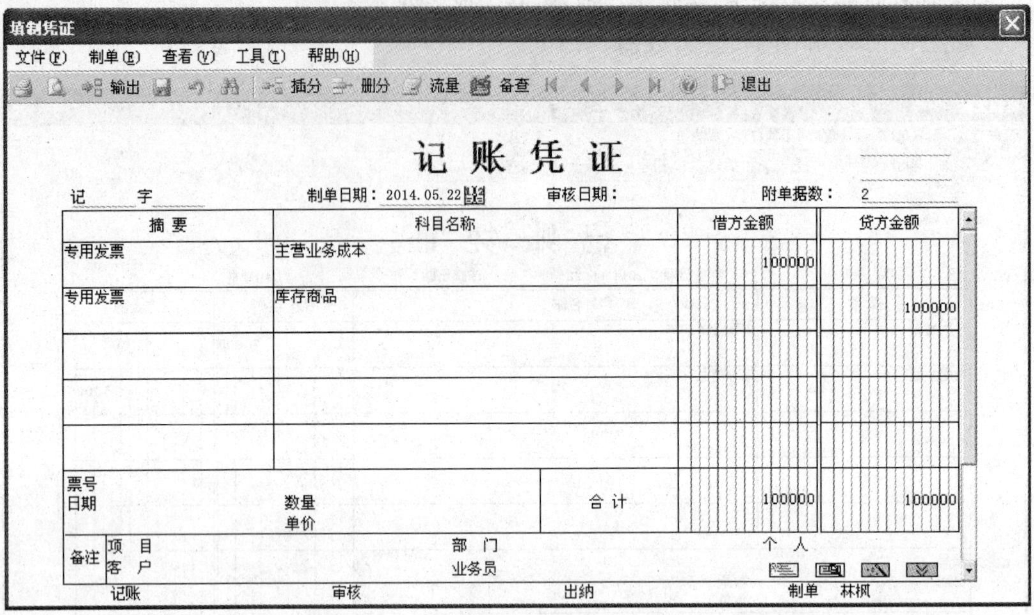

图 11.106

业务 9　开票直接发货业务。

1）重新注册，时间 5 月 23 日。

2）在销售管理系统中根据业务填制销售发票，并复核。

如图 11.107。

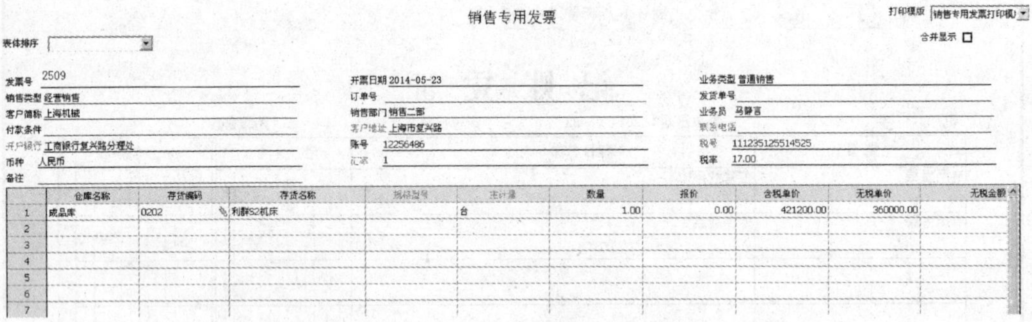

图 11.107

3）在销售管理系统中查看发货单。

执行“销售发票”|“发货单”命令，进入“发货单”窗口。查询到系统已经自动填制发货单。

4）在应收款管理系统中，审核销售发票生成销售凭证。

如图 11.108。

5）在库存管理系统中审核销售出库单。

执行“库存管理”|“出库业务”|“销售出库单”。查询到系统已经自动填制出库单，审核。

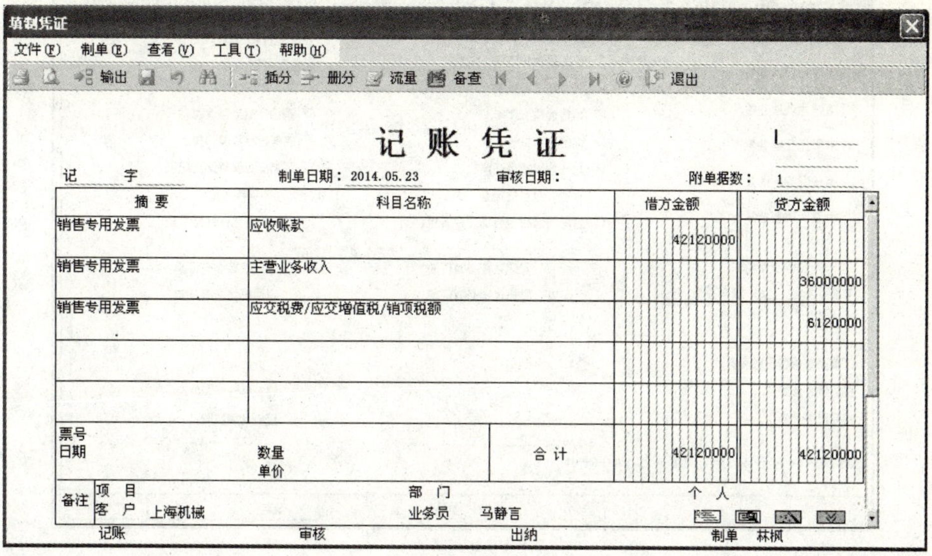

图 11.108

6）在存货管理系统中进行单据记账并生成凭证。

如图 11.109。

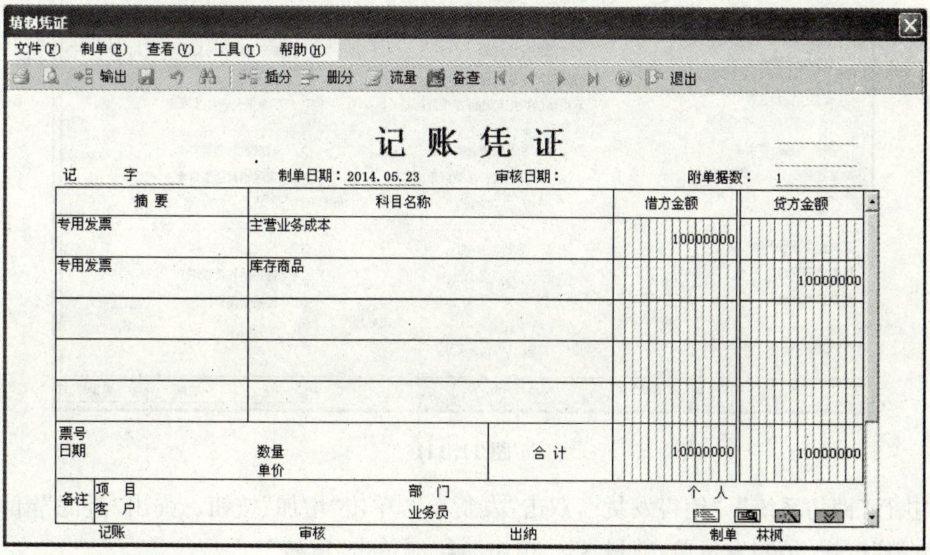

图 11.109

业务 10　一次销售分次出库业务。

1）重新注册，时间 5 月 24 日。

2）在销售管理系统中设置相关选项。

执行“销售管理”|“设置”|“销售选项”，点击“业务控制”选项卡，取消“销售生成出库单”，单击“确定”并返回，如图 11.110 和图 11.111。

3）在销售管理系统中根据发货单填制并审核。

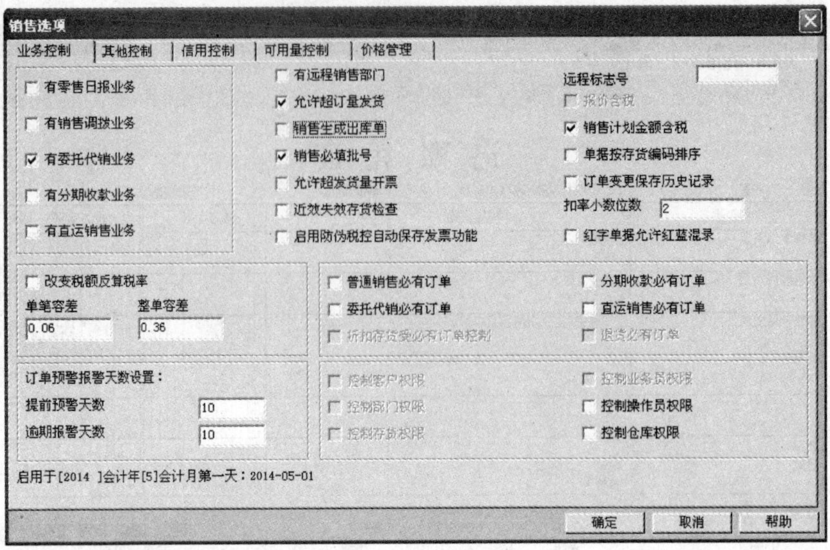

图 11.110

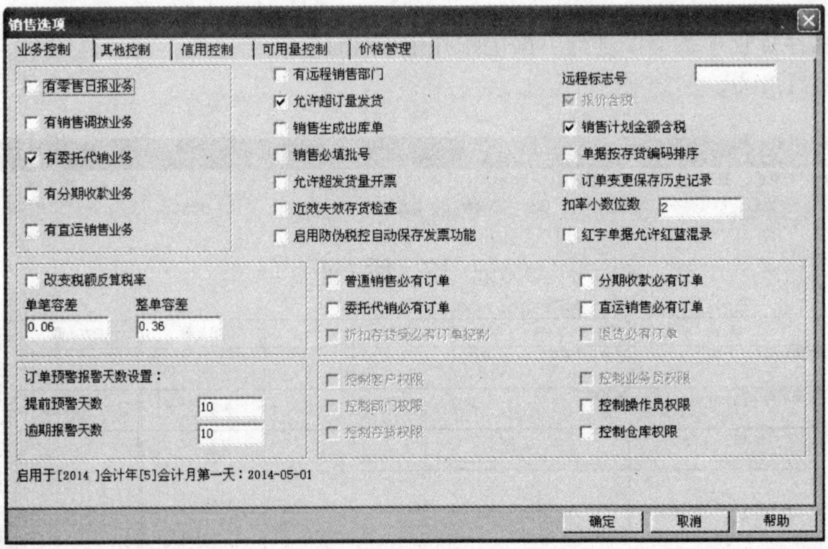

图 11.111

执行“销售系统”|“销售发货”，双击“发货单”，单击“增加”按钮。弹出“过滤”窗口，单击“取消”按钮，填制发货单，数量 35。单击 ，单击“审核”。

4）在销售管理系统中根据发货单填制专用发票并复核。

5）在库存管理系统中审核销售出库单。

执行“库存系统”|“出库业务”，双击“销售出库”，单击“生单”按钮下的“销售生单”弹出过滤。单击“过滤”，进入选择窗口。选择，单击“OK 确定”，弹出销售出库单，点击“修改”，将数量改为 20，单击 ，单击“审核”。

重新注册时间为 5 月 25 日，同理填制第二张出库单，数量自动为 15。

6）在应收款管理系统中审核销售专用发票，并生成销售收入凭证。

如图 11.112。

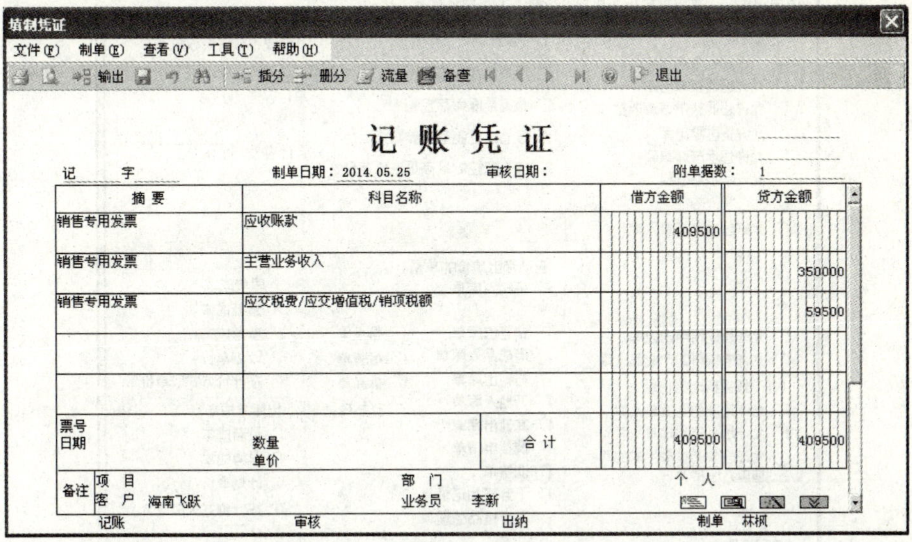

图 11.112

7）在存货审核系统中对销售出库单记账并生成凭证。

如图 11.113。

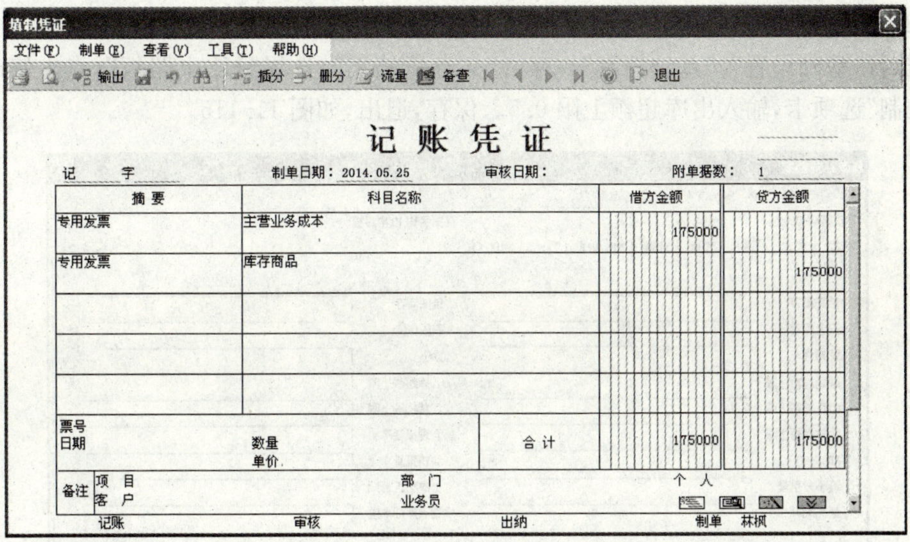

图 11.113

业务 11　超发货单出库。

1）重新注册，时间 2014,5,26。

2）在库存管理系统中设置相关选项。

执行"库存管理"|"初始设置"|"选项"，打开"库存选项设置"对话框，点击"专用设置"选项卡，选中"允许超发货单出库"选项，如图 11.114。

单击"确定"按钮返回。

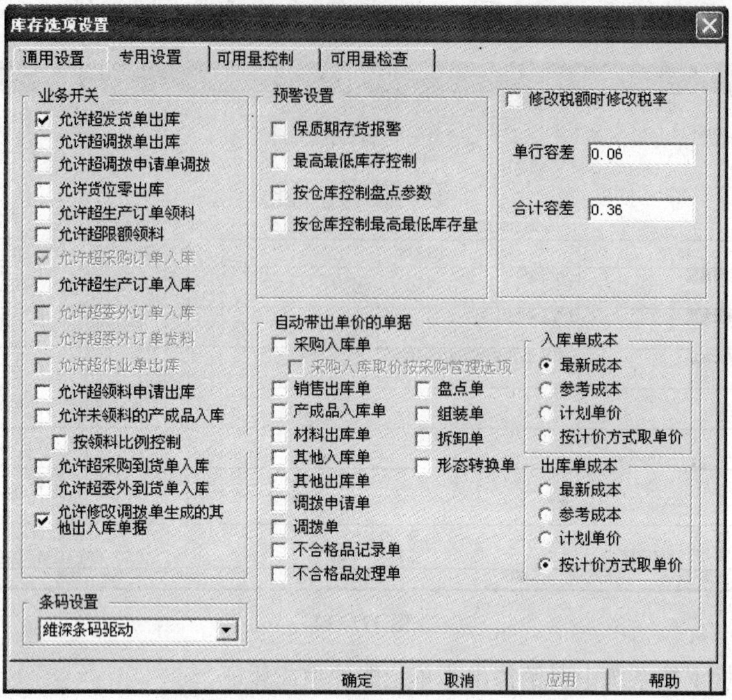

图 11.114

3）在基础设置中修改存货档案控制。

执行“基础设置”|“基础档案”|“存货”|“存货档案”，选择“H1 电路板”，点击修改，点击“控制”选项卡，输入出库超额上限 0.5。保存，退出，如图 11.115。

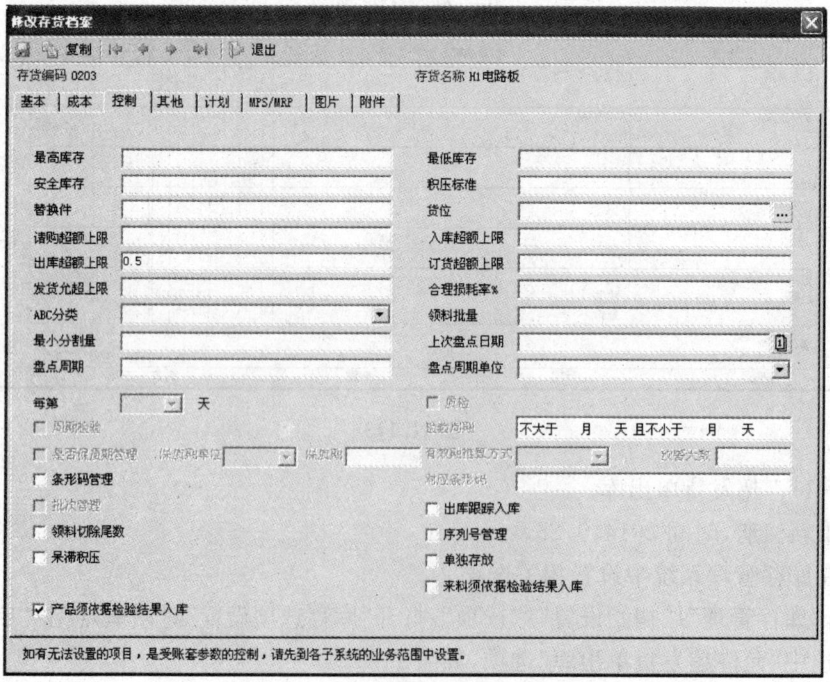

图 11.115

4）在销售管理系统中填制发货单，并审核。

5）在销售管理系统中根据发货单填制发票，更改并复核。

(1) 执行“销售管理”|“设置”，双击“销售选项”，选择允许超发货量开票，如图 11.116。

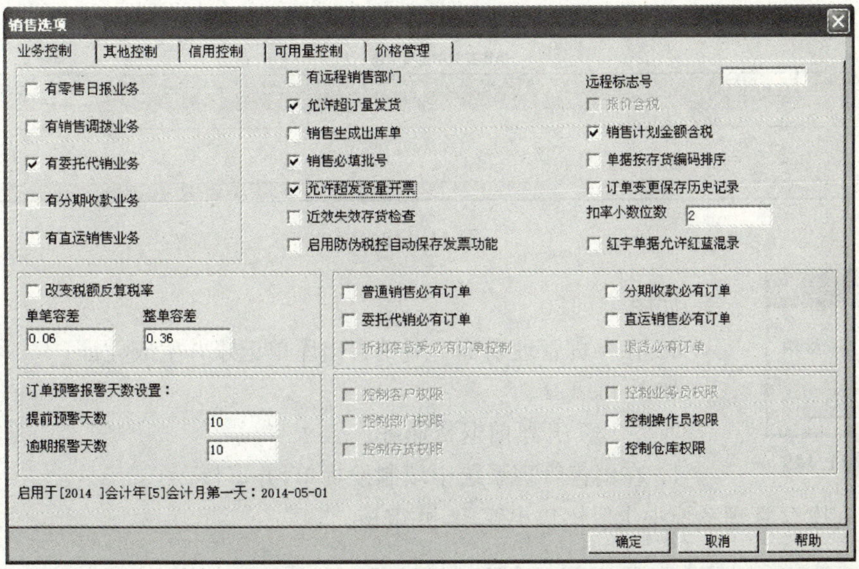

图 11.116

(2) 执行“销售系统”|“销售开票”，双击“销售专用发票”。录入发票号：2511，修改数量为 15，点击“ 保存”。点击“复核”，如图 11.117。

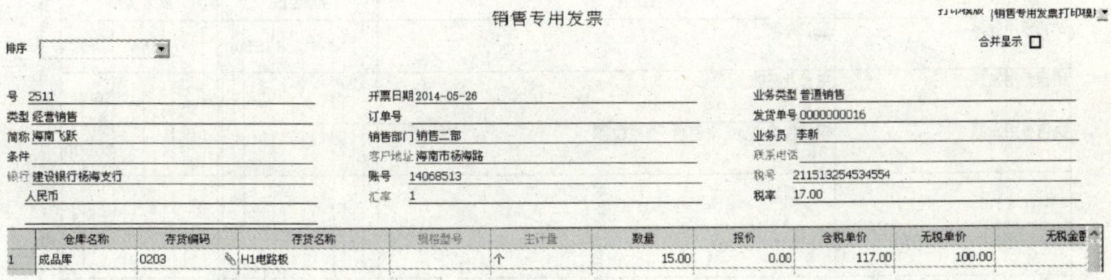

图 11.117

6）在库存管理系统中审核销售出库单。

执行“库存系统”|“出库业务”，双击“销售出库单”，点击“生单”，选择 5 月 26 日业务，选中“根据累计出库数更新发货单”选项，将销售发货单生单表体中的本次出库数量改为 15，如图 11.118。

点击“确定”，如图 11.119。

生单成功，点击“确定”，点击“审核”，点击“确定”。此时，发货数量，自动更改为 15。

7）在应收款管理系统中审核销售专用发票，并生成销售收入凭证。

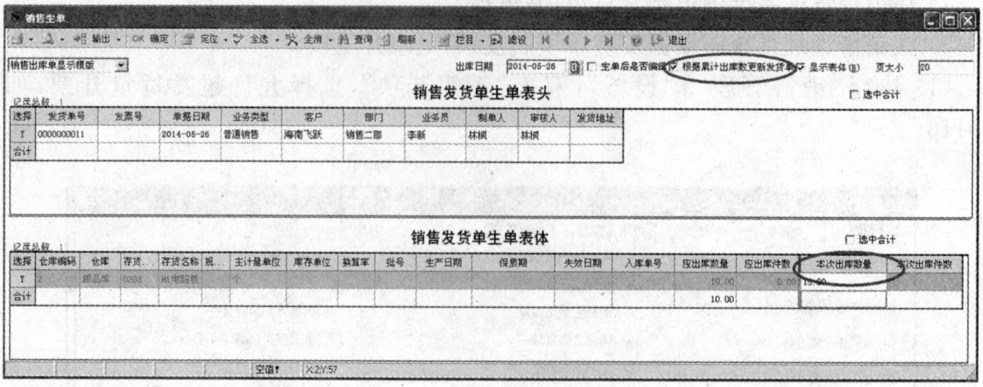

图 11.118

图 11.119

如图 11.120。

8）在存货管理系统中对销售出库单记账并生成凭证。

如图 11.121。

业务 12　开票前退货业务。

1）在销售管理系统中填制发货单，并审核。

2）在库存管理系统中生成销售出库单，并审核。

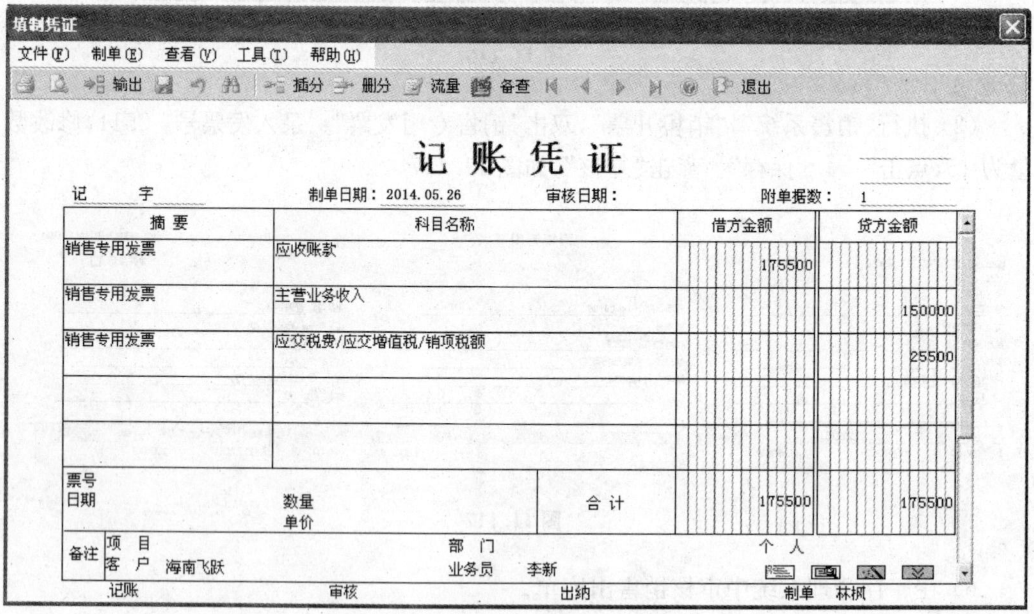

图 11.120

重新注册，时间 2014，5，27。

3）在销售管理系统中填制退货单，并审核。

执行“销售发货”|“退货单”命令，进入“退货单”窗口。点击“增加”，点击“生单”后的黑色向下箭头，选择“参照发货单”，如图 11.122。

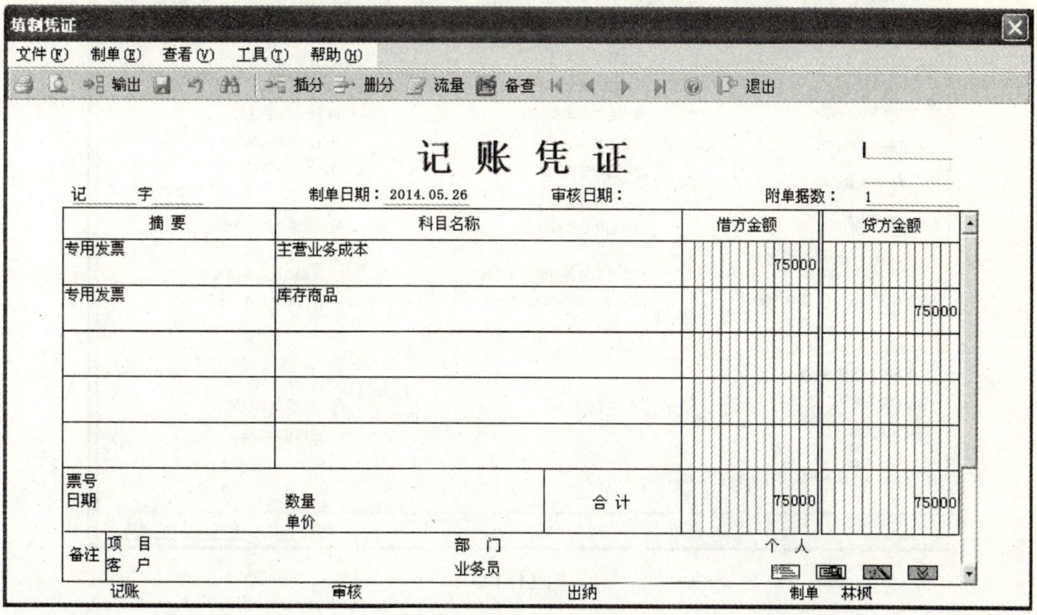

图 11.121

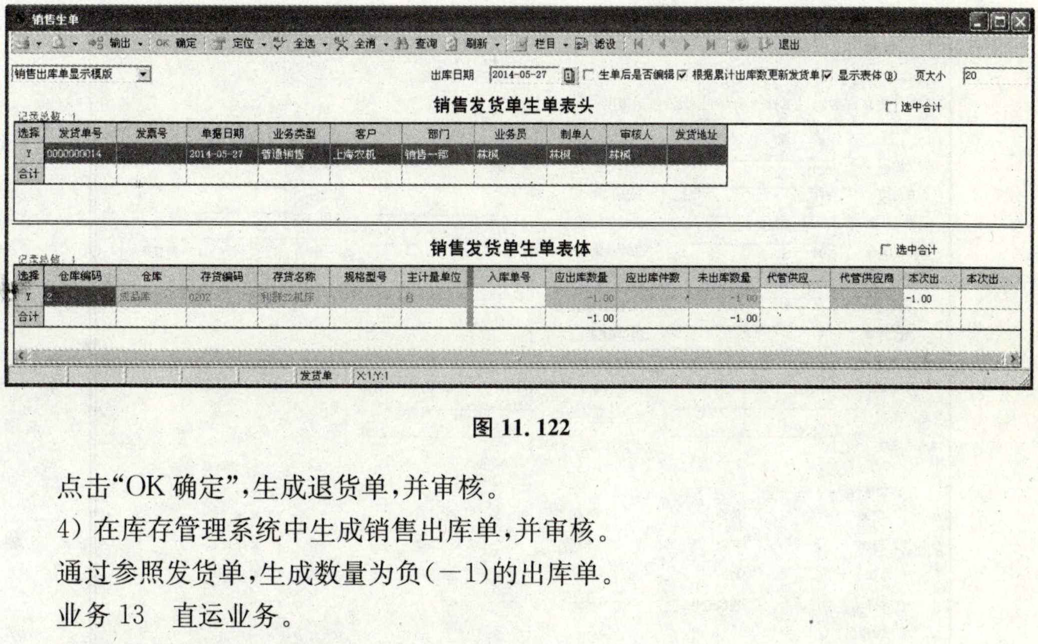

图 11.122

点击"OK 确定",生成退货单,并审核。

4) 在库存管理系统中生成销售出库单,并审核。

通过参照发货单,生成数量为负(-1)的出库单。

业务 13　直运业务。

1) 在销售管理中设置直运业务相关选项。

执行"销售管理"|"设置"|"销售选项",打开"选项"对话框。在"业务控制"选项卡中,选中"有直运销售业务",单击"确定",如图 11.123。

单击"确定"。

2) 在销售管理系统中填制直运销售订单,并审核。

执行"销售系统"|"销售订货",双击"销售订单",单击"增加"。

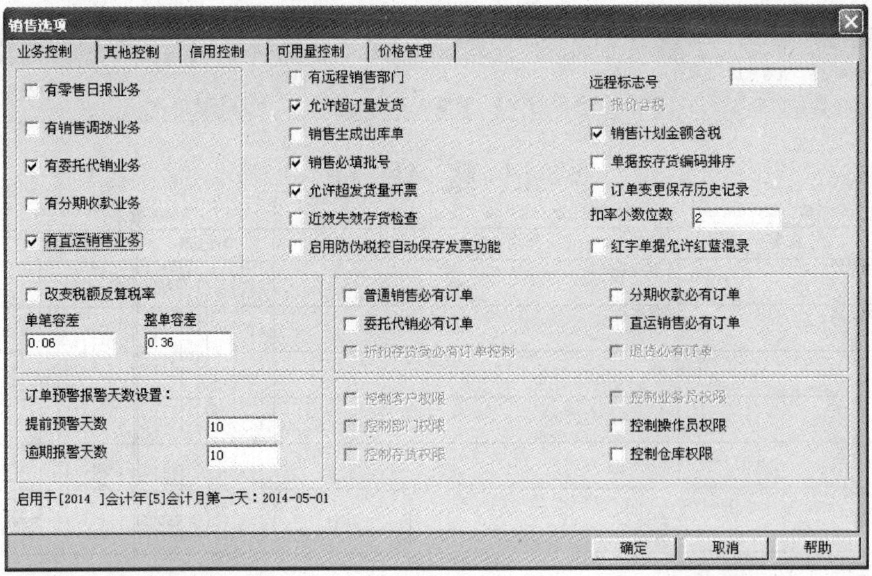

图 11.123

点击“存货编码”，单击“编辑”，在产成品下增加“控制器”，将“外购”和“内销”选中，如图 11.124。

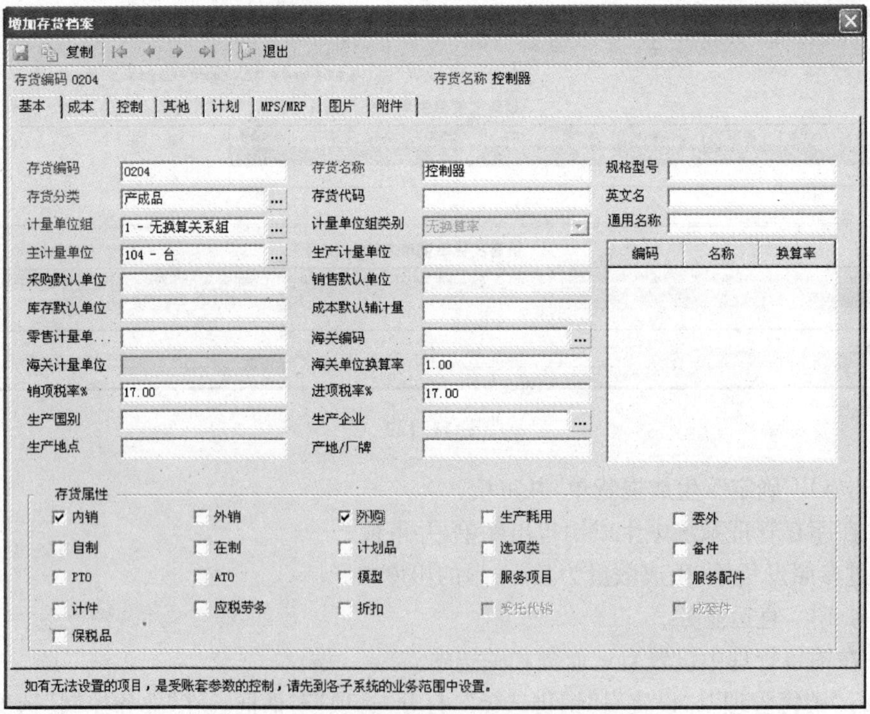

图 11.124

单击“确定”，单击“退出”。

填制订单，将业务类型改为“直运销售”。单击 ，单击“审核”，如图 11.125。

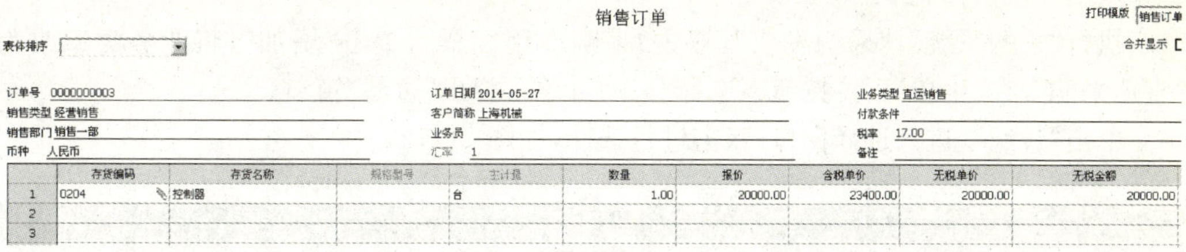

图 11.125

关闭“销售订单”。

3）在采购管理系统中填制采购订单，并审核。

执行“采购系统”|“采购订货”，双击“采购订单”，单击“增加”。

将“业务类型”改为“直运采购”，在“生单”这一下拉按钮中选择“销售订单”。

单击“过滤”，进入选择窗口，双击进行选择，如图 11.126。

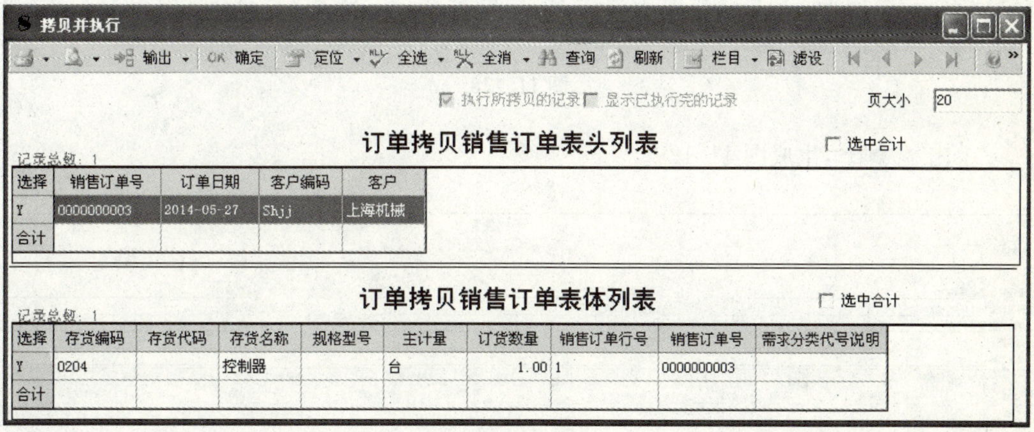

图 11.126

单击 OK 确定 ，生成采购订单，输入原币单价 18 000，修改到货日期 5 月 28 日，单击 ，单击“审核”，如图 11.127。

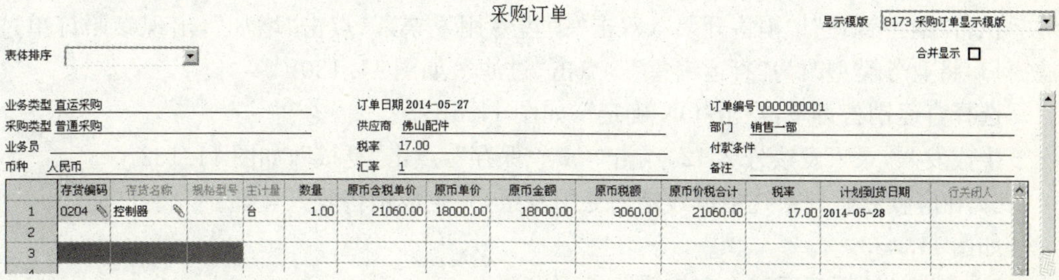

图 11.127

关闭“采购订单”。

4）在采购系统生成并填制采购专用发票。

重新注册,时间2014,5,28。

执行“采购系统”|“采购发票”,双击“采购专用发票”,单击“增加”,将业务类型改为“直运采购”,在“生单”下拉按钮下选择“采购订单”,弹出“过滤”窗口。

单击“过滤”,进入选择窗口,双击进行选择,如图11.128。

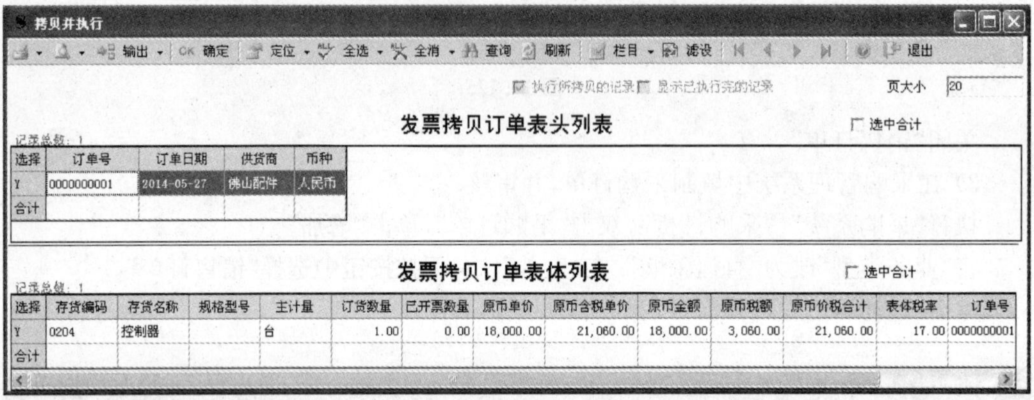

图11.128

单击 OK 确定 ,生成图11.129。

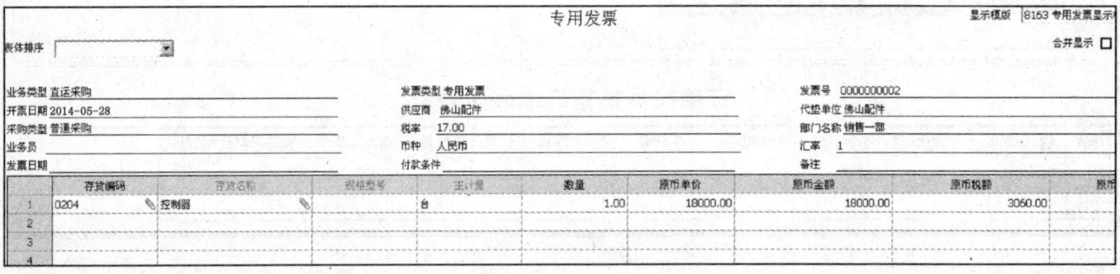

图11.129

点击“保存”。

5) 在销售管理系统中根据直运订单填制专用发票并复核。

执行“销售管理”|“销售开票”,双击“销售专用发票”。点击“增加”,出现参照订单过滤窗口,将业务类型改为“直运销售”。点击“过滤”,如图11.130。

选择直运销售订单,点击“OK 确定”,如图11.131。

生成发票,录入发票号2512,点击“ 保存”,点击“复核”,如图11.132。

6) 在应收款管理系统中审核销售专用发票,并生成销售收入凭证。

如图11.133。

7) 在应付款管理系统中审核采购专用发票。

执行“应付款系统”|“应付单据处理”,双击“应付单据审核”,选择“未完全报销”,点击“确定”,如图11.134。

弹出单据处理窗口,双击进行选择,单击“审核”。

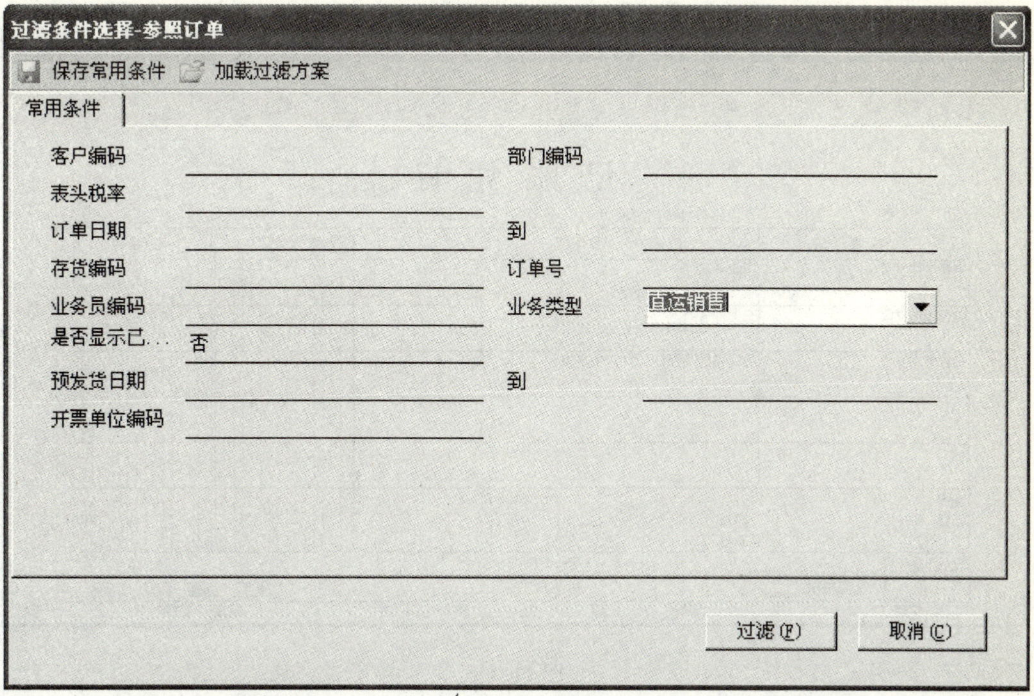

图 11.130

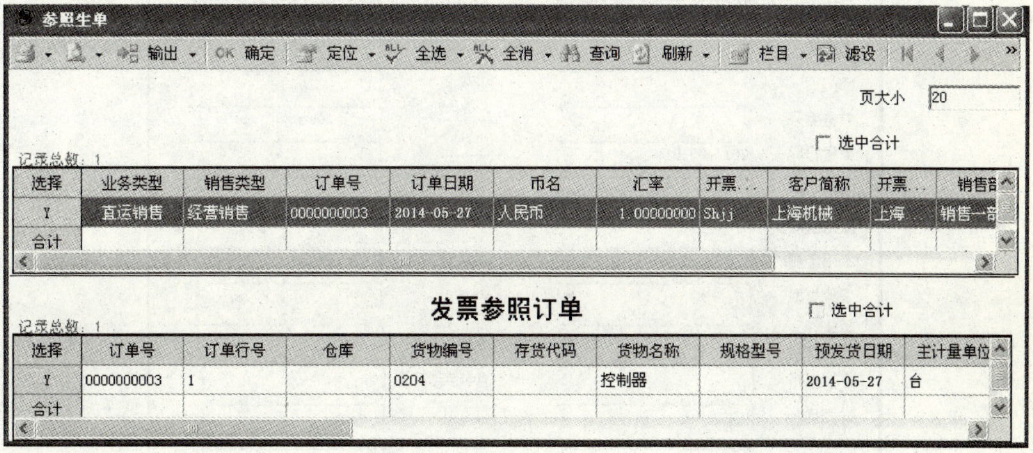

图 11.131

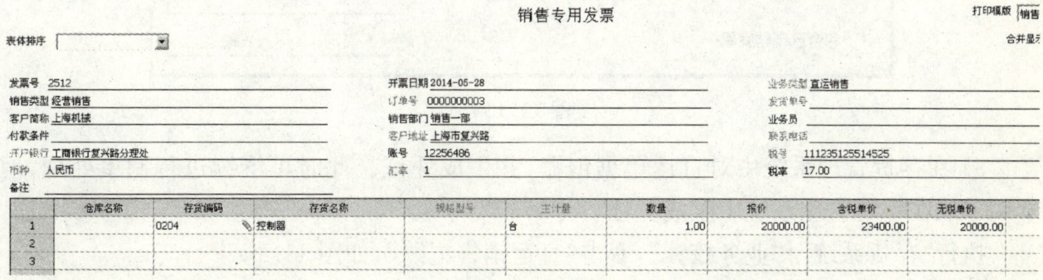

图 11.132

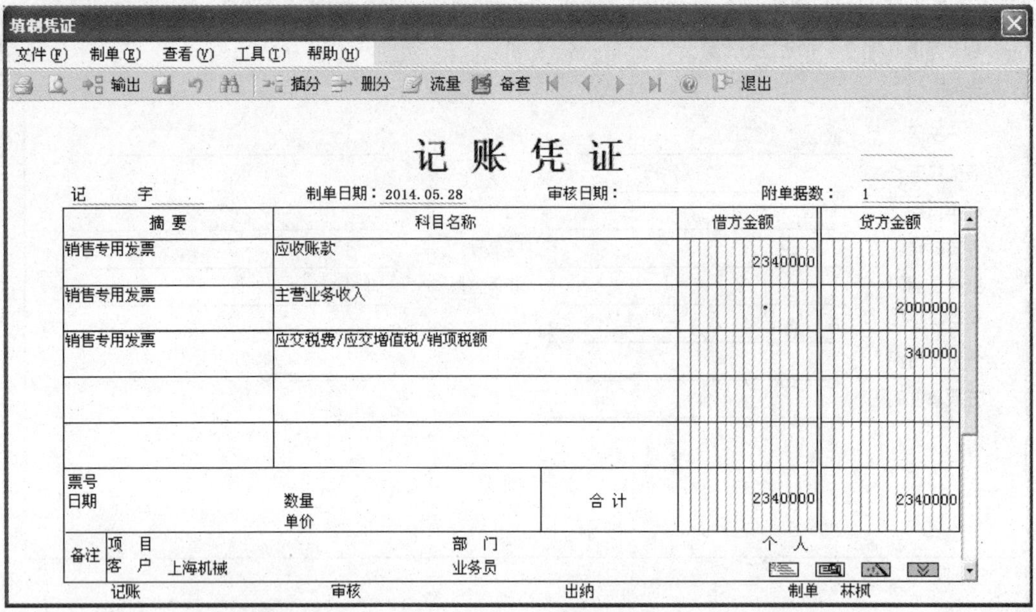

图 11.133

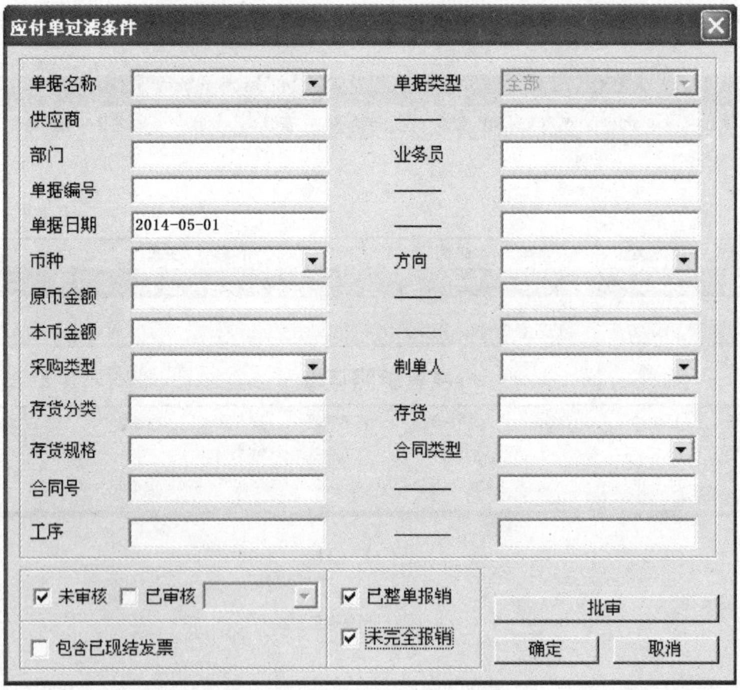

图 11.134

8）在存货管理系统中对直运单据记账，并生成凭证。此时可继续进行制单处理，但本例采取在存货管理系统中生成凭证。

执行“存货系统”|“业务核算”，双击“直运销售记账”，如图 11.135。

单击“确定”，进入选择窗口，双击进行选择，如图 11.136(1)。

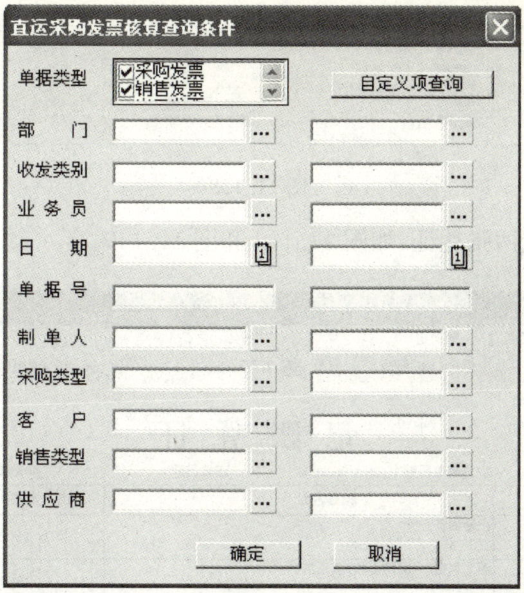

图 11.135

单击“记账”，如图 11.136(2)。

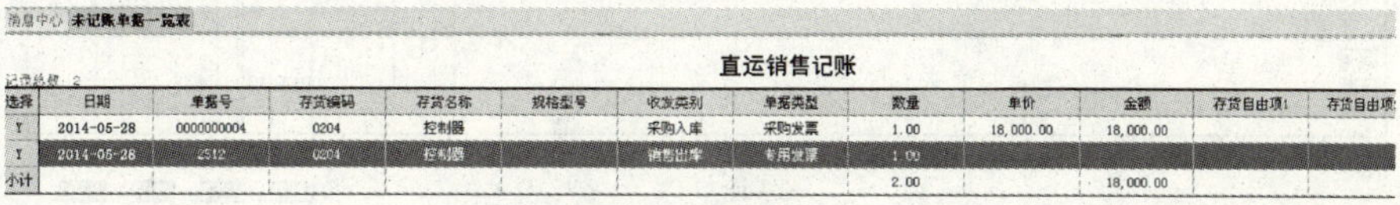

选择	日期	单据号	存货编码	存货名称	规格型号	收发类别	单据类型	数量	单价	金额	存货自由项1	存货自由项
Y	2014-05-28	0000000004	0204	控制器		采购入库	采购发票	1.00	18,000.00	18,000.00		
Y	2014-05-28	2512	0204	控制器		销售出库	专用发票	1.00				
小计								2.00		18,000.00		

图 11.136(1)

图 11.136(2)

单击“确定”。

执行“存货系统”|“财务核算”，双击“生成凭证”，如图 11.137。

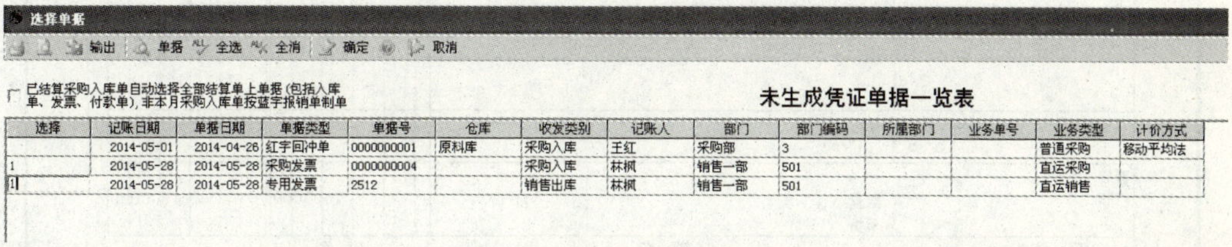

选择	记账日期	单据日期	单据类型	单据号	仓库	收发类别	记账人	部门	部门编码	所属部门	业务单号	业务类型	计价方式
	2014-05-01	2014-04-26	红字回冲单	0000000001	原料库	采购入库	王红	采购部	3			普通采购	移动平均法
1	2014-05-28	2014-05-28	采购发票	0000000004		采购入库	林枫	销售一部	501			直运采购	
1	2014-05-28	2014-05-28	专用发票	2512		销售出库	林枫	销售一部	501			直运销售	

图 11.137

选择 5 月 28 日的两张单据，点击“确定”，如图 11.138。填入存货对应科目编码“1402”。

凭证类别 记 记账凭证

选择	单据类型	单据号	摘要	科目类型	科目编码	科目名称	借方金额	贷方金额	借方数量	贷方数量	存货编码	存货名称	部门编码	部门名称	业务员编码	业务员名称	供应商编码	供应商名称	客
1	采购发票	0000000004	采购发票	存货	1402	在途物资	18,000.00		1.00		0204	控制器	501	销售一部			Fspj	佛山配件厂	
				税金	22210101	进项税额	3,060.00		1.00		0204	控制器	501	销售一部			Fspj	佛山配件厂	
				应付	2202	应付账款/一般应付款		21,060.00		1.00	0204	控制器	501	销售一部			Fspj	佛山配件厂	
	专用发票	2512	专用发票	对方	6401	主营业务...	18,000.00		1.00		0204	控制器	501	销售一部					Shj
				存货	1402	在途物资		18,000.00		1.00	0204	控制器	501	销售一部					Shj
合计							39,060.00	39,060.00											

图 11.138

点击“生成”，生成两张凭证，如图 11.139 和图 11.140。

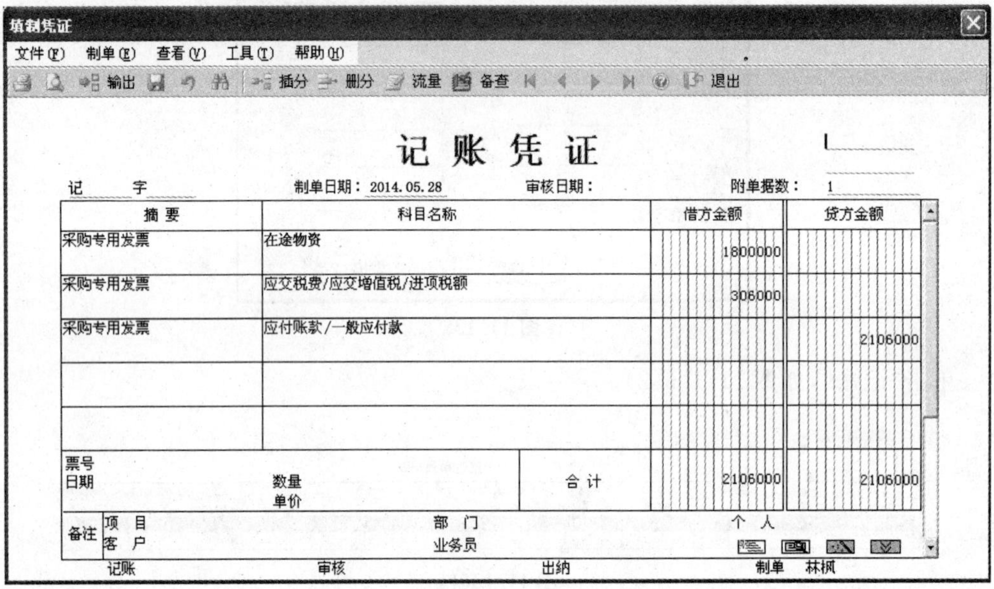
填制凭证

文件(F) 制单(E) 查看(V) 工具(T) 帮助(H)

输出 插分 删分 流量 备查 退出

记账凭证

记 字 制单日期：2014.05.28 审核日期： 附单据数：1

摘要	科目名称	借方金额	贷方金额
采购专用发票	在途物资	1800000	
采购专用发票	应交税费/应交增值税/进项税额	306000	
采购专用发票	应付账款/一般应付款		2106000
票号 日期 数量 单价	合计	2106000	2106000

备注 项目 客户 部门 业务员 个人

记账 审核 出纳 制单 林枫

图 11.139

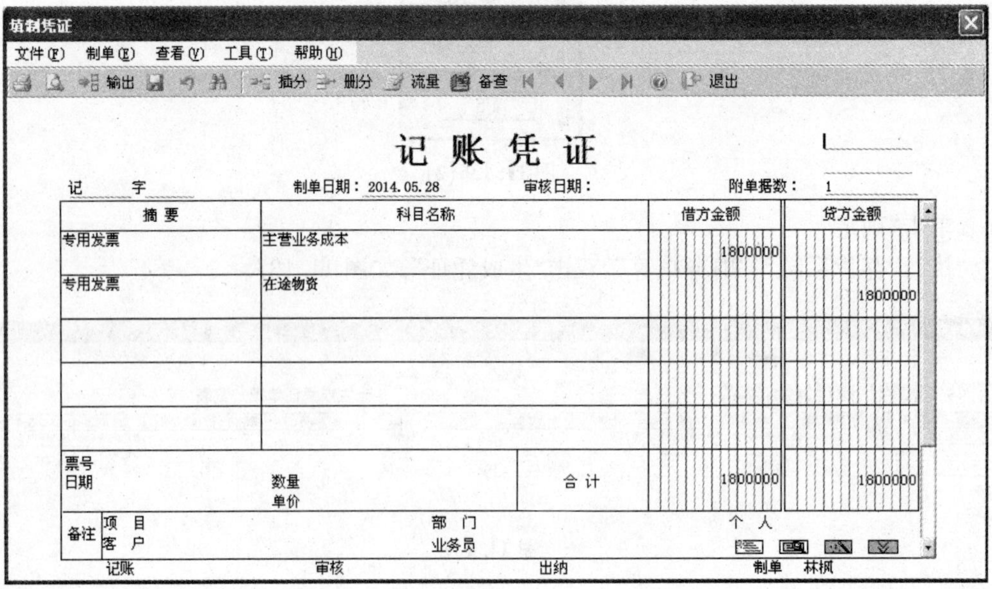
填制凭证

文件(F) 制单(E) 查看(V) 工具(T) 帮助(H)

输出 插分 删分 流量 备查 退出

记账凭证

记 字 制单日期：2014.05.28 审核日期： 附单据数：1

摘要	科目名称	借方金额	贷方金额
专用发票	主营业务成本	1800000	
专用发票	在途物资		1800000
票号 日期 数量 单价	合计	1800000	1800000

备注 项目 客户 部门 业务员 个人

记账 审核 出纳 制单 林枫

图 11.140

或点击“合成”，如图 11.141。

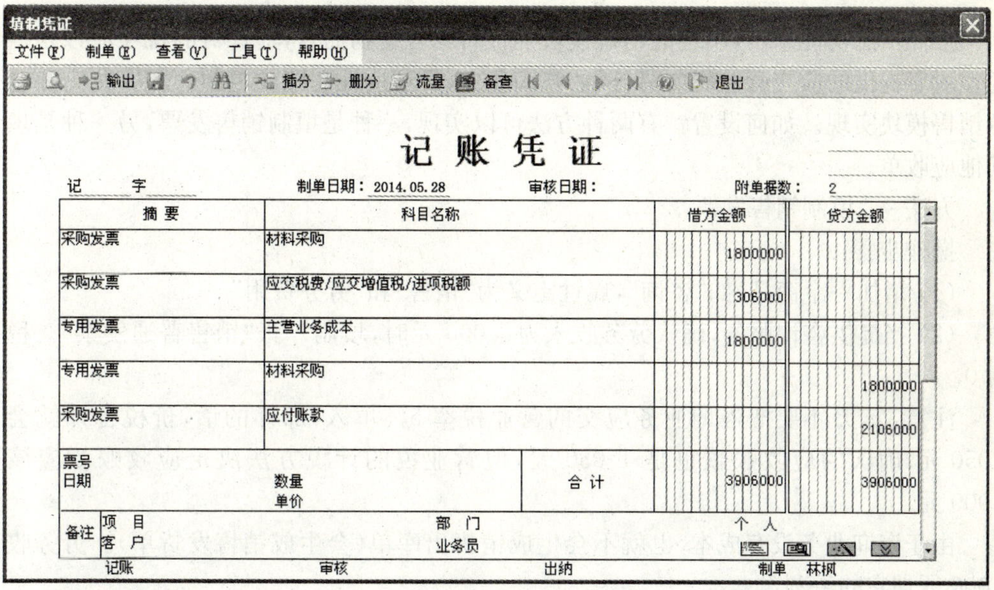

填制凭证

文件(F) 制单(E) 查看(V) 工具(T) 帮助(H)

输出 插分 删分 流量 备查 退出

记账凭证

记 字 制单日期：2014.05.28 审核日期： 附单据数：2

摘要	科目名称	借方金额	贷方金额
采购发票	材料采购	1800000	
采购发票	应交税费/应交增值税/进项税额	306000	
专用发票	主营业务成本	1800000	
专用发票	材料采购		1800000
采购发票	应付账款		2106000
票号 日期	数量 单价 合计	3906000	3906000

备注 项目 客户 部门 业务员 个人

记账 审核 出纳 制单 林枫

图 11.141

11.5 实战点拨

11.5.1 销售支出单

在销售过程中，有些销售费用与销售行为联系紧密，采用销售支出单方式能更好地核算销售产生的成本。

业务举例：销售一部林枫销售给“海南飞跃”利群 S1 机床 1 台，以库存现金支付包装费 2 000 元。

(1) 执行“业务”|“销售支出”|“销售支出单”命令，打开“条件生成器”对话框。

(2) 输入查询条件，单击“确认”按钮，进入“销售支出单列表”窗口，双击单据列表的任意一行记录，即可进入相应的单据主窗口。

(3) 单击“增加”按钮，输入支出日期“2014－05－31”，选择客户“海南飞跃”，销售部门“销售一部”，费用项目“包装费”，输入支出金额“2 000”元，货物名称“利群 S1 机床”。

(4) 单击“保存”按钮。

(5) 生成的分录为：

借：销售费用　　2 000

　贷：库存现金　　2 000

销售支出单可以单独录入，也可以在销售发票中录入，以便确定销售支出是随同哪张发票发生的。若想修改支出单，不能修改他人所填制的销售支出单。

11.5.2 提供应缴纳营业税的劳务如何处理

按照产品功能来讲，用友的销售模块是针对销售货物而言，即针对的税项应该是增值税。对于提供的应交营业税的劳务，如咨询业务，凭证应在总账中填制。但有些企业也想在销售模块实现。如何设置？有两种方法可以实现，一种是填制销售发票，另一种是填制其他应收单。

方法一：填制销售发票

操作步骤：

(1) 增加一个商品，如“咨询”，属性定义为“销售”和“劳务费用”。

(2) 当提供咨询服务，确认劳务收入为 1 000 元时，填制一张“销售普通发票”。税率为 0。

注意：千万不要把咨询业务应交的营业税率 5% 填入，那样的话，价税合计就会是 1 050 元，确认的应收账款也是 1 050 元，但营业税的计税方法决定应收账款应该是 1 000 元。

由于咨询业务没有成本，也就不会生成销售出库单(会生成销售发货单)。劳务收入 1 000 元即它的毛利。

根据这个总数乘以一定的税率计算出应交的营业税，在总账模块填制凭证：

借：营业税金及附加　　50

　贷：应交税费——应交营业税　　50

方法二：填制其他应收单

操作步骤：

(1) 增加一张“其他应收单”。

(2) 在“客户往来”|“应收单查询”中，输入查询条件。

(3) “本期金额”合计就是本期收取的服务费金额。

根据这个总数乘以一定的税率计算出应交的营业税，在总账模块填制凭证：

借：营业税金及附加　　50

　贷：应交税费——应交营业税　　50

(4) 对于该张应收单还要进行收款核销。

典型项目 12　存货与库存管理系统

12.1　库存管理主要功能概述

12.1.1　入库业务

入库业务包括采购入库、产成品入库和其他入库单。采购管理模块和库存模块集成使用时，采购入库单在采购管理生成。其他入库单用来处理和领用、销售等没有直接联系的物资增加比如盘亏、借入归还、调账等情况。

12.1.2　出库业务

出库业务包括材料出库、销售出库和其他出库单。

销售管理模块与库存管理模块集成时，销售出库单在销售管理生成，并且默认为不允许超发货单发货，这种情况下不可手工填制和手工修改销售出库单。只能对销售出库单进行审核和弃审处理。可在选项中修改为允许超发货单发货。

其他出库单用来处理和领用、销售等没有直接联系的物资增加比如盘亏、借入归还、调账等情况。

12.1.3　调拨业务

调拨单是指用于仓库之间存货的转库业务或部门之间的存货调拨业务的单据（对于外协加工情况参照特殊业务进行处理）。同一张调拨单上，如果转出部门和转入部门不同，表示部门之间的调拨业务；如果转出部门和转入部门相同，但转出仓库和转入仓库不同，表示仓库之间的转库业务。

12.1.4　盘点业务

为了保证企业库存资产的安全和完整，做到账实相符，企业必须对存货进行定期或不定期的清查，查明存货盘盈、盘亏、损毁的数量以及造成的原因，并据以编制存货盘点报告表，按规定程序，报有关部门（总调、财务部、总经理）审批。

12.2　存货核算主要功能概述

12.2.1　日常业务

1）录入采购入库单金额。

库存管理中的采购入库单可以只录入数量不录入金额，在存货管理中采购入库单列表界面查找到要修改的采购入库单，双击，进入单据卡片界面。也可以在单据卡片界面，单击工具条上的“上张”、“下张”、“首张”、“末张”按钮，查找需修改的采购入库单。或单击鼠标右键，弹出右键菜单，利用定位功能，将光标定位在需要修改的采购入库单上。单击工具条上的“修改”，进入输入状态，采购入库单的金额，录入完成后再找下一张需录入的采购入库单。

2）录入其他入库单金额。

（1）进入其他入库单，可输入单据过滤条件，进入其他入库单列表界面。

（2）可在单据列表界面，查找到要修改的其他入库单，双击，进入单据卡片界面。

（3）可以在单据卡片界面，单击工具条上的“上张”、“下张”、“首张”、“末张”按钮，查找需修改的其他入库单。或单击鼠标右键，弹出右键菜单，利用定位功能，将光标定位在需要修改的其他入库单上。

（4）单击工具条上的“修改”，进入修改状态，加入单价和金额，修改完成后，单击“保存”，再找下一张需修改的其他入库单，如此直至修改结束。

3）其他单据。

（1）对于产成品入库单的单价是从成本管理计算完毕后读取的，不需要手工录入。

（2）对于材料出库单、销售出库单、其他出库单是存货核算模块根据记价方法进行计算得出的，也不必手工录入。

4）调整单。

出入库单据记账后，发现单据金额错误，如果是录入错误，通常采用修改方式进行调整。但有时遇到由于暂估入库后发生零出库业务等原因所造成的出库成本不准确或库存数量为零而仍有库存金额的情况时，只能使用入库调整单或出库调整单进行调整。

（1）入库调整单。入库调整单是对存货的入库成本进行调整的单据，它只调整存货的金额，不调整存货的数量；它用来调整当月的入库金额，并相应调整存货的结存金额；可针对单据进行调整，也可针对存货进行调整。

（2）出库调整单。出库调整单是对存货的出库成本进行调整的单据，它只调整存货的金额，不调整存货的数量；它用来调整当月的出库金额，并相应调整存货的结存金额；只能针对存货进行调整，不能针对单据进行调整。

12.2.2 业务核算

存货系统的业务核算主要功能是对单据进行出入库成本的计算、结算成本的处理、产成品成本的分配、期末处理。

1）单据记账。

按实际成本核算的入库成本核算、出库成本核算。

2）恢复记账。

恢复记账用于将用户已登记明细账的单据恢复到未记账状态。

如在取消记账前想查询详细单据明细可点击“详细”，列示单据的详细信息。

对于全月平均、计划价/售价、个别计价核算的方式下，可选择一张单据进行恢复。

对于移动平均、先进先出、后进先出核算的方式下，由于核算方式与记账单据的先后顺序有关，因此不能单独恢复中间的某张单据，应按记账顺序从后向前恢复。

3）暂估业务。

暂估入库成本录入，对于没有成本的采购入库单，在这里进行暂估成本成批录入。对于没有成本的采购入库单，在这里进行暂估成本成批录入。

注意：录入暂估成本时，如果存货、供应商、客户档案已录入停用日期，则不能再显示此存货、供应商、客户的记录信息，不允许再做任何业务处理。

结算成本处理，实施方案采用单到回冲是指报销处理时，系统自动生成红字回冲单，并生成采购报销入库单。采购部门进行正常业务处理，如果出现结算以前会计月份入库单情况，需要进行结算成本处理进行单据回冲。

4）产成品成本分配。

可随时对产成品入库单提供批量分配成本。可从“成本核算系统”取得成本，填入入库单，同时提供清除已分配的数据功能。用户若需要清除已分配的成本数据，则可以在产成品成本表中点击“恢复”按钮，即可清除已分配的数据。

5）差异率计算。

使用计划价核算存货成本时，计算材料成本差异时使用。

12.2.3　财务核算

系统在进行出入库核算后，下一步就要生成记账凭证。关于凭证的生成、修改、查询操作在此完成并与总账进行核对。存货核算管理系统生成的记账凭证自动会传递到总账系统，实现财务和业务的一体化操作。

12.2.4　月末结账

1）期末处理。

当日常业务全部完成后，对已完成日常业务的“仓库”|“部门”|“存货”做处理标志。

如果要对期末处理后结存数量为零结存金额不为零的存货，自动生成出库调整单，则可以选择“结存数量为零金额不为零自动生成出库调整单”选项，选择该选项，期末处理后则显示零数量/成本一览表。

系统提供恢复期末处理功能，但是在总账结账后将不可恢复。

2）月末结账。

当月月底结束时，于每月自然月最后一天，存货核算模块的月末结账是将每月的库存处入库单据逐月封存，并将当月的库存数据记入有关账表中。进行系统内业务结账，再有新业务则为下月单据。结账后本月不能再处理业务。

3）存货的计价方法。

存货的计价方法包括：移动平均法、先进先出法、加权平均法、后进先出法、个别计价法和计划价法。由于不同的计价方法的存货单位成本的计算和取数的方法不同，在库存和存货管理系统的期初设置、记账方法就有所不同。

12.3 典型项目实训

12.3.1 项目目的

掌握存货与库存管理系统初始设置、日常业务处理和月末处理。重点掌握移动平均法、先进先出法、加权平均法、后进先出法、个别计价法和计划价法等六种方法的在初始设置、日常业务处理和月末处理中的区别。

12.3.2 项目内容

(1) 存货与库存管理系统初始设置。

(2) 存货与库存管理系统出入库单据录入、审核。

(3) 存货与库存管理系统出入库单据记账。

(4) 存货与库存管理系统月末处理。

(5) 存货与库存管理系统账簿查询。

12.3.3 项目要求

(1) 引入典型项目3。

(2) 以账套主管进行操作。

(3) 启动存货管理系统与库存管理系统。

(4) 可分6人一组,将操作体会讨论分享,也可一人完成六种方法。

12.3.4 项目资料

12.3.4.1 基础信息

1) 存货分类。

表12.1 存货分类表

序 号	分 类 编 码	分 类 名 称
1	01	原材料
2	02	产成品
3	09	运输费用

2) 计量单位组。

表12.2 计量单位组表

序 号	计量单位组编码	计量单位组名称	计量单位组类别
1	1	无换算关系	无换算率

3) 计量单位。

表12.3 计量单位表

序号	计量单位编码	计量单位名称	计量单位组编码	计量单位组名称	计量单位组类别
1	101	箱	1	无换算关系	无换算率

（续表）

序号	计量单位编码	计量单位名称	计量单位组编码	计量单位组名称	计量单位组类别
2	102	千克	1	无换算关系	无换算率
3	103	米	1	无换算关系	无换算率
4	104	台	1	无换算关系	无换算率
5	105	个	1	无换算关系	无换算率

4）存货档案。

表12.4　存货档案表

序号	存货编码	存货名称	存货大类名称	主计量单位名称	销项税率（%）	是否内销	是否外购	是否自制	是否生产耗用	是否应税劳务
1	0101	S1配件	原材料	箱	17		Y		Y	
2	0102	S2材料	原材料	千克	17		Y		Y	
3	0103	L1材料	原材料	千克	17		Y		Y	
4	0201	利群S1机床	产成品	台	17	Y		Y		
5	0202	利群S2机床	产成品	台	17	Y		Y		
6	0203	H1电路板	产成品	个	17	Y	Y	Y		
7	0901	运输费	运输费用	米	7	Y	Y			Y

5）仓库档案。

表12.5　仓库档案及计价方式表

仓库编码	仓库名称	计价方式1	计价方式2	计价方式3	计价方式4	计价方式5	计价方式6
1	原料库	移动平均法	先进先出法	加权平均法	后进先出法	个别计价法	计划价法
2	成品库	移动平均法	先进先出法	加权平均法	后进先出法	个别计价法	计划价法

6）收发类别。

表12.6　收发类别表

序　　号	收发类别编码	收发类别名称	收 发 标 志
1	3	正常出库	发
2	31	销售出库	发
3	32	领用出库	发
4	4	非正常出库	发
5	41	盘亏出库	发
6	42	其他出库	发
7	1	正常入库	收
8	11	采购入库	收
9	12	成品入库	收
10	2	非正常入库	收
11	21	盘盈入库	收
12	22	其他入库	收

7）采购类别。

表 12.7　采购类别表

采购类型编码	采购类型名称	入 库 类 别	是否默认值
1	普通采购	采购入库	是

8）销售类别。

表 12.8　销售类别表

销售类型编码	销售类型名称	出 库 类 别	是否默认值
1	经营销售	销售出库	是
2	代理销售	销售出库	否

9）库存和存货核算系统期初数据。

原材料库

表 12.9　原料库期初数量表

存货编码	存货名称	主计量单位	数　量	单　价	金　额	材料成本差异
0101	S1 配件	箱	1 000.00	100.00	100 000.00	500.00
0102	S2 材料	千克	200 000.00	2.00	400 000.00	200.00
0103	L1 材料	千克	9 000.00	10.00	90 000.00	−100.00

产成品库

表 12.10　产成品库期初数量表

存货编码	存货名称	主计量单位	数　量	单　价	金　额	材料成本差异
0201	利群 S1 机床	台	5.00	210 000.00	1 050 000.00	1 000.00
0202	利群 S2 机床	台	6.00	100 000.00	600 000.00	200.00
0203	H1 电路板	个	400.00	50.00	20 000.00	−30.00

12.3.4.2　日常业务

5 月份日常业务如下。

(1) 2 日，从佛山配件厂采购 S1 配件 200 箱，单价 120 元，入原材料仓库。

(2) 5 日，从海南工具厂采购 S1 配件 200 箱，单价 150 元；S2 材料 20 000 千克，单价 1.8 元，入原材料仓库。

(3) 6 日，领用 S1 配件 600 箱(包括期初结存的 400 箱，5 日购入的 200 箱)，S2 材料 30 000 千克(全部为期初结存)。

(4) 8 日，从上海铝锭厂采购 L1 材料 1 000 千克，单价 12 元，入原材料仓库。

(5) 10 日，从佛山配件厂采购 S1 配件 400 箱，单价 170 元；S2 材料 40 000 千克，单价 1.6 元，入原材料仓库。

(6) 16 日，领用 S1 配件 500 箱(包括期初结存的 300 箱，2 日购入的 200 箱)，S2 材料 40 000 千克(全部为 10 日购入)，L1 材料 4 000 千克(包括期初结存的 3 000 千克，8 日购入的 1 000 千克)。

(7) 20 日,利群 S1 机床 2 台,单价 220 000 元,利群 S2 机床 4 台,单价 90 000 元,入产成品仓库。

(8) 21 日,销售给海南飞跃 S1 机床 3 台(全部为期初结存的产品),利群 S2 机床 4 台(全部为 20 日入库的产品),产品已出库。

12.3.4.3　账表

查询各种账簿,尤其对比各种存货的明细账。

12.3.4.4　结账

12.3.5　项目指导

12.3.5.1　引入典型项目 3

(1) 双击“系统管理”,执行“系统”|“注册”。

(2) 操作员:ADMIN,密码为空,点击“确定”。

(3) 执行“账套”|“引入”,选择账套引入目录,点击“确定”。

12.2.5.2　登录企业应用平台

(1) 以账套主管登录到企业应用平台,时间 2014-5-1,如图 12.1。

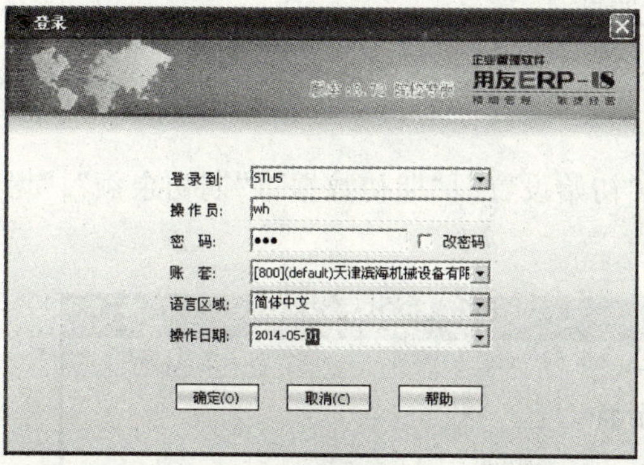

图 12.1

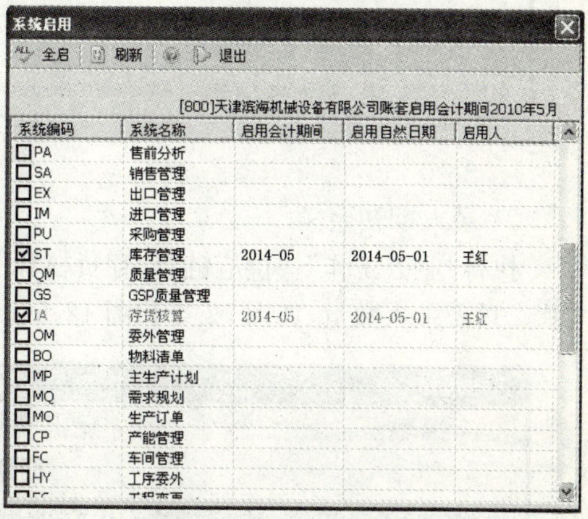

图 12.2

(2) 执行“基础设置”|“基本信息”|“系统启用”。启用库存管理和存货管理,启用日期为 2014-5-1,如图 12.2。

12.3.5.3　基础信息录入

计价方法 1~5 操作同供应链初始化项目。计价方法 6(计划价法)除录入“库存和存货核算系统期初数据内容”外同其他计价方法。以下介绍计划价法的库存和存货核算系统期初数据录入。

1) 设置计划价/售价。

执行“基础设置”|“基础档案”|“存货”|“存货档案”。分别录入各种存货计划价/售价。

例如:点击 0101 S1 配件,点击修改,点击“成本”。输入计划价/售价:100,如图

12.3 所示。

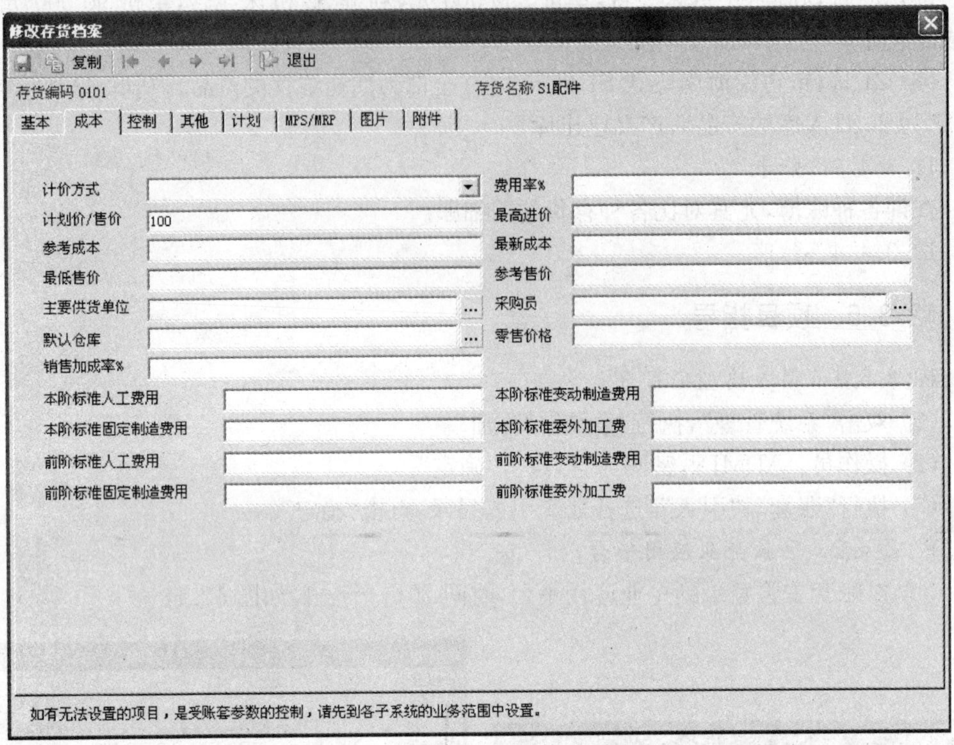

图 12.3

2）录入期初余额。

执行“业务工作”|“供应链”|“存货核算”|“初始设置”|“期初数据”|“期初余额”|“增加”。只需录入数量，如图 12.4 和图 12.5。

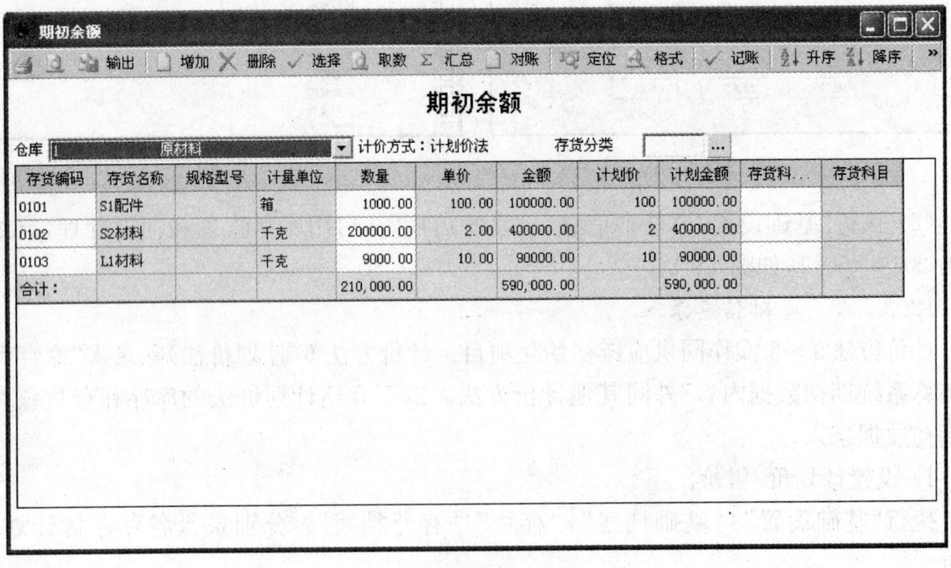

存货编码	存货名称	规格型号	计量单位	数量	单价	金额	计划价	计划金额	存货科...	存货科目
0101	S1配件		箱	1000.00	100.00	100000.00	100	100000.00		
0102	S2材料		千克	200000.00	2.00	400000.00	2	400000.00		
0103	L1材料		千克	9000.00	10.00	90000.00	10	90000.00		
合计：				210,000.00		590,000.00		590,000.00		

图 12.4

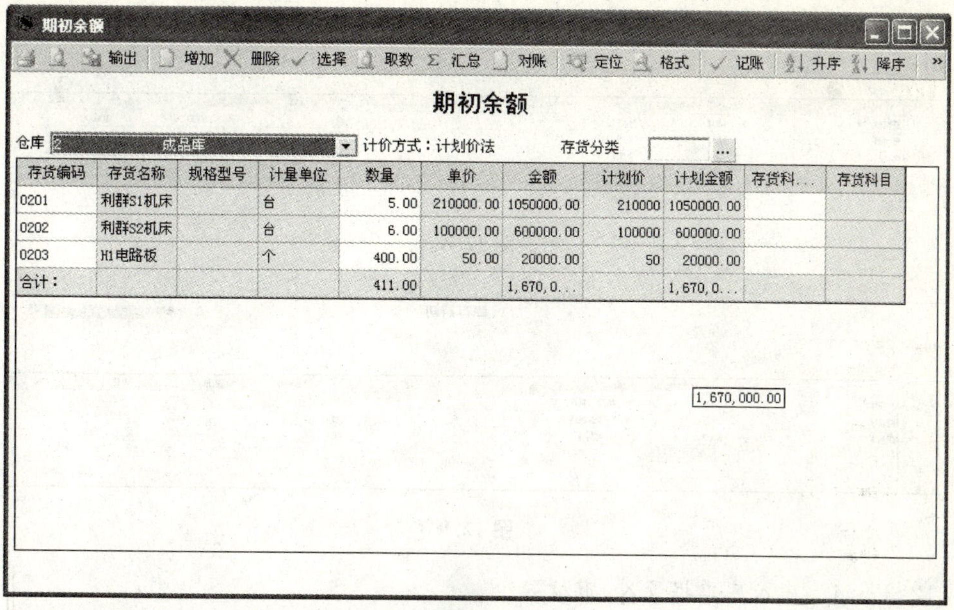

存货编码	存货名称	规格型号	计量单位	数量	单价	金额	计划价	计划金额	存货科...	存货科目
0201	利群S1机床		台	5.00	210000.00	1050000.00	210000	1050000.00		
0202	利群S2机床		台	6.00	100000.00	600000.00	100000	600000.00		
0203	H1电路板		个	400.00	50.00	20000.00	50	20000.00		
合计：				411.00		1,670,0...		1,670,0...		

图 12.5

3）录入期初差异。

执行“业务工作”|“供应链”|“存货管理”|“初始设置”|“期初数据”|“期初差异”|“增加”，如图 12.6 和图 12.7。

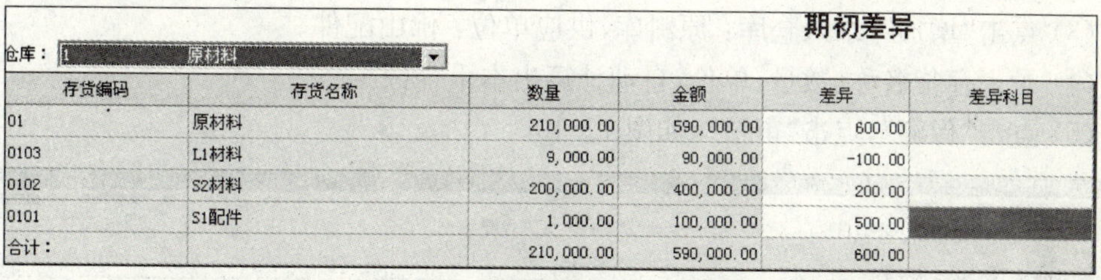

存货编码	存货名称	数量	金额	差异	差异科目
01	原材料	210,000.00	590,000.00	600.00	
0103	L1材料	9,000.00	90,000.00	-100.00	
0102	S2材料	200,000.00	400,000.00	200.00	
0101	S1配件	1,000.00	100,000.00	500.00	
合计：		210,000.00	590,000.00	600.00	

图 12.6

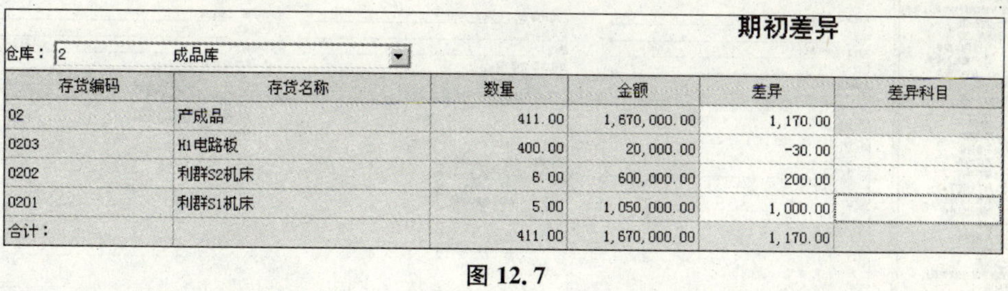

存货编码	存货名称	数量	金额	差异	差异科目
02	产成品	411.00	1,670,000.00	1,170.00	
0203	H1电路板	400.00	20,000.00	-30.00	
0202	利群S2机床	6.00	600,000.00	200.00	
0201	利群S1机床	5.00	1,050,000.00	1,000.00	
合计：		411.00	1,670,000.00	1,170.00	

图 12.7

设置完毕后，点击保存。

4）对期初余额进行记账处理。

5）库存管理期初数据录入。

(1)执行“供应链”|“库存管理”|“初始设置”|“期初结存”选择仓库。

(2)点击“修改”，点击“取数”，如图 12.8 和图 12.9。

(3) 点击“批审”。

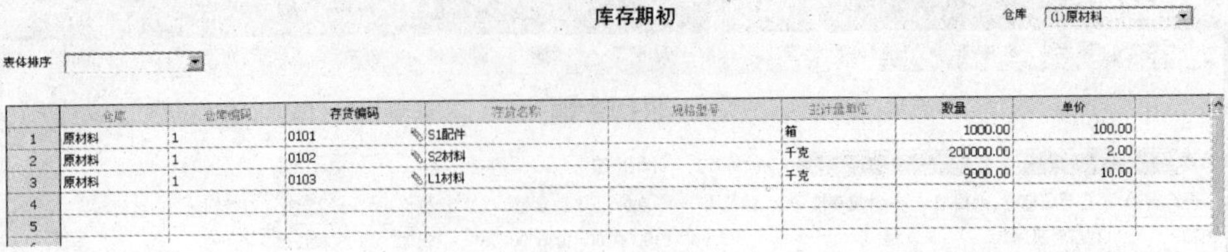

库存期初　　仓库 (1)原材料

表体排序

	仓库	仓库编码	存货编码	存货名称	规格型号	主计量单位	数量	单价
1	原材料	1	0101	S1配件		箱	1000.00	100.00
2	原材料	1	0102	S2材料		千克	200000.00	2.00
3	原材料	1	0103	L1材料		千克	9000.00	10.00
4								
5								

图 12.8

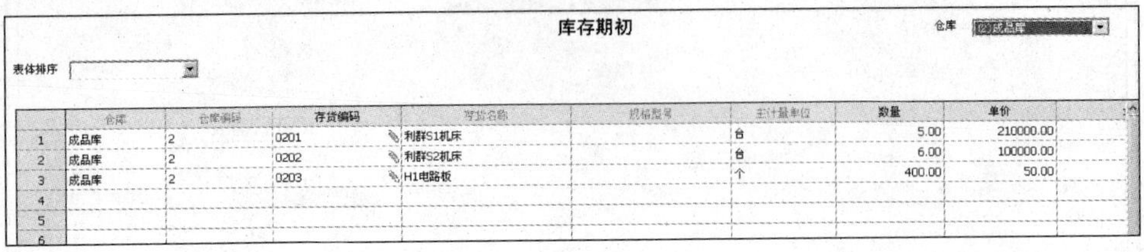

库存期初　　仓库 (2)成品库

表体排序

	仓库	仓库编码	存货编码	存货名称	规格型号	主计量单位	数量	单价
1	成品库	2	0201	利群S1机床		台	5.00	210000.00
2	成品库	2	0202	利群S2机床		台	6.00	100000.00
3	成品库	2	0203	H1电路板		个	400.00	50.00
4								
5								
6								

图 12.9

12.3.5.4　出入库单据录入、审核

业务 1

2 日,从佛山配件厂采购 S1 配件 200 箱,单价 120,入原材料仓库。

(1) 重新注册,时间 5 月 2 日。

(2) 执行"业务工作"|"供应链"|"库存管理"|"入库业务"|"采购入库"。

(3) 点击"增加",录入仓库:原料库,供应单位:佛山配件。

(4) 录入存货名称、数量、单价,自动计算出本币金额。

(5) 点击"保存",点击"审核",如图 12.10。

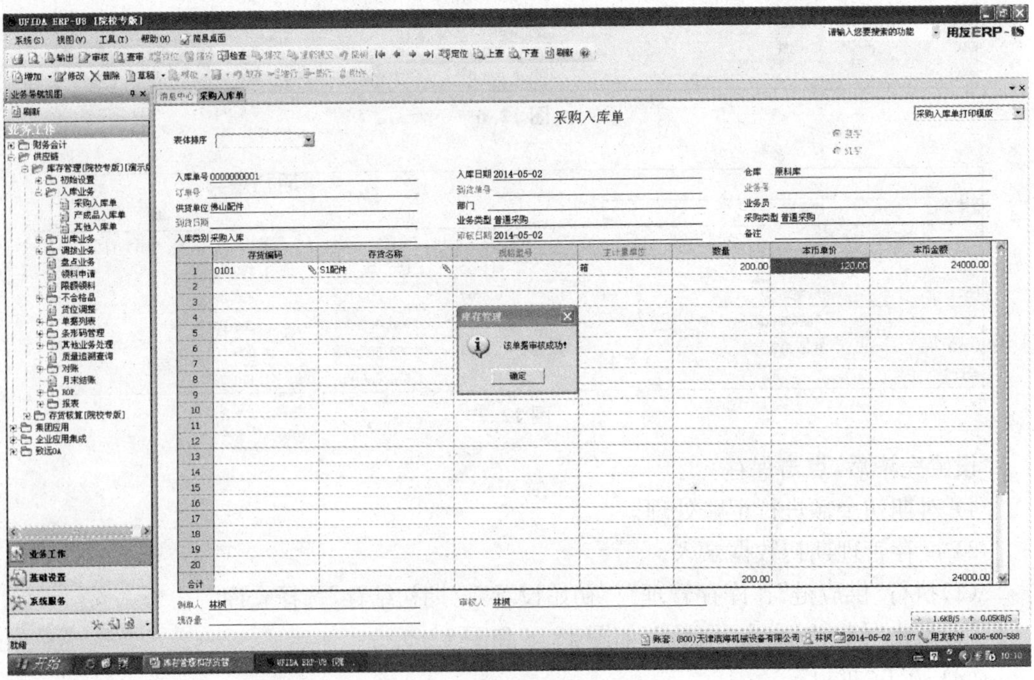

图 12.10

业务 2

重新注册,时间 5 月 5 日。其他操作同业务 1。

业务 3

6 日,领用 S1 配件 600 箱(包括期初结存的 400 箱,5 日购入的 200 箱),S2 材料 30 000 千克(全部为期初结存)。

(1) 重新注册,时间 5 月 6 日。

(2) 执行"业务工作"|"供应链"|"库存管理"|"出库业务"|"材料出库单"。

(3) 点击"增加",录入仓库: 原料库。

(4) 录入存货名称、数量。注意,不要录入单价和金额,如图 12.11。

(5) 点击"保存",点击"审核",如图 12.12。

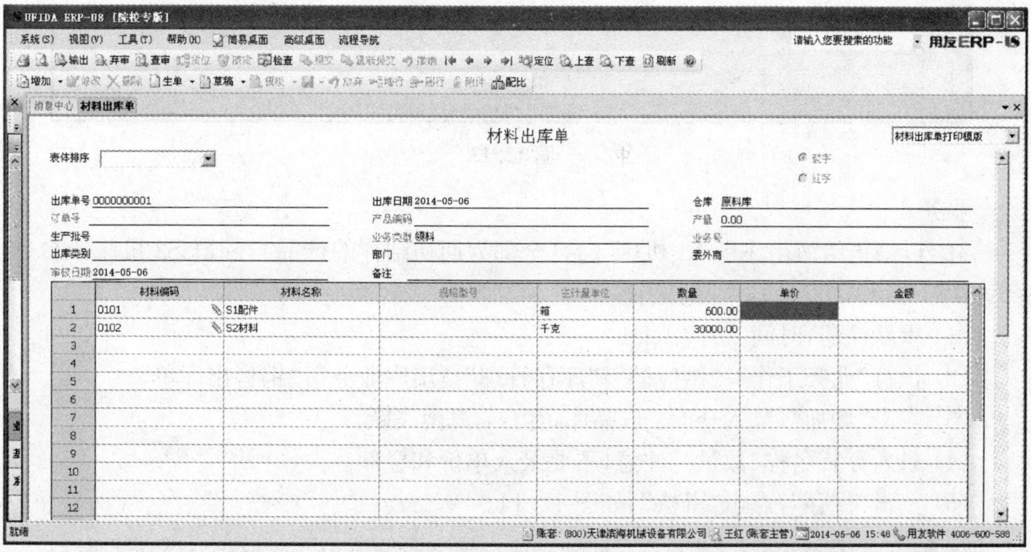

图 12.11

业务 4

重新注册,时间 5 月 8 日。其他操作同业务 1。

业务 5

重新注册,时间 5 月 10 日。其他操作同业务 1。

图 12.12

业务 6

重新注册,时间 5 月 16 日。其他操作同业务 3。

业务 7

20 日,利群 S1 机床 2 台,单价 220 000,利群 S2 机床 4 台,单价 90 000,入产成品仓库。

(1) 重新注册,时间 5 月 20 日。

(2) 执行"业务工作"|"供应链"|"库存管理"|"入库业务"|"产成品入库单"。

(3) 点击"增加",录入仓库: 成品库。

(4) 录入存货名称、数量、单价,自动计算出本币金额。

(5) 点击"保存",点击"审核",如图 12.13。

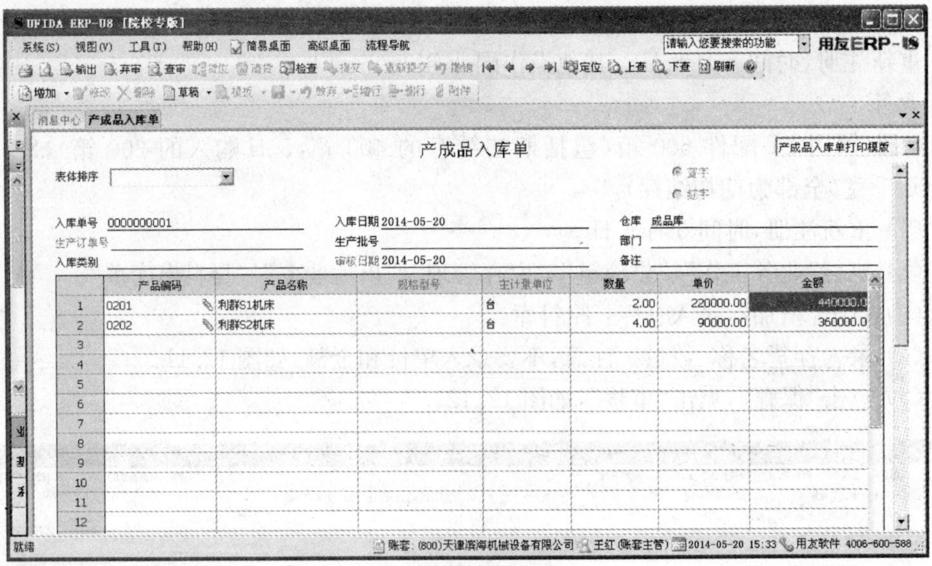

图 12.13

业务 8

21 日,销售给海南飞跃 S1 机床 3 台(全部为期初结存的产品),利群 S2 机床 4 台(全部为 20 日入库的产品),产品已出库。

(1) 重新注册,时间 5 月 21 日。

(2) 执行"业务工作"|"供应链"|"库存管理"|"出库业务"|"销售出库单"。

(3) 点击"增加",录入仓库:成品库,客户:海南飞跃。

(4) 录入存货名称、数量。注意,不要录入单价和金额。

(5) 点击"保存",点击"审核",如图 12.14。

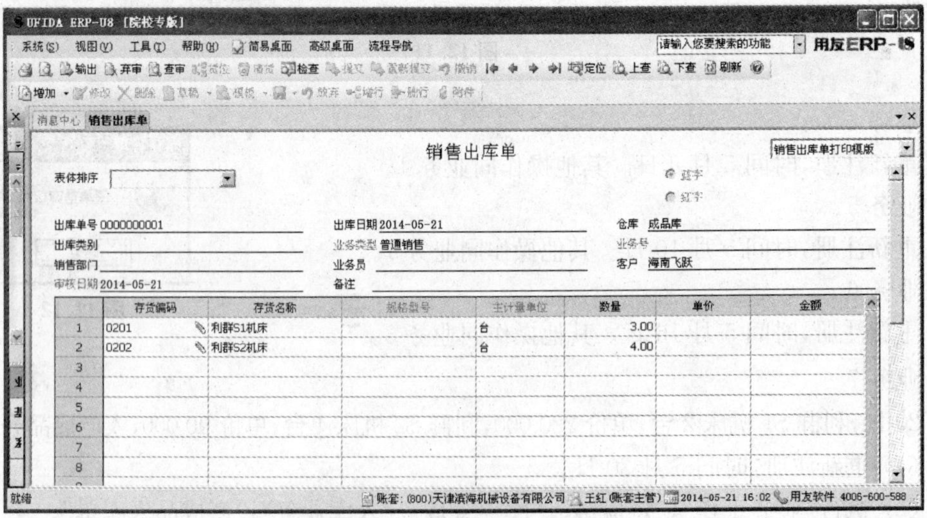

图 12.14

12.3.5.5 出入库单据记账

可以每天记账,也可以月末一次记账。现以月末记账为例。

1）执行“业务工作”|“供应链”|“存货核算”|“业务核算”|“正常单据记账”。

2）点击“过滤”。

3）计价方法 1(移动平均法)、计价方法 2(先进先出法)、计价方法 3(加权平均法)、计价方法 4(后进先出法)和计价方法 6(计划价法)操作如下。

(1) 点击“全选”。

(2) 点击“记账”,如图 12.15 和图 12.16。

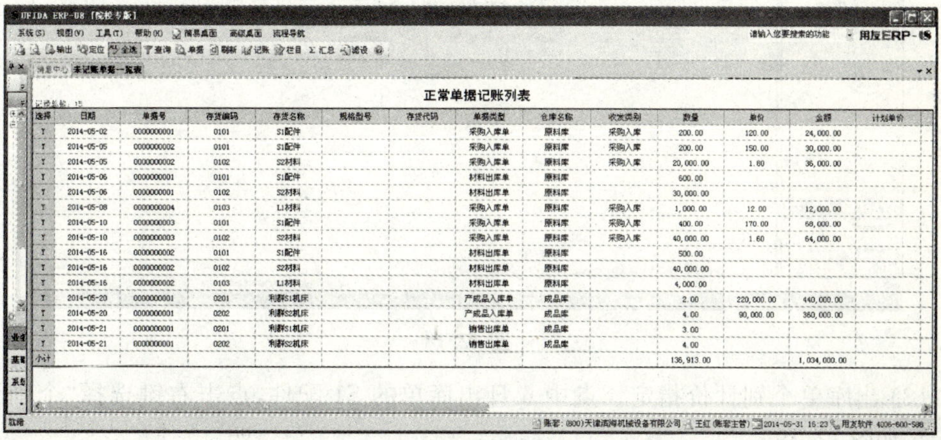

图 12.15

图 12.16

4）计价方法 5(个别计价法)操作如下。

(1) 点击“全选”。只能选中入库单据(白色),如图 12.17。

(2) 点击“记账”,如图 12.18。

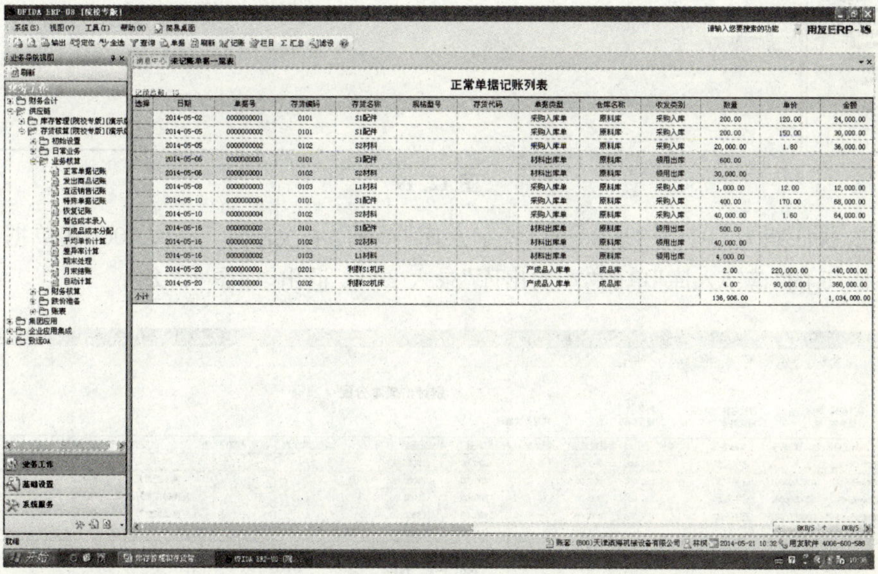

图 12.17

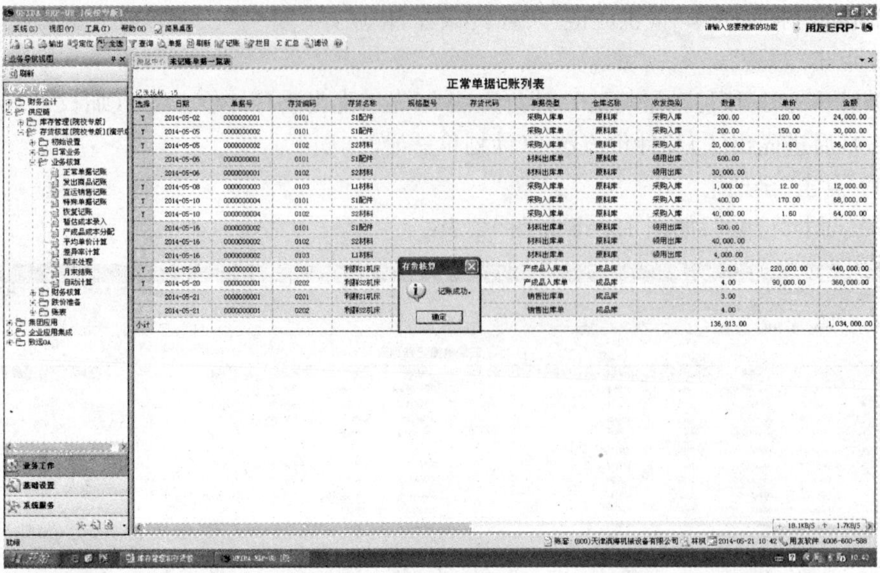

图 12.18

(3) 出库单个别计价指定。点中 6 日出库单的 S1 配件,点击右键选择"个别计价指定",如图 12.19。

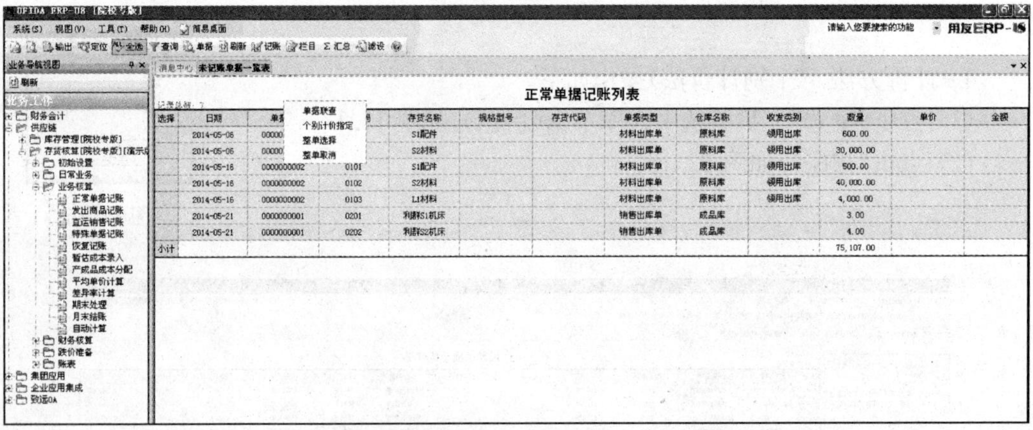

图 12.19

在单据日期为 2014 - 4 - 30 的"蓝字入库"单的"本次出库"录入 400,在单据日期为 2014 - 5 - 5 的"蓝字入库"单的"本次出库"录入 200。退出,如图 12.20。

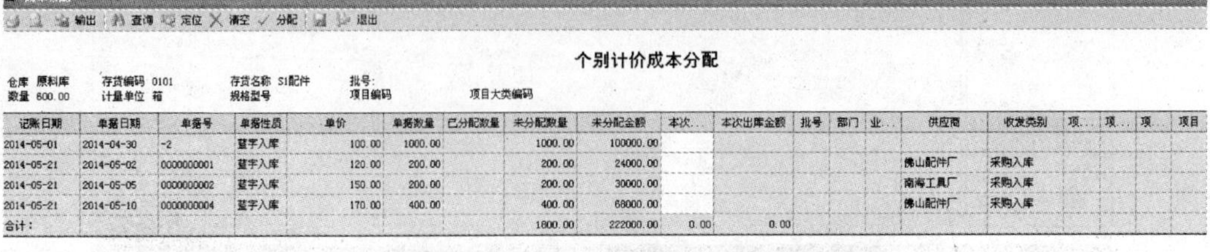

图 12.20

同理，根据资料录入其他出库单存货出库数量。

(4) 全选，记账，如图 12.21。

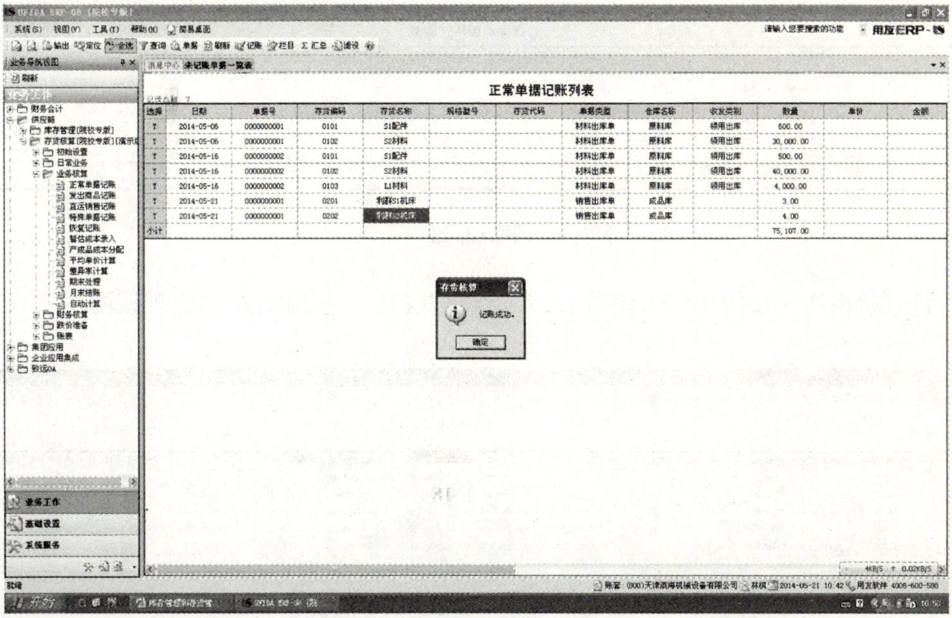

图 12.21

12.3.5.6　期末处理

执行"业务工作"|"供应链"|"存货核算"|"业务核算"|"期末处理"。点击"全选"，点击"确定"，如图 12.22。

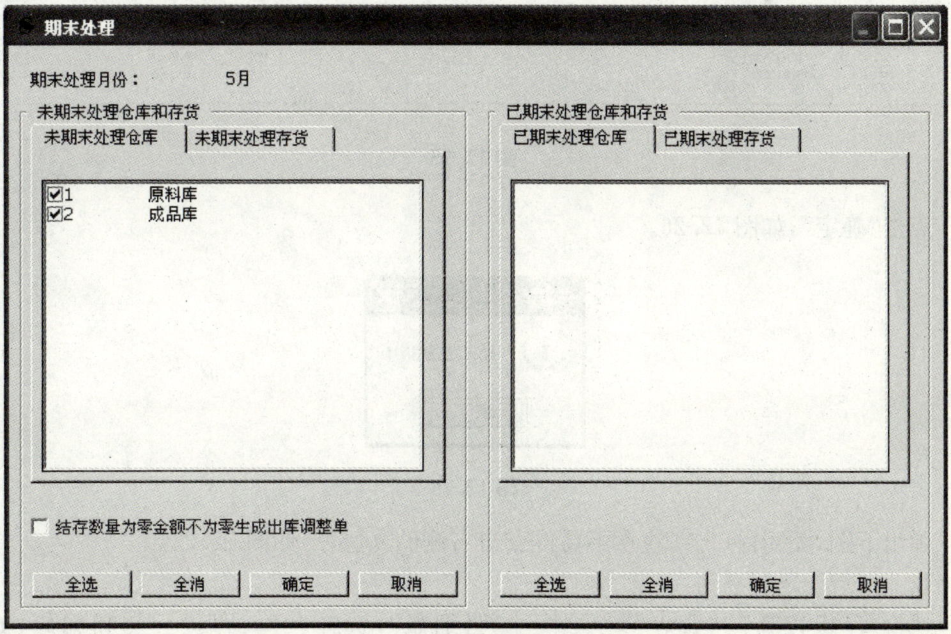

图 12.22

加权平均法多出图 12.23,点击“确定”。其他方法不出现该图。

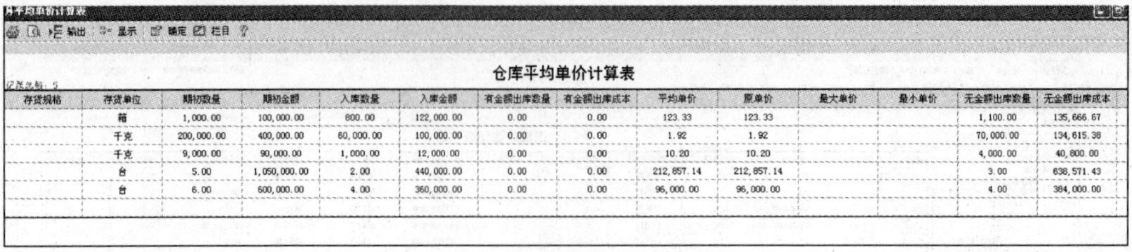
仓库平均单价计算表

记录总数：5

存货规格	存货单位	期初数量	期初金额	入库数量	入库金额	有金额出库数量	有金额出库成本	平均单价	原单价	最大单价	最小单价	无金额出库数量	无金额出库成本
	箱	1,000.00	100,000.00	800.00	122,000.00	0.00	0.00	123.33	123.33			1,100.00	135,666.67
	千克	200,000.00	400,000.00	60,000.00	100,000.00	0.00	0.00	1.92	1.92			70,000.00	134,615.38
	千克	9,000.00	90,000.00	1,000.00	12,000.00	0.00	0.00	10.20	10.20			4,000.00	40,800.00
	台	5.00	1,050,000.00	2.00	440,000.00	0.00	0.00	212,857.14	212,857.14			3.00	638,571.43
	台	6.00	600,000.00	4.00	360,000.00	0.00	0.00	96,000.00	96,000.00			4.00	384,000.00

图 12.23

计划价格法多出图 12.24 和图 12.25,点击“确定”。其他方法不出现该图。

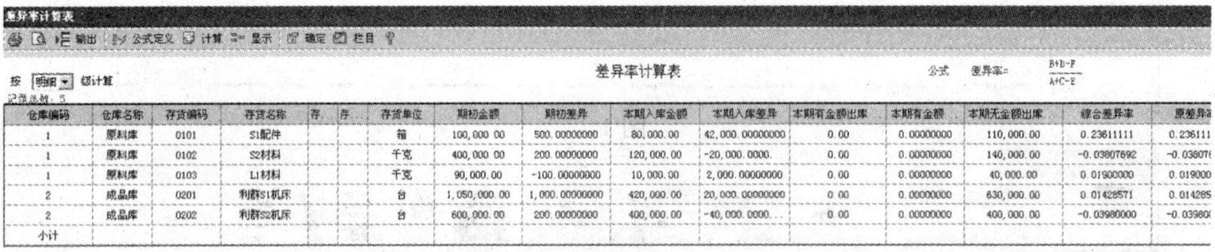
差异率计算表

按 明细 级计算　　公式　差异率= (B+D-F)/(A+C-E)

记录总数：5

仓库编码	仓库名称	存货编码	存货名称	存.	存.	存货单位	期初金额	期初差异	本期入库金额	本期入库差异	本期有金额出库	本期有金额	本期无金额出库	综合差异率	原差异率
1	原料库	0101	S1配件			箱	100,000.00	500.00000000	80,000.00	42,000.00000000	0.00	0.00000000	110,000.00	0.23611111	0.236111
1	原料库	0102	S2材料			千克	400,000.00	200.00000000	120,000.00	-20,000.0000.	0.00	0.00000000	140,000.00	-0.03807692	-0.038076
1	原料库	0103	L1材料			千克	90,000.00	-100.00000000	10,000.00	2,000.00000000	0.00	0.00000000	40,000.00	0.01900000	0.019000
2	成品库	0201	利群S1机床			台	1,050,000.00	1,000.00000000	420,000.00	20,000.00000000	0.00	0.00000000	630,000.00	0.01428571	0.014285
2	成品库	0202	利群S2机床			台	600,000.00	200.00000000	400,000.00	-40,000.0000...	0.00	0.00000000	400,000.00	-0.03980000	-0.03980
小计															

图 12.24

差异结转单列表

记录总数：5

仓库编码	存货编码	存货名称	项目编码	项目名称	客户	业务员	生产批号	类型	发出金额	差异	差异率
1	0101	S1配件						其他	110,000.00	25,972.22	0.23611111
1	0102	S2材料						其他	140,000.00	-5,330.77	-0.03807692
1	0103	L1材料						其他	40,000.00	760.00	0.01900000
2	0201	利群S1机床			Hnfy			销售	630,000.00	9,000.00	0.01428571
2	0202	利群S2机床			Hnfy			销售	400,000.00	-15,920.00	-0.03980000
小计											

图 12.25

点击“确定”,如图 12.26。

图 12.26

弹出下图,关闭窗口。(注意不要再点击右侧的“确定”)如图 12.27。

12.3.5.7　账簿查询

执行“存货核算”|“账表”|“账簿”|“明细账”,选择仓库、存货分类和编码,如图 12.28。

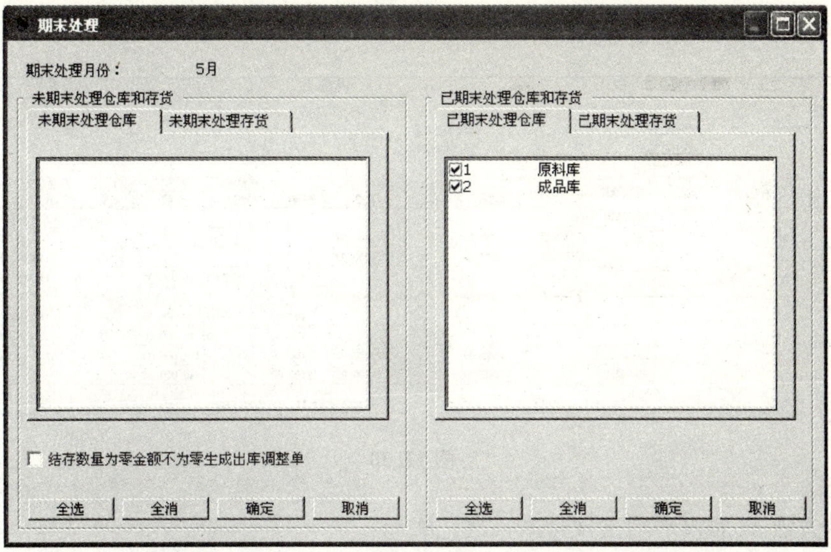

图 12.27

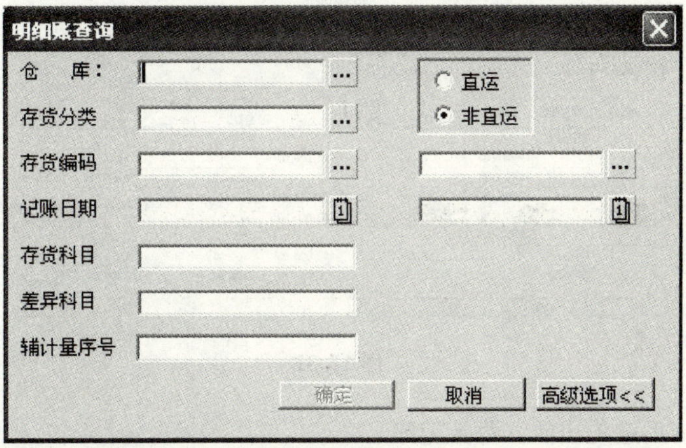

图 12.28

S1 配件各种计价方法明细账对比，如图 12.29 至图 12.34。

计价方法 1(移动平均法)(月末一次记账)。

明细账

仓库：(1) 原材料库
存货：(0101)s1配件　　规格型号：　　计量单位：箱
最高存量：　　最低存量：　　安全库存量：

记账日期：	2014年 月	日	凭证号	凭证摘要	收发类别	收入 数量	收入 单价	收入 金额	发出 数量	发出 单价	发出 金额	结存 数量	结存 单价	结存 金额
				期初结存								1,000.00	100.00	100,000.00
2014-05-31	5	31			采购入库	200.00	120.00	24,000.00				1,200.00	103.33	124,000.00
2014-05-31	5	31			采购入库	200.00	150.00	30,000.00				1,400.00	110.00	154,000.00
2014-05-31	5	31							600.00	110.00	66,000.00	800.00	110.00	88,000.00
2014-05-31	5	31			采购入库	400.00	170.00	68,000.00				1,200.00	130.00	156,000.00
2014-05-31	5	31							500.00	130.00	65,000.00	700.00	130.00	91,000.00
				5月合计		800.00		122,000.00	1,100.00		131,000.00	700.00	130.00	91,000.00
				本年累计		800.00		122,000.00	1,100.00		131,000.00			

图 12.29

计价方法 2(先进先出法)(月末一次记账)。

明细账

仓库：(1) 原材料
存货: (0101)S1配件　　规格型号：　　计量单位：箱
最高存量：　　最低存量：　　安全库存量：

记账日期：	2014年		凭证号	凭证摘要	收发类别	收入			发出			结存		
	月	日				数量	单价	金额	数量	单价	金额	数量	单价	金额
				期初结存								1,000.00	100.00	100,000.00
2014-05-31	5	31			采购入库	200.00	120.00	24,000.00				1,200.00	103.33	124,000.00
2014-05-31	5	31			采购入库	200.00	150.00	30,000.00				1,400.00	110.00	154,000.00
2014-05-31	5	31							600.00	100.00	60,000.00	800.00	117.50	94,000.00
2014-05-31	5	31			采购入库	400.00	170.00	68,000.00				1,200.00	135.00	162,000.00
2014-05-31	5	31							400.00	100.00	40,000.00	800.00	152.50	122,000.00
2014-05-31	5	31							100.00	120.00	12,000.00	700.00	157.14	110,000.00
				5月合计		800.00		122,000.00	1,100.00		112,000.00	700.00	157.14	110,000.00
				本年累计		800.00		122,000.00	1,100.00		112,000.00			

图 12.30

计价方法 3(加权平均法)(月末一次记账)。

明细账

仓库：(1) 原料库
存货: (0101)S1配件　　规格型号：　　计量单位：箱
最高存量：　　最低存量：　　安全库存量：

记账日期：	2014年		凭证号	凭证摘要	收发类别	收入			发出			结存		
	月	日				数量	单价	金额	数量	单价	金额	数量	单价	金额
				期初结存								1,000.00	100.00	100,000.00
2014-05-31	5	31			采购入库	200.00	120.00	24,000.00				1,200.00	103.33	124,000.00
2014-05-31	5	31			领用出库				600.00	123.33	73,998.00	600.00	83.34	50,002.00
2014-05-31	5	31			采购入库	200.00	150.00	30,000.00				800.00	100.00	80,002.00
2014-05-31	5	31			采购入库	400.00	170.00	68,000.00				1,200.00	123.34	148,002.00
2014-05-31	5	31			领用出库				500.00	123.33	61,665.00	700.00	123.34	86,337.00
				5月合计		800.00		122,000.00	1,100.00		135,663.00	700.00	123.34	86,337.00
				本年累计		800.00		122,000.00	1,100.00		135,663.00			

图 12.31

计价方法 4(后进先出法)(每天记账)。

明细账

仓库：(1) 原材料
存货: (0101)S1配件　　规格型号：　　计量单位：箱
最高存量：　　最低存量：　　安全库存量：

记账日期：	2014年		凭证号	凭证摘要	收发类别	收入			发出			结存		
	月	日				数量	单价	金额	数量	单价	金额	数量	单价	金额
				期初结存								1,000.00	100.00	100,000.00
2014-05-02	5	2			采购入库	200.00	120.00	24,000.00				1,200.00	103.33	124,000.00
2014-05-05	5	5			采购入库	200.00	150.00	30,000.00				1,400.00	110.00	154,000.00
2014-05-06	5	6			领用出库				200.00	100.00	20,000.00	1,200.00	111.67	134,000.00
2014-05-06	5	6			领用出库				200.00	120.00	24,000.00	1,000.00	110.00	110,000.00
2014-05-06	5	6			领用出库				200.00	150.00	30,000.00	800.00	100.00	80,000.00
2014-05-10	5	10			采购入库	400.00	170.00	68,000.00				1,200.00	123.33	148,000.00
2014-05-16	5	16			领用出库				100.00	100.00	10,000.00	1,100.00	125.45	138,000.00
2014-05-16	5	16			领用出库				400.00	170.00	68,000.00	700.00	100.00	70,000.00
				5月合计		800.00		122,000.00	1,100.00		152,000.00	700.00	100.00	70,000.00
				本年累计		800.00		122,000.00	1,100.00		152,000.00			

图 12.32

计价方法 5(个别计价法)(月末一次记账)。

明细账

仓库：(1) 原料库
存货：(0101)S1配件　　规格型号：　　计量单位：箱
最高存量：　　最低存量：　　安全库存量：

记账日期：	2014年		凭证号	凭证摘要	收发类别	收入			发出			结存		
	月	日				数量	单价	金额	数量	单价	金额	数量	单价	金额
				期初结存								1,000.00	100.00	100,000.00
2014-05-31	5	31			采购入库	200.00	120.00	24,000.00				1,200.00	103.33	124,000.00
2014-05-31	5	31			采购入库	200.00	150.00	30,000.00				1,400.00	110.00	154,000.00
2014-05-31	5	31			采购入库	400.00	170.00	68,000.00				1,800.00	123.33	222,000.00
2014-05-31	5	31							400.00	100.00	40,000.00	1,400.00	130.00	182,000.00
2014-05-31	5	31							200.00	150.00	30,000.00	1,200.00	126.67	152,000.00
2014-05-31	5	31							300.00	100.00	30,000.00	900.00	135.56	122,000.00
2014-05-31	5	31							200.00	120.00	24,000.00	700.00	140.00	98,000.00
				5月合计		800.00		122,000.00	1,100.00		124,000.00	700.00	140.00	98,000.00
				本年累计		800.00		122,000.00	1,100.00		124,000.00			

图 12.33

计价方法 6(计划价法)(每天记账)。

明细账

仓库：(1) 原材料
存货：(0101)S1配件　　规格型号：　　计量单位：箱
最高存量：　　最低存量：　　安全库存量：

记账日期：	2014年		凭证号	凭证摘要	收发类别	收入			发出			结存		
	月	日				数量	单价	金额	数量	单价	金额	数量	单价	金额
				期初结存								1,000.00	100.00	100,000.00
2014-05-06	5	6	记 1	采购入库单		200.00	100.00	20,000.00				1,200.00	100.00	120,000.00
2014-05-06	5	6	记 2	采购入库单		200.00	100.00	20,000.00				1,400.00	100.00	140,000.00
2014-05-06	5	6	记 3	材料出库单					600.00	100.00	60,000.00	800.00	100.00	80,000.00
2014-05-10	5	10	记 5	采购入库单		400.00	100.00	40,000.00				1,200.00	100.00	120,000.00
2014-05-16	5	16	记 6	材料出库单					500.00	100.00	50,000.00	700.00	100.00	70,000.00
				5月合计		800.00		80,000.00	1,100.00		110,000.00	700.00	100.00	70,000.00
				本年累计		800.00		80,000.00	1,100.00		110,000.00			

图 12.34

12.3.5.8　月末结账

1) 库存管理月末结账。

(1) 执行“业务工作”|“供应链”|“库存管理”|“月末结账”。如图 12.35。

结账处理

会计月份	起始日期	结束日期	已经结账
1	2014-01-01	2014-01-31	是
2	2014-02-01	2014-02-28	是
3	2014-03-01	2014-03-31	是
4	2014-04-01	2014-04-30	是
5	2014-05-01	2014-05-31	否
6	2014-06-01	2014-06-30	否
7	2014-07-01	2014-07-31	否
8	2014-08-01	2014-08-31	否
9	2014-09-01	2014-09-30	否
10	2014-10-01	2014-10-31	否
11	2014-11-01	2014-11-30	否
12	2014-12-01	2014-12-31	否

结账　取消结账　帮助　退出

图 12.35

(2) 点击“结账”。如图 12.36。

(3) 退出。

结账处理

会计月份	起始日期	结束日期	已经结账
1	2014-01-01	2014-01-31	是
2	2014-02-01	2014-02-28	是
3	2014-03-01	2014-03-31	是
4	2014-04-01	2014-04-30	是
5	2014-05-01	2014-05-31	是
6	2014-06-01	2014-06-30	否
7	2014-07-01	2014-07-31	否
8	2014-08-01	2014-08-31	否
9	2014-09-01	2014-09-30	否
10	2014-10-01	2014-10-31	否
11	2014-11-01	2014-11-30	否
12	2014-12-01	2014-12-31	否

图 12.36

2）存货核算月末结账。

(1) 执行"业务工作"|"供应链"|"存货核算"|"业务核算"|"月末结账"。如图 12.37。

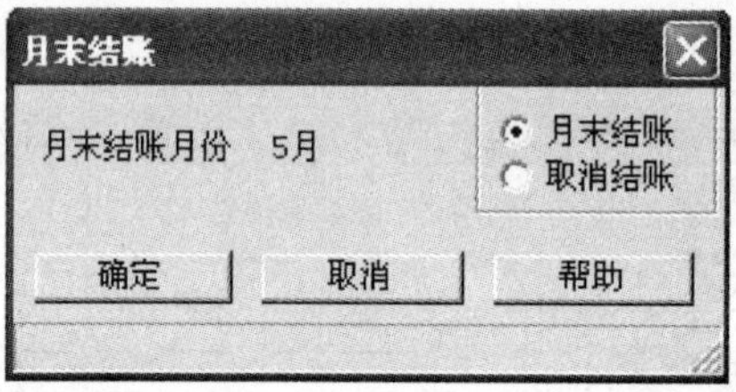

图 12.37

(2) 点击"确定"。如图 12.38。

图 12.38

12.4 实战点拨

12.4.1 库存与存货管理在系统中的位置

在库存管理、存货管理与总账、应收、应付、采购、销售等模块都同时启动时，结账要有一定顺序。下图可看出库存与存货管理在系统中的位置。如图 12.39。

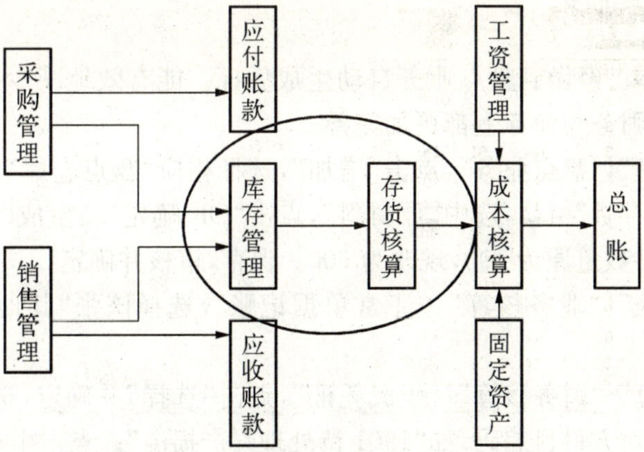

图 12.39

12.4.2　库存与存货管理自动生成凭证

由于库存与存货管理系统单据繁多,都是典型的经济业务,与总账联系紧密,凭证的自动生成设置非常重要。存货科目和对方科目等的设置,可自动生成记账凭证。

存货科目设置

表 12.11　存货科目表

仓库编码	仓库名称	存货分类编码	存货科目编码	存货科目名称
1	原料库	01	1403	原材料
2	成品库	02	1405	库存商品

对方科目:根据收发类别设置对方科目。

对方科目设置

表 12.12　对方科目表

收发类别编码	收发类别名称	对方科目编码	对方科目名称
11	采购入库	1401	材料采购
12	成品入库	5001	生产成本
21	盘盈入库	1901	待处理财产损益
31	销售出库	6401	主营业务成本
32	领用出库	5001	生产成本
41	盘亏出库	1901	待处理财产损益

12.4.3　结账

如果“存货核算”和“库存管理”、“采购管理”、“销售管理”集成使用,只有在“采购管理”、“销售管理”、“库存管理”结账后,“存货核算”才能进行结账。

12.4.4 盘点业务

用友 8.72 版本已经做到盘点业务自动生成凭证。能有效地减少总账与库存模块的核对的人为控制。财务与业务上都更加完善。

执行“库存管理”|“盘点业务”，点击“增加”，选择相应“盘点仓库”，如“原料库”，点击“选择”，打开“选择存货”窗口，选中“原材料”，点击“OK 确定”。生成“盘点单”。修改“盘点数量”，如 S1 配件数量原为 700，现改为 600。保存，审核并确定。

执行“存货核算”|“业务核算”|“正常单据记账”，选择该张“其他出库单”，点击“记账”，并确定。

执行“存货核算”|“财务核算”|“生成凭证”，点击“选择”并确定，选择该张“其他出库单”，并确定。填入对方科目编码，如“1901 待处理财产损溢”。点击生成，并保存凭证。